KB237642

전쟁하는 세상

WORLDS
AT
WAR

동서양의 타협할 수 없는
투쟁의 역사

문명은 왜 계속
충돌하는가

안토니 파그덴 지음 | 추미란 옮김

전쟁하는
세상

살림

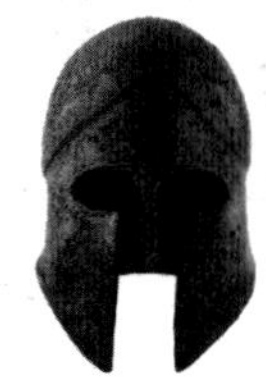

Worlds At War

차 례

동서양의 오랜 역사 속으로

세상이 점점 좁아지고 있다. 한때 사람들 사이에 존재했던 경계들이 부지런히 사라진다. 부족, 친족, 마을, 군락, 심지어 국가 사이의 오래된 구분도 모두 해체되고 있다. 17세기에 근대적 국가 개념이 생겼고 현재 서양 사람은 대부분 그 국가에 속해 살고 있다. 그 국가 개념이 조만간 사라지지는 않겠지만, 미래의 정치 체계도 현재의 국가 개념을 바탕으로 할지는 두고 봐야 할 일이다. 수천 년 동안 극소수의 사람들만이 출생지로부터 약 48킬로미터 이상을 벗어날 수 있었다. (48킬로미터는 성경에 언급된 지명을 바탕으로 추측했을 때 그리스도가 그의 출생지에서 가장 멀리 간 거리이기도 하다. 그러므로 그리스도도 예외는 아니었다.) 오늘날 사람들은 한 세기 전만 해도 접근하기 어렵다거나 위험하다고 했던 지역들을 자유롭게 여행한다. 수명은 놀라울 정도로 연장되었고, 그에 힘입어 서양 사람들은 수천 수백 마일을 여행한다. 여행 중 우리는 불가피하게 다른 믿음 체계,

다른 의상, 다른 관점 등과 마주친다. 약 삼백 년 전, 우리가 지금 '세계화'라고 부르는 일련의 과정이 처음 시작됐다. 당시 사람들은 그 다름과의 마주침 혹은 세상에 존재하는 그 다름의 어쩔 수 없는 인식이 좋은 결과로 나타나기를 바랐다. 보통 인간이 젊은 시절 갖는 거친 면을 부드럽게 순화하고 18세기적으로 '세련되고' '공손하게' 만들기를 바랐다. 또 타인이 선호하는 것을 더 잘 이해하고 타인의 믿음과 미혹에 좀 더 관대해져 더 조화롭게 살 수 있기를 희망했다.

부분적으로 그 염원은 이루어졌다. 과거 반세기 동안 진행된 국경 없애기와 민족 감정의 점진적 와해가 상당한 변화를 불러왔고 실질적인 수익도 산출했다. 지난 세기 유럽을 두 번이나 황폐하게 만들었던 오래된 적대감은 사라졌고 다시 생겨나지 않을 것이다(그 전 세기에 발생했던 셀 수도 없는 전쟁은 말할 것도 없다). 적어도 우리는 그렇게 희망한다. 동양 혹은 아프리카 사람들의 서양 인식에 큰 영향을 끼쳤던 19세기식 가혹한 인종차별 정책은 아직 완전히 사라지지는 않았겠지만 상당히 줄어들었다. 구시대적 제국주의는 사라졌다. 그것이 남긴 상처는 여전히 치유되어야 하지만 말이다. 이제 민족주의는 대체로 바람직하지 못한 개념이다. 반유대주의도 완전히 사라지지는 않았지만 한 세기 전과 비교해 그것을 당연시하는 사람들은 확실히 많이 줄었다. 최소한 유럽에서는 종교가 죽었다고 희망하거나 혹은 믿고 있었는데 최근 종교는 상당히 문제를 일으키고 있다. 그러나 더는 예전처럼 신념 전쟁을 일으키지는 않는다. (16~17세기 종교 전쟁의 마지막 유산이라 할 만한 북아일랜드 분쟁의 경우도 신념의 문제가 아니라 사실 지역 정치와 국가 정체성의 문제였다.)

그러나 우리 주변에는 여전히 수 세기 동안 사람들을 가르던 오래된 반목의 경계선이 존재한다. 그중 하나가 유럽과 아시아의 경계선이다. 지리적 구분이 모호할 때면 유럽과 아시아는 '서양'과 '동양'으로 대체되기도 했다.

반목은 대체로 실체가 없으며, 항상 모호하지만 굉장히 강력한 구시대적 유산이다. '동양'과 '서양'이라는 말 자체는 물론 서양적인 것이다. 그러나 처음 그렇게 구분한 것은 동양일 가능성이 크다. 기원전 2000년, 고대 아시리아인이 처음으로 '태양이 지는 땅(Ereb/irib)'과 '태양이 뜨는 땅(Asia/Asu)'을 구분했다. 그러나 당시 유럽과 아시아 사이에 자연적 경계선이 있었던 것도 아니고 아시리아인이 특별한 의미를 담고 그렇게 구분했던 것도 아니었다. 동양과 서양이 서로 다른 땅일 뿐 아니라 다른 사람, 문화, 신, 무엇보다 삶에 대한 서로 다른 관점을 고수하는 완전히 서로 다른 세상이라는 생각은 아시아에서 나온 것이 아니다. 서양, 즉 그리스에서 나온 것이다. 기원전 5세기 그리스의 역사학자 헤로도토스(Herodotus)가 처음으로 유럽과 아시아를 구분하는 근거가 무엇이며 왜 그 두 지역이 많은 점에서 서로 비슷한데도 그렇게 오랜 세월 서로 싸워왔는지 질문했던 것이다.

헤로도토스는 애정을 갖고 오랫동안 동양의 이국적 특성을 연구했다. 그가 알았던 동양은 유럽 반도와 인도의 갠지스 강 사이에 자리 잡은 땅이었다. 넓은 만큼 그곳에 살던 사람도 매우 다양했다. 그러나 그들에게는 공통점이 있는 것 같았다. 그 공통점은 곧 그들을 유럽, 서양의 사람들과 구분하는 것이기도 했다. 그들의 땅은 비옥하고 도시는 번성했으며 (가난했던 그리스에 비해) 부유했고 세련됐다. 또 전쟁 때는 매우 용감했고 열정적이었으며 무시무시했다. 이는 모든 그리스인이 감탄했던 점들이다. 그러나 그들은 한편 늘 노예처럼 수동적이고 맹목적이었다. 그들은 통치자를 두려워하며 살았다. 보통 동양에서 통치자는 사람이 아니라 신

이었다.[1]

그리스인에게 서양은 아시리아인이 생각했던 것처럼 저녁별의 세상이자 세상의 테두리였다. 그리스 신화에 따르면 그곳 해안가에는 신들의 아버지 제우스(Zeus)의 아내인 헤라(Hera)가 결혼 선물로 대지의 여신에게서 받은 황금 사과를 지키는 헤스페리데스들이 살았다(그곳은 황금 사과의 낙원이라고 불리기도 했다). 그곳에 사는 사람들은 다양하고 종종 서로 편을 가르기도 하지만 그들에게도 공통점이 있다. 그들은 삶 그 이상으로 자유를 사랑하고 법의 통치 아래 산다. 신은 말할 것도 없고 인간에 의한 통치도 받지 않았다.

세월이 흐르면서 유럽 사람들은 그들만의 공통된 정체성을 찾았다. 그것이 무엇이고 어떻게 이해되었는지는 고대에서 현대로 오면서 많이 바뀌었다. 그러나 그 공통의 유산과 역사가 아무리 강력해도 유럽의 잔인하고 비극적인 전쟁을 막지는 못했다. 그런 전쟁은 1945년 이래 사라진 듯하고, 갈등이 있어도 폭력으로 치닫는 사태 없이 대화로 문제를 해결했다. 그러나 물론 전쟁의 불씨가 완전히 사라진 것은 아니다. 유럽 내의 오래된 적대감은 사라졌지만 많은 사람이 유럽 연합과 미국 사이에 새로운 불화가 시작됐다고 보고 있고 거기에는 타당한 이유도 있다.

동양이라는 말은 지금도 많이 그렇지만 대개 히말라야 서쪽 아시아를 지칭하는 말이었다. 물론 19, 20세기 유럽이 그 땅의 대부분을 점령하기 전까지 그 지역 사람들이 그들 스스로 서로 어떤 공통점을 갖고 있다고 생각하지는 않았을 것이다. 모든 지리적 구별이 그렇듯, 동양과 서양의 개념은 명백하게 상대적인 것이다. 테헤란에 사는 사람에게 서양은 바그다드일 것이다. 편의상 동양을 근동, 중동, 극동이라고 나누는 것은 영국 지배하의 인도를 기준으로 만들어진 다분히 19세기적인 표현이다. 영국 입장에서 봤을 때 유럽과 인도 사이 '그 중간' 혹은 '유럽과 가까운 곳' 혹은 '그 너머 먼 곳' 그 이상도 그 이하의 의미도 없다.[2] 그 지역에 거주하는 사람들에게 그런 식의 구별은 더더구나 아무런 의미가 없을 것이다.

18세기에는 비교적 새로운 단어인 '동양'이 지중해 동쪽 해안에서 중국해에 이르는 모든 지역을 묘사하는 데 쓰이기 시작했다. 서양인은 다시 그 단어로 방대한 지역에 공통의 정체성을 부여했다. 1970년대에 나는 옥스퍼드의 동양학 연구소에서 공부했다. 그곳에는 페르시아어, 산스크리트어, 투르크어, 히브리어, 한국어, 중국어는 물론 힌두어, 티베트어, 아르메니아어, 콥트어까지 같은 지붕 아래 모두 함께 연구되고 있었다. 그곳에서 동쪽 방향으로 길 두 개를 지나면 신고전주의 양식의 풍채 당당한 테일러 연구소가 있었고, 그 지붕 아래 모든 유럽의 언어가 연구되었다. 우리는 그 언어들은 모두 '현대어'라고 불렀고 그리스어와 라틴어 같은 고대 언어의 진정한 계승자라고 생각했다. (그리스어와 라틴어는 단순히 '인문관'이라 불렀던 또 다른 건물에 속했다.)

유럽과 아시아의 구분은 전적으로 문화적인 것이 되었다. 아시아의 위대한 두 제국이자 (그리스 입장에서) '미개인'이었던 페르시아와 파르티아는 확실히 후대에 나타난 '국가적 성격'이라 할 만한 요소를 갖고 있었다. 그러나 그들의 기원을 따져보면 그들은 그리스인이라 할 만했다. 로마인들은 일부를 제외하면 모두 트로이에서 조상을 찾으며 스스로 원래 아시아인이었다고 주장했다. 그러나 후에 기독교가 생겨났고 인간 역사의 시작을 성서에서 찾는 일이 흔해졌다. 아시아와 유럽의 구분은 대개 노아의 홍수 이후 생겨난 인류 재번식의 결과였다. 아라라트 산(노아의 방주가 닿은 곳-옮긴이) 아래로 내려간 노아의 아들들은 각자 세 개의 대륙으로 흩어졌고 "그것 때문에 홍수 후 이 땅에 국가들이 생긴 것이다."(아메리카와 호주 대륙의 뒤이은 발견은 이 이론에 심각한 타격을 주었다. 그러나 모든 성서적 해석이 그렇듯 또다시 매우 교묘한 해석들이 등장해 그 허점을 무마했다.) 노아의 장남 셈은 아시아로 갔고(그래서 유대인과 아랍인을 ‘셈족’이라고 불렀다), 둘째 아들 함은 아프리카로, 셋째 아들 야벳은 유럽으로 갔다.

19세기까지만 해도 역사 이전 인간의 자취를 설명하는 그런 이야기를 진지하게 믿는 사람들이 있었다. 대체로 이 이야기가 내포하는 명백한 인종적 암시 때문이었다. 그러나 그런 이야기는 (최소한 기독교도에게) 왜 유럽 사람이 (아프리카는 말할 것도 없고) 아시아 사람과 그렇게 다른지를 설명하기는 하지만 대단한 의미를 갖지는 못한다. 인간의 기원이나 인종적 차이보다는 사람들이 신과 인간의 세상을 어떻게 보는지, 그 관점의 차이에서 두 대륙의 차이점을 찾자는 주장들과 비교했을 때 그렇다.

유럽은 심지어 분리된 대륙도 아니다. 아시아의 반도라고 할 수도 있다. 18세기의 위대한 프랑스 시인, 극작가, 역사가, 철학자였던 볼테르(F. M. A. Voltaire)는 크림 반도 동쪽 해안에 서 있다고 상상할 때 어디서 유럽이 끝나고 어디서 아시아가 시작되는지 알기는 불가능하다고 언급한 바 있다. 그래서 그는 유럽과 아시아라는 말을 쓰지 않는 편이 낫다고 결론 내렸다.[3] 유럽과 아시아라는 말보다는 사실 잠깐 사용됐을 뿐이지만 ‘유라시아’라는 현대어가 지리적, 문화적 측면 모두에서 더 적합할지도 모른다.

그리스 신화에서 유럽의 조상은 아시아의 한 공주로부터 시작된다. 그리스와 뒤이은 모든 서양의 과학은 그리스인들이 잘 알고 있었듯이 모두 아시아에서 기원한 것이었다. 기독교 세계에서의 이교도적인 종교 체계는 모두 유럽과 아시아의 특성(혹은 인도-유럽적인 것)을 종합한 것이었다. 그런 점이 바로 헤로도토스를 당황하게 했다. 앞으로 보겠지만 헤로도토스는 후대 역사에 아주 오랫동안 강력한 영향을 발휘할 해석을 내리게 된다. 그러나 어쨌든 거의 다를 것이 없는 두 세계가 17세기까지 그렇게 오랫동안 끔찍한 전쟁을 치러야 했다는 사실은, 비슷한 사람에게 가장 큰 반감을 갖는다는 프로이트식 해석으로 이해될 수 있을지도 모르겠다. 우리는 전혀 다른 사람보다 우리가 제일 닮은 사람을 더 미워하고 더 두려워한다.

지리적으로도 동서양의 구별은 확실치 않다. 아시리아인에게 '서양'은 단순히 '저쪽 땅' 혹은 그리스인이 신화에 근거해 '유럽'이라고 불렀던 땅일 뿐이었다. 유럽은 원래 그리스 중앙만을 의미하다가 점차 그리스 본토를 뜻하더니 헤로도토스 시대에는 마침내 그리스 위의 방대한 영토까지 포함하게 됐다. 그러나 유럽도 그 윤곽이 분명치는 않았다. 방대한 아시아 땅 중 작고 오랫동안 비교적 무의미했던 반도일 뿐이었다. 세 대륙을 잇는다는 거대한 대양과 면하고 있을 뿐 서쪽에는 대단한 경계도 없었다. 영어 단어 '웨스트(west)'는 원래 방향을 지시하는 부사였다. 실제로 그것은 '더 밑으로, 더 멀리'라는 뜻이었다. 그러나 중세 시대 서양은 이미 유럽을 뜻했고 16세기 후반에는 진보, 젊음, 생장력 등을 암시했으며 지리상의 발견 시대에는 '문명'과 떼려야 뗄 수 없는 것이었다.[4] 18세기 이후부터는 유럽만이 아니라 미국 같은 유럽인 정착지도 크게 유럽 세상으로 받아들여졌다.

유럽 지리학자들은 옛날부터 온갖 상상력과 재간을 부려 유럽과 아시아 사이에 의미 있는 경계선을 만들고자 했다. 그중 하나가 흑해의 마지막 출구에 위치한 좁은 물길인 헬레스폰트(오늘날의 다르다넬스) 해협이었다. 그 양쪽에 살았던 고대 사람들에게 해협은 두 대륙을 분리하는 매우 신성한 것이었다. 해협은 현대에도 여전히 건재하며, 유럽 연합에 들어가고 싶어 하는 터키에 반대하는 사람들이 제시하는 이유가 됐다. 헬레스폰트 해협 위쪽으로 가면 경계선은 더 모호하다. 처음에는 돈 강이 그 경계선이었다. 그럼 현대 러시아 대부분이 '동양'에 속하게 된다. 그러나 그 경계선은 15세기 말 볼가 강 기슭으로 연장되는가 싶더니 16세기 말에는 오브 강, 19세기에는 우랄 산맥까지 확장되었다. 그러다 20세기에는 마침내 우크라이나 케르치와 엠바 강 기슭으로 재조정됐다.

그러나 오늘날 서양 혹은 동양을 말할 때는 이제 단순한 지리적 구분만을 뜻하지 않는다. 대체로 다른 집단 사람들의 문화적 독특함, 야망, 목적 등을 뜻한다. 그리고 물론 자주 인용되지만 거의 논의되지는 않는 인권, 민주주의, 관용, 다양성, 개인적 자유, 법의 존중, 세속주의 같은 '서양적 가치들'을 말하고자 하는 것이기도 하다. 2006년 9월, 교황 베네딕트 16세의 다소 서투른 표현 방식에 반발한 테러 조직 알 카에다가 "서양이 사라질 최후의 그날까지 성전(聖戰)"을 계속할 것을 맹세하며 대응했을 때, 그들이 생각하고 있던 서양은 위에서 열거한 가치들이 존중받고 있는 그런 땅이 아니었다.[5] 그들이 의미한 '서양'은 이제 일본, 인도도 포함한다. 심지어 터키 같은 전통적으로 확실히 동양이었던 나라까지 포함한다.

동서양 전쟁의 시작은 신화만큼이나 오래됐다(그리고 알 카에다-서양 전쟁이 그 마지막을 장식하고 있다). 스파르타의 왕 메넬라오스가 받은 모욕 때문에 펠로폰네소스 북동쪽의 아케메네스 그리스인과 소아시아에서 살았던 반(半)신화적 트로이 사람들 사이에서 벌어진 전쟁이 아마도 그 시작일 것이다. 메넬라오스의 아내 헬레나가 파리스 알렉산드로스라는 트로이의 멋쟁이 플레이보이에게 유괴되었던 것이다.

헤로도토스 시대 그리스인에게 트로이 전쟁은 승리는 물론 헬라스(그리스인을 뜻하고 후에 유럽을 뜻한다)의 탄생을 안겨주었다. 적어도 호메로스는 그렇게 봤다. 호메로스의 그리스인과 트로이인은 같은 가치를 공유하고 명백하게 같은 언어를 사용했다. 또 같은 신들을 숭배했다. 그 신들은 그들 특유의 변덕으로 전쟁에 관여했고 심지어 몸소 전쟁터에 출현하기까지 했다. 트로이 전쟁은 자제심 없는 인간들이 저지른 것이었다. 그러나 대지의 여신이 신들의 아버지 제우스에게 그녀가 참아내야 하는 너무 많은 인간이 있다고 불평했기 때문에 생긴 일이기도 하다.

그러나 인간 고유의 정체성을 찾은 후세대들은 호메로스의 서사시를 그들 문화에 맞게 이해했고 그 속에서 트로이의 몰락은 두 집단(동양과 서양) 중 누가 더 우수한가를 증명하는 길고도 긴 전쟁의 서막에 불과했다. 그들 사이의 차이점은 갈수록 더 심해만 갔다. 기원전 334년, 막강한 페르시아 제국을 침략했던 알렉산드로스(Alexander) 대왕은 정확하게 그리스의 위대한 영웅 아킬레우스가 되어 그리스의 트로이 공격을 극적으로 재현했다. 이후부터 고대인과 그들의 후손들에게 두 대륙 사람들 사이의 구분은 불변의 자연법칙이었다. 기원전 1세기 로마 학자 바로(M. T. Varro)는 "자연 세상이 하늘과 땅으로 나눠져 있는 것처럼 땅은 아시아와 유럽으로 나눠졌다."라는 과감한 선언을 했다.[6]

그러나 트로이, 알렉산드로스, 로마는 단지 시작일 뿐이다. 로마 제국 몰락 후 새로운 정체성을 가진 새로운 사람들이 양쪽 지역을 휩쓸었기 때문에 유럽과 아시아의 문화, 정치, 종교적 지도의 모양새는 급격히 변해갔다. 서양에는 유목민 게르만족이 도래했고 동양에는 몽골, 투르크, 아랍인이 차례로 권력을 잡았다. 이들이 하나씩 권력을 잡을 때마다, 늘 변하는 서양과 그만큼 늘 알 수 없는 동양 사이에 오래된 반목이 되풀이되었다. 트로이에서 점화된 불꽃은 페르시아, 페니키아, 파르티아, 사산조,

아랍, 오스만투르크를 거치며 수십 세기 동안 꺼지지 않았다.

1453년, 그리스 비잔틴 제국의 수도 콘스탄티노플을 정복했던 오스만 술탄 메메드 2세(Mehmed Ⅱ)는 그런 동서양의 역사를 매우 잘 알고 있었다. 1462년, 트로이 전쟁 유적지라 추정되는 곳을 방문한 메메드 2세는 그리스 침략자들의 군함이 정박했던 해변에 섰다. 그러고는 자신의 노력으로 그 침략자의 후손들이 "긴 세월 후 드디어 그들 조상이 트로이 전쟁 당시와 뒤이은 여러 전쟁으로 아시아인에게 범한 죄에 대한 정당한 죄과를 받을 것"이라고 선언했다. 그리고 또 오백 년의 세월이 지난 1918년, 영국과 이탈리아 군인들이 이스탄불로 들어갔다. 연합군은 오 년도 채 주둔하지 않았지만 당시 많은 사람들이 그것을 제2의 '콘스탄티노플 함락'이라고 생각했다. 수 세기에 걸친 싸움의 정점에서 서양이 헤로도토스가 '영원한 반목'이라 불렀던 유럽과 아시아 사이의 싸움을 끝낸 것 같았다.

유럽과 아시아의 다양한 문명은 서로 긴 투쟁을 해왔다. 그러나 늘 그랬던 것은 아니다. 비잔틴 제국과 오스만의 국경 지방에서도 불안하기는 했지만 평화는 존재했다. 그리스-로마 문명과 기독교가 쇠퇴해 중동 지방에서 착실하게 사라질 때도 그랬다. 8세기 이베리아 반도 대부분을 통치했던 북아프리카의 무어인, 베르베르인, 아랍인도 수 세기 동안 기독교도와 서로 조화로운 삶을 불안정하게나마 영위할 수 있었다. 그들 사이에 전쟁이 공식화되었을 때조차도 그랬다. 〔그것은 후에 '함께 살기(convivencia)'라는 다소 부정확한 말로 묘사됐다.〕 16세기 말, 지중해 동쪽에서 오스만, 스페인, 베네치아, 제노아 사이에 협동 관계가 형성됐고 그 때문에 오스만의 군함이 몇 번 기독교도 전쟁에 출현하기도 했다. 프랑스의 발루아 왕들과 스페인의 합스부르크 왕가는 자기들끼리 서로 끝도 없이 싸우는 동안 페르시아 사파비 왕조의 원조를 구하기도 했다.

그러나 그런 조정은 늘 불안했고 항상 일시적이었다. 자연 혹은 신과 인간과의 관계에 대한 서로 상충하는 입장, 너무 오래된 반목, 고대로부터 내려오던 적대감에 대한 기억 등이 세대를 거쳐 양쪽의 역사가, 시인, 성직자 등에 의해 신중하지만 집요하게 양육되어 늘 또 다른 싸움의 귀환을 정당화했던 것이다. 페르시아 아케메네스 제국의 크세르크세스(Xerxes) 황제가 기원전 5세기에 이미 말했던 것처럼 "중도는 없었다."[7]

시대 상황에 따라 전선이 이동하고 적대감의 성질이 바뀌기는 했다. 그러나 이해할 법도 하지만 때로는 완전히 거짓인 역사적 기억들이 축적되면서, 서로 분리된 세상이라는 기본적인 생각은 양쪽 사람들 마음속에 더 굳게 남아 있었다. 이 책은 그 사실과 거짓의 역사들을 기록하고 어떻게 그것들이 그런 식으로 남게 되었는지를 보여주려 한다. 나는 단순히 객관적인 이야기만 말하는 척하지는 않을 것이다. 무엇보다 계몽화한 자유주의적 비종교 사회를 선호한다는 사실도 감추지 않을 것이고, 모든 유일신 종교(사실 모든 종교들이 그렇다)가 만들어낸 신화들이 다른 신념 체계보다 인류에 더 지속적인 해를 끼쳐왔다는 것도 당당히 말할 것이다. 그렇다고 이 책을 통해 다른 책처럼 서양이 동양을 비롯한 전 세계를 어떻게 지배하게 됐는지 떠벌리려는 것은 아니다. 이 책에서 기독교가 이슬람보다 아주 조금 나아 보인다면 그것은 8장에서 내가 설명한 대로, 단지 기독교가 이슬람보다 내부적 모순에 대처하는 능력이 부족하기 때문이다. 즉 18세기 말 서양의 정치사회적 삶에서 종교적 존재를 모두 제거해 버렸던 다양한 비종교적 신념 체계에 저항할 수 없었기 때문이다. 물론 많은 유럽인과 더 많은 미국인이 스스로를 여전히 기독교도라고 말하고 그들 중 일부는 진정한 기독교도일 것이다. 기독교가 서양 문화의 역사에 중요한 요소였음을 부인할 사람은 거의 없다. 기독교를 유럽 연합 헌장에

'유럽적임'을 정의하는 한 가지 요소로 추가하자던 지스카르 데스탱(Giscard d'Estaing)의 의견은 완전히 거절당했지만 말이다. 교황, 대주교, 주교들이 매우 한탄해왔지만, 서구의 정치 행정은 지난 삼백 년 동안 국민들의 개인적, 종교적 신념이 무엇이든 상관없이 마치 종교라는 것이 존재하지도 않았다는 듯한 자세를 고수해왔다.

독일의 위대한 철학자 니체(Friedrich Nietzsche)는 "살아가는 데 역사가 필요하다. …… 우리는 역사가 삶에 기여하는 한에서만 역사에 기여하길 원한다."라고 말했다.[8] 나는 이 책이 부족하더라도 나만의 방식으로 삶에 기여하기를 희망한다. 전통적 '동양'의 상당 부분을 자신들의 이미지에 따라 바꾸려 드는 일부 서구 권력자들이 있다. 나는 그 시도가 야기하는 현재의 비극적인 충돌 또한 그들 대부분이 인식하지 못한 매우 오래되고 또 매우 불행한 역사의 한 부분임을 증명하고자 한다.

부복하는 페르시아인과 황폐한 아르메니아의 도시

모든 책은 우연히 시작된다. 어느 날 아침 식사 시간이었다. 고전 문학을 공부한 아내 줄리아가 「뉴욕 타임스」를 읽다가 엎드려서 기도하고 있는 이란 사람들의 사진을 보며 말했다. "참 놀랍군요! 바로 이런 부복이 고대 그리스인이 가장 공포스럽게 생각했던 페르시아인의 관행이 아니겠어요?" 그리고 그녀는 내가 그에 관한 책을 쓸 수도 있을 거라고 덧붙였다. 그래서 나는 책을 썼다. 그녀가 영감을 주었고 뼈대를 만들었고 장별 제목도 대부분 정해주었다.

그러나 모든 우연에도 역사는 있다. 1960년대 말, 안정된 직장 없이 대학 입학을 기다리며 프리랜서 번역가로 불안정한 삶을 살아가던 어느 해 여름, 나는 키프로스에 있는 결혼한 여동생의 집에 한동안 머물렀다. 매제는 당시 키프로스 내 영국 고등 판무관 사무소 일을 하고 있었다. 나는 세잔의 지루한 전기를 번역하고 있었는데 가끔 여동생과 매제의 대사관 파티장에 마지못해 끌려가서는 결국 살짝 빠져나오곤 했다. 그러고는 홀로 고고학적 장소를 방문하거나 생경한 문화에 이끌려 키프로스의 수도 니코시아 내 터키인 구역을 어슬렁거렸다.

신화에 따르면 키프로스는 비너스의 탄생지이자 트로이 전쟁 때 그리스 영웅의 일부가 정착한 곳이다. 그 후 키프로스에는 이집트인, 페르시아인, 마케도니아인, 로마인들이 살았고 한때 예루살렘의 십자군 왕인 뤼지냥의 기(Guy)가 망명생활을 했다. 그리고 베네치아와 오스만의 통치를 겪었다. 키프로스에는 고대로부터 유럽과 아시아의 경계선이 있었다. 그리고 그 경계선을 마지막으로 장악한 국가는 영국이었다. 1878년, 키프로스가 오스만 술탄에서 영국의 손으로 넘어갔던 것이다. 그러나 힘든 독립 전쟁 끝에 1960년 그리스-터키 의회의 설립과 함께 키프로스 공화국으로 거듭났다. 그리고 삼 년 뒤, 대주교 대통령 마카리오스 정부가 무너졌고 의회의 터키 의원들이 사실상 그 자리를 박탈당했으며 뒤이어 섬을 동서로 가르며 터키와 그리스 구역이 생겨났다. 전 세계는 유럽처럼 번영했던 그리스 지역만 키프로스 공화국으로 인정했다. 가난하고 요새 같던 자치구인 터키 구역은 그때도 지금도 터키 본토를 제외하곤 아무도 정당한 국가로 인정하지 않는다.

내가 거기 머물렀을 때도 두 구역 사이의 경계가 섬 전체를 제멋대로 가르며 마을과 시장을 분리하고 있었다. 이전에 오스만과 영국 제국주의 통치 아래에서는 비교적 조화롭게 살았을 텐데도 말이다(물론 그렇게 살아야 했을 수도 있다). 이제 한쪽에는 스스로를 옛날 서양 문명의 계승자라고 주장하는 그리스인이 있다. (당시 나는 그 사람들이 페리클레스나 플라톤과는 전혀 닮지 않았다고 생각했다. 비록 그런 이름들로 불리기는 했지만 말이다.) 또 다른 한쪽에는 또 다른 종류의 역사를 기억하는 터키인이 있었다. 그들 마음속에 과거 오스만 제국의 영광은 여전히 생생하게 살아 있었다. 많은 사람이 오스만의 과거를 자랑스럽게 생각했다. 그러나 현대 유럽에 흡수되고 싶어 했던 또 다른 터키인들에게 오스만의 과거는 장애물이었고 수치였다. 고백하건대 당시 나는 그리스 쪽 사람보다 터키 쪽 사람들에 더 끌렸고 그들을 더 좋아했다.

수도 니코시아도 1989년 이전 베를린처럼 '녹색선'이라는 좁은 길을 기준으로 두 구역으로 나눠졌다. 당시 녹색선에는 유엔 평화유지군이 있었지만 대체로 한산한 편이었다. 누구든 마음 편하게 그 선을 건널 수 있었다. 많은 터키인이 물건을 사기 위해 그리스 구역으로 들어갔다. 심지어 일을 하러 가는 사람도 있었다. 그러나 그리스 쪽 사람들은 좀처럼 터키 쪽으로 넘어가지 않았다. 넘어가면 무슨 큰일이라도 난다고 생각하는 것 같았다. 가끔 나는 현지인 케말 루스탐(Kemal Rustam)과 함께 앉아 달콤한 터키차를 마셨다. 케말은 부정 취득한 골동품과 고서를 파는 작은 가게를 운영했는데(골동품 거래는 키프로스 섬의 그리스-로마 유품을 별로 대수롭지 않게 생각했던 터키인들 사이에 호황을 누리던 사업이었다) 마치 터키와 그리스 정부 사이의 비공식 통신원처럼 굴었다. 그에게는 무궁무진한 이야기와 정보가 있었다. 그를 통해 나는 국경에서 사는 것, 특히 키프로스 국경에서 산다는 것이 무엇을 의미하는지 어렴풋이나마 짐작할 수 있었다. 그도 그리스 구역으로 정기적으로 들어가는 터키인 중 하나였다. 그는 내 조카의 세례식에 참석하기도 했다. 케말은 대체로 별 믿음 없는 기독교도 사이에 뒤섞인 역시 별 믿음 없고 풍자하기 좋아하고 잘 웃는 이슬람 사람이었다. 그런 단순한 일상에서 보자면 독립 때부터 그 섬을 나눴던, 그리고 지금 중동 지방 전체를 분할하기 시작한 종교적, 인종적 문제는 아주 먼 나라 얘기 같다. 때로 아주 기묘하고 어처구니없기까지 하다.

키프로스에서 나는 오스만과 이슬람의 역사를 배웠다. 나는 동양과 서양이라는 오래된 분할이 얼마나 고집스러운 것인지 보았고 또 그 분할이 양쪽 대륙의 역사를 어떻게 바꾸었는지 더 많이 알고 싶었다.

이듬해에 나는 페르시아와 아랍에 대해 공부하려고 옥스퍼드로 갔다. 막연히 17세기 이란의 사파비 왕조와 포르투갈의 관계에 관한 논문을 쓰겠다고 생각했었다. 그러나 결국 그쪽으로 이룬 것은 아무것도 없었고 내 관심은 스페인과 아메리카의 스페인 제국으로 옮겨 갔다. 그러나 페르시아 프로젝트가 (일시적으로) 중도하차했더라도 스페인 역사를 조금만 공부하면 금방 이슬람의 영향을 발견하게 된다는 것은 누구나 아는 사실이다. 유럽 가장 서쪽 끝에서조차 이슬람의 영향은 그렇게 컸으니 현대 유럽의 창조에 이슬람이 기여한 바가 얼마나 큰지도 충분히 짐작할 수 있을 것이다.

터키에 대한 이미지도 내 머릿속에 늘 남아 있었다. 1970년대 중반, 나는 기분에 이끌려 보통 '쿠르디스탄'이라 불리는 터키 동쪽 지방을 여행했다. 쿠르디스탄은 반(Van) 호수와 이라크-이란 국경 사이에 위치한 곳이다. 당시 쿠르드 사람들도 지금처럼 이스탄불로부터의 독립을 강하게 주장하고 있었다. 쿠르디스탄이 외국인에게 개방되어 있기는 했지만 계엄령에서 풀린 지 얼마 안 되었고 곳곳에서 또 다른 계엄령의 발동을 알리는 징후가 보였다(그리고 곧 실제 계엄령이 다시 발동했다). 나에게는 당시 앙카라의 영국 대사관에서 일하던 친구가 한 명 있었다. 그 친구는 여러 터키인과 쿠르드인을 알고 있었고 늘 터키 동쪽 지방을 여행하고 싶어 했는데 동행자가 필요하던 참이었다. 놓치기에는 너무 아까운 기회였다.

반(Van)에서 파라티푸스에 걸렸기 때문에 결국 그다지 멀리 가지는 못했다. 그러나 나는 아라파트 산을 걸어 올라갔고 타트반 외곽에서 경찰관 한 명과 함께 전혀 관심 없는 독수리들을 쓸데없이 사냥했고 무스 근처 얕은 강에서 다이너마이트를 터뜨려 물고기를 잡았다. 또 이라크 국경 근처에 남아 어렵게 살아가던 무스타파 바르자니(Mustafa Barzani)의 쿠르드 시민군과도 얘기했다. 나는 차가운 아나톨리아의 하늘 아래 이목하는 양치기들을 벗 삼아 잠도 잤다. 그들에게서 나는 고대로부터 내려오는 대접이라는 것이 무엇인지 직접 경험할 수 있었다. 그리고 나는 '전통적' 삶의 방식이 특히 여성들에게 얼마나 힘든 것인지도 알게 되었다. 그런 삶을 결코 경험해보지 않았던 감상적 서구인들이 그렇게 한탄했던 바로 그 삶 말이다.

그런 이미지들은 내 마음속에 살아 있었다. 무신론자에다가 그곳과 거의 아무런 상관도 없고 그들에게 좋을 것도 없는 외국인에게 그들이 보였던 관대함과 예외 없는 환대도 잊을 수 없다. 그러나 지금도 내 마음속에 여전히 가장 생생하게 살아 있는 일은 그 여행의 막바지에 일어났다.

그날 아침 나는 초라하고 곧 쓰러질 듯한 현대 도시 반(Van)의 외곽에 있는 언덕에 서서 또 다른 한 도시의 폐허를 내려다보고 있었다. 햇볕에 말린 진흙 벽돌로만 만들어진 도시였다. 버려진 후로 수년 동안 겨울비에 조금씩 녹아들어 당시 제대로 남아 있던 것이라고는 2~3피트 정도 높이의 외곽 성벽뿐이었다. 잊을 수 없는 광경이었다. 보이는 것이라고는 예전에 존재했을 집과 상점, 광장, 시장의 흔적을 짐작케 하는 겹겹이 난 길뿐이었다. 전체적으로 거대한 돌무덤이었다. 처음 봤을 때 1945년 2월 폭격 후의 독일의 드레스덴이 생각났다.

그러나 그 도시를 철저하게 파괴한 것은 폭격이 아니라 방치와 그곳의 날씨였다. 나를 그곳으로 데려다준 터키인은 그곳이 수 세기 동안 방치되어 있는 고대의 유적이라고 말했다. 나는 누가 그곳에 살았었는지 물었다. 그는 "고대 사람들"이라고만 대답하며 그들이 최소한 이슬람 이전의 사람임을 암시했다. "아주 고대의 사람들." 나는 그들에게 이름이 있는지 물었다. 터키인은 그들의 이름은 잊혀졌다고 대답했다. 학교에서 그것밖에 배우지 않았다고 덧붙였다. 그러므로 그 장소는 다른 모든 폐허들처럼 오직 외국인이나 관심을 가지는 불가사의한 장소였다. 그 터키인은 진심이었다.

그러나 나는 우리가 그날 내려다봤던 그 유령 같은 장소가 아르메니아의 수도 반(Van)의 한 귀퉁이였음을 알았다. '고대인'과는 전혀 상관없었다. 그곳 주민들은 1915년 6월 아르메니아 대학살 때 모두 살해되었다(터키 정부만 빼고 모든 사람이 그 사건을 아르메니아 집단 학살이라고 부른다). 이야기는 일단 1894~1896년 사이로 거슬러 올라간다. 그때도 오스만 군대가 아르메니아인 마을을 체계적으로 파괴하며 약탈했고, 이십 만 명이 넘는 사람들을 죽였다. 「뉴욕 타임스」는 그 사건을 '아르메니아인 홀로코스트'라고 묘사한 바 있다. 아마도 「뉴욕 타임스」가 처음으로 그 사건을 홀로코스트라고 칭했을 것이다. 오스만투르크는 아르메니아인이 오스만에서 독립하기 위해 오스만의 적들과 음모를 꾸미며 기독교도와 내통하고 있다고 의심했기 때문에 그런 일을 저질렀다. 그리고 제1차 세계대전이 발발했을 때 아르메니아인은 독립 국가를 건립하기 위해 오스만이 가장 골치 아파 했던 러시아에 도움을 요청했다. 1915년 5월, 아르메니아인은 러시아의 도움으로 독립 국가를 건설할 수 있었다. 그러나 그 국가는 채 한 달도 가지 못했다. 사기충천한 아르메니아-러시아군이 터키인과 쿠르드인을 살육했다는 소문이 퍼졌고 이스탄불의 세력가들이 그 지역의 전 아르메니아인을 동남쪽 아나톨리아로 추방하며 복수했다. 그 과정에서 수천 명의 아르메니아인들이 살육당했고 체계적으로 고문받았으며 그들의 집과 소지품은 모두 파괴되거나 약탈당했다. 교회도 모욕을 당했고 고대로부터 내려오던 수도는 텅 비었다. 그리고 마지막으로 내 터키인 가이드가 유창한 말로 증명했듯이 그들이 한때 존재했다는 사실조차 완전히 잊혀졌다. 비록 모르고 한 말이긴 하지만 말이다.[9]

마침내 이 책을 쓰기 위해 책상에 앉았을 때 내 머릿속에는 그 두 이미지가 떠올랐다. 부복하는 페르시아인, 그리고 황폐한 아르메니아의 한 도시. 그것은 명백한 시작도 없고 또 그 끝도 예측할 수 없는 역사의 두 순간이기도 했다.

마지막으로 음역에 대해 언급하겠다. 아라비아어, 페르시아어, 터키어 같은 경우 일괄적인 표기법을 따르지 못했다. 편의상 정확한 표기가 아니라도 일반적으로 익숙한 영어식 표현을 사용했다. 다른 논문의 경우 필요하다면 학문적으로 더 정확한 형태를 표기하기는 하지만 그때도 그것이 일관된 것이라고 하기는 어렵다. 원어를 아는 사람은 내 음역으로 원어를 추측할 수 있을 것이고 원어를 모르는 사람에게는 정확한 표현이든 아니든 상관없을 것이다.

안토니 파그덴

끝없는 반목의 시작

갈등의 잉태

모든 일은 납치에서 시작됐다. 그 소녀는 현대 레바논의 일부인 고대의 시돈 해안에 있던 도시 국가 티레의 왕 아게노르(Agenor)의 딸 에우로페(Europa)였다. 신들의 왕 제우스가 흰 황소의 모습으로 '샤프론 향기를 뿜으며' 바다에서 튀어나왔을 때 하얀 피부와 황금 머리카락의 에우로페는 물가에 앉아 히아신스, 바이올렛, 장미, 백리향 등으로 화관을 만들고 있었다. 수행원들은 도망쳤지만 그녀는 얼어붙었다. 그리고 로마의 시인 오비디우스(Ovid)는 다음과 같이 노래했다.

> 두려움은 천천히 사라졌고, 제우스는
> 에우로페를 가슴에 안아 그녀 생애 최초의 애무를 제공했다.
> 에우로페는 화관으로 제우스의 뿔을 감쌌다.[10]

그들 주변을 펄럭이며 날고 있던 큐피드가 에우로페를 사뿐히 들어 제우스의 등에 올려놓았다. 제우스는 그녀와 함께 두 대륙을 가르는 해협을 건너 크레타로 갔다. 그들은 고르틴의 늪 거대한 플라타너스 나무 아래에서 사랑을 나누었다.[11]

거기서 에우로페는 미노스, 라다만티스, 사르페돈이라는 세 아들을 얻고 자신의 이름 에우로페를 그 대륙에 남긴다. 그러나 제우스는 사랑했던 인간들에게 늘 그랬듯 에우로페가 싫증났기 때문에 크레타의 왕 아스테리우스(Asterius)와 결혼시킨다. 아스테리우스는 반쪽만 신인 그녀의 세 아들을 받아들인다.

이것이 '에우로페 겁탈' 신화이다. 오랫동안 이 신화는 유럽의 시작을 알리는 이야기로 '서양'의 기원이었다. 그런데 에우로페의 고향이 아시아이기 때문에 이 이야기에 따르면 결국 '서양'은 '동양'에서 나온 것이 된다. 20세기 프랑스의 위대한 시인 폴 발레리(Paul Valéry)는 "그럼 서양은 무엇인가? 구대륙에 붙은 돌기인가? 아시아의 부속물인가?"라고 질문했다. 그리고 물론 그 아시아의 부속물이 어쩔 수 없이 "타고난 서양처럼 보인다."라고도 했다.[12]

'에우로페 겁탈' 신화를 좀 더 얘기하자면 조금은 역사적인 해석도 있다. 이는 그리스 역사학자 헤로도토스가 처음 제안했고 후에 3세기 기독교 신학자 락탄티우스(Lcatantius)가 공언했다. 락탄티우스는 이교도들의 이야기에서 마음을 어지럽히는 에로틱한 환상을 벗기고 폭로하는 데 열심이었다. 헤로도토스는 페니키아인에게 주목했다. 그에 따르면 '에우로페 겁탈'은 페니키아 선원들이 아르고스 왕인 이나코스(Inachus)의 딸 이오(Io)를 억류한 것에 대한 복수였다. 헤로도토스는 후에 다시 "페르시아인들이 이름을 밝히지 못한 어떤 그리스인들이(이들은 사실 '이다의 수퇘지'

라 불릴 만큼 야만성으로 유명했던 크레타인들이었다)" 티레의 페니키아 항구로 입항하여 "티레 왕의 딸 에우로페를 납치해 앙갚음했다."라고 썼다. 락탄티우스는 그 크레타인들이 제우스를 상징하는 황소 모양의 배를 탔으며 에우로페는 크레타의 왕 아스테리우스에게 가는 선물이었다고 말했다. 수 세기 후 이탈리아 시인 보카치오(Giovanni Boccaccio)도 그 해석을 받아들였다. 보카치오는 크레타 왕의 이름을 요베(Jove)라고 해 이미 복잡한 이야기를 더욱 복잡하게 만들었다.[13]

납치의 신화는 계속된다. 헤로도토스는 크레타인을 '유럽인'이라 했고 에우로페는 아시아 여성이기 때문에 에우로페 겁탈은 모든 아시아인에게는 일종의 모욕이었다. 후대에 또 다른 유럽인 이아손(Jason)이 흑해로 들어가 콜키스의 왕 아이에테스(Aeëtes)의 딸 메디아(Medea)를 납치했다. 그는 메디아의 도움으로 '황금 양털'을 갖고 도망쳤다. 또 더 후대에는 트로이(지금의 소아시아)인이 복수의 일환으로 스파르타 왕 메넬라오스(Menelaus)의 아내 헬레나(Helen)를 납치해 트로이로 데려갔다. 그다음 메넬라오스의 형 아가멤논(Agamemnon)이 군대를 일으켜 바다를 건넜고 10년이란 긴 세월 동안 거대 도시 트로이를 공격했다.

대로마 제국의 집정관 키케로(Marcus Tullius Cicero)가 '역사의 아버지'라 불렀던 헤로도토스는 질문 하나를 던졌다. 그리고 질문에 대한 위의 모든 이야기가 주장하는 꾸며진 대답과는 다른, 진실에 가까운 대답을 원했다. 그 질문은 "왜 그렇게 두 집단(그리스와 페르시아)이 서로 싸웠을까?" 하는 것이다. 헤로도토스는 그리스와 페르시아의 반목을 보면서 성장했고 그 반목의 결과를 몸소 체험하며 살았다. 그는 페르시아의 다리우스 1세(Darius I)가 아시아 세력으로는 처음으로 전 유럽을 정복하겠다고 대대적인 공격을 시작했던 기원전 490년경, 할리카르나소스(현대 터키의 항구 도시 보드룸의 옛 지명)에서 태어났다. 할리카르나소스는 원래 그리스 도시였으나 헤로도토스가 태어나 청년기를 보내던 동안은 페르시아 통치 아래 있었다. 겉으로 평화로워 보였지만 늘 그렇지만은 않았던 두 세계 사이에서 헤로도토스는 비교적 우호적이었던 두 세계 사람들이 어떻게 신랄한 적대의 세월을 보냈는지 알고 싶었다. 그 의문에 답을 구하면서 헤로도토스는 모든 창조적 에너지를 동원해 아시아와 유럽 사이의 일련의 싸움에 대한 이야기를 기록해나갔다. 그렇게 해서 그의 말년에 역작 『역사(Histories)』가 탄생했다. 후대 사람들은 그 싸움을 '페르시아 전쟁(기원전 490~479년 그리스와 페르시아 사이에 교전과 휴전을 거듭했던 일련의 싸움)'이라고 불렀다.

헤로도토스는 이오와 에우로페와 트로이 전쟁 같은 이야기들이 단지 반목을 위한 구실일 뿐임을 잘 알고 있었다. 신화와 역사가 뒤섞인 싸움에서는 여전히 신들이 극성이었다. 당시 인간은 자신의 의지를 거의 행사하지 못하며 살았다. 그러나 헤로도토스는 인간이 인간의 행동에 책임이 있다고 봤던 몇 안 되는 초창기 작가들 중 한 명이었다. 헤로도토스의 글에도 신들이 있지만 그들은 단지 그림자적 창조물에 지나지 않는다. 여전히 기호나 점복(占卜), 믿을 수 없고 교활한 신탁의 목소리를 통해 말하고는 있었지만 실제적인 일을 일어나게 하지는 못했다. 세상을 지배하고 조종했던 것은 이미 인간이었다.

트로이 전쟁처럼 페르시아 전쟁도 유럽과 아시아 사이에 있었던 일련의 대대적인 싸움을 일컫는 말이다. 그러나 이번에는 신화가 아닌 실재했던 싸움이고 정확한 기원이 있으며 조금 덜 정확하지만 결과도 있다. 헤로도토스는 스스로 자신만의 '연구' 혹은 『역사』라고 불렀던 책에 자료를 모으기 위해 전투에 참여했던 사람들을 출신에 상관없이 직접 만났고 그들이 하는 말에 정성껏 귀를 기울였다. 페르시아어를 몰랐지만 헤로도 토스는 페르시아에서만 얻을 수 있는 정보도 갖고 있다고 주장했다(실례 로 그는 페르시아 이름은 항상 's'로 끝난다고 생각한 듯하다). 페르시아에 대한 헤로도토스의 관점은 그리스인 후손들이 '동양'에 대해 품은 전형적인 강경 입장을 반영하기도 하지만, 사실 뒤이은 대부분의 역사가들과 비교 해 상당히 다른 해석의 여지를 남겼다.

그러나 결국 헤로도토스의 입장도 불가피하게 그리스적인 것이었다. 그리고 헤로도토스의 해석이 우리가 페르시아 전쟁에 대해 자세히 알 수 있는 유일한 것이기 때문에 지난 수 세기 동안 우리는 그의 해석에 따라 페르시아 전쟁의 원인과 과정을 이해할 수밖에 없었다. 현대 고고학은 아 케메네스(페르시아 제국의 지배 왕조)의 도래와 그 제국이 지배했던 사회에 대해 종종 아주 다른 청사진을 그린다. 그런 새로운 해석을 고려해볼 때 헤로도토스는 '역사의 아버지'임과 동시에, 그레코-로만 시대 철학자이 자 전기 작가였던 플루타르크(Plutarch)가 지적한 것처럼 '거짓말의 아버 지'이기도 하다.[14] 그러나 헤로도토스 이야기의 역사적인 정확도가 꼭 중 요한 것은 아니다. 『역사』는 전쟁 과정 외에도 많은 것을 설명하기 때문 이다. 『역사』는 그리스 세계의 문화와 정치적 기원을 드러내고 나아가 심 리학적인 기원도 어느 정도 말해준다. 실제 하나로 연결되어 있는 유럽, 아시아, 아프리카에 왜 그렇게 서로 다른 세 여성의 이름을 붙여야 하는 지 이해할 수 없다고 투덜대기는 했지만,[15] 헤로도토스는 '에우로페'가 아시아와 다르다는 것을 명확하게 알고 있었다. '그리스다움'이 무엇인 지도 확실히 감지하고 있었다. 그는 '그리스다움'이 '피, 언어, 종교, 관 습이 같은 것'이라고 말했다. 여기서 우리는 '서양식' 유럽의 기원을 볼 수 있다. 그러나 그렇게 구별해야 한다는 것은 한편 그런 식의 구별이 결

코 완전할 수 없음을 반증한다. 또한 그리스(유럽)가 수 세기에 걸친 숙적
(아시아)에 무한한 빚을 지고 있음을 뜻하기도 한다.

'그리스다움'이라는 공통점이 있지만 헤로도토스는 고대 그리스의 도
시들이 많은 면에서 사실 매우 다른 사회라는 것도 잘 인식하고 있었다.
비록 같은 신들을 모시고 같은 언어를 쓰고 심지어 (좀 문제가 있기는 하지
만) 같은 피를 나눴다 해도 그들의 관습은 대체로 서로 매우 달랐다. 그러
나 헤로도토스에 따르면 그리스를 하나로 묶으면서 그들을 아시아 원수
들과 구분 짓는 것이 확실히 있었다. 그것은 바로 아테네의 민주주의였다.

헤로도토스 시대의 그리스인은 작은 도시에서 살았다. 페르시아 통치
아래 있던 일부 지역을 제외하면 그 도시들은 지중해 연안을 따라 시칠리
아에서 키프로스와 소아시아의 에게 해 연안까지 흩어져 있는 (오늘날 우
리가 도시 국가라고 부르는) 정치적인 소규모 자치 공동체들이었다. 이 지역
에 사는 사람들은 모두 '헬레네스(그리스인들)'였지만 그렇다고 늘 서로
평화롭게 공존했던 것은 아니었다. 기원전 338년 8월, 마케도니아의 필
리포스(Philip) 왕이 카이로네이아 전쟁에서 마지막 승리를 거둘 때까지
고대 그리스는 사실 끊임없이 유동하는 동맹 관계에 있었다. 페르시아와
관련한 헤로도토스의 글에서 알 수 있듯이 그리스인은 적에 합동으로 대
항할 수 있는 공통의 명분을 만들기가 매우 어려웠다. 사실 유럽과 아시
아의 경계마저 굉장히 불확실했다. 그리스 도시들은 페르시아의 통치 아
래 번영했고 자국 사람들로부터 노여움을 산 일부 그리스 권력가들은 종
종 페르시아 궁전에서 피난처를 찾기도 했다.

헤로도토스가 그런 사실들을 무시하거나 숨겼던 것은 아니다. 헤로도
토스가 보여주고 싶었던 것은 그리스와 페르시아 혹은 유럽과 아시아를
구분했던 것이 단순한 정치적 차이점 이상의 어떤 심오한 것이라는 점이

었다. 즉 유럽과 아시아는 세상을 보는 관점이 달랐다. 세상이 어떠해야 하고 인간이 어떻게 살아야 하는가에 대한 생각이 달랐다. 그리고 그리스, 넓게는 '유럽'의 모든 도시는 각자 개성이 다르고 종종 아주 다른 사회를 만들고 필요하다면 기꺼이 서로를 배신하기도 하지만 모두 같은 관점을 갖고 있었다. 이들은 모두 예속과 자유를 구분했고 오늘날 우리가 인간의 개인성이라고 부르는 성격을 대체로 중요하게 생각했다.

아테네의 위대한 비극 시인 아이스킬로스(Aeschylus)도 그 사실을 잘 알았다. 아이스킬로스는 기원전 480년 가을, 유명한 살라미스 전투에 참전했다. 살라미스 전투는 잘 알려졌다시피 그리스가 승리한 유럽 역사상 최초의 해전으로, 미래의 그리스뿐 아니라 전 유럽의 운명을 뒤바꾼 전투였다.[16] 아이스킬로스의 비극 〈페르시아인(The Persians)〉에서는 다리우스 대왕의 미망인이자 다리우스의 계승자인 크세르크세스의 어머니 아토사(Atossa)가 자신의 배가 부서진 후 꿈을 꾼다(〈페르시아인〉은 모든 언어를 통틀어 가장 오래된 드라마이다). 이 비극에는 많은 꿈이 등장한다. 다리우스의 선조 키로스(Cyrus)는 다리우스가 그의 양 어깨에 한 쌍의 날개를 달고 나타나는 꿈을 꾸었다. 한쪽 날개는 유럽에 그리고 다른 쪽 날개는 아시아에 그림자를 드리우고 있었다. 그리고 영토를 확장하던 크세르크세스도 선조의 예언을 실현하려다가 자신이 몰락하는 꿈을 꾸었다.[17]

아토사는 아들의 패배를 예언하는 꿈을 꾼다. 그녀는 그 패배를 이끈 싸움의 역사적인 출발에 대한 꿈도 꿨다. 그녀는 "이보다 더 선명한 꿈은 없었다."라고 했다.

그리고 내가 어젯밤에 본 것은 무엇인가.
상냥한 어둠 속에서

당신에게 말해주리.

아주 잘 차려입은 두 명의

여성들이 보였다네.

한 명은 사치스런 페르시아 로브를 걸쳤고

다른 쪽은 단순한 그리스 튜닉을 입었지.

둘 다 살아 있는 어떤 여성보다 훨씬 컸다네.

그리고 완벽한 미인이었어.

그리고 같은 부모 밑에서 태어난 자매처럼 보였다네.

그리고 고향 혹은 집으로,

한 명은 그리스 토양을 받았고,

다른 한 명은 그 너머 야만인의 땅을 받았네.

이 꿈에서 그리스와 페르시아, 유럽과 아시아는 자매다. 모든 자매가 그렇듯 이들도 서로 다르다(한쪽은 사치스럽고 다른 한쪽은 검소하다). 아이스킬로스는 그렇게 그리스와 페르시아 사람의 서로 다른 이미지를 고정시켰다. 이 자매는 곧 싸우기 시작하고 크세르크세스가 그들을 '길들이기' 위해 자신의 전차에 묶는다.

꼿꼿하게 서 있는 아시아는

마구를 자랑스러워하고

입을 다문 채

고삐에 순응한다.

그러나 다른 쪽 그리스는

완강하게 저항하고

양손으로

전차에 묶여 있는 마구를 비틀어댄다.

그리고 우격다짐으로 끌고

고삐를 던져버린다.

멍에를 힘껏 흔들어버리니

그가 떨어졌다.

내 아들이 떨어졌다.[18]

이 꿈은 그리스와 유럽을 정복할 사람은 아무도 없다고 말한다. 그리스에 '고삐'를 달려 했던 사람은 누구나 자폭할 뿐이고, 특히 그 누구는 바로 크세르크세스였다. 비극 작가 아이스킬로스를 비롯해 살라미스 해전에 참천했던 관객들은 모두 그 사실을 잘 알고 있었다.

〈페르시아인〉이 살라미스 해전에 대한 목격자적인 해설로 거의 유일한 자료일 것이다. 〈페르시아인〉은 헤로도토스의 『역사』처럼 결국 드라마이자 픽션일 뿐이지만 페르시아인과 다른 그리스인다움이란 무엇인지 잘 말하고 있다. 헤로도토스처럼 아이스킬로스도 그런 그리스인다움의 성질들이 갈등을 겪으면서 구체화되었고, 무엇보다 유럽과 아시아 사이의 갈등에서 시작됐고 또 유지되었음을 잘 알고 있었다. 그리고 살라미스 해전은 그 갈등의 파괴적인 대미를 장식했다.

거대한 제국의 등장

기원전 6세기 중엽부터 알렉산드로스 대왕이 페르세폴리스의 페르시아 수도를 불태운 기원전 330년까지 그리스 역사는 페르시아 제국의 그늘 아래 가려 있었다.[19] 고대 국가 중에서도 페르시아 제국은 가장 크고 가장 강력했다. 그러나 다른 고대 국가들에 비해 페르시아 제국의 도래는 급작스러운 것이었고 그만큼 통치 기간도 짧았다. 페르시아인이라는 말은 현대의 페르시아 만과 중부 이란의 사막 지대 사이인 페르시스(현대의 파르스) 지역에 정착했던 한 작은 부족에서 유래했다. 페르시스 부족은 오랫동안 메디아에 조공을 바쳤던 메디아 제국의 속국에 불과했다. 하지만 기원전 550/549년경, 페르시스 지도자이자 파사르가대 부족의 한 파벌인 아케메네스의 수장 키로스가 메디아 제국에 대항해 반란을 일으켰고 결국 메디아 왕 아스티아게스(Astyages)를 제거하는 데 성공했기 때문에 메디아와 페르시아는 하나의 왕국으로 통합된다. 키로스의 반란이 있기 몇 년 전 메디아는 동쪽의 아나톨리아까지 그 세력을 확장하다가 리디아의 수도 사르디스에서 리디아 왕국과 충돌한 바 있었다. 그 후 사르디스는 페르시아 역사에서 하나의 중요한 장소가 된다.

기원전 585년, 페르시아 왕국과 리디아 왕국은 그 사이에 있는 할리스 강을 경계로 평화 협정을 맺었다. 그러나 기원전 547년, 부유하기로 유명한 리디아의 왕 크로이소스(Croesus: '크로이소스만큼 부자'라는 말까지 생겨났다)가 할리스 강을 건너 카파도키아를 침범한다. 우열을 가릴 수 없는 일련의 전투가 끝나고 겨울이 닥쳐왔다. 크로이소스는 이집트-이오니아 동맹의 덕을 볼 수 있는 봄에 교전을 재개할 심산으로 일단 사르디스로 퇴각한다. 몹시 사나운 아나톨리아의 얼음 바람과 폭설 속에서 전쟁을 감행할 수장은 당시에 거의 없었다. 그러나 키로스는 사르디스로 퇴각하는 크로이소스의 군대를 주저 없이 뒤쫓았다. 14일간 사르디스에 맹공격을 퍼부은 키로스는 결국 리디아를 점령했다.

리디아가 조종 반경 안으로 떨어지자 키로스는 바빌론, 박트리아, 사카는 물론 심지어 이집트 공격까지 준비하는 한편, 마제라스(Mazres)와 하르파고스(Harpagos) 장군을 파견해 이오니아, 카리아, 리키아, 프리기아의 도시들도 정복했다. 기원전 539년 10월, 키로스는 바빌론에 입성하는데, 상황을 이미 파악한 바빌론 주민들이 (그들이 두 세기 후 알렉산드로스 대왕에게 했던 것처럼) 녹색의 잔가지 행렬을 펼쳐 키로스를 환영했기 때문에 "바빌론에는 표면적이나마 평화의 시대가 도래했다." 키로스가 바빌론 왕의 후계자가 되자 동맹 관계에 떨어진 대월지 사람들은 곧장 이집트 국경에 관심을 쏟기 시작했다.[20]

기원전 538년, 키로스는 네브카드네자르(Nebuchadnezzar) 때문에 바빌론으로 망명했던 유대인들이 다시 고향으로 돌아갈 수 있는 법령을 반포했다. 그 때문에 선지자 이사야(Isaiah)는 키로스를 '신이 임명한 왕'이라고 불렀다. 키로스는 다른 수많은 지도자가 그랬듯 익히 알려진 세계라면 그 통치권은 모두 자신에게 있다고 주장한다. 어떤 비문에는 "나는 위대하고 인증된 세상의 왕이자 바빌론, 수메르, 아카드의 왕이고 세상의 네 끝과 모든 종교를 다스리는 왕 키로스다."라고 썼다. 후대의 페르시아 군주들도 이와 비슷한 위상을 주장한다. 모두 스스로를 '대왕' 혹은 '왕들의 왕'이라 칭했다.[21] 그들 이전의 메디아 군주들도 그런 칭호를 그 이전의 아시리아 군주에게서 넘겨받았고 그들 이후 1979년까지의 이란 왕조도 스스로를 현대 페르시아 말로 샤한샤(Shâhânshâh: 왕 중의 왕)로 칭하며 맥을 이었다.

그리스인은 페르시아인의 그런 과장된 제국주의적 주장을 두려워했고 또 경멸했다. 기원전 5세기 그리스 정치 체계는 도시 국가에 한정된 것이었고 알렉산드로스 대왕 이전의 어떤 그리스 군주도 자신의 도시 국가 밖의 사람들에 대한 합법적 통치권을 그처럼 완강하게 주장하지는 않았다. 후대 유럽 확장의 주요 특징인 보편주의는 사실 많은 유럽 문화가 그렇듯 동양에서 창조되어 서양으로 들어온 것이었다.

세계 통치를 꿈꾸는 모든 지도자들처럼 키로스도 제국 변경에서 끊임없이 발생하는 문제로 골치를 앓고 있었다. 번영하는 제국의 국경 지역이 그렇듯 유목 혹은 반(半)유목 부족들이 키로스 제국에 압박을 가해왔다. 카인과 아벨의 후손인 유목민과 농경민 사이의 오래된 반목은 로마와 비잔틴 제국을 망하게 했던 것과 같이 결국 바그다드의 셀주크 왕조와 북경의 중국 황제의 왕권도 박탈했던 것이다. 키로스를 향한 복수의 여신이 겨눈 칼날은 카스피 해 동쪽 해안에서 태양을 숭배하고 말 희생제를 거행했던 마사게테 부족으로부터 날아왔다. 기원전 530년 여름 키로스는 군대를 이끌고 동쪽으로 향했다. 거기서 그는 마사게테의 여왕 토미리스(Tomyris)를 만난다. 그녀를 유혹하려던 시도가 실패로 끝나자 키로스는 양쪽 군대 사이에 위치한 아락세스 강에 여러 연락선과 다리를 놓으려 했다. 키로스의 자손들이 헬레스폰트 해협을 건너는 데 이용하려고 두 번이나 시도했던 바로 그 작전이었다.

키로스가 그 일을 하고 있는 동안 토미리스는 많은 비판가가 지나치게 커지는 제국에 비슷한 방식으로 반복적으로 전달하는 메시지를 키로스에게 보냈다. 편지는 "메디아의 왕이시여"로 시작했다. "나는 그대에게 그 사업을 포기할 것을 충고하오. 왜냐하면 그 일이 그대가 생각하는 만큼 그대에게 좋게 작용하지 않을 수도 있기 때문이오. 당신 나라 사람을 통치하시오. 그리고 내가 내 나라 사람을 통치하는 것을 참을성 있게 지켜보려고 노력하시오.” 토미리스가 예상했던 대로 키로스는 그 말을 들을 생각이 전혀 없었고 그녀를 향해 계속 전진했다. 뒤이은 전쟁은 헤로도토스에 따르면 “국가들 사이에서 벌어진 그 어떤 싸움보다 잔인한 것”이었다.[22] 전하는 말에 따르면 토미리스는 키로스의 목을 베어 그의 피로 흥건해진 그릇에 던졌다고 한다. “그대, 다른 사람의 피로 그렇게 오랫동안 살았으니 이제 당신의 피를 마실 차례요.”

키로스의 아들 캄비세스(Cambyses)가 왕위를 계승했다. 오 년 후 캄비세스는 이집트를 침략해 이집트의 스물일곱 번째 왕조를 다스리는 새 파라오가 되었다. 다른 그리스 문헌들처럼 헤로도토스도 캄비세스 통치를 매우 어두운 그림으로 묘사한다. 헤로도토스에 따르면 캄비세스는 동생 스메르디스(Smerdis)를 비밀리에 살해한 후부터 겉보기에도 미친 듯이 보였는데 실제로도 ‘광기에 가까운 잔인함’으로 통치했다고 한다.[23] 헤로도토스는 전쟁으로 통치권을 얻은 자가 맨 정신으로 감히 식민지의 성스러운 의식과 오랜 관습을 조롱하지는 못할 것이라고 보았다. 대부분의 그리스인과 페르시아인처럼 헤로도토스도 모든 종교와 각 지방의 관습은 존중돼야 한다고 믿었던 것이다. 그런데 캄비세스는 이집트인이 살아 있는 아피스 신이라 믿었던 수송아지를 잡으려다 자신의 허벅지를 찌르게 된다.[24] 그의 광기를 드러내는 일화 중 하나였다. (혹은 그 일 때문에 그가 사람들 사이에 미친 사람으로 회자되었을 수도 있다.) 기원전 522년, 캄비세스는 어쩌다 같은 장소에서 다시 한 번 자신을 찌르게 된다. 하지만 이번에는 상처에 괴저가 생겨 결국 죽음을 맞이한다. 왕권은 그 후 메디아 후손의 부족 집단이자 사제 계급인 마기족의 어떤 두 사람에게 넘어갔다. 마기족에서 마술사(Magician)라는 말이 나왔고 조로아스터교가 아케메네스 제국 전역에 퍼지게 된 데에도 마기족의 역할이 컸다. (이들의 먼 후손 중 세 사람이 '동방의 박사'가 되어 예수 탄생을 축하하러 예루살렘으로 갔다.) 그러나 마기족의 통치는 아주 짧았다. 이듬해 걸출한 페르시아인 일곱 명이 음모를 일으켜 그 두 마기족을 암살하고 눈에 띄는 마기족은 모두 죽이기 시작했다. 그 결과 '어둠으로 살육이 멈추지 않았다면 그 부족은 멸종되었을' 상황이 지속되었다.[25]

오 일 후 흥분이 가라앉자 음모를 꾸민 자들은 향후의 일을 결정하려고 모였다. 그들 중 과연 누가 왕이 되어야 할 것인가? 그들 중 세 명 사이에 최상의 정부 형태에 대한 뛰어난 논쟁(십중팔구 꾸며낸 이야기일 것이다)이 벌어졌다. 후대 사람들은 그것을 '입헌 논쟁'이라 불렀다. 고대 정치 논쟁이 늘 그렇듯 토론에 부쳐진 세 가지 정부 형태는 민주정치, 과두정치, 군주정치였다. 또 한 번 우리의 유일한 정보처인 헤로도토스는 "일부 그리스인은 실제 사건으로 믿지 않지만 그 논쟁은 확실히 있었다."라고 말한다. 헤로도토스에 따르면 음모자 중 한 명인 오타네스(Otanes)가 첫 번째 논지를 폈는데 그의 주장은 페르시아 군주정치에 반하고 일반적인 페르시아 문화와도 완전히 다른 것이었다고 한다. 오히려 그들의 숙적 그리스에서나 생길 법한 주장이었다.

아마 헤로도토스의 그리스적인 비평은 틀린 말이 아니었을 것이다. 최상의 정부 형태에 대한 토론 자체가 그리스의 정치적 특징인 것이다. 즉 후대 로마와 르네상스 시대를 거쳐 마지막으로 현대 유럽으로 이어지는 유럽의 전통이다.[26] 그리스인에게 페르시아는 통치법에 대한 어떤 논의도 일어날 수 없는 곳이었다. 그런 논의가 벌어진다는 것은 사람들에게 선택권과 의견이 있다는 뜻이다. 그러나 페르시아 땅에는 토론 문화 자체가 없었다. 아이스킬로스의 두 자매 이미지가 보여주듯이, 아시아는 늘

‘입을 다문 채 고삐에 순응하는’ 전제정치의 땅인 것이다.[27]

확실히 페르시아에도 그리스처럼 정치적 논쟁의 전통이 있었다는 역사적 기록은 없다. 군주정치의 합법성 혹은 우수성에 대해 질문했다는 기록도 극소수다. ‘입헌 논쟁’의 일원이자 최후의 승자가 된 다리우스가 유사 자서전을 남겼지만 예상대로 계승을 둘러싼 그 어떤 논쟁도 언급하지 않는다. “옛날부터 우리는 위엄이 있었다. 처음부터 우리 집안은 왕족이었다. 우리 집안에서 여덟 명의 왕이 태어났고 내가 그 아홉 번째다. 친가와 외가에서 아홉 명의 왕이 났다.”라고 말할 뿐이다.[28] 헤로도토스가 이 부분을 꾸며서 얘기했을 수도 있다. 그가 진실을 너무 강조한 것이 그 반증이다. 그러나 헤로도토스의 중요성은 그가 고대 페르시아의 정치 체계를 보여주는 데 있지 않고 그리스인이 페르시아와 그리스인 자신을 어떻게 보았는지를 말해준다는 데에 있다.

마기족에 대항한 반란을 주동했던 오타네스가 논쟁에서 첫 번째 발언권을 가졌다. 그는 “페르시아가 군주정치의 전통을 버리고 ‘이소노미아(isonomia : 모든 사람이 법적 활동을 동등하게 주장할 수 있는 권리-옮긴이)’를 위주로 하는 대중을 위한 정치를 받아들여야 한다.”라고 주장했다.[29] 그리스와의 갈등은 여전히 먼 미래의 일이었지만 헤로도토스를 읽는 독자들이 오타네스의 연설에서 명확하게 이해할 수 있는 사실은 페르시아가 고대 그리스를 특별하게 만들었던 그리스적 정부 형태를 적극적으로 받아들이려 했다는 점이다. 오타네스는 계속해서 이렇게 말한다. “우리 중 한 사람이 절대 권력을 갖는 시대는 지났다. 군주정치는 좋지도 유쾌하지도 않다.”

오타네스가 그렇게 말한 이유 또한 상당히 그리스적이다. 군주들은 자신 외에 아무도 책임지지 않는다. 오타네스는 “한 사람에게 아무런 책임감도 통제도 없이 뭐든 할 수 있는 권력을 주는 군주정치가 어떻게 건전한 윤리 체계와 공존할 수 있겠는가?"라고 묻는다. 군주들도 결국 인간일 뿐이다. 모든 인간처럼 군주도 자부심과 시기심으로 고통받는다. 그러나 다른 인간과 달리 군주는 보통 자신이 다른 사람보다 위대하다고 생각하는 결함을 갖고 있다. 그 망상 때문에 불가피하게 모든 종류의 '야만적이고 비정상적인 폭력'이 나온다. 오타네스는 청중에게 캄비세스와 마기족이 자행한 폭력을 상기시킨다. 왕은 변덕스럽다. 왕은 존경받고 싶어 하지만 동시에 자신을 존경하는 사람을 '아첨꾼'이라며 경멸한다. 왕은 덕망 있는 신하를 질투하고 최악의 신하와 함께하는 즐거움만 찾는다. 왕은 아부의 거짓말만 쏙쏙 알아듣는 귀를 가지고 있다. 무엇보다 큰 문제는 왕이 "고대의 전통과 법질서를 깨고 쾌락을 위해 여성을 취하고 재판도 없이 남자들을 죽인다는 점이다."

대안으로 오타네스는 사람들에 의한 통치를 제안한다. "사람들에 의한 통치는 첫째, 법 앞에 평등이라는 말로 최고로 잘 묘사할 수 있다. 투표로 판사들을 선택한다(아테네에서 실행됐던 방식이었다). 그리고 모든 문제를 공개 토론에 부친다." 그리고 오타네스는 다음과 같이 결론 내린다. "군주정치를 멀리하고 사람들에게 권력을 주자. 결국 가장 중요한 것은 사람들이기 때문이다."[30] 여기 공개, 책임, 법에 의한 통치 같은 아테네 민주주의의 주요 원칙이 드러난다. 정치의 본성을 논하고 있는 방대한 그리스 문헌을 보면 사실 많은 사람이 민주주의를 비판하고 극소수만이 우호적이다. 민주주의를 옹호하는 가장 잘 알려진 성명이 페르시아인의 입에서 나왔다는 것은 매우 역설적이다.

페르시아인 중에 오직 오타네스만이 정부가 단순한 권력 그 이상이어야 한다고 주장했다. 오타네스는 정치가 곧 정의이며 그리스인이 말하는

'덕 있는 삶'에 관한 것이고 정치는 결국 윤리와 떨어질 수 없다고 말하는 유일한 사람처럼 보였다. 다른 페르시아인은 그의 말에 귀가 먹은 듯했다. 윤리적인 삶과 정의의 추구는 페르시아인이 계속 대면했던 것이지만 본질적으로 그리스적인 덕목이었다. 헤로도토스도 확인이라도 하듯 계속 그렇게 말한다. 그리고 결국 그리스를 막강한 페르시아 제국의 단순한 속국이 되지 않게 한 것도 군사력이나 단순한 용기가 아닌 바로 이 윤리와 정의의 추구였다.

오타네스의 뒤를 이어 메가비주스(Megabyzus)가 전통적 중도를 제안했다. 그것은 한 사람에 의한 정부도, 다수에 의한 정부도 아닌 소수에 의한 정부였다. 메가비주스는 오타네스에게 동의한다며 군주정치는 사라져야 한다고 말했다. 그러나 "대중은 무책임하기" 때문에 대중에게 권력을 주는 것은 좋은 생각이 아니다. 그에 따르면 우리는 대중에게서 가장 큰 무지와 무책임과 폭력을 발견한다. 대중이란 창조물은 반성이 불가능하고 "범람하는 강물처럼 맹목적으로 돌진한다." "살인을 일삼는 변덕스런 왕을 피한답시고 대중의 마구잡이식 잔인함 속으로 들어갈 수는 없다." 그럴 수는 없다. 선택된 몇몇 '최고의 사람들〔그리스어로 aristoi, 즉 귀족정치(aristocracy)가 된다〕'을 신뢰하고 그들에게 국가의 일을 맡기는 것이 훨씬 좋다. "최고의 사람들이 당연히 최고의 정책을 만들 것"이기 때문이다.

마지막으로 다리우스가 나타나 군주정치를 옹호하는 논지를 폈다. 물론 그날의 승자는 다리우스였다. 그는 고대 그리스 정치를 유령처럼 따라다니며 괴롭혔던 한 가지 문제를 거대하게 부풀려 협박하는 것으로 승리를 이끌어낼 수 있었다. 그것은 다름 아닌 내란이었다. 다리우스에 따르면 민주정치와 과두정치는 불가피하게 개인적인 갈등을 낳는다. 그리고 그런 개인적인 갈등은 결국 "내란, 나아가 피의 학살을 부른다. 해결책은 오직 군주정치로의 회귀뿐이다. 그것이 군주정치가 최고라는 증거이다." 그에 따르면 모든 사람들이 결국은 알게 되겠지만 군주정치는 불가피하다. 다음으로 승리를 확정짓는 주장이 이어진다. 즉 군주정치가 무엇보다 페르시아 전통의 정부 형태라는 것이다. "우리는 옛날 방식을 바꾸지 않도록 조심해야 한다. 그 옛날 방식이 우리를 지금껏 잘살게 해주었기 때문이다. 그것을 바꿀 때 우리에게 좋을 것은 없다."

결국 모든 음모자들이 군주정치에 남아 있는 쪽으로 투표를 했을 때, 오타네스는 이를 순순히 받아들였다. 그는 "나는 통치하고 싶지도 통치 받고 싶지도 않소."라며 단지 자신과 자신의 후손들이 어떤 군주의 권력도 강요받지 않게 해달라고 요청했다. 다른 여섯 명은 그 요청을 받아들였고 헤로도토스에 따르면 "오타네스 가계는 페르시아에서 유일하게 군주로부터 자유로운 채 남아 있게 되었다."

당시 페르시아는 기원전 6세기 말 그리스의 클레이스테네스(Cleisthenes)가 다수에 의한 정치를 소개함으로써 시작된 아테네 민주주의의 길을 따를 수도 있었다. 역사에 있어 민주정치가 군주정치를 대상으로 얼마나 많은 승리를 거두었는지 쓰고 있는 헤로도토스는 그렇게 페르시아인들에게 기회를 주었지만 그들은 거절했다. 그들이 그런 거절을 선택한 데는 많은 이유가 있다. 오타네스의 민주주의의 호소는 대개 군주정치의 좋지 않은 측면에 기반을 둔 것으로 거의 설득력이 없었다. 그는 다수가 통치하는 미래의 세상과 자유와 자결권이 무엇을 의미하는지에 대한 인상적인 비전을 제시하지 못했다. 하지만 정치적 성찰과 논쟁의 전통이 부재한 상황에서 어떻게 그가 그런 비전을 제시할 수 있었겠는가?

어쩌면 오타네스의 실패는 부족한 웅변술보다는 아시아 사람들의 성향(페르시아의 이미지)에서 그 원인을 찾아야 할 것이다. 물론 그 성향은 헤로도토스가 그의 독자들에게 제공하는 것이자 대부분의 그리스인이 생각하는 페르시아인의 성향으로, 개인적인 혹은 사적인 행동을 극도로 의심스러워하는 성향이었다. 예를 들어 페르시아인은 신앙심이 깊은 사람들로 알려졌다. 하지만 그들은 결코 "개인적이거나 사적인 축복을 위해 기도할 수 없고 오직 왕이나 그가 속한 공동체를 위해 기도할 수 있었다."[31] 『역사』에서 헤로도토스는 용맹하고 사납다는 페르시아인들이 사실 겁 많고 노예근성이 넘치고 공손하고 편협하고 수동적이어서, 인간이라기보다는 무리일 뿐이라고 암시한다. 이 의도적인 암시는 이야기와 방백 등을 통해 나타난다.[32]

예를 들어 스파르타가 키로스 대왕에게 전령을 보내 이오니아의 그리스 도시에 피해를 입힌다면 후회할 것이라고 경고했을 때 키로스는 "스파르타인이 누구이며 도대체 숫자는 얼마나 되기에 감히 나에게 그와 같은 명령을 내리냐고" 물었다. 대답을 들은 키로스는 "나는 도시 중앙에 특별한 만남의 장소를 만들어 그곳에서 이것저것을 맹세하고 서로를 속이는 인간들을 결코 겁내본 적이 없다. 그런 인간들이 나를 상대하려면 이오니아가 아니라 그들 자신을 걱정해야 할 것이다."[33]라고 말했다. 키로스의 계승자들도 페르시아 전쟁 중 아주 치열한 전투에서조차 그리스를 얕잡아보는 실수를 자주 범했다. 그리스인이 병력 수를 단순히 혼동하거나 자신들의 약점을 토론하기라도 하면 그것을 불협화음으로 간주해 적이 단결하지 못할 것이라고 단정했다.

페르시아 전쟁의 막바지인 플라타이아이 전투 직전, 마르도니우스(Mardonius) 장군 휘하에 있는 페르시아 군대가 남아 있던 페르시아 병력을 그리스에서 탈출시키려 하고 있을 때, 당시 페르시아를 돕고 있었던 테베 사람들이 마르도니우스를 한 연회에 초대했다. 저녁 연회 동안 페르시아 장군 한 명이 (헤로도토스에 따르면) 테르산드로스(Thersander)라는 그리스 동료에게 그와 함께 연회에 참석하고 있는 사람들과 그들이 머무르고 있던 강에 기지를 둔 페르시아군 잔여병력 대부분이 죽게 될 것을 잘 알고 있다고 말했다. 테르산드로스가 왜 다 알면서 아무런 시도도 하지 않느냐고 물었을 때, 그는 "친구여…… 신이 내린 일은 아무도 무엇으로도 막을 수 없다네. 우리들 대부분이 내가 지금 말한 것이 사실이라고 알고 있지. 하지만 우리는 어쩔 수 없이 묶여 있다네. 계속 명령에 복종할 수밖에 없지."라고 대답했다.[34] 헤로도토스가 테르산드로스에게 직접 들었다고 주장하는 이 대화는 헤로도토스에게는 의미심장했다. 여기 불가항력의 탈을 쓴 페르시아아인의 수동성이 있고, 저항할 필요가 있을 때 권위에 대적하고 왕이나 상관에게 듣기 싫은 진실을 얘기하고 행동하기를 거부하는 페르시아아인의 특징이 있다. 이것이 페르시아를 포함한 전체 아시아에 대해 (이 책 전반에 등장할) 유럽인이 갖는 고집스런 이미지다.

'입헌 논쟁'에서 군주정치가 이겼다. 정의를 위한 욕망이나 필요 때문도 아니고 군주정치가 정부의 형태로서 내재하는 장점이 있어서도 아니었다. 군주정치는 (다리우스가 지적한 대로) 페르시아 제국을 창조했고 그래서 페르시아 '전통적 방식'의 하나였기 때문에 그날 논쟁에서 이길 수 있었다. 페르시아아인은 '외래의 방식'이 단지 메디아인이나 이집트인처럼 입는 것이라면 기꺼이 받아들이고, 심지어 그리스에서 남색도 배웠다. 하지만 그 방식이 자신들의 전통을 포기하게 만드는 것이라면 늘 꺼려했다. 그들은 자신들의 방식일 때 늘 최고였다. 그러나 헤로도토스가 보기에 그런 민족 중심주의가 바로 페르시아의 약점이었다. 외부의 비평과 전통과 관습의 약점을 받아들이지 못하면 변할 수도 변하는 상황에 적응할 수도 없기 때문이다. 그것은 곧 파멸을 의미했다.

그리스는 후세대들이 민주주의로 규정할 '이소노미아'를 선택했다. 헤로도토스는 그 이유에 대해 언급하고 있지 않지만 그들은 그들만이 그런 선택을 할 수 있었기 때문에 그렇게 했다. 법에 의한 통치를 존중하게 하는 가치, 잘못되었을 때 권위에 기꺼이 도전하려는 자세는 도시, 가족, 신에게 헌신하는 믿음들과 함께 오직 그리스인만이 포용할 수 있었다. 비록 그 가치들이 모든 인간이 이해할 수 있는 것이더라도 말이다. 페르시아는 오타네스를 거부했다. 테르산드로스의 이야기가 보여주듯이 페르시아인은 '다른' 일을 할 수 없기 때문이다. 페르시아인이 민주정치를 포용했다면 다른 민족에 영향력을 행사할 수 있었을 것이다. 특히 그리스인에게 그랬을 것이다. 실제로 일어난 사건이었는지 여부는 알 수 없지만 헤로도토스의 입헌 논쟁은 아시아인이 같은 아시아인에 의해 처음으로 '서양적'이 될 수 있는 가능성에 직면한 것이었다. 그들은 그 가능성을 거부했다. 그러나 그것이 마지막은 아니었다.

논쟁은 끝났고 오타네스는 사라졌지만 여섯 명의 음모자들 중 누가 대왕이 될지를 결정해야 했다. 헤로도토스는 그 결정을 위해 벌어졌던 역사상 가장 엉터리 같은 시합을 얘기한다. 헤로도토스가 무엇에 근거해서 글을 썼는지 모르지만 우리는 그가 이쯤에서 자신의 정치이론에 지친 청중에게 웃을 거리를 주고 싶어 했다고 추측할 수 있다. 청중은 가능한 최고의 정부 형태에 대해 근엄하게 토론을 벌이던 페르시아인들이 갑자기 그렇게 쉽게 터무니없는 바보가 된 것에 웃음을 금할 수 없었을 것이다.

다음과 같은 일이 벌어졌다.

여섯 명의 음모자들은 모두 시 외곽에서 자신들의 말을 타고, 그 말 중

에 태양이 떠오른 후 가장 먼저 운 말의 주인이 왕이 된다는 시합에 동의
했다. 다리우스가 영리한 책략을 써서 이 시합에서 이긴다. 최소한 그는
그런 책략을 쓸 정도는 됐으니 여섯 명 중 가장 머리가 잘 돌아감을 증명
한 셈이다. 다리우스의 말구종이 암말 하나를 마구간에서 꺼내 시합이 있
을 장소에 묶어두었다. 그런 다음 다리우스의 수말에게 묶여 있는 암말
주변을 계속 돌게 해 애를 태우고, 다시 두 말을 교미시켰다. 다음 날 아
침 후보 여섯 명이 도시의 문을 통과했다. 다리우스의 말이 바로 전날 암
말이 묶여 있던 장소에 다다르자 앞으로 나오기 시작하더니 울부짖었다.
"하늘이 맑았는데도 바로 그 순간 갑자기 인정이라도 하듯 천둥 번개가
쳤고 그로써 다리우스의 선출이 확정되었다. 다른 다섯 음모자들은 말에
서 뛰어내려와 다리우스의 발아래 머리를 조아렸다."[35]

책략으로 권좌에 오른 다리우스 1세 '다리우스 대왕'은 헤로도토스에
따르면 페르시아인이 "도붓장수라고 부르는, 돈을 위해서라면 어디든 가
는 사람이었다." 더구나 그는 말이 선택한 사람이 아닌가.[36]

도붓장수든 아니든, 다리우스는 거대한 제국을 만들었다. 금과 은으로
그의 이름을 딴 '다릭'이라는 공통 통화를 만들었다(그는 화폐에 자신의 이
미지를 새긴 첫 번째 군주로 기록된다). 다리우스는 전 제국에 새로운 법체계
를 도입했다. 그는 아후라 마즈다(Ahura Mazda: 조로아스터교에서 선과 빛
의 최고신-옮긴이)의 가호 아래 "이 땅은 내 법령에 따라 통치된다. 내가
명령하니 그들은 따랐다."라는 비문을 새긴 바 있다. 이 비문으로 추정해
볼 때 조로아스터교를 페르시아 내 엘리트의 주요 종교로 국교화한 사람
이 다리우스일 가능성이 크다. 확실히 그는 전쟁으로 파괴된 조로아스터
교 성지를 복원했다고 주장했다. 오늘날 조로아스터교는 대체로 인도의
배화교도들이 믿는 본질적으로 온화한 종교이다. 기독교, 이슬람 등 이교

신앙에 내재하는 잔인성은 거의 찾아볼 수 없다. 그러나 조로아스터교에는 마니교적인 강령의 뿌리가 깊다. 그곳에서 세상은 빛의 원칙(Ahura Mazda)/신과 어둠의 원칙/신(Ahriman)으로 나눠지고 그 사이에 끊임없는 전쟁이 존재한다. 아케메네스 제국이 후대에 유일신 종교들이 자행했던 이념적 전쟁을 내부적으로 일으켰다는 역사적 증거는 거의 없지만 그렇다고 그런 성향이 조로아스터교 자체 내에 완전히 없었던 것은 아니다.[37]

아케메네스 제국이 그 넓이와 힘을 갖게 된 데에는 다리우스의 역할이 가장 컸다. 아케메네스는 수사(Susa) 지역을 근거지로 통치했으나 수사는 사실 타민족에게 오랫동안 점령당했던 엘람족의 도시로 아케메네스와는 맞지 않았다. 왕위 계승 직후 불가피했던 여러 반란이 진압되자 다리우스는 자신의 이름과 왕조의 성취에 걸맞은 새로운 도시를 창건하려 했다. 그래서 '자비의 산'이 시작되는 곳인 메디안 강 주변의 평야 지대를 지목해 그곳을 파르사라고 불렀다. 그리스인은 그곳을 처음에는 파르사이, 즉 페르시아인이 사는 곳이라고 부르다가 후에 페르세폴리스(아이스킬로스가 '페르셉톨리스', 즉 '도시의 파괴자'로 오역한 바 있다), 즉 페르시아의 도시라고 불렀다. 다리우스와 함께 아케메네스 제국은 성년에 이른다.[38]

흔들리는 세계의 중심

다리우스의 즉위는 그리스와의 갈등이 재개됨을 의미했다. 헤로도토스의 말을 빌리면 아시아의 전제정치 아래 유럽과 아시아를 통합하겠다는 거만한 페르시아 왕국의 지나친 욕망의 시작이었다. 헤로도토스의

『역사』에서 페르시아 전쟁은 2막으로 구성된 희곡인데 그 속의 아시아 사람들은 언제나 강한데도 약하지만 덕 많고 능력 있는 서양 사람들에게 늘 지고 만다. 1, 2막 모두 아시아인이 군대를 이끌고 아시아를 횡단해 헬레스폰트 해협을 건너 유럽으로 들어가는 것으로 시작된다. 실로 양쪽 모두에게 좋게 말하면 우둔하고 나쁘게 말하면 기괴한 짓이었다. 그러나 희곡의 두 막은 말도 안 되는 상황인데도 엄청나게 우수한 페르시아 군대를 그리스가 모두 이기는 것으로 끝을 맺는다. 바로 그 유명한 마라톤 전투와 살라미스 해전이 그것이다.

그리스-페르시아 최초의 싸움은 기원전 499년경 일어났다. 크로이소스를 물리친 후 키로스가 그리스 근동 지역인 이오니아를 침략하자 키프로스의 그리스인과 아나톨리아의 카리아인이 페르시아 군주들에 대항해 반란을 일으켰다. 다음 해 밀레투스의 아리스타고라스(Aristagoras)가 '아시아 땅에는 뭔가 특별한 것'이 있을 것이고 페르시아인은 방패도 창도 없어 이기기가 아주 쉽다는 근거 없는 말로 아테네 사람들을 설득했다. 때문에 아테네는 전쟁에 간섭하기로 하고 이오니아에 함대 20여 척을 보냈다. 헤로도토스는 이 사건을 시작으로 "그리스와 야만인 양쪽 모두가 불운한 전쟁을 겪게 됐다."라고 했다.[39]

에레트리아의 삼단 노 군함 다섯 척으로 군사력을 강화한 아테네 해군은 에베소로 향했다. 에베소에서 그리스군은 육지로 들어가 키로스가 크로이소스로부터 빼앗았던 리디아의 수도 사르디스로 행진했고 시를 점령한 후 모조리 불태워버렸다. 그 과정에서 그들은 '토착민이 숭배하던 여신' 키벨레(소아시아의 고대국가 프리기아의 대지의 여신—옮긴이)의 신전을 파괴한다. 도시의 파괴는 전쟁에는 늘 따라오는 것이다. 그러나 성스러운 곳의 파괴는 그리스와 페르시아가 암암리에 지키며 살았던 불문율을 깨

는 것이었다. 신성에 대한 모독이었으며, 잊혀질 수도 그냥 넘어갈 수도 없는 것이었다. 그 불경한 행위를 전해 들은 다리우스는 (처음으로 그리고 앞으로도 수없이 할) 그리스에 대한 복수를 맹세했다. 그는 "신이시여 아테네를 벌줄 것을 허락해주십시오."라고 읊조리며 공중으로 화살을 쐈고 하인에게 저녁 식사 전까지 매일 세 번씩 자신에게 "주인이시여, 아테네를 기억하십시오."라고 말하라고 명령했다.

사르디스를 파괴한 아테네인은 아시아에서 발견할 거라 생각했던 그 뭔가 특별한 것을 얻지 못한 채 퇴각했고 더는 이오니아 반란에 간섭하지 않으려 했다. 그러나 다리우스는 그들을 잊지도 용서하지도 않았다. 그리스의 관점(그리스의 관점이란 보통 아테네의 관점을 말한다)에서 그 원정은 그리스인 동포를 야만인의 권력에서 벗어나게 하고 그들을 대신해 그동안 받은 설움을 설욕하는 것이었다. 그러나 페르시아의 관점에서 문제는 상당히 달랐다. 페르시아의 통치 아래 있던 그리스 극동 지역 도시들은 제일 부유했고 인구도 많았으며 문화적으로 매우 발달한 곳이었다. 그곳에 사는 그리스인을 자유롭게 해줄 필요가 있었다는 아테네의 주장은 웃음거리가 되기에 충분했다. 사실 다리우스는 서로 분리되고 내분 많고 힘없는 해협 너머 유럽의 작은 공동체들이 페르시아의 통제력 아래로 넘어오는 것은 실로 시간문제라고 생각했다.

다리우스는 자신에게 빚을 진 사람들을 모아 대군을 조직한다. 또 자신의 권력 아래 있는 그리스 도시들을 새로운 전략으로 다스리기로 한다. 이오니아 반란이 진압되자 그 지역 전제 군주들을 파직하고 근본적으로 아테네 양식인 민주주의 정부를 새롭게 수립했다. 헤로도토스는 그 돌연한 자유화의 행위를 "오타네스가 일곱 명의 음모자들에게 페르시아가 민주정부를 수립해야 한다고 선언한 것을 믿지 못하는 그리스인들"에 대한

일종의 반대 논박이라고 간주한다.[40] 그러나 그런 다리우스의 전략에는
또 다른 직접적인 이유가 있었을 것이다. 민주주의는 당시 아주 새로운
것이었다. 독재자 히피아스(Hippias)가 기원전 510년 아테네에서 추방되
고 아테네에 스파르타의 친소련 과두정치를 수립하려던 시도는 실패로
돌아갔다(그는 아테네와 페르시아 사이의 뒤이은 충돌에서 중요한 역할을 한다).
그러자 아테네의 정치가 클레이스테네스는 아테네 법을 개혁해 반목으로
그 도시를 수 세기 동안 병들게 했던 부자들의 권력을 와해시켰다.

클레이스테네스는 아티카를 완전히 인위적인 열 개의 부족으로 나눠
결과적으로 혈족 동맹 위주의 오래된 부족 권력을 약화했다. 500인 위원
회로 알려진 기구가 설립되었고 그 위원회는 더 큰 민회의 일을 준비하며
국가 재정과 다른 국가 간의 문제를 관리했다. 각각의 부족은 투표로 열
다섯 명의 의원을 선출했다. 기원전 500년경에는 도시 프닉스가 내려다
보이는 언덕 위의 바위를 깎아 민회를 위한 장소 에클레시아(ekklesia)를
만들었다. 그때 이후로 아테네 사람들은 정기적으로 개최되는 민회에서
국가 정책의 방향을 결정했다. 민회는 아테네 남성 시민이라면 누구나 참
석할 수 있었는데 최고 6,000명의 사람들이 참석했다. 여전히 부패와 조
작의 가능성이 있는 단순한 체제였지만 클레이스테네스가 만들어낸 아테
네 정부는 후대 민주주의의 토대가 되었다.

다리우스는 이오니아에 아테네와 유사한 정부 형태를 수립하는 것으
로 (유럽의 그리스인에게) 관대한 외국 제국의 보호 아래 전제정치의 한 부
분으로 산다는 것이 자유를 의미할 수도 있음을 알리기를 희망했을 것이
다. 유럽을 향한 자신의 야망도 안전하게 감추려 했음은 물론이다. 우리
는 여기서도 헤로도토스의 정보에 의지할 수밖에 없지만 다리우스가 후
대의 수많은 유럽인 제국 창시자들이 부러워할 일을 한 것만은 틀림없어

보인다. 그는 자신이 다스리는 사람들에게 이민족이 제공하는 안전을 주었고 그들만의 고유한 삶의 방식을 유지할 수 있게 했다. 그 대가로 다리우스는 자신과 동맹할 것과 전쟁시 지원부대를 보낼 것을 요구했다.

그것이 다리우스가 의도했던 모든 것이라면 그는 일단 성공을 거두었다고 할 수 있다. 기원전 491년, 다리우스는 그리스 본토로 사자를 보내 왕 중의 왕인 자신에게 땅과 물을 제공하라고 요구했다(땅과 물 제공은 전통적으로 항복을 의미했다). 아테네와 스파르타로 갔던 불운한 사자들은 스스로 땅과 물을 찾으라는 말과 함께 우물 속으로 던져졌다. 하지만 다른 도시 국가들은 모두 정식으로 항복했다.

기원전 490년, 다리우스의 군대가 아티카 해변에 도착했고 다티스(Datis) 장군이 다리우스를 대신해 에레트리아와 아테네를 정복하겠다고 선언했다. 에레트리아는 곧 스스로 분열하더니 민주주의자 에우포르부스(Euphorbus)와 필라그로스(Philagrus)의 배신으로 육 일 만에 정복당했다. 페르시아는 곧 아테네의 사르디스 신성모독에 대한 복수로 아테네 사원을 약탈하고 불태웠으며 그곳의 주민들을 모두 노예로 삼아 끌고 갔다.[41] 같은 방식으로 아테네에 복수할 수 있었다는 데서 오는 승리감에 도취된 페르시아 대군은 아티카로 배를 몰았다. 아테네에서 추방당해 페르시아로 망명한 후 권력을 되찾으려는 야망으로 페르시아군에 합류했던 폭군 히피아스가 마라톤 평원으로 페르시아군을 안내했다. 헤로도토스에 따르면 "기병대가 활동하기에는 마라톤이 최고였기" 때문이었다.

페르시아 군대를 황급히 추격하던 아테네군은 병사 페이디피데스(Pheidippides)를 스파르타에 급파해 도움을 요청한다. 아테네뿐 아니라 그리스 전역이 위험에 처한 상태였다. 스파르타는 병사의 전갈을 정중하게 맞았다. 그러나 기꺼이 원조를 하고 싶어도 그날은 그달의 9일째 되는 날로 관습에 따르면 달이 차기 전에 전쟁터로 나가지 못하게 되어 있다고 대답한다.[42] 145마일을 밤낮으로 뛰었던 불쌍한 페이디피데스는 그 대답을 전달하고는 쓰러져 죽었다. 그의 이름은 거의 잊혀졌지만 현대의 마라톤 경기가 그의 놀라운 위업을 기념하고 있다.

아테네군은 오직 플라타이아이에서 온 소규모 원조와 함께 한계를 뛰어넘었다. 날개 쪽에 군사를 많이 배치하는 한편 중앙에는 극소수의 병사만 배치했다. 수적으로는 열세였다. 그러나 웅변가 안도치데스(Andocides)에 따르면 "그리스 군인들은 그리스를 위해 스스로 성벽이 되어 페르시아의 야만인을 향해 주저 없이 달려나갔다." 그들은 "용기만으로도 수백 배에 해당하는 적들과 대항할 수 있었다."[43] 전투 초반에 많은 희생이 있었지만 결과적으로 더 큰 성공을 위한 약간의 투자 같은 것이었다. 아테네군은 페르시아 궁수들이 미처 준비를 끝내기도 전에 벌떼같이 달려들어 그들을 포획할 수 있었다.

궁수도 기병도 없는 소규모 아테네군은 상대도 안 된다고 믿었던 페르시아군에게는 전혀 예상치 못한 상황이었다(페르시아군은 그렇게 믿는 실수를 많이도 한다). 전투는 하루 종일 지속되었고 결국 뿔뿔이 흩어진 페르시아군은 최대한 빨리 자신들의 배로 퇴각했다. 모든 것이 끝났을 때 약 6,400명의 페르시아 병사가 사망했지만 아테네 병사는 162명이 사망했을 뿐이었다.[44] 후에 달이 찬 후 스파르타 군인 2,000명이 출현했다. 그들은 즐비한 페르시아인의 시체에 감탄하며 아깝게 놓친 살육의 장면들을 상상했다. 아테네가 노예가 될 수도 있었을 전 그리스를 구한 것이다. 10년 후에 벌어질 살라미스 해전도 마찬가지였다.

마라톤 전투는 첫 번째 페르시아 전쟁의 마지막을 장식했다. 그것으로 유럽과 아시아, 혹은 그리스와 야만인들 사이의 투쟁을 그린 헤로도토스

비극의 첫 번째 막이 끝났다. 그날 이후 마라톤 전투는 그리스 역사는 물론 전 유럽의 역사에서 하나의 전환점이 되었다. 마라톤 전투는 당시 통용되지 않았던 정치 형태인 민주주의와 자유라는 뛰어난 개념 속에 깃든 그리스인의 신념을 시험대 위에 오르게 했고 또 멋지게 승리하게 만들었다. 19세기 영국의 자유주의 철학자 존 스튜어트 밀(John Stuart Mill)은 "영국에게 마라톤 전투는 헤이스팅스 전투보다 더 중요한 사건이다."라고 말했다. 밀이 이해한 대로 영국 역사는 해외의 적들〔가깝게는 나폴레옹(Napoleon Bonaparte)의 프랑스〕에 대항해 수 세기 동안 싸워온 '자유로운' 사람들의 역사이기 때문이다. 또 기원전 4세기 아테네인들이 대표하는 가치들을 고수하기 위해 잠재적 전제 군주에 대항해 싸워온 역사이기도 하다.

마라톤은 이민족 전제 군주로부터 침략을 당한 사람들에게 희망과 영감을 주었다. 페르시아 제국이 사라진 지 수 세기가 지난 후 또 다른 아시아 유랑 민족 오스만 제국이 출현했을 때에도 그리스인은 마라톤 전투를 기억했다. 1818년, 바이런(George Gordon Byron)은 마라톤 전투가 펼쳐졌던 곳에서 그 광경을 상상하며 '산은 마라톤을 바라본다'를 썼다.

> 그리고 마라톤은 바다를 본다.
> 그리고 한 시간 동안 혼자 그곳을 즐긴다.
> 나는 여전히 자유로운 그리스를 꿈꾼다.
> 페르시아인들의 무덤에 서서……
> 나는 노예가 될 수 없다.

그러나 다리우스에게 마라톤은 결코 전쟁의 끝이 아니었다. 사실 그 전투는 일시적인 후퇴에 지나지 않았다. 그에게는 그리스 본토는 물론 에게 해의 모든 섬을 통치하겠다는 더 큰 계획이 있었다.[45] 전혀 예상치 못했던 패배로 그리스에 대한 대왕의 분노는 더 커졌다. 이제 두 번이나 모욕을 받았으니 그리스를 벌하겠다는 결심은 더 강해졌다. 당연히 다리우스는 또 다른 공격을 준비했다. 그러나 그 계획을 완수하기 전인 기원전 486년에 죽고 만다.[46] 다리우스는 발칸 반도를 포함한 지중해 동쪽 해안과 인더스 계곡, 흑해와 카스피 해, 나일 강과 아라비아 반도를 아우르는 방대한 영토를 남겼다. 이 방대하고 다양한 땅의 소유권은 이제 그의 아들 크세르크세스(옛날 페르시아 말로 '영웅을 지배하는 사람'이란 뜻으로 뒤이은 그의 활동에 비추어 역설적인 이름이 아닐 수 없다)에게 넘어갔다.

처음에 크세르크세스는 자신의 계승에 불복하고 반란을 일으켰던 이집트를 진압하느라 그리스에 대한 선왕의 정책에는 관심도 없는 것 같았다. 기원전 485년에는 이집트에 군대를 보내 반란을 진압했다. 헤로도토스에 따르면 "이집트를 그 나라 역사상 최악의 노예 상태로 만들어버렸다." 그리고 야망에 찬 사촌 마르도니우스의 부추김 때문에 유럽으로 관심을 돌렸다. 마르도니우스는 "아테네는 우리에게 심한 상처를 준 바 있습니다."라며 크세르크세스에게 과거의 참패를 상기시켰다. "그들을 파괴하십시오. 그러면 당신의 이름은 전 세계에서 영광스럽게 빛날 것입니다." 덧붙여 그는 기존에 은밀하게 말해지던 유럽과 아시아 각각의 특성을 마음대로 바꿔버린다. "유럽은 모든 종류의 정원수를 자라게 하는 아름다운 곳입니다. 유럽 땅은 땅이 어때야 하는지를 제대로 보여준답니다. 간단히 말해 유럽은 너무 훌륭해서 페르시아 왕만이 차지할 자격이 있습니다."

크세르크세스는 유럽 원정의 재개와 그에 필요한 방대한 군사력을 모으겠다고 결심하기 전 회의를 소집한다. 그는 전 역사를 통해 페르시아는 "단 한 번도 침체한 적이 없다."라고 선언했고 자신이 "선왕들보다 짧게 통치할 생각은 전혀 없다."라는 야망도 밝혔다. 그리고 자신의 제국만큼 이나 크고 풍요로운 땅을 하나 더 정복해 제국을 획기적으로 넓히는 게 좋겠다고 말한다. 유럽은 사실 페르시아 제국보다 크고 풍요로웠다. 그리 고 동시에 그것은 "복수를 하고 만족을 얻는" 길이었다. 그는 "헬레스폰 트 해협에 다리를 놓고 그리스로 군대를 보내 자신의 아버지와 페르시아 인이 받은 모욕을 되갚고 그들을 벌하겠다."라고 말했다. 그에 따르면 "페르시아는 그렇게 페르시아의 힘을 늘려 제국의 경계가 신의 하늘이 되고 해가 제국의 경계 너머의 어떤 땅도 바라볼 수 없게 해야 했다." 끝 으로 그는 "여러분의 도움으로 나는 유럽의 시작과 끝을 점령해 세상을 한 나라로 만들 것이다."라고 했다.[47]

크세르크세스는 신화 속 이오와 에우로페와 헬레나를 하나로 묶을 수 도 있었을 것이다. 페르시아의 통치 아래 태초부터 내려온 반목이 사라지 고 최소한 그가 아는 세상은 하나가 될 수도 있었을 것이다. 물론 그것은 그가 아는 전 세계의 모든 인구가 왕 중의 왕의 노예가 될 수도 있었다는 뜻이기도 하다. (한 세기 후 그리스 마케도니아의 알렉산드로스가 크세르크세스 보다 더 많은 군대를 소집해 크세르크세스와 똑같은 목적을 이룩하겠다는 희망을 품고 이번에는 서양에서 동양으로 진군했다.)

그때 마르도니우스가 일어서서 그리스에 대한 자신의 의견을 말한다. 그에 따르면 그리스인은 싸움을 좋아해서 한순간의 자극으로도 싸움을 시작할 준비가 되어 있었다. 항복을 결정할 만한 판단력과 분별력도 없었 다. 그러나 그들은 분열되어 있었다. 같은 언어를 써도 그러했다. 서로의 차이를 협상이나 의견으로 줄일 수 없는, 늘 서로 싸울 수밖에 없는 인간

들이었다. 그런 인간들은 페르시아 제국처럼 통합된 힘에는 결코 대적할
수 없었다.

이렇게 다시 한 번 페르시아인은 서로 싸우고 언쟁하는 사람들이 필요
하다면 같이 뭉칠 수도 있다는 단순한 사실조차 모르는 우둔한 인간의 전
형이 되어버렸다. 물론 헤로도토스와 그의 독자들은 바로 논쟁의 자유와
법 앞에서의 평등이 그리스인을 훌륭한 전사로 만든다는 것을 잘 알고 있
었다. 클레이스테네스가 그들을 자유롭게 했고 그 자유의 결과 그들은 헤
로도토스가 칭찬하는 대로 점점 더 강해졌으며 필요하다면 쉽게 그것을
증명할 수도 있는 것이다.

법 앞에서의 평등이란 얼마나 고귀한 것인가? 한 가지 일에서만 평등
한 것이 아니라 모든 일에서 평등한 것이 중요하다. 전제 군주의 억압 아
래 있는 사람은 절대 전투에서 자발적으로 용맹한 모습을 보일 수 없다.
하지만 그를 억압하던 고삐를 풀어주면 그는 세상에서 가장 노련한 싸움
꾼이 될 수 있다.

노예는 결국 "전장에서 그 의무를 다하지 못한다." 자신의 의지와 관심
과는 상관없는 다른 사람을 위해 싸우기 때문이다. 반대로 자유 시민은
도시 국가를 위해 싸울 때조차 결국은 자신을 위해 싸우는 것이다.[48] 서
양에서 자유란 늘 그런 식으로 권력의 추구와 함께했기 때문에 잘 자랄
수 있었다.[49]

그러나 마르도니우스는 (크세르크세스처럼) 페르시아의 전제정치와 막
강한 군사력에 대한 절대적인 믿음을 결코 거두지 않는다. 그는 "왕이시
여, 당신이 수백만의 아시아인과 페르시아 대함대를 이끌고 저들을 향해

전진할 때 과연 누가 당신에게 저항할 수 있겠습니까?”라고 묻는다. 그러나 크세르크세스의 덕망 있는 삼촌 아르타바누스(Artabanus)가 반대했다. 그는 너무나 그리스적으로 말하는데, 요지인즉 “두 가지 가능성을 모두 토론에 부치지 않는 상태에서 더 나은 쪽을 선택하기는 불가능하다.”라는 것이었다. 그는 또 크세르크세스에게 승리할 가능성이 전혀 없을 때도 아테네는 결국 페르시아를 물리쳤다고 말하며 마라톤 전투를 상기시켰다. 크세르크세스는 분노했다. “당신의 그 공허하고 어리석은 말에 내가 책임을 묻지 않는 것은 오직 당신이 내 아버지의 형제이기 때문이오.” 아르타바누스는 여성들과 함께 페르시아에 남는 벌을 받았다. 정확하게 오타네스가 군주정치의 최대 약점이라고 규정한 것에 의해 다시 한 번 이성적인 논쟁이 억압당하고 만 것이다. 그 약점은 바로 군주는 듣고 싶은 말만 듣는다는 것이었다.

독재자다운 분노를 맘껏 드러냈지만 크세르크세스에게는 그리스 침략을 정당화할 확실한 이유가 있었다. 그리스가 먼저 아시아로 행군해 페르시아의 수도 사르디스를 불태워 현재의 갈등을 일으켰다는 사실이 바로 그 이유였다. 이제 페르시아가 할 수 있는 일은 다리우스군의 처참한 최후를 복수하기 위해 그리스를 공격하거나, 인내심을 갖고 그리스군이 다시 페르시아를 침략하기를 기다리거나 둘 중 하나였다. 크세르크세스는 “우리의 것이 모두 그리스에 넘어가거나 그들의 것이 모두 우리에게 넘어오거나 둘 중 하나이다. 그것이 우리 앞에 놓여 있는 선택의 여지이다. 우리 사이의 적대감은 도저히 타협할 수 없는 것이다.”라고 말했다.[50]

이제 크세르크세스는 그리스 전역을 정복하기에 충분한 군대를 소집하기 시작한다. 헤로도토스에 따르면 지금까지 보아온 그 어떤 병력보다 수적으로 컸으며 심지어 아가멤논과 메넬라오스가 트로이를 공격하기 위해 모았던 신화 속의 군대보다 컸다. 사실 실제 규모는 수 세기 동안 논란의 대상이었다. 2세기 중반, 그리스의 젊은 웅변가 에일리우스 아리스티데스(Aelius Aristides: 후에 다시 등장할 인물이다)는 로마의 청중 앞에서 크세르크세스 군대의 놀라운 규모를 묘사하는 데 상당한 노력을 들이면서 자신이 로마의 영광을 따라가려는 시도를 크세르크세스군의 크기와 비교한 바 있다.[51]

페르시아의 그리스 원정은 최소한 그리스 시각에서 보자면 신성모독에 대한 단순한 복수도, 식민지의 반항적 동맹에 대한 처벌도 아니었다. 그것은 그리스의 반신반인 영웅들이 아시아 최초의 도시를 파괴했던 트로이 전쟁에 대한 복수로까지 거슬러 올라가는 참으로 역사 깊은 원정이었다. 이제 아시아는 아테네가 저지른 신성모독뿐 아니라 트로이의 패배까지 복수하기 위해 유럽으로 전진하려는 것이다.

기원전 480년 봄, 크세르크세스는 사르디스를 떠나 카이쿠스 계곡으로 내려가 미시아로 들어갔다. 그리고 테베의 평원을 지나 전설의 도시 일리움에 도착했다. 거기서 크세르크세스는 트로이의 마지막 왕 프리아모스(Priam)의 성채로 올라가 아테네 여신에게 수천 마리의 소를 바치며 희생제를 지냈다. 크세르크세스는 아시아에 의한 트로이 전쟁을 시작했던 것이다. 유럽과 아시아 사이에 얽힌 원한의 고리가 또다시 순환될 참이었다.[52]

그러나 크세르크세스는 군대만 필요한 것이 아니었다. 먼저 그 군대가 헬레스폰트 해협을 건너 유럽으로 들어가게 할 방법부터 강구해야 했다. 그는 해협의 가장 좁은 목 부분에 수십 척의 배를 연결해 다리를 놓았다. 그러나 다리를 완성한 직후 갑자기 폭풍이 몰아쳐 그동안 했던 일이 모두 헛수고가 되고 말았다. 화가 난 크세르크세스는 다리를 지은 기술자들을 모두 참수형에 처해버렸다. 나쁜 날씨가 그들의 잘못도 아닌데 말이다.

　그것도 모자라 크세르크세스는 법령을 하나 반포하는데, 이는 그리스 인이 봤을 때 그의 독재자적 성향은 물론 페르시아 독재 군주정치의 전형을 보여주는 것이었다. 크세르크세스는 헬레스폰트 해협에 대한 분노를 감출 수 없었다. 고대 시대의 사람들이 그랬듯이 그리스와 페르시아도 강이나 바다는 신과 같아서 그 신이 화가 났을 경우 달래거나 환심을 사야 한다고 믿었다. 그러나 오직 크세르크세스만이 인간의 소망에 부응하지 못한 강과 바다는 처벌받아야 한다고 믿었다. 그는 헬레스폰트 해협에 쇠스랑을 몇 개 떨어뜨려 마치 물이 채찍을 맞는 것 같은 효과를 내 처벌하라고 명했다. 명령을 받은 사람들은 그런 보람도 없고 우스꽝스러운 임무를 수행하면서 다음과 같은 미개하고 건방진 말을 해야 했다. "너 짜고 쓴 물아. 너의 주인이 너에게 이 벌을 내렸다. 그는 너를 한 번도 상처 준 적이 없는데 너는 그에게 상처를 줬다. 그러나 그는 네가 허락하든 않든 너를 건널 것이다."[53] 이 말은 정말 어이없게 들린다. 그러나 헤로도토스의 그리스 독자들에게 이것은 크세르크세스의 오만함에 대한 또 다른 증명이었다. 또 크세르크세스가 자신의 국민은 고사하고 신도 존경하지 못하는 사람이라는 사실도 보여주었다.

　망가진 첫 번째 다리를 대신해 두 개의 새로운 다리가 건설되었다. 다양한 종류의 배 육백여 척을 밧줄로 연결해 완성했다. 다리는 상록관목으로 덮고 향을 피웠다. 크세르크세스는 근처 언덕에서 하얀색 왕좌에 앉아 태양이 떠오르는 쪽을 향해 황금 잔에 담겨 있던 제주(祭酒)를 부으며 원정의 성공을 기도했다. 병사들은 드디어 다리를 건너기 시작했다. 횡단은 꼬박 7일 밤낮이 걸렸는데, 헤로도토스에 따르면 채찍을 피하려면 가능한 한 빨리 다리를 건너야 했다고 한다. 테르모필레에 세워진 동시대의

한 비석은 군대의 규모가 삼백만에 이르렀다고 한다(물론 과장이 없지 않았을 것이다). 크세르크세스가 "바다에 다리를 놓고 그의 함대는 땅 위에서도 움직였다."라고 했던 아테네의 웅변가 리시아스(Lysias)의 말은 후대에 진부하고 과대망상적인 표현이라는 비난을 받았다.[54]

해협을 건너고 삼단 노 갤리선 1,207척이 다 모였을 때 크세르크세스는 다시 병력을 확인했다.[55] 그들의 무시무시한 화려함과 아침 해로 번쩍이는 갑옷과 행진할 때 떨려오는 땅의 울림에도 불구하고 그리스인의 눈에 비친 페르시아의 거대한 병력은 결국 크세르크세스 대왕의 약점일 뿐이었다. 그리스군은 수적으로도 열세였고 주로 분열되어 있었지만 결국 그들은 모두 같은 '그리스적임'을 공유하고 있고 그 그리스적임은 짧은 순간 그들을 한 민족으로 만들었다. 크세르크세스의 군대는 공통의 정체성도 목적도 없이 오직 크세르크세스의 분노와 채찍에 대한 두려움만으로 뭉친 무리였다. 그리스인에게 페르시아 군인은 전사가 아니라 노예였다. 사실 별로 틀린 생각은 아니었다. 페르시아 대왕의 신하들은 모두 아무런 법적 위상이 없는 노예일 뿐이었다. 노예 개념은 신하를 군주의 소유물로 보았던 바빌론에서 시작됐다. 그리스의 위대한 웅변가 이소크라테스(Isocrates)는 약 한 세기 후 다음과 같이 말한다. "그 같은 페르시아 신하들의 위상에서 어떻게 능력 있는 장군 혹은 훌륭한 병사가 나올 수 있겠는가? 페르시아군 대부분은 오합지졸에 불과하다. …… 그리스 노예보다 더 훌륭한 노예로 훈련된 사람들이다."[56]

크세르크세스는 이제 페르시아로 망명한 스파르타 왕 데마라투스(Demaratus)를 부른다. 데마라투스는 자신을 망명하게 한 고국 사람들에게 복수하겠다는 일념으로 페르시아군에 합류했다. 이제 헤로도토스는 그리스와 페르시아, 유럽과 아시아를 만나게 하는 데마라투스를 무대에 세운다. 그리고 두 대륙을 분리하는 것은 무엇인지, 또한 왜 두 대륙이 결국은 한쪽이 완전히 파괴될 때가지 서로 싸울 수밖에 없는지 말할 기회를 얻는다. 자신의 온순한 군대 앞에 선 크세르크세스는 데마라투스에게 그리스가 감히 자신에게 대항할 수 있을지 묻는다. 크세르크세스는 "나는 전 그리스와 전 유럽이 모여도 내 군대의 공격을 방어하기에는 불충분할 것이라고 믿는다."라고 말했다.

데마라투스는 비록 가난이 그리스의 오랜 문제지만 그리스는 스스로 지혜와 법의 힘을 계발했고 그 때문에 가난과 독재가 견제될 수 있다고 대답했다. 아시아의 부와 그와 대비되는 유럽의 가난은 고대 시대 두 대륙 사이에 지속되던 적대감의 주요 원인이었다. 후대의 이소크라테스 같은 작가들은 마케도니아의 필리포스와 그의 아들 알렉산드로스가 강력한 아케메네스 제국으로 관심을 돌려 페르시아를 침범한 것도 단순히 부러움 때문이었다고 말했다. 그러나 헤로도토스의 그리스에서 그런 가난함은 말하자면 자부심의 원천이었다. 그리스는 페르시아와 비교해 경제적으로 부족할지 모른다. 그러나 그리스는 자유에서 나오는 힘과 용기를 가졌다. 그것은 페르시아가 아무리 부자라도 도저히 가질 수 없었다. 데마라투스는 스파르타라면 단 천 명의 전사들로도 거대한 페르시아군을 대적할 수 있다고 말했다. 크세르크세스는 비웃는다.

"데마라투스, 어떻게 그런 말을 할 수 있단 말이오? 내가 내 의견을 이해하기 쉽게 말해보겠소. 어떻게 천 명 혹은 만 명 혹은 오만 명의 병사가 나의 군대를 대적할 수 있단 말이오. 더구나 그쪽은 제대로 된 장군도 없지 않소?"

페르시아군은 채찍 때문에 전투에 나갈 수 있다. 혹은 전투에 나가지 않을 경우 통치자가 가할 징벌이 무서워 강제로 싸울 수도 있다. 그럼 그리스군은? 그들은 하고 싶은 대로 할 수 있는 완전히 자유로운 사람들이다. 그런 사람들이 왜 질 것이 뻔한 전투에 참여하겠는가?

데마라투스는 그리스의 진정한 힘이 어디에서 나오는지 말한다. 그에 따르면 그리스인들은 자유롭다. 그러나 "완전히 자유로운 것은 아니다. 그리스에도 통치자가 있다. 그렇지만 그 통치자는 사람이 아니라 법이다. 그들은 페르시아군이 크세르크세스를 무서워하는 것보다 더 그 법을 무서워한다." 크세르크세스는 크게 비웃지만 넓은 아량으로 데마라투스가 계속 이야기하게 내버려 둔다.[57]

당시 크세르크세스에게는 페르시아의 승리를 장담할 많은 이유가 있었다. 페르시아군은 수적으로 사상 최대를 자랑했고 적들은 페르시아군에 대항해 서로 연합하는 데 상당한 곤란을 겪고 있었다. 그리스 국가들이 법을 무서워하기는 했지만 (크세르크세스가 옳게 보았듯이) 서로 독립적인 그리스 국가들은 결국 잡다한 파벌을 만들고 싸우기 바빴다. 서로 단결해야 할 때조차도 서로에 대한 과거의 불만을 좀처럼 청산하지 못했다. 대단한 전투도 없이 크세르크세스는 착실하게 그리스의 작은 도시 국가들을 정복해나갔다. 이제 다소 까다로운 펠로폰네소스, 스파르타, 코린트, 그리고 최종 목적지 아테네만 남았다.

8월, 스파르타의 왕 레오니다스(Leonidas)가 페르시아군과 비교해 턱없이 모자란 7천 명의 병사로 페르시아군을 테르모필레(일명 '뜨거운 문')로 후퇴시키려고 했다. 그들은 여러 날 크세르크세스 대군의 발목을 잡는 데 성공했지만 그리스군 한 명이 페르시아군과 내통하여 우회로를 가르쳐주는 바람에 위기에 처했다. 배후에서 '불사의 군대' 라던 페르시아군이 쏟아져 나오자 레오니다스는 당황한다. 스파르타군은 용맹하게 싸웠다. 불사의 군대에 상당한 타격을 입혔고 크세르크세스의 형제 두 명도 처치했다. 그러나 결국 수적 열세로 포위당하고 만다. 레오니다스는 창으로 벌집이 되어 죽어가면서도 쓰러지기 직전 크세르크세스의 왕관을 낚아챘다. 그가 죽자 크세르크세스가 무자비하게 그의 심장을 도려냈는데 심장이 털로 덮여 있었다고 한다(고대로부터 'hairy heart'를 가진 사람에 대한 기록이 여럿 있다. 심낭염/심막염을 뜻한다고 해석하기도 하나 대체로 '가슴의 털'에서 파생한 용감한 사람을 가리키는 은유로 본다-옮긴이).[58]

테르모필레 전투는 크세르크세스의 전진을 며칠밖에 늦추지 못했다. 하지만 후손들에게 그 전투는 불굴의 용기를 상징했다. 1836년 텍사스의 알라모 의용군이 멕시코의 산타 아나(Antonio Lopez de Santa Ana) 장군에 대항해 끝까지 사수한 것을 칭송할 때도, 제2차 세계대전 말 히틀러의 제3제국이 무너지기 시작할 때 부족한 독일 국방군의 모집을 촉구할 때도 테르모필레 전투가 인용됐다.[59]

페르시아의 테르모필레 전투 승리는 그리스 중앙으로 가는 길을 열었다. 덕분에 크세르크세스는 헬레스폰트 해협을 건넌 지 넉 달 만에 아티카로 들어갈 수 있었다. 아티카에는 침략자로부터 아크로폴리스를 끝까지 사수하겠다는 사원지기나 가난한 사람만 있을 뿐 도시 전체가 이미 텅 비어 있었다. 남아 있는 자들의 저항도 오래가지 못했다. 페르시아군은 아크로폴리스 앞의 얇은 벽을 단숨에 올라가 아테네 사원의 문을 열었고 안에 있는 사람을 모두 살육했으며 사원의 보물을 약탈한 다음 건물이란 건물은 모조리 불태웠다. 이제 크세르크세스가 신성모독자가 된 것이다. 크세르크세스는 잠시나마 아테네의 절대 군주가 되었다.[60]

아테네 사람들은 살라미스 섬으로 피난을 간 상태였다. 그곳에서 그리스 동맹군 함대가 자신들을 구출해주길 기다리고 있었다. 380여 척의 배가 살라미스와 오늘날 피레우스 항구 사이에 밀집해 있었다. 해협 너머 망망대해에는 훨씬 강력한 페르시아 함대가 상황을 탐색하고 있었다. 그리스군에게는 살고 싶으면 즉시 도망가는 것이 최선처럼 보였다. 그러나 이 시점에서 아테네 장군 테미스토클레스(Themistocles)가 위험한 망망대해에 나가기보다는 좁은 해협에서 싸워야 한다고 주장했다. 살라미스에서의 손실은 크겠지만 펠레폰네스 도시들은 확실히 보호될 수 있기 때문이었다.

테미스토클레스는 협박과 뇌물 공여 그리고 온갖 속임수 등을 사용해 논쟁에서 이겼다. 함대는 마침내 싸울 준비에 들어갔다. 사실 요새 같은 해협은 그리스인들로서는 싸우기에 안성맞춤이었다. 알려진 정보에 따르면(물론 알려진 정보는 거의 없다) 고대 삼단 노 갤리선 군함은 현대 기준으로 100피트 길이에 15피트 너비로 170명의 노잡이가 삼단으로 위치하는 아주 작은 배였다. 허술하고 복잡했으며 조종하기도 힘들었다. 그 상황에서 크세르크세스에게 최고의 전략은 그리스군이 서로 분열해 강요받다시피 한 테미스토클레스의 전략이 유야무야되고 군수물자가 다해 지칠 때까지 기다리는 것이었다. 당시 그리스인은 이미 상당한 분열 조짐을 보이고 있었다. 그렇게 했다면 쉽게 그리스 함대를 전멸시킬 수도 있었을 것이다. 그런데 크세르크세스는 공격을 결정했다.

기원전 480년 9월 22일이었다. 크세르크세스는 에갈레오스 기슭에서 바닥을 은으로 만든 왕좌에 앉아 해협을 내려다보며 당연한 승리를 기다리고 있었다. 그의 옆에는 비서관이 부하들의 행동을 기록하고 있었다. 혹시라도 이탈자가 생기면 기록해두기 위해서였다.

새벽이 되자 그리스군은 해협 밖으로 나와 페르시아 함대와 맞섰다. 아이스킬로스의 〈페르시아인〉에 따르면 패배 소식을 처음 수사에 전했던 (아이스킬로스 자신의 그날에 대한 회상을 잘 반향하고 있는) 전령은 "그날 우리가 처음 들었던 소리는 그리스군의 포효와 함성이었다."라고 했다.

> 그들은 기쁨으로 노래하며 소리쳤다.
> 한때 조용했던 전쟁의 메아리도
> 섬의 바위들로부터 크고 분명하게 들려왔다.
> 페르시아군은 모두 공포를 느꼈다.
> 우리는 과녁을 맞히지 못했다.
> 그리스인들은 피해갔다.
> 우리는 도망가지 않았다, 절대로!
> 그러나 그들이 승리를 확신하며 싸우려고 덤비자
> 섬뜩한 승전 주문을 외울 뿐이었다.[61]

초반에는 페르시아군이 우세했다. 그러나 아테네 함대가 밀어붙이기 시작하자 왕의 눈에 뭔가 하고 있는 것처럼 보이기 위해 앞쪽에 몰려 있던 후방의 군함들이 서로의 함대에 부딪혀 뒤로 밀려가기 시작했다. 작은 군함과 작전의 부재는 페르시아군에게 치명적이었다. "그리스 함대는 마치 한 몸처럼 싸웠다."라며 헤로도토스는 만족해했다. 반면 "페르시아군은 아무 계획도 없이 조직력을 상실한 채 무작정 싸우고 있었다." 전령은 다음과 같이 선언한다.

> 처음에 페르시아 함대의 물결은

굳건했지만 우리의 배들이 좁은 해협에 묶여버렸고

아무도 어쩔 수 없는 상황이 되고

우리의 청동 이빨은 서로서로 물어뜯었으며

함대로 만든 전체 제방이 흔들렸다.

그리스 군함들이 그 기회를 잡아

회전을 하며 우리 선체를 강타하고 전복시켰다.

순식간에 바다가 눈앞에서 사라지고

선박의 파편과 시체들로 가득했다 .

그즈음 페르시아군은 최악의 혼란 상태에서 도주하느라 정신이 없었다. 군함들은 싸워보려 했지만 아테네군에 의해 공격을 당했고 해협 밖에서는 에기나의 소함대가 도망가려는 사람을 기다렸다. "우리는 그물에 걸린 다랑어가 될 뻔했다."라며 전령은 울부짖었다.

그들이 창으로 계속 우리의 내장을 파내는 동안

부서진 노와 난파선의 잔해가 넘쳐나고

천천히 신음소리와 비명소리도 가라앉았다.

바다가 고요해지더니

어두운 밤의 얼굴이 모든 것을 덮어버렸다.[62]

페르시아 전체 함대의 3분의 1에 해당하는 이백 척이 침몰했다. 크세르크세스의 형 아르타바자네스(Ariabignes)를 비롯해 수백 명의 페르시아 군인과 그들의 동맹군이 익사했다. 그들은 그리스군과 달리 수영을 하지 못했다. 그들이 입었던 긴 관복도 기동성을 방해하며 난파한 군함 잔해의 여기저기에 마구 걸려 넘어지게 했고 결국 "물에 빠지고 기력을 상실했다." 살아남은 페르시아군은 부상에 시달리며 다른 페르시아군이 점령하고 있던 팔레룸으로 퇴각했다. 그곳에서 그들은 크세르크세스의 분노와 마주해야 했다.[63] 바이런은 다음과 같이 그 상황을 노래했다.

> 왕은 바위산 마루에 앉아 있었다.
>
> 바다 위 살라미스가 보이고
>
> 수천 척의 선박들이 보였다.
>
> 수많은 나라를 거느린 남자, 모두 그의 것이었다!
>
> 하루가 시작될 때 그는 그 나라들을 세었다.
>
> 그리고 태양이 지는데 그것들은 모두 어디에 있는가?

살라미스 해전은 고대 역사상 가장 위대한 전투가 되었다. 아테네의 작전으로 아테네 수장들이 지휘한 아테네 선박으로 승리를 거둔 것이었다. 그러므로 살라미스 해전은 가장 위대한 아테네 전투였다. 결국 페르시아 대왕의 노예가 될 뻔한 전 그리스를 구한 것은 이번에도 민주주의의 아테네였다. 살라미스 해전 이후 아테네는 그리스에서 최강의 도시 국가로 부상한다.

살라미스 해전이 단순한 그리스의 승리가 아니라 위대한 민주주의의 승리가 된 데는 다음 두 가지 이유가 있었다. 첫째, 아테네의 '급진적' 민주주의자라 할 만한 테미스토클레스가 살라미스 해전이라는 작전을 짰다는 점이다. 그는 후에 배역자로 의심을 사 자신도 모르게 사형을 선고받고 역설적이게도 크세르크세스 밑에서 피난처를 구한다. 그는 페르시아어를 배운 얼마 안 되는 그리스인 중 한 명이었다. 그러나 위대한 아테네 역사가 투키디데스(Thucydides)를 비롯한 일반 그리스인에게 그는 여전히 영웅이었다. 테미스토클레스 덕에 그리스는 페르시아의 노예 신세를 면한 것이다.[64]

둘째, 살라미스 전투는 해전이었다. 사실상 군인이 아니라 뱃사람들이 싸워서 이긴 전투였다. 그리스의 유명한 중무장 보병은 대체로 스스로의 장비를 충당할 수 있을 만큼 부유한 사람들이었던 반면 노를 저어 생계를 이었던 뱃사공들은 보통 가난한 사람들이었다. (그 때문에 귀족 플라톤은 살라미스 해전이 귀족 보병이 싸워 승리를 거둔 마라톤 전투에 비해 가치가 떨어진다고 보았다.)[65] 살라미스 해전은 민주주의를 대표하는 일반 시민들이 동양 전제 군주의 침략으로부터 유럽을 방어하는 데 성공한 전투였다. 살라미스 해전은 아테네를 지중해 해상 강국으로 바꿔놓았고 그것은 앞으로 도래할 '아테네 제국'의 초석이 되었다.

살라미스 해전은 그리스 역사를 영원히 바꿨을 뿐 아니라 미래의 유럽과, 아시아와 유럽의 관계를 완전히 바꿔놓았다. 1830년 독일 철학자 헤겔(Georg Friedrich Hegel)은 다음과 같이 썼다.

> 세계 역사의 중심이 기존의 균형을 잃고 흔들렸다. 신과 군주가 통합된 동양 전제정치의 세상과 크기와 자원은 보잘것없지만 자유로운 개인들로 생기를 띠는 각자 분리된 도시 국가의 세상이 일련의 전투와 함께 앞서거니 뒤서거니 하고 있었다. 역사를 통틀어 정신의 힘이 물질의 산물을 그처럼 훌륭하게 물리쳤던 적은 없었다.[66]

살라미스 해전 후 그리스는 페르시아의 육상 공격을 예상하고 대비했다. 그러나 육상 공격은 없었다. 크세르크세스는 페니키아 장군들이 비겁

했다는 이유로 그들을 처형했을 뿐이었다. 남아 있던 페니키아 병사들은 겁에 질려 고향으로 돌아가버렸고 이집트 병사도 그 뒤를 따랐다. 크세르크세스의 해군은 사실상 와해되었다. 페르시아 대왕은 그리스군이 헬레스폰트 해협으로 가 자신이 배로 만들어놓은 다리를 파괴해 퇴각로를 차단할 것을 염려해 육군의 지휘권을 마르도니우스에게 넘기고 급히 수사로 돌아갔다.[67]

마르도니우스의 지휘하에 있던 페르시아 육군은 그리스에 남아 있었지만 사기 저하와 내분으로 결국 기원전 479년 플라타이아이에서 패배하고 그해 봄 미칼레에서도 패하고 만다. 마르도니우스의 군대 여섯 개 중에 두 개가 전멸했다. 또 한 군대는 페르시아 제국에 반감을 갖고 있던 서아시아 지역에서 소집된 군대였다. 남은 병사들은 최대한 빨리 페르시아로 돌아가고 싶어 했다. 에일리우스 아리스티데스가 로마 황제 안토니누스 피우스(Antoninus Pius)에게 몇 세기 후에 말했던 것처럼 크세르크세스는 자신의 위상에 큰 타격을 입었다. 그러나 위상 따위는 참담한 패배에 비하면 아무것도 아니었다.[68] 살라미스에서의 패배로 페르시아 전쟁은 거의 그 끝을 본다. 그리스 동맹군은 최후의 승리를 축하하기 위해 델피에 기념물을 조성했다. 페르시아에 저항한 서른한 개 도시 국가의 이름이 새겨진 청동 뱀 세 마리가 뒤엉켜 하늘로 올라가는 기념물이었다. 몇 세기 후 로마 황제 콘스탄티누스(Constantine)가 그 조형물을 동쪽에 위치한 새 로마의 수도 콘스탄티노플로 옮겼다. 오늘날에도 그 기초가 이스탄불(고대 콘스탄티노플) 중앙 대경기장에 남아 있다. 역설적이게도 그곳은 수 세기 동안 아시아의 새 강자 오스만투르크의 수도이기도 했다.

테르모필레, 마라톤, 살라미스 전투는 후에 리시아스가 본 대로, "유럽의 영원한 자유를 보장했다."[69] 크세르크세스가 성공해 페르시아가 그리스 본토를 점령했다면, 페르시아가 그리스 도시 국가들을 페르시아 제국의 관구로 만들었다면, 그리고 그리스 민주주의의 불꽃이 꺼져버렸다면, 그리스 연극도 그리스 과학도 없었을 것이다. 플라톤도 아리스토텔레스도 소포클레스도 아이스킬로스도 없었을 것이다. 후대 유럽 문명의 초석이 된 기원전 5세기에서 4세기 동안 터져 나왔던 엄청난 창조적 에너지도 생겨날 수 없었을 것이다. 물론 페르시아가 통치하는 그리스에서 발생했을 일들을 상상하는 것은 불가능하다. 한 가지 확실한 것은 페르시아 전쟁 동안(기원전 490~479) 서구 세계의 미래는 매우 불안했다는 것이다.

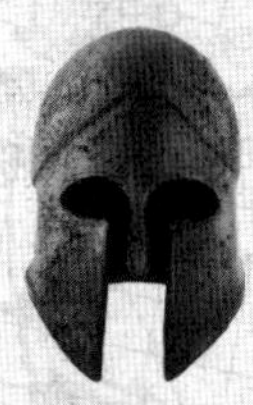

알렉산드로스의 그늘 아래

신에게서 인간으로

　페르시아 전쟁은 유럽과 아시아의 관계를 근본적으로 바꿨다. 헤로도
토스의 이야기는 두 문명과 정치적 권위를 이해하는 두 방식과 궁극적으
로는 인간성에 대한 두 개념 사이의 싸움에 관한 것이다. 그러나 그가 말
했던 페르시아는 오늘날 우리가 '타자'라는 훨씬 더 나쁜 의미로 말하는
페르시아와는 다른 것이었다. 비록 다른 점이 많았지만 헤로도토스의 그
리스와 페르시아는 거의 같은 민족이라 할 정도로 공통점이 많았다. 연꽃
의 열매에 거주하며 '연실을 먹는 사람'이라는 뜻인 로토파기(Lotophagi)
나, 태양을 저주하고 이름도 없는 아타란테스(Atarantes: 종족의 이름만 있
을 뿐 사람들에게는 이름이 없다. 태양이 자신들을 태운다며 저주를 퍼부었다고 한
다-옮긴이) 같은 종족과 비교해봤을 때 말이다.[70] 명백한 '타자'가 있었고
또 그들은 그렇게 타자로 남겠지만 페르시아인은 그런 타자가 아니었다.
크세르크세스의 독재는 몹시 혐오했지만 헤로도토스는 페르시아인의 용

기를 찬미했다. 그는 심지어 페르시아인의 위풍에 감탄하기도 했다. 그리스의 검소함을 자랑했지만 진리를 고수하는 페르시아인의 습성도 존경했다. 그것은 늘 계략을 꾸미는 그리스인과 대비되는 점이었다.

그런데 페르시아 전쟁은 그리스 밖에 사는 '미개인'을 더 강하게 '타자'라고 구분 짓는 결과를 가져왔다. 유럽인은 오랫동안 유럽 이외의 지역에 사는 사람을 미개인이라고 불렀다. 미개인(barbarian, barbaros)은 원래 그리스인의 귀에 그리스어를 사용하지 않는 사람의 말이 단순히 '바바(bar bar)' 처럼 들렸기 때문에 그렇게 불렀다.

후대에는 원래의 의미가 비속화했다. 그리스인의 생각에 정연한 말이란 이성의 능력이 잘 발현된 말이었다. 때문에 그리스인 외의 나머지 인간들이 모두 '바바' 라는 알아들을 수 없는 말을 한다고 여긴 것은 오직 그리스인만이 합리적인 존재들이고 따라서 그리스인만이 진정한 인간임을 의미하는 것이라고 이해할 수 있다. 철학자와 의사들이 볼 때 그런 구분은 곧 인간 정신의 분리를 의미했다. 플라톤 이래 아리스토텔레스를 거쳐 17세기까지 인간의 정신(심리)은 두 부분으로 나뉘었다. 뇌 속에 위치한 합리적인 부분과 모든 열정과 감각으로 구성된 비합리적인 부분이 그것이었다. 비합리적인 부분은 간, 장, 생식기 등에 있다고도 했지만 대부분 심장에 있었다. 이 두 부분은 끊임없이 서로 싸운다. 완전히 문명화된 존재라면(그것은 곧 그리스인을 의미했다) 합리적인 마음이 (항상 그렇지는 않더라도) 비합리적인 마음을 이겨야 한다. 그러나 미개인들에게는 자주 반대되는 상황이 일어난다.

아리스토텔레스가 그리스인과 그 외의 사람들을 구분했던 방식이 대체로 그랬다. 그는 미개인이 '본능의 노예' 에 가까워 도덕성이나 독립적인 판단력이 없다고 보았다. 그러나 필요할 때 주인의 명령을 해석할 머리와 그 명령을 수행할 근력은 충분히 갖고 태어난 창조물이었다. 그래서 아리스토텔레스는 〔그리스 비극 시인 에우리피데스(Euripides)를 인용하며〕 "그리스인이 미개인을 통치해야 한다."라고 했다.[71] 플루타르크의 말이 맞다면 아리스토텔레스는 그의 제자 알렉산드로스가 아시아 정복을 시작했을 때 그리스인만 인간으로 대접하고 다른 사람은 모두 동물이나 식물로 생각하라고 말했다. 알렉산드로스는 현명하게 그 충고를 무시했다. 스승의 충고를 받아들였다면 그의 제국은 아마 "망명과 은밀한 반란으로 가득했을 것이다."[72] '미개인'이라는 개념이 그리스인 사이에 얼마나 방대하게 받아들여졌는지는 알 수 없다. 그러나 아리스토텔레스 바로 전에 플라톤은 정치가들과의 대화에서 '엘레아(남부 이탈리아의 한 도시)에서 온 낯선 사람'을 주요 연설자로 내세워 다음과 같이 불평하게 한다.

> 이 나라 사람들은 그리스 인종을 다른 인종들과 구별하고, 셀 수 없이 많고 서로 다른 혈통을 가진 그 인종들에게 '미개인'이라는 단 하나의 이름을 주고 있다. 그렇게 단 하나의 이름을 주었기 때문에 그리스인은 그들이 단 하나의 인종이라고 생각한다.[73]

후대에 (그리고 현재에도) 그리스가 극도로 민족 중심적이라는 것은 거의 사실로 받아들여진다. 18세기 독일 철학자 임마누엘 칸트(Immanuel Kant)는 그리스의 경향, 즉 자신들 외의 사람들을 모두 '미개인'으로 칭하며 하나로 묶은 것은 '그리스 도시 국가 쇠퇴에서 가장 큰 원인'이라고 말했다.[74] 그러나 원칙적으로 말해 칸트는 틀렸다. 확실히 그리스인이 민족 중심적이긴 하지만 모든 민족이 그렇다. 지구상에 존재하는 민족들을 다 보자면 그리스는 심지어 별로 민족적이지 않은 민족이다. 그리스어에는 어쨌든 인류라는 말이 있고 그것으로 단순히 그리스인이 아닌 인간 존재 전체를 묘사하고 인식했다. 다른 민족에게도 유사한 단어가 있을지 모르지만 아쉽게도 찾으려고 한참 애를 써야 한다. 프랑스의 위대한 인류학자 레비 스트로스(Claude Lévi-Strauss)는 "대다수의 원시 부족이 그들의 언어로 자신들을 '사람'이라고 불러 자연스럽게 마치 그 부족 밖의 사람들은 '사람'으로 부르기에는 본질적으로 뭔가 결여한 듯한 인상을 주었다."라고 지적한 바 있다.[75]

그리스인은 적어도 그렇지는 않았다. 그러나 외부 세계에 대한 그리스인의 그 모든 호기심에도 불구하고, 그리고 스스로를 '극단적인 여행꾼'이라고 했음에도 불구하고, '그들'과 '우리' 사이, '미개인'과 그리스인 사이, 즉 아시아인과 그리스인 사이의 구별은 페르시아 전쟁 후 상당히 확연해졌다.

페르시아 전쟁은 또 아시아인이 갖던 유럽에 대한 이미지도 바꿔놓았다. 많은 페르시아인에게 살라미스 해전은 신의 복수처럼 보였다. 〈페르시아인〉에서 전령이 아토사에게 전했던 말처럼 그리스를 승리로 이끌었던 것은 우세한 병력도 용기도 전략도 아니었다.

그것은 어떤 힘이었다.
인간의 힘이 아닌 그 어떤……
그 무게가 전체 행운을 뒤바꿔놓았다.
우리(페르시아)의 힘도 떨어뜨렸다.[76]

〈페르시아인〉에서는 또 다리우스 대왕의 유령이 청중에게 "오만함을 결코 참지 않는 제우스가 (페르시아를) 응징했다."라고 말한다.[77]

그러나 헤로도토스의 경우 신들은 계속 무대를 흔들어대기만 하지 인간사에 직접적인 영향을 주지는 않는다. 마라톤에서도 그랬지만 헤로도토스는 살라미스를 인간이 획득한 승리로 묘사한다. 그것은 그리스인 개개인의 용기의 대가였고, 무엇보다 그리스 민주정치의 쾌거였다.[78] 헤로도토스의 뒤를 이은 투키디데스도 신은 인간 행동에 아무런 역할도 하지 않는다고 보았다. 그러므로 인류는 자신의 운명에서 주인이고 자신의 행동에 책임도 져야 한다. 신들은(후대에 유일신도) 인간을 돕고 안내할 수는 있지만 (몇몇 예외를 제외하고) 결코 인간사에서 결정적인 역할을 하지는 않는다. 나중에 (훨씬 나중에) 보겠지만 우리에게 당연하고 익숙한 이런 생각은 종교를 떠난 사회를 생각할 수 없고 정치적 권위와 종교적 권위가 구별되지 않았던 당시 고대인에게는 여전히 새로운 생각이었다. 그런 생각은 (뒤에 또 보겠지만) '서양'의 정체성을 구성하고 서양의 성공을 보장하는 가장 강력한 힘이기도 했다.

광대한 제국을 위한 야망

그러나 크세르크세스가 패배했다고 페르시아의 위협이 끝난 것은 아니었다. 재난에 가까운 응집력 부족 사태를 피하기 위해, 그때까지 페르시아의 공격에 대응했던 주요 그리스 도시 국가들 사이에서 기원전 478/7년에 동맹이 결성됐다. 투키디데스가 묘사한 것에 따르면 "동맹의 주요 원칙은 왕의 나라를 공격해 그 땅에서 이유 없이 고통받고 있는 사람들을 대신해 왕에게 복수하는 것"이었다.[79] 성스러운 섬 델로스에서 정책을 결정하기 위해 모이고 동맹 기금도 모았기 때문에 이 동맹은 오늘날

델로스 동맹이라고 불린다. 동맹국은 주로 소아시아 서쪽 해안과 헬레스폰트와 프로폰티스의 이오니아 지방 도시 국가들이었다. 모든 회원은 서로 동등한 자격을 갖지만 사실 아테네가 가장 강력한 회원이었다. 초창기 동맹은 아주 성공적이었다. 트라키아와 케르소네수스에 있던 페르시아 수비군들이 추방되었고 그리스는 소아시아의 서쪽과 남쪽 해안을 다시 통제했다.

그리스 통제란 곧 아테네 통제를 의미했다. 기원전 462년, 트라소스가 동맹에서 탈퇴하려 했으나 이 년 후 아테네에 패배해 다시 가입했다. 기원전 467년경 낙소스도 탈퇴하려 했으나 강제로 남게 되었다. 다른 도시 국가도 실제 의지와는 달리 동맹의 가입을 '강요받았다.' 기원전 454년에는 마지막 쿠데타가 있었다. 그해에 기금을 수납하는 금고가 안전을 이유로 델로스에서 아테네로 옮겨 갔다. 물론 모든 회원국은 그것이 무엇을 의미하는지 잘 알고 있었다. 이름만 델로스 동맹이었지 사실 아테네 제국이었다. 제국이 다 그렇듯 아테네 제국도 일부를 위해 다수가 비참함을 견뎌야 했다. 미개인 침략의 끊임없는 위협으로부터 그리스를 지킨다는 명분이 모든 불평과 불만을 무마했다. 투키디데스를 비롯한 많은 아테네인도 잘 알고 있던 사실이었다.[80]

기원전 466년, 아테네 장군 키몬(Cimon)이 에우리메돈 강과 면한 바다와 육지에서 페르시아 연합군을 물리쳤다. 대단한 승리였고 그 전투도 살라미스처럼 아테네의 지도력이 이끈 것이었기 때문에 아테네의 권력은 더 강화된다. 기원전 450년경 또 다른 아테네 장군이자 키몬과 사돈지간인 칼리아스(Callias)가 크세르크세스의 계승자 아르타크세르크세스(Artaxerxes)와 지속적인 평화 조약을 맺는다. 아르타크세르크세스는 페르시아의 행동반경을 파셀리스 동쪽과 에욱시네 바깥쪽으로 제한하는 데 동의했다. 반면 그리스는 키프로스와 이집트 동쪽에서 철수하기로 동의했다. 소아시아에서 페르시아인이 빈번히 조약을 어기긴 했지만 일시적이나마 페르시아는 그리스 본토와 에게 해에 대한 관심을 끊은 듯했다. 덕분에 아테네는 가뿐하게 델로스 '동맹'을 더 견고하게 다질 수 있었다. 그즈음 동맹국들은 '아테네가 통치하는 도시들'임이 더욱 분명해졌다.

아테네가 제국이 된 이유는 다른 (일부) 나라들이 제국이 된 이유와 별로 다르지 않다. 델로스 동맹군과 스파르타가 이끈 또 다른 동맹군 사이에 벌어진 펠로폰네소스 전쟁이 터지기 직전에 아테네 대사는 스파르타 지도자에게 이렇게 말했다. "아테네가 통제력을 부자연스럽게 확장하는 데에는 두려움이라는 이유가 있고 그 옆에는 명예라는 이유가 있고 또 그 옆에는 경제적인 이익이라는 이유가 있다."[81] 이 세 가지 이유, 두려움, 명예, 경제적 이익은 계속해서 발전의 주요 동기로 남아 후대 유럽의 역사에 막대한 영향을 주었고, 오늘날까지도 그렇다.

기원전 431~404년까지 계속된 펠로폰네소스 전쟁은 교전과 휴전을 거듭하다가 결국 스파르타와 동맹군의 승리로 끝이 났다. 그러나 전쟁으로 양쪽 모두 너무 큰 타격을 입었기 때문에 결국 전 그리스 도시 국가의 몰락을 불러왔다. 전쟁이 끝나기 무섭게 그리스와 페르시아 사이에서 또 한 번의 전쟁이 터졌다. 그 전쟁은 기원전 387/6년까지 계속되다가 그해 아르타크세르크세스 2세가 소위 말하는 '왕의 평화'를 부과하는 데 성공해 소아시아의 그리스 도시 국가들에 대한 페르시아 통치권을 재획득함으로써 끝을 맺는다. 그러나 기원전 4세기가 끝날 무렵 아케메네스 제국의 힘은 이집트와 키프로스의 반란으로 심각하게 약화됐기 때문에 뒤이은 유럽 본토로의 대대적인 침략은 없었다. 기원전 361년, 페르시아 지방

지도자 태수(太守, 권력자)들이 해안 지방에서 페르시아 대왕에 대항해 반란을 일으켰고 동시에 이집트도 기원전 342년까지 계속될 전쟁을 선포했다.[82]

아케메네스 제국은 살아남았고 아르타크세르크세스 3세(기원전 358~338)가 소아시아의 반란을 진압하는 데 성공했으며 심지어 이집트를 재정복하기도 했다. 그러나 그의 성공은 그다지 믿을 만한 것이 못 되었다. 위대한 페르시아 제국은 권력의 한계에 도달했고 당시 이미 조금씩 분열되고 있었다. 그렇다고 그리스 도시 국가들이 이득을 볼 상태도 아니었다. 펠로폰네소스 전쟁에 연루되었던 도시 국가들이 모두 심각하게 약해진 상태였다. 기원전 346년경, 이소크라테스는 테베, 아르고스, 스파르타, 아테네가 모두 똑같이 "재난 상태에 빠졌다."라고 말했다.[83] 과장이 심한 면은 있다. 그러나 아테네가 여전히 강한 권력을 휘두르고 지중해의 최고 해상력을 자랑했어도, 테베와 아르고스는 이미 무정부 상태에 빠졌다. 한때 최강이었던 스파르타조차 전사자가 너무 많아 전체 성인 남자 시민의 인구가 천 명도 못 될 지경이었다.

그리스의 분열도 크세르크세스의 몰락을 막지는 못했다. 그러나 그리스가 죽음을 부르는 끊임없는 갈등 때문에 어느 날 결국 자폭할 것이라던 크세르크세스의 주장은 옳았다. 로마 제국이 주는 안전함 속에서 글을 썼던 역사가이자 하급 공무원 헤로디아누스(Herodian)는 "그리스 국가들 사이의 옛날 상황이 그랬다. 그리스인은 서로 싸우고 뛰어난 사람을 억누르려고 애쓰면서 나라를 탈진하게 만들었다."라고 말했다.[84]

펠로폰네소스와 아티카의 도시들은 물론 아테네조차 약해졌다. 하지만 매우 색다른 또 다른 그리스의 힘이 그리스 북쪽에서 자라고 있었다.

올림포스 산 기슭에서 시작해 남서쪽의 테르마이 만 해안을 지나 북동쪽의 트라키아 쪽으로 뻗어 있으며 그리스 반도를 발칸과 연결하는 마케도니아는 오랫동안 그리스 내 일개 외딴 지방일 뿐이었다. 다른 그리스 국가들처럼 그리스어 방언을 쓰고 같은 신을 모시며 비슷한 문화를 공유하지만 마케도니아인은 대체로 유목민인 데다가 사냥, 싸움, 술을 과도하게 좋아해서 다른 그리스인들로부터 미개인 취급을 당했다.

마케도니아는 또 다른 그리스 국가들과 달리 도시 국가 체제가 아닌 군주국이었다. 그러나 인구가 많았고 잠재적 자원이 풍부했으며 기원전 512~476년 동안 겪었던 페르시아 점령으로 많은 덕을 보았다. 다만 왕조 내의 불화와 이민족의 침입으로 그리스 내의 문제에 중요한 역할을 할 수 없었던 것이다. 그러다가 기원전 359년에 카리스마 있고 무자비한 새 국왕 필리포스 2세의 왕위 계승과 함께 상황은 완전히 변했다. 23년간의 재위 기간 동안 필리포스는 마케도니아를 가장 강력한 그리스 국가로 바꿔놓았다. 그는 아무도 대적할 수 없을 것 같은 군대를 만들었고 기원전 338년 8월 테베 북서쪽 보이오티아의 카이로네이아에서 아테네와 테베가 이끈 남부 그리스 도시 국가 동맹군을 가볍게 물리쳤다. 승리를 축하하기 위해 카이로네이아에 장엄한 돌사자 상이 세워졌는데 그것은 지금도 그곳에 남아 있다. 카이로네이아 전투로 필리포스 왕은 그리스 세상의 실질적인 주인이 되었고 마케도니아는 도전할 수 없는 최고 권력으로 거듭났다. 구약 「다니엘서」의 꿈 예언에서 마케도니아는 "무시무시하고 끔찍하고 대단히 강하며 강철 이빨을 한 짐승으로 나타나기도 했다. 그 이빨은 모든 것을 게걸스럽게 먹고 산산이 조각낸 후 그 잔해를 발바닥으로 뭉개버린다."[85]

집요한 이소크라테스는 필리포스를 재촉한다. 이제 그리스와 페르시

다. 자신의 군대가 지나가는 길을 관장하던 신들 앞에 알렉산드로스가 보인 존경의 행위는 그 시대에는 어느 정도 당연한 일일지도 모른다. 그러나 헬레스폰트 해협에 족쇄를 채우고 채찍을 휘두르던 좀처럼 잊혀지지 않는 크세르크세스의 행동과는 상당히 비교되었다.

해협을 건너자 알렉산드로스는 프로테실라오스가 그랬던 것처럼 첫 번째로 육지에 발을 디뎠다. 완전 무장한 채 자신의 군인들 앞에 잠시 섰다가 창을 해변으로 던져 신이 자신에게 아시아를 줬다고 선언했다. 그러고 나서 "아시아의 국가들은 나를 기꺼이 왕으로 받아들여야 한다."라고 말하며 의미심장한 기도를 한다.[88] 알렉산드로스는 단순한 점령이 아닌 통치를 원했다. 그는 통치를 하려면 식민지 국가 국민의 동의가 필요하다는 것도 알고 있었다. 아무리 미약하더라도 그들의 동의는 필수였다. 그것은 페르시아와 그리스의 오래된 투쟁의 역사가 그에게 가르쳐준 것이었다.

그즈음 알렉산드로스가 불러들이는 신은 그리스 신만이 아니었다. 거기에는 그가 이해한 아시아 신도 있었다. 물론 당시 최신 유행하던 조로아스터교의 아후라 마즈다 같은 신은 아니었지만 알렉산드로스는 일리움에 있는 트로이의 아테네 신전을 방문하기도 했다. 플루타르크에 따르면 알렉산드로스는 아킬레우스의 무덤으로 추정되는 곳의 기둥 주변에서 벌거벗은 채 달리기 시합을 하기도 했고 트로이 전쟁에서 전사한 영웅들을 위해 정성들여 제를 올리기도 했다. 그것이 그곳의 관습이라면 못할 일이 없었다. 그렇게 제를 올리고 난 다음에는 제를 올리는 동안 입었던 자신의 군장을 신전에 모셔져 있던 유물들과 바꿨다. 그 후로 알렉산드로스는 호메로스의 이야기에서 나오는 영웅들이 모두 자신의 군대를 지킨다고 생각하고 그들을 앞세우고 두려움 없이 전쟁에 나갈 수 있었다.

그때까지 알렉산드로스의 진군은 트로이 전쟁이 그랬듯 정의가 불의를 누르는 전쟁일 뿐이었다. 그러나 알렉산드로스에게는 아가멤논과 그의 동료들보다 더 높은 야망이 있었다. 그의 군대는 단지 점령을 위해 진군하는 것이 아니었다. 그들은 동시에 화해와 연합을 위해서 싸웠다. 헤로도토스가 말하는 유럽과 아시아 사이의 영원한 적대감을 연장하려는 것이 아니라 그 종지부를 찍기 위해 진군했다. 그래서 알렉산드로스는 트로이 전쟁에서 포로로 잡혔던 트로이 공주 안드로마케(Andromache)를 추모할 때 일리움 사람들에게 풍성한 선물을 나눠 주었고, 프리아모스를 위해서는 마귀를 쫓는 희생제까지 거행했다. 아킬레우스의 아들이자 알렉산드로스의 조상이라던 네오프톨레모스(Neoptolemus)가 프리아모스를 살해한 사실을 속죄하기 위해서 말이다.

이제 수 세기 전 아시아의 왕자가 스파르타의 여왕 헬레나를 납치한 것으로 시작했던 드라마의 마지막 장면이 가까워졌다. 그 장면은 그리스의 아시아 정복에 관한 것이었다.

마케도니아군은 기원전 334년 5월 그라니코스 강둑(지금의 코카바스 강)에서 처음으로 페르시아군과 만났다. 이제 아킬레우스의 역할에 익숙해진 알렉산드로스는 일리움의 아테네 신전에서 얻은 군장을 하고 머리 양쪽에 큰 흰색 날개를 단 이상하게도 전혀 일리아스답지 않은 투구를 쓰고 전투에 참여했다. 그는 페르시아의 두 귀족 로에사세스(Rhoesaces)와 스피트리다테스(Spithridates)를 물리쳤다. 한번은 미처 보지 못한 검 때문에 죽을 뻔했으나 알렉산드로스의 간호사와 형제지간인 노병 클레이투스(Cleitus)에 의해 살아남았다. 한동안 대단히 우세했던 페르시아군은 결국 눈에 띄게 약해진다. 대체로 알렉산드로스의 성급했지만 멋진 전술 덕분이었다. 다리우스는 사위 미트리다테스(Mithridates), 아들 아르불레스(Arbulese), 아내의 삼촌 파르나케스(Pharnaces)와 많은 신하들을 잃었다. 페르시아는 고위 장성급에서 심각한 손실을 봤다. 아시아로 향한 길은 이제 활짝 열렸다. 공식 역사가로서 원정에 참여한 아리스토텔레스의 조카 칼리스테네스(Callisthenes)는 이를 그리스 복수의 여신 네메시스와 연결시켰고 전투가 트로이가 몰락한 달과 같은 달에 벌어졌다고 주장했다.[89]

알렉산드로스는 전사자들을 묻고 대조각가 리시푸스(Lysippus)에게 청동으로 기념비를 세우라고 명령했다. 또 감사의 뜻으로 500개의 페르시아 갑옷과 투구를 파르테논 신전의 아테네 여신에게 보냈다. 봉헌식에서 그는 갑옷과 투구가 자신의 복수전에서 얻은 첫 번째 열매일 뿐이라고 말했다. 그리스 사람으로서 다리우스를 위해 그리스에 대항해 싸웠던 용병들은 마케도니아로 돌려보냈다. 그들은 죽을 때까지 농노로 살아야 했다. 전장에서 죽는 것보다 더 불명예스럽고 아마도 더 험난한 운명이었을 것이다.

알렉산드로스는 페르시아 귀족들이 자신을 진정한 통치자로 '기꺼이' 받아들이도록 유도하는 유화 정책을 실행했다. 그라니코스에서 전사한 페르시아 지휘관들을 위해 그리스군에게 하듯 적당한 장례를 치르게 했다. 거의 관습이 되다시피 한 패전국에서의 전리품 약탈도 금지했다. 새로운 군주의 노예로 살 결심으로 산 속에서 나온 농부들은 자유의 몸으로 '각자 자신의 영토'로 돌아갔다.[90]

사르디스, 에베소, 밀레투스, 파셀리스, 아스펜두스, 켈라이나이, 고르디움 같은 아케메네스 제국의 도시들은 그 무적처럼 보이는 젊은 왕에게 차례로 항복했다. 고르디움에서 알렉산드로스는 후대에 널리 알려질 상징적인 행위를 하나 한다. 그것은 그의 정복이 잊혀진 후에도 오랫동안 기억된다.

제우스 왕의 사원에서 알렉산드로스는 프리기아 왕조의 신화적인 창시자 고르디우스(Gordius)의 전설적인 마차를 보게 된다. 마차는 관목 껍질로 만들어진 단단한 끈으로 기둥과 연결되어 있었는데 매듭이 너무 정교해 끝이 보이지 않았고 아무도 그 매듭을 풀 수 없을 것 같았다. '고르디우스의 매듭'을 푸는 사람이 아시아를 다스린다는 고대로부터 내려오는 전설이 있었다. 프리기아 사람들과 마케도니아 구경꾼이 지켜보는 가운데 알렉산드로스는 자신의 신하들과 함께 아크로폴리스로 올라갔다. 그는 한동안 매듭 푸는 일에 열중했다. 호기심 가득한 많은 목격자들 앞에서 실패할 경우 얼마나 참담할지 안 봐도 뻔한 일이었다. 그러나 결국 좌절과 분노에 휩싸인 알렉산드로스는 "어떻게 실패하든 무슨 상관이냐?"라고 말했다고 한다. 그는 자신의 검을 꺼내 그 매듭을 베어버린다. 그날 밤 거친 폭풍이 몰아쳤고 알렉산드로스와 그의 간신들은 그것을 제우스의 승인으로 해석했다. 곧 알렉산드로스는 자신이 아시아 전체의 정당한 통치자임을 처음으로 공식 선언했다. 후대의 역사가들도 이 일을 알렉산드로스의 아시아 원정에 대한 신의 승인을 보여주는 표시라고 적었다. 오늘날 '고르디우스의 매듭 자르기'는 매우 어려운 문제를 풀기 위해 대담하고 폭력적으로 행동을 할 때 쓰는 말이다.[91]

기원전 333년 이른 겨울, 알렉산드로스는 실리시아의 이수스에서 수적으로 막강했던 페르시아군을 물리쳤고 그것으로 알렉산드로스는 유프라테스 강까지 이르는 현재의 근동 지방에 대한 통제력을 모두 확보했다. 그때 알렉산드로스는 다리우스의 아내 스타테이라(Stateria)와 그녀의 어머니 시시감비스(Sisygambis)를 비롯해 페르시아 왕가의 많은 공주들을 소유한다. 알렉산드로스의 페르시아 여성 점령이라 불리는 이 일은 전설의 소재가 됐고 신화를 주로 그렸던 후대 르네상스 미술에서 가장 많이 등장하는 장면이 됐다. 그 미술 작품들 속에는 여전히 당당하지만 어쩔 줄 모르는 왕가의 여성들이 새로운 주인에게 경의를 표하고 있다. 그들을 모두 노예로 만들거나 더 최악의 사태를 부를 수도 있었겠지만 젊은 왕은 자신의 왕좌에서 내려와 스타테이라에게 손을 내밀었다. 알렉산드로스는 그들에게 자신이 그들을 파멸하려고 온 것이 아니라 "아시아의 주권을 위한 합법적인 전쟁을 하기 위해" 왔다고 말했다. 과연 승리 앞에 어떻게 관대할 수 있는지 알고 있는 진정한 영웅, 아량 있는 정복자의 모습이었다.

알렉산드로스는 정말 그랬다. 그러나 알렉산드로스의 아량은 더 원대한 계획을 위한 전략일 뿐이었다. 알렉산드로스는 당시 관습대로 몸값을 받고 여성들을 풀어주지 않고 그들을 곁에 두었다. 스승 아리스토텔레스에게서 페르시아의 관습에 대해 충분히 배웠던 알렉산드로스는 아케메네스의 계승이 여왕으로 이어질 수도 있음을 잘 알고 있었다(후대에 그의 행동을 봐도 그가 그 사실을 염두에 두고 처신했다는 것을 알 수 있다).[92] 게다가 실제로 다리우스의 가족을 자신의 가족으로 받아들이면서 다리우스 대왕에게서 그의 제국뿐 아니라 황실 내 그의 위상도 박탈할 수 있었다. 그 위상은 곧 알렉산드로스의 차지가 될 예정이었다. 알렉산드로스는 시시감비스를 '어머니'라고 부를 정도였다. 전설에 따르면 '어머니'에 대한 헌신이 지극해서 10년 후 그가 죽었을 때 시시감비스는 그 슬픔을 못 이겨 굶어 죽었다고 한다.

알렉산드로스는 다리우스 가족(심지어 다리우스의 어린 아들에게도)의 이전 지위와 공적을 인정해줬고 다리우스의 딸을 위해 왕가의 지참금도 제공했다. 기원전 331년 스타테이라가 죽었을 때는 국장까지 치러주었다. 얘기는 여기서 끝나지 않는다. 같은 해 알렉산드로스는 실리시아를 떠나 군대를 이끌고 시리아 북쪽을 지나 페니키아로 들어간다. 그는 왕가의 공주들을 수사에 두고 떠났지만 그들에게 그리스어를 가르치라고 지시해두었다. 그들은 유럽과 아시아를 연합하겠다는 알렉산드로스의 원대한 목적에 상징적으로 매우 중요한 역할을 해야 하는 운명에 놓여 있었다.

알렉산드로스는 다리우스의 황금 상자도 가진다. 그가 그 속에 「일리아스」 두루마리 본을 넣어 두었기 때문에 그것은 '상자 본'이라고 불렸다. 그때부터 알렉산드로스는 단도와 함께 그 상자 본을 늘 침대 밑에 두고 잤다고 한다.

마케도니아군은 시리아 해안을 따라 남쪽으로 내려갔다. 암리트에서 알렉산드로스는 다리우스가 보낸 대사를 만난다. 페르시아 대왕의 나약한 평화 제안에 대한 답신으로 알렉산드로스는 자신이 페르시아의 과실을 응징하려 하고 있고 또 다리우스는 페르시아 왕좌를 내놓아야 할 것이며 지금 전 아시아의 진정한 통치자는 바로 자신 알렉산드로스라고 말한다. 그동안 알렉산드로스 휘하에 있게 된 페르시아 귀족들은 모두 그 사실을 기꺼이 받아들였다. 다리우스는 알렉산드로스를 자신의 종주국 왕으로 받아들일 준비가 됐을 때만 안전할 수 있었다. 알렉산드로스는 정복과 응징의 전쟁을 새로운 제국 창건을 위한 전쟁으로 서서히 바꾸었다. 그 제국은 알려진 세상의 두 반쪽을 하나로 만들겠다던 고대 아케메네스의 야망이기도 했다. 알렉산드로스가 자신에게 항복하는 모든 새 도시와 국가의 사람들에게 말했던 것처럼 그 제국은 이제 주인과 노예의 연합으로 이루어진 제국이 아니었다. 비록 주인이 그리스인이긴 하지만 그 주인 혹은 통치자 아래 모두 동등한 시민들로 이루어진 제국이 될 예정이었다.

물론 다리우스는 그 제안을 거부했다. 그때 알렉산드로스는 다리우스에게 늘 골칫거리와 반란을 안겨줬던 이집트로 이동했다. 이집트 사람들은 알렉산드로스를 자신들을 해방시킬 구세주로 환영했고 파라오의 왕관을 내주었다. 기원전 331년 9월 30일 혹은 10월 1일, 오늘날 이라크 북쪽 이리빌 근처 가우가멜라 평원에서 그리스군은 다리우스가 소집한 2차 대군을 격퇴한다. 결정적인 전투였다. 알렉산드로스는 이제 다리우스가 통치했던 자그로스 산 서쪽 땅 모두를 점령했다. 알렉산드로스는 즉시 자신을 대왕이라고 칭하고 모든 아시아 그리스 국가에 "독재 군주는 이제 없어졌으니 아시아 사람들은 자신들 스스로가 만든 법에 따라 살아야 할 것이다."라는 말을 보낸다.[93] 기원전 331~330년 겨울, 바빌론이 아무런 항쟁 없이 항복했다. 그들은 기원전 539년에 키로스가 들어왔을 때처럼 녹색 잔가지와 향을 피워 알렉산드로스를 환영했다. 키로스처럼 알렉산드로스도 평화를 '부과' 하기 위해 왔다고 주장했다. 또한 키로스처럼 그도 바빌론의 공식 왕권을 수락했으며 바빌론을 아시아 제국의 새로운 수도로 삼으려 했다.

그리고 나서 알렉산드로스는 아케메네스 제국의 심장부 파르사, 즉 페르세폴리스로 관심을 돌렸고 기원전 330년 1월에 그곳에 입성했다.

원정 기간 내내 알렉산드로스는 그리스군에게 정복지 국민들 혹은 최소한 그들의 소유물을 존중하라고 당부했다. 그리스군은 위대한 페르시아 도시들을 점령할 때마다 보물들이 하나씩 알렉산드로스의 금고로 들어가는 것을 가만히 지켜보았다. 그러나 불만이 점점 쌓여가고 있었다. 알렉산드로스는 폭동으로 이어질 수도 있는 사태를 피하기 위해 페르세폴리스를 그리스군에게 넘겼다. 알렉산드로스는 군인들에게 마주치는 모든 성인 남성을 죽이라고 명령했고 그것이 "자신에게 좋을 거라고 생각했다."

하루 종일 귀족들의 집이 약탈되고 여자들은 노예가 되었으며 가져갈 수 없는 것들은 모두 파괴되었다. 한편 알렉산드로스 자신은 다리우스 대왕의 금고실을 조사하다가 키로스 대왕 때부터 축적해온 12만 탤런트를 발견한다. 자신을 위해 일부를 조금 남겨 놓은 그는 그 어마어마한 돈을 수사와 엑바타나로 보낸다. 돈을 보내기 위해서 군대의 모든 동물을 동원해야 했는데 낙타 3천 마리도 모자랄 판이었다고 한다. 그 돈의 가치가 오늘날 기준으로 얼마일지 살펴보는 것은 무의미하겠지만 5세기 아테네 제국이 절정에 다다랐을 때 거둬들인 세금을 거의 삼백 년이나 모아야 그 정도 돈이 될 수 있었다고 한다.[94]

페르시아 대왕의 웅장한 궁전과 사원, 대알현실, 백 개의 기둥으로 된 크세르크세스 대회당, 쿤-이-라흐메트 산맥 앞에 뻗어 있는 무대 같은 테라스 등, 제국의 정신적 중심지는 보존되었다(약간 파괴되었어도 놀라운 형태를 간직했다). 그러나 그리 오래가지는 못했다. 알렉산드로스는 웅크리고 있던 페르시아 귀족들이 자신을 새로운 대왕이자 아후라 마즈다 신이 인정한 이 땅의 대표로 받아들일 것을 기대하며 새해를 축하하는 페르시아 축제를 기다렸을지 모르겠다. 그랬다면 참으로 보람도 없는 일이었다. 오월이 되자 그렇게 기다릴 수만은 없었다. 새해는 이미 지나갔고 페르시아 성직자들은 여전히 그를 환영하지 않고 있었다. 페르세폴리스는 알렉산드로스의 마음속에서 '아시아에서 가장 혐오스러운 도시'로 변했다. 반란 도모의 중심지가 될 가능성도 가장 커 보였다.

오월 말, 알렉산드로스는 희생제를 거행한 후 최근의 승리를 축하하기 위해 연회를 열었다. 전하는 말에 따르면 알렉산드로스는 인사불성이 됐다고 한다(전설에 따르면 그는 자주 그런 상태에 빠졌다). 아테네 고급 창부 타이스(Thaïs)와 프톨레마이오스(Ptolemy) 장군의 정부(情婦)가 쓸데없는 장광설을 늘어놓으며 알렉산드로스가 예전에 파르테논 신전에 불을 지른 크세르크세스에게 복수하겠다는 말을 했었다고 했다. 불행하게도 그때가 크세르크세스의 대궁을 불태우기에 가장 적절한 복수의 순간처럼 보였다. 알렉산드로스는 술에 취한 채 춤을 추며 타이스를 왕궁의 대계단으로 이끌었다. 다른 기녀들은 여전히 손님들을 위해 피리와 플루트를 불고 있었다. 대회당으로 들어가는 입구에서 알렉산드로스는 역사상 최고의 문화예술 파괴 행위로 남을 일에 대해 약간 주저했다고 한다. 아주 잠깐 동안 말이다. 그러나 그는 첫 번째 횃불을 크세르크세스의 대회당으로 던졌다. 방대한 삼목 서까래의 지붕과 벽의 틀이 곧 화염에 휩싸였다. 그 잿더미는 1950년대까지 그곳에서 확인할 수 있었다. 대화재에 동요된 군인들은 화염을 용케도 피했던 모든 것을 약탈하거나 파괴했다. 알렉산드로스가 미처 거둬가지 못했던 주화와 금붙이와 보석들이 순식간에 사라졌다. 병사들은 검과 단도를 구하려고 병기고를 습격했다(그러나 후대의 고고학자들을 위해 청동/철 화살촉 수천 종류는 남겨놓았다). 그들은 쉽게 가져갈 수 없는 것들은 모두 파괴했고 조상(彫像)들을 참수하고 유물들을 축나게 했다.[95]

왕궁은 1971년까지 폐허로 남아 있었다. 내장을 모두 드러낸 채 말이다. 오직 약탈자와 고고학자들의 방문이 있었을 뿐이었다. 1971년, 페르시아의 마지막 왕 무하마드 팔레비(Muhammed Reza Pahlavi: 1925년 쿠데타로 왕좌에 앉은 군관의 아들 팔레비의 아버지는 충심을 잃은 부하들을 불러들이고자 고대 페르시아어에서 자신의 새 왕조의 이름을 붙였다)가 폐허로 남은 왕궁을 일부 복구했다. 자신이 아케메네스의 2,000년 역사를 물려받았음을 축하한다는 의미였다. 한 주 동안 해외에서 온 모든 정부 고관과 고위 성직자들이 저녁으로 푸아그라(특별히 살찌운 집오리의 간 요리—옮긴이)를 채워 넣고 공작새 구이 요리와 파리의 맥심 레스토랑에서 공수한 샴페인 2만 5천 병을 해치웠다. (전체 소요 경비가 이백만 달러에 다다랐다고 하니 1970년대 중동 지방의 부가 어느 정도였는지 알 만하다.)

연회가 정점에 다다랐을 때 아케메네스 전사 복장을 한 병사들에 둘러싸인 팔레비는 자신이 다리우스와 크세르크세스의 상속자임을 선언했다. "왕 중의 왕 키로스 대왕이시여!"를 시작으로 그는 연회 손님들에게 다음과 같이 말했다.

> 왕 중의 왕, 이란의 왕, 나와 내 국민의 환호로부터…… 우리는 이란이 세상에 두고 했던 맹세를 다시 재개하는 이 순간, 역사 속 불사의 영웅, 세계에서 가장 오래된 제국의 창설자, 역사 속 위대한 해방자, 인류가 낳은 귀중한 아들인 당신 키로스에게 보내는 전 국민의 무한한 감사를 목격하기 위해 여기에 있습니다.[96]

오 년 후 팔레비는 이슬람 음력을 고대 조로아스터교의 '제국주의적' 태양력으로 바꾼다. 이 태양력은 25세기 이전에 창건되었다는 아케메네스 왕조의 시작을 그 시초로 한다. 이슬람 연기 1396년(1976)은 이제 2535년이 되었다. 그러나 그 모든 일이 팔레비가 원했던 결과를 불러오지는 못했다. 1979년, 불만으로 가득했던 성직자 호메이니(Ayatollah Ruhollah Khomeini)가 파리에서 총지휘했던 혁명으로 팔레비는 물러나야 했다. 이란 군주제는 이제 이슬람공화국으로 거듭났다. (실질적인 의미를 지닌 것은 아니었지만 이슬람 신권정치가 역설적이게도 공화국이라는 서양 이교도의 정치 체계를 처음으로 공식 채택한 사건이었다.) 이란의 새 주인은 페르시아

노스탈지어에 빠질 시간이 없었다. 페르세폴리스 유적도 불도저로 갈아 엎어질 뻔했다가 호메이니의 오른팔 할할리(Ayatollah Sadegh Khalkhali)에 의해 간신히 살아남았다.

알렉산드로스도 익히 알았겠지만, 헤로도토스는 유럽을 정복하겠다고 나선 크세르크세스가 "우리의 모든 것이 그리스로 가거나 그들의 모든 것이 페르시아로 올 것이다."라고 선언하게 만들었다.[97] 헤로도토스 극의 마지막 장에서 결국 페르시아의 모든 것이 그리스로 가버렸다. 다리우스 대왕은 자신의 연합국으로부터 버림받고 금박을 입힌 감옥에 갇혀 금 쇠사슬을 차고 있다가 결국에는 알렉산드로스에게 넘겨지기 바로 직전 지금의 샤르 이 쿠미스 근처에서 암살당하고 말았다.[98] 복수의 전쟁은 이제 공식적으로 끝이 났다. 예상했던 대로 알렉산드로스는 패배한 적장을 공손하게 예우했으며 다리우스의 암살자들을 공개적으로 처형했고 왕가 장례식을 위해 시신을 페르세폴리스로 보냈다.

그리고 나서 마케도니아군은 이제는 무너진 페르시아 제국에 대한 통치권을 공고히 하기 위해 동쪽으로 행진했다. 그러던 중 한 전투에서 알렉산드로스는 그 유명한 이란-박트리아 귀족 옥시아르테스(Oxyartes)의 딸 록사나(Roxanne)를 만난다. 당시 '작은 별'이라고 알려졌던 록사나는 세간의 평에 의하면 아시아에서 가장 아름다운 여인이었다고 한다. 곧 알렉산드로스는 그녀와 결혼한다. 그 결혼은 그 후 수 세기 동안 온갖 시와 그림에 세기의 결혼으로 재등장했다. 가장 유명한 유럽과 아시아의 결합이었다. 3세기 후 안토니우스(Mark Antony)와 클레오파트라(Cleopatra)가 등장하기 전까지 말이다. 그 결혼은 페르시아와 서구 정복자들 사이에서 생겨났던 수많은 정치적 결혼의 서막이기도 했다. 19세기 독일의 위대한 역사가 요한 구스타프 드로이젠(Johann Gustav Droysen)의 관점에서 볼 때 그 결혼은 그리스와 페르시아를 결합하는 데 그치지 않고 두 인종의 '용해'를 가져올 다분히 정략적인 것이었다. 유럽과 아시아를 섞어 하나로 만들어 오늘날 우리가 말하는 '다문화적' 사회를 형성하는 것이었다.[99]

그렇게 아름다운 록사나와의 결혼도 알렉산드로스를 오래 잡아두지는 못했다. 빠른 속도로 오늘날 동부 이란과 서부 아프가니스탄을 통과한 후 알렉산드로스는 힌두쿠시 산맥을 넘어 박트리아(지금의 아프가니스탄)로 들어갔다. 기원전 326년 봄, 그는 인도 포루스(Porus) 왕의 전설적인 코끼리 부대와 히다스페스에서 처음으로 마주치고 그들을 격파했다. 그곳에서 알렉산드로스는 전투로 기력이 소진해 죽은 자신의 그 유명한 말 부세팔라를 기리기 위해 니케아와 부세팔라라는 도시를 건설한다. 그런 다음 계속 행진했다.[100] 그러나 몬순이 닥쳐왔고 갠지스 강 지역으로 들어가기 위해 건너야 하는 베아스 강(인도 편자브 지방 5개의 강 중 동쪽 끝에 있는 강-옮긴이)에 도착했을 때는 이미 비가 70일간이나 쉬지 않고 내린 뒤였다. 부하들은 더는 걷기를 거부했다.

자신이 가장 좋아했던 영웅 아킬레우스처럼 알렉산드로스도 자신의 텐트에서 칩거하며 시기를 기다렸다. 3일쯤 지나 화가 좀 풀리면 부하들의 마음이 바뀔지도 모른다고 생각했다. 그러나 소용없었다. 군대는 움직이기를 거부했다. 알렉산드로스는 퇴각의 명목을 세우기 위해 강을 건너기 전에 치르는 일상적인 의식을 거행했다. 징후는 (편리하게도) 매우 불길한 것으로 판명이 났다. 이제 부하들 때문이 아니라 신의 의지 탓을 할 수 있었던 알렉산드로스는 퇴각을 결심했다. 페르세폴리스로 돌아온 그는 바빌론으로 들어갔다. 그가 떠나자 전설적인 인도 영웅 찬드라굽타

(Chandragupta)는 남아 있던 알렉산드로스의 군대를 몰아내고 알렉산드로스가 점령했던 펀자브 지방을 되찾았다. 인도인들은 페르시아어로 무굴(몽골을 의미함)로 알려진 터키인들이 1526년 같은 길을 통해 침략할 때까지 천 년 동안 아무 문제도 없는 나날을 보냈다. 알렉산드로스가 아라코시아와 게드로시아의 총독으로 임명했던 역사가 메가스테네스(Megasthenes)는 자신의 독자들에게 이렇게 경고했다. "인도인에 대해 하는 말은 뭐든 절대 믿지 마라. 그들은 한 번도 정복당한 적이 없는 사람들이다." 그리스인의 눈에 정복당한 적이 없는 사람들은 알 수 없는 사람들인 것이다.[101]

기원전 324년에 알렉산드로스는 수사로 돌아갔다. 그곳에는 그가 7년 전에 남겨놓았던 페르시아 공주들이 기다리고 있었다. 알렉산드로스는 그녀들을 위해 화려한 결혼식을 준비했다. 이른바 '수사에서의 합동결혼식'이었다. 그는 아흔한 명의 수행원들과 함께 페르시아 귀족 신부들을 맞았고 페르시아 예법에 따라 그들과 결혼했다. 오 일 밤낮 동안 음악과 춤의 향연이 이어졌고 전 그리스에서 배우들을 불러들였다. 그의 아버지가 그랬듯 알렉산드로스도 가차 없는 일부다처제를 고수했다. 이미 록사나와 결혼한 몸이었지만 다리우스의 큰딸과 아르타크세르크세스 3세의 막내딸을 또다시 신부로 맞아들였다. 그는 결혼으로 아케메네스 제국 왕가의 전임자 둘과 연결된 것이다. 그것으로 알렉산드로스는 '아케메네스의 마지막 왕'이 되었다. 전임자들처럼 그도 전 세계를 상대로 하는 보편적 주권을 주장했고 그것은 그리스인으로서는 처음 있는 일이었다. 곧 그는 인도를 점령할 새 군대를 만들었고 또 서쪽 대서양 연안의 도시들에도 눈을 돌리기 시작했다.

그러나 야망은 성취되지 못했다. 기원전 323년 5월 말 알렉산드로스는 한 연회에 참석하는데, 전하는 말에 따르면 죽을 만큼 취했다고 한다. 연회가 절정에 이르렀을 때 알렉산드로스는 와인 원액 6리터 가량을 단번에 들이마셨다. 그는 격렬한 경련을 일으키다가 몸을 구부리더니 혼수 상태에 빠졌고 주치의들은 아무런 손도 쓰지 못했다. 그는 32년 10개월을 살았다. 확실한 계승자도 남기지 않았다. 죽는 순간 알렉산드로스는 자신의 왕국을 '가장 강한 사람'에게 남겼다고 한다. 실로 재난을 보장한 유언이 아닐 수 없었다. 당연히 몰락이 뒤따랐다. 그가 죽자마자 태어난 지 얼마 안 된 제국은 여러 민족 및 부족으로 나눠졌고 일련의 내분을 겪어야 했다. 마케도니아의 독재를 오랫동안 참아왔던 아테네가 반란을 일으켰다. 소크라테스 같은 최후를 맞을까봐 불안했던 아리스토텔레스는 아테네 도시가 철학에 반하는 또 한 번의 범죄를 범할 것을 방지하는 것뿐이라고 주장하며 망명 생활에 들어갔다.

알렉산드로스가 정복했던 땅은 모두 그의 장군들이 나눠 가졌다. 이집트를 장악한 프톨레마이오스는 바빌론에서 알렉산드로스의 유해를 훔쳐 일단 멤피스로 옮겼다가 알렉산드리아로 가져갔다. 그곳에서 수 세기 후 또 다른 세계 정복자 로마 황제 아우구스투스(Augustus)가 알렉산드로스의 머리에 황금 왕관을 씌울 예정이었다. 그리스 북쪽을 포함한 도시 국가들은 마케도니아 군벌들의 손에 넘어갔다. 가장 큰 부분인 서아시아는 필리포스의 노병 안티고누스(Antigonus)를 거쳐 방패부대의 전직 지도자 셀레우코스(Seleucus)에게 넘어갔다. 그의 계승자들은 한때 아케메네스 제국의 점령지 전역에 해당하는 제국을 창조했다. 그 정점에 이르렀을 때의 크기는 트라키아에서 인도 국경까지 이르렀다.[102]

알렉산드로스와 헬레니즘의 세계

이것이 알렉산드로스 이야기의 끝이다. 수 세기 동안 그는 제국 건설자의 전형으로 남았다. 수 세기 동안 그의 유산을 둘러싸고 적잖은 논쟁도 있었다. 그는 진정 황금 소년이자 천재 정복자인가? 아니면 로마의 철학자 세네카(Seneca)의 말처럼 "인간 오만함의 한계를 넘은" 자인가? 즉 아버지의 최고 충복이자 고희의 나이인 파르메니온(Parmenion) 장군을 참수하고 그의 아들 필로타스(Philotas)를 날조된 반역죄로 처형하고 그라니코스 전투에서 자신의 목숨을 구해준 클레이투스를 술김에 찔러버리는, 진화가 덜 된 무절제하고 거칠고 잔인한 자객이었을 뿐인가?[103] 확실히 그는 사형을 남발했고 아시아를 황폐하게 만들었으며 기원전 331~326년 아프가니스탄과 박트리아에서 오늘날 우리가 소위 '인종 청소'라고 하는 짓을 선구자적으로 했던 인물이다.

그런 잔인함에도 불구하고 (그리고 가끔은 바로 그 잔인함 때문에) 알렉산드로스는 후손들에게 일종의 우상이요 넘어야 할 산이 되었다. 카이사르(Julius Caesar), 폼페이우스(Pompey), 마르쿠스 안토니우스, 트라야누스(Trajan) 황제, 나폴레옹은 물론, 셀 수 없이 많은 잠재적 제국주의자들이 알렉산드로스를 흠모했다. 그러나 그의 제국은 이 모든 사람들이 이해한 대로 진정한 제국이었는가? 혹시 알렉산드로스는 현대 역사가가 묘사한 대로, 아케메네스 통치 아래 그래도 조화로운 세상이었던 제국을 경쟁적인 부족 체계로 바꾸고 무자비한 군벌들로 혼란스러운 '일종의 대륙형 레바논(현대 레바논이 다양한 종교와 인종이 혼재하는 것에 빗댄 말-옮긴이)'으로 전락시킨 것은 아닌가?[104]

그러나 알렉산드로스는 단순히 그 놀라운 군사적 성공 때문에 '대왕'

이 된 것은 아니다. 후손들에게 알렉산드로스가 단순한 천재적 전쟁 지휘관 그 이상이 될 수 있었던 것은 그가 오직 세상을 정복하겠다는 것이 아니라 세상을 하나로 만들고 싶어 했다는 점 때문이었다. 동시에 그가 만인 공통의 세상을 이루겠다는 야망을 추구한 첫 번째 그리스인이자 유럽인이라는 점 때문이기도 했다. 1세기에 수다스러운 라틴 작가 아풀레이우스(Apuleius)가 열광적으로 말했던 것처럼 알렉산드로스는 "인류의 기억 속에 남아 있는 만인 공통의 제국을 창설한 유일한 인물이었다."[105] 그런 관점은 폭넓게 받아들여졌다. 다리우스 1세와 크세르크세스가 유럽 사람을 노예화하려고 유럽으로 행진했다면 알렉산드로스는 아시아와 유럽을, 그리스와 미개인을 융합하려고 아시아로 행진했던 것이다.

그렇게 알렉산드로스는 그리스를 비롯한 전 유럽에 보편주의의 야망을 소개했다. 보편주의의 야망은 20세기 중반 유럽이 결국 각각 다른 나라로 쪼개질 때까지 유럽 대륙의 운명을 결정했다. 혹자는 그 보편주의가 결국 대서양을 건너 미국으로 들어갔다고 말할 수도 있을 것이다. 1926년 영국의 역사학자이자 법학자 W. W. 탄(W. W. Tarn)이 쓴 것처럼 "알렉산드로스는 문명 세계의 판도를 바꾸었다. 그는 새 기원을 열었다. 아무것도 그가 한 일과 비교할 수 없다. …… 그로 인해 배타주의가 사라지고 문명인 공통의 소유지인 '거주지'라는 개념이 생겨났다."[106] 탄은 제1차 세계대전을 이끌었던 국가 간의 적대감이 곧 영속적이고 보편적인 평화로 대체될 것이라는 희망이 증가하던 국제 동맹 창설 직후에 활동했다. 국제 동맹은 (그 후신인 국제 연합과 마찬가지로) 인류의 형제애를 강조했다. 탄은 알렉산드로스가 인류의 형제애에 일조한 사람이라고 주장했다.

알렉산드로스의 행동을 보면 그가 '인류의 융합'은 아니더라도 최소한 유럽과 아시아를 융합하겠다는 야망은 확실히 가졌던 것 같다. 그는 계속해서 자신이 진정으로 합법적인 페르시아의 지도자라고 말했고 많은 이민족을 자신의 군대와 행정부에 통합했다. 수사에서 페르시아 공주들과 대거 집단 결혼도 했고 군인들이 지쳐 폭동을 일으켰던 직후 오피스에서 열었던 연회에서 마케도니아와 페르시아 사이의 조화로운 통치와 교우를 기원하기도 했다. 고대 페르시아의 방대한 세상을 헬레니즘화하려 했던 그의 노력은 그가 죽은 후에 조금은 결실을 맺었다. 그리스어를 쓰던 마케도니아 귀족이 지배하던 군주 국가 셀레우코스 제국은 알렉산드로스의 죽음 이후 기원전 64년 로마에 의해 점령될 때까지 아시아에서 번성했다.

유럽과 아시아의 통합이라는 알렉산드로스의 비전 속에 유럽이 늘 우위를 차지했다는 데 논쟁의 여지는 없을 것이다. 그러나 알렉산드로스 시대 그리스인 대부분이 생각했던 것처럼 알렉산드로스의 아시아 원정은 좋게 말해 과욕이었다. 스승 아리스토텔레스처럼 알렉산드로스도 페르시아 군주제를 부러워했고 많은 페르시아 특성들을 그리스로 들여왔다. 일생 동안 지은 정교한 궁전을 호위병, 후궁, 환관들로 채웠는데, 그리스 도시 국가 전통에서는 도저히 찾아볼 수 없는 일이었다. 그는 페르시아 장군들을 그리스 군사 행정의 고위직에 두었고 마케도니아인으로만 이루어졌던 군대에 페르시아군을 투입했다. 심지어 아시아인으로만 구성된 부대도 만들었다. 그는 '혈족' 같은 존경을 나타내는 호칭도 아시아와 그리스 신하들에게 수여했다.[107] 알렉산드로스는 마케도니아와 페르시아식 디자인을 반반씩 섞은 왕관도 만들었고 자신의 정부(情婦)들이 보라색 옷을 입게 했으며 약간 변형한 아케메네스 복장도 받아들였다. 심지어 별로 성공하지는 못했지만 지도자 앞에서 무릎을 꿇고 예를 표하는 예법을 그리스 신하들에게 소개하기도 했다(페르시아인의 관습 중 그리스인들이 가장 싫어하는 것 중 하나였다). 후에 로마 황제들이 알렉산드로스의 왕복을 따라 입었을 때 그들은 알렉산드로스의 옷만 본뜬 것이 아니라 알렉산드로스가 아시아에서 유럽으로 소개했던 제국 통치 의식과 장대한 갑옷 양식까지 모방했다.

알렉산드로스는 서로 다른 그리스와 페르시아의 종교적 신념 사이에 일종의 다리를 놓고 싶어 했다. 그는 결코 그리스 우상 숭배 사상을 아후라 마즈다 숭배 사상과 융합하려 하지 않았고, 페르시아 복장과 호칭과 아내까지 받아들였어도 결코 조로아스터교도가 될 생각은 없었다. (사실 전설에 따르면 이스타크르 왕실 도서관에 소장되어 있던 만 2천 장의 쇠가죽에 금으로 새겨 넣은 조로아스터교의 성서 아베스타의 원본을 파괴한 사람이 바로 알렉산드로스라고 한다.)

샤한샤(왕 중의 왕)의 종교를 채택하지는 못했지만 알렉산드로스는 차선책을 발견했다. 대부분의 고대 통치자가 그렇듯 알렉산드로스는 자신의 조상들이 반신반인이었다고 믿었다. 모계 쪽 안드로마케와 아킬레우스의 피와 부계 쪽 헤라클레스의 피를 받고 태어났다고 주장한 것이다. 마지막에는 자신이 곧 신이라고까지 주장했다. 실로 인간이 스스로에게 할 수 있는 최고의 찬사였다. 아리스토텔레스는 알렉산드로스에게 진정한 왕은 사람들 속에 있는 신이기 때문에 그가 곧 신이라고 가르쳤다. 리비아의 시와 오아시스에 있는 아몬(고대 이집트의 태양신-옮긴이) 신전을 방문했을 때 알렉산드로스는 연대기 작가 칼리스테네스에게 아몬이 아들인 자신에게 인사했다며 자신이 죽으면 시와에 묻어달라고 말했다. 아몬은 원래 리비아 신이겠으나 이집트에서는 숫양 신 아문(Amun)이었으며 키레네 근처에 정착했던 그리스인에게는 곧 제우스였다. 공식 행사에서 알렉산드로스는 보라색 예복에 숫양의 뿔을 단 아몬으로 등장했으며 아테네의 위대한 화가 아펠레스(Apelles)는 에베소 아르테미시움의 유명한 그림에서 제우스의 천둥 번개로 알렉산드로스를 그렸다.[108] 아몬/제우스를 자신의 신성한 부모로 선택한 것으로 알렉산드로스는 그들의 아들 페르세우스와 헤라클레스와 동급이 되었다. 동시에 페르시아와 그리스, 즉 아시아와 유럽 양쪽 문화를 자신의 한 몸에 흡수했다.

조상이 신이고 신이 자신의 통치를 허락했다고 암시하려던 알렉산드로스의 노력은 유럽식 통치권 개념과는 완전히 다른 것이었다. 그리스인은 항상 최고의 인간 중에서 통치자를 뽑았고 그들 중에는 종종 개인적으로 자신이 신의 후손이라고 주장하는 사람이 있기는 했지만 서로의 관계 속에서 확실히 인간으로 남아 있었다. 신의 왕권이란 최소한 키로스 이후부터 원래 아케메네스 제국의 특징이었고 그리스인이 페르시아의 전제정치를 비하하는 데 자주 언급했던 것이었다. 이소크라테스는 "페르시아인의 영혼은 늘 비참한 두려움으로 움츠러들어 있다. 왕궁의 문 앞에서 줄지어 행렬하고 절하며, 자신을 신이라고 주장하는 죽을 운명의 인간 앞에 무릎을 꿇고 머리를 조아린다."라고 썼다.[109]

알렉산드로스는 국민을 비참한 두려움으로 움츠러들게 할 생각은 없다고 고백한 바 있다. 하지만 우주를 다스리는 군주의 운명을 타고났다고 믿은 통치자는 반드시 신일 수밖에 없다고 장담했다. 그것이 아니라면 최소한 신의 최고 대리인쯤은 돼야 했다. 그런 알렉산드로스와 함께 그리스 왕권은 신권이 되었고 후에 로마의 황제들이 그 전통을 물려받았다. 카이사르가 자신이 신이라고 주장한 로마 최초의 황제였다. 하지만 그는 기원전 42년에 암살당하고 나서야 신으로 추앙받을 수 있었다. 그 뒤를 이은 로마의 다신교도 황제들도 모두 유사한 신격화 과정을 거쳤다. 신성으로 그들이 행사한 절대 왕권은 단순한 세속적 통치권이 아니라 오직 황제에게만 허가된 신화 같은 통치권이었다. 기원후 3세기 로마 황제 아우렐리아누스(Aurelian)는 무적의 태양을 숭배하는 페르시아 관습을 로마로 들여왔고 디오클레티아누스(Diocletian) 황제는 스스로를 조비우스, 즉 주피터의 현현으로 간주했다. 탄이 지적했듯이 초기 공화정 시대 이래 로마 제국의 야망이었던 인류 통합은 "로마의 공식적인 황제 숭배 속에서 결과적으로 충족되었다고 할 수 있었다. 그 숭배는 알렉산드로스가 사후에 숭배된 것을 시작으로 전통으로 굳어졌다."[110]

알렉산드로스 사후 전 유럽과 아시아에 번져나간 신화 속에서 알렉산드로스는 문명을 지킨 사람이었다. 그는 전갈, 고양이, 낙태한 태아, 인간의 살을 먹는 비인간적이고 잔인한 쌍둥이 거인 곡과 마곡(「요한계시록」에 등장한다. 사탄에 미혹되어 하늘나라에 대항하는 거인과 악마 혹은 두 나라이다-옮긴이)과 인간 사이에 벽을 건설한 영웅이었다. 곡과 마곡은 대체로 스키타이인을 의미하다가 후대에 로마 제국이 망한 후에는 (그 멸망을 이끌어낸) 고트족과 동일시되었다. 이들은 적그리스도들이 도래하는 종말의 시기가 되어야만 공포에 휩싸인 세상을 삼키기 위해 알렉산드로스가 세운 벽을 깰 수 있다. 알렉산드로스는 현재도 그리스의 어부들과 이집트의 콥트인 사원에서 성인으로 숭배받는다.[111]

사탄으로부터 문명을 방어하고 인류를 단일화한 알렉산드로스의 이야기는 단지 그리스와 로마, 즉 유럽에만 한정된 것이 아니다. 고대 아케메네스 제국이 또 다른 외래 종교 이슬람에 의해 정복되었을 때도 알렉산드로스는 이슬람 사회에서 '이스칸다르'라 불렸다. 새로운 권력자들에게 유사한 신권적 배후와 유사한 세계 정복의 야망을 제공하면서 계속해서 정당화의 원천으로 남은 것이다. 알렉산드로스는 코란에 (아마도 그의 유명한 투구 때문에) '쌍둥이 뿔을 가진 인간'으로 등장해(『코란』 18. 82) 전 문명(여기서 문명은 곧 이슬람이다)을 곡과 마곡으로부터 보호하기 위해 세상의 끝에 거대한 구리 벽을 건설한다. 알렉산드로스의 생애를 다룬 페르시아, 인도, 후대 오스만 제국의 문헌들을 보면 그는 예언자요, 선구자요, 영생을 위한 구도자다. 페르시아 이슬람 군주국에서 이스칸다르는 시대가 변해도 세계 통치자의 본보기로 남아 있다. 그는 놀라운 수도승이자 현자였으며, 언젠가는 세상을 품을 이슬람 세계 왕국의 선각자였다. 1502～1736년에 이란을 통치했던 사파비 왕조의 건국자 이스마일(Ismail I)은 다음과 같은 매우 자기 과시적인 시를 썼다.

내 이름은 이스마일 샤이다.

나는 히즈르(이슬람 예언자-옮긴이)이자 마리아의 아들 예수이고

나는 이 시대의 알렉산드로스이다.

무엇보다 알렉산드로스는 아시아에 그리스 문명의 가치와 개인의 자유에 대한 존중, 그리고 독립 정부를 소개했다. 알렉산드로스는 오타네스가 제공했으나 페르시아인들이 거부했던 이소노미아를 마침내 페르시아에 주었다. 플루타르크의 주장에 따르면 알렉산드로스는 자신이 정복자로 기억되지 않고 "신이 우주의 조종자이자 중재자로서 보낸 사람으로 기억되기를 희망했다."라고 한다. 그는 "이성으로 화합하지 못하는 사람들만 무력으로 정복했고…… 다양한 종족의 사람들을 통합했으며…… 모든 사람에게 외쿠메네(거주 가능한 세계-옮긴이)를 아버지의 땅(조국)으로 삼으라고 명령했으며…… 그들에게 헬레니즘이 덕을 증명하고 야만인이 불의를 증명한다고 가르쳤다."[112]

알렉산드로스는 소그드인에게 노부모를 죽이는 대신 부양하는 법을,

스키타이인에게 매장법을, 아라코시아인에게 경작법을 가르쳤고, 페르시아인이 어머니와 결혼하지 못하게 했다. 만약 철학의 역할이 정신적으로 훈련되지 못한 고집 센 인간들을 교육하는 것이라면 셀 수 없이 많은 부족의 야만성을 없앤 알렉산드로스야말로 가장 위대한 철학자로 간주되어야 할 것이다.

플루타르크는 알렉산드로스가 '공동체 하나, 정책 하나'로 만들어진 세상이라는 스토아학파 철학자 제논(Zenon)의 비전을 실질적으로 구현했다고 봤다. "인류에게 거주 가능한 세계 전체를 아버지의 땅으로 생각하라고 명령한" 사람이 알렉산드로스였다.[113] 아버지의 땅은 세계적인 군주국이지만, 군주는 법과 자유 앞에서의 평등과 개인성이라는 그리스의 정치적 가치에 따라 통치할 것이었다. 사실 필리포스와 알렉산드로스는 그리스 도시 국가의 민주주의 문화 전통을 파괴한 사람들이었다. 그러나 그것의 일부, 즉 최소한 헤로도토스의 이소노미아는 살아남았다. 그리스 통치자들은 이제 군주가 되었지만 여전히 법을 존중하고 여전히 국민들을 (노예가 될 수 없는) 독립적인 개인으로 간주했다. 통치자들은 '거주 가능한 세상'을 통치하겠다는 열망을 품을 수는 있겠지만 여전히 다름을 존중하고 개인의 가치를 인식했다. 바로 그 점 때문에 1748년 '현대 사회학의 아버지' 몽테스키외(Charles Louis de Montesquieu) 남작이 그의 대작 『법의 정신(The Spirit of the Laws)』을 쓸 때 한 장 전체를 알렉산드로스에게 할애한 것이다.

몽테스키외에 따르면 알렉산드로스는 그리스를 주인으로, 페르시아를 노예로 다루라고 당부한 사람들(유명하게는 아리스토텔레스)의 말을 거부했다. 그는 "오직 두 나라의 합일을 이루고 정복자/피정복자라는 구별을 없애는 것만 생각했다. 그래서 먼저 페르시아 관습을 따랐고 페르시아인도

자연스럽게 그리스 관습을 따랐다." 알렉산드로스는 화해의 정복자였다. 그가 정복한 땅에는 "옛 전통과 그 전통에 속한 사람들의 영광과 무상함이 모두" 꼼꼼하게 보존되었다. 그러므로 그는 "오직 정복지의 군주가 되고 지나가는 도시의 제일 시민이 될 뿐이었다. 적어도 그렇게 보였다."[114]

알렉산드로스 정복의 이 모든 의의들은 (그 자체로) 세상의 모든 이미지가 그렇듯 정말이지 참말 같지 않은 이미지이지만 그 버전을 달리하며 현재까지 살아남았다. 노벨 평화상을 수상한 이란 변호사 시린 에바디(Shirin Ebadi)는 자신은 이란 사람이지만 인류 역사 초기에 소신껏 인권을 변호한 인물들 중 한 명인 알렉산드로스 대왕의 후손이라고 선언했다. 연도를 혼동한 면이 있지만 에바디는 다리우스 대왕의 죽음으로 곧장 거슬러 올라가는 역사적인 이야기들을 다시 한 번 상기시켰다.

사람들이 알렉산드로스에 대해 문명화를 이끈 사람, 동서양을 화합한 사람, 헬레스폰트 해협 양쪽에서 전설이 된 사람이라는 이미지를 갖고 있다는 사실은, 기원후 1세기 그리스인으로서 로마 제국을 찬양하며 그 아래 살았던 플루타르크에게는 짚고 넘어가야 할 일이었다. 그것은 물론 알렉산드로스가 창조한 문화를 다듬어서 그가 상상했던 것 이상으로 더 멀리 전파한 나라가 바로 로마 제국이기 때문이었다. 탄에 따르면 "로마가 배웠던 그리스는 알렉산드로스가 만든 헬레니즘 세상이었다." 알렉산드로스 이전의 고대 그리스는 현대 학자들이 페리클레스의 아테네를 재평가할 때까지 별로 중요하지 않았다. 현대 문명이 그리스에서 파생되었다면, 우리는 알렉산드로스의 덕을 더 많이 보고 있는 것이다.[115] 그렇다면 이제는 로마를 살펴볼 차례이다.

3장

시민 세상의 도래

로마의 황금시대

기원후 143년 혹은 144년 봄 어느 날 소아시아의 작은 그리스 도시 미시아 출신의 젊은 웅변가 에일리우스 아리스티데스가 로마 중심부의 웅장한 건물 아테나 신전 앞에 서서 '영원한 도시' 로마의 '위엄과 장엄함'에 대해 긴 연설을 했다.[116] 고대 시대의 공식적인 전문 웅변가들은 최고로 인기 있는 공공의 오락거리를 제공했다. 최소한 교육받은 계급에게는 그랬다. 아리스티데스는 천재적 웅변가였다. 실로 그의 연설은 정말 대단해서 황제 마르쿠스 아우렐리우스(Marcus Aurelius)도 그의 연설을 듣기 위해 몇 시간을 기다릴 정도였다. 이 연설에서 아리스티데스는 밀집한 청중에게 그리스어로 로마와 로마 제국의 창조와 그 영광에 대해 열변을 토했다.[117] 그 자리에는 황제 안토니누스 피우스도 있었다고 한다. 아리스티데스의 '로마 연설'은 많은 부분 우리가 이미 알고 있는 플라톤, 이소크라테스, 폴리비우스(Polybius)의 재탕에 지나지 않았다. 현대 독자들에게 그것은 언뜻 큰 야망을 품고 상경한 청년의 아첨 같기도 하다. 그러나 로마와 로마 세상의 의의에 대한 그의 해석은 당시는 물론 로마 제국이 사라진 후에도 계속 이야기될 어떤 세계에 대한 비전을 포함하고 있었다. 아리스티데스는 그리스를 사랑했고 주국인 로마를 대신해 그리스 도시들을 통치한 고위 엘리트 중 한 명이었다. 따라서 아주 그리스다운 질문 하나가 로마의 위대함에 대한 그의 찬사에서 중심을 이루었다.

자신과 자신의 동포를 지배하는 로마의 청중에게 아리스티데스는 이제 로마가 서양의 가장 위대한 문명이었던 그리스의 운명을 결정하고 지배해야 하는지 질문한다. 정말이지 그리스는 로마가 성취한 모든 것보다 더 위대한 문명이 아닌가? 로마는 정말로 순종을 요구할 수 있는가? 심지어 아리스토텔레스, 플라톤, 페리클레스, 알렉산드로스 후손들의 존경까지 받을 자격이 있는가? 아리스티데스는 단호하게 "그렇다."라고 대답한다. 로마가 믿을 수 없이 불안한 세상에 평화와 안정을 가져왔기 때문에 그렇다. 그리고 결국은 로마와 로마의 군대가 펠로폰네소스 전쟁 후 그리스를 파괴했던 내부 갈등뿐 아니라 고대로부터 오랜 적이었던 동양으로부터 그리스를 구했기 때문에 그렇다.[118]

아리스티데스는 물론이고 많은 그리스인도 자신들의 안전과 발전이 로마의 군대와 후원에 달려 있음을 잘 알고 있었다. 대로마 제국의 장군 스키피오 아이밀리아누스(Scipio Aemilianu)와 친밀한 관계를 맺은 역사가 폴리비우스, 역사가이자 원로원 의원이었던 카시우스 디오(Cassius Dio), 현인이자 순문학자였던 루키아노스(Lucian), 이들은 모두 각자의 방법으로 이집트 알렉산드리아 출신의 3세기 시인 클라우디우스(Claudian)식의 로마 찬양을 반복했다. 클라우디우스는 로마는 정복자이지만 식민지 사람들을 '시민'이라 부르고 경건하게 포용했기 때문에 자신들에게는 황후

임을 넘어서 어머니와 같은 존재라고 노래한 바 있다.[119]

2세기 중반 아리스티데스가 도착했을 때 로마는 전성기를 누리고 있었다. 117년, 현대 루마니아의 다키아인을 물리치고 아라비아 페트리아, 메소포타미아, 아르메니아를 합병한 트라야누스 황제가 미지의 땅으로 제국의 경계를 계속 넓히는 중이었다. 당시 로마 제국은 남쪽 아프리카의 아틀라스 산맥부터 북쪽의 스코틀랜드까지, 동쪽의 인더스 계곡부터 서쪽의 대서양까지 뻗어 있었다. 500만 평방 마일을 넘는 영토였다(미 대륙이 350만 평방 마일이 조금 넘는다). 추정 인구는 5,500만 명 정도였다. 그야말로 아리스티데스가 말했고 후대에도 반복될 이미지, 즉 '해가 지지 않는 나라' 로마 제국이었다.[120] 과거에 상상만 했던 법에 의한 통치와 평화가 이제 실제 로마 제국의 땅 위에 떨어진 것 같았고 로마인들에게는 드넓은 세상 전체가 (헤로도토스가 처음 사용하고 아리스티데스가 인용했던 그리스 말) 외쿠메네, 즉 '거주 가능한 세계'였다.

아리스티데스는 "이제 공포는 사라지고 명백하고 보편적인 자유가 세상과 그 세상을 사는 사람들에게 수여되었다."라며 감격했다.[121] 그 자유는 소위 말하는 '혼합 헌정'으로 성취된 것이었다. 크게 유럽이라는 틀 아래 민주정치, 귀족정치, 군주제가 모두 그 역량을 발휘하고, 서로 다른 삶의 방식이 모두 통치권에 영향을 끼치는 정치 체제였다. 아리스티데스에 따르면 로마는 "아무도 생각해내지 못한 정치 제도를 설립했다." 다른 국가들은 모두 '선택과 기회'에 따라 군주제, 귀족정치, 민주정치 중 한 가지를 따랐다. 오직 로마 제국만이 "모든 헌정 제도에서 좋은 점만 취한 혼합 정부 형태"를 전 세계로 퍼뜨리는 데 성공한 것 같았다. 헤로도토스의 '입헌 논쟁'이 로마에 와서 그 탁월한 결정을 내린 것이다. 아리스티데스는 (그 자리에 참석한) 안토니누스 피우스와 그의 선조들을 '자연을 따

르는…… 통치자들' 이라고 선언하고 온갖 말로 그것이 단순한 아첨이 아님을 증명했다.[122]

네르바(Nerva, 96~98), 트라야누스(98~117), 하드리아누스(Hadrianus, 117~138), 안토니누스(138~161), 마르쿠스 아우렐리우스(161~180), 이렇게 '5현제' 가 통치했던 시대는 로마 제국사에서 황금시대로 불린다. 수 세기 후 영국 역사가 에드워드 기번(Edward Gibbon)은 마르쿠스 아우렐리우스 황제의 죽음 후 무너진 에덴동산의 비극을 면밀히 되돌아보다가 "인류에게 역사상 가장 행복했고 번영했던 시대로 돌아가 역사를 바꿀 수 있는 기회가 주어진다면 주저 없이 도미티아누스(Domitian) 황제의 죽음(96) 이후 코모두스(Commodus) 황제의 계승이 있었던 시기(180년경)를 꼽을 것이다."라고 말했다. 기번은 "그때 로마는 무엇이 가장 최상의 세상이고 가장 문명화된 인류인지를 잘 알고 있었다."라고 말했다.[123]

아시아를 향하여

물론 늘 그랬던 것은 아니다.

유럽이 그렇듯 로마도 신화에서 그 근원을 찾는다. 서로 혼재하는 다양하고 많은 로마 기원 신화가 있지만 그중 아우구스투스를 우쭐하게 하며 신중히 만들어진 아주 정교한 버전을 보면 (유럽탄생 신화가 아시아와 떼려야 뗄 수 없는 것처럼) 로마도 유럽과 아시아 사이에서 태어났다. 그리고 로마는 유럽이 아시아에 대항해 거둔 승리의 또 다른 결정체이기도 하다. 그 신화에 따르면 그리스가 트로이를 점령했을 때 아프로디테(Aphrodite) 여신의 아들이자 트로이의 왕자인 아이네아스(Aeneas)는 늙은 아버지 안키세스(Anchises)를 등에 업고 아들 아스카니우스(Ascanius)의 손을 잡고 화염에 휩싸인 트로이를 떠난다. 그는 서쪽으로 계속 여행하다가 결국 현대 이탈리아의 중심에 해당하는 라티움 해안에 다다른다.

아이네아스는 그곳에서 원주민(라틴족)과 오래도록 투쟁한 끝에 로마 도시와 국가를 건설한다. 그 로마가 진정한 '유럽'과 '서양'의 창조자이다. 그러나 아이네아스 자신은 트로이 사람, 즉 아시아인 (게다가 신인) 부모를 가졌고 그것은 곧 유럽처럼 로마도 아시아에서 신화적 정체성을 찾아야 한다는 것을 의미한다. 이 이야기의 작가는 로마의 위대한 시인 베르길리우스(Virgil)였다. 그의 라틴 서사시 「아이네이스(Aeneid)」는 로마판 「일리아스」였다.

처음에는 지중해 동쪽에서 온 신화적 인물이 조상이라서 자랑스러웠다(아우구스투스는 아이네아스의 직계 후손이라고 주장할 정도였다). 그러나 세월이 흐르면서 로마인들은 아시아인을 불신하기 시작했고 인종적, 언어적, 문화적으로 아시아인과 확실히 구별되고 싶어 했다. 아시아와 너무 깊은 관계를 맺는 것은 이제 조국 로마의 통합을 위협하는 것으로 해석될 수 있었다. 그러므로 베르길리우스는 그의 마지막 열두 번째 책에서 로마를 침략한 트로이인 아이네아스와 라틴 원주민 사이의 전쟁을 신들이 나서서 끝내야만 한다고 결정한다. 따라서 라틴 원주민을 지지했던 여신 주노는 그 두 민족이 서로 결혼해 새 민족을 만드는 데 동의했다. 그러나 그녀는 그 새 민족이 라틴 민족처럼 보이고 라틴식으로 입고 라틴어를 말하고 라틴의 관습을 따를 것이라고 단언했다. 결국 그 새 민족이 동양의 조상에게서 받은 것은 오직 동양의 신뿐이었다. 사실 그 신은 그리스 신도 되고 인류 공통의 신이기도 했다.[124] 라틴 민족이 트로이인을 흡수한 것처럼 그 합병으로 창조된 새로운 사람들, 즉 로마인은 머지않아 현대 영국에서 시리아에 이르는 '세상'의 모든 사람을 흡수할 예정이었다. 트로이인처럼 그 세상 사람들도 관습, 문화, 법, 종교는 물론 언어까지 곧 라틴화할 것이었다.

그러나 「아이네이스」는 어디까지나 꾸며낸 이야기다. 역사적으로 로마는 (도시 국가 그리스처럼) 기원전 7세기경 티베르 강 하류에 살았던 농부와 상인들로 이루어진 작은 도시 국가에서 시작됐다. 거기서 천천히 그러나 빈틈없이 이웃 나라들로 침투해 들어가기 시작했다. 그 방식도 그리스식이었기 때문에 기원전 4세기 후반부터는 고대의 두 다른 민족의 역사가 아주 비슷한 길을 걷기 시작했다. 기원전 338년, 필리포스와 그 뒤를 이은 알렉산드로스가 아시아로 그리스 군인들을 데리고 갔던 거의 똑같은 시기에 현대 이탈리아 지방의 다양한 인종들 사이에 존재했던 라틴 동맹도 깨졌다. 어렵게 유지됐던 평화가 사라졌던 것이다.

그 후 로마와 삼니움족, 에트루리아족, 켈트족, 그리스와의 전쟁이 반세기나 계속됐지만 결국 로마가 승리를 거두었다. 그 결과 이탈리아 반도에서 로마 외의 다른 문화들은 대부분 사라졌다. 기원전 264년, 로마군이 시칠리아를 건너 그리스에 도달했을 때 로마는 그리스 세상 한 귀퉁이에서 이미 그 힘을 인정받고 있었다. 심지어 로마가 페르시아를 원정하던 알렉산드로스에게 대사를 보냈다는 이야기도 있다. 알렉산드로스는 로마인 대사의 복장을 보고, 로마인들의 노동에 대한 사랑과 자유에 대한 깊은 헌신을 알아차렸다. 그리고 로마의 정치 제도에 대해 조사한 뒤 로마가 자신이 만들어낼 새 국가에 위대한 요소가 될 거라고 단언했다. 그렇게 그리스와 로마의 문화는 서로 용해되어 후대에 '그레코-로만 세상'이라고 불렸다. 그 세상이 오늘날 '서양'의 정치와 문화의 초석이다.

　기원전 168년, 로마인들은 그리스를 로마의 지방으로 만들었다. 그러나 로마 정치 체계뿐 아니라 로마 대부분의 문화, 예술, 과학, 문학, 신, 심지어 로마 여성의 머리 모양까지 모두 그리스에서 나온 것이었다. 시인 호라티우스(Horace)는 "그리스는 정복당했지만 결국 거친 정복자를 오히려 정복했고 무엇보다 소박한 라티움에 그리스 예술을 소개했다."라고 썼다.[125] 로마는 그리스 문화를 매우 존경했다. 때문에 기원전 17년 원수정을 시작하며(후대에 이 시점이 로마 제국의 시작이 된다) 위대한 새 시대의 개막을 축하할 때 아우구스투스는 라틴어와 함께 그리스어로도 축가를 부르게 했다.[126]

　아리스티데스의 '로마 연설'은 과장이 심했지만 매우 설득력이 있었다. 황금시대를 보낸 로마 제국에 아주 적합한 찬사였다. 그 연설이 그리스인에 의해 그리스어로 말해졌다는 사실은 로마 문명을 이끌었던 그리스 선조들에 대한 찬사라고도 할 수 있다.[127] 사실 아리스티데스는 로마의 '양부모' 그리스를 대표해 연설한 것이다.[128] 로마 제국에서 유일하게 그리스어를 쓰는 지역만이 라틴어 공세를 모면할 수 있었다. 오히려 그리스어 선생들이 전 로마를 여행하며 로마 귀족들에게 그리스어를 가르쳤다. '미개인'이 찾아와 그리스와 라틴어 모두로 인사를 하면 클라우디우스(Claudius Gothicus) 황제는 "그대가 우리의 두 언어를 알고 왔으니……"라고 말하며 맞아주었다고 한다.[129] 심지어 폼페이 창녀촌의 메뉴와 소녀·소년들의 이름도 그리스어와 라틴어 두 가지였다.

　문화적 빚에 관해서 말하자면 그것이 그렇게 늘 분명한 것은 아니다. 모방이라는 단순한 사실만으로 모든 것을 확신하기에는 불안한 면이 없지 않다. 미국인들은 유럽의 골동품을 수입하고 유럽인 요리사를 고용하며 돈만 있다면 유럽식 집을 사서 화려한 유럽을 패러디하며 장식한다.

그러나 그렇다고 미국인들이 유럽의 노련함이나 '세련됨' 혹은 헨리 제임스(Henry James)가 살았던 19세기 말 유럽의 방탕함을 무턱대고 따라 하지는 않는다.

마찬가지로 로마의 그리스 심취도 양면성이 있었다. 로마와 달리 그리스는 유럽(최소한 이탈리아)과 아시아 중간에 위치했다. 로마 입장에서는 헤로도토스 시대 이후 그리스와 페르시아 혈통이 반반씩 섞인 혼혈 인구가 특히 골칫거리였다. 기원후 88년, 폰투스의 그리스화한 페르시아 왕 미트라다테스 6세(Mithradates Ⅵ)가 일부 그리스 도시들에 거주하는 이탈리아인을 대거 학살하라고 명령한 사건 때문에 로마인들은 '동양'인은 확실히 교활한 인간들이라고 굳게 믿었다. 자신들의 미래가 로마 제국 아래 놓일 것을 감지한 일부 그리스 도시들은 학살 명령을 받고도 어떻게든 상황을 모면하려 했다. 트렐레스 사람들은 심지어 이란 본토 사람들만 시켜 학살을 감행하게 했다. 그러나 에베소와 페르가뭄 같은 종교적으로 중요한 도시의 경우 성소에 숨어 있던 많은 로마인들이 붙잡혔고 온몸이 갈가리 찢기는 죽임을 당했다.

이 사건으로 로마인의 마음속에는 속임수에 능하고 신뢰할 수 없는 그리스인이라는 이미지가 강렬해진다. 가장 그리스화한 로마의 지식인 중 한 명인 키케로조차 그리스인의 성향에 대해 부정적인 생각을 품고 있었다.

그리스인에게 속임수는 제2의 천성이다. 모든 그리스인이 그렇다고 할 수 있다. 나는 그들의 문학을 높이 평가하고 예술적인 지식이 대단함을 인정한다. 그들의 연설이 훌륭하고 지성이 날카로우며 화법도 풍부함을 부인할 수 없다. …… 그러나 그 나라는 자명한 진리와 명예를 알지 못한다. 그들은 세상의 의미와 중요성과 가치를 모른다. 거기서 "나를 위해 증언해라. 그럼 너를 위해 증언할 테니?"라는 말이 나온다. 이 말을 갈리아의 것 혹은 에스파냐스러운 것이라 할 수 있겠는가? 이 말은 너무 그리스적이어서 그리스어를 모르는 사람조차 이 표현으로 그것이 그리스어라는 것을 알 정도이다.[130]

한마디로 그리스인은 너무 영리한 것이다. 그리고 거짓말과 속임수를 밥 먹듯이 해댄다. 로마인은 그런 그리스인의 습성을 '그리스식 신용'이라고 불렀다. 베르길리우스가 트로이의 고위 제관(祭官) 라오콘(Laocoon)이 트로이의 목마와 '그 속의 선물'을 나를 때 "나는 그리스인이 무섭다."라고 선언하게 한 것은 잘 알려진 사실이다. 그리스인은 오디세우스(Odysseus)만큼 교활하고 진지하지 못하며 제멋대로이고 매춘 행위, 음주, 연회에 지나치게 많은 시간을 할애한다. 로마인은 그런 행위를 할 때면 그것을 '그리스 놀이'라고 부를 정도였다. 그리스 남자들은 또한 어린 소년에 집착한다. 키케로에 따르면 그 때문에 로마에도 전염병이 생겼다.[131]

로마인은 대부분 그리스인이 '진짜 동양' 이웃에게서 너무 많은 것을 배웠다고 생각했다. 알렉산드로스 대왕이 아시아의 상당 부분을 그리스화하는 데 성공했지만 그 과정에서 그리스 자체도 동양화해버린 것이다. 로마 역사가 리비우스(Livy)는 알렉산드로스가 계획대로 서쪽으로 원정을 와서 로마와 싸웠다면 확실히 로마가 승리했을 것이라고 했다. 알렉산드로스는 장기간의 페르시아 체류로 이미 구제할 수 없을 정도로 (동양스럽게) 타락해 있었다는 것이 그 이유였다.[132]

로마인은 그리스가 또 다른 트로이의 목마가 될 수도 있다며 두려워했다. 그 목마의 뱃속에는 전사들이 아니라 재난을 부르는 행동 양식과 유혹적인 부정부패가 들어 있었다. 그리스가 로마에게 문화/종교적 기초를 제공한 것은 사실이지만 키케로 시대부터 대부분의 로마인들은 이미 유럽의 진정한 가치를 품고 있는 것은 이제 로마라고 믿었다.

그 로마인이 생각했던 진정한 유럽의 가치는 모두 논쟁의 여지가 다분한 흥미로운 단어, 즉 덕(virtus)으로 귀결되었다. 오늘날 우리는 덕의 개념을 성실, 정직, 충성, 겸손, 아량 같은 본질적으로 기독교적인 도덕적 성향과 연결해서 생각한다. 로마인도 그런 것들이 가치 있다고 생각했다. 그러나 현대인이 생각하는 덕은 대체로 15세기 기독교 철학자 보이티우스(Boethius)의 관점으로, 초기 기독교적 도덕성을 유지하려는 것이었기 때문에 로마가 의미했던 것보다 더 지나치게 "부당한 처우를 얌전히 견뎌야 한다."와 같은 의미로 바뀐 것이다. 덕이라는 단어 자체는 라틴어에서 '남성'을 의미하는 'vir'에서 파생했다. '사내다운(virile)'이라는 말이 거기서 나왔다. 그렇게 덕은 단순히 '남성다움'을 말했고 로마인들의 눈에 그것은 곧 진정한 전사의 성품이었다. 진정한 전사는 육체적인 용기, 인내, 지조, 품위와 위엄이 있어야 했다. 전사는 또한 (온화함이 요구될 때) 온화함과 관대함을 갖춰야 했다(스토아 철학자이자 극작가인 세네카가 한 장 전체를 할애해 찬미한 바 있다).[133] 무엇보다 정의로운 관계의 유지를 위해 신뢰할 수 있는 사람이어야 하고 계약을 존중하고 동시에 황제와 신에게 합당한 충절을 보내야 했다.[134] 로마인의 눈에는 대체로 로마인만이 진정한 덕의 소지자였다. 나머지는 그리스인이 생각했던 것과 같이 '미개인'이거나 키케로가 말한 대로 '편협한 인간'일 뿐이었다.[135]

키케로가 대표하는 로마인의 동양에 대한 인식은 물론 이전의 그리스 문헌에서 영향을 받았다. 그러나 그것은 로마의 직접 경험 때문에 그리스와는 다소 다른 양상을 띠기도 했다. 로마 제국이 동쪽의 인도, 서쪽의 독일과 영국, 북쪽의 스키타이, 알란족, 후대의 훈족까지 그리고 남쪽의 아프리카 해안을 따라 세력을 확장했을 때, 누가 '미개인'인지에 대한 로마인의 생각도 변했다. 기원후 1세기, 로마인과 미개인이라는 구분뿐 아니라 (확연하지는 않았지만) 미개인들 사이에서도 구분이 일어났다. 서유럽과 북유럽의 게르만족, 고트족, 갈리아족을 한편으로 하고 클라우디우스가 '부드러운 아랍인들'이라 불렀던 나미비아, 이집트, 시리아, 페르시아 그리고 무엇보다 파르티아 사람들을 다른 한편으로 보는 구분이었다. 즉 미개인 속의 또 다른 문명인과 미개인이라는 이분법이 거칠게나마 생겨났던 것이다.

수 세기 동안 로마는 그 이분법적 구조 속에서 양쪽 모두와 밀접한 관계를 유지했다. 어떤 곳은 제압했고 서유럽 같은 곳은 군대를 파견했는데 결과적으로 대부분 로마에 흡수되어 로마 시민이 되었다. 서양은 로마인이 봤을 때 많은 경우 이상하고 제정신이 아닌 듯 보이긴 했지만 그래도 로마인의 덕성을 어느 정도 갖춘 야만인들이었다. 갈리아족과 게르만족들은 사납지만 용기 있고, 잔인해도 정직했다. 이들은 신과 가족을 존중했고 로마인처럼 늘 조국의 영광을 위해 희생할 준비가 되어 있었다.

반면 '동양의 나라들'은 내세울 것이 거의 없었다. 기껏해야 능란한 예술적 재능 정도만 보일 뿐이었다. 그들은 (헤로도토스가 말했던 것과 별반 다르지 않게) 로마인의 눈에 부드러우면서 잔인하고 사치스러우며 여자 형제나 어머니와 결혼하는 음탕한 사람들이었다. 죽은 자를 아무렇게나 방치하고 병자를 내버려두는 미개인들이었다. 그들은 야만적이면서도 놀랍도록 여성스럽고 관능적이었다. 1세기의 풍자 시인이자 네로(Nero) 황제의 측근(그러므로 그는 어떻게 말해야 하는지 잘 알고 있었다)이었던 페트로니우스(Petronius)는 다음과 같이 노래했다.

> 나는 유약한 소년들이 페르시아 풍습을 받아들인다는
>
> 미래의 몰락을 부를 소식에 놀라움을 금할 수 없었다.
>
> …… 모두 기쁨을 찾는다.
>
> 매춘부에서, 여성들의 유혹적인 발걸음에서,
>
> 흩날리는 머릿결에서, 사시사철 변하는 신기한 복장 같은
>
> 그 모든, 남자의 마음을 사로잡는 것들 속에서.[136]

이것은 라틴어 허영(vanitas)으로 귀결될 수 있다. 허영은 보잘것없는 일(vanity) 그 이상을 의미했다. 화장과 사치스러운 옷으로 과장된 모습을 사랑하고 그것이 내포하는 불성실을 사랑하는 것이었다. 그 속에 있는 사치할 자격도 없는 대단치 않은 인간을 감추는 것으로, 곧 공허, 불모, 경솔, 헛된 웅변술이고 일종의 비존재이며 무엇보다도 불안정한 것이었다. 로마가 봤을 때 동양은 허영과 폭정의 땅이었다. 혈기왕성하기는 하지만 아리안족만 해도 알맹이 없는 의례와 관습에 너무 쉽게 휘둘리며 권력의 치장만 볼 줄 알지 권력을 유지하는 덕은 볼 줄 몰랐다. 헤로도토스가 페르시아인이 구속과 비굴한 복종의 전형을 보여준다고 했다면 이제 로마는 전 아시아가 그렇다고 말했다. 1세기 로마의 서사시인 루카누스(Lucan)가 조롱했듯이, 자유를 한 번도 만끽한 적이 없기 때문에 자유를 잃는 비통함도 전혀 알 수 없는 것이다. 루카누스는 "왕들에 대한 복종에 익숙한 아시아 동양을 노예로 만들자."라고 했다.[137] 로마 제국에서 거래되는 모든 노예는 전부 동양에서 왔다는 억측이 만연했다. 그 때문에 비굴한 동양인이라는 로마인들의 아시아에 대한 이미지는 더 강화되었

다.[138]

아시아로의 제국 확장은 어쩔 수 없이 로마 제국이 의지하던 가치들을 위협했다. 모든 제국의 건설자들처럼 로마인도 제국이 커지면서 생길 부패를 걱정했고 다른 가치들의 유혹을 두려워했다. 영국이 후대에 말한 '원주민화', 즉 식민지의 가치와 관습에 융화될 것을 경계한 것이다. 모든 제국의 건설자들처럼 로마도 로마 공화정의 토대인 용맹과 검소 같은 가치들이 다른 민족의 가치보다 우수하지만, 외부의 다른 것이 침투해 자신들의 가치가 격하되는 것도 경계해야 한다고 믿었다. 더구나 아시아, 그리스, 아나톨리아, 시리아인은 당시에도 먼 국경 너머의 사람들이 아니었다. 아시아 전역에서 '아첨, 거짓말, 호색, 난교 전문가' 들이 로마의 심장부로 물밀듯이 들어왔다. 시인 유베날리스(Juvenal)가 불평한 것처럼 "시리아의 오론테스 강이 시리아의 관습과 플루트와 시끄러운 하프를 갖고 이탈리아의 티베르 강으로 긴 행렬을 만들어 흘러가는 것" 같았다.[139]

역사가 살루스티우스(Sallust)는 기원전 1세기 중엽에 유럽 너머로의 확장은 로마의 고결함에 대한 위협이라고 비난하기도 했다.[140]

아시아의 부와 사치에 대한 열정, 무정한 잔인함과 부드러움의 공존, 모호한 남녀 성의 구분은 유대인, 시리아인, 이집트인의 '사교(邪敎) 신앙' 이라고 집약될 수 있는 신비주의적이고 감각적인 종교의 원천이었다. 이시스 숭배, 시빌의 신탁을 둘러싸고 생긴 비밀 집단, 미트라교가 번성했고 무엇보다 아시아에서 스코틀랜드 국경까지 곧장 퍼져 나간 가장 파괴적인 종교인 기독교가 있었다. 가장 잔인하고 방탕했던 황제 칼리굴라(Caligula)와 네로는 아시아의 신, 예술, 복잡한 종교에 심취했다. 네로는 로마의 모든 신을 경멸했고 오직 시리아의 여신 아스타르가티스(이슈타르)만을 섬겼다고 한다. 파르티아 왕 티리다테스(Tiridates)가 네로를 방문해 그를 미트라의 화신으로 대접하자 네로는 '마기족의 종교'로 개종했다. 티리다테스는 직접 네로의 입문식을 집행했다.

제국으로 번창하기 훨씬 전에 로마는 강력한 아시아의 세력 카르타고인과 사활을 건 잊지 못할 대결을 벌였다. 카르타고는 현재 튀니지 북쪽과 중부 지방, 사르디나 남서쪽과 스페인 남부 일부를 차지했던 페니키아인의 북아프리카 거주지 중 하나였다. 페니키아인은 당시 동양에서 서양으로 이어지는 대부분의 해상로를 통제하고 싶어 했다. 「일리아스」와 「오디세이」 때부터 모습을 드러낸 페니키아인은 일부 '동양적인' 특징을 갖고 있었다. 책략으로 치자면 둘째가라면 서러운 오디세우스조차 그들을 거짓말쟁이에다 속임수에 능하고 교활하며 계략에는 도가 튼 사람들이라고 했다.[141] 키케로는 그리스 전통의 용맹함을 약화하는 사치와 탐욕을 그리스에 소개한 책임이 바로 이들 페니키아인에게 있다고 보았다.[142]

수 세기 동안 카르타고는 때때로 에트루리아(기원전 5세기 이탈리아 토스카나 지방에서 번성한 민족-옮긴이) 그리고 그리스와 전쟁을 치러야 했다. 기원전 264년 시칠리아에 도착한 로마인 또한 에트루리아와 그리스인처럼 전 지중해의 해상권을 놓고 불가피하게 카르타고와 전쟁을 치렀다. 로마인에게는 카르타고의 모든 것이 섬뜩했다. 남자들은 머리와 수염을 길러 꼬았고 복장도 눈에 띄게 여성스러웠으며, 남녀 모두 열정적으로 향수를 탐했다. 화장을 하고 문신을 새겼으며 화려한 보석이 박힌 목걸이, 팔찌, 귀걸이, 부적, 코걸이를 주렁주렁 매달고 있었다. 이들은 의복에도 지나치게 탐닉했는데 의복만 보고도 계급을 알 수 있었다. 낮은 계급은 높은 계급에게 절을 해야 했다. 그것은 그리스인이 혐오했던 페르시아의 관습이었다. 목구멍에서 나오는 듯한 그들의 말을 일컬어 로마의 희극작가 플라우투스(Plautus)는 "짐승들의 수다"라고 말했다.

페니키아인의 종교도 아시아처럼 기묘했다. 바알 함몬(대지의 신, 신들의 왕-옮긴이)과 그의 아내 타니트, 에쉬문(태양과 질병, 치유의 신-옮긴이), 멜카르트(바다, 천둥, 항해의 신-옮긴이)가 있는 무시무시한 신전에서 페니키아인은 아이를 희생물 삼아 정기적으로 바쳤고 그런 관습을 비난하는 이는 굶주려야 하는 벌을 받았다. 사원은 추하고 불규칙했다. (로마인들이 보기에) 괴물 같은 신들을 숭배하지 않는 카르타고인도 있었지만 그들 또한 마찬가지로 추하고 불합리한 집안의 수호신이나 성스럽다는 돌멩이를 모셨다. 페니키아의 도시는 거대하고 높이 솟은 요새 모양이었다. 비율에 맞게 계획된 그레코-로만형 도시들과 달리 지나치게 화려하고 복잡했다. 아리스토텔레스가 극찬한 카르타고 정부 형태조차 정도를 벗어난 것 같았고 복잡했다. 무역과 상업적 성공의 추구에만 완전히 몰입한 것(로마인들 생각에 필수적이긴 하지만 덕이 없는 행동)처럼 보였다. 실제로는 로마의 정부 형태와 비슷했다. ‘그리스식 신용’처럼 ‘카르타고식 신용’도 흔히 거짓말, 허위, 계약파기 같은 버릇을 빗대는 것이었다.[143]

대조적으로 로마인들은 늘 직접적이고 정직하며 고지식하고 솔직했다. 이탈리아 반도에서 해협만 건너면 도달하는 카르타고는 로마인이 봤을 때 (헤로도토스에게 페르시아인이 그랬듯) 동양의 모든 사악한 문화의 결정체였다. 그것은 부패, 부도덕, 자만심과 노예근성, 광포한 이중성이 함께하는 문화였다.

기원전 264년, 결국 로마와 카르타고 사이에 전쟁이 터졌다. 기원전 241년까지 지속된 이른바 제1차 포에니 전쟁인데 그 결과 로마는 시칠리아 통치를 견고히 하고 사르디니아와 코르시카를 점령했다. 한편 카르타고는 스페인에 새로운 제국을 설립하고 로마군에 대항할 군대를 키운다. 기원전 216년, 카르타고 장군 한니발(Hannibal)이 로마의 미개인 적들로 구성된 거대한 군대를 이끌고 알프스를 넘어 전진했다. 한니발은 아버지 하밀카르(Hamilcar)가 시켜 아홉 살 어린 나이에 결코 죽지 않는 로마의 적이 되겠다는 맹세를 한 바 있다. 한니발의 군대에는 보기만 해도 무서 웠을 유명한 서른여덟 마리 코끼리 부대도 있었다. 그렇게 제2차 포에니 전쟁이 터졌고 기원전 201년까지 17년이나 지속됐다. 리비우스에 따르 면 그동안 로마는 "평화라는 말은 입 밖에도 내지 못했다."[144]

기원전 218년, 한니발은 로마의 전설적인 장성 집안 스키피오의 첫째 계보를 장식하는 푸블리우스 코르넬리우스 스키피오(Publius Cornelius Scipio)가 이끄는 군대를 티치노에서 물리친다. 다음 해 로마는 트라시메 노 호수에서 다시 패배하고 216년 8월 2일, 그 유명한 칸나에 전투에서 로마의 거의 모든 군대가 전멸한다.[145] 이탈리아 본토로 상륙한 이래 한니 발은 약 십만 명의 로마군을 죽였는데, 그중에는 두 명의 집정관이 있었 고 수백 명의 로마 원로원 의원들이 있었다. 24개월 동안 선두에 섰던 로 마 군대 세 개가 사라지고, 부상당하거나 노예가 되었다. 그것으로 로마 공화정은 끝이 날 수도 있었다.[146] 어느 날 밤 스키피오는 그의 텐트에서 잠을 자다가 아시아에서 오는 군대에 관한 꿈을 꾼다.

한 몸처럼 뭉쳐 있는 청동 갑옷을 걸친 군인들과 왕, 유럽에 대적하고 싶어 하는 모든 종류의 사람들과 말 울음소리, 창이 부딪치는 소리, 잔인 한 학살, 무자비한 약탈, 무너진 요새의 파편, 성벽의 붕괴 그리고 차마 말로 할 수 없는 참화.[147]

다시 한 번 아시아는 (옛날 마라톤에서처럼) 유럽의 노예화를 위해 무장 했다. 한니발의 군대는 로마 중심부에서 채 3마일도 떨어지지 않은 곳에서 당당하게 버티고 있었다. 그리고 로마인은 마지막 살육을 예상했다. 그러나 그즈음 카르타고의 군대는 지친 데다 너무 넓게 퍼져 있었기 때문에 로마군은 재빠른 측면 공격으로 카르타고군을 와해시킬 수 있었다. 한니발은 퇴각했다. 그러나 잠시였지만 그 '청동 갑옷을 걸친 군인' 들이 정말로 '영원한 도시' 로마를 완전히 점령할 것만 같았다. 만약에 그랬다면 그들의 유럽 점령을 막을 사람은 아무도 없었을 것이다.

기원전 202년, 로마는 더욱 공격적이 된다. 오늘날 튀니지의 자마 전투에서 스키피오 아프리카누스(Scipio Africanus the Elder)가 카르타고 군대를 전멸시켰다. 카르타고인은 그 후 오십 년 동안 살아남지만 기원전 149년에 또 다른 스키피오, 즉 스키피오 아에밀리아누스(Scipio Aemilianus)가 지휘하는 로마군에 의해 약탈당한 후 완전히 사라진다. 학살은 무시무시했다. 모든 것이 끝났을 때 스키피오는 의식을 치르며 카르타고를 저주했고 다시는 집도 농작물도 자라나지 못할 것이라고 단언하며 땅에 소금을 심었다. 당시 그 자리에 있었던 그리스 역사가 폴리비우스에 따르면 스키피오는 폴리비우스의 손을 단단히 잡고 다음과 같이 선언했다고 한다. "영광스러운 일이오. 하지만 나는 언젠가 같은 운명이 내 조국에도 떨어질 것 같은 예감이 드오."[148] 전멸의 마지막 상징적 행위로 카르타고의 대도서관이 아프리카 누미디아 왕에게 기부되었다. 그렇게 카르타고의 문화도 이 땅에서 영원히 사라졌다.[149]

카르타고라는 대적을 물리친 것으로 로마는 지중해 전역의 '동양화'를 막았다(적어도 그들은 그렇게 생각했다). 카르타고는 유일하게 로마의 확장에 제동을 걸 만한 힘을 가진 나라였다. 그런 카르타고가 사라졌으니 이제 로마군을 비롯한 로마의 도시와 법과 행정의 전파를 막을 자는 없었다. 라틴 동맹으로 지중해 전 지역은 조금씩 안정을 되찾았다. 기원전 1

세기경 로마인은 지중해를 우리의 바다(mare nostrum)라고 불렀다.

로마는 곧장 아시아로 나아갔다. 아나톨리아에서 시리아와 바빌로니아를 거쳐 이란과 중앙아시아까지 세력을 펼쳤던 거대한 제국 셀레우코스가 로마의 손으로 넘어갈 차례였다. 셀레우코스인은 사실 이란인이 아니라 마케도니아인이고 반쯤 인정받은 알렉산드로스 대왕의 후손이라고 할 수도 있지만 로마인은 그들을 진짜 '동양인'처럼 퇴폐적이고 오만하며 나약하다고 단정했다. 로마인은 마케도니아의 필리포스 5세가 기원전 214~215년 카르타고와 동맹을 맺었다는 사실도 잊지 않았다. 기원전 168년, 필리포스와 알렉산드로스의 후손이 통치하던 쇠퇴한 여러 군주 국가들이 피드나 전투에서 패배해 로마의 수중에 떨어졌다.

그러나 후기 로마 시대에 아시아의 모든 악을 구현한 사람들은 바로 파르티아인이었다. 파르티아는 원래 히르카니아 지방 북쪽 반유목민인 다하에 연합 부족의 하나였던 파르니족으로, 말과 기수 모두 무장한 기병과 궁기병으로 유명했다. 그들은 중국도 탐냈던 말인 니세안 품종(당시 유목민들은 먹을 것이 없는 겨울에 말을 방목했는데, 파르티아인들은 겨울에 특별한 풀을 먹여 말을 더 크고 강하게 기를 수 있었다-옮긴이)을 길렀다. 파르티아의 왕 아르사케스(Arsaces)는 기원전 3세기 셀레우코스 제국을 현재의 시리아와 이라크 지방 밖으로 몰아낸 바 있다.

카르타고인처럼 파르티아인도 로마인의 눈에는 당연히 미개한 아시아인이었다. 파르티아는 로마군에 대항해 눈에 띄는 군사적 성공을 거두었고, 그리스 지리학자 스트라보(Strabo) 같은 사람들은 파르티아 제국을 로마의 유일한 경쟁자라고 보았다. 그런데도 로마인에게 파르티아의 이미지는 중앙 권력에 대항한 끝없는 반란, 왕실 내의 광포하고 잔인한 술책, 모친 살해, 존속 살해, 형제 살해 같은 것이 지배적이었다(대부분의 로마인이 기억하고 있는 율리우스-클라우디우스 황제 시대의 역사와 별반 다르지 않다). 역사가이자 동물학자인 폼페이우스 트로구스(Pompeius Trogus)는 "파르티아의 국민성은 성급하고 사납고 교활하고 거만하다. …… 그들은 존경보다는 두려움 때문에 지도자에게 복종한다. 성적으로 방종하고…… 그들의 말과 약속은 믿을 수 없다."라고 결론 내렸다.[150] 로마인의 눈앞에 바로 잔인하고 불합리하고 사치스럽고 미신을 믿는 일련의 독재 군주들이 있었다. 아르타반(Artaban), 바르다네스(Vardanes), 고타르제스(Gotarzes), 볼로게세(Vologese) 왕들이 그들이었다. 이들에 의해 아케메네스의 사치와 허영은 아르사키드 왕조의 야만성과 결합해 로마의 가치에 매우 반하는 '또 다른 세상'으로 다시 태어났다.[151]

이 모든 묘사는 아시아인에게는 자유가 없음을 다시 한 번 강조한다. 파르티아인은 이전의 아케메네스인과 많은 점에서 비슷했다. 아케메네스인처럼 파르티아인도 선택이 아닌 두려움으로 사는 사람들 같았다. 세네카는 파르티아 왕에게 "당신은 두려움으로 당신의 부하들을 유지하고 있소. 활을 늘 잘 챙겨야 할 것이오. 당신에게 가장 큰 원한을 품고 있는 이들이 당신의 부하들이오. 그들은 뇌물을 환영하고 새로운 주인을 찾는 데 혈안이 되어 있소."라고 말했다.[152]

여기 다시 나라가 아닌 대집단의 폭도들이 있다. 크세르크세스처럼 이 집단도 대단한 일을 할 수 있었다. 로마에는 파르티아의 전투 능력과 사나움을 높이 사고 그들의 용기조차 인정할 준비가 된 사람들이 많이 있었다. 그러나 결국 대부분의 로마인은 파르티아 제국이 다른 동양의 독재국가처럼 사라질 것이라고 확신했다. 헤로도토스만큼이나 그들도 결국 자유 시민만이 최고의 전사가 될 수 있다고 믿었던 것이다. 사실이 그랬다. 파르티아는 기원후 198년, 셉티무스 세베루스(Septimus Severus)의 통치 아래 있던 로마에 의해 일차로 파괴되었고 뒤이어 사산조 페르시아에 의해 멸망했다. 키케로에 따르면 자신의 악덕을 소비하고 열정 없는 노예의 무능력을 드러내며 인간이기를 포기한 파르티아인은 천성이 조야할 수밖에 없었다. 따라서 로마의 우수한 신탁통치 아래 들어가는 것이 그들에게도 좋고 로마를 포함한 다른 나라에도 좋았다.

동양의 독재 국가는 결국 망할 수밖에 없다는 로마인의 인식은 (이전의 그리스인처럼) 단순히 자유에 대한 그들의 '천성적인' 사랑에서 나온 것만은 아니었다. 더욱 구체적으로, 특별했던 로마 정부 형태에 대한 로마인의 자부심에서 나온 것이기도 했다. 아리스티데스가 지적했듯이 그리스 세상에서 로마를 합법적인 통치자로 만든 것은 사실 '모든 정부 형태의 좋은 점만 모은 로마의 정부 형태', 즉 로마 공화정이었다.

이집트와 뒤바뀐 역사의 순간

천천히 아시아를 흡수하는 동안 로마는 내내 공화정(republica: '공공의 것'이라는 뜻으로 영국 고어, 연방공화국(commonwealth) 정도로 해석될 수 있을 것이다)이었다. 공화정은 확실히 아테네 같은 민주주의는 아니었지만 평민과 귀족 사이 권력의 균형을 헌법으로 유지하는 정치 형태였다. 제국 자체는 마지막까지 '로마의 원로원과 로마 사람들'에 의해 통치되는 '로마 사람들의 제국(Senatus Populus Que Romani-SPQR)'으로 남아 있었다. SPQR은 전쟁터에서 깃발로 사용됐음은 물론 로마 제국 내 모든 공공건물에 새겨졌고 오늘날에도 로마의 맨홀 뚜껑에서 흔적을 발견할 수 있다.

일반 로마인에게는 (비록 목적의식이 결여되기는 했지만) 무한한 힘이 있었다. 로마의 통치는 주로 군중에 의한 조종을 의미했고 인기 있는 장군이라면 군중을 이용해 정치적 적수를 매장시킬 수도 있었다. 184년 자마 전투를 승리로 이끌어 인기가 올라간 스키피오 아프리카누스는 원로원 호민관 나에비우스(Naevius)에 의해 셀레우코스 황제 안티오코스(Antiochus: 현재 시리아 지방의 황제)에게서 뇌물을 받았다고 고발당했는데 아무런 논박도 하지 않았다(이 때문에 의혹이 더 커졌다). 대신 그는 판결을 듣고자 모인 거대한 인파 속으로 몸을 돌려 "이것이 아프리카 땅에서 당신들 제국의 가장 강력한 적 카르타고의 한니발을 물리친 위대한 전투를 기념하는 방식입니다."라고 선언한다. 스키피오는 나에비우스를 지적하며 "신에게 감사합시다. 저 가엾은 사람은 잊어버리고 주피터 신에게 감사합시다."라고 덧붙인다. 그런 다음 그는 주피터 신전 카피톨리누스로 걸어갔다. 군중은 그를 따랐고 나에비우스는 혼자 남아 패배감에 젖어야 했다.[153] 로마를 통치하려면 (당시 모든 군사 지도자들이 알고 있었듯이) 사람들의 사랑을 얻어야만 했다.

로마인에게 일반 사람과 귀족은 다를 바 없었고, 제국과 공화정은 하나였다. 오늘날 우리는 대개 제국은 항상 군주국이라고 가정한다. 그러나 언제나 그랬던 것은 아니다. 앞에서 보았듯이 민주주의였던 아테네도 사실상 제국을 건설했다. 15~16세기 베네치아 공화국도 제국이었고 19세기 미 연방 공화국도 그랬다(물론 많은 사람들이 미 연방 공화국은 오늘날에도 그렇다고 생각할 것이다). 구소련(소비에트 사회주의 공화국 연방)도 그랬다. 어떤 점에서 공화국이라고 주장하는 현대 중국도 그렇다. 고대 로마도 마찬가지였다.

공화국에서 자주 일어나는 일이지만, 로마의 군사령관들도 점점 힘이 막강해졌고 원로원의 지도를 눈에 띄게 거부했다. 기원전 48년, 두 집정관 카이사르와 폼페이우스가 대립했다. 그러나 카이사르가 파르살루스 전투에서 폼페이우스를 물리친 후 폼페이우스가 이집트에서 죽자 로마 제국의 통치권은 실질적으로 카이사르에게 떨어졌다.

카이사르는 천재적인 사령관이자 라틴어의 달인이었고 매혹적인 웅변가이자 유명한 멋쟁이였다(프릴이 달린 토가를 선보였다). 여성 편력이 심했고 간질병자였으며, 또한 타고난 야심가였다. 그는 종신 독재관 자리를 주장했으며 엄청난 과시 끝에 스스로를 신으로 선언하는 데 성공했다. 그즈음 로마는 이름만 공화정인 전제 국가였다. 카이사르는 왕이라는 고대의 칭호를 받고 권좌에 모셔지기를 열렬하게 바랐다. 그러나 사람들은 왕이라는 말만 들으면 공화국 창설 이전의 무질서하고 억압적인 날들을 떠올렸다.

아첨에 능한 카이사르의 측근들은 뻔뻔스럽게도 로마의 신탁집 운운하며 군주 국가가 되지 않으면 로마는 아시아의 사나운 숙적 파르티아를 물리치지 못한다는 예언이 있다는 근거 없는 소문을 퍼뜨렸다.[154] 그 소문 때문에 결국 시민 대표는 마지못해 카이사르에게 왕관을 제공하려 했다. 카이사르는 마지못해 주는 왕관은 가치가 없다며 거절했다. 그렇게 하면 로마인들이 다시 열렬한 태도로 자신에게 왕관을 씌우고 싶어 할 것이라 생각한 것이다. 그러나 로마인들은 두 번 청하지 않았다. 카이사르는 분을 참지 못했지만 스스로 한 말이 있으니 왕이 되는 일은 단념했다.

이미 카이사르의 의도와 책략에 실망한 로마인들은 카이사르를 '노골적으로 심하게 미워' 했다. 덕분에 이전에 이미 '카이사르에 반감이 있었지만 숨기고 있던 사람들에게 그를 처치하기 위한 적당한 명분' 이 생겼다.

왕이든 아니든 원로원을 무시하는 카이사르의 행동은 많은 사람의 눈에 공화정이 내세우는 자유의 가치를 위협하는 것처럼 보였다. 44년 3월 15일, 카이사르는 원로원으로 가는 계단에서 칼에 찔려 죽었다. 카이사르와 각별했던 브루투스(Marcus Junius Brutus)와 카시우스(Cassius Longinus)가 이끄는 화난 공화정원들과 과거에 폼페이우스를 따르던 일단의 무리들이 벌인 짓이었다. 그러나 카이사르가 죽었어도 기대했던 만큼 공화정의 상태가 회복되지는 못했다. 오히려 로마는 내란 상태에 빠졌고 로마와 로마 제국이 거의 동시에 침몰할 지경에 이른다(후대 로마인들은 이 시기를 결코 잊지 못한다).

내란은 로마와 서양의 역사에서 결정적이었다. 로마인은 서로 죽고 죽이는 함정에 빠졌고 나아가 로마 제국은 영원히 서양(서로마)과 동양(동로마)으로 분리되었다. 내란의 승자들은 그 내란을 동양과 서양 사이에 있었던 오랜 투쟁의 마지막 장이라고 보았다. 로마가 음울하고 부패하고 외설적인 동양을 지배하고 동양에 유럽의 덕성을 뿌리내린 것이라고 본 것이다.

카이사르가 암살된 후 그의 계승자로 두 명이 물망에 올랐다. 카이사르의 조카이자 상속자 옥타비아누스(아우구스투스)와 카이사르의 가장 강력한 장군 안토니우스가 그들이었다. 기원전 43년 11월, 원로원은 그들 사이의 전쟁을 피하고자 안토니우스와 옥타비아누스, 그리고 에스파냐와 골 지방 일부를 다스렸던 장관 레피두스(Marcus Aemilius Lepidus), 이렇게 세 명을 내세워 '국가 재건을 위한 오 년간의 삼두정치'를 하겠다고 선언했다. 제국의 행정도 세 부분으로 나눠졌고 안토니우스는 다른 두 사람과 합의해 제국의 반인 동양 쪽을 재건하는 일에 착수했다.

기원전 41년, 안토니우스는 이집트 여왕 클레오파트라 7세에게 연락해 타르수스에서 만나자고 한다. 운명을 바꾸는 제안이었다. 클레오파트라는 당시 명성이 자자했던 요부로, 왕국을 위해 자신의 매력을 매우 잘 이용할 줄 알았다. 카이사르도 6년 전 알렉산드리아를 정복했지만 클레오파트라에게 유혹당해 아들까지 낳게 하고 클레오파트라를 로마의 조종 아래 있는 반 독립적인 이집트 왕국의 여왕으로 남게 한 바 있었다.

안토니우스가 도착했을 때 클레오파트라는 카이사르에게 써먹었던 전략을 똑같이 쓰기로 마음먹었다. 당시 그녀는 (플루타르크에 따르면) 여성의 아름다움이 최고에 이른 가장 성숙한 나이(28세)'였으므로 성공을 확신할 만했다. 몇 번을 무시하고 나서야 그녀는 안토니우스에게 갔다. 그녀가 전갈을 보냈고 그녀가 마음 내키는 시간에 드디어 기다렸던 첫 만남이 이뤄졌다.

클레오파트라는 거룻배를 타고 키드누스 강을 거슬러 올라왔다. 배의 선미는 금으로 장식되어 있었고 "자줏빛 돛은 바람에 살랑거리고 노잡이들은 플루트 소리에 맞춰 은 노를 넣었다 뺐다 하며 강물을 부드럽게 어루만졌다." 플루타르크에 따르면 클레오파트라는 금색 천으로 된 닫집 모양의 덮개 바로 아래 뱃머리에서 '우리가 그림에서 보듯이' 비너스 복장을 한 채 앉아 있었다. 양쪽에는 큐피드 복장을 한 소년들이 그녀에게 부채를 부쳐주고 있었다. 갑판에는 바다의 요정과 미의 여신처럼 차려입은 아름다운 시녀들이 키와 삭구(素具)와 돛 옆에 줄지어 서 있었다. 배에서 피운 무수한 향에서 형용할 수 없이 진한 향기가 흘러나와 안토니우스가 기다리고 있던 강둑으로 들어갔다.

행렬이 마침내 맞은편 뭍의 '집정관석에 앉아 있던' 안토니우스에게 다다랐을 때 전 도시로 "비너스가 술의 신 바커스와 함께 아시아의 행복을 위해 연회를 베풀기 위해 왔다."라는 말이 퍼져 나갔다.[155]

클레오파트라는 동양적 사치스러움으로 기대했던 효과를 봤고 안토니우스는 사랑에 빠졌다. 17세기 프랑스 석학 블레즈 파스칼(Blaise Pascal)은 "클레오파트라의 코가 조금만 낮았다면 세상의 역사가 바뀌었을 것"이라는 역사에 남을 유명한 말을 했다. 안토니우스를 사랑의 노예로 만든 것이 그녀의 코였는지 혹은 많은 사람이 주장하듯 그녀의 대화술(그녀는 영리한 여성이었다)이었는지 알 수 없지만 어쨌든 클레오파트라는 파괴적인 결과를 부를 예정이었다. 플루타르크는 "플라톤은 네 종류의 아첨을 말했지만 클레오파트라는 천 가지 아첨을 알고 있었다."라고 천연덕스럽게 말했다. 그녀는 한동안 안토니우스의 곁을 절대 떠나지 않으면서 그 모든 아첨을 다 써먹었다.

안토니우스는 그해 겨울을 이집트 수도 알렉산드리아에서 보냈고 이듬해 말 클레오파트라는 쌍둥이를 낳았다. 아이들〔알렉산드로스 헬리오스(Alexander Helios, 태양), 클레오파트라 셀레네(Cleopatra Selene, 달)〕은 모두 엄마의 외모와 매력과 성마른 성격을 물려받았다. 그즈음 로마인들은 안토니우스가 로마 제국의 동쪽을 개인적 기반으로 삼아 옥타비아누스의 로마까지 독차지하려 한다고 확신했다. 기원전 39년, 그는 열정적인 환호 속에 아테네를 방문했고 자신이 살아 있는 디오니소스라고 선언했다. 안토니우스와 클레오파트라는 각각 이집트 신 오시리스와 이시스라고 자청하고 아시아 전역의 번영을 위한 신성한 한 쌍으로 묶인다. 기원전 36년에 클레오파트라는 둘째 아들을 낳았고 그에게 프톨레미 필라델푸스(Ptolemy Philadelphus, 형제애)라는 이름을 지어주었다.

기원전 34년, 안토니우스는 아르메니아를 합병하고 아르타바스데스(Artavasdes) 왕을 사슬에 묶어 이집트로 데리고 돌아와 알렉산드리아 거리에서 승리를 축하하는 행진을 벌인다. 전통적으로 승리의 행진은 오직 로마에서만 거행됐고 카피톨리누스 신전으로 들어가 로마의 보호신 주피터를 알현하는 것이었기 때문에 전례가 없는 행동이었다. 알렉산드리아에서 승리를 축하했다는 것은 알렉산드리아가 이제 제국의 수도라고 말하는 것과 같았다. 안토니우스는 웅장한 의식도 거행하는데, 거기서 클레오파트라는 이집트 여신 이시스(가정과 생명의 여왕)로 분한 채 은으로 된 왕좌에 앉아 있었다(안토니우스는 금 왕좌에 앉았다). 후대에 '알렉산드리아의 증여'라고 불리는 이 의식에서 안토니우스는 클레오파트라를 '왕들의 여왕, 왕 중의 왕'이라고 선언하고 클레오파트라를 이집트, 키프로스, 리비아, 시리아의 황후로 인정한다. 클레오파트라는 카이사르가 그렇게 되고 싶어 했던 황제가 된 것이다. 이제 클레오파트라가 카이사르에게서 낳은 첫째 아들은 사실상 카이사르의 상속자로서 옥타비아누스의 지위에 도전할 수 있게 된다. 동쪽의 나머지 왕국과 유프라테스 강 서쪽은 알렉산드로스 헬리오스와 프톨레미 필라델푸스가 나눠 가졌다. 헬리오스는 행사 때마다 파르티아 관을 쓰고 메디아식으로 차려입었고 필라델푸스는 마케도니아식을 즐겼다. 클레오파트라 셀레네는 키레네의 여왕이 되었다.

로마 제국은 이제 외형상 동서로 나눠졌다. 최소한 안토니우스가 그런 의식을 거행했다는 소식을 들은 로마인들은 그렇게 느꼈다. 플루타르크는 "사람들이 (안토니우스의) 그 행동을 거만한 허세로 보았고 고국 사람들로부터 미움을 살 짓으로 간주했다."라고 적었다.[156] 대부분 옥타비아누스와 그 계승자들을 옹호했던 후대의 역사가들은 안토니우스가 한 여성에 대한 사랑 때문에 자진해서 동양의 일개 태수로 전락했다고 전했다.

알렉산드로스 대왕조차 경멸했을 정도로 동양적인 것이라면 모두 싫어했던 세네카는 안토니우스가 비록 한때는 확실히 '위대한 사람이고 날카로운 지성인'이었지만 "외국의 관습과 로마와는 무관한 그 관습의 사악함을 제국에 끌어들인 것"에 책임을 져야 한다고 말했다. 음탕하고 무절제하며 늘 술에 취해 있던 안토니우스는 기꺼이 한 동양 여성의 도구가 되었다. 그리스 원로원 의원 카시우스 디오(Cassius Dio)는 "그러므로 안토니우스를 로마 시민이 아니라 이집트인으로 생각하자. 그를 안토니우스가 아닌 사라피스(오시리스)라고 부르자. 그가 한때는 집정관이었고 로마의 원수였음을 잊어버리고 김나지움 책임자쯤으로 생각하자."라며 조소했다.

한편 로마의 옥타비아누스는 안토니우스에 반대하는 캠페인을 시작했다. 캠페인은 그의 사후에도 오랫동안 지속됐다. 기원전 32년, 옥타비아누스는 로마에 남아 있던 안토니우스의 측근들이 모두 공포에 사로잡힌 채 로마를 떠나게 하는 데 성공했다. 그런 다음 안토니우스의 유언장을 빼앗아 공표했다. 안토니우스는 유언장을 신녀(神女)들에게 맡겨뒀는데 그 안에는 신성모독의 조항이 들어 있었다. 유언장에 따르면 안토니우스는 로마 제국을 클레오파트라가 낳은 자식들에게 물려줄 것이고 자신은 알렉산드리아에 묻히게 되어 있었다. 그 조항은 그가 로마 제국의 수도를 로마에서 이집트로 옮기려고 한다는 소문에 쐐기를 박은 셈이었다.

옥타비아누스는 이제 원로원의 동의를 얻어 안토니우스에게 남아 있던 법적 권력을 모두 거둬들이고 클레오파트라에 대항하는 전쟁을 선언한다. 이로써 안토니우스는 즉각 클레오파트라를 버리지 않는 한 반역자가 될 상황이었는데, 그가 그럴 생각이 전혀 없다는 것을 옥타비아누스는 잘 알고 있었다. 전쟁이 시작됐다. 그리스 서쪽에서 오랜 전투가 있었다. 옥타비아누스의 해군 장성 아그리파(Marcus Vipsanius Agrippa)의 뛰어난 전략이 성공을 거두었기 때문에 초반에 우세했던 안토니우스는 조금씩 약해졌다. 기원전 31년 9월 2일, 그리스 북서쪽 암브라키아 만 입구의 모래 갑(岬) 악티움에서 마침내 두 남자가 만났다. 양쪽 모두 군사가 거의 4만 명에 다다랐다. 옥타비아누스의 군대는 라틴족뿐 아니라, 게르만족, 갈리아족, 다키아족으로 구성되었다. 안토니우스의 군대는 이집트, 리비아, 에티오피아, 아라비아에서 소집되었다. 옥타비아누스는 이집트인들을 매우 모욕적으로 묘사하며 자신의 군대를 향해 다음과 같이 연설했다. "알렉산드리아인과 이집트인은 파충류와 짐승을 신으로 모시고, 불사에 가깝게 살겠다고 시체로 미라를 만드는 뻔뻔스럽기 그지없고 용기라고는 한 푼도 없는 사람들이다. 이들은 진정한 로마군과는 상대가 되지 않는다."[157]

「아이네이스」 8권에 아이네아스는 그의 어머니 비너스로부터 방패를 받는다. 방패의 표면에서 그는 미래에 옥타비아누스가 이끄는 로마가 마지막 승리를 거두는 모습을 볼 수 있었다. 방패에 보이는 미래에 따르면 안토니우스의 군대와 함대는

동양의 왕들이 보낸 미개인 군대의 원조를 받고 있다.
가까이는 아라비아인들, 그리고 멀리로는 박트리아인들.
혀가 서로 꼬이는 혼란스러운 전쟁이었다.
화려하게 번쩍이는 로브들 사이에 분쟁이 이어졌다.
이집트 아내의 불행한 운명이 안토니우스를 기다리고 있었다![158]

마지막 행에서 경멸과 야유의 소리가 들리는 것 같다. 야유는 마치 바로 몇 행 뒤에 나올 독사의 소리와 같다. 클레오파트라와 마지막을 함께 한 독사 말이다.

안토니우스의 군대는 옥타비아누스의 군대보다 훨씬 컸다. 또 옥타비아누스의 것보다 크고 무겁고 좋은 군함을 곱절이나 더 갖고 있었다. 그리고 배후에는 클레오파트라가 제공한 60척의 배가 더 있었다. 클레오파트라는 다시 한 번 금박을 입힌 거룻배에 앉아 승리의 소식을 기다렸다.

해전 초기 승리의 여신은 안토니우스 쪽에 있는 것 같았다. 그러나 적군의 약점을 간파한 아그리파는 안토니우스군이 전장을 넓히게 만들었고 그 중간을 침투해 일단 클레오파트라의 배부터 공격했다. 대성공이었다. 실전을 몰랐던 클레오파트라는 아그리파의 함대를 포위할 생각은 하지 못하고 공포에 떨며 바람이 이끄는 대로 안토니우스의 함대 속으로 파고들었다. 그 결과 정렬해 있던 안토니우스의 함대는 완전히 혼란에 빠졌다. 플루타르크에 따르면 그 순간 안토니우스는 "사랑에 눈이 먼 사람은 정신이 나가 있다는 흔한 농담을 제대로 증명했다." 그는 함대를 정렬하기는커녕 곧바로 함대를 포기하고 다섯 겹으로 호위되어 있는 군함 하나를 잡아탄다. "이미 자신을 망쳤고 곧 자신을 완전한 파멸의 길로 이끌 그 여인만을 정신없이 따라갔던 것이다."[159]

밤이 되자 사령관 없는 안토니우스의 함대는 항복과 전멸의 갈림길에 서 있었다. 그래도 그들은 해안에 캠프를 치고 한 주 동안이나 사령관이 돌아오기를 기다렸다. 그러나 안토니우스가 돌아오지 않았기 때문에 그들은 결국 옥타비아누스에게로 넘어갔다. 그 전투로 로마를 동양적 군주제로 만들겠다던 안토니우스의 야망도 끝이 났다. 최소한 승자들은 그렇게 믿었다.

수 세기 후 바이런 경은 같은 장소에서 다음과 같이 쓸쓸히 애도했다.

한때 전쟁 속에 있었던 암브라키아 만을 본다.

그는 아름다운 여성 때문에 세상을 잃었다.

얼마나 사랑스럽고 무해한지!

많은 로마의 수장과 아시아의 왕이

확실한 죽음과 불확실한 승리를 위해

저기 물결치는 만으로 그들의 함대를 데려왔다.

보라, 어디서 카이사르의 두 번째 트로피가 솟아나는지.

이제 그것을 들어 올렸던 손들처럼, 트로피도 사라졌다.

인간의 비애를 몇 배로 늘린 제국의 모반자들이여!

신이시여! 당신의 땅이 그런 승리와 패배로 규정되었나이까?[160]

클레오파트라와 그녀가 사랑했던 남자는 군함 60척과 귀중품을 갖고 동쪽의 알렉산드리아로 피신했다. 옥타비아누스는 그들을 잡으려고 거의 일 년을 소비했다. 그러나 일단 붙잡고 나서는 아무런 저항도 겪을 수 없었다. 사기충천한 로마군이 알렉산드리아로 들어오자 둘 다 스스로 목숨을 끊었던 것이다. 클레오파트라는 '눈같이 하얀 가슴'에 독사를 안았다. 역사상 가장 유명한 자살 중 하나였다. 전리품으로 클레오파트라를 로마로 데려가고 싶었던 옥타비아누스는 〔역사가 수에토니우스(Suetonius)에 따르면〕 코브라 피리꾼을 소집해 독을 빨아내려 했지만 헛수고였다. 대신에 클레오파트라의 딸 셀레네를 데리고 갔다. 그가 로마 시내를 행진할 때 셀레네는 사슬에 감긴 채 옥타비아누스의 마차 뒤를 걸어가야 했다. 이로써 옥타비아누스는 그의 찬미자들이 운문과 산문으로 찬양해 마지않을 전 세계의 주인이 되었다.

알렉산드리아를 떠나기 전 옥타비아누스는 미라가 된 알렉산드로스를 알현한다. 그 앞에서 한참 생각에 빠진 듯하더니 알렉산드로스의 헝클어진 머리에 황금 왕관을 씌웠고 몸에는 꽃을 뿌렸다. 능지기가 알렉산드로스의 계승자들인 프톨레마이오스의 미라도 보고 싶으냐고 묻자 그는 "나는 왕을 보려고 왔지 시체 더미를 보려고 온 것이 아니다."라고 대답했다.

옥타비아누스는 전 로마 제국의 주인(아우구스투스)이 되었고 잠시 동안이나마 동양의 위협은 사라진 듯했다. 이집트는 이제 마케도니아처럼 로마의 일개 지방이 되었고 그리스-이집트인의 제국에 대한 기억도 모두 사라졌다.[161] 앞으로 살펴보겠지만 수 세기 후 나폴레옹 보나파르트가 같은 해안에 도달해 스스로 새로운 알렉산드로스라고 선언하고 옥타비아누스가 파괴했던 것을 모두 되돌리겠다고 맹세할 때까지 말이다.

안토니우스의 '오리엔탈리즘'은 아우구스투스의 측근이 조작한 것이다. 로마의 시인 루카누스와 플루타르크가 거기에 열정적으로 동참했다. 안토니우스가 클레오파트라의 도움으로 이집트를 자신의 전진 기지로 삼은 것은 확실하다. 또 헤롯 대왕의 유대 왕국을 정복하라는 클레오파트라의 요구는 거절했지만 그녀의 다른 청에 따라 이집트 왕국을 확장한 것도 사실이다. 그러나 안토니우스의 '동양'은 페르시아의 동양과는 크게 달랐다. 파라오들이 통치했던 이집트와도 완전히 달랐다. 마케도니아인이자 알렉산드로스의 장군이었고 일명 '구세주'로 알려졌던 프톨레마이오스 왕가가 이집트를 장악했던(기원전 367~282) 이래로 이집트는 그리스 군주 국가였다. 프톨레마이오스들은 그리스 군주임과 동시에 이집트 파라오이기는 했다. 원주민의 종교를 지지했고 이집트 남쪽 멤피스 지역의 강력했던 사제들과 협력했으며, (프톨레마이오스 5세 이후에는) 즉위식도 이집트 전통에 따라 거행했다. 이집트 오시리스 신과 비슷한 그리스 신을 사라피스라는 이름으로 이집트에 소개해 그레코-이집트 신전을 만들기도 했다. 그러나 그런 식의 융화는 고대 시대에는 흔한 것이었고 로마인도 잘 이해하고 있었듯이 다분히 정치적인 목적을 내포했다.

프톨레마이오스 왕들은 결국 그리스 관습과 법을 따랐던 그리스인이었다. 클레오파트라는 이집트인이라고 기록되어 있지만 최초로 이집트인이라고 기록된 프톨레마이오스 사람이었다〔플루타르크의 말을 믿자면, 메디아인, 에티오피아인, 유대인, 아랍인, 파르티아인, '트로글로다이트(혈거인: 서유럽의 야만족-옮긴이)'이기도 하다〕. 안토니우스는 알렉산드리아에 집을 만들고 이집트 여왕에게서 세 자녀를 얻었지만 그가 실제로 그녀와 결혼했다는 확실한 증거는 없다. 그의 궁극적 야망은 동양의 독재 군주가 아닌 로마 제국의 황제(Caesar)였다. 그것은 거의 확실하다. 사실 조작되었을 가능성이 큰 오시리스와의 연관성을 논외로 친다면, 그는 로마에 전혀 불만이 없었다. 그가 가진 최악의 불만이라고 해봐야 고작 로마인들이 튼튼하고 품위 있는 로마 신발 대신 얄팍한 그리스 샌들을 신는다는 것 정도였다.

그러나 역사적 기록은 무시되기 십상이다. 옥타비아누스와 안토니우스의 엄청난 충돌에 대한 후대의 설명을 보면, 내란과 삼두정치에서의 옥타비아누스의 승리는 (안토니우스가 만들었던) 오리엔탈리즘의 얼룩을 깨끗이 지우는 일이고 이집트 왕궁에서의 장난 같은 허영과 이집트 신성의 채택이라는 실책을 말끔히 씻어내는 일이 된다. 로마는 악티움 전투의 승리로 이집트를 로마에 합병했고 아시아를 로마 제국의 노예국으로 만들었다. 살라미스처럼 악티움 전투도 해전이었다. 또 살라미스처럼 악티움 전투도 한때 독재적이고 부패한 동양의 손에 달려 있던, 자유를 숭상하고 덕 있는 서양의 미래를 다시 한 번 살려낸 전투가 되었다.

도시의 어머니

안토니우스 악마화의 작업 배후에는 통합된 제국을 일구고 싶은 옥타비아누스의 야망이 깊이 자리했을 것이다. 삼촌 카이사르가 받은 모욕 때문에 옥타비아누스는 왕의 칭호를 꺼려했지만 결국에는 스스로 황제(Imperator)가 되었다. 기원전 27년, 그는 또 다른 이름 아우구스투스(존경받는 이)도 받아들인다. 이제 로마는 한 명의 통치자가 다스리는 원수정을 바탕으로 하는 새로운 제국을 수립한 것이다.

아우구스투스는 항상 공화정의 폐허 위에 새로운 국가를 창조하기보다는 공화정, 즉 '국민을 위한 나라'의 회복을 강조했다. 이제 실질적인 군주 제국이 된 로마이지만 그 공식 이념 속에는 늘 국민이 황제에게 그들의 '권위와 권력'을 줬다는 전제가 깔려 있었다.[162] 아우구스투스는 제국의 주요 도시에 청동 기념주를 세웠다. 그곳에 새겨진 '신성 아우구스투스의 업적'에 나오는 일생을 살펴보면 아우구스투스는 "파벌주의 지배로 억압받고 있던 공화정에 자유를 찾아준 것"뿐이었다.

심지어 몇 세기가 지난 기원후 4세기에 로마 제국의 마지막 라틴 역사가 암미아누스 마르켈리누스(Ammianus Marcellinus)도 여전히 로마 황제는 공화정의 하인이라고 묘사한다. 그 공화정이 "황제에게 공화정의 유산을 상속, 관리하게 한 것이다." 사실 로마 황제의 칭호들은 늘 의미가 모호했다. 후대의 황제들이 모두 채택하게 될 '아우구스투스'라는 칭호 자체는 그리스 군주들이 주로 사칭했던 반신반인의 권력을 의미했다. 원수(princepts)는 '제1인자'라는 뜻이지만 그 사람과 같은 사람이 또 있음을 반증했고, 절대권(imperium)을 휘두르는 사람이라는 뜻의 황제(imperator)는 (로마의 모든 장관들도 가질 수 있는) 단순한 행정적 권위를 묘사할 뿐이었다.

　원로원도 정치적인 영향력을 계속 행사하고 있었고 '원로원과 로마의 국민들'이라는 슬로건이 로마 제국 말기까지 계속 등장했다. 그러나 아우구스투스의 새로운 원수정은 배후에 또 다른 과두정치 정권을 형성하며 빠르게 로마 정치 체계의 중심 권력이 되었다. 평등과 자유는 한동안 유지되는 듯했지만 공화정이 성공할 수 있던 원천인 체계적 권력 분산의 개념은 이미 사라졌다. 그렇게 3세기 초 법학자 가이우스(Gaius)와 울피아누스(Ulpian)가 주저 없이 주장한 것처럼 당시 '제1황제'로 불리는 사람의 절대권은 로마 사람들의 권력을 모두 흡수해버린 것이다.

　공화정 아래 그렇게 높이 평가되던 모든 자유가 천천히 박탈되어갔지만, 아우구스투스의 새 질서는 로마인에게 정말이지 전대미문의 강력한 국가 권력을 보장하는 것 같았다. 로마인 앞에 무적의 군대와 무한한 경제 성장에 대한 비전이 펼쳐졌다. 새로운 부와 평화의 기반 위에 라틴 문학도 황금시대를 열고 있었다. 서사시인 베르길리우스, 오비디우스(아우구스투스는 오비디우스를 왕실과 연루되는 스캔들 때문에 흑해의 토미스로 추방한다)와 호라티우스, 티불루스(Albius Tibullus), 프로페르티우스(Sextus Propertius)가 활약했고 무엇보다 후대에 최고 로마 역사가로 남을 리비우스가 있었다. 베르길리우스와 오비디우스의 작품은 고전 작품들 중에서도 백미로, 후대 유럽 문학에 많은 영향을 주었다. 리비우스의 말대로 로마가 '세상의 머리'가 되고 로마군과 로마법이 전 세계에 로마의 평화(Pax romana)를 보장할 때, 로마인은 각각의 분야에서 각각 다른 방식으로 그 성취를 축하하고 새 질서의 현재와 미래를 얘기했다.[163]

　그러나 아우구스투스가 보여준 비전은 오래가지 못했다. 아우구스투스가 죽자 제국은 타락하고 무능한 통치자들을 참아내야 했다. 우리는 그들을 일반적으로 율리우스-클라우디우스 왕조 황제들이라고 부른다. 그러나 이들 로마 황제가 개인적으로 절대적 권력을 휘두르기는 했지만 제국 자체는 마지막까지 국민의 제국으로 남아 있었다. 그 모순 때문에 로마는 '어떻게 권력을 한 세대에서 다음 세대로 넘기느냐'라는 결코 해결될 수 없는 문제를(모든 군주국가의 문제이기는 하다) 늘 갖고 있었다. 종교적 승인 아래 황실 가족이 황제권을 상속받았던 후대 유럽과 달리 로마의 황제들은 황제권을 상속하지 않았다. 황제가 꼭 자신의 자손을 후계자로 결정할 필요도 없었다. 이전에는 공화정 아래 원로원이 계승을 승인하는 식이었는데 그 방식은 과도기를 거쳐 그즈음 완전히 사라졌다. 아우구스투스 이래 로마의 과두정치는 그의 계승자들을 포함한 많은 로마인에게 단지 폭군정치일 뿐이었다. 그것은 동양의 군주제와 매우 비슷했다.

현대 소설이나 영화에 등장하는 인기 있는 소재인 로마의 이미지는 대개 바로 이 율리우스-클라우디우스 왕조에 관한 것이다. 진탕 마시고 떠들기, 거칠고 환상적인 성행위, 검투사들의 싸움, 권력자들을 화나게 한 무고한 사람들의 지루한 살육 등이 그것이다. 이는 모두 로마 황제들이 만들어낸 것들이다. 그들은 부패하고 아첨이나 해대는 부하들에게 아무렇지도 않게 막중한 제국의 정사를 맡기고 퇴폐적이고 방탕한 생활을 즐겼다. 널리 퍼진 이미지들이 그렇듯, 로마의 이미지도 순전히 현대인의 성적 판타지에 지나지 않는 부분이 많다. 완전한 창작이 아니라도 최소한 많이 과장되었고, 과장의 주범은 주로 가장 큰 희생자였던 기독교인이었다. 그러나 완전히 없는 이야기는 아니다. 잘 알려진 대로 일부 황제들이 납 중독이었다는 말도 있다. 당시 매일 25만 갤런의 물이 11개의 도관을 통해 로마 시로 흘러 들어갔다. 납 파이프 시스템을 통해 일반 가정집으로 들어간 것이다. 자연 인류학자들은 그 시대 사람의 뼈로 추정되는 것에서 일반적인 수준보다 열 배나 높은 납을 검출했다. 이것이 만취한 사람에게 발휘할 효과는 충분히 상상하고도 남는다.

그 이유가 납 중독이든 유전적인 정신불안이었든 또 다른 알 수 없는 재난이었든, 어쨌든 아우구스투스 이후 네르바 이전의 황제들 중 제정신인 사람은 거의 없어 보인다. 제일 먼저 술고래와 호색가라는 평판을 얻은 티베리우스(Tiberius)가 있었다. 그런 평판을 얻은 뒤에 그는 카프리 섬에 들어가 자신을 위한 웅장한 저택을 짓는다. 그 잔해가 아직 그곳 절벽에 남아 있다. 그곳에서 그는 자신을 화나게 한 사람들이 '길고 격렬한 고문을 받은 뒤' 바다로 떨어지는 것을 바라보곤 했다. 그는 또 집을 하나 지어 제국 전역에서 어린 소년·소녀들을 데려다놓고 자신의 꺼져가는 성욕을 되살리기 위해 '비정상적인 행위'를 하는 것을 보는 일에 탐닉했다고 한다. 역사가 수에토니우스는 그 집을 '사적인 스포츠 하우스'라 불렀다. 한편 로마 제국은 능력 없는 왕실 근위병 세야누스(Sejanus)의 손에 남겨진다. 몇 년 동안 스페인과 시리아는 공식 임명된 통치자도 없었다. 파르티아는 아르메니아를 정복했고 다키아와 사르마티아는 모이시아를 약탈했으며 게르만은 골을 침략했다.

'칼리굴라(작은 장화)'로 더 잘 알려져 있는 가이우스(Gaius Caesar)가 티베리우스의 뒤를 이었다. 정신병적 신경증에다 가학성 변태성욕자이자 근친상간 성향이 있었던 그는 사치스러운 연회에서 자신의 아내이자 공범자 밀로니아(Milonia)가 먼 발코니에서 멀쩡하게 지켜보는 앞에서 대놓고 여자 형제 셋을 차례로 범하기도 했다. 티베리우스조차 자신의 계승자가 어떨지 예견했다. 티베리우스는 "나는 로마인을 위해 독사를 키우고 있다."라고 선언한 바 있다. 그의 예견은 완전히 들어맞았다. 칼리굴라는 고문과 사형 집행 관전을 즐겼기 때문에 가능한 한 많은 사형집행

거리를 만들었다. 자신이 타는 말을 집정관으로 임명해 원로원을 모욕했고, 자신에게 통치권을 준 로마인이 모두 합쳐서 목구멍 하나를 가진다면 한 번에 죽일 수 있을 거라는 망발을 하기도 했다. 결국 그는 (많은 성질 나쁜 황제들처럼) 왕궁 근위병에 의해 아내와 딸들과 함께 암살당했다.

그러자 칼리굴라의 삼촌 클라우디우스가 뒤를 이었다. 그는 뇌성마비로 고통받고 있었고 감상적이고 병약했다. 손을 떨면서 불분명한 목소리로 연설했기 때문에 조카 칼리굴라의 끝없는 조롱거리가 됐었다. 그러나 청년기에 모욕을 받았어도 클라우디우스는 잘 배운 영리한 남자였고 역사가이자 문법학자였다. 그는 그리스어에 능통했고 일시적이기는 했지만 라틴 알파벳에 새로이 세 글자를 더하는 데 성공하기도 했다.[164] 물론 전임자들처럼 잔인하고 피를 좋아하기는 했지만 율리우스-클라우디우스 왕조에서 가장 진지하게(종종 괴상한 방식이긴 했지만) 정부의 일에 관여한 유일한 사람이었다. 로마 시민권을 제국 변방까지 확장한 사람도 그였다. 그러나 클라우디우스는 메살리나(Messalina)와 아그리피나(Agrippina)라는 두 흉악한 여성과 결혼하는 일생일대의 실수를 범했다. 아그리피나는 클라우디우스가 좋아했던 버섯 요리에 독버섯을 넣어 그를 살해했다.

그렇게 해서 로마는 역사상 가장 파괴적인 황제 네로의 손에 떨어진다. 그는 어머니와 고모를 죽였으며 간통의 누명을 씌워 아내 옥타비아(Octavia)를 살해한다. 네로는 시인, 음악가, 운동가로 자청했고 (자신이 이길 수밖에 없는) 경연과 마차 경주에 참가했다고 한다. 물론 이런 활동 덕에 사람들은 즐거웠을지 모르지만 원로원은 분개했다. 그는 또한 (날조된 것이겠지만) 64년에 있었던 로마 대화재 때 자신의 장원(莊園)에 앉아 수금을 켜고 있었다고 알려졌다. 역사가 타키투스(Tacitus)에 따르면 로마가 타고 있을 때 그는 "트로이의 멸망을 노래하며 당시의 불행한 사태를 고대의 재난과 비교했다."라고 한다. 후에 네로는 화재로 파괴된 로마의 중심부인 약 125에이커의 부지에 금과 보석으로 치장한 웅장하고 사치스러운 왕궁을 만들어 '황금의 집'이라는 적절한 이름을 붙였다(타키투스는 그 일을 '속물적인 사치'라고 조소했다).[165] 나중에 트라야누스는 네로가 완성하지 못한 그 왕궁 전체를 거대한 흙무덤으로 덮어 네로에 대한 경멸을 표현했다. 그 궁전은 현재 부분적으로 발굴되어 일반인들에게 공개되고 있다.

네로는 자신의 시민들이 살았던 곳에 그런 사악한 건물을 세우려 한 것도 부족해서 (최소한 수에토니우스의 수다스러운 설명에 따르면) '모든 종류의 외설스러운 짓'을 하며 '자신의 몸에 있는 거의 모든 부분'을 더럽혔다고 한다. 그는 심지어 불운했던 소년 소포루스(Soprus)를 거세해 여자로 만들려고 했다. 그리고 그는 소포루스와 결혼했다. '신부 지참금, 면사포를 포함한 결혼에 필요한 모든 것들'과 함께 소포루스는 왕궁으로 들어갔고 네로의 아내가 되었다. 원로원 의원 한 명은 "네로의 아버지 도미티우스(Domitius)가 소포루스 같은 아내를 맞았다면 로마가 얼마나 행복했을까."라며 비아냥댔다.

마침내 그 의원은 더는 두고 볼 수 없었던 것 같다. 원로원 의원들은 만장일치로 네로를 공공의 적이라고 선언했다. 만장일치는 당시 원로원으로서는 매우 드문 일이었다. 네로는 자신의 해방 노예 파온(Phaon)의 집으로 도망쳤다. 그리고 그 집 밖으로 나가는 순간 암살될 것을 알고 자살을 선택했다. 수에토니우스에 따르면 그는 죽으면서 "나와 함께한 예술가가 죽는구나!"라고 말했다고 한다.

네로의 죽음과 함께 율리우스-클라우디우스 왕조도 끝이 났고 로마 사람들은 너 나 할 것 없이 '기쁨'의 인사를 주고받았다. 네로의 계승자

갈바(Galba, 68~69)에서 도미티아누스(81~96)까지의 황제들은 원로원과의 계속적인 갈등과 로마군 내부 분열이라는 문제를 겪었다. 그리고 69년 한 해 동안 네 명이나 되는 황제의 난립이 있었다. 98년에 안토니누스 왕조의 초대 황제 트라야누스가 선출되고 나서야 로마는 안정을 되찾았다. 트라야누스는 공화정의 붕괴 이후 최초로 제국을 넓혔고 그 방대한 영토 대부분에 평화와 안정을 가져왔다.

수 세기에 걸친 투쟁과 끝없는 내란 후, 138년 로마는 안토니누스 피우스의 즉위와 함께 마침내 명백한 평화의 시기를 맞이한 것 같았다. 더는 나아갈 것이 없다고 믿어질 정도인 국경도 안전했다. 말 그대로 '거주 가능한 세상' 전체는 아니더라도 문명이 존재하는 모든 땅이 이제 로마의 땅인 것 같았다. 초기 공화정 시대 이래 처음으로 로마는 마침내 그들이 늘 주장했던 신의 조화를 구현한 것이다. 아리스티데스의 유추에 따르면 그것은 곧 인류에게 '인간 전체 역사에 명석한 빛으로서…… 보편적 질서를' 불러들이는 것이었다. 보편적 질서는 신들의 아버지 제우스가 한때 세상에 수여했다. 이 여명의 시기에 "세상과 그 세상에 사는 사람들은 모든 두려움에서 벗어나 명확하고 보편적인 자유를 맛보았다."[166]

아리스티데스에게 로마는 가장 위대한 문명일 뿐 아니라 최후의 제국이기도 했다. 그의 생각에 첫 번째 제국은 아케메네스였고 다음은 알렉산드로스의 제국이었다. 그러나 방대하고 대단하기는 했지만 그것들은 모래 위에 세워진 제국이었다. 알렉산드로스는 마침내 "페르시아를 멸망시켰지만 그 자신은 통치도 해보지 못하고 죽었다."[167] 마지막으로 이전의 제국들을 모두 포함하는 로마가 있다. 그 로마는 지속될 것이었다. 혹은 아리스티데스가 믿은 대로 영원할 터였다. 동시대 사람들처럼 아리스티데스도 역사에 대한 진보적인 시각을 갖고 있었다. 그리고 그가 살던 당시, 즉 현재가 최고였으며 그 현재는 변하지 않고 그대로 미래에 투사될 것이었다. 모든 점에서 인간이 성취할 수 있는 최대한의 완벽성을 대표하는 세상에서 더 대단한 진보는 있을 수 없었다. 기술적인 변화는 있을 수 있다. 사실 기원전 5세기 이후 그다지 눈에 띄는 기술적 진보도 없었지만 말이다. 그러나 어느 날 돌연 새로운 정치 질서, 관습, 종교가 나타나 로마의 것들을 대체하는 일은 불가능해 보였다. 당시 존재하는 것들보다 더 선호될 것을 상상하기란 어려웠다. 아리스티데스를 포함한 많은 로마의 지식인이 아마도 그런 분별없고 결국에는 받아들이기 어려운 관점을 포용한 첫 번째 사람들이 될 것이다. 그러나 확실히 마지막 사람들은 아니었다.

만약 로마가 세상의 마지막 제국이어서 역사의 마지막을 장식했다면 로마는 반드시 전 지구를 정복했어야 했다. 로마 제국이 곧 '세상'이라는 생각은 최소한 공화정 시대부터 그랬다. 기원전 75년, 이미 사람들은 세상의 모든 땅과 대양에 걸쳐 있는 로마의 힘을 상징하면서 동전에 제왕의 홀(笏), 지구, 화관, 배의 키 같은 모양을 찍어냈다.[168] 2세기 후 키케로는 "우리 국민의 제국이 이제 전 세계를 지배한다."라고 말했다.[169] 아우구스투스가 권력을 쥘 즈음 '세계'와 제국은 일종의 세계 국가 내에서 이미 하나였다. 베르길리우스는 그 세상에 신으로 숭배했던 '대양'과 아시아, 유럽, 아프리카의 세 대륙을 도는 거대한 강들을 덧붙였다.

고대의 위대한 박물학자 플리니우스(Pliny the Elder)의 말처럼, 신들이 인류에게 인간성을 주기 위해 로마를 선택했다면, 그래서 로마가 '모든 땅의 유모요, 어머니'이고 모든 세상 사람을 위한 유일한 나라가 될 예정이었다면, 과연 무엇 때문에 그렇게 될 수 있었을까?[170] 전례 없던 기동력과 조직력을 가진 군사력이 그 대답이 될 수 있을 것이다. 로마가 제공했던 기술도 그 대답이 될 수 있을 것이다. 로마 건축과 공중목욕탕은 유명했다. 로마는 먼 산에서부터 신선한 물을 끌어올 수 있었고, 노섬벌랜드의 추운 야생에 위치한 장원의 대리석 바닥을 따뜻하게 데울 수도 있었다. 이민족 사람들에게 그 모든 것은 저항할 수 없는 보편 언어 같았다. 수 세기 동안 로마인은 아프리카에서 스코틀랜드까지의 귀족들이 로마인이 아니라도 로마 제국과 함께 자신들의 정체성을 찾게 만들었다.[171] 그러나 그것이 다는 아니었다. 더 중요한 것은 (키케로가 발견했던) '유일한 진리의 현명한 이해'와 함께하는 로마인다운 삶이었다.[172]

그런 주장들은 분명 일종의 선전이었다. 그러나 로마가 늘 그 과장된 로마의 이미지에 어느 정도 맞게 보이는 한, 선전은 극도로 효과적이었다. 아리스티데스가 생각한 대로 로마는 진보의 가능성뿐 아니라 결과적으로 '파벌 싸움과 무질서'로부터 안전과 보호를 제공하는 세상이었다. 그런 파벌과 무질서는 로마군 도착 전에 만연했고 로마의 국경 너머 야생 사회에 여전히 존재했다. 로마는 힘이 있었고 탁월했다. 게다가 '도시들의 어머니' 로마는 무엇보다 사랑을 의미했다. 이름 그 자체(Roma)도 뒤집으면 아모르(Amor), 즉 '사랑'이었다. 3세기에 건축된 로마의 성 마리아 대성당 벽에는 '로마 바로 그 최고의 사랑(Roma summus amor)'이라는 낙서가 있다.[173]

나는 로마 시민이다

한 제국이 그 창건자가 죽은 후에 살아남고 반란에 잘 대처하기 위해서는 사랑까지는 아니더라도 식민지 사람들로부터 자발적인 충성심 정도는 유발해야 한다. 로마인은 이 사실을 잘 알고 있었다. 아무도 로마군의 명백한 잔인성과 효율성을 과소평가할 수는 없다. 사실 로마의 유럽 점령은 유럽인의 권력에 의해 자행된 것 중 가장 잔인한 식민지화 사업이었다. 16세기 에르난 코르테스(Hernán Cortés)의 멕시코인 학살이나 피사로(Francisco Pizarro)의 페루인 학살과는 비교도 할 수 없었다. 19세기 세실 로즈(Cecil Rhodes)의 짐바브웨 학살보다도 훨씬 더 잔인했다. 카이사르의 골 정복 20년 동안 수백만의 갈리아족 사람들이 죽었고 수백만이 포로로 잡혀 왔으며 한 세대가 전멸했다. 그러나 군사적 힘만이 전부였다면 로마는 빠르게 일어난 만큼 빠르게 사라졌을 것이다. 역사학자 리비우스가 선언했듯이 "제국은 종속국이 제국 안에서 평화를 누리는 한 그 힘을 유지한다."[174] 살아남기 위해 제국은 노예가 아닌 친구를 만들어야 한다. 제국은 식민지 사람들에게 그들이 이전에 살던 방식보다 정복자 아래의 삶이 결국 더 낫다고 느끼게 해야 한다. 또 로마인은 전 세계의 평화를 유지하고 그리스와 페르시아 사이, 그리스와 미개인들 사이에 존재했던 적대감을 없애려면 반드시 하나의 문화와 하나의 통치자에 의한 통치가 필수적이라고 생각했다. 물론 그것은 곧 알렉산드로스의 야망이었다. 그러나 알렉산드로스는 일찍 죽었고 계승자들은 그 통찰을 현실화할 정도는 못 되었다.

아리스티데스는 로마의 영광을 불러온 것은 로마의 덕(virture)이고 무엇보다 로마의 정치적 이념들이었다는 데 한 치의 의심도 없었다. 헤로도토스가 그랬던 것처럼 아리스티데스도 청중에게 "페르시아 군주는 통치법을 몰랐고 페르시아 국민은 군주와 협동하는 법을 몰랐다. 군주가 우둔할 때 국민이 영리하기란 당연히 불가능하다."라고 말했다. 페르시아 대왕들은 자신에게 봉사하는 사람을 노예로 취급하고 경멸했고 "자유로운 사람들은 적으로 여겨 징벌했다. 그러므로 결국 그들의 삶은 적대감을 주고받는 것뿐이었다."[175]

반대로 로마만이 "자유로운 국민을 통치했고…… 마치 하나의 국가처럼 문명화한 전 세계에 로마만의 공개 정치를 펼쳤다."[176] 그 결과 로마는 지구상에서 최고로 좋은 것, 최고로 유용한 것을 모았고 모든 제조 상품, 예술, 건축, 곡식, 직물, 귀중품들이 로마 제국으로 흘러들어왔다. "뭐든 구하려는 사람은 누구든 문명화된 로마 제국이나 로마 시로 들어가야 했다."[177] 그것은 (아리스티데스가 계속 강조했듯이) 로마 제국을 구성하는 모든 다양한 사람과 국가가 그들이 갖는 그들만의 권리에 따라 통치되고 존중되고 보호받기 때문이었다. 프리기아인, 이집트인, 갈리아족 등 모든 사람이 자부심을 갖고 로마에 충성했다. 그러나 누구보다 로마인들의 자부심이 가장 컸을 것이다. 아리스티데스는 "제국의 영원함을 위해 모든 문명인이 함께 기도한다."라고 주장했다.

로마는 늘 제국 그 이상이었다. 제국의 시민이 된 사람에게 로마는 로마인 말대로 일종의 시민 공동체(civitas)였다. 훨씬 후대에 이 말은 더욱 모호한 현대어 문명(civilization)이 된다. 로마는 (늘 로마 시를 뜻하기는 해도) 일정한 장소를 갖고 있지 않았고, 언젠가는 인류를 모두 모아 (키케로가 말했던) '신들과 사람들이' 함께하는 유일한 공동체를 만들 것 같았다. 그것을 위해 로마는 실제로 교류와 동화의 과정을 장려했다. 로마인은 동서양 식민지의 '미개인'이 2세기에 기독교 신학자 테르툴리아누스(Tertullian)가 말한 '로마풍(romanitas)'을 흡수하고 싶어 하는 한, 로마인의 통치와 그와 함께하는 로마인의 정체성이 살아남을 것이라고 생각했다. 아리스티데스가 말했던 것처럼 "돌이 바다 위를 떠다니고 나무가 봄에 새싹을 틔우기를 멈출 때까지" 말이다.

미개인은 로마풍을 흡수했다. 오늘날 북쪽의 영국에서부터 아프리카 북쪽까지, 에스파냐부터 현재의 시리아와 이라크까지, 각 지방의 엘리트들은 자진해서 로마적인 삶을 채택했다. 기교에다 행운까지 있는 각 지방 엘리트들에게 로마 제국은 곧 대단한 정보의 원천이었다. 그곳에는 자신들의 출생지에서 볼 수 없는 풍성한 정보가 있었다. 로마식 장원에서 살며 로마의 옷을 입고 로마의 관습을 따르고 라틴어를 썼고, 차츰 스스로를 로마인으로 생각했다. 로마 제국 사람이라면 제국 안에서 어디든 자유롭게 다녔다. 로마는 공화정 시기부터 이미 현대의 뉴욕, 파리, 런던 같은 거대한 메트로폴리탄이었다.

2, 3세기 후부터 로마 황제들 중에서도 로마는커녕 이탈리아도 아닌 곳에서 태어난 사람들이 등장했다. 트라야누스는 에스파냐 출신이었다. 198년 황제가 된 셉티무스 세베루스는 현재의 리비아 지방인 렙티스 마그나에서 로마로 들어온 카르타고인이어서 늘 악센트가 강한 라틴말을 했다. 3세기 위대한 개혁 황제 디오클레티아누스는 달마티아에서 온 한 시민의 아들이었고 그의 계승자 갈레리우스는 카르파티아 산맥의 목동이었다. 이들 모두는 라틴어(혹은 그리스어)로 대화하며 로마 정부에 봉사하는 수많은 사람처럼 로마인임에 자부심을 느꼈다. 하지만 자신의 조상에 대한 자부심도 잊지 않았다. 셉티무스 세베루스는 자부심 또한 대단해 자신의 카르타고 조상의 영광을 기리기 위해 로마 역사상 최악의 원수이자 최고 강적이었던 한니발 장군의 묘를 재건할 정도였다.[178]

아리스티데스가 로마에 도착했던 즈음, 라틴어와 그리스어로 표현된 로마 문화는 티그리스 강 유역에서부터 대서양 연안까지, 나일 강 상류의 엘레판티네 섬에서부터 섬나라 영국 북쪽의 하드리아누스 방벽까지 널리 퍼져 있었다. 영국의 장군들은 스코틀랜드의 그램퍼언이 내다보이는 이탈리아식 장원에서 살았고, 원형 경기장, 도서관, 고대 철학자들의 조상을 갖춘 로마의 마을은 알제리 남부 팀가드의 호드나 산맥에까지 뻗어 있었다.[179]

우리는 로마 이전의 문화들이 로마화 속에서 얼마나 살아남았는지 알지 못한다. 그러나 그것을 알지 못한다는 사실이 중요하다. 로마 이전의 문학은 구전이든 문헌으로든 거의 남아 있지 않다. 사실 로마 제국의 심장부, 즉 지중해 서쪽과 중부 유럽과 북서 유럽에는 로마 이전에 살았던 사람들에 대한 아무런 역사적 사실도 전해지지 않는다. 최소한 도회지의 귀족 사회가 아닌 곳에서는 로마 제국 이전의 생활 방식과 언어들이 살아 있었을 것이다. 오늘날까지 그 일부를 추적할 수 있는 켈트어도 로마 지배하의 영국에서 거의 사백 년 동안 사용되었음에 틀림없다. 그러나 그랬다고 해도 문헌적 증거는 없다.[180] 북아프리카의 로마인 정착지도 마찬가지다. 로마 제국화 속에서 살아남은 유일한 언어는 물론 그리스어이다. 그리스어는 제국의 제2언어로서 로마의 교양 있는 귀족들이 사용했던 언어였고, 디오클레티아누스가 3세기 후반에 제국을 동서로 나눴을 때 동로마 제국 정부의 공식 언어였다.

로마의 문화는 그렇게 강력하고 광범위했기 때문에 수 세기에 걸친 강력한 침식과 분해를 겪으면서도 살아남았다. 그러나 그것은 한편 로마 제국의 죽음과 고통이 지나치게 길었음을 의미하기도 한다. 서양에서 로마 제국이 무너지고 한 세기가 훨씬 지난 후에도 비잔틴의 법리학자 모데스티누스(Modestinus)는 로마 그 '모든 도시의 왕자' 가 더는 존재하지 않는다는 것을 인정하지 못한 채 "로마는 우리 모두의 고향이다."라며 다소 절박하게 선언한 바 있다.[181] 로마를 한 번도 실제로 보지 못했던 모데스티누스에게 로마는 단순한 장소 이상이었다. 그에게 로마는 삶의 방식이자 문명이었다.

그런 로마의 마지막을 보고 싶은 사람은 아무도 없었다. 로마의 몰락에는 여러 원인이 있었다. 그러나 식민지 국가 사람들이 멀리 떨어져 있는 제국주의적 주인에게 느끼는 반감은 거의 그 원인 중 일부에 들지도 못한다. '미개인들(서고트족)'이 결국 로마 제국을 파괴했던 것은 그들 내부 문제 때문이었다. 최소한 그들은 로마의 통치권이 욕심나서 로마 통치를 끝내려고 한 것은 아니었다. 410년 8월, 결국 알라리크(Alaric)가 이끄는 서고트족이 로마를 점령하고 약탈했지만 애초에 작정하고 그 위대한 도시를 파괴하지는 않았다. 단지 그곳에 정착하고 싶었을 뿐인데 황제가 그것을 허락하지 않았기 때문에 그들로서는 어쩔 수 없는 선택이었다.

로마의 위대함은 몰락 중인데도 저항하기에는 너무 매력적이었다. 410년 말 서로마 제국이 '미개인'의 손에 떨어졌을 때 동고트족의 왕 테오도리크(Theodoric, 493~526)는 "훌륭한 고트족 사람은 로마인이 되길 원한다. 오직 미련한 로마인만이 고트족이 되고 싶어 할 것이다."라고 말했다.[182] 1790년 제임스 윌슨(James Wilson)은 새로운 서로마 제국이 될 미국의 미래를 예측했다. 그는 "로마인이 세계로 뻗어간 것이 아니라 세계인이 로마로 몰려들었다고 말해야 할 것이다."라고 말했다.[183] 로마를 통해 윌슨이 예언했던 대로 미국은 세계인이 몰려드는 나라가 되었다.

로마에 대한 모든 웅변가의 말을 곧이곧대로 들어야 한다는 뜻은 아니다. 화려한 표면 바로 뒤에 존재했던 로마의 만행과 잔혹함을 눈감아주자는 말도 아니다. 로마 문명의 위대함의 배후에는 늘 로마의 군사력이 있었다. 그리고 그런 무력의 힘에 매료된 후대 사람들도 로마 못지않은 극악무도한 짓을 저질렀다.

일례로 악명 높은 검투사 경기와 야생 동물을 이용한 죄수 살육 의식이 있었다. 처음에는 전 로마 제국에서 이런 일이 벌어졌는데, 나중에 1세기 후반 도미티아누스 황제가 로마 시내에서만 승리나 결혼을 축하하고 친척의 사망을 애도하는 용도로 실행할 수 있게 제한했다. 공화정이 무너지면서 이미 그런 행사는 사람들의 군중 심리를 몰아가는 수단이 되었다. 원수정의 도래와 함께 검투사 싸움은 더 빈번해졌고 더 사치스럽고 더 피비린내 났다. 로마의 힘은 아리스티데스가 찬양해 마지않았던 고귀한 이상들에서 동요하기 쉽고 폭력적인 군중에게 단순히 역겨운 오락거리나 빵을 제공하는 것으로 단숨에 전락할 수도 있었다.

그리스처럼 로마도 노예 노동이 창조한 나라였다. 노예들이 땅을 경작했고 오늘날까지 흔적을 찾을 수 있는 거대한 건물들을 지었다. 그들이 군함을 조종했고 광산에서 금과 은을 캤고 신발에서 검까지 최고의 숙련을 요하는 물건들을 제조해냈다. 그리고 물론 귀족과 시민을 위해 집안일을 했다. 기원전 1세기 말 이탈리아 한 곳에만 약 이백만의 노예들이 있었다고 한다. 시민 한 명당 노예가 세 명인 꼴이었다. 이들은 일상적인 국가 행정 곳곳에서도 노동력을 제공했다. 키케로의 심복 티로(Tiro)는 속기술의 한 형태를 발명하기도 했다. 심지어 의사도 노예일 수 있었다. 법이 정하는 한도 내에서 치료의 대가로 돈을 받을 수도 있었다.[184]

15~19세기 사이 북남미의 담배, 설탕 농장에서 일하려고 대서양을 건넜던 아프리카 노동자들에 비한다면 로마 노예의 경우가 대우와 인격적인 존중 면에서 훨씬 나았다고 할 수 있다. 노예 주인은 법에 따라 노예를 거느려야 했고 노예들은 법에 호소할 수도 있었다. 그러나 노예는 노예였다. 그들은 어쩔 수 없는 누군가의 소유품이었고 법전에 사람이 아닌 '물건'으로 표현되었다.

제국의 물품들은 로마와 식민지 국가에 공평하게 분배되었다(최소한 선

량한 사람들에게는 공평했다). 그러나 그렇다고 우리가 바라는 만큼 늘 안전
하고 평화롭고 예측 가능한 삶은 아니었다. 1세기 로마의 박학다식한 저
술가 겔리우스(Aulus Gellius)는 한 이야기를 통해 로마 통치하에 있는 지
방 출신의 자수성가한 남성의 삶이 얼마나 불안할 수 있는지 아주 생생하
게 보여주었다. 기원전 123년, 로마 최고 관리 집정관 한 사람이 남부 로
마 라티움의 티아눔 시디키니움이라는 마을을 공식 방문한다. 그의 아내
가 남성 전용 공동 목욕탕에서 목욕하고 싶다고 말한다. 당시에는 여성용
보다 남성용 목욕탕이 더 사치스러웠다. 지역 행정 관료이자 검찰관인 마
르쿠스 마리우스라는 사람이 불려 들어갔고 그는 재빨리 공동 목욕탕에
서 목욕하던 남성들에게 옷을 입고 나가라고 지시했다. 최대한 서둘렀지
만 집정관의 아내는 너무 기다리게 했다고 남편에게 불평했고 목욕탕에
들어가서는 생각만큼 깨끗하지 않다고 투덜댔다. 집정관은 대광장 중앙
에 말뚝을 세우라고 명령했다. 불운한 검찰관('도시에서 가장 전도유망했던
남자'였지만)은 모든 시민들이 보는 앞에 말뚝에 묶여 벌거벗겨진 채 몽둥
이찜질을 당해야 했다. 사적, 공식적인 육체적 처벌은 거의 노예들에게만
한정된 것이었지만 이 이야기는 노예가 아닌 힘없는 사람의 인생도 무자
비하게 망가질 수 있음을 보여준다. 단지 집정관 아내의 변덕 때문에 말
이다.[185] 그런 횡포는 흔했다. 페렌티눔 근처에서 한 검찰관이 그와 비슷
한 모욕적인 처벌을 피하기 위해 도시 외벽에서 뛰어내렸고 또 어떤 사람
은 고향과 가족을 떠나 망명 생활을 선택해야 했다.[186]

　　사실 위의 사건들은 라틴 원주민들이 로마 시민 공동체의 완전한 시민
이 되기 전, 아직 동맹자로 남아 있을 때 생겨난 일이었다. 그러나 로마
관리의 횡포는 로마 시대 내내 늘 공포의 대상이었다. 로마는 세상을 흡
수했고 그 세상에 로마의 법과 제도를 퍼뜨릴 만큼 강한 나라였다. 그런

로마의 힘이 곧 로마 관리들의 권력으로 구체화되었다면 그 정도가 얼마나 심했을지 상상이 갈 것이다. 그들(물론 그들의 아내들도 포함한다)이 원하는 것은 절대 거부될 수 없었다.

그러나 로마 지배하의 현실이 아리스티데스의 말처럼 그렇게 장밋빛만은 아니었더라도 우리는 노예 제도가 고대 시대에 매우 흔한 것이었음을 기억할 필요가 있다. 노예 제도의 기원은 선사 시대로 거슬러 올라간다. 그리스인이 그랬던 것처럼 대부분의 로마인에게 노예 제도는 일종의 자연법칙이었다.

대조적으로 검투사 시합은 매우 로마적인 유희였다. 그래도 매우 인기가 있었다. 상상도 할 수 없이 잔인했지만 잔인함과 인기는 비례하는 듯했다. 로마의 제국주의적 통치는 확실히 잔인했지만 로마만 그랬던 것은 아니다. 로마의 관리들은 종종 변덕을 부리고 폭정을 일삼았지만 후대의 국가 관리들 혹은 심지어 민주주의 국가 공무원들과 비교해봤을 때 정도가 더 심했다고는 할 수는 없다. 현대의 관리들은 더 부드러운 방식을 강요받고 아내를 즐겁게 하기 위해 오직 은밀히 직위를 남용해야 하지만, 가끔 그들이 하는 일은 로마의 관리들보다 인간 개인의 삶에 더욱 파괴적인 결과를 부르기도 한다. 고대 사회에서도 로마만큼 잔인하거나 변덕스럽지 않았던 사회는 없다. 그러나 로마보다 더했던 사회는 아주 많았다. 로마는 그곳에 한 가지 예를 더했을 뿐이고 더불어 안전과 삶의 방식을 제공했다. 그 삶의 방식은 아리스티데스 같은 사람에게 타지에서 성공할 수 있는 기회도 제공해주었다. 다른 시대 같았으면 그는 고향에서 평생 갇혀 지낼 수도 있었을 것이다.

로마 문명의 심장부에는 시민권 개념이 있었다. 시민권으로 로마는 그 속의 사람들을 하나로 묶었다. 현대 시민권 형태의 모태가 바로 이 로마의 시민권 개념이다. 그러므로 서구 세상이 시민 개념과 관련한 여러 가치들을 만드는 데 로마가 공헌한 바가 매우 크다. 212년 카라칼라(Caracalla) 황제는 제국 내 모든 자유민에게 시민권을 수여하는 칙령을 내린다. "나는 전 세계에 (로마의) 시민권을 수여한다."[187] 카라칼라의 칙령은 당시 관대함을 가장 극적으로 보여주는 행위로 받아들여졌고 이후에는 로마 보편주의를 드러내는 가장 수승한 행위로 간주되었다. 괴팍한 동시대 신학자 테르툴리아누스는 자신들의 믿음에 어긋난다는 이유로 정치적 반대를 일삼을 수도 있었을 기독교도들에게 경고 차원에서 "당신이 봉사하는 이 제국은 폭군이 아닌 시민을 위한 통치를 한다."라고 말하기도 했다.[188]

카라칼라의 칙령은 전 제국에 시민권을 수여했다. 그것은 곧 전 세계에 시민권을 수여했음을 의미했다. 그러나 카라칼라가 한 일은 사실 최소한 초기 공화정 시대부터 로마 제국의 가장 큰 강점 중 하나였던 정책 하나를 확실히 한 것뿐이었다. 로마는 언제나 고대의 어떤 나라보다 이방인에게 열려 있었다. 역사가 타키투스는 클라우디우스 황제가 기원후 40년에 전통적으로 이탈리아에만 한정되어 있던 시민권을 이탈리아 밖의 사람들에게까지 확장하려 했던 때를 회상했다. 클라우디우스는 특정 갈리아족 사람에게 원로원 의원의 지위를 주자고 제안했다. 의회 보수파 의원들로부터 대단한 탄식이 터져 나왔다. 한 의원은 "태생이 시민인 사람들의 수는 로마에도 이미 충분하다. …… 이제 이방인의 나라, 포로의 군대가 우리에게 압력을 가하고 있구나."라며 울부짖었다.

그러자 클라우디우스가 직접 응대한다.

대단한 군사력에도 불구하고 스파르타와 아테네는 몰락했다. 거기에 식민지 사람들을 이방인으로 외면한 정책 외에 무슨 다른 이유가 있었겠는가? 그러나 우리의 명민한 건국자 로물루스(Romulus)는 싸워서 정복한 이후 식민지 사람들을 하루 만에 로마에 동화시켰다.[189]

클라우디우스는 그날 논쟁에서 이겼다. 그가 황제라서 이긴 것이 아니었다. 로마의 도시만큼이나 오래됐다는 전통에 호소할 줄 알았기 때문에 이길 수 있었다.

117년 하드리아누스 황제가 취한 단일화 정책은 문화와 계급 사이의 차이를 최소화하고 모두 황제와 동등한 관계를 가질 수 있다는 것을 강조했다. 이는 로마의 통치가 주는 포괄적인 이점을 강조하면서 더욱 심화하는 것이었다. 어디를 가나 로마의 시민들은 로마 제국 통치의 상징(이정표, 제국주의적 초상화, 군사 깃발)을 볼 수 있었다. 로마가 정한 법정 공휴일에 쉬었고 도처에 존재하는 로마의 길을 걸었다.[190] 로마는 자주 중재자로 묘사되었다. 로마는 보통 단속자나 감독자에 어울렸다. 최소한 통치자나 지배자라는 말보다는 훨씬 온화했다. 로마 제국주의는 한 나라의 사람이 다른 나라의 땅과 사람과 물건을 강탈하는 억압의 형태가 아니었다. 오히려 정복보다 후원에 가까운 관대한 통치의 형태로 받아들여졌다. 키케로는 자신이 일한 제국주의 공화정에 대해 "우리는 세계 제국이라기보다는 세계 보호국이라고 불려야 더 적당할 것이다."라고 말한 바 있다.[191] 나중에 안토니누스 피우스 황제는 실제로 "나는 세상의 수호자다."라고 말했다.

아리스티데스가 '시민권'이 훌륭하다고 했던 배경이 바로 그랬다. 더불어 그는 "인류 역사상 그와 같은 것은 없었다."라고 말했다. 그에게 시민권은 '세상의 재능과 용기와 지도력의 뛰어난 부분'을 합친 것이었다. 가장 오래되고 가장 잔인한 분리 중 하나인 유럽과 아시아의 분리조차 사라진 듯했다. 그는 계속해서 말했다.

바다도 대륙의 구분도 시민권의 확장을 방해하지 못한다. 아시아인이든 유럽인이든 대우는 똑같다. 제국 안 모든 길은 모든 사람에게 열려 있다. 서로 신뢰하고 통치할 가치가 있는 땅은 반드시 로마의 수중에 들어올 것이다. 그 땅은 로마식 시민 사회가 되고 공화정처럼 자유를 추구하는 정치 형태 아래 최고의 통치자와 최고의 질서 아래 재구성될 것이다. 그리고 그 땅의 사람들은 모두 함께 각자의 당연한 권리를 인정받기 위해 기꺼이 시민 공통 사회로 들어올 것이다.[192]

로마 세계의 다른 것들처럼 시민권 개념도 그리스에서 온 것이었다. 그러나 그리스 시민은 폴리스의 구성원(polites)으로, 폴리스란 시간이 지남에 따라 현대의 '국가(state)'와 같은 의미로 바뀌기는 했지만 원래는 '요새(citadel)'를 의미했다(당연히 현대의 '정치적인(political)'이라는 단어도 여기서 파생했다). 따라서 그리스 시민권은 폴리스(도시)라는 특정 지역에 한정된 것으로 요새의 벽 너머에서는 의미가 없었다.

어디 시민이냐는 질문을 받았을 때 그리스 견유학자 디오게네스(Diogenes)는 "나는 세계 시민(cosmopolites)이다."라고 대답했다. 하지만 그것은 보편주의의 표현이 아니라 모든 종류의 문명에 대한 모욕이자 조롱이었다. 그리고 루키아노스가 철학을 풍자하며 세계 시민이란 바보 같은 개념이라고 한 말이 사실이라면, 적어도 기원후 1세기까지 그리스인에게 도시에 소속되지 않고도 시민이 될 수 있다는 개념은 없었다.

반대로 라틴어 '시민(civis)'은 인도-유럽어족에 뿌리를 둔 것으로 가족 개념, 특히 가족이라고 인정된 외부인을 의미했다. 다른 말로 곧 손님인 것이다. 따라서 이 단어는 '시민(citizen)' 보다는 '동료 시민(fellow citizen)' 이라는 말로 번역하는 것이 더 정확하다. 어휘 자체가 외부인에 항상 열려 있는 가족으로 구성된 사회를 암시한다.[193] 시민 공동체(civitas) 는 어떤 장소가 아니라 시민의 권리와 의무를 통칭하는 것이므로 어디로 든 확장될 수 있었다. 로마는 단순히 아시아와 유럽을 통합한 것이 아니 라 둘을 하나의 문명으로 변형시켰다. 그리고 로마는 어떤 장소, 인종, 사 람을 지시하는 것이 아니기 때문에 갈리아족, 스페인 사람, 이집트인 등 은 모두 그 유명한 문장, 즉 "나는 로마 시민이다(civis Romanus sum)."라 고 선언할 수 있었다. 동시에 그들은 자신들이 속한 지역이 주는 정체성 을 없앨 필요도 없었다.

로마 제국의 법적 관할 안에 있기만 하면 억울한 일을 당했을 때 황제 의 이름으로 '사람들에게 호소' 할 수 있었다. 합당한 재판을 받지 못하고 처벌 위기에 처한 시민이 생기지 않게 하기 위해서였다. 고대 사회에서 오직 로마 시민만이 인신(人身) 보호 영장을 청구할 수 있었고 고급 관료 들의 독재에 저항할 수 있었다. 적어도 법적으로는 그랬다. 로마 권위에 끈질기게 대항했던 사도 바울(St. Paul)처럼 권리의 범위와 힘을 명확하 게 보여준 사람도 없을 것이다.

예루살렘에서 자신의 새 종교를 설한 직후 사도 바울은 화난 군중을 피하려다 집정관 보병대에 붙잡힌다. 감옥에서 한동안 지낸 후 바울은 호 민관 앞에 불려 나갔다. 바울은 그리스어로 호민관에게 "말을 해도 되겠 습니까?"라고 물었다. "그리스어를 아느냐?" 다소 놀란 호민관이 물었 다. "그렇다면 너는 근래에 폭동을 일으켜 4천 명의 아사신들을 황무지로 내몬 그 이집트 놈이 아니로구나?" 바울은 "저는 실리시아 타르수스에서 온 유대인입니다. 도시의 정당한 시민이지요."라고 응수했다.[194] 호민관

은 바울을 병영으로 보내 왜 군중이 '그에게 소리쳤는지' 말할 때까지 채
찍질을 당하게 하라고 명령했다. 바울은 비장의 카드를 내야 했다.

사람들이 그를 가죽끈으로 묶었을 때 바울은 옆에 서 있던 백부장(百
夫長)에게 말했다. "유죄판결을 받지 않은 로마 시민을 채찍질하는 것이
정당하오?" 그 말을 들은 백부장은 호민관에게 가서 "뭘 하려는 것입니
까? 이 남자는 로마의 시민입니다."라고 말했다. 그러자 호민관은 바울에
게 와 물었다. "말하라, 너는 로마의 시민인가?" 바울이 대답했다. "그렇
습니다." 호민관은 "나는 상당한 돈을 주고 시민권을 샀다."라고 말했다.
그러나 바울은 "나는 시민으로 태어났습니다."라고 대답했다. 그러자 그
를 조사하려고 몰려들었던 사람들이 즉시 물러섰다. 로마 시민인 바울을
묶었음을 깨달은 호민관 또한 두려움에 사로잡혔다.[195]

법정에 나간 바울은 유대 총독 벨릭스(Antonius Felix)의 조사를 받았
다. 벨릭스는 유대인의 심기를 건드리지 않으려고 그를 이 년 동안 감옥
에서 살게 했지만 그에게 관대하게 대했고 더는 아무것도 문제 삼지 않았
다. 그러나 벨릭스의 후계자 베스도(Porcius Festus)는 덜 관대한 인물이
었다. 예루살렘의 유대인들은 자기들 사이에 있는 간섭하기 좋아했던 신
학적 변절자 바울에게 격분해 "바울에 대한 증명할 수도 없는 여러 불평
불만을 성토했다." 그러자 베스도는 그를 다시 재판에 회부하기로 결정
한다. 이는 그리스도가 경험했던 일과 별반 다르지 않았다. 끝까지 갔다
면 바울도 자신의 스승처럼 십자가형을 받았을 것이다. 그러나 바울은 나
사렛에서 온 목수가 아니었다. 그는 베스도에게 준엄하게 말했다.

"저는 재판을 받아야 할 황제의 법정에 서 있습니다. 당신도 잘 알겠지만 저는 유대인에게 아무 잘못도 하지 않았습니다. 만약 잘못한 바가 있다면 저는 죽어야 마땅할 것입니다. 죽음을 모면하려는 것이 아닙니다. 하지만 저들의 고소가 무고한 것이라면 아무도 나를 해칠 수 없습니다. 저는 황제에게 호소합니다." 베스도는 고문단과 협의한 후 대답한다. "너는 황제에게 호소했다. 그러므로 황제에게 가게 될 것이다."[196]

재판은 거기서 중단됐고 바울은 병사들의 호위를 받으며 로마로 들어갔다. 거기서 재판을 받았고 죄가 인정되었으며 결국 참수형을 당했다.[197] 바울은 자신의 운명을 피하지는 못했지만 최소한 최상의 공정한 절차를 거칠 수는 있었다.

모든 길은 로마로

사도 바울은 황제의 법정조차 무색하게 만들며 황제와 맞섰고 새로운 종류의 보편적 인권을 주장했다. 바울처럼 로마 시민권이 제공하는 보호와 위엄의 권리를 민감하게 고수한 사람은 없었다. 마찬가지로 국경 없는 새로운 기독교적 질서라는 이미지가 키케로가 말했던 '모든 세상의 공화정'이 주는 시민권에 기반을 둔 보편주의의 비전에 빚을 지고 있음을 알아챈 사람도 거의 없었다.

바울 이야기에서 명백하게 드러나듯이 시민권은 기본적으로 법적인 것이었다. 그래서 복잡하고 포괄적이며 광범위한 법체계의 창조라는 바탕 없이는 존재가 불가능했다. 로마가 (오늘날 서구 세상에서 상당히 오용되는 말) '법에 의한 통치'로 이해되는 체계를 창조했음은 역사적으로 명백한 사실이다. 물론 그리스인도 법에 묶여 있었다. 데마라투스가 크세르크세스에게 경고장을 보내게 한 것이 바로 법이었다. 그리스인이 주인으로 섬겼던 것도 오직 법이었고 '크세르크세스의 부하들이 왕을 두려워하는 것보다 훨씬 더' 법을 두려워했다. 그러나 로마에서 법은 단순한 구속이라기보다는 헤로도토스가 말한 평등의 보장 같은 것이었다. 로마의 법은 다양한 로마 사람을 하나로 결속했다.

로마법에서 로마 시민은 개인의 권리와 의무 일체를 포괄하는 단일한 위상을 주장할 수 있었다. 오늘날의 권리 개념과 같았다. 물론 법 앞에서의 평등 개념은 정의와 자유를 주장했던 그리스 법의 바탕이었다. 또한 그리스를 페르시아를 비롯한 다른 모든 미개국과 구별 짓는 것이었다. 그러나 서양에서 가장 중요한 정치적, 법적 용어라고 할 수 있는 권리 개념은 기본적으로 로마에서 창조되었다. 동맹으로 이루어졌던 그리스 세상과 달리 하나의 국가로 받아들여졌던 광범위한 제국을 오랫동안 다스려야 했던 로마는 경험을 통해 극도로 복잡한 법체계를 발달시켰다. 제국이 커지면서 그 법체계는 전 유럽의 법이 되었다. 5세기 로마 제국을 점령한 게르만족의 법체계가 유입되면서 많이 변형되기는 했지만 로마의 법은 현대의 법 해석에도 여전히 바탕으로 남아 있다. 그리스의 성취가 자연과학에 있다면 로마의 위대한 지적 성취는 도덕 철학에 있었다.

로마법의 역사는 12표법으로 시작한다. 로마는 기원전 451~450년에 사제와 귀족이 더는 법을 조작하지 못하게 하려고 12표법을 만들었다. 12표법 내 모든 관습법에 법적 기반을 제공하고 법령에 따라 효력을 발휘하게 했다. 12표법은 (로마는 물론 후대 서구 세상 전반에) 법의 독립적이고 비종교적인 원칙을 드러내는 표본이 되었다. 후대에 신의 명령을 빙자

한 교회의 간섭이 있었지만 원칙은 확실히 지켜졌다. 이슬람은 회교 율법이, 중국은 황제의 칙령이 통치의 기반이었다. 로마법은 대다수 아시아 국가의 법과 달리 (존중되기는 했으나) 성스러운 것은 아니었다. 로마법은 변화하는 환경에 따라 바뀌고 보완될 수 있었다. 후대 로마 법학자들이 지치지 않고 말했던 것처럼 로마법은 사실에 기반을 두었기 때문이다. 관습과 실무로 기초를 삼았고, 사람들에게 말하는 신의 목소리가 아니라 신으로서 말하는 사람들의 목소리였다. 또한 이론에 얽매이지 않고 '사건 사고의 경험'에 근거했다. 로마법은 더할 수 없이 실질적이었다.[198]

로마가 세계로 뻗어가면서 법의 필요성도 증가했기 때문에 관습법의 범위도 점점 커졌다. 후대 로마 법학자들은 모든 법규들을 모아 일련의 법전을 만들고 싶었다. 그 결과 6세기 동로마 제국의 황제 유스티니아누스(Justinianus)의 지도 아래 『로마법대전』이 편찬되었다. 유스티니아누스의 『로마법대전』은 칙법휘찬, 학설휘찬, 민법전, 법학제요의 네 부분으로 구성되어 있다. 『로마법대전』은 수백만 개의 용어들을 망라했다. 그때까지 로마법은 다른 관습법처럼 체계적으로 분류되지 못했거나 불완전하게 성문화되었을 뿐이었다. 유스티니아누스의 방대한 사업은 시간을 벌려는 목적을 가지고 있었다. 대부분의 위대한 입법자들처럼 유스티니아누스도 자신이 내린 법 정의의 타당한 권위를 증명해 후대의 법조인들이 더는 법 해석의 문제로 시간을 낭비하지 않아도 되기를 바랐다. 그의 말을 인용하자면 '후손들의 헛된 다툼'의 여지를 남겨두고 싶지 않았다.[199] 물론 그의 희망은 보람 없는 것이었다. 로마법 편찬은 방대한 주석서와 해석서의 출현을 막을 수 없었다. 그러나 그런 노력들이 11세기 이후 전 유럽의 법 교육과 법 행정의 기초가 되었다. 에드워드 기번은 유스티니아누스를 찬미하며 다음과 같이 말했다. "유스티니아누스의 공적을 드러내는 법전의 이름들은 허무하게 먼지가 되어 부서졌다. 그러나 그 입헌자의 이름은 영원히 기념비에 아름답게 새겨져 있을 것이다. …… 로마인 공공의 이성이 조용히 그러나 집요하게 유럽 내 제도 속으로 스며들었다. 그리고 유스티니아누스의 로마법은 현대 독립 국가 내에서 여전히 존경과 복종을 불러일으킨다."[200]

로마법은 확실히 '공공의 이성'을 대변했다. 그것은 관습으로부터 합리적인 귀납을 통해 도출되었다. 초기에 로마 시민법은 오직 로마 사람에게만 적용됐으나 로마가 번창하면서 전 제국으로 확대되었다. 로마는 '국가법'이라는 범주도 창조했다. 이 법은 로마 시민과 외국인에게 똑같이 적용되는 것으로 실질적으로 로마 시민법에 속한다고 할 수 있다. 그러나 넓은 의미의 국가법 개념은 2세기 법학자 가이우스가 말한 대로 '모든 국가가 준수하는 법'이었다. 이 개념은 후대 유럽의 법적인 사고에 강력한 효과를 발휘했다. 로마인이 상상도 하지 못했던 세상으로 유럽의 힘이 확장되면서 국가법 개념은 오늘날 소위 '국제법'의 기반이 되었고, '국제 사회'의 행동 양식을 실질적이지는 못해도 최소한 이론적으로는 여전히 통제하고 있다.

또한 로마는 최초로 전쟁 발발 정당화의 원칙을 법으로 제정한 국가이기도 하다. 그리스인을 비롯한 대부분의 고대인에게 전쟁이란 단순하게 필요와 생존의 문제였다. 정복을 정당화하기 위해 알렉산드로스가 했던 일이라고는 고작 적의 땅에 창을 던지고 이제 자신의 땅이라고 선언한 것뿐이었다. 법적 근거는 전혀 필요 없었다. 그러나 로마는 후대의 서구인이 준수해야 하는 개념, 즉 모든 전쟁은 반드시 어느 정도 방어성을 포함해야 한다는 개념을 만들었다.[201] 최소한 이론적으로라도 전쟁은 항상 마지막 대안이어야 하는 것이다. 이는 곧 전쟁은 오직 로마인 혹은 로마 동맹군에 대항해 저질러진 폭력을 응징하는 목적에 한해서만 개전될 수 있음을 의미했다. 키케로의 말처럼 "최고의 국가는 충성을 유지하려는 용도 혹은 안전을 위한 방어의 용도가 아닌 전쟁은 결코 일으키지 않는다." [202] 그러므로 전쟁은 오직 침략자의 처벌과 피해의 보상을 의미했다. 이 기본적 가정에서 '정당한 전쟁'이라는 이론이 발달했다. 정당한 전쟁의 도덕적 가치는 오늘날까지 살아남았다. 로마법에서 '정당한 전쟁' 이론은 실질적으로 로마에게 전쟁을 일으킬 권리를 주었다. 전쟁 자체는 개전 방식과 승자에게 주어질 혜택에 대한 일련의 동의만 있으면 시작될 수 있었다.

키케로를 포함한 대부분의 로마인은 (지난 1960년대와 1970년대 미국과 구소련이 그랬던 것처럼) 로마가 상상적인 적에 대항해 '방어'한다는 명목으로 자주 적의 영토를 획득하려 한다는 것을 잘 알고 있었다. 그러나 전쟁법의 잦고 사악한 이용에도 불구하고 그 법의 존재 자체가 주는 중요성은 간과할 수 없다. 그것은 로마가 우리에게 남겨준 유산이다.

로마 법학자들에게 법은 시민을 통치하는 일련의 규칙 그 이상을 의미했다. 그들에게 로마법이란 인간 이성의 수승한 표현이기도 했다. 키케로는 다음과 같이 말했다.

인간에 대한 정의는 많겠지만 모든 사람에게 적용되는 단 한 가지 정의가 있다. …… 대자연으로부터 이성이라는 선물을 받은 모든 창조물은 또한 올바른 이성도 받아들였을 것이며 따라서 법이라는 선물도 받았다. …… 그들이 법을 받았다면 곧 정의를 받아들인 것이다. 이제 모든 인간이 이성을 받아들였으니 모든 인간은 정의를 받아들인 것이다. [203]

키케로는 '모든 인간'이라는 말을 사용해 실질적인 로마의 시민만이 아니라 잠재적인 전 인류를 의미했다. 후대에 그의 기독교 후손들이 반복해 인용한 그의 표현을 빌리면 '세계 공화국의 인간들'을 의미했다. 키케로에게 이 보편 인간 공화국은 인류 공통의 보편적 법의 구현이었다.[204] 서양 사고 체계의 다른 많은 개념들과 마찬가지로 이 개념도 원래 플라톤이 만들고 아리스토텔레스가 다듬은 것이었다. 그러나 키케로가 채택하고 최소한 안토니네스(안토니누스 피우스, 마르쿠스 아우렐리우스, 코모두스의 통치 기간인 138~192년-옮긴이) 통치 아래 어떤 의미에서 로마 제국의 이념이 된 보편 세계 공화국 개념은 또 다른 고대 철학자들의 창조물이었다. 그들은 자신들이 자주 만났던 열주가 놓인 지붕 없는 건물의 이름을 본떠 스토아학자들이라고 불렸다.

고대 철학 사조 중에 서구 문화에 가장 지속적이고 탁월한 영향을 끼친 철학 사조가 스토아 철학일 것이다. 스토아 철학은 키티움 출신인 제논이 기원전 4세기 초반에 하나의 엄격한 철학 체계로 이론화한 것이다. 하지만 모든 체계가 그렇듯 시간이 지나면서 많은 다른 것들을 의미하게 되었다. 스토아 철학은 일반적으로 스토아 현자라는 가상 인물의 성격을 보면 쉽게 이해할 수 있다. 스토아 현자는 모든 외부적인 고통(순수 지성에 의한 것이 아닌 모든 종류의 쾌락 형태)을 관찰하며 내면의 평화를 계발하고, 타인에게서 오는 고통을 초월하는 그만의 본성을 찾고자 했다. 그리스어로 그 상태는 아타락시아(ataraxia)로서, 곧 불안과 걱정이 없는 자유 상태를 말했다. 오늘날 누군가가 스토아적이라고 할 때 의미하는 바가 대체로 그렇다. (누군가가 '철학적'이라고 말할 때도 우리는 비슷한 의미를 부여하는데 그것은 곧 스토아적인 사유의 중심 이론이 '철학'이라고 이해되는 전반적인 서양 사고 체계에 얼마나 크게 기여했는지를 보여준다.)

그러나 스토아 철학은 단순한 체념이 아니다. 스토아 철학에 따르면 자연 세상은 구체적이고 초월적인 목적을 갖고 총체적이고 조화롭게 존재한다. 그리고 그 믿음의 바탕에는 모든 인간 존재가 각각의 문화와 믿음과 상관없이 인간이라는 공통의 정체성을 공유한다는 주장이 깔려 있다. 그 공통의 정체성은 부모의 자식애로 시작하지만 곧 현명한 사람이 포용하는 가족애, 우정, 그리고 공동체와 조국에 대한 사랑과 나아가 전 인류에 대한 사랑도 포함한다. 키케로가 말했듯이 "자녀애로부터 인간 사이에 공유되는 자연스러운 보살핌이라는 형태가 나온다. 그리고 단순히 그런 성향을 가지고 있다는 것만으로 인간은 인간이 되고 그런 인간 사이에 소외란 있을 수 없다."[205] 이런 정서 때문에 스토아학파는 자신이 어쩌다 그 속에서 태어나게 된 가족이나 사회의 이름으로 스스로를 정의하는 것을 강하게 거부한다. 대신에 우리는 인간 종이라는 더 큰 정체성을 찾아야 한다. 이것은 곧 오늘날 다소 모호하게 표현되는 '세계주의(cosmopolitanism)'와 같다.

로마의 스토아학자였던 마르쿠스 아우렐리우스 황제는 세계주의가 의미하는 것을 최고로 잘 표현한 바 있다. 그는 후대에 『명상록(The Meditations of Marcus Aurelius)』으로 불려질 '나에게'라는 일련의 메모를 그리스어로 남겼는데 그곳에 다음과 같은 말이 있다.

황제인 나에게 로마는 나의 도시이자 나의 조국이다. 그러나 한 인간으로서 나는 세계의 시민이다. …… 아시아와 유럽은 단지 세상의 구석일 뿐이다. 위대한 대양, 단순한 물 한 방울, 아토스 산은 전 우주에서 볼 때 모래알과 같다. 현재 시간은 영원과 비교했을 때 점에 지나지 않는다.[206]

제논 자신도 이미 위와 같은 인류의 진정한 운명에 대한 비전을 제시한 바 있다. 그는 제자들에게 다음과 같이 말한다.

우리는 각각 다른 정의로 통치되는 도시나 지방(부족)에서 살지 말아야 한다. 우리는 모든 인간을 같은 부족의 일원인 동료 시민으로 간주해야 한다. 그리고 그곳에는 한 무리의 가축이 공동 목초지에서 풀을 뜯는 것처럼 반드시 유일한 삶과 유일한 질서가 있어야 한다.

일단 제논의 가르침은 매우 초교파적이다. 인종, 출생지, 국적에 상관없이 인류는 모두 함께 살아야 한다. 그것은 새 교회가 제시했던 기독교적 비전의 기반이 되었고 최초로 기독교 복음을 영어로 번역했던 사람은 세례 요한의 "그리하여 한 무리가 되어 한 목자에게 있으리라(10:16)"라는 말을 번역할 때 의식적이든 무의식적이든 제논의 말을 반영했다.

그러나 위와 같은 정서를 다소 덜 초교파적으로 해석할 수도 있을 것이다. 제논의 말은 플루타르크가 기록했기 때문에 우리에게 전해 내려올 수 있었다. 그리고 플루타르크는 (지금까지 우리가 봐온 대로) 제논이 제시한 '꿈 혹은 잘 정비된 철학적 공동체에 대한 희미한 그림'을 알렉산드로스 대왕이 구현할 것이라고 믿었기 때문에 제논의 말을 반복해서 언급했다.[207] 인류가 하나가 되어야 한다면 현대 세계주의자들이 주장하는 대로 인류는 하나의 국가에 소속되어야 한다는 것을 인정해야 한다. 인류에게는 많은 국가가 아닌 하나의 국가만이 필요하다. 어쩌면 제논에게 그 국가는 알렉산드로스 대왕의 제국이었을 것이다. 플루타르크에게는 당연히 알렉산드로스의 제국이었다. 로마인에게 그것은 명백하게도 오직 로마, 더 정확하게는 로마의 시민 세상을 의미했다.

아리스티데스도 그것을 잘 이해하고 있었다.

그대 로마는 문명화된 세계의 모든 문을 활짝 열었고 간절히 원하는 사람들에게 기회를 주었다. 로마는 모두에게 적용되는 공통의 법을 만들었다. 묘사하는 기쁨은 찾을지 모르나 이성적으로 참을 수 없었던 이전의 여러 상황들을 종식시켰다. 로마는 전 세계의 사람들이 어디서나 결혼할 수 있게 했고 문명화된 세상을 하나의 가족으로 만들었다.[208]

그런 선물을 인간 거주지에 주는 것으로 로마는 평화와 번영과 질서와 정의만을 불러들인 것이 아니었다. 최소한 아리스티데스의 이해에 따르면 로마는 인간성 그 자체를 바꾸었다. (1930년대의 '부정직한 10년'의 세월이 유럽과 전 세계를 가장 잔인한 인간 분열의 도가니로 몰아넣을 바로 직전) 1923년 영국 정치철학자 어니스트 바커(Ernest Barker)는 "선량한 로마인을 먹여 살렸던 것은 세계 국가, 자연의 보편 법칙, 형제애, 인간 평등의 사상이었다."라고 선언했다.[209]

아리스티데스는 로마가 성하기 전/후 세상의 모습을 상기시키는 것으로 연설을 끝맺었다. 로마 이전의 세상은 제우스가 우주에 천상의 질서를 부과하기 전처럼 "불화, 혼돈, 무질서로 가득했다." 이제 로마의 통치와 함께 인류는 이전에 머물렀던 '철의 시대'를 떠났다. 이제 "도시들은 광채와 매력을 발산하며 전 세계가 가꿔진 정원처럼 아름답게 탈바꿈했다. 집집마다 연기가 피어나고 불은 곧 친구를 의미했으며 원수는 사라졌다. 마치 한 번의 숨이 그들을 이 땅과 바다 너머로 불어버린 듯했다." 한때 전쟁을 위해 쓰였던 삼단 노 갤리선은 이제 무역선이 되었다. 원하는 것을 얻은 신들은 "로마 제국의 성취를 인정하고 로마 제국이 소유한 것을 당연한 것으로 확정 짓고 축하하고 있다."[210] 모든 길은 로마로 통했다. 항구는 배들로 분주했고 먼 아라비아와 인도에서까지 물건들이 들어왔다. "무역, 해운, 농업, 야금은 물론 지금까지 있어온 모든 예술과 수공업, 그리고 지금까지 땅에서 자라거나 생겨난 모든 것이 로마에서 만났다. 그리고 로마에서 볼 수 없는 것은 어디에서도 볼 수 없다. 그런 것은 존재하지 않는다."[211]

안토니네스 시대가 다른 어떤 황제들보다 스토아적 제국주의의 비전을 가장 잘 구현했다. 아리스티데스가 아테네 신전에 서 있던 그날 (로마는 모든 측면에서) 황제의 통치를 받아들이는 사람 누구에게나 열려 있던 보편 사회였다. 로마는 로마의 관습과 종교가 황제에 대한 적당한 존경과 함께 침해받지만 않는다면 관습의 다양성에 대체로 무관심했고 종교의 차이에도 부주의했다. 그러나 모든 황금시대가 그렇듯 로마 역시 곧 몰락할 예정이었다. 180년 코모두스 황제는 즉위와 동시에 한동안 로마를 자신의 이름으로 부르게 했다. 그는 검투사 시합에 지나치게 몰두했다. (비록 자신이 지지하는 검투사가 결코 죽게 내버려두지는 않았지만 말이다.) 다시 율리우스-클라우디우스 시절을 상기시키는 폭정이 시작되었다.

192년 12월, 코모두스는 목이 졸려 죽는 것으로 폭정에 대한 죄과를 받는다. 그러나 안토니네스 제국의 훌륭한 점들이 모두 되살아날 수는 없었다. 셉티무스 세베루스가 황제에 즉위한 뒤 18년 동안 제국의 면모를 다소 회복하고 평화를 유지했다. 세베루스는 211년 2월 요크에서 사망할 때 그의 아들에게 "군인들에게 항상 동의하고 돈을 줘야 하며, 나머지는 다 무시하라." 하고 일렀다. 군사적 힘 그 이상인 세상을 하나로 모아 유지하는 데 필요한 것과는 거리가 먼 우둔하고 조잡한 충고가 아닐 수 없었다. 그것은 곧 아리스티데스 '연설'의 비극적인 종말을 고하는 묘비명이 될 법했다. 그러나 아들은 그 충고조차 무시했다. 군부 집단이 국가를 강력하게 조종했고 211년부터 284년 디오클레티아누스 황제가 즉위할 때까지 황제권을 놓고 70명의 경쟁자가 싸움을 벌였다. 기번은 다음과 같이 말했다. "작은 집에서 왕좌로, 왕좌에서 무덤으로 왔다가 사라지는 끝없는 반복은 무관심한 철학자를 즐겁게 한다. 그 철학자가 인류의 대대적인 재난 한복판에서 무관심하게 남아 있을 수 있다면 말이다."[212]

260년, 발레리아누스(Valerian) 황제와 그의 모든 각료들이 파르티아 왕 샤푸르 1세(Sapor I)에 의해 체포된다. 갈리아, 브리테인, 에스파냐에서 재빨리 마르쿠스 포스투무스(Marcus Cassianius Postumus)라고 이름을 고친 갈리아 장군 중 한 명에 의해 갈리아 제국이 돌출한다. 또한 267년에서 272년 사이 현재 시리아에 위치한 오아시스 도시 팔미라의 전설적인 여왕 제노비아(Septimia Zenobia)에 의해 소아시아 대부분이 장악된다. 팔미라는 아르메니아에 속했지만 아시아 전역에서 온 그 지역 사람들은 로마인의 눈에 확실히 페르시아인처럼 보였다. 그러나 명백하게 동양적인 관습 속에서 '왕 중의 왕의 어머니'로 불리던 제노비아 여왕은 또 다른 아케메네스 제국의 계승자처럼 보이지는 않았다. 제노비아는 팔미라를 로마로부터 분리할 생각은 전혀 없었다. 270년, 아우렐리우스가 황제로 즉위하자 그녀는 로마 제국을 둘로 나눠 아우렐리우스가 서쪽의 황제가 되면 그녀의 아들 바발라트〔Whaballat, 로마에는 셉티무스 바발라투스(Septiminius Vaballathus)로 알려졌다〕가 동쪽의 황제가 되게 하는 야망을 품었다. 272년 초, 아우렐리우스는 동쪽으로 행진해 안티오키아에서 제노비아 군대를 물리쳤다. 그러자 제노비아는 남쪽으로 물러가 자신의 아들을 유일한 황제 아우구스투스로 선언했다. 그러나 여름이 되자 팔미라 자체가 로마군의 수중에 떨어졌고 그녀는 불안에 휩싸인 페르시아인에게

도움을 요청했으나 곧 체포되었다.[213]

아우렐리우스는 훌륭한 통치자였고 제국을 다시 하나로 묶는 데 성공했다. 하지만 개혁의 효력은 그리 오래가지 못했다. 로마 제국의 운명은 312년 황제 콘스탄티누스의 철의 손 아래 잠시 급격한 몰락의 악몽에서 벗어났을 뿐이었다. 그 시기에 이미 로마는 움츠러들고 분할되었다. 그 후에도 서로마 제국이 거의 1세기를 살아남고 동로마 제국이 천 년 동안 지속되었다 해도 그것은 이미 상당히 다른 세상이었다.

그런데도 안토니네스가 가장 분명하게 구현한 보편 시민권의 꿈은 살아남을 예정이었다. 그것은 (파르티아인처럼) 아케메네스 제국의 후예를 대표하고 크세르크세스가 시작한 일을 끝내고 싶어 했던 사산조 페르시아의 도래에도 살아남았다. 훈족의 강성함과 동고트족, 서고트족, 반달족, 몽골족의 도래에도 살아남았고 심지어 제국이 사라진 서방 세계에서도 살아남았다. 또 오늘날까지 '서구' 문명, 즉 유럽에서 가장 강력하게 지속되는 특징 중 하나가 되었다. 그러나 세계 공화국이라는 문화적 초석과 함께한 보편 시민권의 꿈이 로마 제국에서 다른 국가들로 갖고 들어간 것은 결국 (이 책의 다른 많은 것들처럼) 아시아에서 기원한 것이었다. 그것은 바로 기독교였다.

4장

교회의 승리

로마와 기독교의 전파

서기 413년, 59세의 초기 교회 주교 한 사람이 현재 북아프리카의 알제리 지방인 로마령 히포에서 자신의 집 서재에 앉았다. 그는 기독교 역사상 복음서와 사도 바울의 편지 다음으로 가장 중요한 책 한 권을 쓰고 있었다. 그 주교는 아우구스티누스(St. Augustine)였고 그가 쓰던 책은 『신국론(City of God)』이었다. 그의 말에 따르면 '불요불굴의 위대한 작업'이었다. 당시 이교도(다신교도)들은 로마의 몰락을 알리는 여러 재난은 고대의 신들을 유대교에서 파생한 상스럽고 미신적인 기독교로 대체해버린 것에 대한 신들의 응징이라고 주장했다. 아우구스티누스는 그렇지 않다고 말하기 위해 『신국론』을 썼다.

아우구스티누스가 『신국론』을 쓰기 시작하기 삼 년 전에 생각지도 못했던 일들이 벌어졌다. 동고트족의 족장 알라리크의 군대가 (14년 전 아테네에서처럼) 로마를 약탈한 것이다. 시인 클라우디우스에게 그것은 또 다른 한니발이 이끈 새로운 역병이 세계 문명 위로 떨어진 것과 같았다.[214] 알라리크의 군인들은 3일 동안 고트족 방식에 따라 약탈, 강탈, 강간, 살육을 서슴지 않았다. 위대한 로마 시는 이미 오랫동안 미개인의 침략에 노출되어 있었고 그전에 이미 이 년 동안 두 차례나 동족상잔을 경험했다. 하지만 모두 뜨거운 팔월의 견딜 수 없을 만큼 잔인했던 3일간에는 비교도 할 바가 아니었다.[215] 로마를 잠시 방문해 모든 광경을 목격했던 영국의 수도사 펠라기우스(Pelagius)는 '고트족의 함성과 트럼펫 팡파르' 가 어떻게 공기를 진동시키고, 세계의 여주인 로마 시가 얼마나 공포에 질렸는지 묘사했다. 평이함과 위대함을 구분했고 계급과 지위를 유지했고 가정을 지키고 불패를 장담했던 로마! 그 로마가 수 세기 동안 기본권으로 보장했던 자연의 질서가 그 짧은 3일 동안 모두 소멸했다. 야만성이 문명 세계 심장부를 관통해버린 것이다. 펠라기우스는 "그토록 확실하고 분명했던 위엄은 어디에 있는가?"라며 울부짖었다. "사람들은 모두 뒤엉켜 두려움에 떨었다. 모든 가족이 재난을 당했고 도처에 널린 공포가 모두를 사로잡았다. 노예와 귀족을 구분할 수 없었다. 말 그대로 죽음이 집요하게 우리를 따라다녔다."[216]

약탈 이후 몇 달 동안 수천 명이 남쪽으로 피난했다. 대부분이 분노와 원한에 찬 귀족들이었다. 이들은 북아프리카로 넘어가 그 재난에 대한 해명을 요구했다. 그래서 성 아우구스티누스가 책을 쓰기 시작했던 것이다. 그의 논의에 따르면 기독교인이 믿는 것처럼 이 땅의 많은 인간이 여전히 고대의 신들에게 충성을 다했기 때문에 기독교의 신이 로마에게 화가 난 것은 아니었다. 또 다신교도가 믿는 것처럼 로마인이 고대의 신들을 더는 믿지 않았기 때문에 처벌받은 것도 아니었다. 확실히 로마는 죗값을 받았지만 그것은 인류가 늘 역사를 통해 거듭해온 일에 불과했다. 아우구스티누스에 따르면 로마는 "흔들리기는 했지만 변질된 것은 아니었다. 기독교가 전파되기 전에도 그런 경우는 많았다." 그러므로 그는 "지금 당장 로마 회복에 필사적일 필요는 없다."라며 귀족들을 위로했다.[217] 로마 시는 아우구스티누스도 최악의 인간종이라 장담하는 미개인의 손에 떨어졌지만 살아남을 것이었다. 당시 로마는 기독교 자체와 동일시됐기 때문에 영원하고 또 영원해야 했다.

후대의 많은 기독교인처럼 아우구스티누스도 문명사회는 그리스에서 다신교적인 로마로, 그리고 로마에서 기독교로 옮겨갔다고 확신했다. 한 번씩 주인을 바꿀 때마다 문명은 더 보편적이 되어갔고, 진정한 종교적 가치는 물론 덕망 있고 탄탄하고 평등하고 공정한 삶의 방식에 더 가까이 다가갔다. 아리스티데스에게는 안토니네스의 로마 세계가 문명의 점진적 성장의 정점을 의미했다. 아케메네스의 페르시아에서 헬레니즘의 그리스를 거쳐 로마로 행진했던 문명은 마침내 테베레 강둑에서 휴식을 취했다. 그러나 아우구스티누스에게 그 역사는 그리스도가 소개한 보편 왕국의 서막에 불과했다. 왕국은 이제 두 번째이자 마지막인 메시아가 올 때까지 거칠 것 없이 나아갈 예정이었다.

하나님이 유일한 아들을 진정한 황제 아우구스투스 시대에 이 땅에 내려 보냈다는 것은 바로 로마 제국이 신의 창조물인 이 세상이 끝날 때까지 지속됨을 의미했다. 기독교인이 지치지도 않고 지적했던 것처럼 다니엘도 그렇게 예견했다. 그는 네 마리의 짐승(독수리 날개를 가진 사자, 곰, 표범, 강철 이빨과 열 개의 뿔을 가진 괴물)으로 상징되는 오직 네 개의 제국만이 "하나님이 결코 파괴될 수 없는 왕국을 세울 때까지" 하나씩 나타났다 사라질 것이라고 보았다.[218] 네 제국은 이미 왔다가 사라졌고, 성 아우구스티누스가 '신국'이라고 불렀던 새 왕국, 즉 이 땅에 세워질 예수를 따르는 자의 왕국이 이제 가까이 온 것이다.

당시 아무도 인정하지 않았지만 기독교는 유대교의 이단이었다. 기독교 역시 동양에서 시작되었다. 매우 서구화한 다른 문화들처럼 말이다. 복음서에 반드시 등장하는 그리스도는 전형적인 동양의 성자였다. 동정녀의 몸에서 태어나 십자가에 못 박혀 죽고 다시 부활한다는 가장 중요한 기독교 믿음의 원천도 확실히 매우 동양적이다. 창시자의 조상을 바꿔보려는 교회의 뒤이은 노력에도 불구하고 그리스도의 동양성은 늘 기독교인을 따라다녔다. 17세기 중반에서조차 그리스도와 동양과의 연관성이 말해졌을 정도다. 17세기 유럽 항해 탐험 연대기 작가 새뮤얼 퍼처스(Samuel Purchas)는 유럽 형성의 역사에 대한 특유의 기발한 이해와 함께 그리스도의 동양 출생을 언급한 바 있다. 그는 "그리스도가 태어나주었지만 그것에 감사하지 않은 아시아와 유럽으로부터의 도피와 피난의 장소일 뿐이었던 아프리카에 이혼장을 던졌다."라고 했다. 그것으로 "그리스도는 바로 진리와 삶의 길이 되었고 거의 완전한 유럽인이 되었다."[219]

아시아와 달리 유럽의 로마 시민 사도 바울을 포함한 그리스도의 직속 제자들은 세계가 거부하는 방랑자 메시아의 신흥 종교를 (다니엘이 말했던) 마지막 제국인 로마의 국교로 만드는 일에 열심이었다. 그들은 제국의 정치적 보호 속으로 들어갔고 재빨리 제국의 보편화에 대한 야심을 포용한 후 그것을 기독교에 좋은 방향으로 변형했다. 다신교도 플리니우스에 따르면 '인간에게 인간성을 부여하려 했던' 로마의 노력은 신들의 영력에 의한 것이다. 하지만 기독교인에게 그것은 그들 신의 의지였다.

4세기 기독교 찬미자 아우렐리우스 프루덴티우스(Aurelius Prudentius)는 다음과 같은 글을 남겼다.

신은 세상 사람에게 하나의 법 아래 머리를 숙이고 로마인이 되라고 가르쳤다. 공통의 법은 그들을 하나의 이름으로 묶고 평등하게 만들고 (비록 정복을 통하기는 했지만) 형제애라는 끈을 만들어주었다. 우리는 전 세계에 흩어져 살고 있지만, 모든 시민이 하나의 도시나 고향에 모여 사는 것과 거의 차이가 없다.[220]

아우구스티누스가 다신교도와 기독교도에게 왜 신이 영원한 도시 로마를 알라리크의 용서할 수 없는 손에 떨어지게 했는지를 설명하려고 앉았을 즈음, 로마는 많은 면에서 이미 한 세기가 넘게 기독교 제국이었다. 신약성서의 다소 빈약한 도덕적 가르침의 바탕은 그리스의 교육이라는 말로 대표되었다. 모든 그리스 고전적 가르침과 철학, 그리고 플라톤-아리스토텔레스의 윤리학이 그 기초였다. 그러나 기독교인의 눈에 그 모든 것은 로마 세상 안에서 그리고 로마 세상을 통해 보존되어야 하는 것이었다. 아우구스티누스가 408년 그의 친구 파울리누스(Paulinus de Nola)에게 말한 것처럼, 하늘의 도시는 기독교인이 "방문자나 이방인이 아닌 완전한 시민이 되는" 나라가 될 터였다. 로마의 시민권 개념은 이제 심지어 신의 왕국으로까지 해석된다.[221] 그것은 아리스티데스가 결코 예견하지 못했던 '제국의 마지막 특성'이었다.

그러나 아우구스티누스는 최소한 이백 년이나 지속됐던 매우 힘들었던 역사를 잘 알고 있었다. 기독교인은 로마를 포용하고 싶었지만 로마는 기독교인을 포용하는 데 확실히 거리낌이 많았다. 다신교도들은 사실 겁에 질렸다고 봐야 할 것이다. 기독교는 뿌리도 없이 확실한 보편성만 주장했고 조상에 대한 존경심도 애국심도 없었다. 또한 다른 모든 유일신 종교가 그렇듯 관대하지도 못했다. 기독교는 오직 하나의 신만이 존재하고 그 신을 숭배하는 오직 하나의 길을 따라야 천국에 도달할 수 있다고 말했으며, 또 지금도 그렇게 말하고 있다. 반대로 다신교 로마는 로마의 신들을 직접적으로 화나게 하지 않는 이상 모든 종류의 종교에 관대했다.

황제 숭배 문제도 있었다. 신성 아우구스투스에 대한 숭배는 국가에 대한 충성의 맹세보다 약간 지나친 수준이었다. 그러나 기독교인에게 그 것은 인정할 수 없는 우상 숭배였다. 한편 다신교도는 기독교도가 순교를 즐기는 것 같은 모습에 분노했다. 많은 기독교도가 순교를 '우리 안에 있 는 기적적인 힘의 위대한 발현'이라고 주장했다. 그래도 대부분의 로마 인과 다신교도에게 순교는 단순히 아내와 자식과 부모와 친구를 냉정하 게 무시하는 처사였다. 루키아노스는 순교를 "멍청함에 집착하는 것"이 라고 했다.[222] 그러나 기독교 박해(기독교 호교론자들은 박해받은 희생자 수를 늘 부풀린다)가 심해지고 기독교와 다신교의 도덕적, 문화적 분리가 점점 더 심해지기는 했어도 새로운 종교로 개종하는 사람들도 계속해서 불어 났다.[223]

그 이유는 여전히 불가사의다. 제국의 종교 기독교는 한쪽 뺨을 때리 는 자에게 다른 쪽 뺨까지 대주라고 했고 탈속과 용서를 얘기했다. 마지 막에 이기는 자는 강하고 성공한 사람이 아니라 약하고 가난한 사람이라 고도 주장했다. 하지만 기독교 자체는 그런 가르침의 실천과는 거리가 먼 길을 갔다. 그들이 신봉자의 즉각적인 재생과 신성의 경험 같은 다신교에 절대 부재한 특성들을 제시한 것은 사실이다. 그러나 기독교만 그랬던 것 은 아니다. 당시 기독교의 주요 경쟁자는 미트라교였다. 미트라교는 페르 시아-헬레니즘 신비주의 종교로, 2세기 중엽 페르시아 사산조의 국경에 서 로마 제국 전역까지, 흑해에서 영국까지, 이집트에서 라인 강까지 널 리 퍼져 있었다. 미트라는 계약의 신으로 충성을 상징했으므로 특히 로마

엘리트들의 성향과 잘 맞았다. (로마가 공공연히 미트라교를 지지했던 것은 아니었지만 말이다.) 미트라교는 또한 아폴로와 '무적의 태양신'을 섬겼는데 (앞으로 살펴보겠지만) 콘스탄티누스 대제도 그 두 신을 숭배했다. 그는 기독교로의 화려한 개종 후에도 두 신을 저버리지 못했다. 미트라교는 조로아스터교와도 밀접한 관계가 있다. 미트라교는 기독교보다 확실히 더 매력적이었다. 특히 유일신 사상을 별로 경험해보지 못한 다신론자들에게 더 그랬을 것이다. 게다가 미트라교는 황제의 신성도 강하게 지지했다. 미트라교에는 또 (기독교와 공유하는 부분으로) 신비주의가 주는 매력도 있었다. 입교하고 싶은 사람은 모두 입교식을 거쳐야 했는데, 입교식은 입교자를 예외적인 존재로 만들었다. 입교식은 그와 (더 중요하게는) 그녀를 엘리트로 만들었다.

또 하나의 왕국

기독교의 승리 혹은 다신교의 붕괴에는 한 가지 설명이 가능하다. 기독교화가 진행되던 세상은 이미 천천히 그러나 돌이킬 수 없는 몰락의 길을 걷고 있었다. 아리스티데스가 역사의 끝이라고 믿었던 황금시대가 끝난 것이다. 200년 즈음 이미 심각한 무역 퇴조가 지중해를 강타했다. 3세기 중반, 로마군은 사산조 페르시아, 고트족, 게르만족에 여러 번 무참하게 패하는 고통을 겪었고 로마 제국 정부는 내전 때문에 분할 직전에 있었다.[224] 그리스도는 "내 왕국은 이 세상이 아니다."라고 말했다. 역사상 가장 위대했고 영원할 것만 같았던 무적의 로마 제국이 몰락할 때 (다신교에는 대체로 부재했던) 영원한 삶의 신성한 축복을 제공하는 또 다른 종류의 왕국이라는 비전은 사실 상당히 매력적이었다.

3세기 말, 로마는 하나의 제국으로 유지되기에는 너무 광대했다. 아직 남아 있는 부분을 지키려는 마지막 시도로 디오클레티아누스 황제는 제국을 동서로 나눴고 막시미누스(Maximinus)에게 동로마 제국을, 콘스탄티우스(Constantius)에게 서로마 제국 황제 자리를 물려주었다. 306년 요크에서 콘스탄티우스가 사망했기 때문에 그의 아들 콘스탄티누스가 황위를 계승했다. 그러나 일련의 왕가의 음모와 조작이 있었고 마침내 막시미누스의 아들 막센티우스(Maxentius)가 제국의 수도를 포함해 현대 이탈리아 대부분을 장악했다.

콘스탄티누스는 312년에 물려받은 땅을 되찾기 위해 이탈리아를 공격한다. 튜린 주변과 베로나에서 막센티우스의 선봉대를 물리쳤고 로마 남쪽으로 행군했다. 이제 콘스탄티누스보다 훨씬 큰 군대를 거느린 막센티우스가 직접 나섰다. 10월 28일, 양쪽 군대는 물비안 다리(현대의 폰테 밀비오 다리) 근처 삭사 루브라에서 만났다. 그곳은 플라미니 길로 접해 있어 곧장 티베르 강과 로마 북쪽으로까지 연결될 수 있었다.

몇 년 후 콘스탄티누스는 자신의 전기 작가 카이사레아의 유세비우스(Eusebius)에게 진실을 말할 것을 맹세한 후, 자신이 막센티우스에 대항해 전쟁을 계획하는 동안 막센티우스가 강령술을 이용할 줄 안다는 말을 듣고 불안했다고 고백했다(콘스탄티누스는 너무 미신적이었다). 당시 콘스탄티누스는 태양신 아폴로를 보호신으로 뒀고 덤으로 '무적의 태양신' 종교를 섬겼다.[225] 그는 그 신들에게 열심히 도움을 구했다. 어느 날 오후 군인들을 훈련시키는 동안 콘스탄티누스는 하늘에서 태양과 겹쳐지는 빛의 십자가를 보는데 거기에는 "이 표시와 함께 너는 정복자가 될 것이다."라는 글이 휘갈겨 있었다. 이것은 명백하게 기독교적인 표시였다. 그 몇 해

전 콘스탄티누스는 아폴로 신에게 유사한 메시지를 받았다. 아폴로 신이 그에게 월계관을 주면서 그의 30년 통치를 약속했던 것이다. 이번에 그가 본 새롭고 기묘한 현상이 기독교의 신을 통한 아폴로의 현현인지 아니면 그리스도가 휘두를 힘을 상징하는 것인지는 확실하지 않았다. 확실했던 것은 기독교의 신이 콘스탄티누스에게 승리를 약속했다는 점이었다. 전투가 있기 전날 콘스탄티누스는 고대의 장군들이 자주 그렇듯 예언적인 꿈도 꾼다. 여기서는 아무런 오해의 소지가 없도록 그리스도가 몸소 모습을 드러낸다. 그리스도는 콘스탄티누스에게 하나의 표시를 전해주며 그 표시로 군기를 만들어 전투에 대동하라고 말한다. 그것이 그 유명한 콘스탄티누스의 군기(Labarum)가 되었다. 유세비우스가 묘사한 바에 따르면 군기는 금박을 입힌 가로장을 덧붙인 긴 막대기였고 거기 그리스도의 그리스 이름 치로(Chi Ro)의 도안이 첨가되었다고 한다. 마법을 더 강화하기 위해 콘스탄티누스는 병사들의 방패와 자신의 투구에도 그 군기를 그렸다.

다음 날 전투에서 막센티우스의 군대는 전멸한다. 수적인 우세와 막센티우스의 마술적 능력에도 불구하고 말이다. 살육은 끔찍했다. 겁에 질린 막센티우스와 병사들은 다리를 건너 비교적 안전한 로마로 퇴각하려 했다. 그 혼란 속에서 막센티우스는 다리 난간으로 밀려 테베르 강의 진흙탕 물에 빠져 죽었다. 막센티우스의 사체를 찾아낸 콘스탄티누스는 당당하게 로마로 입성했고 막센티우스의 목을 베어 창날에 끼운 채 행진했다. 원로원은 얌전히 막센티우스를 폭군으로 규정했고 콘스탄티누스를 황제로 선출했다. 그때부터 그는 모든 기독교도에게 '콘스탄티누스 대제'로 불렸다.

콘스탄티누스는 서로마 제국의 주인이 되었다. 기독교의 신은 약속을 지켰고 그것이 감사했던 콘스탄티누스는 즉시 자신을 따르는 기독교인에 대한 보상 정책을 실시했다. 313년, 콘스탄티누스는 당시 동로마 제국의 황제였던 리키니우스(Licinius)와 함께 밀라노에서 한 칙령을 반포해 이전 정권들의 박해로 부서지고 약탈당한 기독교인의 건물을 모두 재건하게 했다. 후에 '밀라노 칙령'이라 불리는 이 정치적 사건으로 종교적 자유를 일반화하는 정책들이 확실한 기반을 잡는다. 칙령은 "누구든 기독교를 포함한 모든 종교 중 자신에게 가장 잘 맞다고 생각하는 종교를 믿을 자유가 있다."라고 말했다. 그러나 종교의 자유를 알리는 포고령이 한 차례 전 제국을 강타했는데도 사도 바울이 늘 희망했던 대로 다른 종교가 아닌 바로 기독교가 로마 제국을 인수할 준비가 되었다는 것은 이미 너무 명백해 보였다. 그리고 그 일이 벌어지자 밀라노 칙령 후반부에 명시되어 있던 모든 사람에게 종교의 자유를 보장한다는 말은 침묵 속에서 영원히 잊혔다.

밀라노 칙령 후 콘스탄티누스는 성직자들에게 예외적인 특권을 수여했고 교회에 자비로운 태도를 보였다. 로마 시내의 근위병 병영 자리에 교황을 위한 거대한 교회당(basilica: 왕실 회당이라는 뜻)을 지었고, 후대에 전 기독교도의 중심이 될 성 베드로 성당의 초석을 깔았다. 또한 성 요한(St. John)의 라테라노 성당도 건설했으며 안티오키아에 거대한 황금 돔 양식의 교회당도 지었고 예루살렘에도 성체 안치소를 겸한 교회를 건설했다. 물론 기독교인은 그런 콘스탄티누스의 사업을 대대적으로 환영했다. 지역 주교들은 황실의 안뜰과 밀접한 관계를 유지했다. 다신교를 신랄하게 비판했던 기독교도 신학자 락탄티우스가 콘스탄티누스의 아들 크리스푸스(Crispus)의 선생이었다. 황제의 공식 자서전 집필가 유세비우스는 황제의 자서전이 아니라 초기 교회에 대한 역사서를 쓰는 것 같았다.

아리스티데스의 로마가 망한 후 로마는 오랜만에 다시 한 번 활기를 띠는 듯했다.

후대의 기독교도들은 콘스탄티누스의 개종을 그렇게 대단하게 평가하지 않는다. 또 대단하게 평가해야 한다고 생각지도 않는다. 스스로 기독교도라고 고백했을지 몰라도 콘스탄티누스는 기독교 윤리, 기독교적인 삶, 기독교 신앙 형태에 관심을 표하지는 않았다. 사실은 복음서가 하는 말에 전혀 관심이 없었다. 그는 기독교가 말하는 인류의 통합에 반하는 십자가형과 공공연히 포로의 얼굴에 낙인을 찍는 일을 금지했고 심지어 다신교의 희생제도 반대했다고 할 수 있다. 그러나 사실 그가 반대했던 희생제는 황실의 일부 비종교적인 의식에 한한 것뿐이었다.[226]

결국 콘스탄티누스에게 기독교는 분열된 로마 제국을 다시 하나로 묶는 수단에 지나지 않았다. 324년에 동로마 제국 국민에게 보낸 편지에 그가 기독교를 종교가 아닌 '법'이라고 말한 것이 그 증거이다.[227] 그는 임종 직전에 세례를 받았다. 당시에는 그것이 흔한 일이기는 했지만 어쨌든 콘스탄티누스는 수 세기 동안 핍박당했던 기독교도를 대신해 다신교도를 억압할 생각은 전혀 없었다. 그는 아테네 시민의 다신교적 의식을 받아들였다. 이집트 신전을 방문하고 싶어 했던 한 수도승에게 노잣돈을 주었고 다신교도 철학자를 동료로 삼았다. 막센티우스를 물리친 후 삼 년이 지났을 때 콘스탄티누스는 로마에 승리의 개선문(콘스탄티누스 아치)을 세웠다. 콘스탄티누스 아치는 오늘날 로마에서 가장 잘 보존된 개선문이지만 그곳 어디에도 기독교적인 요소는 찾아볼 수 없다. 321년 3월, 콘스탄티누스가 '태양 숭배의 날'에는 모든 법정과 일터가 문을 닫아야 하고 도시 사람들은 휴식을 취해야 한다고 선포했을 때도 그는 여전히 '무적의 태양신'과 기독교의 신 사이를 배회하고 있는 듯 보였다. 그가 말했던 휴식의 날인 숭배의 날은 영어와 독일어에서 지금도 여전히 '태양의 날 (Sunday)'로 남아 있다.

그러나 콘스탄티누스는 단순히 기독교를 용인하는 것으로 성직자의 비위나 맞추며 '신을 무서워했던 이전의 황제들'과는 달랐다. 그는 확실히 '왕관을 쓴 기독교 호교론자'였다.[228] 확실한 예를 들자면 물비안 다리 전투 직후 그는 로마에 자신의 동상을 세우게 했는데, 동상 오른손에는 십자가가 쥐여 있었다. 유세비우스에 따르면 바닥에는 다음과 같은 문구가 새겨져 있었다. "이 구원의 표시이자 용맹의 상징(십자가)으로 나는 너희들의 도시를 구했고 폭군의 멍에에서 자유롭게 했으며 나아가 원로원과 로마의 국민을 자유롭게 해 고대의 영광을 되찾았노라." 첫째 줄에서 십자가와 군사적 용맹을 연결시킨 것은 약간 다신교적이다. 하지만 다음 줄부터 콘스탄티누스는 후대의 기독교도들이 믿어 마지않는 말을 반복한다. 즉 기독교가 로마를 재건했고, 로마를 통해 기독교는 세계를 포용하게 되었다고 말한다.[229] 콘스탄티누스는 자신의 개종이 제국을 구했다고 주장했다. 락탄티우스와 유세비우스가 강력하게 주장했듯이, 이 문구로 기독교는 실질적, 이론적으로 새 세상에서 유일하게 고전적 질서를 지키는 일종의 보호자가 되었다. 키케로가 상상했던 '세계 공화국'은 이제 (6세기 교황 그레고리가 만들어낸 말) '신성의 공화국'이 되었다.

그러나 콘스탄티누스는 전통적 믿음 체계에 대해서도 확실히 관대한 자세를 취해야 한다고 선포했다. 324년 그는 다신교도에게 "부당한 대우를 받는 모든 사람이 평화롭게 되리라. 모든 사람은 자신의 영혼이 원하는 것을 따라야 하고 누구도 다른 믿음 때문에 사람을 벌할 수는 없다."라고 선포했다.[230] 그는 약속을 지켰고 다신교는 (쇠락하기는 했지만) 410

넌까지 서로마 제국 로마인의 일상에 중심점으로 남아 있었다.

그리스 문화의 영향을 더 직접적으로 받았던 동로마 제국의 경우 다신교는 더 길게 6세기 말까지 보수적 지식인과 정부 관료 집단의 종교로 남아 있었다. 그러나 6세기 말 『로마법대전』의 위대한 편찬자 유스티니아누스 황제가 유대교도를 포함해 남아 있던 다신교도를 모두 기독교도로 개종하도록 설득하는 사업을 단행했다. 6세기 말에 실질적으로 로마의 서쪽과 남쪽 전 지역에서 다신교도가 사라졌다. 콘스탄티누스의 관대 정책과 유스티니아누스의 설득 정책의 결실이었다. 기독교도, 이슬람교도, 유대교도, 다신교도들이 서로를 박해하고 살육하는 것으로는 절대 만들어낼 수 없었던 결과였다.

324년, 콘스탄티누스는 리키니우스를 물러나게 한다. 그로써 콘스탄티누스는 동·서 로마 제국을 재통합했다. 그것은 여전히 로마가 통치하는 라틴 제국이었다. 그러나 기독교의 기원은 어쨌든 아시아였다. 4세기경 기독교는 이미 고대 그리스의 철학과 문화를 깊이 받아들였지만 말이다. (기독교가 거의 헬레니즘화한 유대교라는 현대의 주장은 설득력이 있다.) 기독교로 인해 동서양이 혼재하는 그런 라틴 제국 정체성의 문제를 잘 인식하고 있었던 콘스탄티누스는 그 참에 '새로운 로마'라고 불릴 새 도시를 건설하기 시작했다. 막센티우스를 물리쳤지만 로마에서의 위치가 여전히 불안했던 것도 한 이유였다. 그는 고대 아시아와 유럽의 경계선이었던 보스포러스 해협 해안가에 위치한 그리스 도시 비잔틴을 선택했고 도시 이름을 그리스어로 '콘스탄티누스의 도시'라는 뜻인 콘스탄티노플이라고 지었다. 그리고 그 도시에 로마 대원형경기장과 똑같은 전차 경기장을 만들고 〔성 예로니모(St. Jerome)가 비꼬며 말했듯이〕 제국 내 다른 도시들의 동상을 모두 뽑아다가 새 도시의 거리와 광장을 장식했다. 330년 5월 11일

도시가 완성됐을 때 콘스탄티누스는 자신의 모습이 새겨진 기념 금 주화를 찍어낸다. 그 속에서 그는 알렉산드로스 대왕과 같은 자세를 취하고 있다. 그리스의 새 왕조 하나가 적들로부터 문명 세상을 지키고 (다시 한 번) 유럽과 아시아를 연합하려고 일어선 것이다.

콘스탄티누스는 기독교가 와해 직전의 제국을 다시 하나로 묶을 수 있다고 보았기 때문에 개종했다. 그러나 그것은 기독교가 얼마나 편협하고 당파적일 수 있는지 알지 못한 채 단행한 선택이었다. 통치 기간 내내 콘스탄티누스는 (결국 별로 성공하지는 못했지만) 교회의 중심부와 다른 두 분파(도나투스파와 아리우스파) 사이의 충돌 문제를 해결하려고 했다. 북아프리카에서 시작된 도나투스파 기독교인은 참회와 순교를 중요시했고 알렉산드리아의 목사 아리우스(Arius)를 따르는 아리우스파 기독교인은 그리스도가 신의 아들이기 때문에 아버지인 신과 확실히 구분되어야 한다고 주장했다. 나아가 신은 영원히 존재하지만 그리스도는 정확한 탄생 장소와 시간을 갖기 때문에 '그가 존재하지 않았던 시간'이 반드시 있어야 한다고 주장했다. 교회 내 많은 사람에게 아리우스의 논쟁은 삼위일체설의 논리적 허점을 매우 직접적으로 지적하는 것처럼 보였고, 그래서 대단히 심기가 불편했다. 그러나 적어도 콘스탄티누스에게 새 종교를 나누는 도덕과 신성에 대한 입씨름은 무의미했다. 교회가 제국과 함께 정체성을 찾고 정부가 논쟁의 여지없는 주인이 되는 것만이 중요했다. 325년, 콘스탄티누스는 교회의 모든 주교들을 모아 니케아 회의를 연다. 첫 번째 종교 회의였고 유일하게 성직자가 아닌 황제가 주재한 회의였다. 니케아 회의는 니케아 신경(信經)을 발표해 정통 교회가 무엇인지를 이론적으로 정립했다. 사실 그 회의는 아리우스파가 논박할 여지도 없이 성서를 해석한 것에 대한 일종의 대답이었으므로 당연히 아리우스파는 이단으로 몰렸다. 교회의 지도자들이 모인 종교 회의를 주재하고 신경을 승인하는 것으로 콘스탄티누스는 교회 권력을 능가하는 최고 권력자가 되었다. 그는 교회의 문제를 재판하고 필요하다면 주교들을 소집할 수 있는 법의 필요성을 주장했다. 나아가 자신에게 성직자를 추방하고 교회를 점유하고 불화의 소지가 있다고 생각되는 종교 집회를 금지할 권리가 있다고도 주장했다. 콘스탄티누스는 스스로 로마처럼 '보편적이고 영원한' 교회(후대에 가톨릭)의 우두머리가 되었다.[231] 그때부터 알렉산드로스와 로마가 일군 서구 문명은 모두가 공유하며 가꿔나갈 수 있는 가치들을 외면하고 종교적 신조를 기반으로 삼는다.

위대한 교회 위대한 제국

단일하고 보편적인 것이라는 교회의 비전은 사실 그리스도의 미완의 가르침을 사도 바울이 신학적, 사회적 문제와 연관해 더 강직하고 실질적인 이론들로 만들어냈기 때문에 가능했다. (가톨릭 교회의 진정한 창립자는 바울이다.) 그러나 바울의 그리스도 해석 중 특히 보편주의는 영적인 것이지 전혀 정치적인 것이 아니었다. 기독교인으로 '새롭게 태어난 이 남자'는 진정한 세계 시민이었다. 그는 모든 종류의 통치자 아래 어디서나 살았다. 공통의 관습이나 법이 아닌 그리스도의 동지애로 주변의 동료 시민과 화합했다. 바울의 기독교는 단일한 세계 질서라는 스토아적인 꿈의 영성화 혹은 구체화였다. 새 질서 속에서 다름 자체는 단일신을 믿는 사람들의 결속으로 사라질 것이었다. 사도 바울은 소아시아 서쪽 리쿠스 기슭의 도시에 사는 골로새인들에게 다음과 같이 말했다.

형상을 벗고 다시 태어난 그리스도는 그를 창조했던 지혜 속으로 들어 갔다. 그곳에는 그리스인, 유대인, 미개인, 스키타이인이 없고, 노예냐 자 유민이냐, 할례를 하느냐 마느냐의 구별이 없다. 오직 그리스도만이 모든 것이고 모든 것에 있다.(「골로새서」 3:11)

한때 로마의 시민권 개념으로 구현되었던 보편주의는 이제 모든 기독 교인의 공동체 안에 기독교 이념적 보편주의가 되었다. 당시 기독교는 모 든 거주 가능한 세상을 영적인 면에서 하나로 묶었다. 그러나 사도 바울 은 기독교를 따르는 것이 자동으로 어떤 정치적 혹은 사회적인 정체성을 갖게 하지는 않는다고 말했다. 개종해 교회로 들어간다고 해서 사회적 신 분이 변하지는 않는 것이다. 이 땅에 농노는 농노로 남을 것이고 자유민 은 자유민으로 남을 것이다.

기독교는 심지어 가장 극단적인 사회적 차별을 받는 노예에 대해서조 차 아무런 변화를 꾀하지 않았다. 아우구스티누스가 주장했듯이 노예는 어떤 종류의 죄에 대한 명백한 처벌이었다. 자신이 저지른 죄가 뭔지도 모르지만 노예는 자신이 노예라는 사실만으로 태어나기도 전에 뭔가를 저질렀음에 틀림없다고 믿어야 했다. 그 사실을 바꿀 수 있는 것은 아무 것도 없었고 노예들이 천부인권을 주장해 자유롭게 되는 것은 꿈도 꿀 수 없었다.

인종적, 종교적, 문화적으로 다른 스키타이인, 유대인, 그리스인, 미개 인, 로마인들이 모두 한자리에 모일 일은 아마도 완전히 다른 고차원의 행성에서나 벌어질 법하다. 바울은 로마 시민이라는 사실에 자부심을 갖 고 있었고 그리스도는 로마 정부에 복종했다. 둘 중 누구도 로마의 권력 에 도전하지 않았다. 둘 다 자신들의 교리가 로마를 넘어 세상으로 나아갈 미래를 보지 못했다. 둘 다 교회와 국가 사이 그리고 영성과 세속 사이에 확실한 선을 긋고 있었다.

그리스도를 의심한 바리새인들이 한번은 그리스도에게 유대인이 로마 정부에 세금을 지불해야 하는지 물었다. 그리스도는 로마의 동전을 누가 갖고 있는지 물었다. 신격화된 티베리우스의 초상이 새겨져 있는 동전을 건네받고 난 후에 그리스도는 물었다. "누구의 형상과 이름이 여기 새겨져 있느냐?" 바리새인은 "황제의 것이 새겨져 있습니다."라고 대답했다. "그러므로 황제의 것을 위해 황제에게 경의를 표하라. 그리고 신의 것을 위해서는 신에게 경의를 표하라."(「마태복음」 22:21) 참으로 현명한 대답이었다. 그 대답으로 그는 비열한 함정에 빠지지 않아도 되었다. 이는 또한 성경에서 찾아볼 수 있는 가장 의미 있는 발언 중 하나이다. 그리스도는 그 대답을 통해 자신의 왕국이 '이 세상의 것'이 아님을 명백하게 암시했다. 황제가 영혼의 나라를 자기 것이라고 주장할 일은 없기 때문에 그리스도는 황제와 싸울 이유가 전혀 없었다. 그리스도 혹은 그 말을 옮겼던 당시 사람들은 그리스도의 이름으로 창조된 종교가 후대에 어떻게 될지 전혀 알 수 없었다. 마찬가지로 그의 그 간단한 진술이 미래를 어떻게 바꿀지에 대해서도 전혀 예견할 수 없었을 것이다.

아우구스티누스에게 중요한 것은 정신이었다. 기독교는 그리스가 시작한 로마의 역사에 종지부를 찍었다. 그러면서 기독교는 그리스가 시작한 것을 확연히 바꿔버렸다. 그리스와 로마의 다신교도들은 하나님의 창조물이고 덕을 가지긴 했지만 정신적 소양이 부족했다. 때문에 비록 그들 중 많은 사람이 무결했다고 해도 그리스도의 구원 대상이 되지 못한다. 그들은 오직 한 세상의 시민이었다. 그리스도가 이 땅에 내려온 이래 두 개의 세상 혹은 (아우구스티누스가 표현한 대로) 두 개의 왕국(혹은 도시)이 존재했다. 첫째로 모든 인간들이 하루하루를 근근이 살아가는 카인이 만든 왕국이 있고, 둘째로 그리스도의 교회와 교회의 일원들이 살아가는 '신의 도시'가 있었다.

시민 공동체라는 말은 두 세상 모두를 의미했다. 시민 공동체만큼 신이 성수를 붓게 운명 지워진 집단의 이름을 정확하게 포착하는 말은 없었다. 그러나 그 세속적, 영적 세상은 아우구스티누스가 불가피하게 서로 연결하기는 했지만 돌이킬 수 없이 분리된 것이었다. 최소한 또 다른 메시아가 이 땅에 내려와 모든 인간의 역사를 끝내기 전까지는 말이다. '세속의 도시'는 로마 제국으로 번성기를 맞고 결국 최후를 맞이할 운명이었다. 하지만 그 세속의 도시가 없다면 인간의 원죄 때문에 이 땅이 끝없는 폭력과 무질서로 타락할 것이기 때문에 반드시 필요한 것이기도 했다. 아우구스티누스에게 로마 제국은 (아리스티데스가 그토록 열정적으로 주장한 것처럼) 그렇게 영원한 제국은 아니었다. 오직 신의 왕국만이 영원할 것이었다. 그러나 인간적이고, 약하고, 일시적이기는 하지만, 로마 제국은 이전 제국들에 비교해 훨씬 나은 정부 형태였고 로마 제국의 창건에 기초를 이루었던 덕성들을 진실로 지키기만 한다면 살아남을 것 같았다. 아우구스티누스는 "땅의 제국의 영광은 로마인에게 주어졌다. 그것은 다른 모든 국가의 영광을 뛰어넘는 것이었다."라고 말했다. 그리고 다음과 같이 말한다.

그들이 그토록 열심히 추구하는 덕성들이 그들에게 그런 영광을 준 것이다. …… 그들은 공동체의 부를 위해 개인의 부를 무시했다. 그들은 탐욕에 강경히 대항했고 흔들리지 않는 정신으로 국가에 충성했으며 법을 준수했고 어떤 불법적인 욕망도 갖지 않았다.[232]

반대로 하늘의 도시는 영원했다. 그곳에서는 "아무도 죽지 않기 때문에 아무도 태어나지 않는다. 그곳은 선이라고 할 수도 없는 곳이다. 그곳은 신의 선물인 진정한 지복(至福) 상태가 유지되는 곳이다. …… 그 도시의 태양은 선이나 악을 비추지 않는다. 선에 빛을 비추는 태양은 오직 정의롭기만 한 태양일 것이다." 아우구스티누스는 이 두 도시가 구현하는 가치들에만 관심이 있었다. 두 도시의 사법권이 어떻게 실행되는지에는 관심이 없었다. 그러나 인류의 내/외부적 삶에 그런 강하고 지속적인 구분을 하면서 '신국론'은 세속과 영성이 서로 단절하는 상황을 만들었다. 다신론의 세상에서 볼 때 이는 그다지 현명하지 않아 보였다. 두 도시의 계승자들, 즉 교황과 황제 사이의 길고 괴로운 싸움으로 이는 더욱 구체화되었다. 싸움은 결국 유럽의 통치자들이 교회와의 권력 싸움에서 승리를 거두는 것으로 끝이 났다. 후에 보겠지만 『신국론』의 분리는 아시아에서 도래한 끔찍한 권력(이슬람)과 연관한 서양의 뒤이은 투쟁의 역사에서도 확실한 영향력을 발휘한다.

아우구스티누스가 『신국론』을 쓸 때 그는 서양 로마 제국의 몰락이 이미 시작되었음을 목격하고 있었다. 그는 또한 '신의 도시' 내부에서 일어난 또 다른 종류의 분리도 인식했다. 비록 그것이 부를 결과를 예측하지는 못했지만 말이다. 395년 콘스탄티누스에 의해 일시적으로 합쳐졌던 로마 제국은 다시 한 번, 그러나 이번에는 영원히 나뉜다. 서로마 제국에서 동로마 제국은 (수도가 위치한 지역 이름을 따) '비잔틴 제국'이라 불려진다. 비잔틴 제국은 서로마 제국에 비해 훨씬 풍요롭고 강건했으며 더 방대했고 더 오래 지속되었다. 서로마 제국은 조금씩 쇠퇴하다가 내부적 혼란의 시기를 겪는가 싶더니 무정부 상태에 빠졌다. 결국 다양한 일련의 왕국들로 나눠졌다.

알라리크가 서로마 제국 국경에 나타났을 즈음 콘스탄티노플은 정말 새로운 로마가 되어 있었다. 콘스탄티노플은 중국의 서쪽에서 가장 큰 도시였다. 50만 인구가 살았고 그들을 먹여 살리는 데 필요한 곡식을 실은 배들이 1.5마일이나 되는 선창가에 줄지어 서 있었다. 심지어 비잔틴 제국 제2의 도시라 할 수 있는 안티오키아와 알렉산드리아도 당시 로마만큼이나 컸다. 복잡하게 아무렇게나 모여 있는 서로마 제국의 도시들과 달리 콘스탄티노플은 주거 건물이 마구 들어서기 전 옛날의 로마처럼 서로 교차하는 대로와 드넓은 광장으로 이루어졌다. 왕궁들은 (로마의 왕궁들이 그랬던 것처럼) 부분적으로 파괴되기는 했지만 여전히 아케이드와 열주와 내부 정원과 분수대가 있는 웅대한 건축물이었다. 후대의 한 아랍인 방문자는 경탄해 마지않으며 "그리스인(비잔틴인)은 귀금속을 많이 갖고 있다. 그들은 끝을 금박으로 수놓은 실크 옷을 입는다. 그들이 장신구를 갖추고 말에 오르는 모습을 보면 모두 왕의 아들처럼 보인다."라고 했다.[233]

동쪽(비잔틴 제국)의 문화는 점차 불가피하게 당시 로마 몰락 후 천천히 부상하던 서양의 라틴 문화와는 다른 길을 걸었다. 비잔틴은 1453년 오스만 제국에 의해 멸망할 때까지 항상 로마 제국이었고 거주자들은 스스로를 로마인이라고 생각했다. 그러나 (법 자체가 그리스어로 바뀐 것은 아니었지만) 법정과 종교적 언어는 점점 그리스어로 대체되었고 사회는 전반적으로 헬레니즘화했다. 비잔틴의 바실레우스(지도자, 황제)들 또한 서쪽과 비교하면 신정이 분리되지 않은 페르시아의 왕과 비슷하거나 헬레니즘적이었다. 그래서 바실레우스를 위한 정교한 왕궁은 거칠고 단순하고 '미개인'인 서양의 입장에서는 대체로 너무 사치스럽고 장식적이며 복잡했다. 아시아 세도가의 화려함과 별로 달라 보이지도 않았다. 지리적으로 비잔틴 제국은 대부분이 고대로부터 아시아였던 지역에 걸쳐 있었다. 동쪽 국경에는 고대 후기에 또 다른 강력한 힘을 과시했던 사산조 페르시아가 있었다. 이웃 나라들과 서로 적대적이기는 했지만 수시로 변하는 국경을 넘나드는 교역도 매우 활발했다. 7세기 초 기독교인들 중 많은 수가 현재의 이라크, 즉 사산조 '왕 중의 왕'의 정치적 권위 아래 살았다. 멀리 라틴 서양의 입장에서 그리스(비잔틴)는 이제 보스포러스 위쪽의 기독교도들보다 옛날에 적이었던 아시아인과 공통점이 더 많은 것 같았다. 현대의 어휘 '비잔틴'이 비잔틴 제국 혹은 비잔틴 제국의 사람을 의미하기보다는 뒤엉키고 왜곡되고 복잡하고 거짓일 수도 있는 뭔가 수상쩍은 것을 의미하게 된 데에 위와 같은 배경이 한몫을 했다.

동양에서 전개됐던 기독교는 서양에서 부상했던 기독교와 급속하게 달라지기 시작했다. 다른 점이 많이 있었지만 가장 뚜렷한 차이점은 교회와 국가, 성과 속의 관계에서 드러났다. 그리고 그것은 후대 동서양의 문화적, 정치적 모양새에 매우 다른 족적을 남길 가장 중요한 차이점이었다.

콘스탄티누스 황제에게 기독교가 다신교나 다른 종교적 관습처럼 정부의 도구가 되어야 한다는 것은 너무도 당연한 일이었다. 그리스인처럼 로마인도 오랫동안 그렇게 이해해왔다. 개인적으로 신을 어떻게 생각하든, 신을 믿는 안 믿든, 확실한 것은 그들에게 경건함이란 종교적인 의미만큼이나 정치적인 의무이기도 했다는 점이다. 그래서 베르길리우스는 로마 제국의 건국자 아이네아스를 "힘과 경건함이 놀라웠다."라고 묘사했다. 초기의 기독교 로마 제국은 그런 생각을 바꿀 아무런 이유도 찾지 못했다. 다신교인 황제들은 (비록 죽은 후 신격화될 때까지 기다려야 하기는 했지만) 말 그대로 신이었다. 그들의 통치권은 로마의 원로원이 갖는 것 같은 단순한 통치권이 아니라 오직 그들에게만 정당하게 주어진 반신비적인 힘이었다. 콘스탄티누스도 그의 계승자들도 결코 그와 같은 신성을 주장하지는 않았다. 주교들이 종종 상기시켜주기는 했지만 말이다. 그러나 그들은 불사의 신은 될 수 없었지만 늘 인간보다는 더 나은 어떤 것이었다. 스스로를 신격화하지 못할 때 그들은 두 번째로 좋은 방법을 채택했다. 바로 신과 통하는 인간의 대표가 되는 것이다.

다신교 황제들은 늘 최고 성직자라는 이름을 고수했다. 심지어 기독교로 개종한 콘스탄티누스조차 그 이름을 사용했다. 기독교가 승인되자 그런 이름을 더는 쓸 수 없게 됐지만 비잔틴 제국의 황제들은 계속 천상의 권위를 등에 업은 세상의 통치자로 비쳤고 또 그렇게 인식되었다. 그리고 그 세상은 이제 점점 더 기독교 공동체와 동일시되었다. 따라서 황제는 신의 땅의 태수가 되는 것이다.[234] 황제는 자신이 임명한 대주교에 의해 황제가 되었다. 보통 인간들과 다르게 황제는 성소에 들어갈 수 있었다. 종교 개혁 전까지 전 기독교 역사에서 보통 인간들은 성찬식에서 오직 그리스도의 살만 먹을 수 있었지만 바실레우스는 임명된 성직자처럼 그리스도의 살과 피 모두를 취할 수 있었다. 특정 축일이 되면 황제는 하기아 소피아의 '위대한 지혜의 성당'에서 설교를 했다. 이 땅에 신의 성당이 있는 것처럼 황제의 성당도 있어야 했다. 테오도시우스 2세(Theodosius Ⅱ)는 법규 438조에서 황제의 왕궁은 마구간까지 성스럽다고 선언했다. 황제는 법의 유일한 원천이었다. 유스티니아누스 황제를 신격화하는 말들을 보면 그는 '구속 없는 입법자'이고 법은 항상 그의 '솔직한 선의지'를 표현한다. 그리고 그 법은 세속적이지만 성스러웠다.

그렇다고 교회와 국가 사이, 총주교와 황제 사이의 갈등이 없었던 것은 아니다. 서양에서처럼 교회는 독립을 유지했다. 그리고 서양에서처럼 교회는 신을 대신해 신의 법을 해석하고 중재했다. 때문에 그것의 권위는 대부분의 교회 사람들의 입장에서 봤을 때 국가의 권위에 우선했다. 성 요하네스 크리소스토무스(St. John Chrysostom)는 "왕실 권력의 영역과 성직자의 힘의 영역은 다르다. 그리고 후자가 전자를 우선한다."라고 선언했다.[235] 최소한 이론적으로 비잔틴은 양두정치(두 개의 권위를 가진 정부)에 의해 통치되었다. 이는 또한 종종 인간의 두 부분, 즉 영혼과 몸으로 비유되기도 했다. 황제는 총주교를 선택했고 총주교는 대관식 전 황제에게 정통 교회의 신념을 선언하게 할 수 있고 또 그렇게 했다. 총주교와 황제는 서로를 폐위시킬 수 있었다. 906년 교황 레오 6세(Leo Ⅵ)가 그리고 1262년에는 황제 미카엘 파레올로구스(Michael Paleologus)가 폐위되었다. 그러나 그런데도 황제와 교회를 가르는 선은 사실 서양에 비해 동양이 더 정교했다. '위대한 교회'는 그 참혹한 최후까지 독립을 유지했고 권위로 일반인을 다스렸다.

교회의 승리

로마 제국이 붕괴된 후 서양은 교회와 함께 동양과 상당히 다른 역사를 겪었다. 알라리크의 고트족이 로마로 입성했을 때 제국은 이미 분열되어 있었고 명백하게 진전된 쇠퇴의 길을 가고 있었다. 약탈로 황폐화된 로마는 잠시 재건되는 듯했으나 476년 게르만족 오도아케르가 마지막 황제 로물루스(Romulus: 경멸하는 의미에서 '아우구스툴루스' 혹은 '작은 아우구스투스'라고 불렸다)를 폐위시켰을 때 결국 서로마 제국은 몰락했다. 그 옛날 로마의 시민 공동체는 차례로 영지제, 공국제, 공작령, 도시 국가, 주교의 관할구로 변해갔다. 이 모든 형태의 기반은 기독교였다. 그들이 말하는 기독교의 형태가 종종 논쟁의 여지가 없지는 않다. 하지만 (짧은 반란의 기간을 제외하고) 최소한 정신적으로는 유일하게 의미 있게 남아서 두루 통하는 교황이라는 힘에 묶여 있었다. 교황은 권리 면에서 군주였고 이탈리아와 중남부의 넓은 지역에 걸친 정치적 국가들의 명목상 우두머리였다. 그러나 그는 또한 종교적 공동체의 지도자였다. 그 공동체는 언젠가는 그들의 종교가 전 세계를 지배할 것이라고 늘 주장했다. 그 때문에 한때 세계를 지배했던 로마의 잔존하는 위상이 교황에게 위태로이 매달려 있었던 것이다.

5세기와 6세기 대부분의 유럽은 영원할 것 같은 혼돈의 상태를 보낸다. 771~778년 사이, 카롤루스 1세(Charles I: 후대에 카롤루스 대제 혹은 샤를마뉴 대제가 된다)가 분열되어 있던 프랑크의 유일한 통치자로 나섰고, 이탈리아 북쪽의 롬바르드 왕국을 정복했으며 오늘날 로우어 삭소니 지방과 베스트팔렌 지방의 부족들을 진압해 기독교화했다. 800년에는 교황 레오 3세(Leo III)가 로마 시와 로마인의 이름으로 카롤루스에게 '황제' 칭호를 수여한다. 서양의 로마 제국은 의미심장하게도 신의 은총과 함께 다시 한 번 태어난 것이다.

멀리 떨어진 지중해의 또 다른 한쪽 콘스탄티노플(비잔틴)은 일방적인 제국 건설을 고의적으로 기독교 세계의 단일성을 파괴하려는 시도로 보았다. 로물루스 아우구스툴루스 황제가 폐위된 이래 삼백 년 동안 황제는 언제나 한 명이었으며 늘 콘스탄티노플에서 살았다. 샤를마뉴 대제의 대관식은 콘스탄티누스 대제에서 시작됐던 황제 계승의 전통을 깨는 것이었다. 그 상황을 뒤엎으려던 여러 시도가 무산되자 비잔틴 법정은 마지못해 샤를마뉴를 또 하나의 황제로 인정했다. 그렇게 디오클레티아누쯔가 처음 만들었던 동과 서의 분리가 사실상 다시 재개되었다. 그리고 샤를마뉴의 대관식과 함께 동, 서 두 기독교 세계에서 오랫동안 폭발 직전에 있었던 불화가 표면으로 드러나기 시작했다.

대관식 후 샤를마뉴 대제는 '제국을 멀리 예루살렘까지 확장하는' 이상적 황제로서의 이미지를 되찾으려 했다. 그 노력은 후에 십자군 전쟁에 명분을 제공했다. 11세기 마스트리히트의 요쿤두스(Jocundus)는 "교회와 고국을 위해서라면 죽음도 두려워하지 않는 신앙심 깊은 샤를마뉴 대제는 전 세계를 돌아다니며 그리스도의 적을 물리쳤다."라고 기록했다. 정당한 전쟁이라는 기독교의 이상을 지키려 했지만, 그들이 '그리스도의 가르침을 받아들이지' 못할 때 샤를마뉴는 '검으로' 그들을 정복할 수밖에 없었다.[236)]

그러나 사실 샤를마뉴는 전 세계를 돌아다니지 않았고, 예루살렘을 정복하지도, 그다지 많은 그리스도의 적을 물리치지도 못했다. 게다가 기존의 유럽 국경 내에서조차 과거 로마의 위상을 전혀 회복하지 못했다. 924년까지 그가 만들어낸 제국은 이탈리아에 한정될 뿐이었다. 프랑스와 독일은 독자적인 왕국을 일으키고 있었다.

프랑스와 독일같이 후대에 유럽 특유의 '개인주의'로 거듭날 세력들이 이미 강해진 상태였다. 샤를마뉴 제국 같은 하나의 단일한 세력이 아무리 강해도 그들의 기세를 오랫동안 저지하지는 못할 상황이었다. 그런 개인주의적 세력들은 후대의 여러 유럽 국가를 만들었다. 12세기 중반 유럽의 왕들을 모두 '자신만의 왕국의 황제'라고 주장했고 샤를마뉴의 카롤링거 제국으로 남아 있던 부분은 점차 오늘날의 독일, 오스트리아, 헝가리, 네덜란드, 체코로 나뉘었다.

새 로마 제국을 창조하지는 못했지만 샤를마뉴는 한때 로마로 인해 발현되었던 보편주의의 재창조를 도왔다. 그 새 황제는 (과거 콘스탄티누스처럼) 교회의 보호자였다. 그는 기독교를 위한 '두 번째 검'을 쥔 사람이었다. 물론 첫 번째는 교황이 쥐고 있었다. 그런 샤를마뉴의 역할을 잘 알고 있었던 프레더릭 1세(Frederick I)는 1157년에 자신의 칭호에 '성스러운'이라는 말을 덧붙였다. 그러므로 그의 제국은 단순히 로마 제국의 구현일 뿐 아니라 '성스럽게'도 된 것이다. 프레더릭의 제국 같은 고대 로마의 아류들은 18세기에 볼테르가 비웃었던 것처럼 "로마의 재현도 아니고 성스럽지도 않았으며 심지어 제국이라고 할 수도 없었다." 그러나 그 국가들은 국제적으로 상당히 인정을 받았고 1806년 8월 나폴레옹이 유럽을 통일할 때까지 700년 동안이나 살아남았다.

이론적으로 서양의 황제는 기독교 세계의 공식적인 옹호자였고 교황의 무장 보호자였다. 그러나 현실은 달랐다. 샤를마뉴의 대관식은 수 세기 동안 폭발 직전이었던 성과 속 사이, 그리고 교황과 황제 사이의 싸움을 불러왔다. 지금까지 보아왔듯이 기독교의 가장 위대한 강점은 황제에 대한 책무와 신에 대한 책무를 분명하게 구분해 정치, 사회적 질서를 신의 감독으로부터 독립시켰다는 데 있었다. 그러나 힘이 점점 더 막강해져 가던 교회는 야망을 숨길 수 없었고 따라서 그 구분을 계속 유지하기가 힘들었다. 바울은 아마도 충실한 로마 제국의 시민이었겠지만 그의 계승자들은 신을 제외한 그 누구에게도 종속되려고 하지 않았다. 오히려 기독교 세계 안에 사는 세속적인 통치자들이 그들에게 종속되어야 한다고 믿기 시작했다. 비잔틴 제국에서는 황제가 교회의 힘을 이용하려 했던 반면, 서양에서는 교황이 황제의 권력을 가지려 했다.

1075년, 교황 그레고리 7세(Gregory Ⅶ)가 이른바 '교황의 훈령'을 반포해 27개 조항을 제시했을 때 문제가 전면에 드러났다. 훈령에 따르면 교황은 기독교 세계 전역을 통해 최고의 입법권과 사법권을 행사할 수 있었다. 또 세속적, 영적인 군주들을 폐위할 권력도 가졌다. 12번째 조항은 "교황이 주교를 퇴위시킬 수 있다."라고 주장했고, 20번째 조항은 "아무도 교황청의 결정을 비난할 수 없다."라고 선언했다. 그리고 정치적으로 가장 큰 파장을 일으킨 마지막 조항이 있었다. 그것은 "영주가 정의롭지 못할 때 교황이 그 영주에 대한 봉신들의 충성 맹세를 거둬줄 수 있다."라고 단언했다.[237] 모든 땅을 다 갖겠다고 주장하지는 않았지만 교황은 누가 그 땅을 갖고 어떻게 통치하는지 결정하는 모든 실질적인 권리를 갖겠다고 선언한 것이다. 그것은 교황의 권력이 절정에 달했음을 의미했다. 곧이어 교회의 변호인들이 교황의 훈령을 기독교인과 비기독교인을 망라한 모든 통치자와 국민에게 적용시켰다. 그레고리 7세는 1세기 중엽 안토니누스 피우스 황제가 주장했던 '모든 세상의 왕' 혹은 '전 우주의 감독관'이 된 것이다. 당연히 그레고리 7세는 황제로 하여금 심각하게 기독교를 의심하게 만들었다. 그것은 결국 교황에게도 좋을 것이 없는 일이었다.

그레고리의 훈령은 유럽의 모든 왕들에 대한 직접적인 도전이었지만 그 도전을 가장 위협적인 것으로 민감하게 받아들인 사람은 바로 당시 기독교 세계의 가장 의미심장한 비기독교도 통치자(최소한 이름만큼은 그랬다) 하인리히 4세(Heinrich IV)였다. 그레고리와 하인리히 사이에 소위 말하는 '서임권 논쟁'이 시작됐다. 표면적인 논점은 황제가 독점한 제국의 교구 내 주교들의 '서임(임명)권'이었지만 실질적인 논점은 (그레고리의 훈령이 확실히 보여준 대로) 교황과 황제 중 누가 기독교 세계에서 절대 통치권을 행사하느냐는 문제였다.

그레고리 7세의 선언에 대한 하인리히 4세의 응대는 즉각적이었고 그 결과는 극적이었다. 1076년 1월, 독일의 도시 보름스에서 열린 제국 의

회에서 하인리히는 그레고리가 "이제 교황이 아닌 엉터리 수도승"이라고
비난한 후 제국의 주교들에게 그를 퇴위시킬 것을 명령했다. 하인리히는
그레고리에게 "신의 은총에 의해 왕이 된 나 하인리히는 내 모든 주교들
과 함께 당신에게 물러나라고 말한다. 물러나 영원히 신의 저주를 받아
라."라는 매우 지각없는 말도 했다. 교황은 오히려 황제를 퇴위하는 것으
로 응수했다. 자신이 내린 훈령에 따라 황제의 부하들이 행했던 황제에
대한 충성의 맹세를 거둬들인 것이다. 그 틈을 타 그동안 야망을 숨기고
있던 독일의 영주들이 황제에 대한 충성심을 벗어던지고 '색슨 대반란'
을 일으켰다.

뒤통수를 맞고 반란을 진압할 수도 없던 하인리히는 회개만이 살 길이
라 생각했다. 그는 이탈리아 카노사의 성에 있던 교황을 만나기 위해 아
내와 아이와 함께 한겨울에 알프스 산맥의 몽스니 고개를 넘었다. 카노사
의 성벽 바깥쪽에서 하인리히는 고행자가 입는 마미단 셔츠와 로브를 걸
치고 교황의 승인을 기다리며 사흘 동안 맨발로 눈 속에 서 있었다고 한
다. 삼 일째 되는 날 그레고리는 하인리히를 만나줬고 하인리히가 교황의
훈령을 지키겠다고 약속하자 퇴위 명령을 거둬들였다.

화해는 극적이었으나 그리 오래가지는 못했다. 1081년, 반란 영주들
을 진압한 하인리히는 군사를 데리고 로마로 내려가 그레고리를 퇴위시
키고 그 자리에 더 고분고분한 교황을 앉히려 했다. 그레고리는 남부 이
탈리아의 노르만인에게 도움을 요청했다. 노르만인은 하인리히를 막는
데는 성공했으나 이탈리아 로마를 엉망으로 만들어버렸다. 이에 화가 난
로마인들이 구경만 하는 데서 벗어나 직접 교황을 남쪽으로 내쫓았다. 그
레고리는 그곳에서 1086년에 죽었다.

그 후에도 교회는 황제에 의해 꺾이기를 여러 번 반복하지만 그로부터

600년이나 계속해서 틈만 나면 교회가 세상의 주인이라는 발작적인 주장을 관철시키려 했다. 그리스도는 자신의 왕국과 이 땅의 왕국을 구분했을지 몰라도 마태복음의 그리스도는 "나에게 하늘과 땅의 모든 권세가 주어졌다."라고 선언했다.(「마태복음」 28:18) 13세기의 위대한 신학자 성 토머스 아퀴나스(St. Thomas Aquinas) 등이 결론 내렸듯이, 그 말은 곧 '세상의 진정한 주인'은 그리스도 자신이며 당시 황제 아우구스투스는 단순히 그리스도의 섭정임을 의미했다.

그러나 그렇게 대놓고 주장은 했어도 교황은 국가의 권위를 심각하게 위협하지는 못했다. 그레고리의 경우가 가장 위협적인 것으로 판명 났다. 왕과 왕자들은 기독교적인 삶을 사는 것처럼 보이려고 최선을 다했다. 후대에 마키아벨리(Niccolò Machiavelli)가 지적했듯이 기독교에 "왕들이 거부해야 할 성질은 전혀 없어 보였다." 종교성이란 경건함, 정직, 고결함에 대한 기대 같은 것이었는데 그것은 곧 신하들이 왕들에게 기대하는 것들이었다. 왕들이 실제로 준수해야 할 법은 세속적이었다.[238] 국가는 나름의 이성을 갖고 있었고 국가가 생각하는 한 그 이성은 대체로 문제의 소지가 없었고 앞으로도 없었다. 그 때문에 교회는 국가가 종종 범하는 비도덕적인 작태에 강경한 도덕적 입장을 내세우지 못했다. 가장 대표적인 예가 나치, 파시스트, 유대인 학살, 스페인의 프랑코 장군 정권에 대한 암묵적인 승인이다. 1956년 교황 피우스 12세(Pius XII)는 어떤 기독교인도 의식적으로 자신의 조국을 위해 봉사하기를 거절할 수 없다고 선언하기까지 했다. 그것은 국가의 법이 교회의 그리고 당연히 신의 법으로부터 독립되어 있다는 것을 보여주는 가장 극단적인 (그리고 가장 문제의 소지가 있는) 선언 중 하나였다. 피우스 12세는 "가톨릭은 법에 의해 정해진 의무를 다하고 국가에 봉사하기를 의식적으로 거부하지 않아야 할 것이다."

라고 했다. 심지어 그 법들이 성스러운 의미에서 "(인간의) 의식에 좋지 않다."라고 해도 말이다.[239]

교회가 세속의 일에 간섭하지 말아야 한다고 해놓고도 국가는 교회가 국가의 일을 이념적으로 지지하기를 기대했다. 기독교는 보편 인류라는 스토아적 개념과 로마의 보편 시민 세상 개념을 차용하는 것으로 새롭게 부흥하는 유럽의 군주 국가들에게 무한한 권력의 잠재적인 비전을 제공했으며, 그들은 그 비전을 갖고 전 세계로 나아갔다. 5세기에 이미 교황 레오는 로마가 가졌다는 '지상 세계'는 곧 '기독교인의 세계'가 될 것이라고 선언했다. 한 세기 후 교황 그레고리 1세는 그 기독교인의 세계를 '신성한 공화국'이라고 해석했다.

그렇게 교회는 스페인, 프랑스, 포르투갈의 해외 식민 제국 건설에 이념적 정당화를 제공했다. 포르투갈인은 서아프리카 해안에서 노예무역을 하면서 그것이 아프리카인에게 그들의 잃어버린 영혼을 찾아주는 것이라고 했다. 영적 노예 상태와 이교도 신들과 불결한 습관에 갇혀 있던 아프리카인을 자유롭게 하는 것이라고 선언하기도 했다.[240] 마치 노예무역은 신이 명한 일인데 어쩌다 수지맞는 사업이 된 것 같았다. 스페인은 세상에 믿음을 전파해 마지막 구세주가 내려올 수 있게 만반의 준비를 다한다는 명분으로 군사를 대동하고 중국 국경까지 쳐들어갔다. 프랑스의 선교사들은 모피 무역 직전 아메리카 인디언을 가톨릭으로 개종시키고 프랑스의 하인으로 만들기 위해 캐나다의 황야로 몰려들었다. 당연히 이 나라들은 신의 가치를 추구하면서 정치, 경제적으로 엄청난 덕을 봤다. 정치, 경제적 추구가 신의 가르침과 모순될 일은 절대로 없었다. 1624년, 영국 청교도 에드워드 윈슬로(Edward Winslow)가 멋지게 표현한 것처럼 이교도의 땅은 "종교와 수익이 같이 급등하는" 땅이었다.[241]

그런 식의 종교와 수익, 혹은 종교와 세속적 국가의 공존은 기독교가 궁극적으로 생각의 자유를 강조했기 때문에 가능한 것이었다. 신은 기독교도뿐 아니라 모든 인류를 위해 법을 내려 보냈다. 그 법 중에 열은 모세가 곧바로 받아 적었고 그 밖의 훨씬 애매한 윤리적 주장은 아들 그리스도가 이 땅에 내려와 직접 전했다. 그러나 그리스도도 말하지 못한 더 많은 것들을 신은 '자연의 책'에 새겨 놓았으니 그 책을 읽기 위해 인간은 신이 준 이성의 힘을 자유롭게 활용해야 했다.

눈가리개를 한 생각 없는 기독교 원리주의자만이 신이 그의 창조물에게 행복과 안녕을 직접 내려주었다고 주장할 것이다. 사실 신은 이성이 자유롭게 행사되기만 한다면 모든 개인이 (그리스 철학이 말했던) 행복과 자아를 실현할 수 있는 세상을 만들었다. 결국 중요한 것은 신의 명령이 아니라 자유의지와 이성이고 선택할 수 있는 개인의 능력과 권리이다. 기독교는 성과 속, 황제의 것과 신의 것의 분리를 창조했고 그것은 유대인도 이교도도 하지 않았던 일이었다. 역설적이게도 그런 구분으로 기독교는 그 중심 사상에 본질상 세속적이고 이교도적인 개념을 불러들였다. 바로 그리스-로마가 주장했던 인류의 보편성과 개인 이성의 위엄과 자유의 개념이 그것이다.

기독교는 다신교의 과거를 흡수하고 초점을 바꾸었다. 기독교가 이단을 맹렬하게 거부한 것은 사실이다. 그러나 고대의 신들이 모두 단순히 잘못되고 부패한 신이었을지 몰라도 그런 신들을 숭배했던 사람들이 만든 문화는 (아우구스티누스의 말처럼) 인류가 본 가장 위대한 것이었다. 오늘날 로마의 거리를 걷다 보면 우리는 다신교도가 만들어놓은 많은 건물과 마주친다. 그 건물들은 단순히 십자가나 기독교 성자의 이미지를 덧붙이는 것으로 기독교 성당으로 돌변했고 기독교의 상징이 되었다.

로마의 대극장 근처에는 트라야누스 황제의 기둥이 있다. 그것은 현대 루마니아인의 조상인 다키아인과 싸워 이긴 트라야누스의 승리를 기념해 113년에 세워졌다. 패배한 다키아 미개인들의 이미지가 기둥의 몸통을 나선형으로 둘러싸며 정교하게 조각되어 있다. 이들은 기둥의 꼭대기로 향하고 있는데 꼭대기에는 원래 트라야누스 황제의 조상이 놓여 있었다. 로마가 기독교 도시가 된 후 어느 시점에 이르자 트라야누스는 기둥의 꼭대기에서 내려와야 했고 대신 마찬가지로 제국적인 사도 바울의 조상이 올라갔다. 현대에 사는 내가 본 그 기둥에서 힘들게 위쪽으로 올라가려고 애쓰는 다키아인들은 이제 로마의 시민 공동체에 속하려고 애쓰는 것이 아니라 그리스도의 교회로 흡수되려고 애쓰는 것처럼 보인다. 교회의 승리를 가장 강력하게 보여주는 이미지인 셈이다.

겉으로는 강하고 통일되어 있는 것처럼 보였어도 서양의 기독교는 16세기 초까지 끝없는 내부적 불화로 신음하고 있었다. 결국 16세기 초 교회는 처음에 둘로 갈라졌다가 나중에 여러 개로 쪼개졌고 그 상태는 오늘날까지 계속되고 있다. 교리 혹은 계율에 대한 논쟁은 분리의 부분적인 이유였을 뿐이다. (종교적, 세속적인) 강력한 군주들에 대항해 어떻게 초기 기독교 복음 전파의 신념을 그대로 유지할 것인지에 대한 입장 차이가 기독교 분리의 더 큰 원인이었다. 종교적, 세속적 군주들은 기독교를 논란의 여지가 많은 자신들의 이득을 위해 이용했던 것이다.

기독교 세계를 괴롭혔던 또 하나의 가장 오래되고 심각한 문제는 기독교가 그것의 근원인 고대 아시아에게서 물려받은 한 문제로부터 파생했다. 그것은 모든 유일신 종교를 괴롭히는 가장 골치 아픈 문제이기도 한데 바로 영적 세상이 선과 악, 천사와 악마로 나뉘져 있으면서도 여전히 모든 것이 분리될 수 없는 하나의 신에게서 나왔다는 가르침이 내포하는 모순이었다. 그것은 악의 문제라고 하는데, 해결할 수 없는 문제였고 또 그렇게 해결하지 못한 채 오늘날까지 남아 있다. 원죄 이론, 신의 구속하는 은총으로부터의 타락 이론, 자유 의지론 같은 것들은 모두 창조자가 아닌 창조물에게 책임을 떠넘기려는 구실로 고안되었다. 그러나 그 이론 중 어떤 것도 성공하지는 못했다.

위의 모순에 대한 유일하게 진지하면서 강력한 해결책은 이원론의 형식을 빌리는 것이었다. 신의 성스러운 한쪽이 세상의 모든 좋은 것의 원천이고 그것과 끊임없이 갈등의 상태에 있는 또 다른 신의 사악한 쪽(혹은 또 다른 신)이 세상의 모든 악을 책임지는 것이다. 고대에 가장 널리 퍼졌고 가장 영향력 있던 이원론적 종교는 조로아스터교였다. 조로아스터교는 키로스 대왕이 제국을 창조했을 즈음 기원전 660~583년에 번성했다. 조로아스터가 기존에 존재했던 고대 이란의 신념 체계에서 얼마나 많은 것을 빌려왔는지는 알 수 없지만 뭔가를 빌려왔다는 것은 확실하다. 신은 자신을 반복해서 드러내고 싶어 하는 경향이 있다. 아베스타로 알려진 조로아스터교의 가장 오래된 경전 가타스(Gathâs)에서 조로아스터는 '성스러움의 공식을 소유한 인물'로 묘사된다. 다시 말해 모든 사도들이 그렇듯, 그도 유일하게 진정으로 증명된 사람이었다. 독창적이든 아니든 조로아스터의 가르침은 수많은 사람들을 끌어들였고 조금씩 성장했다. 그리고 다리우스 1세가 즉위했던 기원전 522년 아케메네스 제국에서 거의 공식적인 종교로 인정받았다.

조로아스터교는 우주를 빛의 원칙과 어둠의 원칙으로 나눈다. 두 세계 사이에서 벌어지는 우주적 싸움은 세상이 끝날 때까지 지속될 것이고, 그 영원한 싸움에서 언제나 빛의 원칙을 돕는 것이 모든 인간의 의무이다. 전갈 같은 어둠의 창조물을 볼 때면 언제나 밟아 으깨고, 늘 양심적으로 진실을 말해 선의 길을 따르는 것(헤로도토스가 높이 사는 페르시아인의 덕성 중 하나가 진실에 대한 고수였는데 이는 조로아스터교의 가르침과 연관 있을 것이다)이 빛의 원칙을 돕는 방법이다. 조로아스터교는 또 공기, 땅, 물, 불을 성스러운 것으로 간주했다. 그 때문에 조로아스터교도는 그 네 가지 중 아무것도 오염시키지 않기 위해 사체를 ('침묵의 탑'이라고 불렀던) 높은 나무 탑 위에 노출한 후 독수리가 와서 깨끗이 먹어치우게 했다. 조로아스터교는 계속적인 침략에도 살아남아 오늘날에는 멀리 인도 마하라슈트라와 구자라트의 배화교도들이 믿는 종교가 되었다. 하지만 유일신을 믿는 사람들은 대부분 조로아스터교를 변형된 형태의 다신론으로 생각한다.

241년, 마니(Mani)라는 이름의 또 다른 고대 이란의 사도가 신으로부터 메시지를 전달받는다. 그는 (사도 마호메트가 후대에 그랬듯이) 자신이 이전의 모든 계시를 드디어 완성할 것이라고 믿었다. 그는 멀리 인도까지 가서 다양하고 방대한 추종자를 모았다. 이전의 조로아스터처럼 마니도 악을 선이나 신과 구별하려 했고 또 조로아스터처럼 우주를 '위대한 아버지'와 '어둠의 아버지'라는 두 개의 원칙으로 나누었다. 거기까지는 조로아스터교와 다를 바 없었지만 마니는 거기에 생명의 어머니로서 성모 마리아를, 최초의 것으로서 그의 아들을 언급하며 구약과 신약의 신화를 덧붙였다. 또 선의 빛이 어둠의 영역인 물질세계에 뿌려졌다고 했다. 그래서 모든 것이 저주받은 것이다. 신은 아담이 태초부터 묶여 있던 물질세계로부터 그를 벗어나게 하려고 그리스도, 붓다, 조로아스터라는 일련의 구세주들을 내려 보냈다. 마니는 자신이 마지막 구세주라고 생각했다. 후에 마호메트가 주장했던 것처럼 마니도 '마지막 예언자'였다.[242] 마니는 처음에 사산조 페르시아 샤푸르 1세의 보호 아래 상당한 성공을 만끽한다. 그러나 그를 위협적인 존재로 보았던 조로아스터교 사제들이 그에 반대하는 맹렬한 집회를 열었고 결국 276년에 바흐람 1세(Bahram I)에 의해 투옥된 후 죽는다. 마니의 혼합주의는 방만하고 절충적이었다. 그것이 기독교, 조로아스터교, 불교, 그노시즘이 함께 싸움과 협동을 반복했던 그 지역에서 마니가 크게 받아들여질 수 있었던 이유이기도 했다. 아우구스티누스가 말했듯이 정통 기독교인이 봤을 때 마니교도는 "너무나 어리석기 때문에 하나님의 말을 듣지 못하지만" 그래도 "기독교인처럼 복음의 권위를 인식하고 있던 사람들이었다."[243]

모든 종류의 이원론처럼 마니교도 본질적으로 신도들이 특정 의식을 실행하며 세상의 끝을 기다리게만 하는 정적인 종교였다. 아우구스티누스는 "나는 그(마니교) 속에서 어떤 전진도 할 수 없다."라고 말했다. 아우구스티누스가 마니교를 혐오하게 만든 것이 바로 부동성이었다. 그것은 모든 종류의 인간 조건들, 용서, 기독교인이 지지하는 구원조차 무시했다.[244] 그것은 전형적으로 페르시아적인 것이었고, 따라서 고지식하고 융통성 없고 형식적이고 비인간적인 '동양적'인 것이었다. 297년, 마니교를 금지하는 칙령을 반포했던 디오클레티아누스 황제는 마니교를 '우리의 적 페르시아'의 창조물이라고 언급하는 것으로 모든 문제를 종결시켰다.

사산조 페르시아와 기독교에 의해 박해를 받았지만 마니교는 몽골, 투르크, 위구르인 사이에 널리 퍼졌고 한동안 그 지역의 국가 종교가 되기도 했으며 중국으로 넘어가서는 14세기까지 살아남았다. 마니교는 또한 강력했지만 상대적으로 짧은 생을 마친 많은 기독교 이단의 사상에도 흔적을 남겼다. 7세기 아르메니아의 바울파, 10~15세기 발칸의 보고밀파가 마니교의 영향을 받았다. 더 중요하게 12세기 카타르파(일명 순결파) 혹은 알비파가 있었고, 마니교의 영향을 받은 13세기 프랑스는 왕의 지지 아래 교회에 대항해 전쟁을 일으켰고 언덕 꼭대기에 지금도 랑그도크의 바위 풍경에 점으로 남아 있는 거대한 요새를 지었다.

카타르파의 몰락과 함께 서구 유럽에서 마니교의 흔적은 공식적으로 모두 사라졌다. 그러나 동양에서 마니교는 새로운 형식으로 살아났다. 그것은 아케메네스, 파르티아, 사산조 페르시아를 능가하는 힘으로 끝없이 서구 세상을 위협했던 이슬람이었다.

5장

이슬람의 도래

하나의 신과 하나의 법

628년 자칭 디흐야 빈 칼리파 알 칼비(Dihya bin Khalifa al-Kalbi)라는 사람이 예루살렘에서 비잔틴 제국의 황제 헤라클리우스(Heraclius) 앞에 나타났다. 그는 '양과 낙타의 사람'인 아랍인의 복장을 하고 있었다. 비잔틴 사람들은 아랍인 용병들과 수피(獸皮), 가죽, 정제버터, 양모를 파는 아랍인들을 알기는 했지만 그들에 대한 정확한 정보도 없는 데다 멸시하기까지 했다. 기독교인의 눈에 아랍인은 아브라함이 자신의 노예 첩 하갈(Hagar)에게서 얻은 아들인 이스마엘(Ishmael)의 후손이었기 때문에 사회적으로 영원히 무시해도 되는 족속이었다. 알 칼비는 단순한 메시지가 담겨 있는 편지 한 장을 가져왔다. 그의 스승이자 당시 아라비아 반도의 기묘한 공동체 지도자였던 예언자 마호메트(Muhammad)가 보낸 것이었다. 황제가 이슬람(Islam: 복종)이라는 이 예언자의 종교를 받아들인다면 황제와 황제의 왕국은 안전할 것이고 신은 그에게 '배가 되는 보상'을 내린다는 게 편지가 담은 메시지였다. 또 황제가 예언자가 요구하는 인두세를 지불하겠다고 동의하면 아랍과의 전쟁을 피할 수도 있다고 했다. 동의하지 않으면 파괴될 것이었다.[245]

헤라클리우스 황제가 그 뻔뻔스러운 요구에 어떻게 대답했는지는 전해지지 않는다. 마호메트 전기 작가의 주장에 따르면 황제는 비밀리에 마호메트를 복음서가 언급한 예언자로 인정했지만 자신의 기독교도 국민의 반발을 우려해 감히 아무런 행동도 취하지 못했다고 한다. 이는 거의 사실일 리 없다. 유사한 편지를 받은 페르시아 왕은 화를 참지 못하고 편지를 찢어버렸다. 동일한 세 번째 편지를 받은 에티오피아의 황제는 즉시 이슬람교도로 개종했다. 비록 그가 그 기쁨의 소식과 함께 마호메트에게 보낸 육십 명의 전령들은 바다 한가운데서 사라졌지만 말이다.[246]

그 편지들이 정말 전달됐다고 하더라도(모두 꾸며낸 이야기일 가능성이 크다) 그들 중 누구도, 심지어 에티오피아의 황제도 마호메트가 누군지 알지 못했을 것이다. 수 세기 동안 황폐한 외딴 곳이었던 아라비아 반도에는 한 무리의 사람들이 살고 있었다(아시리아인들은 그들이 군사적으로 강하다고 알고 있었다). 그들 중 일부는 페르시아와 비잔틴 제국 사이 국경을 따라 시리아 사막 가장자리에 흩어져 살았다. 요르단 사막의 아랍인을 포함해 오늘날까지 이어지는 대부분의 국경 사람들처럼 그들도 낙타로 이동하며 장사했고 양쪽 제국을 위한 군인이 되어야 했다. 4세기 말 로마의 역사가 마르켈리누스는 문명화한 도시 거주자가 유목민에 대해 가질 수 있는 모든 경멸을 담아 "그들은 집도 거주지도 법도 없이 끝없이 넓은 공간을 유랑한다. 그렇게 먼 거리를 매일 유랑하다 보니 여성들은 한 곳에서 결혼했다가 다른 곳에서 아이를 낳고 또 다른 먼 곳에서 그 아이를 기른다."라고 말했다.[247]

비잔틴 제국은 국경 지역에 기독교도-아랍인이 거주하는 경계 제주(諸州)를 뒀다. 포획을 즐기는 유목민이 자행할 수도 있을 최악의 약탈 행위를 막기 위해서였다. 후대의 또 다른 최강 제국 사산조 페르시아도 기독교도-아랍인이 거주하는 일종의 예속 국가를 둬서 국경 지역을 관리했다. 사실 아라비아 반도 사람들은 이 예속 국가에 살던 일련의 집단에게서 군사 기술을 배워 끊이지 않는 부족 간의 전쟁에 활용했다. 또한 그들 기독교도-아랍인에게 옷감 사용하는 법을 배웠고 와인 마시는 습관도 들여왔다. 후에는 와인을 너무 많이 마셔서 마호메트가 술 마시는 일을 금지하는 지경에까지 이르렀다. (마호메트는 술뿐 아니라 글쓰기도 금지했던 것 같다.) 그렇게 많은 정보들이 국경을 넘나든 덕에 아랍인들은 비잔틴 제국과 사산조 페르시아의 군사적 경향을 잘 알고 있었다. 그러나 콘스탄티노플이나 페르시아의 수도 크테시폰에는 급작스럽게 부상한 예언자에 대한 정보가 거의 없었다. 게다가 새로운 종교적 비전으로 인정받고자 했던 그의 주장은 더욱 터무니없었다. 그 새로운 종교가 맹렬하게 경건성을 지키려는 정통 교회와 조로아스터교를 대체할 운명이었는데도 말이다.

마호메트로 말하자면 우리는 많은 것을 알고 있다. 그러나 그의 생애에 대해 우리가 아는 것은 모두 (그리스도의 생애처럼) 그의 독실한 신봉자들이 실제 사건 후 많은 세월이 흐른 뒤에 기록한 것이기 때문에 대부분 믿을 수 없고, 좋게 말해 의심스럽다. 예언자 마호메트의 그래도 믿을 만한 전기에 따르면 그는 570~580년 사이에 아라비아 반도 북서쪽 히자르의 번성하던 상업 도시인 메카에서 태어났다.

그의 아버지는 하심 가계의 일원이었다. 북쪽의 가장 강력한 부족이었던 쿠라이시족 내부에서 존경은 받았지만 별로 두각을 나타내지는 못했던 집안이었다. 어머니는 '믿음이 강한 여성, 아미나' 라고 불렸다는 것과 주흐라 가계에 속했다는 것 외에는 별로 알려진 것이 없다. 마호메트가 태어났을 때 한 줄기 빛이 방출되었는데 아미나는 그 빛으로 멀리 떨어진 시리아의 보스트라 성을 볼 수 있었다고 한다. 그 때문에 아미나는 마호메트가 비범한 아이라고 생각했다. 그러나 마호메트는 어릴 때 부모를 잃고 삼촌 아부 탈립에 의해 길러진다(고아, 가난 등은 흔히 모든 예언자의 출발점이다). 소년이었을 때 그는 정직했고 종종 그 지역 분쟁에 중재자 노릇을 했는데 그 때문에 '확실한 사람' 이라는 별명을 얻는다. 스물다섯 살 즈음 마호메트는 상당히 나이가 많은 카디자라는 부유한 미망인과 결혼한다. 덕분에 사업에 성공하고 상당한 사회적 지위를 획득한다.

610년, 그의 나이 마흔 살 즈음 라마단이 끝나갈 어느 날 밤, 히라 산의 동굴에서 자던 마호메트는 천상의 목소리를 들으며 잠에서 깬다. 그 목소리는 자신을 신의 사자라고 말했다. 너무 놀란 마호메트는 아내에게 달려가 "나를 보호해 달라." 하며 울부짖었다고 한다. 그 목소리는 또 들려왔다. 이번에는 자신이 천사 가브리엘이라고 했고 마호메트에게 뭔가를 '낭송' 하라고 명령했다. 마호메트는 "무엇을 낭송해야 하나요?"라고 물었다. 천사는 대답 대신 마호메트를 자신의 팔로 감싸 안고 난해한 신의 말들이 그의 입에서 튀어나오게 했다. "너를 창조하고 피의 덩어리로 인간을 창조한 신의 이름으로 낭송하라. 신이 매우 관대하고 인간에게 인간이 모르는 것을 가르치기 때문에 암송하라."(『코란』 96. 1-5)

마호메트는 자신이 경험한 것이 신인지 사탄인지 알 수 없었다. 그러나 바히라(Bahira)라는 기독교 수도사가 마호메트의 경험이 모세의 것과 유사하다고 말해 그가 본 것이 신성한 것임을 확인해주었다.

그 후 죽을 때까지 마호메트는 가브리엘을 통해 정기적으로 신의 메시지를 전달받는다. 그는 또 인간으로서 그 유명한 천국 방문을 경험한다.

어느 날 밤 날개 달린 말을 탄 가브리엘이 마호메트를 예루살렘으로 데려간다. 거기서 이전의 세 예언자 아브라함, 모세, 예수를 만나고 그들을 기도로 이끈다. 그 뒤 '그가 본 가장 섬세한' 사다리를 타고 하늘로 오른다. 하늘에서 그는 생생한 지옥의 모습을 보고, 예수, 요셉, 아론, 모세와 잠깐 만나고 다시 천국을 본다. 천국에서 '검붉은 입술의 소녀'를 보지만 그 외의 별다른 묘사는 없다.[248]

650년, 마호메트가 죽은 지 열여덟 해가 되던 해에 마호메트의 제자 자이드 이븐 타비트(Zaid ibn Thabit)가 위와 같은 다양한 계시들을 모아 코란을 만든다. 코란은 '낭독 혹은 낭송'이라는 뜻이고 신의 말을 대체로 문자 그대로 작성한 것이라고 믿어진다. 코란은 물론 아랍어로 쓰였다. 열두 번째 행에 "확실히 우리는 당신에게 당신이 이해할 수 있는 아랍어로 된 코란을 주었다."라고 말한다.[249] 신이 마호메트에게 아랍어로 말했다는 사실은 새로운 성스러운 경전의 탄생과 함께 새로운 성스러운 언어의 탄생을 의미했다. 그 신성함은 너무 대단한 것이어서 이제 구태의연한 철자법이 되어버린 아랍어를 바꾸려는 시도조차 한때 그것으로 코란을 썼다는 이유로 신성모독이 되었다. 코란의 계시가 왜 그렇게 특정 시간에 특정 언어로 마호메트에게 주어졌는지 알 수 없지만 추종자들에게 코란은 만든 것이 아니다. 코란은 성스럽고 영원해서 절대 바뀔 수 없다.

코란은 다양한 길이의 많은 절로 되어 있고 법, 기도, 위험, 금지, 천국과 지옥의 묘사, 심판의 날, 유산, 살인, 도둑에 관한 문제, 아내를 대하는 법, 기도 전에 얼마나 씻어야 하는지(손에서 팔꿈치까지, 발바닥에서 발목까지), 성지 순례에서 어떻게 해야 하는지에 대한 내용으로 구성되어 있다. 무엇보다 가장 강조하는 메시지는 신이 하나라는 것과 그가 일련의 예언자를 통해 모습을 드러냈고 마호메트가 그 마지막이자 가장 위대한 예언자라는 것이다. 그는 '마지막 예언자'이자 '신의 사자'이기 때문에 그의 말은 말 그대로 신의 말이다.

코란은 무엇보다 (구약과 신약이 그랬듯이) 미래 인류의 행동 양식에 기준을 제공하려고 했다. 그러나 코란은 많은 부분이 불가해하고 단편적이며 법적인 관점에서 봤을 때 매우 모호했다. 때문에 마호메트 사후의 지도층은 재빨리 코란을 보충할 수 있는 또 다른 뭔가를 찾아내야 했다.

기독교도 유사한 문제에 직면한 적이 있었다. 성경은 매일같이 뜻밖의 사건이 터지는 빠르게 변하는 세상을 다루는 데 결코 코란보다 나았다고 할 수 없다. 그런 문제를 극복하려는 시도로 기독교는 세속적인 문제에 한해서 고전 시대 다신교적 세상의 정치, 윤리적 저작들을 참조했다. 너무 종교적이었던 이슬람 사람들은 그럴 수 없었다. 비록 훨씬 후대의 학자들이 고전 자료들을 상당히 적극적으로 채택하기는 했지만 말이다. 이슬람교도에게 모든 권위 있는 것은 어떻게든 신의 마지막이자 유일하게 믿을 만한 중재인 마호메트에게서 직접 나와야 했다.

마호메트 사후 몇 세대 후, 방대한 양의 하디스(전통)가 마호메트의 역할을 이어가기 위해 만들어졌다. 하디스는 예외 없이 예언자 마호메트로 귀결되는 말과 행동들에 대한 설명으로 구성되었다. 각각의 절은 "나는 그것을 누구로부터 들었고 그 누구는 또 다른 누구로부터 들었으며……그 누구는 예언자 마호메트에게서 듣거나 그의 행동을 보았다."와 같은 권위의 사슬을 전제한다. 어떤 말은 명백하게 거짓이고 또 어떤 말은 덜 거짓 같다. 그러나 모두 절대 믿을 만한 것은 못 된다. 이슬람 특유의 '타격과 인증'의 비평 방식은 어떤 말이 믿을 수 있고/없는지를 결정하기 위해 발달한 것이었지만 대체로 위와 같은 권위 사슬의 고리를 더 정당한 것으로 만드는 데 일조했을 뿐이었다.

비문자적인 사회에서 구전으로 정보가 전승되는 과정에 대해 어느 정도 일면식이 있는 사람이라면 그것이 좋게 말해 아주 부정직한 방식일 수 있음을 잘 알 것이다(물론 그리스도의 사후, 실제로 그가 말한 것이라며 기록되어 후세에 전해지고 이념적 목적을 위해 실질적으로 조작된 성경의 경우도 마찬가지다). 하디스는 공식적으로 편찬된 것이 아니었지만 그중 9세기 말에서 10세기 초에 만들어진 육전승집이 현재 폭 넓게 받아들여지고 있다.

메카에 살던 사람들은 대부분 다신교도였다. 모든 이교도들처럼 그들은 타인의 믿음 체계에 대체로 관대한 듯했다. 그들 중 누군가가 말했듯이, 인간이 스스로 제일 좋아하는 종교를 선택하지 못할 이유가 없었다. 그리고 간절히 원한다면 종교 하나를 만들어낼 수도 있는 것이다. 그들은 이슬람 초기에 마호메트가 자신이 받은 가브리엘의 메시지를 다신교도에게 전파하려 했던 것을 심각하게 생각하지 않았다. 비록 일부는 마호메트가 너무 심하게 유일신을 강조하고 우상 숭배를 지나치게 사악한 쪽으로 몰아가며 신의 심판이 급박하게 다가왔다고 말하는 것을 불만스럽게 생각했지만 말이다. 마호메트가 다신교도의 신들을 모욕하기 시작했을 때에야 그들은 마호메트에게 반감을 갖기 시작했다. 왕이라도 된 것이냐고 마호메트를 조롱하거나 그의 망상을 깨려고 사람을 파견하기도 했다. 그러나 조롱은 (가난과 마찬가지로) 모든 예언자가 감수해야 할 통과의례와 같다. 신은 다음과 같은 말로 마호메트를 위로했다. "네 이전의 사도들도 조롱을 당했다. 그러나 저들이 조롱했던 것이 저들을 속박할 것이다."(『코란』 6. 10)

종교적 이유뿐 아니라 상업적 이유로도 메카는 마호메트의 새로운 유일신적 완고함을 주시했다. 메카는 성지 순례의 도시였다. 그 중심에는 카바 신전이 버티고 있었는데 이슬람 도래 이전에 그곳은 아랍 부족민들의 신상인 후발(Hubal)이 모셔져 있었다. 동쪽 끝에는 (유성으로 추정되는) 검은 돌이 벽처럼 박혀 있는데 역시 숭배의 대상이었다. 메카의 위정자들은 성지 순례로 많은 덕을 보고 있었다. 그래서 마호메트가 성지 순례를 문제 삼지는 않았지만 그의 과격한 유일신 주장이 결국 자신들의 돈벌이에 지장을 줄 것을 걱정했기 때문에 마호메트를 박해하기로 결정했다. 그래도 한동안 마호메트의 위치는 그의 다신교도 삼촌 아부 탈립 덕에 비교적 안전할 수 있었다. 오히려 '이슬람교도', '신에게 순종하는 사람'이라고 자처하는 신봉자들이 위험에 노출되었고 마호메트는 그들을 모아 에티오피아로 피신시키기도 했다.

622년, 이슬람교도의 수가 하나의 독립 공동체를 만들 정도로 충분해지자 마호메트는 메카에서 북쪽으로 280마일 떨어진 오아시스 지역 야스리브로 옮겨간다. 그에게는 무하지룬이라 불렀던 70명의 동행자가 있었는데 그들의 후손은 후대 이슬람 역사에서 특권적인 위상을 획득한다. 마호메트의 생애, 즉 초기 이슬람 역사에서 '헤지라'라고 알려진 이 이주만큼은 연대가 확실하기 때문에 622년은 이슬람 음력의 원년이 된다.[250] 또한 이 이동은 이슬람 역사에서 혁명으로 기록된다. 메카에서 마호메트는 매우 주목을 끌기는 했지만 일개 시민일 뿐이었다. 그러나 이제 야스리브라는 '예언자의 도시(후에 메디나로 바뀜)'에서 마호메트는 공동체의 최고 결정권자였다. 메카에서 그는 이슬람을 설했으나 메디나에서 그는 이슬람을 그 도시의 종교로 만들었다. 그리고 이슬람 공동체 '움마'의 뚜렷한 형태가 만들어진 곳도 그곳 메디나였다. 마호메트는 그곳에서 '메디나 헌장[이 이름은 후대에 만들어진 것이고 그 성립 과정과 해석에 많은 이론(異論)이 있다]'을 만든다. 그것은 헌장이라기보다는 여러 가지 선언의 묶음이라고 봐야 할 것이다. 그리고 사실 당시 전통적 아랍 공동체 내의 재산, 결혼을 비롯한 여러 관계들을 조종하는 관습들을 재긍정한 수준에서 조금 더 나아간 것뿐이었다. 메디나의 공동체와 관련해 새로웠던 것은 신념 혹은 충성의 강조였다. 그것은 이슬람은 물론 결국 전 세계에 강력한 여파를 남겼다. 다른 부족처럼 아랍 부족은 피에 의해 정의되는 공동체로서 규모가 커지기에는 아무래도 한계가 있었다. 그러나 이슬람의 움마는 신념으로 만들어진 것이었다. 그것은 곧 무제한으로 확장될 수 있음을 의미했다.

그렇게 마호메트는 중세 법학자들이 말했던 하나의 '종교-국가적' 혹은 정치-종교적 공동체를 창조했다. 그는 또 그리스도가 그랬듯 보편 세상을 위한 가능성을 열었다. 그가 아니라도 최소한 그의 후손들은 확실히 이슬람을 통해 전 인류를 포용하려 했다. 사실 이슬람은 정치적으로 전 우주보다는 아랍 세상과 그 주변 세상에 더 집중했지만(특히 마호메트의 계승자 칼리프들의 경우가 그랬다), 마호메트 메시지의 보편주의는 이슬람의 힘과 호소력의 원천으로서 결코 무시할 수 없었다. 그 보편주의는 오늘날까지 살아남았다. 그 과정에서 이슬람은 수 세기 동안 어쩔 수 없이 기독교와 끝없는 갈등을 겪어야 했다.

기독교는 한때 기대했던 전 세계의 기독교화를 통한 인류 종말의 역사를 불러오는 것은 사실상 불가능하다는 것을 마지못해 받아들였다. 오늘날 대부분의 이슬람교도도 아마 (하디스에 나오는) 무장한 그리스도가 돌아와 팔레스타인의 리다 문에서 반기독교도를 살해하고 돼지들을 멸종시키고 모든 십자가를 박살낼 것이라는 이야기의 실현이 요원하고 어쩌면 무시해도 되는 이야기로 생각할 것이다.[251] 그러나 어떤 종교든 그 종교만이 유일한 진리고 다른 믿음은 모두 영겁의 저주라는 주장을 절대 완전히 포기하지는 않는다. 고대의 제국들이 사라진 이래 수 세기 동안 그 양대 종교가 유대교로부터 물려받은 것은 바로 보편주의라는 유산이었다. 그리고 그것은 그들 사이의 가장 확실한 갈등 요소였다.

그러나 여기 기독교와 이슬람의 중요한 차이가 있다. 지금까지 그리스도와 사도 바울을 통해 보아왔듯이 종교적 공동체는 아무리 보편적임을 주장하더라도 사회, 정치적 권위를 주장할 수는 없었다. 황제의 것이 단호하게 황제의 것으로 남았기 때문에 그리스도의 것은 단호하게 그리스도의 것으로 남을 수 있었다. 그리고 사실 기독교 입장에서는 그렇게 할 수밖에 없었다. 무신론자의 법이 아무리 독재적이더라도 그 법 아래 사는 기독교인들은 절대 자유로울 수 없었다.

그러나 마호메트는 다른 길을 선택했다. 메디나에서 그는 종교적 자치구와 함께 정치적 권위도 만들어야 했다. 그래야 자신의 종교적인 신념을 확실히 지킬 수 있었다. 그는 사실 새 부족의 족장이었다. 그러나 이전의 족장들이 (전사 사회의 지도자들처럼) 그를 선출하고 때에 따라 퇴출할 수도 있는 공동체에서 나오는 아주 제한된 권위를 가졌던 반면 마호메트에게는 신이 준 권력이 있었다. 메디나 헌장 중 한 조항은 "너희가 뭔가를 거부할 때마다 그 일은 신과 마호메트에게 알려질 것이다."라고 말하고 있다.[252] 예언자 마호메트는 절대적인 존재이고 어떤 간섭이나 도전도 받아들이지 않았다. 신은 마호메트에게 다음과 같이 말하게 했다. "나는 너희 모두에게 내려진 신의 사자이다. 천국과 땅의 왕국에 소속된 신의 사자이다."(『코란』 7. 157)

이슬람 사람들은 '옳은 일을 명하고 그른 일은 금지해야 할' 의무가 있고 신에 대한 봉사를 통해 행복을 얻어야 했다. 신에 대한 봉사는 다름 아닌 신에 대한 절대 복종이었다. 이슬람교도는 신자 공동체의 한 부분을 형성한다. 코란은 "선함을 부르고 옳음을 명령하고 그름을 금지하는 오직 하나의 공동체만 있게 하라(『코란』3. 104)."라고 말한다.[253] 그 안에 종교와 정치는 결코 분리되지 않을 것이었다. 마호메트는 콘스탄티누스 대제가 니케아 종교 회의에서 얻으려고 했지만 결국 실패한 성과 속의 완벽한 일치와 그 결과 얻어지는 황제의 신성화(신성에 의해 고무된 존재가 아닌 신성 자체가 되는 것)를 확실히 얻어냈다. 이슬람의 창시자는 '완벽한 콘스탄티누스'였다.[254]

그러므로 이슬람에서는 하나의 법만이 존재할 수 있다. 이슬람법 샤리아는 원래 '물이 흐르는 곳으로 통하는 길'이라는 뜻이다. 물이 흐르는 곳이란 이슬람이 생성된 사막 사회의 사람들이 매우 갈망하는 가장 축복받은 장소인 것이다. 샤리아는 울라마라는 율법학자들이 코란과 하디스를 바탕으로 신의 의지를 직접적으로 표현한 것이다. 모든 인간 활동과 관련한 신의 지시를 기록한 것으로, 실제로 종교, 정치, 사회, 가정, 개인적 삶에서 이슬람교도가 지켜야 하는 의무들을 기록했다. 울라마가 그것을 만들었지만 순수하게 인간적인 근원에도 불구하고 (다른 마호메트에게서 나온 것들처럼) 샤리아도 신에게서 나온 것이 되었다. 서양에서와 같이 세속적인 법이 존재할 수 있고 신의 명령보다는 인간의 지성이 법을 창조할 수 있고 그래서 법이 변할 수도 있고 관행에 따라 폐지될 수도 있다는 생각은 많은 이슬람교도에게는 이해할 수 없는 것이었다.

샤리아는 신의 법이기 때문에 영원하고 따라서 바꿀 수도 없는 것이다. 그렇다고 이성적인 평가의 대상이 될 수 없다는 뜻은 아니다. 샤리아가 특정 문제에 어떻게 적용될 수 있는지 결정하는 피즈흐(법해석)는 기도, 금식, 성지 순례 등의 방법을 지시하는 의식 부분과 사회적 관계의 문제를 해결하는 부분으로 뚜렷하게 나뉜다. 8세기 말부터 사회적 관계와 관련한 부분이 (서양의 사법체계와 비슷하게) 유추와 합의에 깊이 의존하는 뚜렷이 구별된 사법체계로 성립되었다.

많은 경우 매우 불분명한 샤리아의 해석 때문에 (이슬람에서도 결국 서양에서처럼) 마드함이라는 서로 경쟁적인 여러 법학파들이 생겨났다. 9세기경 그들 중 네 개 학파가 두각을 나타내더니 다른 법학파들을 포용하는 데 성공했다. 각각의 학파에는 창시자 겸 최고 전문가가 있었다. 아부 하니파(Abû Hanîfa, 767년 사망)의 하나피파, 말리크(Mâlik, 795년 사망)의 말리크파, 알 샤피(al-Shâfi'î, 820년 사망)의 샤피파, 이븐 한발(Ibn Hanbal, 855년 사망)의 한발리파가 사대 학파이다.

고대로부터 서양에서의 법은 인간이 필요해서 창조했다. 그런 법은 시민을 대상으로 하며 사실에 기반을 둔 실질적인 것이다. 그리고 사실과 존재는 스스로 변하는 본성을 가지고 있기 때문에 법 또한 반드시 변해야 하는 것이었다. 샤리아 또한 인간의 창조물이다. 그러나 그것은 서양의 법과 달리 관습법을 신의 말로 집대성한 것이었다. 그럴 경우 변화의 능력이 심각하게 손상될 수 있다. 신, 특히 유일신은 두 번 생각하지 않는다.

움마는 신권 정치 체제였다. 당시에 그것은 아주 특이했다. 마호메트가 아는 사람들, 즉 아라비아 반도가 면해 있던 비잔틴과 페르시아 같은 대제국의 누구도 (가끔 신의 지지를 다소 주장하기는 했지만) 자신들의 명령 혹은 신의 명령이 절대적이라고 주장하지는 않았다. 그리스도와 조로아스터는 둘 다 교회와 국가 사이의 권력을 확실히 구분했다(조로아스터는 그리스도와 비교해서 좀 약하기는 하다). 고대의 근동과 중동 사람들 중에 오직 수메르인만이 자신들의 역사가 사제 왕이 지배했던 사원 공동체에서 시작됐다고 말했다. 그렇다고 해도 그것은 건국 신화일 뿐이었다. 당시 아무도 그 사제 왕을 기억하지는 않았다. 그런데 사람들은 마호메트의 메시지와 그가 만들어낸 메디나 사회의 특이점을 대체로 눈치 채지 못하는 듯했다.

정치적으로 훌륭한 전략가였던 마호메트는 곧 전쟁에도 능한 사령관임을 증명한다. 메디나의 움마가 안정권에 접어들자 마호메트는 고향 메카로 주의를 돌렸다. 이슬람군이 624년 3월 바드르에서 메카 순례자 행렬을 놀랜다. 순례자들은 무사했지만 그들을 보호하려고 메카에서 파견된 군대가 이슬람교도 300명에게 대패했다. 보이지 않는 천사들이 그들을 도왔다고 한다. 공격의 성공과 천사들의 등장은 곧 신이 이슬람 편임을 알리는 표시였다. 코란은 "바드르에서 너희가 약해졌을 때 알라신은 확실히 너희를 도왔다. 알라에 충성을 다하라. 그럼 보답을 받을 것이다."라고 말한다.(『코란』 3. 123)

바드르에서의 승리로 이슬람 공동체의 권위는 한층 높아졌고 메디나에서 마호메트는 누구도 부인할 수 없는 막강한 지도자가 됐다. 그는 이제 마지막 남은 독립 집단인 유대교와 기독교에 대적할 만했다. 처음에 마호메트는 두 집단과 이슬람이 신학적으로 별로 다르지 않거나 전혀 다르지 않다고 생각한 듯했고, 그들을 설득해 이슬람에 흡수하고 싶어 했다. 그러나 그 생각은 틀렸고 그의 희망은 무참하게 부서졌다. 기독교도에게는 그들만의 예언자가 있었고 그는 더군다나 신의 아들이었다. 기독교가 마호메트 같은 일개 인간의 주장으로 성급하게 그리스도의 신성을 포기할 리는 없었다. 유대인은 이스라엘의 신이 아랍인을 가장 위대한 마지막 예언자로 선택했다는 발상 자체를 불쾌하게 생각했다.

이제 마호메트는 기독교와 유대교에 '마지막 예언자'의 출현에 대한 예언을 숨기려고 구약과 신약을 왜곡했다는 죄명을 씌운다. 마호메트에게 그리스도(『코란』에서는 '이사'라고 불린다)는 (성경이 주장했던 대로) 정말로 기적을 선보였던(『코란』 2. 253) 진정한 예언자였고 코란의 한 절에 따르면 이제 천국에 있는 자였다.(『코란』 3. 55) 그러나 그리스도의 신성에 대한 증명에 만족하지 못한 기독교도가 그리스도를 예언자에서 신으로 만들었고 예기치 못하게 십자가에 못 박혔다고 주장하면서 그리스도의 유산을 왜곡했다.

유대교와의 상황도 비슷했다. 마호메트는 유대교를 "신에게 복종하는 진정한 종교의 하나"로 인정했다.(『코란』 3. 60) 그러므로 아브라함은 세 유일신적 믿음의 궁극적인 원천인 것이다. 유대인은 이슬람에 아무런 대항도 하지 않았지만 '예언자의 도시(이슬람)'는 유대인의 완고함을 참을 수 없었다. 메디나에는 유대인 세 부족이 살고 있었는데, 그 첫 번째 바누 카이누카가 625년에 결국 마호메트의 권위에 대항해 반란을 일으켰다. 물론 실패했고 그들은 메디나에서 쫓겨났다. 그 뒤 바누 나디르가 마호메트 암살을 계획했다는 죄명으로 쫓겨났다. 두 부족은 메카에서 북쪽으로 수백 마일 떨어진 카이바르의 유대인 정착지로 들어갔다. 마지막 바누 쿠라이자 부족은 더 불운했다. 627년 메카의 군대가 메디나를 포위한 사건이 터지자 쿠라이자 부족은 메카의 스파이로 지목되어 대대적으로 학살당했다. 남자들은 살육되고 여자와 아이들은 노예로 팔려갔다. 후에 마호메트는 (나즈란의 기독교도에게 했던 것과 같이) 카이바르의 유대인들과 조약을 맺는 것으로 모든 문제를 타결했다. 그러나 모든 일은 후에 계속될 이슬람과 유대교/기독교 사이의 길고도 긴 불화의 서막에 불과했다. 코란은 다음과 같이 말한다. "그리고 유대인은 우자이르(에즈라)가 알라의 아들이라 하고 기독교인은 그리스도가 알라의 아들이라고 한다. 그들의 입에서 나온 소리다. 그들은 예전에 믿음이 없던 사람들(예를 들어 다신론자들)의 말을 흉내 내고 있다. 알라가 그들을 파괴하게 하라. 어떻게 그렇게

등을 돌릴 수 있단 말인가."(『코란』 9. 30)

조금씩 이슬람이 유대교와 기독교에 진 빚은 사라져갔다. 이슬람은 더는 유대교와 기독교 문헌을 그 출발점으로 높이 평가하지도 않았다. 이제 이슬람은 기존 유일신적 전통의 최종 수정판이 아니라 언젠가는 아라비아, 아프리카를 비롯해 멀리 인도네시아까지의 다양한 인종을 하나로 묶을 완전히 새로운 종교로 다시 태어났다.

630년 1월, 쿠라이시 부족과 마호메트 대표단의 거듭된 협상이 결렬되자 결국 이슬람군은 메카를 공격해서 점령했다. 쿠라이시는 거의 싸우지도 않고 항복했다. 예언자 마호메트와 그의 추종자들을 해했다고 고발된 사람들을 제외한 선량한 메카 사람들은 목숨과 재산을 부지했다. 도시 자체만 이교도 성지에서 이슬람 성지로 탈바꿈했다. 마호메트의 지팡이 끝에서 카바 신전 주변의 우상 360개가 기적처럼 부서졌다고 한다. 마호메트는 카바를 이슬람 성지의 중심으로 삼았다. 모든 이슬람교도는 최소한 일생에 한 번 그곳을 방문해 신전 주변을 다섯 번 돌고 가능한 한 그 안의 검은 돌을 건드리거나 입을 맞춰야 한다.

다른 두 유일신 사상과 비교할 때 이슬람의 신념 체계는 아주 간단하다. 이슬람이 성공한 이유는 바로 그 단순성이다. 이슬람은 별다른 믿음을 강요하지 않는다. 우리는 그저 일단 신을 믿고 그 신이 특정 시간에 특정 장소에서 특정 남자에게 중요한 메시지를 전달하고 난 후 침묵했다는 말을 믿기만 하면 되는 것이다. 그 정도는 모든 유일신 사상은 물론 경전을 갖는 대부분의 종교들이 강요하는 것이다. 이슬람 신학이 있지만 결코 기독교 신학처럼 본래적인 역설과 명백한 모순으로 점철되어 있지는 않다. 이슬람 안에도 기독교에서처럼 관념론, 신비주의, 금욕주의를 드러내는 종파들이 있다. 그러나 기독교를 그 시작부터 위협했고 마침내 16세기에 절대 화해할 수 없는 두 분파로 나뉘게 했던 종류의 불화는 없었다. 수니파와 시아파의 분리(곧 살펴볼 것이다)가 어느 정도 비슷하기는 하지만 그 분리도 가톨릭과 칼뱅주의의 분리처럼 흉포하지는 않았다.

독실한 이슬람교도에게는 16세기 기독교인을 서로 싸우게 했던 기독교 사상에서 보이는 신빙성과 일관성 부족 같은 건 드러나지 않았다. 이슬람에는 기독교에서 발견할 수 있는 복잡한 의식이나 계급도 없었다. 단순한 의식과 의례가 있기는 하지만 이슬람에는 종교적 기관을 의미하는 교회도 없었다. 울라마(Ulema, 페르시아어로 Mullas)라는 율법 학자 공동체가 있지만 계급이 나눠지는 것도 아니었다. 기독교(가톨릭)는 신이 인정한 권력자를 교황으로 임명했지만 이슬람은 마호메트를 제외한 누구도 신과 인간 사이를 중재할 수 없었다. 모든 모스크에 식승(式僧)이 있기는 했다. 하지만 그는 기도를 주재할 뿐이었다. 오스만 제국의 무프티스(샤리아의 해석자)나 오늘날 이란의 무즈타히드(시아파의 독자적인 법해석 전문가, 고위성직자-옮긴이)나 아야톨라(이슬람 시아파 고위성직자-옮긴이) 같은 성직자들이 다소 기독교 교회의 고위 관리와 비슷하다. 그러나 이란의 성직자조차 결코 기독교 성직자에게 수여된 종교적 권위를 갖지는 않는다.

의식과 예배식이 복잡하지 않기 때문에 이슬람으로의 개종도 놀랍도록 간단하고 빠르다. 개종자는 두 이슬람교도 증인 앞에서 큰 소리로 신념을 고백하기만 하면 된다. 신념 고백은 이제는 유명해진 한 문장으로 이루어진다. "우리의 신을 제외한 신은 없고 마호메트는 그 신의 사자이다."가 그것이다. 그렇게 고백한 개종자(이슬람교도, 즉 믿는 자)는 그 유일한 신이 시키는 일이라면 무조건 복종해야 한다. 즉 샤리아의 법 안에 살고, 신이 마호메트로 계시해 모든 이슬람교도에게 부과한 다섯 가지 계율을 지켜야 한다. 신념 고백, 하루 다섯 번의 기도, 자선, 라마단 한 달 동안 새벽부터 황혼까지 금식하기, 마지막으로 메카로의 성지 순례. 이 다섯 계율은 상황과 능력에 따라 횟수의 차이는 나겠지만 이슬람교도라면 최소한 일생에 한 번은 시행해야 한다.

이 모든 계율을 지키는 것으로 일반 사람들과 충돌할 일은 없다. 그러나 확실한 문제를 야기했던 또 다른 공동의 의무들이 있었다. 그중 가장 중요하고 가장 골치 아픈 것이 바로 지하드(聖戰: 이슬람의 신앙을 전파하거나 방어하기 위해 벌이는 이교도와의 투쟁 혹은 전쟁-옮긴이)일 것이다. 지하드는 원래 아랍어에서 '노력', '분투' 혹은 '투쟁'을 의미하고 일반적으로 '신의 길'이라는 말 다음에 온다. 일부 이슬람교도들, 특히 시아파 정통 신학자들이나 현대 개혁주의자들은 서양과 화해를 시도하면서 지하드를 영적 혹은 도덕적인 분투로 해석했다. 기독교인이라면 모든 비기독교인을 개종시킬 의무(규정 조항은 아니지만)가 있다는 말이 문제가 되는 것처럼, 이슬람교도는 모든 비이슬람교도가 이슬람을 받아들이게 해야 한다는 것도 그렇다.

그러나 마호메트는 지하드와 관련해서는 특히 마니교도의 관점을 확실히 받아들였다(이슬람 자체도 마니교와 유사점이 많다). 코란에 밝혀진 신의 메시지는 종종 (이슬람교도조차) 이해하기 힘들지만, 포교에 관해서 만큼은 전혀 논란의 여지가 없다. 신은 세상에 그의 사람과 그의 적, 그렇게 두 종류만 있다고 단언한다. 코란의 두 번째 장은 말한다. "지금은 거짓에서 진실이 발현되는 때다. 신은 믿음 있는 자의 친구이다. 신은 그들을 어둠에서 빛으로 인도한다. 우상들은 믿음 없는 자의 친구이다. 우상이 그들을 빛에서 어둠으로 인도한다."(『코란』 2. 257-259) 그 믿음 없는 자가 자진해서 자신의 우상을 파괴하지 않으면 무력으로 그렇게 하게 해야 한다. "오 예언자여! 믿음 있는 자들에게 전쟁을 일으키게 하라. 너희들 중에 이십 명의 끈기 있는 자가 있다면 이백 명을 이길 것이고 백 명이 있다면 천 명을 이길 것이다."(『코란』 8. 65) (뒤이은 절에서는 그 숫자가 점점 덜 낙관적이 된다.) 그러므로 많은 법학자가 지하드를 군사적 의무로 해석했다. 하디스는 "쏘는 법을 배워라. 궁수와 표적 사이의 공간에 천국의 정원이 있다."라고 했고 "전쟁에 참여하지 않고 죽은 사람은 믿음 없이 죽은 것과 마찬가지다."라고도 했다.[255)

전통적으로 이슬람에서는 세상이 이슬람의 영역과 전쟁의 영역으로 나눠진다. 전쟁의 영역은 물론 모든 이교도를 위한 영역이다. 그 둘 사이에는 끝없는 전쟁만이 존재한다. 전 세계가 마호메트의 계시가 진실이라고 받아들일 때까지 계속될 전쟁이다. 전쟁은 물론 지하드이다. 예를 들어 오스만 제국은 기독교에 대항한 투쟁의 최초 목표지인 베오그라드를 '지하드의 영역'이라고 불렀다. 지하드는 곧 신의 전쟁이다. 지하드의 의미는 학자에 따라 다를 수 있다. 그러나 한 가지는 확실하다. 지하드는 결코 사라지지 않는다. 그 두 영역 사이의 어떠한 법적 평화 조약도 불가능하다. 가끔 휴전이 생기기도 했지만 결코 10년을 넘기지 못했다. 확실한 이슬람교도는 마지막 승리를 거둘 때까지 결코 전쟁을 멈출 수 없다고 생각한다. 그리고 그 승리는 반드시 올 것이다.

모든 이교도는 이슬람의 적이고 신의 시간이 완성될 때까지 그들을 개종시키거나 최소한 이슬람의 통치 아래로 귀속시켜야만 한다. 하지만 이교도라고 다 같은 것은 아니었다. "신성한 책을 따르는 사람들", 즉 유대인과 기독교인은 다소 예외에 속했다. 이들은 마호메트에게 코란을 계시한 바로 그 신으로부터 계시를 받은 책을 소유하므로 어느 정도는 인정된 종교를 따르는 셈이었다. 때문에 단순한 다신론자나 우상 숭배자와는 구별되었다. 기독교-유대인의 종교는 (늘 그랬던 것은 아니지만) 대체로 원칙적인 인정을 받았다. 이슬람 법에서 이들은 '보호받는 사람들'이었다. 따라서 이슬람은 그들이 고유한 관습을 따르고 그들만의 지도자를 갖도록 허락했다. 그런 관용은 후에 오스만 제국 통치에 중요한 역할을 했던 밀레트 제도의 기초가 되었다. 그러나 '보호받는 사람들'은 오늘날의 '이등 시민'과 같았다. 그들에게는 공공장소에서의 기도나 종을 울리는 것과 같은 야외에서 치르는 의식이 모두 금지되었다. 그런데도 자신들의 종교를 실천하는 대가로 매해 인두세를 내야 했다. 또한 새 성전을 짓는 것도 금지되었고 이슬람교도를 개종시키려 하거나 이슬람을 모욕하는 행위는 사형까지 갈 수 있는 최악의 범죄였다. 말을 타는 것, 이슬람교도 이웃의 집보다 더 높은 집을 짓는 것, 이슬람교도 노예를 두는 것도 금지였다. 또 이들은 신분을 표시하는 장식띠를 차고 다녀야 했다. 경우에 따라 조로아스터교도와 무굴 인도의 힌두교도들도 '보호받는 사람들'에 속했다. (하나피와 말리크 법학파는 그 범위를 비이슬람교도 전체로 넓히기도 했다.) 이 법은 매우 관대했던 초기 아바스 칼리프 시대부터 알 무타와킬(847~861)이나 알 하킴(996~1021)처럼 매우 박해가 심했던 시대까지 상당히 다양한 시대에 걸쳐 이슬람이 고수했던 법이었다.

그런 법은 사실 다른 신념 체계에 대한 관대함을 제한하는 것이었다. 많은 현대 서구인들과 원칙적으로 무신론자인 지성인들, 그리고 심지어 많은 이슬람교도조차 그런 점에서 이슬람을 비난한다. 이 법은 (자주 생각 없이 가정되는 것과 달리) 신의 의도에 대한 타인의 해석을 나의 해석과 마찬가지로 받아들이겠다는 뜻이 아니었다. 이 법은 그저 내가 틀렸다고 알고 있는 사람들의 존재를 참겠다는 뜻이었다.[256] 그러나 그런 자세는 최소한 17세기까지 대부분의 기독교 공동체가 가졌던 자세보다는 훨씬 나은 것이었다. 콘스탄티노플 정부의 모든 박해와 학대의 대상이었던 네스토리우스교도나 단성론자들처럼 그리스 교회에서 이탈한 사람들은 정통 기독교 정부 아래서의 삶보다 '보호받는 사람들'이 되더라도 이슬람 정부 아래서의 삶을 선택했을 것이다. 그리고 19세기 후반까지 유대인들도 기독교 정부보다 이슬람 정부를 더 선호했다.

후계자들의 충돌

이슬람 사회 특유의 단일성, 종교와 정치의 융합, 세속적 법 개념의 부재는 극도로 거친 아라비아 반도의 부족들에게 이전에 전혀 겪어보지 못한 통일성을 주었다. 마호메트는 유대교와 기독교의 유일신을 취한 후 그것을 전혀 다른 아랍의 종교로 탈바꿈시켰다. 그 과정에서 마호메트는 아랍인에게 처음으로 공통 문화에 기반을 둔 단일한 정체성을 갖게 했다. 영원히 지속될 단일성은 아니었다. 그러나 적어도 단일성이 존재했던 동안 아라비아 부족들은 무시무시한 정복력을 나타냈다. 이슬람 이전 고대 그리스-로마의 유럽과 아시아는 삶에 대한 서로 다른 관점 때문에 싸웠다. 이슬람의 도래로 유럽과 아시아는 이제 두 가지 서로 다른 믿음 때문에 싸우게 된다.

메카 정복 후 마호메트는 아라비아 반도에서 가장 부유한 시장과 오아시스 지역을 장악할 수 있었다. 지역 부족장들은 마호메트의 도움이 필요했다. 632년 6월 8일 마호메트는 사망했지만 많은 부족장들이 여전히 그에게 영원한 충성을 맹세했고 일부는 이슬람으로 개종했다. 그러나 마호메트의 죽음은 움마에 심각한 문제를 일으켰다. 메디나에는 아무런 정부도 명령 체계도 정치적 기구도 없이 오직 마호메트만 있었는데 그가 죽으면서 후계자에 대한 아무런 언질도 주지 않았던 것이다. '마지막 예언자'가 어떻게 후계자를 언급할 수 있었겠는가? 사막에 거주하던 많은 부족민들도 유사한 생각을 했다. 그들은 어떤 기관이 아닌 한 남자에게 충성을 맹세했으니 그가 죽은 지금 그 충성도 끝이 났다고 생각했다.

한 가지는 분명했다. 누가 미래 이슬람 국가의 통치자가 되든지 그는 반드시 마호메트처럼 (그보다는 약간 부족하겠지만) 신의지의 현현으로부터 권력을 가져야 했다. 그 말은 곧 계승자는 어느 정도 마호메트 가족의 일원이어야 한다는 뜻이었다. 확실한 후보자들 사이에 벌어졌던 싸움이 끝나자 서서히 아부 바크라(Abu Bakra)가 유력해졌다. 그는 헤지라 당시 마호메트의 동행자 중 한 명으로 그의 딸 아이샤는 마호메트의 아내 중 한 명이었다. 그는 스스로를 '신의 예언자의 계승자'라는 말로 치장했고 결국 칼리프로 지목됐다.[257]

아부 바크라의 첫 번째 사명은 마호메트 사후 일탈했던 부족들을 무력을 써서 다시 끌어들이는 것이었다. 결과적으로 리다 전쟁이 터졌다. 633년 전쟁이 끝났을 때 아부 바크라는 엄청난 군대를 소유하게 됐지만 그 군대로 할 일은 없어졌다. 아라비아는 이제 평화로웠다. 하지만 아라비아 역사에 평화란 없었다. 마호메트가 마지막 메카 방문을 했던 해에 그는 "모든 이슬람교도가 이슬람의 국경이고 이슬람교도는 모두 형제다. 서로 싸우는 일은 피해야 한다."라고 말했다. 또 "이슬람교도는 저들이 '우리의 유일신 외에 어떤 신도 없다'고 말할 때까지 저들과 싸워야 한다."[258] 아랍은 이미 첫 번째 명령을 준수하고 있으니 이제 두 번째 명령에 전력을 다할 때가 되었다. 이슬람의 관심은 늘 적대적인 황량한 사막 밖에 있는 좀 더 풍요로운 땅으로 옮겨가기 시작했다.

7세기 중엽 중동 지방은 북아프리카 역사가 이븐 할둔(Ibn Khaldûn)과 위대한 사상가 로젠탈(Franz Rosenthal)이 "당대의 두 위대한 세력"이라 했던 비잔틴 제국과 사산조 제국이 나눠 갖고 있었다.[259] 어떤 점에서 두 초강국은 (모든 초강국이 그렇지만) 서로 비슷했다. 예를 들어 둘 다 알렉산드로스의 유산을 유지하고 있었다. 그러나 비잔틴이 헬레니즘화한 기독교 국가라면 226년에 파르티아를 이어받은 사산조 페르시아는 알렉산드로스와 그의 계승자들이 파괴한 아케메네스의 유산을 회복하는 데 열심이었다. 사산조는 예언자 조로아스터에서 파생한 다소 엉성한 믿음 체계를 마즈다이즘이라고 알려진 공식적인 신앙 체계로 발달시켰다(아후라 마즈다를 숭배한다). 그들 이전의 파르티아처럼 그리고 그 이전의 아케메네스처럼 사산조 페르시아는 서양 이웃 나라와 거의 끝없는 전쟁을 치러야 했다. 처음에는 그리스, 다음에는 로마, 그리고 이제는 비잔틴 제국인 것이다.

602~628년 비잔틴과 페르시아는 일련의 전쟁을 치렀고 결국 둘 다 힘을 잃었다. 615년, 호스로우 2세(Khusrau Ⅱ)가 이끌던 페르시아 군대는 예루살렘을 점령하고 예수가 못 박혔던 십자가를 수도 크테시폰으로 가져갔다. 619년, 페르시아는 이집트로 들어가 알렉산드리아를 점령했다. 그로써 실질적으로 옛 아케메네스 제국은 회복되었다. 그러나 그리 오래가지는 못했다. 628년, 비잔틴 황제 헤라클리우스가 군대를 대동하고 호스로우의 궁전이 있던 다스트라기드로 들어가 십자가를 다시 찾아온 것이다. 같은 해에 두 제국 간의 마지막 평화 협정이 이뤄진다. 그러나 사산조 귀족들은 제국이 이미 분열되고 작아졌다고 생각했다. 지나친 확장주의의 야망은 사산조 페르시아의 내부적 응집력의 유일한 원천이었던 왕실을 향한 충성심에 심각한 손상을 불러왔던 것이다. 반란의 위험에 노

출된 사산조와, 마찬가지로 세력이 약해진 비잔틴은 착실하게 접근 중이던 이슬람 세력을 도저히 감당할 수 없었다.

635년, 아랍은 페르시아를 유프라테스 강 건너까지 몰아붙였고 히라를 합병했다. 9월, 승리의 환성을 지르던 아랍군이 비잔틴의 다마스쿠스로 들어갔다. 일 년 안에 비잔틴 황제 헤라클리우스는 시리아를 포기했고 아랍은 재빨리 안티오키아와 알레포의 주요 도시들을 함락했다.

승리한 아랍군은 모든 정복지에 똑같은 원칙을 적용했다. 즉 그곳 사람들이 아랍군에 복종하는 한 무력행사는 없었다. 그것은 그 후 이슬람 정복 정책에 주요 원칙이 되었다. 또 정복지 사람들은 인두세를 내겠다고 동의만 하면 자신들의 종교도 무사히 지킬 수 있었다. 그리고 다마스쿠스의 정복자 할리드 이븐 알 왈리드(Khalid ibn al-Walid)가 그곳 기독교도에게 말했듯이, 정복지 사람들은 "알라와 계약을 하는 것이고 알라의 예언자와 칼리프와 신자들의 보호를 받을 것이었다."[260]

637년, 사산조의 새 대제 야즈데게르드 3세(Yazdegerd Ⅲ)는 제멋대로 날뛰는 미개한 무리에게 단호한 공세를 취해 잃었던 땅을 되찾겠다고 결심했다. 그의 유능한 장군 루스탐은 야즈데게르드에게 유프라테스 강 동쪽에 남아 아랍군이 그들의 본거지인 사막에서 나오게 하여 지리적인 이점을 이용해야 한다고 은밀하게 충고했다. 일단 아랍인이 강을 건너 평야로 나오면 그들에게 익숙하지 않은 십자로 교차하는 해협이 나올 테고 그럼 승리는 시간문제였다.

그러나 야즈데게르드는 그 말을 들을 생각이 없었다. 그에게 아랍은 하찮은 대상이었고 그들이 나오기를 기다린다는 것은 제국의 위엄에 누가 되었다. 637년 초, 2만 명에 달하는 페르시아군은 유프라테스 강을 건너 사막으로 들어가 지금의 나자프 시에서 약간 남쪽에 위치한 카디시아에서 훨씬 적은 병력의 아랍군을 만난다. 루스탐이 예측했듯이 아랍군은 사막을 잘 이용할 줄 알았고 3일간의 전투 후 페르시아군은 전멸했다. 그 패배는 페르시아에서 사산조의 몰락을 가져왔다. 그리고 그것은 곧 이슬람의 시작을 의미했다. 그것으로 전투 자체가 아랍 역사상 매우 상징적인 순간이 되었고 아직도 그렇다. 아랍인에게 그 전투는 단순히 이교도를 상대로 승리를 거둔 전투가 아니었다. 한때 가공할 힘을 휘둘렀던 잔인한 적수를 영원히 무찌른 것이었다. 이슬람교도 입장에서 그 승리는 페르시아인을 그들의 불합리한 종교는 물론 늘 억압적이었던 그들의 왕으로부터 해방시켰던 매우 역사적인 순간이기도 했다. 아랍인 중 한 명이 말했다. "우리 아랍인은 모두 평등하다. 우리는 전쟁 상황을 제외하고는 서로를 노예로 만들지 않는다."[262]

카디시야 전투는 수 세기가 지나도 여전히 강렬한 기억으로 남아 있었다. 1980년에 사담 후세인(Saddam Hussein)이 이란을 상대로 전쟁을 일으켰을 때 바트당은 그것을 덕 있고 (사담 후세인의 이라크에서) 여전히 '평등한' 아랍과 사악한 이란인 사이의 전쟁이라고 선언했으며, '사담의 카디시야' 혹은 '제2의 카디시야'라고 선전했다. 전쟁이 터지기 직전 할리우드가 제작에 관여한 카디시야 전쟁 영화가 바그다드 시 외곽에서 촬영을 시작했다. 이라크 혁명 위원회 부대변인의 설명에 따르면 영화 촬영의 목적은 과거 역사를 살아 있는 것으로 불러내고, 이라크 청년들이 국가와 아랍 세계를 위해 그들의 아버지가 1,400년 전 같은 적을 상대로 싸웠던 것처럼 전쟁에서 자신을 희생하도록 격려하는 것이었다. 카디시야 전투에서 페르시아군은 아랍군보다 규모가 컸고 훨씬 잘 무장되어 있었지만 신과 기술과 용기와 확신이 있었던 아랍군이 이겼다. 그렇게 사담의 군대도 새로운 '페르시아군'을 파괴할 예정이었다. 카디시야 지방에 사는 맹인 여덟 명은 옛날 카디시야 전투에서 한 맹인이 아랍군의 깃발을 잡고 선두에 섰다는 사실에 고무되어 이라크군에 합류하겠다고 나섰다.

페르시아인의 입장은 당연히 또 달랐다. 이슬람은 페르시아에 진리를 전달하고 아랍은 페르시아인을 군주로부터 자유롭게 했을지 모르지만, 덕분에 수십 세기의 역사를 자랑했던 오랜 페르시아의 문명이 몰락했다. 4세기 후 이란의 국가 서사시로 남게 될 「샤나마(Shah-Namah)」를 썼던 페르시아의 위대한 시인 피르다우시(Firdausi)는 카디시야 전투를 다음과 같이 묘사했다.

저주받은 세상, 저주받은 시간, 저주받은 운명,

그 야만스런 아랍인이

나를 이슬람교로 개종시키려고 왔다.

용감한 전사와 사제는 어디에 있느냐?

공격 분대는, 너희들의 위업은, 전쟁의 자세는,

조국의 적을 파괴했던 위대한 군대는 어디에 있느냐?

고결했던 페르시아는 폐허와 같고

사자와 표범의 매장지와 같다.

보라 현재를 그리고 절망을.

야만스런 아랍인이 유프라테스 강을 건너 크테시폰으로 들어왔다. 도시의 보물들은 634년 아부 바크르를 계승했던 우마르(Umar)에게 보내졌다. 통설로는 우마르가 메카의 카바 신전에 모셔져 있던 호스로우의 왕관을 가졌다고 한다. 이제 이슬람의 세계 정복이 임박한 듯했다. 그즈음 쓰여진 것으로 추정되는 하디스는 확신으로 가득하다. "너희들은 확실히 콘스탄티노플을 정복할 것이다. 훌륭한 군대와 수장이 콘스탄티노플을 점령할 것이다." 또 다른 곳에서 예언자 마호메트는 콘스탄티노플뿐 아니라 심지어 로마 자체의 몰락까지 예언한다.[263]

몰락한 사산조 제국의 새 주인 칼리프 우마르는 거대한 체구에 긴 수염을 길렀다. 마호메트를 모방해 소박한 옷을 걸치고, 채찍을 숨긴 채 메디나 거리를 걸어 다니곤 했다. 마호메트의 법을 위반하는 사람을 발견하면 누구든 가리지 않고 매질을 하기 위해서였다. 그 때문에 그는 존중은 받았지만 인기는 없었다. 644년, 개인적으로 불만을 품었던 페르시아 노예가 그를 암살했다. 우마르의 계승자 우스만(Uthmân)은 메카의 우마이야 부족 출신으로 마호메트의 사위 중 한 명이었다. 우스만은 아랍의 영역을 서쪽으로는 이집트와 리비아로, 동쪽으로는 호라산, 북쪽으로는 오늘날의 트빌리 시, 즉 카프카스까지 확장했다. 그러나 종교적 확신과 약탈의 욕망으로 뭉쳐 있던 아랍 사회의 표면에 서서히 불화가 찾아들기 시작했다. 마호메트와 직접적 연관이 없던 후세대 개종자들은 정복지에서 높은 권력을 누렸다. 아라비아 본토 사람들은 권력이 점점 더 풍요롭고 인기 있는 북쪽의 시리아와 이라크 땅으로 빠져나간다고 생각했다. 메디나로의 헤지라를 이끌었던 무하지룬의 후손인 이슬람 귀족들로서는 위기감을 느끼지 않을 수 없었다.

우스만은 쿠라이시족의 작은 집단에 의해 선택된 사람으로, 메디나 입장에서는 이것이 메카 쪽에서 지나치게 권력을 탐하고 있는 것으로 보였다. 또 우스만은 족벌주의가 강하고 편애를 일삼는다는 의심을 받았으며 코란과 하디스에 의해 관리되는 이슬람의 의식과 재산 행정에 개혁을 시도해 반감을 사고 있었다. 한편, 이슬람 세계 전역에서 모여 승리를 거듭했던 이슬람 군인들이 메카와 메디나로 보내졌다. 이 군인들은 이제 그들이 전투에서 모아 보내준 부를 지키는 데 이용되어야 했다. 때문에 메카와 메디나 이슬람 지도자들의 힘은 다시 막강해졌다.

점차 우스만 반대파가 세력을 얻기 시작했다. 그 지도자 중 한 명이 초창기 개종자로서, 마호메트의 사촌이자 마호메트의 딸 파티마의 남편인 알리 이븐 아비 탈립(Ali ibn Abi Talib)이었다. 그는 명백한 칼리프 후계자 중 한 명으로 마호메트의 사후부터 숨어서 호시탐탐 기회를 노렸다. 656년 6월 17일 메디나와 이집트의 반란군이 코란을 읽으려고 앉아 있는 우스만을 살해했다. 그들 중 한 명이 아부 바크라의 아들이었다. 알리는 이라크의 쿠파에서 스스로를 칼리프로 임명한다. 그러나 그즈음 시리아의 통치자이자 우스만과 같은 우마이야 출신인 무아위야(Mu'awiya)가 다마스쿠스에서 또 다른 분리 세력을 만든다. 660년 5월, 그는 알리가 칼리프로는 부적당한 인물이라며 자신이 칼리프라고 선언한다. 다음해 1월, 다마스쿠스로 쳐들어 갈 준비를 하던 알리는 쿠파의 한 모스크에서 칼에 찔려 죽는다. 알리의 아들 알 하산(al-Hassan)이 권좌를 포기하도록 설득한 무아위야가 유일한 칼리프로 확정된다. 자신의 가계만 우선시했던 우스만과 달리 무아위야는 우마이야 부족이 칼리프 자격이 있는 왕조라고 주장했기 때문에 일반적으로 우마이야조의 초대 칼리프로 인정받았다.

대부분의 이슬람교도는 마호메트의 후계자로 무아위야를 받아들였다. 그러나 모두 그런 것은 아니었다. 알리와 무아위야의 싸움은 그 후로 계속 지속될 이슬람의 분리라는 결과를 초래했다. 무아위야를 따르던 대다수 이슬람교도는 마호메트의 방식을 따르는 수니파가 되었다. 알리에 대한 충성을 지키는 사람들은 '알리의 무리' 라는 뜻의 종교-정치적 집단을 형성하고 후에 시아파라고 불렸다. 처음 수니파에 대한 시아파의 반대는 종교적 교의의 문제가 아닌 권력의 행사에 관한 것이었다. 그러나 681년에 이라크의 카르발라에서 우마이야조의 야지드 1세(Yezîd I)가 알리의 마지막 아들 알 후세인(al-Hussein)과 그의 가족을 모두 살해하는 사건이 터졌다. 이는 시아파의 성향을 결정적으로 뒤바꿨다. 후세인은 순교자가 되었고 그의 희생은 (그리스도의 희생처럼) 인류가 천국으로 가는 길을 닦아놓았다. 하나의 정치적 당이었던 시아파는 그 사건으로 사실상 종교적인 파벌이 되었다.

대체로 시아파는 비아랍 이슬람교도에게는 매력적이었다. 마호메트는 최소한 이론적으로는 하나의 보편 종교를 창조해냈다. 일단 이슬람교도가 되면 그 혹은 그녀는 다른 이슬람교도와 똑같은 위상을 갖는다. 그러나 실제로 특히 재무, 행정 관련 고위직의 경우 750년 우마이야조가 몰락할 때까지 철저하게 아랍 부족의 동맹 관계에 속한 사람들에게만 배당되었다. 비아랍 유대인, 페르시아인, 아르메니아인, 이집트인, 북아프리카의 베르베르인은 모두 마왈리(mawali: 보호받는 낮은 신분의 사람들-옮긴이)로 분류되었다. 마왈리는 원래 풀려난 노예를 일컫는 말이었다. 그들은 또한 공공연히 '신이 이 땅(그들의 땅)과 함께 우리에게 하사한 노획물'로 치부되었고 이슬람교도가 아닌 '보호받는 종교'를 따르는 사람들처럼 세금도 내야 했다. 마왈리들은 시아파에게서 지배 엘리트 계급에 저항할 수 있는 수단을 보았고 시아파는 독실한 신봉자 대부분을 이란, 북아프리카의 베르베르, 이집트에서 찾을 수 있었다. 그러다 969년에 이집트 카이로에서 시아파 칼리프가 탄생했다.

개종한 마왈리들은 불가피하게 이전에 신봉했던 종교적 전통을 이슬람 전통 속으로 갖고 들어왔다. 따라서 시간이 지나면서 시아파 교리는 이슬람 이전의 믿음 체계 요소들과 혼합된 매우 비정통적인 이슬람 교리를 발전시킨다. 시아파에게는 마호메트의 딸 파티마를 통한 알리의 직계 자손 이맘(시아파 최고 지도자-옮긴이)만이 이슬람의 적합한 통치자가 될 수 있다. 이맘은 또한 인간의 지혜가 아니라 신으로부터 받은 기적적인 안내인 타이드(ta'yid)를 통해 코란과 하디스의 최종적인 해석을 제공할 수 있어야 한다. 이런 교리는 이슬람 교리 전파 역사상 전무했던 개념을 만들었다. 계시된 성전은 문자 그대로의 의미뿐 아니라 숨겨진 의미도 갖는다는 개념이 그것이다. 신이 수여한 독특한 권력으로 이맘은 죄도 오류도 없는 제사장 같은 사람이 된다. 불가피하게 수 세기 동안 누가 과연 이맘이 되어야 하는지에 대한 논쟁이 벌어졌다. 그러나 9세기에 이미 알리의 가족이 모두 사라져졌기 때문에 결국은 '갇혀 있던' 혹은 '숨어 있던' 이맘 이야기가 등장한다. 이야기에 따르면 874년에 5살의 나이로 사라졌던 마호메트의 열두 번째이자 마지막 진짜 후계자였던 마호메트 알 마흐디(Muhammad al Mahdi)가 사실은 죽은 것이 아니라 신에 의해 숨겨져 있었다. 그리고 언젠가 세상이 구제불능으로 부패할 때 올바른 사람들의 승리를 이끌기 위해 다시 나타날 것이었다. 등장과 함께 그는 마흐디(메시아: 구세주)가 될 것이고 그 마흐디가 바로 비이슬람의 정치적 지배로부터 이슬람의 마지막 승리를 이끌 사람이다. (마흐디 개념은 이슬람의 두 파에 공통으로 존재하지만 수니파보다는 시아파에서 그 의미가 더 정확하다.)

무아위야의 계승과 함께 칼리프의 직위는 아라비아 반도에서 시리아와 이라크로 건너갔고 다시는 아라비아로 돌아오지 못했다. 그 과정에서 급진적인 변화가 생겼다. 최초의 아랍군이 다양한 민족으로 구성된 정규군으로 대체되었다. 근동 지방의 군주들이 칼리프가 됐고 그들은 비잔틴과 페르시아로부터 법 실행 및 많은 제도를 차용했다. 부족적 충성심은 천천히 정치적인 연합으로 바뀌었고 여전히 다소 약하기는 하지만 제국의 형태가 갖춰지기 시작했다.

서로마 제국에 정착했던 고트족과 중국의 몽골족처럼 아랍인들 또한 고대 세상의 거대한 문명 속에서 쉽지 않은 삶을 살았고 또 그 문명들을 공격했다. 그러나 고트족과 몽골족이 자문화의 부재로 급속하게 그 거대한 문명들을 채택해 로마화하고 중국화한 것과 달리 아랍인들은 일단 잡다한 개념이 들어 있는 하나의 종교와 파생 문화를 갖고 침략을 감행했다. 게다가 그들은 설득 또는 무력을 통해 그 종교를 전 세계로 퍼뜨리고 싶어 했다.

이슬람의 기독교국 정복

705년, 칼리프 왈리드(Walid)의 통치 아래 반세기나 계속됐던 내부 갈등을 이겨낸 아랍은 다시 한 번 전진하기 시작한다. 우마이야 군대들이 옥수스를 넘고 보하라와 사마르칸트를 점령하는 동안 또 다른 아랍군은 인도의 신드 지방을 차지했다. 북아프리카 베르베르족의 대다수가 이슬람으로 개종했고 아프리카 서북 지방이 대부분 이슬람 통치권 아래 들어갔다. 그러나 앞으로 전개될 이슬람-기독교 관계에 가장 큰 영향을 끼쳤던 사건은 바로 이슬람의 스페인 정복이었다.

711년 당시 스페인을 통치하던 서고트족 왕조가 내부적 위기를 겪고 있는 동안 탕헤르의 지도자인 아랍인 타리크 이븐 지야드(Târiq ibn Ziyâd) 장군이 군대를 이끌고 북아프리카와 유럽을 분리했던 좁은 해협을 지나 지금의 지브롤터로 들어간다(후대에는 '타리크 산'이라고 불렸다).

타리크는 그곳에서 내륙으로 들어가 서고트족 군대를 과달레테 강으로 유인한 후에 서고트족의 마지막 왕이 될 운명이었던 로드리고(Rodrigo)를 처치한다. 저항은 대단치 않았고 효력도 없었다. 시골 지방을 채웠던 농노들과 도망간 노예들이 모두 침략자에게 넘어왔다. 유대인들은 타리크에게 수도 톨레도를 넘겨줬다. 그들은 고트족의 심한 박해로 고통받은 적이 있었고 이슬람 통치가 훨씬 나은 삶을 보장할 것을 잘 알고 있었다. 타리크와 대부분의 군인들은 베르베르인이었는데 유럽인은 그들을 무어족이라고 불렀다. 무어족이란 원래 종교와 피부색과 상관없이 북아프리카와 서아프리카에 사는 사람들을 통칭하는 말이었으나 조금씩 무슬림, 터키, 무어, 심지어 니그로 등과 같은 단어와 합쳐지면서 헷갈리는 음운 탈락의 과정을 거치더니 후대에는 오직 이슬람교도만을 지시하는 단어가 됐다.

이슬람의 스페인 점령으로 지중해의 기독교 국가들은 이슬람 국가들로 둘러싸였다. 1935년 벨기에의 위대한 역사가 앙리 피렌느(Henri Pirenne)는 다음과 같이 말했다. "그때부터 마레 노스트롬('우리들의 바다'라는 뜻으로 로마인들이 지중해를 일컬은 말-옮긴이)의 해안가에는 서로 적대적인 두 개의 문명이 존재했다. 유럽은 전성기 때 아시아를 지배만 했지 융화하지는 못했다. 그 결과 지금까지 기독교 세계의 중심이었던 바다가 이제는 국경이 되었다."[264]

전설에 따르면 이슬람의 스페인 침략은 북아프리카 해안 지방의 음침한 스페인 주둔지 출신의 '줄리안 백작'이라는 사람의 계책 때문이었다. 줄리안은 세우타 지역을 이슬람의 침략으로부터 성공적으로 방어하고 있던 매우 유능한 사령관이었다고 한다. 그러나 700년에 알 수 없는 이유로 이슬람 편이 된다. 이야기는 계속되어 그는 자신의 딸을 교육시키기 위해 당시 스페인의 수도인 톨레도의 왕실 학교로 보낸다. 그곳에서 로드리고의 전임자인 위티사(Witiza) 왕이 강에서 목욕을 하고 있던 줄리안의 딸을 보게 된다(이야기에 따라 로드리고 자신일 수도 있다). 왕은 구애를 했지만(덕 있는 여성이 그렇듯) 그녀는 거부했고 위티사는 (모든 고트족이 그렇듯) 그녀를 강간했다. 서고트족 방어선의 약점을 알고 있던 줄리안은 복수심에 불타 북아프리카의 이슬람 지도자 무사 이븐 누사이르(Mûsâ ibn Nusayr)에게 어떻게 스페인 왕국을 무너뜨릴 수 있는지 보여준다. 이 이야기는 그 후 스페인에서 가장 사랑받는 노래가 되었다.

로드리고 당신, 자고 있다면

제발 일어나세요.

그리고 당신의 불길한 마지막을 보세요.

당신의 마지막 가혹한 시간들을 보세요.

당신의 국민이 죽는 것을 볼 거예요.

그리고 전투는 끝나고

도시와 마을이

하루아침에 파괴된 것을 볼 거예요.

다른 군주가 이제

당신의 성과 요새를 차지하고 있어요.

나에게 누가 그랬냐고 묻는다면

나는 기꺼이 말해줄 거예요.

줄리안 백작이

사랑하는 딸을 위해 그랬다고.

당신이 그녀를 모욕했기 때문에

그리고 그녀에게는 아무것도 남은 것이 없기 때문에

그래서 그는 당신을 저주했고

당신 인생은 끝장이 났어요.[265]

이것은 거의 확실히 꾸며낸 이야기다. 그러나 이 이야기는 갑자기 이슬람 통치를 받게 된 당황하던 기독교인들에게 왜 신이 자신들을 버렸는지 어느 정도 이해하게 만들었다. 위티사 혹은 로드리고가 죄를 지었고 그렇게 벌을 받은 것이다. 왕실의 욕정으로 국민들을 그렇게 고통받게 한다는 것이 이해하기 힘들지만 어쨌든 기독교의 신은 원래부터 결코 민주적이지는 못했다. 이슬람 연대기 작가들도 서고트족 몰락의 주요 원인으로 위티사 혹은 로드리고의 잔인함, 불경, 탐욕과 함께 육욕을 들었다. 스페인의 기독교인에게 이슬람의 스페인 정복은 수 세기 동안 죄 많고 회개할 줄 모르는 인간들에게 신이 부과할지도 모를 벌에 대한 일종의 경고였다. 아메리카의 스페인 정착지 박탈에 대항한 거센 항의가 있었던 1552년에 '인디언을 위한 방어자'였던 바르톨로메 데 라스 카사스(Bartolomé de Las Casas)는 "스페인은 무어족에 의해 벌써 한번 파괴되었다. ……그리고 이제 우리는 인디언에게 저지른 많은 죄악 때문에 스페인이 (또다시) 파괴되지 않게 신에게 기도하라는 말을 듣는다."라고 말했다.[266]

신은 확실히 무어족 편이었던 것 같다. 720년까지 이베리아 반도 대부분이 이슬람 수중에 떨어졌다. 서고트족 영역은 반도의 북서쪽과 북동쪽의 산과 남쪽 샤를마뉴의 프랑크 제국 변경 정도로 줄어들었고 그 속에서마저 수많은 왕국으로 쪼개졌다. 기독교의 반격은 타리크의 첫 침략이 있은 지 7년이 지나서야 로드리고의 전 경호원 펠라요(Pelayo)에 의해 시작됐다. 그러나 수적으로 대단치 않았기 때문에 아랍인의 설명에 따르면 펠라요를 물리치기 위해 군대를 파견하느니 차라리 그들을 그냥 산 속에 두는 편이 나았다. 아랍인들은 "바위에 앉아 있는 30명의 미개인들이 무얼 하겠는가? 죽을 수밖에 없을 것이다."라고 말했다.[267]

이것도 그냥 이야기일 뿐이다. 펠라요라는 사람이 분명 존재하기는 했지만 그가 실제로 했던 일은 대부분 10세기로 거슬러 올라가는 많은 이야기들 속에 사라져버렸다. 그 이야기들에 따르면 700년 동안 '미개인 30명'의 후손들이 '무어족'을 천천히 남쪽으로 몰아갔다. 스페인 역사에서 이 이주는 거의 처음부터 '재정복'이라고 불렸다. 그러나 대부분의 역사는 의도대로 읽히게 되어 있고 이 경우도 예외는 아니다. 이 역사는 기독교도가 당연히 스페인 전역의 주인이라고 가정한다. 그러나 정복과 재정복, 이민과 추방이 반복되는 세상에서 주인의 권리란 누가 그곳을 처음 정복했느냐가 아니라 누가 그곳에 가장 오래 살았느냐에 달려 있었다. 서고트족은 로마를 강탈했고 로마는 그 옛날 이베리아를 강탈했으며 이베리아는 또 아무도 모르는 더 옛날에 유랑민의 땅을 강탈했을 것이다. 아프리카로부터 인간을 닮은 우주인 같은 사람들이 들어올 때까지 스페인의 역사는 그렇게 흘러갔다. 그라나다의 나스르 이슬람 왕조가 결국 가톨릭 군주 페르난도(Ferdinand Ⅱ)와 이사벨(Isabella Ⅰ)의 사기충천한 군대에 의해 1492년 1월 그 최후를 맞이할 때까지, 720년 이래 스페인과 포르투갈 전역을 휩쓸었던 다양한 아랍 왕조들은 이전의 동고트족보다 훨씬 오랜 기간 이베리아 반도를 점령했다. 700년 동안 이슬람의 이베리아(당시의 알 안달루스)는 시리아나 페르시아처럼 이슬람 세계였던 것이다.

720년, 스페인 오비에도 근처 산악 지역에서 창건된 왕조가 있었다. 이는 후에 아스투리아스의 기독교 왕국이 된다. 후에 아스투리아스 왕 알폰소 3세(Alfonso Ⅲ)가 로마의 도시 레온으로 수도를 옮긴 이후부터는 레온의 왕국으로 불렸다. 9세기 초 레온 왕국은 매우 중요한 수호 성인을 갖게 된다. 갈리시아 해변에 비바람이 몰아치던 어느 날 아침, 석관 하나가 이리아 플라비아(현재의 파드론)의 로마 마을 근처 해안으로 밀려들어왔다. 관 뚜껑을 열자 그 안에는 수 세기 전 예루살렘에서 헤롯 왕에 의해 참수당했던 사도 야고보의 시신이 기적적으로 보존되어 있었다.

지금 사도 야고보는 스페인의 수호 성인이 되었지만 당시는 이베리아 재정복의 수호 성인이었다. 844년 클라비호 전투에서 사도 야고보는 하늘에서 하얀 군마 위에 앉은 모습으로 출현해 전투에 나서는 기독교군의 사기를 올렸다. 그때 야고보는 '무어인 학살자' 라는 별명을 얻었다. 그는 항상 말 위에서 검을 쥐고 있었고 터번을 쓴 움츠린 무어인들은 그의 말굽 아래서 죽어갔다. "성 야고보의 보호 아래 스페인은 저들을 공격한다!"라는 사기충천한 군인들의 함성소리와 함께 점차 승리를 거듭하던 기독교 왕국들은 가차 없이 남쪽으로의 재정복을 진행시켰다. 교회를 하나씩 되찾을 때마다 터번과 헝클어진 머리에 이를 드러낸 무시무시한 무어족의 머리가 말총과 밀랍으로 처리되어 교회의 서까래에 걸렸다. 그 머리들은 1960년대 프랑코 장군이 이슬람국 모로코와 무역을 재개할 때까지 거기 매달려 있어야 했다.

재정복 유물들을 보존하기 위해 건축된 산티아고(성 야고보) 대성당은 기독교인에게 최고로 중요한 성지 순례지가 되었고 지금도 그렇다. 996년 칼리프 히샴 2세(Hisham Ⅱ)의 대신 만수르(Mansûr)는 산티아고가 이슬람에 대항한 기독교 세력의 중심으로 부상하는 것을 알아채고 콤포스텔라를 약탈하지만 유물들은 안전하게 다른 곳으로 옮겨졌다. 그 공격은 '무어 학살자(성 야고보)' 가 제공하는 정신적 힘을 약화시키기 위한 것이었지만 오히려 극적인 역화(逆火)를 일으켰다. 성 야고보의 미몽에서 깨어나게 하고 무어족을 두려워하게 만들기는커녕 전 기독교 세계를 분노로 떨게 만들었으며, 성 야고보는 이베리아 지방의 성인에서 이슬람에 대항하는 전 세계적인 투쟁의 상징으로 돌변했다.

전 유럽을 관통하는 길들이 독일, 이탈리아, 프랑스를 거쳐 피레네 산맥의 고갯길로 모였고 거기서부터 이슬람과 위험한 국경을 마주하고 있는 유명한 '산티아고로 가는 길'이 시작되었다. 길은 나바르, 카스티야, 레온, 아스투리아스를 거쳐 산티아고에 이른다. 순례자에게 제공되던 작은 예배당과 여관 등이 생겼고 종교적 친목 단체들은 종종 일어나는 강도 사건 등을 처리했다. 12세기에 산티아고로 가는 길은 부르고뉴 쿨뤼니 지방의 열정적인 대수도원장 오딜로네(Odilone: 적에게는 '오딜로네 왕'으로 알려졌다)가 후원하던 베네딕트 수도원의 사제들이 관리했다. 덕분에 이들과 베네딕트 수도원은 굉장한 부자가 되었다. 순례의 길에서 얻은 부 덕분에 클뤼니도 새로운 기독교 연구 르네상스의 중심지가 되었다. 그곳에서 기독교 입장에서 이슬람을 이해(그리고 논박)하기 위한 공통의 시도가 만들어졌고 처음으로 코란이 라틴어로 완역되었다.

스페인이 늘 싸움터였던 것은 아니다. 스페인은 무엇보다 이슬람과 기독교, 유럽과 아시아가 만나는 마지막 국경이기도 했다. 중세 시대 초기 종교 간의 국경에도 정치적 국경만큼이나 구멍이 많았다. 이슬람 통치 아래 있던 수 세기 동안 불가피하게 수많은 스페인 사람들이 이슬람으로 개종했다. 사랑에 관한 종교적 충성도 어기게 되어서 종종 종교가 서로 다른 부부도 탄생했다. 그러나 스페인이 기독교 유럽과 가까워서인지 아니면 이슬람교도들이 정복했던 동쪽의 다른 지역에 비해 스페인에는 이슬람교도가 적게 이민을 와서 그랬는지는 모르겠지만 결국 대부분의 스페인 사람들은 완고하게 기독교도로 남았다.[268]

그 결과 스페인에서 기독교도와 이슬람교도가 공존했던 방법은 다른 모든 이슬람 정복지와 매우 다른 양상을 띠었다. 그것은 '함께 살기'라는 상징적인 말을 만들었다. 사실 이 말은 19세기 스페인을 다층문화적 이상 사회로 재건하려던 스페인 민족주의 역사학자들이 만들어냈거나 필요에 의해 찾아낸 말일 것이다. 그러나 '함께 살기'가 순전히 낭만적 노스탤지어의 결과물만은 아니다. 이슬람과 기독교 사이의 문화적 경계선은 사실 종교적, 정치적 경계선보다 훨씬 유동적이었다. 유명한 무왓샤하트(Muwashashah) 시가는 스페인어로 쓰였지만 아랍어가 혼용됐고 가끔은 히브리어도 나온다. 아랍어로부터 많은 어휘를 차용한 스페인어는 훨씬 풍부한 언어가 됐다. 많은 스페인 기독교도는 이중 언어를 사용했고 아랍 문화에 조예가 깊었다. 9세기 코르도바의 기독교도였던 알바로라는 사람은 다음과 같이 탄식했다.

많은 기독교 동지들은 아랍의 시와 이야기를 읽고 마호메트의 신학과 철학을 공부한다. 저들과 논쟁하고 싶어서가 아니라 아랍어로 정확하고 우아하게 자신들을 표현하고 싶기 때문이다. …… 우리 중 천 명에 한 명도 제대로 된 라틴 문장을 써 보일 수 없는데 아랍어로는 다들 잘 표현한다. 아랍인보다 더 훌륭한 예술적 감각으로 시를 지을 수도 있다.[269]

기독교도는 아랍 의상을 걸치고 아랍인처럼 먹는 습관을 들였다. 아랍 화장품으로 치장하고 원래 아랍 운동이었던 매사냥과 승마를 즐겼으며 아랍식으로 집 안을 치장했다. 행사 때면 심지어 정기적으로 목욕도 했다. 1466년, 카스티야의 왕 앙리 4세(Henri IV)를 방문했던 체코 로즈미탈가의 귀족 레오는 심지어 왕조차 "이슬람식으로 먹고 마시고 입고 기도하는 것"을 보고 충격을 받았다. 레오가 궁정에서 접견을 받았을 때 "왕과 왕비는 나란히 바닥에 앉아 있었다."[270]

거의 삼백 년 동안 안달루시아 지방 전반에 걸친 기독교도와 유대인의 일상은 비교적 평온했다. 모사라베(이슬람 아래서 개종하지 않은 기독교도)들이 출세하는 일도 적지 않았다. 그들 중 일부는 지중해 반대편 끝으로 가 다른 이슬람 국가의 대도시에서 일자리를 찾기도 했다. 723년, '이슬람 세계'의 최극단이라 할 수 있는 웨섹스의 앵글로 색슨 왕국에서 온 윌리발드(Wilibald)라는 사람이 영국 성지 순례단을 이끌다가 시리아에서 첩자 노릇을 했다는 죄목으로 붙잡힌다. 기독교도 순례자들은 감옥에 갇히는데 그곳에서 그들은 "사라센 왕의 시종(아마도 대관쯤 될 것이다)을 형제로 둔…… 스페인에서 온 사내"의 방문을 받는다.[271] 시종이 관여했기 때문에 기독교도들은 자유의 몸이 되어 성지 순례를 계속할 수 있었다. 우리는 이 두 형제가 누군지 모르지만 윌리발드가 그들이 '스페인 사람들'이라고 확실히 언급했으니 최소한 원래는 기독교도였을 것이다. 그들이 스페인의 유대인이나 이슬람교도였다면 윌리발드는 유대인이나 이슬람교도라고 말했을 것이다. 중세 시대 연대기 작가들이 이름 붙이는 습관을 보면 오직 기독교도들만이 자신이 속한 국가의 이름을 언급하며 자신을 밝힌다.

윌리발드의 스페인 형제들 같은 유례가 없는 것은 아니지만 이례적이긴 하다. 평범하고 운도 없는 모사라베들은 신성모독인 이상한 정권 아래에서 그 정권이 빨리 무너지기를 희망하며 근근이 살아갔을 뿐이다. 때로는 공공연한 고충을 겪었고 불가피하게 구원을 기다렸다. 953년 독일 괴르츠의 라인란트 대수도원의 요한이라는 수도승은 독일의 오토 1세(Otto I)로부터 당시 안달루시아의 수도 코르도바의 아브드 라흐만 3세(Abd

Rahman Ⅲ)에게 외교상의 특별 임무를 거행하고자 여행중이었다. 그러다 그는 요한이라는 같은 이름의 스페인 주교를 만나는데 그 주교는 요한에게 모든 기독교도가 처한 상황이 어떤지 설명한다.

우리는 우리가 저지른 죄 때문에 이렇게 이교도의 통치 아래 복종하며 살게 되었습니다. 복음서에 따르면 우리는 세속의 힘에 저항하지 못하게 되어 있습니다. 끝을 알 수 없는 불운에 처해 있지만 저들이 여전히 우리의 믿음을 인정해준다는 것이 유일한 위안입니다. …… 저들이 우리 믿음을 박해하지 않는 한 당분간 우리는 다른 모든 문제에 있어 저들에게 복종하고 따를 것입니다. 그것이 우리 믿음을 방해하더라도 말입니다.

괴르츠의 요한은 그런 협력에 격노한 듯하다. "그런 말은 당신 같은 주교가 할 말이 아닐 것이오. 당신은 신념을 불러일으키는 사람이니 그 좋은 지위를 이용해 저들의 박해를 방어해야 할 것이오." 또 모사라베들이 "이슬람교도와 잘 지내기 위해 할례를 하고 특정 음식을 거부하는 것"을 비난하며 코르도바의 요한을 흥분시켰다. 그러나 코르도바의 요한이 탄식했듯이, '황제에 복종하라' 라는 그리스도의 명령은 세속 권력과의 협력을 일종의 도덕적인 의무로 만들었다. "그렇게 하지 않으면 우리가 저들 사이에서 살 수 있는 길은 없습니다." 코르도바의 요한은 지나치게 나서는 독일의 요한을 쳐다보며 힘없이 항의했다.[272]

850년대에는 많은 모사라베들이 순교를 자청하며 공공연히 이슬람을 모욕했고 원하던 대로 처형되었다. 이들은 '코르도바의 순교자들' 이라고 알려졌고 전 기독교 세계에서 야만인 독재자 '사라센' 땅에서 진정한 믿음을 보여준 증인으로 추앙받았다. 그러나 안달루시아의 수석 주교 세빌리아의 레카프레드(Reccafred)만큼은 그런 순교 행위가 자신들이 그동안 신중하게 진행해온 일들을 무산시키는 것이라고 비난했다. 그것으로 그는 엄청난 욕설을 들어야 했지만 (앞의 주교 요한처럼) 그도 자신의 교구 주민에 대한 책임감이 있었던 것이다. 그는 순교 같은 멜로드라마식 신념 과시가 결국은 더 심한 종교적 박해로 이어질 것임을 잘 알고 있었다. 주교 요한이 살아남기 위해 '함께 살기'를 선택할 수밖에 없다고 잘 알고 있었던 것처럼 말이다.

요한이나 레카프레드 같은 사람들은 그들이 지은 죄가 무엇이든 신이 그것을 용서하고 마침내 이슬람의 몰락을 가져다줄 것을 인내심 있게 기다렸다. 사실 당시 아무도 몰랐던 사실이지만 아랍 무슬림의 기독교국 정복은 스페인 점령 직후부터 그 끝을 보이기 시작했다. 기독교 역사에서 그 분기점은 동쪽(콘스탄티노플)과 서쪽(프랑크)에서 있었던 유명한 두 전투였다. 두 전투는 사실 후대의 사람들이 믿는 것만큼 그렇게 결정적이지도 그렇게 의미심장하지 않았을지도 모른다. 그러나 모든 위대한 승리가 그렇듯 그 전투도 전쟁으로 얼룩진 세대에 희망을 제공했다. 사람들은 이슬람이 전투에서 승리했다면 어땠을까 상상하며 아찔한 느낌을 즐겼다.

717년 칼리프 슐레이만(Suleyman)은 8만 명에 달하는 거대한 아랍군과 1,800척의 함대를 동원해 일 년 동안 지루하게 콘스탄티노플을 공격한다. 함대는 골든 혼(이스탄불의 항구-옮긴이) 입구에 줄지어 걸쳐 있던 사슬 때문에 항구로 들어가지 못했다. 군인들의 상황도 결코 좋지 못했다. 나프탈, 유황, 석유, 생석회의 혼합물인 일명 '그리스 화염'이 훗날의 네이팜처럼 정체를 알 수 없는 불덩이 젤리가 되어 날아들었기 때문에 병력이 심각하게 약해진 상태였다. 718년 봄, 비잔틴 이사우리아조의 레오

(Leo Ⅲ) 황제는 불가리아의 왕 테르벨(Tervel)을 설득해 후방에서 아랍군을 공격하게 한다. 718년 8월 15일, 슐레이만의 계승자 우마르 2세(Umar Ⅱ)는 전쟁을 포기하고 남아 있는 군사들을 데리고 시리아로 돌아갔다. 전투는 이슬람군 최악의 패전으로 기록됐고 그 후로 13세기 오스만투르크가 아나톨리아에서 서쪽으로 움직이기 시작할 때까지 이슬람은 한 번도 비잔틴 제국의 영토를 넘보지 않았다.

14년 후인 732년 10월 25일, 프랑크 왕국의 군대가 샤를마뉴 대제의 조부 샤를 마르텔(Charles Martel), 일명 '망치 샤를'의 지휘 아래 중부 프랑스의 비엔과 크뢰즈 강이 만나는 지점으로부터 몇 킬로미터 떨어진 투르와 푸아티에 사이에서 아랍군을 무참하게 제압했다. 푸아티에 전투는 승자인 프랑크와 교황의 후손들이 후대에 주장했던 것만큼 그렇게 의미 있는 전투는 아니었다. 기독교군은 후대의 서양 사람들이 자주 묘사했던 거대한 아랍군과 싸웠던 것이 아니다. 안달루시아의 사령관 라흐만이 지휘했던 아랍군은 샤를의 군대와 마주치기 전 아키텐 대공의 군대를 대파하고 보르도 시를 점령했지만, 그저 기습에나 적합한 군대에서 조금 큰 규모였다. 그들의 주요 목적은 정복이 아니라 단지 투르 지역의 부자로 소문난 성 마르티누스 성당 약탈이었다. 중세 아랍 역사가 이븐 알 아티르(Ibn al-Athir, 1160~1233)는 푸아티에 전투를 전투가 아니라 '라흐만의 프랑크 땅 불법 침입'으로 보았다. 그리고 아티르는 확실히 그 사건을 이슬람의 패배로 기록하긴 했지만 그것에 대단한 의미를 두지는 않았다. 이슬람의 북쪽 최전방에는 남쪽 끝에서 700킬로미터 넘게 떨어진 나르본 시가 있었다. 이슬람 영역이었던 그곳조차 무어족의 군사적 힘이 미치지 않았고 무어족은 그 사실을 잘 알고 있었다. 그곳에는 심지어 도시의 입장을 밝히는 다음과 같은 비문이 새겨져 있었다. "돌아가라, 이스마엘의 자식들이여. 여기가 너희들이 올 수 있는 최극단이다. 그것에 의문을 제기한다면 나는 너희들에게 대답하겠다. 만약에 돌아가지 않으면 너희들은 최후 심판의 날까지 서로를 물어뜯게 될 것이라고.”[273]

그러나 그날 실제로 일어난 일이 무엇이든 간에 뒤이은 이슬람에 대항한 서양의 투쟁 역사에서 푸아티에 전투는 또 하나의 마라톤 전투가 되었다. 푸아티에 전투는 어쨌든 실제 이슬람 군대와 대면했던 사건이었고 대체로 패배에 익숙했던 기독교도에게 실제적인 승리를 안겨줬던 사건이었다. 전체 기독교 세계가 다시 한 번 용기를 얻었다. 아마도 그 이유에서 8세기 중엽 톨레도의 이름 없는 성직자는 승리한 프랑크인들을 ‘유럽인’이라고 묘사했을 것이다. 샤를의 군인들이 스스로를 ‘유럽인 대표’로 생각했을 것 같지는 않지만 후세대들에 푸아티에 전투는 영원히 유럽을 집어삼킬 것 같던 미개인의 힘으로부터 유럽을 구원한 역사적인 순간이 되었다. 예를 들어 에드워드 기번은 그 사건을 다음과 같이 서술했다.

승리의 행진이 지브롤터의 바위에서 루아르 강둑까지 수천 마일 연장되었다. 사라센이 (그 공간을 그대로 반복해서) 폴란드와 스코틀랜드의 고지대를 점령할 수도 있었을 것이다. 나일 강과 유프라테스 강처럼 라인 강도 통과하고 아라비아 함대는 해전 한번 없이 곧장 템스 강으로 들어왔을지도 모른다. 아마 옥스퍼드에서 코란 해석이 강의되고 학생들은 할례받는 사람에게 마호메트 계시의 진리와 고결함을 증명해야 했을지도 모른다. 한 남자의 천재성과 행운이 그런 재난으로부터 기독교 세계를 구원했다.[274]

그러나 푸아티에 전투가 아랍의 남부 유럽 침투를 완전히 끝내버린 것은 아니었다. 734년, 아랍군이 아비뇽을 점령하고 아를 시를 약탈했다. 삼 년 후 또 다른 침입이 부르고뉴의 공격으로 이어졌고 엄청난 시민들이 노예가 되었다. 827년, 아랍군은 시칠리아를 침략했고 1091년에 노르만족에 의해 쫓겨날 때까지 남아 있었다. 아랍군은 또 한동안 남부 이탈리아의 바리와 타란토를 주둔지로 이용했다. 아랍군은 심지어 846년 로마의 성 베드로 성당을, 881년에는 몬테카시노의 베네딕트 대수도원을 약탈하기도 했다.

그런데도 기번의 비사실적인 상상을 완전한 공상으로 치부할 수는 없다. 푸아티에 전투 후 이탈리아와 스페인 항구에 간헐적인 급습이 있기는 했지만, 어떤 이슬람 군대도 나르본 북쪽에서 지속적인 요새를 구축하지는 못했다. 나르본조차 759년 기독교도에게 점령되어 프랑크 왕 피핀 (Pippin)에게 넘겨졌다.

아랍의 르네상스

콘스탄티노플과 푸아티에에서의 패전 몇 년 후 칼리프 국가 자체 내에도 엄청난 변화가 찾아왔다. 칼리프 마르완 2세(Marwan Ⅱ) 재위 기간에 우마이야 왕조에 대한 반감이 커지면서 마호메트의 삼촌 중 한 사람인 아브드 알 무탈리브(Abd al Muttalib)의 후손들이 혁명을 일으켰다. 750년, 마르완 2세의 군대는 결국 자브 강에서 대패하고 '피의 복수자'로 알려진 아부 알 아바스(Abu' l-'Abbas)가 자신의 형제 다우드에 의해 코파 모스크의 설교단에서 칼리프로 임명된다.

새로운 왕조는 아바스 왕조로 불렸다. 그들이 아랍과 이슬람 사회에 불러온 혁명은 프랑스와 러시아의 혁명과 비교되는데 그 두 혁명 못지않은 결과를 불러온 것만은 확실한 듯하다. 아바스 왕조는 부분적으로 페르시아와 시아파의 도움을 등에 업고 권좌에 오를 수 있었다. 아바스 왕조의 태조, 즉 예언자 마호메트의 삼촌이자 알 아바스의 증조부 마호메트 이븐 알리(Muhammad ibn Ali)는 우마르 2세 재위 시절인 718년부터 이미 페르시아에 특사를 보내 우마이야 왕조를 미워할 만한 이유를 가진 사람들을 선동해왔다. 또한 아바스 왕조는 페르시아 메시아 운동의 검은 깃발을 차용해 멀리 중국까지 '검은 옷의 사람들'이라고 알려지게 된다.

우마이야 왕조에서 정치를 관장했던 아랍 부족들은 서서히 그 권력을 잃었다. 권력은 이제 칼리프와 칼리프가 옆에 두었던 비천한 신분 출신의 사람들에게 모아졌다. 아랍과 비아랍인의 구분도 조금씩 사라졌다. 이슬람이라는 말은 아라비아풍으로 대체됐고 움마는 보편적 세계 공동체로 거듭났다.

또한 아바스 왕조는 가족, 부족 동맹 체제를 강력하고 절대적인 군주 체제로 바꾸고 행정도 의식적으로 사산조 페르시아를 모방해 수정했다. 장관들을 선출해 고관(고관은 아바스 왕조가 만들어낸 지위로 전 이슬람 세계에서 아주 중요한 역할을 한다)의 최고 감독권 아래 있게 했다.[275] 군대는 점점 '맘루크'라는 특수 훈련을 받은 노예들에 크게 의존하게 된다. 맘루크는 대부분 중앙아시아에서 온 투르크인들이었다. 이런 개혁은 뒤이은 많은 이슬람 왕조, 특히 오스만투르크에게 상당히 극적이면서도 지속적인 결과를 가져올 예정이었다.

그러나 무엇보다 750년, 알 사파의 계승자 알 만수르(al-Mansûr)가 제국의 수도를 시리아에서 이라크로 옮긴 일이 가장 의미 있는 변화였다. 알 만수르는 티그리스와 유프라테스 강이 서로 40킬로미터 남짓 떨어진 채 일련의 수로를 통해 만나는 비옥한 평야 지대를 지목해 그곳에 바그다드라는 새 도시를 건설했다. 여기가 바로 중동 이슬람의 중심지이다. 위대한 지리학자 알 무카다시(al-Muqaddasi)에 따르면, 바그다드 본토박이들이 알 만수르에게 "사막에서 대상인들이 들어오고 모든 종류의 물건들이 중국, 그리스(비잔틴 제국), 티그리스의 모술에서 들어오는 땅에 있게 될 것이다."라고 말했다고 한다.[276] 바그다드는 콘스탄티노플처럼 새 국가의 초석을 다지기 위해 창조된 도시로 앞으로 새 제국의 수도가 될 예정이었다. 여기에 알 만수르는 왕실의 성채를 짓는다. 둥근 모양의 성채는 '평화의 도시'라 불렸는데 점점 화려하고 정교한 왕궁으로 거듭났다. 훗날 아바스 왕조가 1258년 몽골에 의해 몰락할 때까지 그곳은 이슬람 제국 통치의 명실상부한 중심지였다.

아바스 왕조는 아랍의 국가 형태도 바꿨지만 동시에 9세기에서 12세기까지 지속될 이슬람 문화 교류에 적합한 환경도 만들어냈다. 바로 아바스가 일반적으로 말해지는 이슬람 문화의 전성기를 이끈 왕조이다(최소한 서양에서는 그렇다). 알 만수르(712~775), 하룬 알 라쉬드(Hârûn-al Rashîd, 786~809), 알 마문(al-Ma'mûn, 813~833) 칼리프들이 바로 그 주역이었다.

그런데 거의 오백 년 동안 우마이야 왕조도 변경의 식민지에서 살아남아 있었다. 755년, 몰락한 왕가를 뒤로한 채 도망가던 우마이야의 왕자 아브드 라흐만은 우마이야의 남은 지지자들로 이루어진 군대를 이끌고 스페인의 알무네크르 해안에 상륙한다. 라흐만은 재빨리 아바스 왕조가 승인했던 안달루시아의 지도자를 물리치고 승리의 여세를 몰아 다음 해 코르도바로 들어간다. 코르도바에서 라흐만은 독립적인 토후국을 만들었고 921년 그 토후국이 칼리프 체제로 바뀌어 1031년까지 지속되었다. 그러나 라흐만이 통치했다고 해도 안달루시아는 아바스조로 인식되었고 스페인과 동쪽 칼리프 국가들과의 정치, 문화적 관계도 예전과 다를 바 없었다.

초기 아바스 왕조 시대에 이슬람 세계는 서양의 거친 기독교 왕국들보다 삶의 모든 면에서 확실히 더 세련되고 더 관대했으며 더 열려 있었고 더 풍성했다. 이슬람 세계는 도시와 상업의 세상이었고 그 도시들이 불가피하게 만들어내는 여러 도회지풍을 끼고 있는 세상이었다. 반면에 기독교 유럽은 이탈리아에서의 몇몇 예외를 제외하면 요새화된 촌락, 혹은 기독교식 '성시(城市)' 형태의 공동체였고 경제적으로는 대체로 농업이 바탕이었다. 옛날 로마 세상의 부와 체계화된 행정, 큰길, 위대한 장원, 보호병들은 모두 사라졌거나 유적으로 남아 있을 뿐이었다. 바닥 난방이나 고가식 수로 기술은 몇몇을 제외하고 모두 파괴되거나 유기되었다. 웅장했던 로마의 건물들은 채석장이 되었다. 그곳에서 돌을 운반해서 당시 시골 전반을 폭정으로 다스렸던 무지한 기사들을 위한 성을 지었다. 이탈리아, 프랑스를 중심으로 오늘날 로우어 삭소니와 베스트팔렌 지역 전반을 통치했던 샤를마뉴 제국조차 당시 하룬 알 라쉬드의 이슬람이 통치했던 세상과는 비교도 되지 않았다. 칼리프 세상의 끝없이 넓고 방대한 땅을 통제하는 복잡한 정부 형태와 비교할 만한 체제가 유럽의 카롤링거 왕조에는 없었다. 카롤링거 왕조의 수도 아헨 혹은 엑스라샤펠이 당시 서양 기준에서 당당하다 못해 사치스러울 정도였지만, 바그다드나 다마스쿠스에 비교하면 일개 촌락일 뿐이었다.

이베리아 반도도 대단한 문화적 부흥을 만끽했다. 서고트족 지배하에 있던 스페인은 매우 무질서하고 가난한 후진 왕국이었다. 트라야누스, 아드리아누스, 마르쿠스 아우렐리우스 같은 로마 황제들과, 세네카, 콜루멜라(Columella), 퀸티리안(Quintillian), 마르티알리스(Martialis) 같은 로마의 위대한 시성들의 탄생지로 번성하던 로마의 속주 에스파냐로서의 위상은 온데간데없었다. 초기 연대기 작가의 말에 따르면 "남아 있던 것이라고는 이름뿐이었다."[277]

무어족은 그런 스페인을 바꾸고 말라가, 코르도바, 그라나다, 세비야 시를 재건했다. 도시들에는 수로를 연결했고 화려한 궁전과 정원을 지어 풍미를 자아냈다. 과학적인 관개시설과 유명한 세비야 오렌지가 될 감귤류를 비롯해 면, 사탕수수 등의 새로운 작물을 소개했다. 이슬람이 스페인에서 사라졌던 1492년까지 안달루시아는 전 유럽의 주요 설탕 공급지였다. 무어족은 코르도바, 말라가, 알메리아에 직물을, 말라가와 발렌시아에 도자기를, 그리고 코르도바와 톨레도에 무기 산업을 일으켰다. 빗살무늬에 금도금을 한 단단한 '톨레도 강철'은 지금도 톨레도 방문객을 위한 기념품으로 생산되고 있다. 코르도바는 가죽을, 베자와 칼케나는 양탄자를 만들었고 야티바와 발렌시아는 아랍이 8세기에 중국에서 들여왔던 기술로 종이를 생산했다. 10세기 말까지 황금기를 누렸던 안달루시아의 이슬람 토후국은 수도 코르도바와 함께 유럽에서 가장 번영하고 안정적이고 부유하며 무엇보다 가장 문화적인 나라였다.

그러나 종교와 아랍어로 단결해 마구 뻗어나가던 거대한 이슬람 세계는 서쪽 땅에 살고 있는 사람들을 전혀 알지 못했고 알고 싶어 하지도 않았다. 서양은 이슬람 속에 완전히 흡수될 그날까지 그저 이슬람의 묵인하에 존재하는 세계일 뿐이었다. 이란인, 베르베르족, 풀라니족, 서아프리카의 세네갈인 같은 전 세계의 셀 수도 없이 많은 이민족들과 아랍인을 하나로 묶었던 것은 문화도 언어도 혹은 그 어떤 애매한 '문명'에 대한 공유도 아니었다. 그저 예언자 마호메트가 옮긴 신의 말에 대한 존경심이었다.

결과는 확연했다. '프랑크'와 이슬람의 직접 교류는 거의 불가능했다. 이슬람 입장에서는 이슬람 세계의 공식 언어인 아랍어와 페르시아어 그리고 후대의 투르크어를 제외한 다른 언어를 배운다는 것은 쓸데없는 일이었고 심지어 불경한 짓이었다. 이슬람교도가 성경을 아랍어로 번역하는 것은 거의 상상조차 할 수 없었을 것이다. 18세기까지 이슬람 사람들은 유럽어에 대해 아주 조그마한 관심도 보이지 않았다. 이슬람 국가에 서양의 옥스퍼드, 캠브리지, 파리, 레이덴 대학에서 16, 17세기에 만들어진 '동양학' 혹은 '아랍어 강의'와 견줄 만한 '서양학' 혹은 '유럽어 강의'는 없었다. 15세기 세고비아의 요한이 성경을 아랍어, 라틴어, 카스틸리아어로 번역했지만 이슬람 국가에서는 일어날 수 없는 일이었다. (하지만 우리는 마드리드 살라망카 대학의 교수들도 그런 유럽의 위대한 노력에 거의 관심이 없었음을 인정해야 할 것 같다. 모든 작업의 결과물이 교수들에게 맡겨졌지만 유실되었고 그 후로 아무도 발견하지 못했으니 말이다.) 이슬람과 프랑크 왕국 사이에 일어났던 교류는 대체로 외교와 상업에 제한됐고 그것을 위해서도 이슬람은 아랍어를 구사할 수 있는 비이슬람계 중계인을 고용하거나 '프랑크 방언'이라고 알려진, 포르투갈어, 이탈리아어, 아랍어가 마구 뒤섞여 만들어진 지중해식 사투리를 이용했다.

906년, 프랑크 토스카나의 여왕 베르타(Bertha)의 특사가 라틴어로 쓴 그녀의 편지를 갖고 바그다드에 도착했다. 편지에서 그녀는 칼리프와의 결혼을 제안했는데 왕궁에는 그 편지를 읽을 수 있는 사람이 아무도 없었다. 그들은 그것이 어느 나라 문자인지도 알아내지 못했다. 한 아랍인의 기록에 따르면 편지는 "그리스어와 비슷했으나 좀 더 곧은 모양이었다." 마침내 옷가게에서 일하던 프랑크 사람 한 명이 칼리프 알 무타와킬 앞에 불려 왔다. "그가 편지를 그리스 문자로 말 그대로 바꾸기만 했고 그 뒤

후나인 이븐 이샤크(Hunayn ibn Ishâq)가 불려 와 그리스 문자들을 다시 아랍어로 번역했다."[278] 이 이야기에는 확실히 뭔가 석연치 않은 구석이 있긴 하다. 어떻게 히포크라테스와 갈레노스의 그리스 문헌을 아랍어로 번역한 윤데이샤푸르 출신의 기독교도 번역가 후나인 이븐 이샤크가 프랑크 사람이 아무렇게나 바꿔놓은 그리스 문자를 아랍어로 번역했겠는가? 그리고 그 프랑크 사람은 어떻게 그리스 알파벳을 알 수 있었을까? 그러나 한 가지 명확한 것은 바그다드 칼리프들에게 라틴 서양은 중국보다 더 먼 나라였다는 점이다.[279] (당연히 칼리프는 베르타의 결혼 제안을 거절한다. 어떻게 그 대답이 그녀에게 전해졌는지는 알 수 없지만 말이다.)

프랑크 사람들은 용감하고 종종 잔인하며 개인 위생에 대한 관념이 부족하다고 알려졌다. 17세기 남아시아의 어떤 이슬람 사람은 다음과 같이 말했다. "프랑크 사람들은" 훌륭한 사람일 수 있겠으나 "세 가지 나쁜 습관을 갖고 있다. 첫째, 신앙심이 없고, 둘째, 돼지고기를 먹고, 셋째, 우리 몸의 배로부터 잉여물을 뽑아내는 자연법칙에 이용되는 부분을 씻지 않는다."[280] 그 '프랑크'인이 사는 땅으로 말하자면, 10세기 지리학자 이븐 하우칼(Ibn Haukal)은 "노예를 얻기에 좋은 땅이다. 그 외에 언급할 것이 없다."라고 말했다.[281]

프랑크인에 대한 이슬람의 그런 자세는 매우 전형적인 것으로 수 세기 동안 변하지 않았다. 그러나 그런 서양 사람들과 서양의 생산품에 대한 만연한 무관심에도 눈에 띄는 예외가 있었다. (물론 모든 눈에 띄는 예외는 결국 일반론을 더 강화하기 마련이다.) 이슬람 학자들은 서양 문화 및 기독교 관련 철학, 신학, 과학(양과 질에서 변변치는 않았다)을 완전히 무시했지만 동시대 기독교인처럼 고대 그리스 사상의 무한한 지적 능력만큼은 제한 없이 흡수하고 싶어 했다. 그리스 사상도 이교도인 것은 틀림없지만, 그것은 이슬람 이전의 것이어서 훨씬 덜 유독한 듯했다. 사실 이슬람 사람들이 접할 수 있었던 그리스 문헌에 종교와 직접적으로 상관있는 사상은 극히 드물었다. 고대의 문헌들이 서양에서처럼 이슬람 세계에서도 하나씩 파헤쳐졌고 그것은 자연의 작용에 대해 특권적 접근을 허용했다. 신 존재에 대한 아리스토텔레스의 확실한 논증, 즉 "모든 움직임은 반드시 '움직이지 않는 움직이는 자'에 그 기원을 가져야" 한다는 논증은 기독교는 물론 이슬람의 신학적 취향에도 매우 잘 맞았다.

알 만수르(712~775)와 그의 계승자 하룬 알 라쉬드(786~809)와 알 마문(813~833) 시대에 그리스어, 시리아어, 콥트어 문헌의 번역은 바람직한 것으로 대우받았을 뿐 아니라 칼리프들의 후원까지 받는 작업이었다 (비록 번역가들이 대개 기독교인들이긴 했지만 말이다). 알 마문은 바그다드에 정규 직원과 도서관을 둔 번역 학교까지 설립했다. 위의 칼리프들은 학자들을 멀리 비잔틴 제국까지 보내 필사본을 찾게 했다. 오늘날 오직 아랍어판으로만 남아 있는 많은 문헌들이 이 시기에 만들어졌다. 번역 대상이 된 문헌들은 대부분 과학과 철학에 관한 것으로 무엇보다 플라톤과 아리스토텔레스의 저작들과 의학, 천문학, 점성학, 연금술, 화학, 물리학, 수학에 관한 그노시즘적이고 신플라톤적인 사상들이었다.

그러한 번역 노력은 페르시아인 철학자, 법학자, 의사들로 구성된 온전한 헬레니즘 학파를 만들어냈다. 서양에 라세스라고 알려진 내과 의사이자 연금술사인 알 라지(al-Râzî), 알부카시스라 알려진 외과 의사 아불 카심 알 자흐라비(Abul Qasim Al-Zahravi), 달 바깥쪽 분화구에 자신의 이름을 붙인 수학자이자 천문학자인 무하마드 이븐 무사 알 콰리즈미 (Muhammad ibn-Musa al-Khwarizmi), 유일한 아랍인 천문학자 타비트 이븐 쿠라(Thâbit ibn-Kurra), 일명 알 킨디가 그 시대에 활동했다. 또한 아부 나스르 알 파라비(Abu Nasr al-Farabi)는 이슬람과 그리스 철학을 융화하려 했을 뿐 아니라 플라톤과 아리스토텔레스와 신플라톤학파가 주장하는 '왕 철학자' 개념을 내면적으로 종교와 '사색적인 삶' 을 완벽하게 소화하는 '이맘 철학자' 개념으로 발전시키려 했다. 알 파라비에게 '행복' 은 오직 특정한 공동체(여기서는 그리스 도시 국가 폴리스)에서의 삶을 통해서만 성취될 수 있고 그 국경 너머에는 (아리스토텔레스의 유명한 문구처럼) '짐승들과 영웅들' 이 산다는 주장은 구원은 오직 예언자 마호메트가 만든 공동체 움마에서만 생길 수 있다는 이슬람의 주장과 정확하게 맞아 떨어졌다.[282] (기독교도 교회 안에서만 구원을 얻을 수 있다고 주장했다.)

그러나 당시 관심사와 성취한 바가 가장 다양하고 위대했던 학자는 아마도 무하마드 이븐 아메드 알 비루니(Muhammad ibn Ahmad al-Biruni)일 것이다. 알 비루니는 내과 의사이자 점성술사였고, 또 수학자, 물리학자, 화학자, 지리학자이자, 무엇보다 역사학자였다. 그는 1018년 자신이 만든 도구들로 지구의 반경과 원둘레를 측정했는데 오늘날 우리가 알고 있는 크기에서 15킬로미터에서 200킬로미터 정도밖에 차이가 나지 않았다. 1022년 어느 날, 그는 가즈나의 아프가니스탄 통치자 마흐무드의 군대를 대동하고 북인도로 떠났다. 거기서 그는 산스크리트를 배워『인도의 역사(Book of India)』를 썼다. 그는 비록 인도의 다신교를 좋게 생각하지는 않았지만 인도의 문화, 특히 인도 철학에 대해 매우 호의적인 관점을 표현했다.

그러나 서양에 가장 잘 알려진 학자는 아비센나로 불렸던 이븐 시나(Ibn Sînâ)이다. 980년 보하라에서 태어난 이란인 아비센나는『치유의 서(Kitâb ash-Shifâ)』를 쓰면서 아리스토텔레스와 플라톤과 신플라톤주의를 종합하려고 했다. 그러나 후세에 오랫동안 공헌한 그의 문헌은『의학전

범(al-Qânûn)』이었다. 의학전범은 방대한 의학 논문으로, 고대 그리스 시
대, 아리스토텔레스, 히포크라테스, 갈레노스의 모든 의학 정보를 총망라
하고 거기다 훌륭하게도 페르시아와 인도의 약물학을 덧붙인 것이었다.
의학전범은 후대 모든 아랍 의사들의 참고 문헌이었을 뿐 아니라, 더 실
험적인 접근 방식이 출현했던 17세기까지 기독교 유럽 의학 전반에도 아
주 귀중한 자료였다.

　서양에 알려져 존경을 받은 법학자, 신학자, 철학자는 스페인에서도
나왔다. 이븐 투파일(Ibn Tufayl, 일명 아부바체르)은 철학적 소설을 썼는데
후에 다니엘 디포(Daniel Defoe)의 로빈슨 크루소 이야기 중 하나로 거듭
났다.[283] 아벰파체로 알려진 이븐 밧자(Ibn Bâjja)는 불가피하게 타락하고
불완전한 세상에 살도록 운명 지워졌지만 은둔하며 개인적으로 덕을 지
키는 이상적인 인간상을 계발했는데 그의 철학은 후에 서양의 수도원 생
활로 구현됐다. 그러나 가장 위대한 에스파냐 철학자이자 후대에 가장 확
실한 영향력을 행사했던 이슬람-그리스 사상가는 아부 알 왈리드 무하마
드 이븐 루쉬드(Abû al-Walîd Muhammad ibn Rushd)였다. 라틴 독자들은
그를 아베로에스라고 불렀다. 그는 1126년 코르도바에서 태어났다. 아리
스토텔레스에 대한 그의 주석서들은 기독교 세계에서 너무도 굉장한 평
가를 받았기 때문에 아리스토텔레스가 단순히 '철학자'로 통했던 것처럼
그도 보통 '주석가'로 통했다. 그 때문에 그는 라파엘로가 그린 로마 교
황 서명실의 프레스코 벽화 〈아테네 학당〉에서 아리스토텔레스 뒤에서
어깨 너머로 뭔가를 엿보고 있는 것이다. 단테는 지옥에 아베로에스와 아
비센나의 집을 마련해줬다. 그러나 비교적 편안한 지옥의 두 번째 층에
마음에 아주 잘 맞을 아리스토텔레스와 함께 있게 했다. 아리스토텔레스
는 소크라테스, 플라톤, 키케로, 세네카 같은 '현자들의 가르침을 완성한

사람'이고 그들 모두는 '덕 있는 이교도'였다. 그들은 죄를 지어서가 아니라 세례를 받지 않았기 때문에 지옥에 가야 했다. 복음이 있기 전에 살았기 때문에 그들은 신을 제대로 섬길 수 없었던 것이다.

> 그 결점 때문에,
>
> 아무런 악도 저지르지 않았는데 우리는 지옥에 떨어졌다.
>
> 보람도 없이
>
> 소망만 하는 벌을 받게 되었다.[284]

단테는 두 이슬람교도, 아베로에스와 아비센나가 거기서 무엇을 했는지는 언급하지 않는다.

아리스토텔레스의 자연학과 형이상학은 자연과 인간에 대한 그리스 사상의 토대였다. 그리고 그런 아리스토텔레스 문헌의 아베로에스 주석서들은 16세기 말까지 유럽 대학 커리큘럼에서 가장 중요한 강의로 존경받았다. 약 1230~1600년까지 기독교 서양에 철학적 합리주의를 소개한 사람은 아리스토텔레스와 함께한 아베로에스라고 해도 과언이 아니다. 그는 「종교와 철학의 조화(Fasl al-maqâl)」로 '신학의 왕'이자 '보편적 교회의 박사' 성 토머스 아퀴나스와의 논쟁에 불을 지폈다. 아베로에스의 논리에 따르면 인간은 신과 신이 준 모든 것을 증명으로 알 수 있기 때문에, 신의 법칙은 인간에게 철학(여기서는 삼단 논법적 철학을 의미한다)을 추천하고 또 심지어 강요한다.[285] 그런 철학 외에도 신의 법칙을 알기 위해서는 변증법과 수사학이라는 방법도 있다. "지혜와 권고를 통해 인간을 신의 길로 불러내고 그들과 가능한 한 최선의 방법으로 논쟁하라."라는 코란 16장 125절의 말처럼 각각의 인간은 자신의 길을 선택해야 한다.

아베로에스는 경멸조로 "속 좁게 직역만 일삼는 소수의 사람들만이 그 사실을 부인해왔다. 그들은 성전에 가장 확실히 계시되어 있는 사실에 의해 쉽게 논박될 수 있다."라고 말했다.[286]

(속 좁은 직역주의자뿐 아니라) 정통 이슬람교도 사이에서도 세속적인 이성을 사용하는 문제에 대한 의견이 분분했다. 아베로에스의 주장은 알 킨디, 알 파라비, 이븐 시나의 저술에 깊고 지속적인 영향을 끼쳤다. 그러나 많은 신학자의 반응은 적대적이었고 좋아봐야 경계하는 수준이었다. (비슷한 이유로 아퀴나스도 아리스토텔레스의 저작을 연구하기 시작했다. 신학자들은 세속적 혹은 이교도적인 것에서 개혁이 시작될 때 특히 의심하는 경향이 있다.) 서양에 알가젤로 알려진 아부 하메드 알 가잘리(Abu Hamed al-Ghazali, 1058~1111)가 당시 철학자를 가장 심하게 박해한 사람으로 기억될 만하다. 그는 『철학자의 부조리(Tahafut al-falasifa)』를 써서 고대의 문헌들이 진실을 말하는 계시된 신의 지혜와 모순되기 때문에 '부조리' 하다고 비난했다. 가잘리에 따르면 그가 '철학자들' 이라고 불렀던 그의 표적들은 신을 보편적인 것으로만 한정해, 모든 창조물 각각을 알고 보살피는 코란(성경도 마찬가지)의 좀 더 개별적인 신 이미지를 부정했다. 가잘리는 인간 지성은 예언자의 신성한 안내 없이는 결코 진리에 직접 도달할 수 없다고 했다. 그의 관점은 신의 발언에 대한 순수하게 인간적인 도전으로 비친 새로운 사조에 직면했던 많은 사람들에게 또다시 예전의 독설을 강화하는 효과를 불러왔다. '이슬람의 증명' 이라는 슬로건이 가잘리의 명성과 함께 널리 퍼져 나갔다. 그러나 가잘리 또한 인간 지식의 원천에 대한 깊은 회의를 통해 그런 결론에 도달했고 그것 또한 그리스에 기원을 둔 철학적인 사유라고 할 수 있었다. 17세기 많은 유럽인들이 신이 조종하는 세상이라는 생각을 완전히 포기할 수 있었던 것도 바로 그런 회의주의 덕

분이었다.

　최소한 서양의 관점에서 봤을 때 '아랍 르네상스'는 매우 위대한 것이었지만 계속되지는 못했다. 과연 아랍 르네상스는 오백 년의 호시절을 보냈고 후대 이슬람 사상에 지속적인 영향을 주었지만 (20세기에도 그들의 업적은 여전히 인용되거나 욕을 먹는다) 12세기 말 그 끝을 보았다. 아베로에스는 가장 위대한 아랍 학자이자 아마도 가장 영향력 있는 이슬람 철학자이지만 동시에 마지막 철학자이기도 하다. 아베로에스는 1198년 모로코 망명 중에 사망했다. 그는 이슬람이 자행한 '철학'과의 전쟁의 희생자였다. 그는 전 이슬람 세계에서 그를 추종했던 사람들과 같이 죽었고 그것으로 '아랍 르네상스'도 죽었다.

　이슬람 세계 안팎의 많은 후대 저술가들은 아랍 르네상스 시대의 철학적, 법적, 과학적 창조의 홍수와 관련해 일련의 답하기 힘든 질문들을 던졌다. 특히 18~19세기 이슬람이 명백하게 쇠퇴한 후에는 그 대답이 더욱 절실했다. 그 질문은 이랬다. "당시 유럽을 능가하는 문화를 창조하고 유지했던 이슬람은 왜 더 발전하지 못했을까?" 어떻게 서양이 그 뒤를 잇게 되었을까? 더 복잡한 질문도 있었다. "이슬람이 그런 지적 고지에 한 번 도달했다는 사실은 또다시 그럴 수 있다는 얘기가 아닌가?" 다시 말해 "많은 서구인들이 가정하듯이 이슬람 문화를 현대화가 불가능한 문화로 치부하는 것은 너무 성급한 것이 아닐까?"

　프랑스의 위대한 신학자이자 역사학자이며 논객인 에르네스트 르낭(Joseph Ernest Renan)은 그 해답을 알고 있다고 주장했다. 1883년 르낭은 파리 소르본 대학의 대강당에서 '이슬람과 과학'이라는 주제로 강의를 했다. 그는 이슬람뿐 아니라 모든 유일신 종교가 근대 과학의 진보와 양립할 수 없음을 증명하려 했다. 그러나 '동양'이나 아프리카로 여행해

본 서양인이라면 '단지 이슬람 종교에만 의존한 문화와 교육이 어떻게 지적 전무(全無)와 후진성과 쇠퇴를 가져오는지' 보고 놀라지 않을 수 없는 상황이었다. 그런데 그에 비하면 기독교는 대단한 진보를 거듭한 것처럼 보인다. 왜 그럴까?

유대교라는 하나의 종교에서 파생한 두 종교가 어떻게 서로 달라질 수 있는지에 대한 르낭의 설명은 당시에는 새로웠을지 몰라도 지금은 이미 많은 사람이 주장하는 이론이기도 하다. 그에 따르면 이슬람과 기독교의 차이는 둘의 신념 체계 차이에 있는 것이 아니다. 기독교와 달리 이슬람은 모든 세속적, 정치적 삶의 주인이 되는 데 성공했다는 점에 있다. 르낭은 "이슬람은 성과 속이 구별되지 않고 섞여 있다. 그것은 독단의 왕국이고 인류가 짊어졌던 최고로 무거운 짐이다."라고 선언했다. 독실한 이슬람 신자의 머리에는 일종의 '강철 원반'이 씌워져 있는데 그것이 그로 하여금 "과학을 절대적으로 외면하게 하고 마음을 굳게 닫아 새로운 생각이 전혀 들어오지 못하게 해서 아무것도 배울 수 없게 한다."

오직 이슬람 국가와 교황령의 국가만이 '인간의 삶에 그런 지배력'을 발휘해왔다. 교황령의 국가는 별로 넓지 않지만 이슬람은 "방대한 세계 국가라 할 만했다. 그곳에는 진보를 방해하는 사고방식이 지배적이다. 계시된 것과 신학이 통치하는 사회이다." 기독교 신학은 오직 스페인에서만 끔찍한 억압 체계로 과학을 외면하고 인간 정신도 분쇄해버렸다. (결코 공포로 사람들을 통치해서는 안 된다. 르낭은 마치 예언이라도 하듯이 '품위 있는 나라'라면 머지않아 복수할 것이라고 덧붙였다.)

그럼 소위 '아랍 르네상스'는 어떻게 가능했을까? 르낭의 주장은 간단하다. 775년부터 13세기 중반까지 '동양 문명을 한 세기씩 자세히 살펴보면' 결국 무엇을 발견할 수 있을까? 그는 대답한다. 아랍인들이 향유했던 '일시적 우수성' 은 결국 일종의 망상인데 왜냐하면 그 수승한 아랍 르네상스는 이슬람에서 온 것이 아니라 이슬람에 대한 반감에서 왔기 때문이다. 그는 깊이 연구해보면 '이슬람 르네상스' 는 사라지기 위해 만들어진 것일 뿐이라고 했다. 초기 아랍인은 종교 때문에 어떤 이성적인 질문도 제기할 수 없는 시인이자 전사이자 일반인이었다고 르낭은 선언한다.

'가장 문자화' 했다는 베두인족도 철학적 반성과는 별 상관이 없는 듯하다. 많은 사람들이 믿고 있는 것과 달리 칼리프 우마르는 알렉산드리아의 유명했던 도서관을 불 질러 없애지 않았다. 그가 이집트에 도착했던 642년에 도서관 자리는 이미 폐허였다. 그러나 기회가 있었다면 확실히 그는 도서관을 없애버렸을 것이다. '학자적인 연구와 다양한 정신적 노력을 파괴하는 것' 이 그가 세상에 퍼뜨리려고 지지하는 주의였다. 그러나 원시 부족은 대개 단순하기 마련이어서 필연적으로 다소 관대한 편이다. 아니면 대재난을 불러일으키기에는 너무 비조직적이라고 말할 수도 있다. 그러나 우마르 '다음 세대' 의 '굼뜨고 잔인하고 단순한' 타타르인과 베르베르인들의 대량 유입을 경험한 '절대 독재 체계' 의 이슬람은 체계를 잡기 시작했다. 그것은 바로 "집요한 불공정과 부당한 박해가 만연하는 체계로 스페인 종교재판소의 악명에 버금가는 것이었다."[287]

750년, 사산조 페르시아는 신흥 아바스 왕조의 군대에게 무너졌고 이슬람은 그 중심지를 티그리스와 유프라테스가 만나는 바그다드로 옮겼다. 거기서 아바스 왕조는 사산조 황제, 특히 마지막 조로아스터교도 왕이었던 호스로우 2세가 남겨준 왕실 문화에 길든다. 콘스탄티노플에서 내쫓긴 철학은 호스로우에 의해 페르시아에서 그 집을 찾았다. 호스로우는 산스크리트에서 번역된 책들을 갖고 있었고 그의 업적은 대체로 기독교도, 특히 네스토리우스교도 피난민들에 의해 유지되고 있었다. 시리아의 하란 시는 고대로부터 달의 신 신(Sin)을 숭배했고 초기 기독교 성직자들에게 '이교도의 도시'라고 알려졌다. 심지어 기독교도 로마 황제의 통치하에 완전히 이교도는 아니더라도 다소 이교도적인 풍습을 지켰고, 따라서 고대 그리스의 과학적 전통을 모두 유지하고 있었다.

아바스조의 칼리프들은 페르시아 고문들과 페르시아 군대에 둘러싸여 호스로우 2세의 영광을 부분적으로 재연했다. 르낭에 따르면 "왕자들의 가정교사, 칼리프의 가장 가까운 고문들, 주요 대신들은 모두 고대 시대에 이미 개화했던 페르시아 귀족 바르머사이드(Barmecide) 혈통이었다. 그들은 페르시아의 국교 조로아스터교 신자로 한동안 남아 있다가 오직 후대에 와서야 확신 없이 이슬람으로 개종했다."〔모두 사실인 것은 아니다. 초대 아바스의 고관 중 한 명인 칼리드 알 바르마키(Khâlid al-Barmakî)는 이슬람으로 개종한 중앙아시아인으로 원래는 조로아스터교도가 아니라 불교 신자였다.〕 르낭의 해석에 따르면 아바스조의 바그다드는 혼합 사회였다. 아랍어로 말했으며, 이슬람교도라고 하지만 문화만큼은 배화교도와 기독교도에 의해 유지되는 사회였다. 샤를마뉴 대제 시대의 모든 위대한 칼리프 알 만수르, 하룬 알 라쉬드, 알 마문은 (르낭의 관점에서 보자면) "이슬람교도라고 할 수 없는 사람들이고, 겉으로는 자신들이 통치하는 사람들(혹은 자신이 교황으로 다스리는 국민들이라고 말해도 어울릴 법하다)이 믿는 종교를 믿는 척했지만 사실 마음은 딴 데 있었다." 그들은 심지어 아랍인이라고 할 수도 없었다. 오히려 '부활한 사산조 페르시아인'이 더 적합하다. 가끔 그들은 매우 엄격한 일반인들을 안심시키기 위해 아주 훌륭한 이슬람교도처럼 흉포하고 성급하고 생각이 없는 것처럼 행동해야 했다. 충실한 신자들을 위해 몇몇 불가지론자, 자유사상가 친구를 희생시킨 후 나중에 "기쁘게 그 현명한 친구들을 불러 자유로운 삶을 다시 즐겼을 것이다." 르낭은 이런 상황만이 '천일야화' 같은 '공공연한 엄격함과 비밀스러운 느슨함의 기묘한 혼합'을 설명할 수 있다고 생각했다. 그런 칼리프들의 후원 아래 문화는 번성했고 12세기 즈음 그 문화는 바그다드에서 곧장 코르도바까지 닿을 수 있었다.

갈레노스, 아리스토텔레스, 유클리드, 프톨레마이오스의 책들이 모두 아랍어로 번역되었다. 알 킨디 같은 사람들은 인간이 결코 풀 수 없는 문제들에 대해 생각하기 시작했다. 다시 말해 그들은 뭔가를 철학적으로 사색하기 시작한 것이다. 그것은 코란에서 대답을 찾을 수 없는 문제는 아무것도 없다고 생각했던 독실한 이슬람교도라면 절대 하지 않는 일이었다. 그리고 알 파라비와 아비센나가 "이전에 살았던 위대한 사상가들과 비교될 만한 수준으로 올라갔다."

르낭에 따르면 그들이 모두 아랍어로 글을 썼기 때문에 그들의 업적은 아랍인의 것이 되었다. 그것은 또 이슬람적인 것이라고 가정되었다. 그러나 사실 그것은 '그리스-페르시아'적인 것이다. 그리스-페르시아 문화의 창조자는 언뜻 이슬람교도, 기독교도, 유대인처럼 보이지만 (모든 진실한 지성적 노력이 늘 그렇듯이) 종교적 신념과는 아무 상관이 없었다.[288] 끝없는 밤에 순간적으로 방출하는 빛 같은 것이었다. 그 빛은 다시 돌아오지 않을 것이었다. 아베로에스의 죽음과 함께 "아랍 철학은 마지막 대표자를 잃었고 최소한 향후 600년 동안 자유로운 사변은 패배할 것이고 코란이 승리할 것이었다."[289] 르낭은 열광적인 박수와 함께 "우리가 이슬람 사람들에게 할 수 있는 가장 위대한 봉사는 그들을 이슬람교에서 벗어나게 하는 것이다."라는 말로 강의를 마쳤다. 르낭에 따르면 유럽의 르네상스는 기독교와 대적하며 창조되었다. 만약 동양에도 근대성이 생길 수 있다면 그것도 서양에서와 유사하게 이슬람에 대항해 생겨나야 했다. 종교는 (모든 종교는) 인간 정신의 서로 다른 많은 발현으로 간주되어야 할 것이다. 그러나 절대 그런 종교의 추종자들이 세속 사회에 대한 조종권을 갖도록 허락해서는 안 된다. 이슬람뿐 아니라 모든 계시 종교가 인간 이성의 진화 과정에 아주 해로운 결과를 초래한다는 르낭의 매우 호전적인 주장은 그의 다른 주장들처럼 많은 논쟁을 불러일으켰다. 그러나 그의 마지막 주장(종교의 추종자들이 세속 사회에 대한 조종권을 갖도록 허락해서는 안 된다)만큼은 그다지 틀린 말이 아닌 것 같다.

이슬람 석학들의 작업은 결국 이슬람 세계에서는 외면당했지만 기독교 서양의 과학에는 지대한 공헌을 했다. 영국의 번역가 다니엘 몰리(Daniel of Morley)는 "바그다드의 번역가들의 작업은 그 옛날 유대인들이 모세와 함께 홍해를 건너 이집트를 탈출할 때 파라오의 보물 문서들을 갖고 떠난 것을 상기시킨다."라고 말하며 "그렇다면 우리는 신의 명령과 신의 도움으로…… 그 이교도들(이슬람)을 다시 약탈해 우리의 믿음을 강화해야 할 것이다."라고 썼다.[290]

기독교 서양은 확실히 아랍 문헌들을 약탈했다. 11세기 그리스어에서 시리아어를 거쳐 아랍어로 번역되었던 문헌들은 다시 아랍어에서 라틴어로 번역되기 시작했다. 특히 기독교 정서에 잘 맞는 아랍-그리스 학자들의 문헌, 즉 아비센나, 알 킨디, 알 파라비의 문헌과 아베로에스의 의학서들이 번역되었다.

번역 과정은 상당히 복잡했음을 언급해야 할 것이다. 그리스어가 아르메니아의 방언인 시리아어를 거쳐 아랍어로 번역된 것을 먼저 스페인어로 번역한 후 마지막으로 라틴어로 번역하는 식이었다. 그러나 최소한 네 명의 번역가가 연루되었을 번역 과정이 서툴고 종종 아주 재미있는 오역으로 점철되기는 했지만, 덕분에 서양은 유클리드, 아리스토텔레스, 갈레노스, 프톨레마이오스 등등 잊혀질 수도 있었던 고전주의 문헌들을 대거 복원할 수 있었다.

번역 작업은 다음 세대 학자들이 직접 그리스 문헌을 번역하게 만들기도 했다. 플랑드르 도미니크회의 윌리엄 모에르베케(William of Moerbecke)는 1286년에 사망할 때까지 그리스어 원전으로부터 상당히 믿을 만한 아리스토텔레스의 주요 저서 대부분을 번역했다. 성 토머스 아퀴나스가 유럽 신학과 철학의 풍경을 완전히 바꿔놓는 데 이용한 서적들이 바로 아리스토텔레스가 쓴 모에르베케 버전의 『니코마코스 윤리학』『정치학』『경제학(후대에 아리스토텔레스의 저작이 아니라고 밝혀진다)』이었다. 12~13세기 서유럽 학자들의 과학, 문학, 철학적 활동은 결국 고대의 과학, 문학, 철학적 문헌들을 번역하고 편집하는 시도로 모아졌다. 그리고 그것이 15, 16세기 유럽 르네상스에 초석이 되었다.

오랜 전쟁의 끝과 새로운 시작

이슬람 사람은 기독교 세계의 존재에 무지하고 무관심했지만 기독교도 서양인에게 이슬람의 도래는 일단 공포 자체였다. 이슬람이 약점을 보이고 쇠퇴하는 18세 전까지 대부분의 유럽인이 다양한 이슬람 사람(아랍, 몽골, 오스만투르크, 사파비, 인도의 무굴)을 대하는 자세는 공포, 호기심, 혐오였다. 20세기 관점에서 지금 우리가 서양이라고 부르는 세상이 매우 억눌려 있던 시기를 상상하기란 어려울지 모른다. 그러나 거의 천 년 동안 유럽은 이슬람의 통치 아래 있었다. 심지어 영국 같은 외딴 나라조차 아이들이 커서 이룰 다음 세대 혹은 그다음 세대가 이슬람 통치에서 자유로울 수 있을지 장담할 수 없었다. 기번의 상상 속 옥스퍼드의 뾰족탑들 (이슬람을 상징함-옮김이)은 단지 사변적 공상이었지만, 그의 그리 멀리 않은 조상에게는 충분히 가능한 일처럼 보였던 것이다.

처음에 기독교 유럽은 사사건건 간섭하는 야만인이 누군지 몰랐다. 유럽인은 그들을 예외 없이 아랍인이 아니라 이스마엘(아브라함의 아들 중 하나)의 자손이라고 불렀다. 창세기에 따르면 이스마엘은 "난폭한 사내"였으며 "모든 사람에 반대했고 모든 사람은 그에게 반대했다." 또 아랍인은 사라센, 즉 아브라함의 아내 중 한 명인 사라의 후손들이었다. 어떤 족보가 그들에게 주어졌든 그들은 항상 버림받은 계급이었고 문명화된 세상에 내려진 재앙의 원인이었다. 성경이 그것을 증명했다. 634~640년 알렉산드리아에 살았던 고해 신부 막시무스는 "사막의 미개인 국가가 다른 나라를 마치 자기들 나라인 양 침범하고 우리의 문명이 인간처럼 생기기만 한 거칠고 훈련받지 못한 짐승들에 의해 망가지는 것을 보는 것보다 더 끔찍한 일이 있을까?"라고 했다.[291]

이슬람교 자체도 마찬가지로 불가해한 것이었다. 유럽의 선술집과 중세 초기 수도원에서 떠돌던 이야기는 완전 헛소리들이었다. 그 이야기에 따르면 이슬람교도에게 마호메트는 신 혹은 신전에 모셔져 있는 신들 중 하나였고 그중에는 코란이라는 것도 있었다. 마호메트와 가까운 신은 주핀, 아폴론, 테르바간트로 모두 고대 그리스-로마신의 이름을 변형한 것이었다. 마호메트는 또한 집사 니골라처럼 니골라당(신약성경 에베소 교회에 있었던 니골라 집사를 추종하는 무리, 이단의 일파-옮긴이)을 창설했다. 니골라당은 사도 요한이 「요한계시록」에서 정체를 알 수 없는 이단으로 치부한 집단으로 성 이레나이우스(St. Irenaeus)에 따르면 방종하기가 이를 데 없었다.[292] 또 마호메트는 교황에 도전한 분노한 추기경으로 분해 사막에

자신만의 새 종교를 설립하기도 했다.[293]

이런 이야기들이 12세기 말까지 떠돌아다녔다. 그러나 이슬람이 천천히 서쪽 국경 가까이 다가오면서 기독교도와 이슬람교도의 직접적인 접촉이 빈번해졌고 따라서 더 많은 정보 획득이 가능해졌다. 그때부터 곧 이슬람교가 기독교도처럼 유일신을 믿는 것이 확실해졌고 어쩌면 두 신이 같은 신일지도 모른다는 생각이 퍼져 나갔다. 확실히 이슬람의 신은 구약의 신과 성격이 많이 비슷했다.

알라는 전사요, 질투심과 복수심이 많고 까다로운 신이었다. 구약의 여호와도 그랬다. 알라는 한편 "동정심 많고 자비로웠는데" 신약의 신도 그랬다. 신학적으로는 거의 아무런 차이가 없었다. 이슬람교도도 이스라엘 민족의 조상과 예언자와 구약의 왕들을 인정했다. 예수(혹은 이사야)를 마호메트 전의 마지막 예언자로 인정했고 그의 어머니 마리아를 존경해 코란은 아홉 번째 장을 마리아에게 헌사하고 있다. (비록 소수이긴 했지만) 어떤 사람들에게 그 유사점은 둘 사이의 화해 가능성을 보여주는 것 같았다. 1076년, 교황 그레고리 7세는 알제리의 이슬람교도 통치자 알 나시르(al-Nasir)에게 다음과 같은 편지를 보냈다.

우리는 다른 사람들과 달리 이웃이오. 비록 방식이 다르긴 하지만 유일신을 인정하고 또 그에게 참회하며, 매일 그를 세상의 창조자이자 통치자로 찬양하고 숭배하니까 말이오.[294]

교황은 알 나시르와 우호적인 관계를 유지해야 하는 나름의 이유가 있었다. 그것은 신념의 문제라기보다는 여전히 그가 통치하고 있던 북아프리카에서 점점 줄어드는 기독교 공동체를 보호하고 싶은 정치적 욕망 문제였다. 그런데도 당시 신 본성을 이해하는 데 중요했던 점은 유일신, 그리고 유일한 창조자이자 모든 권위의 유일한 원천으로서의 신의 역할이었다는 점은 분명해진다. 그 점에서는 기독교와 이슬람이 동의했다. 서로 확실히 달랐던 점은 기독교 중심 이론에 대한 입장 차이에서 생겨났다. 이슬람교도 입장에서 서로 별개지만 구분되지 않는다는 성부, 성자, 성령의 삼위일체설은 기독교 변증자들이 다신론을 은폐하기 위해 고안해낸 복잡한 이론처럼 보였다. 신이 인간의 몸으로 내려왔다는 개념은 기독교도가 예언자를 신으로 만든 것에 불과했고 부활은 결코 일어난 적도 없었다. 그리스도(Jesus)는 크리스트(Christ)가 아니었다. 그가 십자가에 못 박히는 일 따위는 일어나지 않았다. (신의 아들이라고 해도 어쨌든 고통받는 신이라는 개념은 이슬람에는 완전히 생소한 것이었다. 사실 모든 종교들이 그렇다. 신들은 절대 고통받지 않는다. 신들은 고통을 가할 뿐이다.) 그리스도는 심지어 죽지도 않았다. 대신 그냥 직접 하늘로 올라갔다. (하늘로 올라갔다는 부분에서는 양쪽 모두 동의한다.) 따라서 그가 다시 부활할 필요도 없는 것이다.

기독교도도 이슬람 신념 체계를 이해하는 데 비슷한 문제를 갖고 있었다. 그러나 이슬람에는 비전(秘傳)이 없고 이슬람이 기독교 내에서 자신들의 신성을 발견하기보다는 반대하는 쪽이 훨씬 쉬웠기 때문에 기독교도의 논점은 예언자 마호메트에 집중되었다. 처음에 이슬람은 다른 이단들과 별로 다를 게 없어 보였다. 마호메트는 마니와 비슷한 단순히 또 다른 가짜 예언자였던 것이다(사실 그 둘은 공통점이 많았다). 교회의 박사이자 마지막 그리스 교부(教父)였던 다마스쿠스의 성 요한의 견해에 따르면 마니는 "신약과 구약에 자주 등장하고 아리안 승려와 조우했다고 믿어지는데 그 후 자신만의 이단을 형성했다."[295]

이슬람과 그 창시자에 대한 뒤이은 설명들도 대부분 그렇게 오해와 왜곡으로 점철된다. 예를 들어 성 요한은 이슬람교도는 "능력만 있다면 네 명의 아내와 천 명의 정부를 둘 수 있다."라고 주장했다. 신이 제정한 모든 인간에게 공통으로 적용되는 관습을 갖고 있는 기독교와 비교해서 참 기묘한 족속이 아닐 수 없었다.[296)]

이슬람에 대한 신화가 아니라 본질을 알려는 최초의 시도는 아마도 코란을 라틴어로 완역한 일이 될 것이다. 1142년, 클뤼니의 베네딕트 수도원장 베드로 부주교(Peter the Venerable)는 파리에서 산티아고에 이르는 클뤼니의 다양한 교회 시설들을 검사하는 성지 순례를 겸한 여행을 떠났고 그동안 잠시 레온-카스티야의 왕 알폰소 7세(Alfonso Ⅶ)의 왕실 사람들과 함께 여행했다. 여행하는 동안 그는 이슬람의 존재를 처음으로 인식하는데 그에게 심각한 문제는 아랍 문화가 스페인의 많은 성직자를 매혹하고 있다는 점이었다. 그래서 베드로 부주교는 전쟁을 선포한다. 물론 무기가 아닌 글로 감행하는 전쟁이었고 그런 전쟁은 당시만 해도 늘 비운의 실패만 맛볼 뿐이었다. 그는 후에 다음과 같이 회상했다. "나는 세상의 반도 넘는 땅에 치명적인 독을 퍼뜨리고 있던 것이 아랍어라고 보고 아랍어 전문가들에게 접근해 그 저주받은 영혼(마호메트)의 출생과 인생과 가르침과 계율을 적은 코란을 아랍어에서 라틴어로 번역하라고 설득했다."[297)] 일 년 후 로버트 케톤(Robertus Ketenensis)이라는 영국인이 코란을 완역했다. 확실한 목적을 가진 후견인이 있는 상황에서 그 번역이 객관적이었을 리가 없다. 케톤이 내놓은 완성품은 기독교의 우수성과 불가침성에 대한 재증명이었을 뿐이었다. 그것을 위해 그는 이슬람에 대한 꾸며진 이야기들을 더 심하게 날조하며 풍성한 주석을 달았다. (그 번역본조차 16세기에 재발견되어 인쇄될 때까지 읽는 이 없이 클뤼니의 도서관에서 자고 있었다.)

베드로 부주교의 번역자, 주석자들 그리고 그들의 계승자가 만들어낸 이슬람은 이단이었다. 게다가 모든 이단 중에 최악의 이단이었다. 베드로 는 클레르보의 성 베르나르(St. Bernard: 베르나르는 제2차 십자군 전쟁의 시 작에 부분적으로 책임이 있다)에게 "그리스도 이후부터 1,100년 동안 여기 저기서 악마의 정신이 만들어낸 이단들을 모두 찾아서 저울에 올려보아 도 그 무게가 이것(이슬람)보다 더 나가지는 않을 것이다."라고 말했다.[298] 그렇게 이슬람은 최고 악마의 위치에 올랐지만 일반 기독교도 눈에 이슬 람은 이론적으로 325년에 이미 이단이라고 판명 나 니케아 종교 회의를 통해 전멸했다고 믿었던 아리우스파만큼도 이단스러워 보이지 않았다.

기독교도에게 마호메트는 확실히 가짜 예언자였다. 11세기 유대교 개 종자 페드로 데 알폰소(Pedro de Alfonso)는 "진정한 예언자의 표시는 성 실한 삶과 진짜 기적과 그의 말의 계속적인 실현"에 있다고 썼다.[299] 마호 메트는 세 가지 모두에 해당되지 않았다. 생전에 그는 아무 기적도 보여 주지 않았다. 그리스도와 달리 기적을 일으킬 수 있다고 주장하지도 않았 다. 어쩌면 그 편이 더 나은 경우일 수도 있지만, 대부분의 기독교도에게 는 그가 자신의 입으로 스스로 협잡꾼임을 증명하는 것이었다. 마호메트 는 스스로 '마지막 예언자'요 모세와 그리스도의 계승자이며 그들보다 위대하다고 주장했다. 신은 모세와 그리스도에게 기적을 행할 수 있는 힘 을 수여했다. 그런데 왜 마호메트에게는 그 능력을 주지 않았을까? 기적 의 실현에 질투심을 느꼈던 이슬람교도들은 정작 그들의 예언자가 능력 을 부인했는데도 마호메트의 있지도 않은 능력을 만들어냈다. 예를 들어 마호메트는 황소와 무화과나무에게 말을 해 그가 부를 때면 와서 엎드리 게 했고 달을 반으로 나눈 다음 다시 합쳤고 상한 양고기를 미리 알고 먹 지 못하게 했다. 당연히 기독교도 입장에서는 터무니없는 소리였다. 코란에 덧붙여진 날조이자 성경의 패러디이고 기묘하고 불합리한 이야기들이 었다. 다마스쿠스의 성 요한은 그것들을 "웃음거리나 될 무익한 이야기들"이라고 했다. 확실히 모두 거짓이기는 하다.

그러나 지독한 이슬람 공격자들의 주요 표적은 무엇보다 항상 마호메트의 생애였다. 이슬람교도는 그리스도를 진정한 예언자로 받아들였다. 때문에 기독교 비하의 논지는 단순히 기독교인들이 인간이었던 그리스도를 신격화한다는 것일 수밖에 없었다. 반면 기독교도들은 마호메트에 대해 그런 제약을 받을 필요가 없었다. 그들에게 마호메트는 비천한 태생으로 벼락출세한 협잡꾼이자 사기꾼으로, 예외 없이 비열했다. 정치적, 성적(性的) 목적을 은폐하기 위해 믿을 수 없이 거대한 예언을 날조하는 인간이었다. 특히 문제가 됐던 것은 마호메트의 성생활이었다. 대부분의 기독교도 논쟁자들은 이슬람교도들, 특히 남성들이 성의 쾌락을 자제하지 못하는 것에 흥미를 느꼈고 또 분노했다. 마호메트는 "수치도 모르는 간통자"이며 "탐욕스럽고", "고약한 냄새가 나는", "만족을 모르는", "불안한" 사람이며 "육욕의 격정으로 모든 것을 태워버리는" 자여서 늘 여색을 탐했고 통제가 불가능했다. 게다가 단지 자신의 부도덕한 행위들을 정당화하기 위해 '자신의 코란' 속에 많은 법을 상상해서 만들어낸 인간이었다.[300]

마호메트의 성생활에 대한 소문 중에 가장 인기 있는 것은 자이나브와의 결혼에 얽힌 이야기였다. 기독교 논쟁자들은 이 이야기를 지치지도 않고 말하며 수많은 변형을 만들어냈다. 마호메트에게는 자이드 이븐 하리타라는 양자가 있었는데 그의 아내가 자이나브라는 세상에서 가장 아름다운 여인이었다. 마호메트는 그녀를 보자마자 주체할 수 없는 열정에 휩싸였고 따라서 자이드를 불러 "신이 나에게 네가 네 아내와 이혼해야 한다고 말했다."라고 말한다. 그를 믿고 복종하던 자이드는 당연히 시키는 대로 했다.

며칠 후 마호메트는 "신이 나에게 그녀를 취해야 한다고 명령했다."라고 선언한다. 그리고 그녀와 결혼했다. "그 후부터 자이나브는 마호메트의 아내들 앞에서 '너희들은 이 땅의 친구들에 의해 예언자의 아내가 됐지만 나는 하늘의 신에 의해 예언자와 결혼했다'라며 우쭐대곤 했다." 성 요한에 따르면 그 결혼 소동 때문에 무할릴(muhallil), 즉 거절의 법이 생겨났다. 기독교도 해석에 따르면 그 법은 남편이 이혼하고 싶으면 언제든 아내를 두 번 거절하면 된다는 뜻이다.[301]

이야기는 계속된다. 자이나브와 결혼하고 좀 지난 후 또 다른 마호메트의 아내 하프사흐는 마호메트가 마리아 콥트라는 여자와 함께 있는 것을 발견한다. 그녀를 화나게 한 것은 마호메트의 부정이 아니라(일부다처제 사회에서 그것은 이미 화날 거리도 아니다) 그들이 자신의 집, 그것도 자신의 침대에 있었고 그녀 눈에 띄었다는 점이었다. 하프사흐의 화를 풀어주기 위해 마호메트는 마리아와 다시는 '동침' 하지 않겠다고 약속했다. 그러나 후에 그는 약속과 맹세를 깨고 다시 마리아와 동침했다. 그리고 코란에 "신은 이슬람교도에게 맹세에 대해 적절히 대응할 것을 명했다."라고 썼다. 그 말은 맹세를 했지만 그것을 깨뜨리길 원한다면 속죄할 것도 변상할 것도 없이 그렇게 해도 된다는 뜻이었다. 마호메트는 예언자로서의 위조된 명성을 이용해 다른 남자의 아내를 유혹하는 것에 그치지 않고, 더 나아가 동침과 위선을 신이 그와 그의 신봉자들에게 준 권리라고 주장했다. 결혼 제도를 남편이 마음대로 아내를 배신하고 거부할 수 있는 단순하고 편리한 도구로 만들어버린 셈이었다.

기독교도 중상자들은 (결코 풍자도 비하도 아니라고 말하면서) 그 모든 난교와 더불어 마호메트는 많은 유약함도 드러냈다고 주장했다. 산 페드로 파스칼(San Pedro Pascal)은 "마호메트가 자주색 옷을 입고 향기 나는 기름을 사용했고, 무어족 같은 많은 다른 부족들이 남녀 할 것 없이 습관적으로 그랬던 것처럼 입술과 눈에 색조 화장을 했다."라고 단언했다. 확실히 그런 사람이 신의 말을 전달하는 예언자일 것 같지는 않았다.

이런 이야기는 풍자적 변곡(變曲)일 뿐이다. 최소한 성 요한처럼 다마스쿠스 칼리프 왕실 대신으로 많은 세월을 보냈던 사람이라면 확실히 그 풍자성을 알고 있었을 것이다.[302] 그러나 이슬람에 대한 공상은 꽤 오래 지속됐고 일부는 기독교도의 무의식 속에 강하게 남았다. 중세 유럽의 종교적, 세속적 문학에서 기독교 세계의 의로운 협객들과 사라센의 괴물 같은 무리들 사이의 싸움은 아주 인기 있는 주제였다.

여기 전쟁에 휘말린 기독교 세계가 있다. 강하지만 부패하고 괴물 같은 이슬람 세계와의 끝없는 싸움에서 아주 불리한 상황에 처한, 연약하지만 항상 의롭고 고귀하며 올바르고 동정의 대상이 되는 세상이다. 그중 가장 장엄한 예가 11세기 프랑스의 위대한 서사시 '롤랑의 노래(Chanson de Roland)'이다. '롤랑의 노래'는 778년 샤를마뉴 대제의 후위 부대가 피레네 산맥의 롱스포에서 바스크인에 의해 전멸한 (기독교도들 간의) 비교적 별로 중요하지 않았던 전투를 기독교와 이슬람 사이의 대전으로 바꿔놓았다. 이 노래 속에서 베르길리우스나 호메로스보다 이전에 살았던 바빌론의 '장군'은 헝가리에서 아프리카에 이르는 동쪽 지방 구석구석에서 군대를 모은다. 이슬람교도 침략자들은 당시 이미 (기독교도들에게) 익숙해진 세 신, '마후메트, 아폴론, 테르바간트'의 우상을 숭배하고 '사라센들'은 그 신들의 이미지로 장식된 군기들을 모든 전투에 들고 나온다. 말할 것도 없이 그 신들은 사기충천한 기독교군 앞에서 무너진다. 롤랑은 영웅답게 죽는다(물론 사라센의 왕 마르실르의 오른손을 자르고 나서 죽는다). 그 꾸며진 죽음을 기리며 단테는 롤랑에게 천국에 한자리를 마련해준다. 그러나 롤랑마저 죽었어도 당시 이백 살이나 먹고 의젓하게 흰 수염을 기른 샤를마뉴는 천사 가브리엘의 도움으로 승리하고 이슬람을 사라고사로 몰아낸다.

'롤랑의 노래' 는 명백하게 기독교 쇼비니즘을 드러내는 십자군을 위한 문헌이었다. 비록 제1차 십자군 전쟁이 선전되던 1095년 이전에 쓰여졌지만 말이다. 그러나 선과 악의 싸움을 가장 극단적으로 묘사했어도 늘 그 구분이 확실한 것은 아니었다. 여기에서조차 선한 이슬람교도가 있다. 여기서 선하다는 말은 그들이 서양의 용기와 기사도 개념을 따른다는 뜻이다. '롤랑의 노래' 에서 한 시인은 "오! 저 기사를 보라. 기독교도이기만 했더라면!"이라고 말한다.[303]

애증의 감정을 나타내는 것은 '롤랑의 노래' 만이 아니다. 이단자 이슬람교도를 진리로 이끌어야 하는 기독교도로서의 의무를 결코 잊지 않으면서도 두 종교 사이를 중재하려고 노력한 사람들이 있었다. 마요르카의 라몬 롤(Ramón Lull, 1232~1315)이 가장 대표적 예이다. 그는 박식한 기사, 시인, 신비주의적 소설가, 지칠 줄 모르는 대담무쌍한 여행가이자 다양한 영역에서 2천 종의 글을 남긴 작가였다. 그는 이슬람으로 보낼 선교사를 교육할 대학을 설립했다. 1311년 비엔 공의회에서는 교황을 위시한 성직자들을 설득해 파리, 옥스퍼드, 볼로냐, 살라만카에 단순히 아랍어만이 아니라 아랍의 역사, 신학, 철학까지 객관적으로 연구할 수 있는 대학을 세우게 했다. 그러나 결국 라몬은 자신의 신념을 실천하려는 과정에서 희생당하고 만다. 이성적인 이슬람교도라면 기독교를 방어하는 자신의 논지를 들을 것이라고 믿었던 그는 1315년 튀니지에서 돌에 맞아 죽었다.

라몬 롤은 두 신념 간에 공손한 입장의 교류를 강조했고 "기도할 때 우리와 같은 피를 나눈 이교도(이슬람교도)를 기억하라."라고 권고했다. 국경 사회에서나 생길 법한 일이었다. 그러나 그가 중재를 생각한 유일한 사람은 아니었다. 한 세기 후 독일의 휴머니스트 니콜라우스 쿠사(Nicolas Cusa)는 『코란의 여과(Cribatio Alcorani)』라는 책을 썼다. 십자군을 지지하려는 목적 아래 원래 교황 니콜라우스 2세(Nicolas Ⅱ)의 위탁으로 쓰여졌다. 하지만 쿠사는 교황에게 도전이라도 하듯, 만약에 코란이 제대로 번역(여과)되었다면 분명히 중요한 측면에서 기독교의 가르침과 양립할 수 있었을 것이라고 썼다. 오늘날 쿠사는 그의 '학문적 무지' 개념과 독특한 믿음으로 더 잘 알려져 있다. 그는 인간의 모든 지식은 오직 진리에 근접하거나 진리의 추측일 뿐이고 우주에는 또 다른 인간이 또 다른 행성에 존재한다고 믿었다. 더 넓은 시야, 그리고 세상은 다양하고 그 모든 다양성이 결국 서로 양립한다고 믿었던 마음 때문에 다른 기독교도들과 달리 그는 이슬람 속에서 어떤 가치를 볼 수 있었을 것이다.

라몬 롤과 니콜라우스 쿠사는 이슬람과 기독교를 양립시키는 먼 길을 걸을 준비가 되어 있던 매우 이례적인 사람들이었다. 하지만 그들의 관점은 이슬람 세계에 오래 노출되고 이슬람의 정복이 언제 끝날지 점점 더 알 수 없었던 불안한 기독교도로서의 당연한 반응이기도 했다. 계속 전투에서 패배하고 나서야 사람들은 (최소한 식자들은) 이슬람이 사악하며 거의 희극적인 종파 이상일 수도 있다는 생각을 하기 시작했다. '롤랑의 노래' 처럼 인기를 끌던 잡동사니 이야기들은 재미있고 타락한 사람들의 정신을 개선시킬 수도 있었다. 그러나 살기 위해서는 최소한 이슬람이 정말 무엇인지, 무엇이 그 추종자들을 저리도 거침없는 승리로 몰아가는지 확실히 이해해야 한다는 생각도 하기 시작했다. 수 세기 후 전쟁에서 지고

난 후에서야 서양을 업신여기던 이슬람교도들이 그때까지 경멸해 마지않던 '프랑크 사람' 들에 대한 좀 더 객관적인 평가를 내릴 수 있었던 것처럼 말이다.

스페인과 (더 후대의) 지중해와 북아프리카에서도 이슬람과 기독교의 권력의 균형이 바뀌던 시절이 있었다. 1031년에 코르도바의 칼리프 정치가 몰락했고 안달루시아는 조악한 왕국으로 나뉘었다. 이슬람 정부는 서서히 진행되던 기독교도의 침입에 저항하기가 점점 더 힘들어졌다.

1085년, 카스티아-레온의 왕 알폰소가 세빌랴의 토후(토후의 딸은 알폰소의 정부였다)와 동맹을 맺고 거대 도시 톨레도를 점령했다. 톨레도는 토후들이 다스리던 왕국 중 가장 크고 강력한 왕국일 뿐 아니라 이슬람 이전 서고트족 스페인의 수도였다. 때문에 승리의 의미는 굉장히 컸다. 알폰소는 이제 스스로를 '톨레도의 황제' 그리고 '스페인의 황제' 라 칭했고 (최소한 이슬람 문헌에 따르면) '두 종교의 황제' 였다. 그 후에도 수없는 반격을 일으키며 기독교도는 천천히 그러나 착실하게 이슬람을 남쪽으로 몰아갔다. 톨레도 점령 일 년 후, 노르만의 기사들이 북아프리카에서 알-마디야(al-Mhadiyya)를 사로잡았고 1091년에는 아랍인들을 시칠리아에서 내쫓았다. 1118년, 사라고사가 아라곤의 알폰소 1세(Alfonso I) 수중에 떨어졌다. 기독교군은 1147년, 리스본과 알메리아를, 그리고 이듬해에 토르토사와 레리다를 점령했다. 1212년, 교황 이노센트 3세(Innocent Ⅲ)가 공식 십자군으로 만든 스페인, 프랑스, 성전 기사단 연합군이 안달루시아의 하엔으로부터 40마일 떨어진 라스 나바스 데 톨로사 평원에서 이슬람 대군을 격퇴했다. 전투 이후 이슬람은 확실히 힘을 잃게 된다. 1236년 코르도바, 1248년 세비야가 정복됨에 따라 이베리아 반도 대부분은 기독교도의 수중에 들어갔다.

그러나 이슬람은 여전히 상업적으로 번성하고 문화적으로 화려한 서쪽의 한 지역을 고수하고 있었다. 바로 서쪽으로 지브롤터, 동쪽으로 카르타헤나에 닿는 스페인의 남쪽 삼각 지대인 그라나다에 나스리드 왕국이 있었던 것이다. 나스리드 왕국의 수도인 '석류의 도시' 그라나다는 경사진 정원, 분수, 분방하게 뻗어 있는 알람브라 궁전, 모스크, 도금된 원형 모스크 지붕이 멋지게 어울린 도시였다. 실로 유럽에서 가장 아름다운 도시 중 하나였다. 그라나다는 1492년 1월 2일 기독교군 수중에 떨어질 운명이었다. 군대의 선두에는 승리에 걸맞은 관복을 무어족답게 차려입은 카스티야-아라곤 연합 왕국의 '가톨릭 군주들', 페르난도와 이사벨이 있었다.

그라나다 정복은 기독교와 이슬람 사이의 긴 싸움에서 매우 결정적인 순간이었다. 이슬람이 마침내 수 세기 동안 자연스런 유럽의 국경으로 간주되었던 경계 밖으로 다시 내몰린 것이다. 당시에도 그렇게 보였던 듯하고 또 가톨릭 교회의 성직자 선전 집단들이 19세기까지 계속 그렇게 보이게 만들었다. 그러나 사실 기독교 재정복의 가장 의미 있는 전투는 1212년에 있었다. 그라나다는 그 후부터 한 세기 넘게 카스티야의 속국이었을 뿐이었다. 당파적이고 쇠퇴해가던 나스리드 왕국은 누구에게도 위협이 되지 못했다. 국경을 따라 벌어졌던 전투들은 그저 정기적인 행사였다. 양쪽 모두 고향에서는 골칫거리나 되는 젊은 사내들을 내보낼 수 있는 전쟁터가 필요했다. 마키아벨리가 재빨리 눈치 챈 것처럼, 그런 간헐적인 전쟁은 오히려 양쪽의 정체성을 강화했다. 그라나다는 입이 달기로 유명했던 이사벨 여왕에게 지치지도 않고 설탕을 공급하기도 했다.

1474~1479년, 페르난도와 이사벨은 이사벨의 계승자에게 카스티야의 왕관을 확실히 물려주기 위해 길고 호된 내전을 겪어야 했다. 내전이

끝나자 그들은 자신들의 지지자들에게 보상할 땅이 절실하게 필요했다. 물론 그들의 충성심을 유지하기 위해서였다. 또한 페르난도와 이사벨은 아직 불안한 왕조에 정당성을 제공할 기념비적인 일로 치부될 사건 혹은 이미지가 필요했다. 이사벨은 독실한 기독교도요 (설탕 탐식만 제외하면) 검소함의 표본이었다. 그녀는 남편의 더블릿을 7번이나 수선했고 지나치게 화려한 카스티야 왕실에 어두운 드레스를 강요하기도 했다. 그녀는 또 종교적 순응이 이끌 단결의 잠재성을 완전히 이해한 예리한 판단력의 소유자였다. 그에 반해 페르난도는 모든 점에서 덜 독실했으며, 교활하고 조작적인 정치인일 뿐이었다. 그를 옆에서 직접 관찰했던 마키아벨리는 『군주론』에서 페르난도를 "늘 평화와 훌륭한 신념을 가르쳤고 스스로도 절대 그 두 부분에서 부족하지 않은 국왕"으로 묘사했다.[304] 그러나 페르난도는 정통 종교를 강요하는 것으로 얻을 수 있는 정치적 이점을 잘 알고 있었다. 물론 마키아벨리도 마찬가지였다. 서투르게나마 존재했던 '함께 살기'의 오래된 정신은 이제 잊혀졌다.

그라나다가 정복된 후 마지막 이슬람 왕 아부 아브드 알라 무하마드 12세(Abu ʿabd-Allah Muhammad XII: 보아브딜이라고도 부른다)와 남아 있던 충신들은 알푸하라스 산맥으로 일시적으로 추방됐다가 후에 스페인 기독교 연합 왕국이 건국되자 나라 밖으로 완전히 추방되었다. (기독교로 개종하기를 거부했던 유대인들도 즉시 추방되었다.) 페르난도는 자신이 하늘의 뜻을 받드는 남자라고 선전했다. 그는 서양의 이슬람 세력에 최후의 일격을 가하고 정당한 장소에 진정한 종교를 재건하기 위해 신이 선택한 사람이 되었다.

그런 상황을 잘 살피고 있던 한 사람이 있었다. 꿈이 컸지만 당시 실업자였고 제노바에 살았던, 원래의 빨간 머리에 이제는 흰머리가 듬성듬성한 중년의 항해사 크리스토퍼 콜럼버스(Christopher Columbus)였다. 나중에 그가 기록한 바에 따르면 그는 "알람브라 탑에 군인들이 기독교 왕실 국기를 게양하는 것"을 보고 있었다. 그때 콜럼버스는 "자신만의 위대한 모험"은 바로 이사벨의 승인 여부에 달렸다고 생각했다고 한다. 그 모험은 "인도의 위대한 '칸'이 지배하는 땅으로 기독교 함대를 몰고 가 그곳 왕과 사람과 땅을 보고 그들의 성향을 파악하고, 그들을 기독교라는 신성한 신념으로 개종시키기 위해 해야 할 일이 무엇인지 보는 것이었다." 그리고 결국 그는 그 노고의 대가를 받을 예정이었다.[305]

그라나다 함락은 그곳 주민들의 대대적인 환영을 받았다. 1187년 라틴 왕국의 예루살렘 상실을 시작으로 동쪽의 거의 모든 기독교 국가가 이슬람에 의해 정복당했던 치욕을 보상하는 것이었다. 그리고 18세기의 시와 희곡에서 매우 인기 있는 소재가 되기도 했다. 그라나다 정복이 스페인에서 이슬람 통치의 종식을 공식 선언한 것은 사실이다. 하지만 당시 이슬람교도와 기독교도 둘 다 기독교의 재정복이란 스페인 재정복 이상을 의미한다는 것을 잘 알고 있었다. 그라나다 함락은 이슬람과 기독교 사이에서 벌어졌던 긴 전쟁의 한 국면이 끝났음을 의미했다. 그러나 또 다른 국면이 먼 동쪽의 콘스탄티노플과 예루살렘에서 벌어지고 있었다. 바로 기독교의 지하드, 십자군 전쟁이었다.

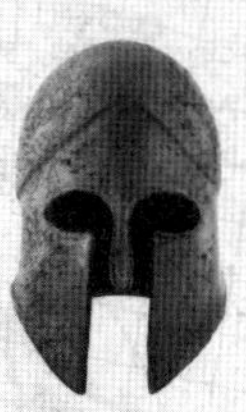

6장

전쟁의 영역

성스러운 전쟁의 시작

1095년 11월 17일 프랑스 노트르담 시 야외 연단에서 교황 우르반 2세 (Urban Ⅱ)는 주교, 기사, 평민들로 가득한 군중에게 연설을 했다. 우르반은 이슬람 수중에 있는 동쪽의 교회와 성지를 해방(그는 자주 해방이라는 단어를 썼다)시킬 동양으로 들어갈 군대를 소집 중이었다. 그는 그 전쟁이 특별한 전쟁이라고 했다. "성지 순례"이고 "신의 부르심"을 따르는 것이고 "십자가를 짊어지고 가는 것"이었다. 바로 "십자군 전쟁"이었다.

우르반의 연설은 열정적이고 유창했다.[306] 그가 연설을 마치자 르퓌의 아데마르 드 몽테유(Adhémar de Monteil) 주교가 교황 앞에 엎드리더니 반드시 십자가를 지고 예루살렘으로 가겠다고 맹세했다. 군중은 함성으로 그의 맹세를 승인했다. 흥분한 군중은 "신이 바란다."라고 외쳤다. 십자군 전쟁이 끝날 때까지 병사들의 대표적인 함성 소리가 되어 널리 유명해질 바로 그 외침이었다. 추기경은 떨리는 다리로 무릎을 꿇고 사람들이 고백성사를 암송하게 했다. 바로 그 자리에서 사람들은 너 나 할 것 없이 앞으로 몰려가 징병 모집 계약서에 서명했다.

대성공을 이룬 뒤에 우르반은 프랑스 남쪽을 횡단하며 곳곳에서 연설을 계속했다. 십자군을 위한 위세 당당한 순회였다. 직접 만날 수 없는 사람에게는 편지를 썼다. 편지는 수천수만 통에 달했다. 플랑드르 기사들에게 십자군에 가담하기를 재촉하면서 우르반은 다음과 같이 말했다. "미쳐 날뛰는 미개인들이 이미 하나님의 동쪽 교회를 침략했고 약탈했다. 더 심각한 일은 그들이 그리스도의 열정이 서려 있고 부활의 흔적이 남아 있는 성스러운 도시 예루살렘을 장악하고 있다는 것이다. 그들은 그 도시와 도시의 교회들을 끔찍한 노예 상태로 만들었다."[307]

교황은 이전에도 여러 번 십자군을 선언했다. 그러나 '성스러운 전쟁'을 강조하기는 당시가 처음이었다. 성스러운 전쟁은 '신의 길'이고 그리스도를 대신하는 전쟁이었다. 또 전쟁하는 군인들은 '신, 그것도 최고 신의 군인들'이며 전쟁의 전사들은 '그리스도의 기사들'이었다.[308] 교황이 전쟁 참여가 공덕 행위라고 말한 것도 그때가 처음이었다. 우르반은 십자군의 참여를 '일종의 옳은 희생'이자 헌신 행위라고 했으며 곧 영혼의 구제를 이끌 것이라고 했다.[309] 병사들은 모두 '신의 사랑을 위한 살인'을 맹세한 순례자이고 가슴에 십자가 장식을 달게 될 것이었다. "누구라도 내 뒤를 따르면 스스로를 잊고 십자가를 지고 나를 따르게 하리라."라던 그리스도의 말씀을 암시하는 것이었다(십자군의 의도를 누구나 다 알고 있는 지금, 십자군을 그리스도의 뜻이라고 생각할 사람은 아무도 없을 것이다).[310] 교회는 원수를 용서하고 "다른 쪽 뺨도 내주라."라고 했던 그리스도의 말을 또다시 무시했다. 늘 그랬듯이 말이다.

역사상 처음으로 유럽인은 공식 허가된 성전(聖戰)에 착수했다. 어떤 면에서 그것은 정확하게 기독교식 지하드였지만 또 어떤 면에서는 아니었다. 십자군은 기독교 세계의 땅(기독교 세계라고 믿었던 땅)을 되찾으려고 싸웠다. 지하드의 전사들처럼 전 세계의 점령과 개종을 위해 싸우지는 않았다. 그러나 십자군의 목적과 신의 일을 하고 있다는 그들의 확신을 고려할 때 그런 차이는 사실 별 의미가 없다. 이전의 기독교도는 결코 성스러운 전사들이 아니었다. 개중에 진실한 신념에 대한 증거로 기꺼이 죽은 순교자가 있었을 뿐이다. 그러나 이제 십자군 전쟁에서 스스로 희생해 영웅이 된 사람들은 이슬람에서처럼 성스러운 전사가 되어 곧장 천국으로 올라갈 것이었다. 한 십자군은 니케아 함락시 사망한 동료들을 위해 다름과 같이 적었다. "이들은 모두 당당하게 천국으로 들어갈 수 있다. 순교자의 옷을 입고 한목소리로 '오, 신이시여, 영원한 축복과 찬양의 대상인 당신에게 바친 우리의 피를 위해 복수해주시오' 라고 말하며……"[311]

우르반의 호소와 뒤이은 무질서한 군대 파견은 전쟁에 대한 서구인의 개념에 갑작스런 변화를 가져왔다. 그때까지 교회는 전쟁을 늘 수단으로 간주했다. 전쟁은 그 자체로 죄지만 자연 세상, 즉 타락한 인간 세상은 불완전하고 무질서한 장소라서 때로는 어쩔 수 없이 폭력을 통해 정의를 구현할 수밖에 없다. 때문에 신중하게 결정된 특정 상황에 한해서만은 허가될 수 있었다. 정의로운 이유를 추구하는 한, 합법적인 정치적 권위의 허가 안에서 치러지기만 하면 전쟁은 정당했다(늘 이전의 불의가 현재의 정의가 되거나 그 반대가 됐다). 성 아우구스티누스는 전쟁을 다음과 같이 정의했다. 중세 시대 전쟁에 대한 가장 권위 있고 가혹한 정의였다.

전쟁은 반드시 필요할 때 일으켜야 한다. 그리고 오직 신이 그 전쟁으로 인간에게 필요한 것을 전달하고 인간 세상을 평화롭게 유지할 수 있을 때만 일으켜야 한다. 평화는 전쟁에 아무 도움이 안 되지만 전쟁은 평화를 보장할 수 있다. …… 전투에서 적들을 파괴하는 전쟁은 욕망이 아니라 필요에 의한 것이어야 한다.[312]

우르반의 연설이 모든 것을 바꿔버렸다. 그때부터 가톨릭은 청교도를 살육하고 청교도는 가톨릭을 살육했다. 또 그 둘이 협력해서 영토 회복도 정의의 심판도, 심지어 단순한 왕조들의 탐욕도 아닌 이유로 유대인과 이슬람교도를 살육했다. 그들은 단순히 신이 그렇게 하기를 바랐기 때문이라고 믿고 또 주장하며 그렇게 했다. 십자군은 늘 신을 대신해 행동한다고 주장했다. 욕망이 필요성을 만든 것이다. 후에 제1차 십자군 전쟁이 예상치 못했던 성공을 거두자 삼류 시인 그랭도르 두에(Graindor of Douai)는 십자가에 못 박힌 그리스도로 하여금 아직 태어나지도 않은 이슬람에 대한 복수를 예언하게 만든다. 그리스도는 함께 십자가형을 받은 도둑 중 한 명에서 다음과 같이 말한다.

친구여!
나를 위해 창으로 복수해 줄 사람들은
아직 태어나지도 않았네.
그들은 믿음 없는 이교도들을 죽일 것이라네.
내 명령을 늘 거부한 사람들이지.
그들에 의해 기독교는 영광을 찾을 것이라네.
그리고 나의 땅이 정복되고 내 나라는 해방될 것이네.[313]

뒤이은 참혹함을 허락이라도 하듯, 우르반의 순회는 일련의 경이적인 징조들을 목격했다. 유성이 대거 쏟아지는가 하면 월식이 생기고 태양을 둘러싼 무시무시한 서광도 비쳤다. 몇 년째 흉년을 불러온 심각한 가뭄이 끝나 계속되던 기근이 갑자기 해결됐다. 8월 말 우르반은 순회를 마치고 로마로 돌아갔다. 그러나 유럽 전역이 십자군으로 술렁이다 보니 여러 징후의 출현은 멈출 줄 몰랐다. 1097년 가을에 혜성이 출현했고 이듬해 2월 하늘이 붉게 빛났다. 가을의 하늘빛은 너무 밝아 마치 불타는 것 같았다. 11월에 일식이 있었고 1099년 2월에는 북극광이 동쪽 하늘을 가득 메웠다.

불가해한 징후들이 신의 인증이라고 생각한 설교자들은 십자군의 메시지를 우르반이 지나쳤던 땅 너머로까지 전파했다. 심지어 그 메시지를 더 잔인하고 병적인 것으로 만들었다. 십자군 전쟁은 (이슬람에게) 공포의 전쟁이고, 수 세기 동안 이슬람이 기독교 서양에 저질렀던 만행에 대한 복수의 행위라고 선언했다. 그것은 마지막 결산 같은 것이었다. "그들의 연방 도시 예루살렘을 점령하기 위해" 영국에서 이탈리아까지 전 유럽의 '그리스도 가문들'이 소집됐다. 사람들은 "외부인이 너의 가족을 때려눕혔다면 혈육을 위해 복수해야 하지 않겠느냐? 모욕당하고 자신의 땅에서 쫓겨나고 십자가에 못 박힌 너의 신, 너의 아버지, 너의 형제들을 위해 어떤 복수를 해야 하겠는가?"라는 질문을 받았다.[314]

혈족 간의 불화는 중세 유럽의 가장 큰 골칫거리였다. 수 세기 동안 교회는 그런 불화를 억제하려고 노력했지만 이제 갑자기 기독교의 전쟁을 정당화하는 데 이용되기 시작했다. 다른 사람도 아닌 교황이 그렇게 만든 것이다.[315]

그런 정당화 때문에 기독교 신학은 상당히 왜곡됐다. 하지만 십자군 설교는 갈등과 위기의 상태에 있던 유럽 사회에 깜짝 놀랄 만한 효과를 가져왔다. 이전의 봉건 유럽, 특히 프랑스는 불안하고 무질서했다. 카롤링거 왕조가 조금씩 붕괴되자 각 지방의 군사 집단, 기사들, 봉건 영주들은 평민들을 착취하느라 정신이 없었다. 빈곤에 빠진 많은 사람들은 산적으로 전락했다.

당시 프랑스 왕이 통치하는 땅은 별로 많지 않았다. 카롤링거 왕조 소속의 관료, 백작, 공작들이 방대한 땅의 실질적인 군주였다. 십자군 전쟁의 목적 중 하나는 교회가 낙관적으로 전망한 '신의 평화'를 가져오는 것이었다. 그런데 사실 교회는 이를 핑계로 힘없고 제약 많았던 프랑스 왕을 비롯한 당시 유럽 왕들의 권력을 교회로 환원하고 싶었다. 교회는 왕국들의 무질서한 요소를 더 과장하면서 목적을 달성할 수 있었다. 그런 상황에서 십자군 전쟁은 유럽 전역에 만연했던 억압된 에너지와 청년들의 야망을 분출할 배출구를 제공했다. 베네딕트 수도회의 연대기 작가 기베르 노장(Guibert of Nogent)은 "신은 이 시대에 성스러운 전쟁을 시작하게 해서 고대 이교도들처럼 동족 살육을 일삼던 기사들과 군중에게 새로운 구제의 길을 열어주었다."라고 선언했다.[316] 최소한 그 점에서만큼은 십자군 전쟁이 성공을 거두었다고 할 수 있다.

십자군의 흥기

1096년 봄, 십자군 대군이 프랑스 남쪽에 모였다. 떠돌이 기사, 독일의 일부 귀족, 부랑자 무리들과 그들이 대동한 여성과 아이들로 이루어진 군대였다. 은둔자 베드로라는 떠돌이 설교사가 첫 번째 진군을 맡았다. 그는 그리스도가 나타나 자신이 십자군을 지휘해야 한다고 말했다며 그 증거로 임명장 하나를 보란 듯이 들고 다녔다. 임명장은 신이 직접 써서 자신에게 주었다고 주장했다. 그가 지휘했던 군대는 미치광이, 사기꾼, 무법자 집단이었다. 그중에는 보두앵이라는 수도원장도 있었다. 그는 이마에 십자가 낙인을 찍고 다녔고, 천사가 찍어주는 징표라며 어수룩한 사람들로부터 돈을 뜯어냈다. 또 사이비 종교 단체도 있었는데 신자들은 거위를 숭배했다. 거위가 신성한 영혼으로 가득 차 있기 때문이라고 했다. 서양의 광기가 이제 막 행진을 시작한 것 같았다.

그러나 그들의 일차 표적은 이슬람교도가 아니라 유대인이었다. 십자군은 신학, 신성의 역사, 성경 등에 대해 전혀 알지 못하거나 거의 알지 못하는 사람들이었다. 아마도 다양한 '그리스도의 적들'이 서로 어떻게 다른지, 그리고 그들 중 누가 무지한 설교자들이 무시무시하게 묘사했던 바로 그 적인지도 구별할 수 없었을 것이다. 후대의 어떤 작가가 썼던 대로 십자군은 "유대인, 이단, 이슬람교도를 모두 신의 원수라고 불렀고 똑같이 밉살스런 인간으로 치부했다." 한 증인의 말에 따르면 그들은 눈앞에 보이는 비기독교인이라면 그냥 무조건 "죽이거나 개종시키며" 계속 나아갈 뿐이었다.

5월 25일에서 29일 사이, 라인란트의 마인츠에서 번성하고 있던 상당한 규모의 유대인 공동체가 전멸했다. 독일 십자군의 말에 따르면 그 유대인들은 예루살렘으로 가는 "길을 내어주기 위해" 살육당해야 했다. 그 일로 크게 만족한 십자군은 곧 몇 분대로 쪼개졌다. 일부는 북쪽의 쾰른으로 움직였다. 그즈음 쾰른의 유대인들은 최대한 시골로 들어가 피난처를 찾았다. 그러나 6~7월에 광적인 그리스도 순례자들이 피난 갔던 유대인을 모두 찾아냈고 유대교 회당에 불을 질렀으며 유대교 성전 토라의 족자를 파괴했다. 눈에 띄는 유대교 공동묘지는 모두 파헤쳤다. 또 다른 십자군은 남서쪽으로 나아가 트리어와 메스에 이르렀는데 거기서도 똑같은 살육이 벌어졌다. 대륙 깊숙한 곳에 위치한 레겐스부르크에서는 약간 관대했던 은둔자 베드로 덕분에 집단 살육은 없었지만 전 유대인 공동체가 세례를 받아야 했다.

교회의 권력자들은 그런 만행을 비난했다. 각 지역의 기독교 성직자들이 만행에 확실히 기여하기는 했지만 일부 주교들은 성직자답게 자신의 관구에 사는 유대인을 요새화된 구역으로 이주시켜 보호했고, 슈파이어, 마인츠, 쾰른의 경우 유대인들을 시골로 분산시키기도 했다. 그러나 제1차 십자군 전쟁의 시작으로 기록된 유대인 대학살 사건은 역사상 최악의 유대인 배척 행위가 되어 그 후 수 세기 동안 유럽의 유대인 공동체에 잊지 못할 기억으로 남았다. 8천 명의 유대인이 사라진 그 사건은 정당하게 '1차 홀로코스트'라는 이름을 부여받았다. 유대인들은 오늘날까지 회당에 모여 장송가를 부르며 독일 전역에서 벌어졌던 학살과 순교를 되새긴다.

유대인을 학살한 후 십자군은 다시 발칸으로 갔고 그곳에서 더 통제 불능에 빠졌지만 제문 시를 공격했고 베오그라드를 약탈했다. 뒤이은 잡다한 복수전으로 많이 약해졌지만 분견대(分遣隊)들이 니케아의 셀주크(현대의 이즈니크) 시까지 진격했다. 그리고 그곳에서 투르크에 의해 쫓겨났다.

그러나 8월에 고위 귀족들(로렌의 공작이자 부용에서 온 고드프루아, 프랑스 왕의 형제이자 베르망두아에서 온 휴, 툴루즈의 백작이자 생 질르에서 온 레이몽, 플랑드르의 백작 로베르, 노르망디의 공작 로베르)이 지휘하는 더 조직적인 십자군이 결성되어 동유럽을 거쳐 콘스탄티노플로 향하는 길고 위험한 노정을 시작했다. 1086년 11월에서 이듬해 5월 사이, 그들은 굶주리고 초췌해진 채 안장에 쓸린 상처를 안고, 지치고 다소 낙담한 상태로 콘스탄티노플에 도착했다. 비잔틴 황제 알렉시우스(Alexius)가 재빨리 그들을 배에 태워 보스포러스로 보냈다. '파리떼', '날개 없는 메뚜기', '야만스럽게 울부짖는 개'인 프랑크인들(이슬람교도들은 유럽 사람을 그렇게 불렀다)이 드디어 '이슬람 세계'에 첫발을 들여놓은 것이다.[317]

1097년 여름, 오합지졸이 된 십자군이 갑자기 들이닥쳤을 때 이슬람 세계 자체는 서로 죽고 죽이는 일련의 잔인한 내부 싸움에서 조금씩 벗어나던 참이었다. 현재 이라크, 시리아, 팔레스타인에 걸친 방대한 지역을 통치하던 셀주크 투르크는 1071년 비잔틴의 황제 로마누스 디오게네스 4세(Rmanos Diogens IV)를 꺾고 그 유명한 만지케르트 승리를 거두었지만 사실은 반독립적인 여러 국가로 나뉘어 있었다. 국가들은 형식상으로 모두 바그다드의 칼리프 통치 아래 있었는데 실질적으로는 서로를 깊이 불신했다. 그들은 훌륭한 수니가 그렇듯 1063년부터 1092년에 걸쳐 카이로의 시아파 파티마 칼리프와 전투도 치러야 했다. 성지의 대부분을 장악하고 있던 파티마군은 싸움에서 살아남기는 했지만 당시 많이 약해진 상태였다. 그렇지만 그들이 보기에 무질서하고 장비도 부족한 프랑크군은 언뜻 투르크족보다 덜 위협적이었다.

십자군은 그리스 정보통를 통해 그런 이슬람의 상황을 알고 있었음에 틀림없다. 십자군은 이슬람군 방어선이 허술한 틈을 타 재빨리 그리고 아주 효율적으로 움직였다. 1097년 6월에는 과거 제국들이 닦아놓은 동양으로 가는 길목에 놓여 있는 도시 니케아를 점령했다. 한 주 후, 아사 직전의 십자군은 이글거리는 태양 아래 무거운 군장을 메고 안티오키아로 출발했다. 10월 말에 안티오키아 성곽 밖에 도착했고 일곱 달이나 공격을 퍼부은 끝에 이슬람 구원병을 두 차례 물리치고 1098년 6월 3일 안티오키아로 들어갔다. 당시 안티오키아는 비잔틴 통치 아래 있던 예전의 안티오키아가 아니었다. 그래도 여전히 동양적인 장엄함을 갖춘 교회가 여럿 있기는 했다. 그리고 무엇보다 안티오키아는 소아시아에서 시리아로 들어가는 길목이었다.

6월 28일 또 다른 이슬람군이 도착했다. 십자군은 그들도 물리칠 수 있었다. 일부는 그 이유가 천상에서 내려온 천사와 성자 군단이 죽은 전우의 영혼들과 함께 십자군 편에서 싸워줬기 때문이라고 주장했다. 11세기 당시의 독실한 기독교인에게조차 어이없는 말이었지만 달리 그들의 성공을 설명할 길이 없는 것 같았다. 늦은 1월 십자군은 다시 행진하기 시작했다. 그들은 신속하게 해안가를 따라 움직였고 곧 파티마의 통제권 안으로 들어갔다. 1099년 6월 7일 화요일 황혼 무렵 그들은 마침내 성지 예루살렘(세상의 배꼽)의 성벽 바깥쪽에 도착했다.

십자군이 착실하게 동쪽으로 나아가는 동안 그들의 신은 그들이 가는 길마다 (다소 모호하기는 했지만) 놀라운 징후들을 연속적으로 보여주며 그들을 격려했다. 1097년 10월 초, 검 모양 꼬리를 한 혜성이 밤하늘에 나타났다. 최소한 이 일만큼은 환상이 아니었다. 혜성의 출현은 중국과 한국의 기록에 남아 있다.[318] 12월 30일 지진이 일어났을 때 하늘은 (수 세기 전 콘스탄티누스에게 그랬듯이) 붉게 이글거리는 가운데 십자가 모양을 한 멋진 빛을 방사했다. 1098년 6월 13일 밤, 안티오키아 바깥쪽 이슬람 주둔지에서 유성 하나가 의미심장하게도 서쪽에서 떨어졌다. 9월 27일에는 서광이 하나 비쳤는데 그 밝기가 너무도 대단해서 전 유럽과 아시아를 관통할 정도였다. 1099년 6월 5일, 지친 십자군이 예루살렘으로 접근할 때 월식이 있었고 그것은 곧 이슬람의 상징인 초승달의 통치가 곧 끝남을 암시했다.

그러나 예루살렘은 니케아나 안티오키아와 비교해 복원력이 훨씬 더 뛰어났다. 십자군은 도시를 둘러싸고 있는 거대한 성벽에 거의 한 달 동안 공격을 퍼부었다. 결과는 허무했고 도시는 거의 난공불락인 것처럼 보였다. 이집트군의 도착을 우려했던 십자군은 마지막으로 충분한 사다리와 공격 장비를 모은 다음 7월 14일 이른 아침 도시의 동쪽 성벽에 전면 공격을 가했다.

남부 이탈리아의 노르만인이자 후에 십자군 이야기에 영웅으로 등장할 전설의 탄크레드(Tancred)가 처음으로 성벽을 뚫었다. 이슬람 사람들은 알 아크사 모스크로 피신했다. 그러나 그들의 가망 없는 저항은 짧았다. 곧 그들은 탄크레드에게 항복했고 관대한 이미지의 탄크레드는 그들에게 목숨은 살려주겠다고 약속했다. 그는 자신의 깃발을 알 아크사 모스크에 달고, 그것이 다른 십자군의 광포함으로부터 그들을 보호할 것이라고 단언했다. 그러나 탄크레드의 약속은 허황된 것임이 밝혀질 예정이었다. 파티마의 우두머리 이프티카르 아드 다우라흐(Iftikhar-ad-Daulah)는 툴루즈 백작 생 질르의 레이몽에게 자신을 비롯한 가족과 개인 호위병을 살려준다는 조건으로 도시와 도시의 모든 보물들을 넘기겠다는 제안을 했다. 레이몽은 동의했고 이프티카르는 호위를 받으며 도시를 떠났으며 아스칼론에서 이집트 주둔군과 합류했다.

이프티카르는 운이 좋았다. 예루살렘에 남아 있던 남자, 여자, 아이들은 모두 살육당했다. 알 아크사에 은신해 있던 이슬람교도들도 곧 발견되었고 탄크레드의 깃발은 무용지물이었다. 그들은 끌려 나와 난도질을 당했다. 탄크레드는 매우 화가 났는데 살육 때문이 아니라 자신의 깃발이 존중되지 못한 것이 그 이유였다. 유대인은 유대인 대회당에 숨어 있었으나 "프랑크군이 그들을 회당과 함께 산 채로 태워버렸다."[319] 학살은 늦은 저녁에 도시의 사원 지역에서 이루어졌는데, 시체가 높이 쌓였고 피는 마치 강물처럼 도시를 흘러 지나갔다.[320] 기독교도 목격자 한 명은 "아무도 그런 살육을 듣지도 보지도 못했다. 그들은 피라미드 같은 장작더미에 위에서 태워졌고 신을 제외한 아무도 그 수가 얼마나 되는지 알지 못했다." 라고 기록했다.[321]

라틴 서양은 승리의 소식을 놀라움과 환호로 반겼다. 교황은 "신이 그 옛날의 기적을 다시 일으켰다."라고 썼다. 교황은 그 승리가 이성적으로 도저히 납득할 수 없는 기적이라고 생각했다. 사실 제대로 된 장군도 없고 일반인으로 이루어진, 훈련도 배급도 받지 못한 지친 군대가 무적의 이슬람군에 대항해 이길 것이라고 누가 상상이나 했겠는가?[322]

예루살렘 장악과 함께 서양 기독교 세계와 이슬람(이제는 동양 기독교 세계)의 관계는 돌이킬 수 없는 변화를 맞이했다. 십자군 지도자들이 이슬람 세계를 공국으로 나눠 각자 맡은 지역을 통치했다(불로뉴의 보두앵이 에데사에서, 타란토의 보에몽이 안티오키아에서, 툴루즈의 레이몽이 트리폴리에서 공국을 만들었다). 공국들은 십자군 레반트 국가 혹은 해외 국가라고 불렸다. 예루살렘 자체도 하나의 왕국으로 탈바꿈했다. 북쪽의 베이루트와 남쪽의 가자와 골란 고원을 비롯한 대부분의 해안 지대가 예루살렘 왕국 소속이었다. 안티오키아에서 아크레로 이어지는 독립 공국들은 1099~1187년까지 거의 한 세기 동안 살아남았다. 실로 이슬람 심장부에 존재했던 라틴 기독교 왕국이라 할 만했다.

그 국가들은 이슬람으로부터 (또 가끔은 기독교도 이웃들로부터) 국경을 지키기 위해 성채를 건설했다. 군주들과 무장한 수도승 계급들과 그들과 함께 싸웠던 요한 기사단, 호스피틀 기사단, 그리고 평판이 좋지 않았던 성당 기사단이 앞장서서 그 일을 했다. 성채 중 다수는 오늘날도 여전히 건재하다(요한 기사단이 세운 마르쿠아브 성, 터키 아마누스 산맥의 바그라스 성,

시리아 해안의 타르투스 성, 요르단 계곡 가장자리에 걸터앉은 벨보아 성, 그리고 가장 눈길을 끄는 트리폴리 내륙의 크락 데 슈벨리에 성이 있다). 실화를 바탕으로 한 영화 〈아라비아의 로렌스(Lawrence of Arabia)〉의 주인공 토머스 에드워드 로렌스(T. E. Lawrence)가 1909년 크락 성을 보았을 때 그는 이렇게 감탄했다. "세상에서 가장 잘 보존된 성이자 가장 온전한 찬사를 받을 수 있는 성이다. 바이바스(1271년에 크락 성을 함락했던 맘루크의 술탄)가 다시 보아도 그 위세가 옛날과 똑같다고 할 것이다."[323]

십자군 국가들은 당연히 다문화, 다종교적이었다. 물론 유럽인이 그 지역에 사는 다양한 집단들 중 가장 강력하고 잘 무장한 집단이기는 했지만 수적인 면에서 이슬람교도와 시리아인 기독교도들과는 비교도 되지 않았다. 게다가 시리아인 기독교도는 라틴 국가에서 온 새로운 통치자들을 좋게 말해 껄끄럽게 생각했다. 유대인도 이슬람에서 기독교로 통치권이 바뀐 것 때문에 잃은 것만 많았다.

레반트 국가들은 늘 국경 지역일 수밖에 없었고 그 속에 살던 로마 가톨릭 사람들은 세월이 흐르면서 (스페인이 그랬듯) 유럽의 같은 기독교도보다 이웃의 이슬람교도와 더 많은 공통점을 갖게 됐다. 그들은 이슬람 요리를 즐겼고 종종 호기심을 자극하는 다양한 아랍-투르크식 복장을 입었다. 그리고 조금씩 종교적 관용의 형태가 어떤 식으로든 필요하다는 것을 절감했다. 물론 서양의 기독교도에게는 이해할 수 없는 일이었다. 예루살렘에 잠깐 머물렀던 이슬람교도 시리아 귀족 우사마흐 이븐 문키드(Usamah Ibn-Munqidh)는 기도하려고 늘 알 아스카 사원(당시 성당 기사단 점령하에 기독교 교회로 둔갑해 있었다)을 방문했다. 기사단은 친절하게도 우사마흐가 기도 자리를 펼 수 있게 사원 귀퉁이 공간을 마련하고 혼자 기도할 수 있게 배려해줬다. 우사마흐는 당연히 메카가 있는 서쪽을 바라봤다. 그런데 어느 날 "한 프랑크인이 달려와 억지로 동쪽으로 고개를 돌리게 하고는 '이렇게 기도해야 하는 것이오' 하고 말했다." 그러나 성당 기사단원이 그 남자를 밖으로 내보냈고 우사마흐에게 사죄하며 "그 남자는 프랑크 왕국 출신으로 최근에 여기 도착한 이방인"이라고 설명했다. 더 이상의 말이 필요 없었다.[324]

레반트 국가들은 계속 번영하다가 12세기에 전성기를 이뤘다. 그곳은 인도와 극동의 나라들이 다마스쿠스를 거쳐 아크레와 티레의 항구로 향해 유럽으로 들어가는 무역로였다. 그러나 그곳의 다문화성과 풍요로움에도 불구하고 레반트는 이국적인 문화를 가진 변경의 작은 국가들일 뿐이었다. 이슬람 '전쟁의 영역' 한 귀퉁이에 박혀 있던, 언젠가는 이슬람의 힘에 귀속될 운명을 가진 나라들이었다. 레반트 국가들은 상충하는 지역적 파벌 사이에서 힘의 균형을 아슬아슬하게 유지하면서 거의 이백 년을 살아남았다. 그 속에서 예루살렘의 기독교도는 다마스쿠스의 이슬람과, 안티오키아의 기독교도는 알레포의 이슬람과 맞서야 했다. 또 트리폴리의 기독교도는 오라테스 분지 위쪽의 다소 이슬람 색이 덜한 도시들과 이웃해 살아야 했다. 레반트는 이전 세대 시리아 지방 도시들의 정치 전략을 그대로 흡수했다. 즉 그들을 둘러싸고 있는 이슬람 군벌들과 동맹 관계를 잘 유지했다. 필요하다면 유럽의 기독교도 동지들보다 이슬람 군벌들과 더 가까운 관계를 유지해야 했다. 당연히 매우 불안하고 미묘한 상황이었다. 레반트는 그 지역 이슬람 국가들이 서로 분열되어 싸우면서 남아 있다는 조건 아래서만 지속될 수 있는 국가들이었다.

물론 이슬람의 분열은 영원하지 않았다. 1144년, 역설적이게도 크리스마스이브에 사건이 터졌다. 모술과 알레포의 통치자 이마드 아드 딘 젠기(Imad-ad-Din Zengi)가 기독교의 간섭에 대항한 지하드를 일으키기 위해 모든 동맹군을 소집했다. 곧이어 에데사의 십자군 도시를 점령하고 약탈했으며 눈에 띄는 프랑크인은 모두 살해했다. 동시대 아랍인은 그 사건을 다음과 같이 기록했다. "아랍군은 약탈을 시작했다. 유럽인을 포로로 잡아들이거나 살해했고, 탈취나 도둑질을 일삼았다. 그들의 양손은 영혼을 즐겁게 하고 마음을 기쁘게 하는 돈, 가구, 동물 등의 전리품과 포로들로 가득했다.[325] 그 일은 이슬람 세계 전역에 큰 사건이었다. 비록 젠기가 그 승리를 구체화하지도 못하고 곧 암살당하기는 했지만, 이슬람의 팔레스타인 재정복이 시작됐다는 것은 당시 누가 봐도 뻔한 일이었다.

기독교는 새로운 십자군을 결성하는 것으로 대응했다. 베르나르 클레르보(St. Bernard of Clairvaux)의 불같은 웅변에 선동된 군인들이 신성 로마 제국의 황제 콘라트 3세(Konrad Ⅲ)와 프랑스의 루이 7세(Louis Ⅶ) 같은 거물 지도자들의 지휘 아래 1147년 5월 유럽을 떠났다. 결론은 결국 재난이었다. 전쟁 물자도 제대로 공급받지 못해 산만하기 그지없었던 콘라트의 군대는 도릴라이룸까지 겨우 진군했지만 10월 25일 그곳에서 대패했다. 살아남은 군인들은 루이가 이끌던 더 큰 군대에 합류한 후 이듬해 여름 시리아에 도착했다.

지도부는 거기서 다마스쿠스를 점령하겠다고 결정했다. 그러나 그 결정은 매우 비싼 대가를 치러야 했다. 다마스쿠스를 점령하기는 했지만 며칠 만에 곧 젠기의 아들이자 계승자 누르 아드 딘(Nur-ad-Din)이 이끄는 구원병에게 쫓겨나야 했던 것이다. 신성 로마 제국의 황제와 프랑스의 왕을 비롯해 살아남은 자들은 모욕감을 누르고 절뚝거리며 유럽으로 돌아갔다. 베르나르드는 "유럽의 기독교도가 의지했던 교회의 후손들이 사막에서 칼과 굶주림으로 전멸했다."라며 흐느꼈다. 또한 그는 재난의 원인으로 "어떤 인간도 이해할 수 없는 문제에 대해 감히 성급하게 판단할 수 없는데 기독교인이 신에 대항해 의문을 제기했기 때문에 신이 노한 것"
이라는 억지 결론을 내릴 수밖에 없었다.[326] 그런 결론이 효과가 있었는지
다음 40년 동안 서양의 기독교 왕국들은 레반트와 성지 같은 건 안중에
도 없는 듯 내부적 불화만 증폭하기에 급급했다.

누르 아드 딘은 아버지가 획득했던 것을 구체화하는 데 성공했고 안티
오키아 공국을 해안가의 시장통으로 전락시킨 후 공국 지도자였던 레이
몽의 두개골에 은을 입혀 바그다드에 있는 칼리프에게 선물로 보냈다. 그
러나 동양에서의 십자군을 최후로 전멸시킨 사람은 누르 아드 딘의 가장
재능 있는 부관인 쿠르드 장군 사라흐 아드 딘 유수프 이븐 아이윱(Salah-
ad Din Yusuf ibn-Aiyub: '정직한 신념, 욥의 아들 요셉' 이란 뜻)이었다. 서양
은 그를 살라딘이라고 불렀다.

살라딘은 수니파였지만 1169년 파티마 이집트의 술탄이 됐다. 이 년
후 이집트는 별다른 저항 없이 바그다드 아바스 칼리프 왕국 통치하에 있
게 됐고 그로써 서쪽의 '비옥한 초승달 지대(고대 동방의 중심이었던 나일
강과 티그리스 강 그리고 페르시아 만을 잇는 농업지대-옮긴이)'의 시아파 정권
은 마지막을 고했다.[327] 1174년, 살라딘은 다마스쿠스를 점령했고 이듬해
시리아 지방의 공식 통치자가 됐다. 그는 곧 지하드를 통한 기독교 원수
들에 대항한 이슬람 통일에 몰두했다. 다마스쿠스의 토후들로부터 "가족
의 안녕을 먼저 생각하라."라는 전갈을 받은 살라딘은 "이슬람과 이슬람
교도의 안녕을 위해 힘을 모으고 하나의 목적으로 단결하게 하는 것을 최
우선이자 가장 중요한 것으로 생각해야 한다."라고 답했다.[328] 1183년 살
라딘은 십자군 성채 케락을 공격했다. 케락은 알레포와 다마스쿠스와 홍
해를 잇는 무역로를 장악하고 있었다. 살라딘의 군대가 그곳에 도착했을
때 케락의 성주인 샤티용의 레지날드(Reginald of Châtillon)는 자신의 사

위인 토론의 험프리(Humphrey of Toron)를 위해 결혼기념 잔치를 벌이고 있었다. 신사였던 살라딘이 성벽 바깥쪽에서 고심하는 동안 잔치는 방해 없이 계속됐다. 심지어 양쪽의 중세 연대기 작가들이 후에 즐겨 묘사한 여러 접선(나눔)도 있었다. 한번은 신랑의 모친인 스테파니 부인이 살라딘의 텐트에 잔치 음식을 보내기도 했다. 기사도 정신으로 똘똘 뭉친 살라딘은 그런 환대 어린 제스처에 대한 응답으로 어디서 젊은 한 쌍이 첫날밤을 보내는지 물었다. 그리고 자신의 군인들에게 그 지역을 피하라고 명령했다. 그러나 첫날밤이 끝나기 전에 살라딘의 군대는 예루살렘에서 온 구원병에 의해 쫓겨났다.

살라딘은 다마스쿠스로 퇴각했지만 퇴각이 오래가지는 않았다. 그는 당시 나일 강에서 시작해 유프라테스 강으로 이어지는 모든 이슬람 세계를 장악했다. 간헐적인 십자군의 공격이 약간의 성공을 부르긴 했지만 동양에서 십자군의 전성시대는 이미 누가 봐도 명백하게 끝난 것이었다. 1187년 초, 예루살렘의 유명한 '문둥이왕' 보두앵(Baldwin Ⅳ)과 살라딘 사이의 휴전이 깨지자 샤티용의 레지날드가 일을 저질렀다. 카이로에서 다마스쿠스로 가던 여행자 무리를 공격해 상당한 약탈품을 챙기고 많은 사람을 포로로 잡아갔던 것이다. 그런데 그중에는 살라딘의 누이들도 있었다. 평화를 지키고 싶었던 보두앵이 레지날드에게 문제를 해결할 것을 요구했으나 레지날드는 거절했다. 그것은 살라딘이 기다리던 기회였다. 그는 이집트, 다마스쿠스, 알레포, 메소포타미아, 무술, 디야르 바크르로부터 모든 군사력을 총동원했다. 반면 그와 맞부딪힐 십자군은 지치고 지나치게 산개해 있었으며 절대적으로 물이 필요한 상태였다. 열기도 참을 수 없었다. 결국 살라딘의 군사들이 십자군을 너무 촘촘히 둘러쌌기 때문에 (그들 중 한 명이 후에 묘사했듯이) "고양이 한 마리도 빠져나갈 수 없을 지경이었다."[329] 십자군이 7월 3일 야영을 시작했을 때 트리폴리의 레이몽 백작은 "슬프도다! 신이시여, 전투는 이제 끝났습니다. 우리는 배신당해 죽게 되었습니다. 왕국은 이제 끝났습니다."라는 한탄 소리를 듣는다. 그 사람이 옳았다. 다음 날 살라딘의 군대가 하틴에서 십자군을 전멸시켰다. 십자군 전쟁에서 가장 의미심장한 전투였다. 비록 서양에서는 역사학자들이나 기억할 뿐 이미 오래전에 잊혀진 일이 되었지만 그 기억은 아랍인의 상상 속에서 기독교 세계의 힘을 누르고 승리한 순간으로 아직도 살아 있다. 그리고 대부분의 이슬람교도들은 기독교도들이 그 굴욕을 결코 잊지 않고 또 결코 용서하지 않을 것이라고 확신한다.

살라딘은 케락에서 자신을 속였던 샤티용의 레지날드를 늘 말해왔던 대로 자기 손으로 직접 처치했고 이백여 명의 성당 기사단과 호스피틀 기사단도 처형했다. 다른 일반 기사들은 돈을 받고 돌려보냈다. 병사들은 노예로 팔려갔는데 그 수가 엄청나서 시리아 노예 시장은 그 후 몇 달 동안 공급 과다에 시달렸다. 하틴 전투 후 곧 아크레, 토론, 시돈, 베이루트, 나사렛, 카이사레아, 나블루스, 야파, 아스칼론 등 변변치 못한 군대로 저항하던 기독교 요새들이 살라딘과 그의 장군의 손으로 넘어갔다. 시인 이븐 사나알 물크(Ibn Sana'al-Mulk)는 다음과 같이 노래했다.

당신은 동쪽과 서쪽의 땅을 모두 소유했습니다.
당신은 수평선과 평지와 스텝 지역을 모두 포용했습니다.
신은 말했습니다. 그를 따르라.
우리는 우리 신의 말을 들었고 당신을 따랐습니다.[330]

9월, 살라딘은 다시 군사를 총동원해 예루살렘 성곽 밖에 주둔했다. 도시는 당시 베이루트와 사이프러스 군주의 아들 발라인(Balain of Ibelin)이 장악하고 있었지만 물자 공급도 거의 안 되고 대부분 여성과 아이들인 피난민만 가득한 상태였다. 기사들이 너무 없어서 발라인은 16세가 넘는 소년이면 무조건 손에 검을 쥐여줘야 했다.

9월 20일에 공격이 시작됐다. 발라인은 6일 동안 버텼지만 결국 도시 내 모든 기독교도 거주자들이 돈을 주고 살아남을 수 있게 하면 항복하겠다고 제안했다. 살라딘이 동의하지 않을 경우 예루살렘 내에 있는 이슬람 성지를 모두 파괴하고 이슬람교도를 모두 죽이겠다고 협박했다. 매우 대담한 제안이었다. 그러나 메카와 메디나에 이어 예루살렘의 알 아크사 사원은 이슬람교도에게 세 번째로 중요한 성지였다. 그 지역의 이슬람 인구 또한 필수적이었다. 살라딘은 별수 없이 동의했다.

10월 2일, 살라딘은 거침없이 예루살렘으로 입성했다. 기독교도와 이슬람교도 양쪽 사람들이 그날 이후 오랫동안 놓치지 않고 지적해낸 것처럼, 그 행진은 88년 기독교도의 입성과 매우 비교되었다. 몸값을 제공할 수 있는 사람들은 10디나르를 지불하고 살아남았다. 헤라클리우스는 굶주림에 노출된 군중이 노예처럼 살 것을 알면서도 이를 무시한 채 돈을 주고 티레로 망명했다. 마지막 자비심의 제스처로 살라딘은 수천 명을 조건 없이 풀어주었다. 그러나 나머지는 곧장 노예 시장으로 넘겨질 운명이었다. 시리아의 기독교도는 교회를 유지할 수 있었고 원한다면 예루살렘에 남을 수 있었으며 대부분이 그렇게 했다. 도시를 떠났던 유대인은 돌아오라는 설득을 받았다. 곧 살라딘은 비잔틴 황제 이삭 안젤루스와 조약을 하나 맺는데 그것으로 예루살렘 내 기독교도 성지는 그리스 정교회의 보호 아래로 돌아갔다. 이제 레반트에 남아 있는 십자군 국가는 티레, 트리폴리, 안티오키아 세 곳이었다.

살라딘은 이슬람 세계에서 전설이 되었고 지금도 그렇다. 그는 아랍 전통 속에서 진정한 전사로 추앙받는 영웅이다. 우아함과 사회적 세련미에 있어 손색이 없었고 코란이 추구하는 명예와 인내를 갖추었다. 실제로 관대하고 정직하며 개인적인 야망을 넘어 자신의 가족까지 희생하면서 이슬람의 대의에 헌신했던 지도자였다.[331] 그는 유럽의 마상 창술 경기와 매우 유사한 폴로 게임에 매우 뛰어났다고 한다. 그의 신하 바하 아드 딘(Baha' Ad-Din)의 말을 믿는다면 살라딘은 동시대 최고 박사와 법학자가 부과했던 신념 시험을 모두 통과했다. "결과적으로 살라딘은 최고 석학들과 같은 수준에서 대화를 나눌 수 있었다."[332] 이슬람과 관련한 살라딘의 야망은 팔레스타인에서 눈엣가시인 기독교도를 몰아내고 싶은 욕망 이상이었다. 1189년 살라딘은 자신의 측근이자 자서전 집필가였던 이븐 샤다드(Ibn Shaddad)에게 "만약 신이 나에게 나머지 해안 지방을 정복하게 한다면 나는…… 바다를 건너 그들(기독교도)의 섬으로 들어가 이 세상의 기독교도를 모두 뒤쫓아 하나도 빠짐없이 알라를 섬기게 만들 것이다."라고 말했다.[333] 물론 동시대의 다른 이슬람 통치자들처럼 살라딘도 필요하다면 기독교도 군주들과 동맹 관계를 맺었고, '이단' 처럼 보이는 이슬람 군벌들과의 전쟁도 불사했다. 그러나 모든 면에서 그는 당시 초라하고 비열한 주변의 이슬람-기독교도 군벌들 중 도덕적, 지적으로 단연 돋보이는 깊은 신념의 소유자였다.[334]

서양에서도 살라딘은 '존경할 만한 적' 이라는 평판을 얻었고 중세 기사도적 로맨스의 대상으로 매우 사랑받았다. 훨씬 후대 인물인 볼테르는 "유럽에 별 도움이 안 되는 연대기 작가들 중 극소수만이 살라딘의 행적을 공정하게 평가한 것이 유감이다. 살라딘은 훌륭한 인간이었고 영웅이었으며 철학자였다."라고 말했다.[335] 에드워드 기번은 "광적인 시대에 광적이었던 살라딘의 타고난 덕성이야말로 기독교도의 존경을 살 만하다."라고 썼다.[336] 후대에도 살라딘은 의협심 강하고 용기 있고 관대한 전형적 낭만주의 영웅이었다. 무엇보다 그는 동기라고는 그들의 행동만큼이나 조잡하기 이를 데 없던 약탈자 집단으로부터 자신의 고향을 보호하는 데 헌신했다. 월터 스코트(Walter Scott) 경은 "동양 역사에 살라딘보다 위대한 이름은 없다."라고 말했다.[337]

1898년, 독일 황제 빌헬름 2세(Wilhelm Ⅱ)는 오스만 제국 내 독일의 영향력을 높이기 위해 이스탄불과 시리아를 공식 방문했다. 그는 그때 다마스쿠스에 있는 살라딘의 무덤 앞에서 그 예루살렘의 해방자가 "겁내지도 비난도 하지 않는 진정한 기사였고 종종 적들에게 진정한 기사도란 무엇인지 가르쳐야 했다."라고 말했다.[338] 빌헬름은 그 뒤 자신이 "삼백만 이슬람교도"의 친구라고 선언했고 살라딘의 묘지에 "한 위대한 황제에서 또 다른 위대한 황제로"라는 비문과 함께 비단 깃발을 꽂고 청동 월계수 화관을 씌웠다. 1918년 11월, 다름 아닌 토머스 에드워드 로렌스가 청동 화관을 승리의 트로피 삼아 영국으로 가져갔다. 그것은 지금 런던의 제국 전쟁 박물관에 전시되어 있는데 거기에는 로렌스의 친필 설명도 곁들여져 있다. 그는 자신이 화관을 살라딘의 무덤에서 제거한 것은 이제 예루살렘이 오스만 제국으로부터 해방되어서 "살라딘이 더 이상 필요 없게 되었기 때문"이라고 썼다.[339]

현대 이슬람 세계에서도 살라딘은 여전히 영웅이다. 걸프전 발발 이년 후 1992년에 시 예산으로 세워진 거대한 살라딘 기마상이 지금도 다마스쿠스 성채 앞에 서 있다. 기마상에서 살라딘은 19세기 서양이 수없이 묘사한 십자군과 거의 같은 옷과 같은 동작을 취하고 있다(당시 이슬람 세계에는 이렇다 할 동상 건립 전통이 없었다). 말 양쪽에는 보병 둘과 수피

(Sufi) 한 명이 서 있다. 말 뒤에는 두 십자군, 즉 예루살렘의 기(Guy)와 샤티용의 레지날드가 구부정한 자세로 서 있다. 동상을 만든 조각가 아브달라흐 알 사예드(Abdallah al-Sayed)의 설명에 따르면 그는 살라딘을 일개 전사가 아닌 십자군 혹은 '프랑크인'들에 대한 적대감을 증폭하는 지도자로 그리려 했다고 한다. 아마도 조지 부시와 당시 '사막의 폭풍' 작전을 수행했던 군인들도 그 프랑스인에 포함됐을 것이다. 수피는 (다소 어울리지 않게) 단순한 민중의 종교를 표현한 것이고, 보병들은 겸손한 전사를 대표했다. 그들은 모두 이슬람이라는 국기 아래 그들의 영웅과 하나가 되었다.[340]

예루살렘의 상실은 엄청난 타격이었다. 그러나 기독교 세계는 그렇게 쉽게 물러나지 않았다. 1189년 5월, 신성 로마 제국의 프리드리히 1세(Friedrich I)가 당시 거의 일흔 살의 나이로 사상 최대의 십자군을 동원해 다시 비잔틴으로 향했다. 그러나 7월 10일 살레프 강을 건너려고 수영을 하던 중 익사해버린다. 그의 군인들 대부분이 티레까지 가는 데 성공하기는 했지만 이미 심각하게 사기가 저하된 상태였다. 기대하지도 않게 갑작스레 안도를 한 살라딘은 늙은 황제의 죽음이 신의 뜻이라고 받아들였다. 그러나 그 안도도 그리 오래가지는 못했다. 이듬해 7월, 프랑스의 필리프 2세(Philip Ⅱ)와 십자군에서 가장 명성을 떨친 영국의 사자왕 리처드 1세(Richard I)가 군대를 모아 다시 성스러운 땅으로 향했다.

기독교도 입장에서 봤을 때 3차 십자군은 결국 효과적이지 못했다. 하지만 2차 십자군보다는 훨씬 나은 것이었다. 1191년 7월, 십자군은 아크레를 시작으로 곧 야파를 재탈환했고 이듬해에는 아스칼론도 점령했다. 그러나 그즈음 리처드는 이미 그곳 사정이 레반트 국가들이 번성했던 시절과는 많이 다르다는 것을 깨달았다. 기독교 군대는 예루살렘을 재탈환할 정도의 충분한 대군도 아니고 그렇다고 소수정예도 아니니 아무래도 살라딘의 군대와 장기간 싸우기에는 역부족이었다. 9월, 살라딘이 야파에 이르는 남쪽 해안 도시에 기독교도의 거주를 허락하자 리처드는 만족하고 아크레로 퇴각했고 1192년 10월 9일 영국으로 돌아갔다.

그러나 1203년 또 다른 시도가 있었다. 목적은 물론 예루살렘의 탈환이었다. 최소한 처음에는 그랬다. 4차 십자군은 1202년 10월 베네치아를 떠났고 일단 헝가리로부터 예전 아드리아 해의 베네치아 전초 기지였던 자라(Zara)를 재탈환하려 했다. 그곳에서 폐위된 비잔틴 황제의 아들 알렉시우스가 십자군에게 만약 자신이 황제의 지위를 되찾게 도와준다면 예루살렘에 500명의 그리스 기사들을 영원히 주둔시키고 2,000마르크도 기증하겠다는 제안을 했다. 십자군은 동의했고 1203년 6월 24일, 함대는 보스포러스로 들어갔다. 이듬해 1월 알렉시우스는 황제로 등극했으나 2,000마르크를 준다는 약속을 지키지 않았기 때문에 교살당했다. 십자군은 그렇지 않아도 그리스 정교회를 멸시하고 있었다. 그런데 비잔틴 사람들이 자신들을 환대하지도 않자 몹시 약이 오르고 화가 나서 동양의 쇠퇴해가는 로마 제국 비잔틴을 그 참에 점령해버리기로 결정했다. 콘스탄티노플은 긴 역사를 마감하고 4월 13일 십자군의 수중에 떨어졌다. 수 세기후 에드워드 기번은 "콘스탄티누스 대제의 이름과 로마의 칭호를 여전히 갖고 있던 그 제국은 라틴 순례자들의 군대에 의해 전복되었다."라고 적었다.[341]

사기가 오른 십자군은 콘스탄티노플을 샅샅이 파괴했다. 거주자는 보이는 대로 죽였고 교회를 약탈했으며 신성모독처럼 보이는 형상들은 모두 파괴했다. 하기아 소피아 대성당 신전의 덮개는 금박을 입힌 술장식 때문에 찢겨져 나갔고 마찬가지로 금박과 보석으로 장식된 웅장한 재단은 조각조각 부서진 뒤 군인들의 보자기에 싸여 사라졌다. 문과 설교단의 조각도 떨어져 나갔다. 창녀들이 주교의 자리에 앉아 변형된 그리스 정교회 성가를 부르며 춤을 춰야 했다.

약탈품은 엄청났다. 보석, 조상, 그림, 필사본들이 그 후 몇 년 사이에 서유럽으로 흘러들어갔다. 그중 가장 유명한 것이 히포드롬에서 약탈해 온 네 마리의 청동 말이다. 기원전 3세기의 유물로 후에 베네치아의 성 마르코 대성당 정면에 안치되었다. 플랑드르의 보두앵 백작은 베네치아의 대주교에 의해 바실레우스(비잔틴 황제)로 정당하게 즉위했고 베네치아인 토마소 모로시니(Tomasso Morosini)가 대주교로 임명되었다. 콘스탄티노플의 라틴 왕국(당시 '루마니아 제국' 이라고 불렸다)은 1261년까지 지속되었다. 기독교 공동체 내부에서 벌어진 사상 최대의 배신이었다. 볼테르가 냉정하게 말했듯 "기독교도가 야만적인 십자군에게서 유일하게 얻은 것은 바로 또 다른 기독교도를 학살한 일이었다."[342] 그리스 정교회 사람을 매우 싫어했던 교황조차 그 사건을 비난했고 그때 기독교가 만든 동서 기독교 분리의 아픔은 아직까지 완전히 치유되지 못하고 있다.

1219~1270년 세 무리의 또 다른 십자군이 결성되었다. 그러나 성지 가까이에는 한 번도 가지 못했다. 1270년, 프랑스 왕 루이가 이집트 혹은 튀니스에 다다른 것이 다였다. 루이는 가난해진 마지막 라틴 '루마니아 제국의 왕' 으로부터 콘스탄티노플에 남아 있던 성스러운 유물들을 구입한 후 페스트에 걸려 죽었고 그것으로 성화(聖化)했다는 평판을 얻었다. 1291년, 성지의 마지막 기독교 요새인 아크레가 술탄 알 아쉬라프 칼릴(al-Ashraf Khalil)의 수중에 떨어진 것으로 동양에서의 십자군은 마지막을 고했다. 그 후 항상 실패로 돌아갔던 새 십자군 결성이 세기를 거치며

몇 번 더 시도됐지만 19세기까지 어떤 기독교 군대도 다시는 이슬람의 심장부로 들어가지 못했다.

이어지는 십자군 전쟁의 그늘

동서양을 막론하고 십자군에 가해진 막대한 역사적 의미들은 대부분 후세대가 창조한 것이다. 교황청 사람들이 아무 생각 없이 종종 새 십자군을 모집했던 16~17세기까지만 해도 십자군을 영웅으로 간주하는 것이 적어도 유럽에서는 가능했다. 결국 무너졌지만 십자군은 전 유럽 기독교도가 모두 함께 공동의 적에 대항했던 일종의 대업이었던 것이다. 토르쿠아토 타소(Torquato Tasso)는 1574년 서사시 '해방된 예루살렘'을 써서 대대적인 인기를 누렸다. 거기서 그는 제1차 십자군 전쟁의 사랑, 기사도, 마술, 음모, 섹스(최소한 암시는 했다)를 얘기했다. 고결한 기독교도 전사들은 무시무시하지만 마찬가지로 고결한 '사라센'과 싸웠다. 타소에게 영감을 준 베르길리우스의 「아이네이스」처럼 타소의 서사시 속 신(혹은 그리스도 혹은 사탄)의 대리인들은 각각 자신들의 승리를 조작했다. 아름다운 마녀 아르미다는 사탄에 의해 마법사 '히드라오르트'를 통해 십자군에 불협화음을 야기하려고 다마스쿠스의 지도자에게로 보내진다. 하지만 거기서 그녀가 사랑하는 '대머리에 다정스런 기사'인 부용의 고드프루아의 어린 동생 에우스타체에 의해 독실한 기독교도로 거듭난다. 19세기까지 많은 희극과 오페라의 주제가 된 타소의 유명한 이야기는 아마도 이슬람 공주 클로린다의 이야기일 것이다. 그녀는 자신의 믿음을 지키기 위해 남자처럼 군장을 하고 깊은 상념에 잠긴 탄크레드와 싸우지만 그를 남몰래 사랑한다. 탄크레드가 그녀를 살해했을 때 그녀는 탄크레드의 팔에 안겨 마침내 진정한 믿음을 되찾는다. 그런 이야기는 많고도 많았다.

그러나 오스만투르크의 위협이 줄어들고 18세기 유럽 사회의 세속화가 증대되면서 십자군과 '성스러운 전쟁'이라는 전체 생각 자체가 (유럽의 지식인이 한탄해 마지않는) 종교적 광신주의 또는 지도층의 잘못된 판단의 부산물로 인식되기 시작했다. 스코틀랜드 철학자 데이비드 흄(David Hume)은 "십자군의 모험은 모든 시대와 국가를 포함한 지금까지의 역사상 가장 두드러지고 가장 오래가는 인간 실책의 금자탑이다."라고 말했다.[343] 그렇게 말한 사람은 흄만이 아니었다. 기번은 "십자군의 골자는 야만스런 광신주의였고 가장 중요한 결실은 십자군의 원인을 오히려 증폭했다."라고 말했다. 인간의 잔인성에 충격을 받고 스스로 가톨릭으로 개종한 뒤 다시 후대에 청교도로 개종한 기번은 십자군과 함께 교회는 미신을 더 많이 받들게 되었다고 주장했다. 그리고 "종교 재판 설립, 수도승과 수도사들의 탁발 일상화, 면죄부 오용, 우상 숭배 증가 등이 신성하다는 전쟁의 사악한 분수로부터 흘러나왔다."[344]

그러나 위대한 고대 시대와 르네상스 사이의 길고 긴 밤인 '암흑 시대'로 불렸던 중세는 19세기에 들어 갑자기 영웅들의 위대한 공적과 조건 없는 사랑과 로맨스가 넘쳐나던 시대로 돌변했다. 독일 낭만주의(혹자는 독일 민족주의라고 할 것이다)의 선구자 헤르더(Johann Gottfried von Herder)는 십자군을 '수도원과, 수도원적 질서와 성직자들의 영예와 함께하는 기괴한 기구'였고 '억압적으로 어두우며, 미학을 결여한 괴물 같은 중세(Gothic) 양식'의 더 깊은 어둠의 표현으로 보았다. 세상은 "그 아래로 가라앉는 듯했다." 그러나 헤르더는 동시에 십자군이 "인간 정신의 기적이며 신의 섭리를 위한 도구였다."라고 했다. "영예로운 기사도 정신(물론 계몽주의는 그것을 단순히 '로마 시대와 계몽 시대 사이'에 끼어 있는 것으로만 치부했지만)" 속에서 헤르더는 "단점을 극복하고 개선하려고 애쓰는" 유럽 문명 최고의 가치를 볼 수 있었다. 그 가치로 곧 중세는 "인류가 운명을 개척하는 과정에서 만난 거대한 도약의 시기"로 돌변했다.[345]

헤르더의 뒤를 이은 프랑스와 독일(때로 영국)인들은 십자군을 통해 유럽에서 처음으로 국가 개념(19세기의 위대하고 영광스런 제작물)이 생겨나기 시작했다고 보았다. 1807년 10월, 19세기의 위대한 프랑스 작가 중 한 명인 샤토브리앙의 자작이자 프랑스의 외교관이며 장관인 프랑수아 르네(François-René de Chateaubriand)는 기사들의 성묘(聖墓)에서 시험 삼아 군장 하나를 부용의 고드프루아의 검과 박차(拍車)라고 상상하며(물론 상상일 뿐이었다) 입어 본다. "고귀했던 기사의 손에 휘둘러졌던 길고 무거운 철검을 잡은" 르네는 밀려오는 감동을 억제하지 못하고 다음과 같이 말했다. "십자군 의식(儀式)은 결국 완전 헛된 것은 아니었다. 나는 프랑스인이다. 부용의 고드프루아도 프랑스인이었다. 그가 사용했던 오래된 무기들을 만지면서 나는 내 조국의 명예와 영광에 대한 점점 더해지는 사랑을 느낀다."[346]

물론 십자군에는 독일군도 있었다. 1898년, 독일 황제 빌헬름 2세는 살라딘의 망령에 존경을 표시하고 2주 후에 도시 벽 하부에 특별히 뚫어 놓은 구멍을 지나 예루살렘으로 들어갔다. 중세 기사를 애매하게 상기시키는 예복을 입고 깃털을 단 투구를 쓰고 흑마에 오른 빌헬름은 "예루살렘으로부터 화려한 빛이 나왔고 그 속에서 독일은 크고 영광스러운 나라가 되었으며 독일인은 십자가의 깃발 아래 있게 되었다."라고 선언했다.[347] 영국 풍자 잡지 「펀치(Punch)」는 이 기념행사를 만화로 풍자했는데, 그 속에서 빌헬름 황제는 성당 기사단처럼 차려입고 '쿡(Cook)의 십자군'이라고 새겨진 창을 들고 있었다(Cook이란 당시 유일하게 존재했던 여행 에이전시 토머스 쿡을 뜻했다-옮긴이).

십자군의 이념은 '전쟁의 영역' 안팎에서 강력한 이미지로 남았다. 1799년 불운을 초래한 나폴레옹의 이집트 '문명화 사명'을 어떤 사람들은 중동에 영원한 유럽 식민지를 구축해 십자군의 실패를 보상받으려한 것으로 봤다.[348] 1915년, 일명 '시리아 당'의 당수이자 프랑스 상원 의원이었던 피에르 에티엔느 플랑드랭(Pierre Étienne Flandrin)은 시리아와 팔레스타인이 십자군 전쟁 이후부터 실질적으로 '근동 지역의 프랑스'였다는 성명서를 발표했다. 그러므로 이제 프랑스의 '역사적인 사명'을 기억하고 예루살렘의 전체 라틴 제국은 아니더라도 최소한 그 지역에서 주권의 일부라도 되찾아야 한다는 것이었다. 그의 목적은 시리아의 프랑스 식민지화였다. 제1차 세계대전 후에도 프랑스는 똑같은 주장을 되풀이했다. 파리에서 평화 조약이 채결될 때 프랑스는 시리아에 최소한 부분적으로 통치권이 있다고 주장했다. 프랑스가 십자군에서 일정한 역할을 했다는 것이 이유였다. 이에 오스만 제국으로부터 안전하게 확보해둔 땅을 서구 동맹군에 뺏기고 싶지 않았던 메소포타미아의 파이잘 왕은 "우리 중에 과연 누가 십자군 전쟁에서 이겼는지 말씀해주시겠습니까?"라는 통렬한 질문을 던졌다.[349] 1931년 파리에서 열렸던 식민지 박람회에서 식민지 박물관이 개관했을 때 첫 번째 홀이 십자군 시절의 시리아와 키프로스에 대한 것이었음은 놀랄 일이 아니다.

십자군 전쟁이 아직도 계속되고 있다는 생각은 매우 예리한 각을 세우며 이슬람 세계에 널리 퍼져 있다. 서양은 일반적으로 과거를 오래 생각하지 않는다. 망각을 요구하는 현대화가 그랬다. 워털루 전투로 프랑스가 계속 영국에 원한을 갖고 있었다면, 또 런던 대공습으로 영국이 계속 독일에 원한을 갖고 있었다면, 유럽 연합도 북대서양조약기구(NATO)도 불가능했을 것이다. 그러나 이슬람 역사는 대조적으로 항상 상당히 다른 길을 갔다. 이슬람의 현재는 늘 과거에서 벗어날 수 없다. 이슬람이 세계를 정복하는 그날까지 과거는 지금도 여전히 진행중인 '이교도'와의 투쟁 속에서 생생하게 살아 있다.

그러므로 이슬람교도의 마음에 십자군과 유럽 제국주의는 확고부동하다. 1918년 후에는 특히 더 그랬다. 1948년에 완성된 현대 '이슬람주의'의 뼈대와 이집트의 '이슬람 형제애' 개념을 구축한 이념가 사이드 쿠틉(Sayyid Qutb)은 "십자군 전쟁은 무기들이 서로 땡그랑댄 것만이 아니다. 그것은 정신적 적의의 시작이었다."라고 썼다. 쿠틉은 "모든 제국주의 국가들이 수 세기 동안 이슬람에 반대하고 이슬람의 숨통을 막아왔다."라고 확신했다. 그 이유로는 "앵글로 색슨족의 교활함, 미국 재정에 끼치는 유대인들의 영향력, 동서양 사이의 투쟁" 등을 들었다.

거기다 매우 중요한데도 간과된 또 한 가지 이유가 있었다. 쿠틉에 따르면 그것은 "매우 사실적인 요소"로 바로 "모든 서양인이 십자군의 피를 물려받았다는" 단순한 사실이다. 그는 바로 그 피가 "유럽인에게 제국주의적인 흥미"를 불러일으켰다고 봤다. 또 "점점 번져 나가는 제국주의에 저항하는 마지막 보루가 이슬람 정신이기 때문에 유럽인은 이슬람을 파괴하거나 최소한 흔들어야 한다는 것"을 결코 잊을 수 없다고 선언했다. 그것은 그의 또 다른 주장, 즉 아랍이 비잔틴과 페르시아 제국을 정복한 것은 기독교도와 유대인으로 대표되는 '다신론자'들과 이슬람 사이의 끝없는 투쟁에서 가장 뛰어난 시점이었다는 주장과 비교해볼 때 매우 모순적인 것처럼 보인다. 그러나 그의 뛰어난 웅변술 덕분에 '십자군'과 '제국주의'에 대한 죄책감을 느껴야 하는 사람은 오직 서양뿐인 것 같다. 반대로 이슬람의 정복은 해방 행위였고 무지몽매한 이교도에게 진정한 믿음을 가져다주었다. (물론 유럽인도 자주 이중 잣대를 들이대는 모순을 저지른다. '제국주의'는 적에게나 해당하는 말로 항상 타인에 의해 자행된 것이었다.)[350]

　'십자군' 혹은 '십자군 전쟁'이라는 말이 지금도 전쟁을 일으키는 (서양) 사람이 그 전쟁의 정당성을 상기시키기 위해 마구잡이로 빗대어 쓰는 말이라는 점을 고려해보자. 그렇다면 쿠틉이 오직 서양인만이 '십자군'이었고 십자군 전쟁은 결코 끝나지 않았다고 믿는 것도 어느 정도 이해가 간다. 뉴욕의 쌍둥이 빌딩이 파괴되고 오 일 후인 2001년 9월 16일 조지 W. 부시는 "우리는 이해한다. 미국 국민은 테러리즘에 대한 이 십자군 전쟁이 한동안 지속될 것임을 이해한다."라며 경솔하게 선언했다. 그때 그는 딱히 역사상의 십자군 전쟁을 암시하려 했던 것은 아니었다.[351] 그는 단순히 테러와의 전쟁이 선하고 고귀한 동기를 갖고 있다고 말하고 싶었다. 그러나 이슬람 세계가 봤을 때 부시의 입에서 나온 혐오스러운 단어는 곧 지금도 진행중인 영원한 전쟁을 암시하는 것이었다. 애매한 '테러리즘'에 대항하는 것이 아니라 바로 이슬람 전체에 대항한 전쟁인 것이다. 10세기 이후 휴전과 교전을 거듭했던 십자군이 다시 재개된 것 같았다.[352]

　뒤이어 부시 행정부의 마음속에서 형성됐던 '테러와의 전쟁'과 별 상관도 없는 '독재자 사담 후세인'에 대항한 이라크 전쟁이 터졌다는 사실을 고려해볼 때 '십자군'이라는 단어 선택은 더더욱 부적절했다. 사담 후세인은 역사상의 십자군 전쟁을 각별하게 생각했다. 후세인은 확고부동한 살라딘이었다. 그리고 조지 W. 부시와 그의 아버지는 좀 부족하기는 하지만 부용의 고드프루아 혹은 샤티용의 레지날드였다. 1991년 걸프전이 발발했을 때 이라크 신문은 주저 없이 걸프전을 하틴 전투와 비교했다. 한 신문은 "우리는 최고로 성스러운 하틴 전투의 냄새를 맡는다."라고 썼다. 살라딘이 서양의 모든 십자군을 몰아낼 '모든 전투의 어머니(가장 뛰어난 전투라는 뜻이다. 서양인에게는 매우 이상하게 들리지만 아랍에서는 흔히 하는 말이다)'가 될 것이라고 암시했던 전투가 바로 하틴 전투였다.[353] 걸프전이 절정에 이르렀을 때 이라크 일간지 「알 콰디시야(Al-Qadisiyya)」는 독자들에게 하틴과 또 다른 '모든 전투의 어머니'가 될 다가올 전투와의 관계를 상기시키기 위해 시 한 편을 인쇄했다.

> 역사는 되풀이된다.
> 어제의 십자군,
> 오늘은 시온주의자들의 공격,
> 그리고 내일로 다가온 승리.

시인이 생각하는 역사 속에는 십자군 전쟁과 뒤이은 1918년 오스만의 서양 정복, 1948년 이스라엘의 국가 성립, 이란의 독재적이고 서구화한 팔레비 왕조, 1979년 호메이니가 주도한 이슬람 혁명, 1990년 걸프전, 1991년 아프가니스탄 전쟁, 그리고 가장 최근의 이라크 전쟁이 불가분의 관계에 있다. 간단히 말해 그 모두가 '십자군 전쟁'이었다.

리비아의 매우 세속적인 지도자인 카다피 대령조차(그는 칼리프 통치보다 베두인의 원시적인 삶을 더 동경한 것 같다) 1980년대에 자신을 "이슬람에 대항해 공격적인 십자군 전쟁"을 시작한 "미국 기독교의 십자군"에 대항한 새로운 지하드의 우두머리로 묘사할 만했다. 카다피에게 '이슬람과 기독교도 사이, 그리고 동양과 서양 사이'의 전선은 구백 년 전이나 현재나 다를 바 없었다. 동양의 이슬람 세계를 방어했던 도전적인 카다피는 레닌과 마호메트 수사학의 기묘한 혼합 속에 "음모자를 드러내고 파시스트 보수 반동주의 지도자를 노출하며 진정한 성전을 소집하는" 사람으로 묘사되었다.[354] 반대 진영의 서양 사람이 자신들의 목적을 위와 같은 말로 정의하는 것은 좀처럼 상상하기 힘들 것이다.

십자군 전쟁은 기독교 서양과 이슬람 동양 사이에 벌어졌던 싸움이었다. 그러나 양쪽의 역사 속 십자군은 훨씬 더 길고 더 치명적인 싸움의 한 장을 장식할 뿐이다. 성지 재정복을 위한 유럽인의 야망은 1291년 아크레가 이슬람의 수중에 떨어진 것으로 그 끝을 보았다. 그러나 동양의 라틴 왕국들이 최후를 맞이할 뒤이은 10년 세월 동안 기독교와 이슬람 사이의 싸움은 이미 새로운 국면에 접어들었다. 서양 입장에서는 훨씬 더 잔인한 국면이었다.

7장

끝없는 공포—오스만투르크

Worlds At Wa

새로운 변화를 향한 험로

10세기 이후 칼리프의 힘도 약해졌다. 1258년 2월 10일, 몽골의 칸 훌라구(Hulagu)의 군대가 바그다드 시를 약탈했다. "죽은 이를 위해 눈물 흘릴 눈이 없게" 만드는 것이 몽골식 정복이라는 말이 있다. 바그다드도 예외는 아니었다. 몽골군은 티그리스 강물을 조절하던 바그다드 수로 체계 자체를 파괴해버렸다. 바그다드 주변 농지가 범람했고 수천 명의 농부들이 익사했다. 도시가 함락되자 아바스 왕조의 마지막 칼리프 무타심(Mu'tasim)은 몽골군에게 자신의 모든 보물을 인도해야 했다. 십 일 후 그는 도시 성벽 바깥에서 양탄자에 감긴 채 죽었다. 무심한 말들이 양탄자 위를 밟고 지나갔던 것이다. 훌라구 칸은 이슬람교도는 아니었지만 왕족의 피를 본 것을 꺼림칙하게 생각했다. 그럴 때 몽골인은 원한의 씨를 말리는 정책을 썼다. 도시 전체의 살육이 시작됐다. 도서관, 아카데미, 보기 싫은 상징, 사원을 불태웠다. 너무 많은 사람이 죽어 시체 썩는 냄새가 진동했고 훌라구와 대신들은 역병에 걸릴까봐 도시 밖으로 피신했다.

몽골의 시리아와 이라크 지역 정복은 매우 잔인했지만 모든 몽골 정복이 그렇듯 아주 짧았다. 훌라구 칸은 다른 몽골인 집단이 권력을 위협했기 때문에 곧 동쪽으로 돌아가야 했다. 1260년 9월 또 다른 몽골군이 침입했지만 투르크 왕조 중 하나이자 서카시아 노예 군인이었던 맘루크들이 팔레스타인의 아인 잘루트에서 그들을 물리쳤다. 몽골군의 진격을 결정적으로 막은 전투로서 후대 이슬람 역사에서 가장 축하할 만한 순간으로 남았다. 오늘날 이슬람 군인들도 그 전투를 하틴 전투와 예루살렘 함락만큼 가치 있는 것으로 대우한다. 몽골군 격퇴와 함께 여러 맘루크들이 아바스 제국을 넘겨받았다. 불화를 거듭하던 투르크 부족들이 현재 시리아, 이라크, 이집트, 레바논에 해당하는 방대한 지역을 나눠가졌다. 그중 마찬가지로 불화를 거듭하고 있던 서양의 기독교 왕국들에 위협이 될 만한 부족은 없었다.

그러나 14세기 초 아나톨리아 내륙에서 새로운 투르크 집단이 힘을 얻기 시작했다. 그 후 오백 년간 남아 있던 동로마 제국을 모두 점령하고 유럽 기독교 세계의 존재 자체를 위협할 예정이었다. 바로 오스만투르크였다.

처음에 오스만은 중앙아시아의 많은 투르코만 부족 중 조금 더 성공적인 부족일 뿐이었다. 그러다 그들은 흑해, 지중해, 에게 해의 조정권을 탐냈다. 몰락해가던 비잔틴 제국의 동쪽 옆구리와 면해 있던 땅을 놓고 싸우기도 했다.[355] 부족은 그들 왕조의 전설적인 창건자 오스만(Osman)의 이름을 따 오스만투르크가 되었다. 15세기 초 오스만은 신화적 조상을 갖는 것으로 제국의 정당성을 확보했다. 그 이야기에 따르면 오스만의 조상은 투르크의 오구즈족에서 시작해 야벳을 거쳐 노아에게까지 올라간다. 여기서 노아는 동양 전체를 아들 야벳에게 물려준다. 그러므로 동양은 곧 오스만 술탄의 것이 되는 것이다. 실제 오스만은 일개 농부였다. 물론 상당한 군사 기술과 카리스마를 갖춘 농부였다. 1301년 즈음 오스만은 콘스탄티노플에서 몇 마일 떨어지지 않은 마르마라 해 남쪽 해안가의 비잔틴 군대를 충분히 무찌를 수 있을 정도의 추종자를 모았다. 싸움에서 승리하자 오스만은 상당한 명성을 얻었다. 그것을 출발로 오스만 제국은 오스만이 죽은 해로 추정되는 1323년 즈음 서쪽 비잔틴 제국과 동쪽 셀주크 투르크 사이의 아나톨리아 북서쪽을 실질적으로 장악한다. 당시 셀주크 투르크는 오스만의 명목상의 영주국이었다.

오스만의 최초 역사적 기록에도 그들은 이미 이슬람교도였다. 오스만의 아들 오르한(Orhan)은 자신을 '신념의 최강자' 라고 묘사했고 1330년대 후반 오스만 군주들은 '가지(gâzî)들의 술탄' 이라는 칭호를 갖기 시작했다. 가지란 가자(gâza: 신념의 전쟁)를 진행하고 있는 사람이라는 뜻이다. 아랍어 '지하드' 를 수행하고 있는 사람과 같은 뜻이다. 그러나 오스만 술탄이 통치했던 대부분의 가지들은 사실 '성스러운 전사' 라기보다는 약탈자들이었다. 그들 중 상당수가 그리스와 아랍 출신의 이슬람교로 개종한 기독교도였다. 모든 국경 지역의 군주들이 그렇듯 오스만 술탄도 전쟁시가 아니면 이웃들과 비교적 잘 지냈고 그들의 통치 아래 있던 지역의 기독교도들은 종교의 자유를 누렸다. 종교 간의 결혼도 드문 일이 아니었다. 기원 때문에 기독교 서양에서 잔인하고 독재적이라는 평판을 얻기는 했지만 오스만은 가장 관대하고 실용적인 제국이었다. 그 때문이었는지 모든 이슬람 국가 중 가장 넓은 영토를 소유한 제국이었다. 오스만은 자주 서쪽과 동쪽의 기독교도 적들과 동맹 관계를 맺었고 오르한은 비잔틴의 공주 테오도라와 결혼까지 했다.

1326년, 오르한은 비잔틴 도시 부르사를 점령했다. 부르사는 빠르게 커져가던 오스만 제국의 수도가 되었고 1362년 아드리아노플 점령과 1453년 콘스탄티노플 점령 후에도 왕실 가족의 매장지로 남았다. 1331년, 오랜 공격 끝에 니케아(현대의 이즈니크)가 오스만 제국 수중에 떨어졌다. 그 직후 니케아를 방문한 모로코 여행가 이븐 바투타(Ibn Battuta)의 설명에 따르면 니케아는 "완전히 허물어지는 상황이었고 술탄의 사람들 외에는 아무도 없었다."[356] 그때쯤 비잔틴 황제 안드로니쿠스(Andronicus)는 그런 식으로 가다간 몇 년 안에 남아 있는 제국이 모두 사라질 거라고 생각했다. 오스만 술탄과 협상을 해야 했다. 1333년, 안드로니쿠스는 모욕을 참고 당시 니코메디아(오늘날의 코자엘리)를 공격하고 있던 오르한을 찾아갔다. 한때 콘스탄티누스 대제의 막강한 계승자였던 안드로니쿠스는 진상품을 올렸고 아나톨리아에서 자신이 갖고 있던 땅을 계속 가져도 된다는 허락을 받았다. 그 후 28년 동안 안드로니쿠스는 불안하게 자신의 제국을 지켰다. (니코메디아만큼은 구하지 못했다. 4년 후 니코메디아는 오르한에게 점령당했다.) 그러나 1361년, 무라드 1세(Murad Ⅰ)가 아드리아노플의 트라키아 시(현재의 에디르네)를 점령했고 그것으로 다시 비잔틴의 분해가 시작됐다.

오스만 제국은 투르코만의 땅은 물론 천천히 동쪽의 다른 이슬람 토후국들도 흡수해갔다. 1362년 오르한이 죽을 즈음 오스만 제국은 남쪽의 트라키아부터 현대 터키의 수도 앙카라까지 확장됐다. 오스만은 무시무시한 군사 조직을 갖고 있었다. 그 중심에는 오르한의 계승자 무라드 1세가 만든 '예니체리, 즉 근위보병 혹은 신군(新軍)' 이 있었다. 근위보병은 독특한 제도인 데브쉬르메의 일환으로서 나랏돈으로 길러졌다. 보통 기독교 공동체에서 소년들(아기라고 부를 정도의 아이들도 있었다)을 데려다가 엄격한 이슬람교도로 길러낸 다음 엘리트 전사 계급의 일원으로 만드는 식이었다. 이들은 오스만군에 크게 기여하다가 19세기에 개혁의 걸림돌이 되자 1826년 술탄 마흐무드 2세(Mahmud Ⅱ)에 의해 폐지되었다.

한편 오스만 제국에 둘러싸인 비잔틴 황제는 필사적으로 라틴 서양에 도움을 구했다. 호락호락한 일이 아니었다. 최소한 샤를마뉴의 대관식이 있던 800년부터 동서양의 교회는 서로 적대적이었다. 그리스 정교회 사람들은 라틴 서양이 토요일에는 금식을 하는 등 유대교적인 영향을 너무 많이 받았다고 비난했다. 그리스인은 라틴 서양의 사제들이 수염을 깎는 것을 보고 충격을 받았다고 고백하는가 하면 왜 그들이 결혼을 할 수 없는지도 이해할 수 없었다. 그리스인은 (라틴 제국에서 비교적 후대에 만들어진) 연옥 개념도 껄끄럽게 생각했다. 그것은 마치 죽어서 길을 잃은 영혼에게 신이 알아서 해야 할 일을 일개 인간이 아주 잘 알고 있다고 떠벌리는 것 같았다. 반면 라틴 서양 입장에서 보자면 일단 그리스인이 믿는 '발현되지 않은 신 에너지' 같은 개념은 이해하기에는 너무 신비주의적이었다. 또 그리스 정교회 의례를 비롯해 비잔틴 방식의 삶 전체가 매우 '동양적'이었다.

그러나 무엇보다 가장 열띤 논쟁은 성찬식에 유교병(有酵餠)을 써야 할지 무교병(無酵餠)을 써야 할지에 관한 것이었다. 나름대로 타당성 있는 라틴 서양의 주장은 그리스도가 최후의 성찬에서 드셨던 대로 무교병을 써야 한다는 것이었다. 역사 결정론에 매우 적대적이었던 그리스 정교회 사람들은 무교병이 성령에 대한 모욕이라고 주장했다. 오직 최고의 빵만이 그리스도의 살이 될 가치가 있는 것이다. 그리스 정교회 사람들이 라틴 기독교도를 멸시할 때 자주 쓰는 말인 '아치미테(Azymites)'란 곧 '발효되지 않은 인간'이란 뜻이었다. 즉 그들이 저급한 음식이고 동시에 성령의 가호를 받지 못할 인간이란 뜻이었다.

1054년, 교황이 콘스탄티노플의 대주교 미카엘 케룰라리우스(Michael Cerularius)를 파문하자 케룰라리우스는 교황을 폐위하겠다고 맞섰다. 그 때부터 라틴 서양은 그리스 정교회를 교회 분리죄를 범한 이교도로 생각했다. 역사적으로 봤을 때 물론 말도 안 되는 소리다. 기독교는 그것이 라틴 교회가 되기 전부터 원래 동쪽 그리스 세상의 종교였던 것이다. 그리스 정교회 입장에서 '교회'는 그리스 정교회뿐이었다. 모든 주교들이 로마 교황을 최고로 받들긴 하지만 변절자는 그리스가 아니라 로마였다.

그러나 역사적인 정확성은 별 문제가 아니었다. 교황과 대주교 사이의 싸움에서 중요한 것은 바로 권력의 문제였다. 정기적으로 교황들은 '대교회(그리스 정교회)'에 독립성을 포기하고 로마와 하나로 재결합해 '진정한 가톨릭' 교회로 거듭나라는 모욕적인 요구를 했다. 물론 진정한 가톨릭 기독교 세계에서 절대 지도자는 교황이어야 했다. 비잔틴 황제들은 힘이 닿는 데까지 그런 요구를 무시했다. 바실레우스(비잔틴 황제)는 서양의 황제들과 달리 교회와 밀접한 관계를 유지했다. 콘스탄티누스 황제 때부터 그랬다. 바실레우스는 신에 의해 임명된 이 땅의 부왕이었고 로마와의 재결합을 받아들인다는 것은 곧 자신의 정치적 권력의 상당부분을 실질적으로 포기한다는 뜻이었다. 게다가 비잔틴은 1204~1261년에 있었던 라틴 십자군의 비잔틴 정복을 어제 일처럼 기억하고 있었다. 약탈을 일삼던 야만적인 라틴 기사들이 가까이 온다는 생각만 해도 그리스인들은 신경과민에 걸릴 것 같았다. 대주교들은 재결합을 황제보다 더 맹렬히 반대했다. 로마와의 결합은 그리스 정교회의 독립성 상실은 물론 나아가 대교회의 몰락을 의미했다. 외부인에게 통치를 당해야 한다면 그들은 차라리 이슬람의 통치를 선택하고 싶었다. 최소한 이슬람은 성찬식에 쓰는 빵 같은 건 관심도 없고 교회의 계급 질서도 건드리지 않기 때문이었다. 비잔틴의 마지막 대공 루카스 노타라스(Lucas Notaras)는 "추기경의 모자보다는 술탄의 터번이 낫다."라고 선언했다.[357] (역설적이게도 그는 콘스탄티노플 함락 몇 달 후 술탄 메메드에 의해 참수당했다. 전해지는 바에 따르면 '술탄의 기쁨'을 위해 자신을 아들을 보낼 것을 거부했기 때문이라고 한다.)

그러나 오스만 제국이 끈질기게 서쪽으로 이동했기 때문에 파레올로구스 황제는 라틴 서양을 비잔틴의 적으로 만들려던 생각을 접고 교황에게 도움을 청했다. 그의 어머니는 원래 라틴 사람이었으므로 선왕들보다는 로마의 동정을 사기가 쉬웠을 것이다. 1355년, 파레올로구스는 교황 이노센트 6세(Innocent Ⅵ)에게 만약 교황이 군함 다섯 척과 보병 천 명을 보낸다면 6개월 안에 신하들을 모두 라틴 교회화하는 일에 착수하겠다는 서신을 보냈다. 그는 심지어 자신의 둘째 아들 마누엘을 교황청에 보내 거기서 교육시키겠다고 했다. 파레올로구스가 동서양 교회의 재결합 약속을 지키지 못할 경우를 대비한 일종의 볼모였다. 그러나 교황에게는 비잔틴에 보낼 배도 군대도 없었다. 그가 할 수 있는 일은 축복을 담아 교황의 특사를 보내는 것뿐이었다. 1364년, 파레올로구스는 일단 또 다른 그리스 정교회 국가 세르비아에 도움을 구했다. 그것도 아무런 효과도 얻지 못하자 헝가리의 왕 루이스(Louis)를 지목했다. 또 아무 소용이 없었다. 다급해진 황제는 1369년 직접 로마로 건너가 교황 앞에 공식적으로 굴복했다. 그러나 그를 따랐던 성직자는 아무도 없었고 또 빈손으로 돌아와야 했다.

이 년 후, 세르비아의 왕 라자르(Lazar)가 군대를 일으켜 동쪽으로 진군했지만 마이트사 강 체르노먼에서 오스만 군대에게 기습을 당하고 말았다. 세르비아군이 너무 심한 살육을 당했기 때문에 그 지역은 '세르비아 박멸지'로 불렸다. 그 패배로 남부 세르비아 왕국이 몰락했고 뒤이어 라자르와 연합했던 불가리아도 오스만 제국에 점령당했다.

이제 오스만이 마케도니아와 발칸 반도로 들어가는 데 걸릴 것은 아무 것도 없었다. (오스만이 그런 상황이 주는 이점을 살리기까지는 또다시 18년이라는 세월이 걸리기는 했지만) 마침내 1389년 6월 15일, 프리슈티나 시내 가까이에 있는 '검은 새의 들판' 코소보 폴리에서 무라드 1세는 세르비아, 알바니아, 폴란드 연합군을 대패했고 곧 마케도니아 전체를 점령했다. 코소보 전투로 이방인이자 이슬람교도인 동양의 존재가 확실히 유럽이라고 할 수 있는 세르비아 기독교 왕국에 그들의 나라를 세웠다. 세르비아의 역사에서 잊을 수 없는 치욕이었다. 정말 그랬다. 세르비아 역사에서 코소보는 모든 세르비아인이 자유를 되찾는 그날까지 혐오스러운 오스만과 이슬람교도에 대항해 투쟁해야 한다는 멍에를 씌웠다. 1814년, 민족주의 시인 부크 카라지치(Vuk Karadzic)는 다음과 같은 시를 썼다.

코소보에서 싸우지 않을 사람은 누구나

그의 손으로 심은 것에서 아무것도 얻지 못하리라

들판의 밀도

산의 포도도 얻지 못하리라

라자르는 성인으로 추앙받았다. 심지어 19~20세기 그림에 열두 기사 사도에 둘러싸인 그리스도로 표현되기도 했다. 1990년대 유고 연방 붕괴 후 뒤따른 내전 기간에 그리스도왕 라자르의 유물이 코소보 지방 주위를 행진했다. 곧 세르비아 기독교도는 대체로 세속화한 그 지역의 온건한 이슬람교도 소수민족을 학살했다. 세르비아 기독교도는 그들을 의미심장하게도 '투르크화한 인간'이라고 불렀다. 학살은 '세르비아의 골고다 언덕'에서 벌어진 라자르의 '순교'에 대한 복수로 환영받았다.[358]

'검은 새의 들판'에서 전멸했지만 세르비아군은 업적을 하나 이루기는 했다. 세르비아의 기사 밀로스 오빌리치(Milos Obilic)가 술탄 무라드를 살해했다. 오빌리치는 후에 부크 카라지치에 의해 그리스 용장 아킬레우스와 대적할 만하다는 칭송을 받았고 모든 세르비아인의 우상이 되었다. 술탄의 죽음이 유럽에 전해졌을 때 프랑스의 샤를 6세(Charles Ⅵ)는 노트르담 성당에서 감사 미사를 드리라고 명령했다. 그러나 술탄의 죽음으로 오스만의 유럽 진군이 끝난 것이라고 생각했다면 오산이었다. 무라드의 아들 바예지드(Bayezid)가 술탄직을 계승했고 1394년 봄 그는 콘스탄티노플 자체를 공격하기 시작했다. 한동안 동로마 제국의 몰락은 시간 문제처럼 보였다.

그러나 정확하게 바로 그 시간이 문제였다. 화약이 발명되기 전 시절, 콘스탄티노플처럼 내륙 방향으로 거의 관통이 불가능한 거대한 이중 방어벽으로 보호되고 있는 도시를 점령하는 방법은 오직 한 가지, 물자 공급로를 차단하는 것뿐이었다. 그러나 위대한 콘스탄티노플을 내륙 쪽에서 고립시키는 것은 가능했지만 제아무리 대단한 오스만 해군이라도 바다 쪽의 물자 공급조차 완전히 차단할 수는 없었다. 바예지드가 그 사실을 안 첫 번째 이슬람교도는 아니었다. 650년, 예언자 마호메트의 동료 중 한 사람인 아윱 안사리(Ayyub Ansari)가 참여했던 첫 번째 공격부터 시작해 최소한 콘스탄티노플을 향한 열한 차례의 공격 시도가 있었던 것이다. 바예지드의 군대가 8년 동안 콘스탄티노플을 봉쇄했지만 여전히 도시는 건재했다. 도시는 얼마나 오랫동안 살아남을 수 있었을까? 그 답을 알 길은 없다. 콘스탄티노플은 전혀 예측하지 못했던 동양의 또 다른 침략자로 인해 구원받았기 때문이다. 침략자는 오스만 제국을 거의 몰락시킬 만큼 강력했다.

1402년 7월 28일 아침, 절름발이 티무르라 불리는 전설적인 투르크-몽골 족장 티무르 이랑(Timur-i-Lang)의 군대가 앙카라 근처 평원에서 다급하게 모인 오스만군과 만났다. 유럽에서는 타메를란 혹은 탬벌레인으로 알려졌다.

코끼리 서른두 마리가 그리스식 화약을 퍼부었던 티무르 군대는 저녁 무렵 바예지드의 군대를 전멸시켰고 바예지드와 그의 아들 무사(Musa)를 포로로 잡았다. 그의 아내들은 자신의 첩으로 취했고 바예지드가 일생을 통해 얻었던 영토를 하루 만에 몰수해버렸다. 바예지드는 이듬해 3월 에스키셰히르에서 다소 의문스런 죽음을 맞았다.

몽골이 승리했다는 소식에 유럽인들은 매우 기뻤다. 이전에 티무르는 이슬람교도로 바예지드와 마찬가지로 기독교 세계의 적이었지만 이제 서양의 구원자가 되었다. 그가 오스만에 대항해 거둔 승리는 후대에 흥미로운 이야깃거리가 되었다. 1597년 런던에서 첫 공연을 한 말로(Christopher Marlowe)의 〈탬벌레인 대왕〉은 말로에게 즉각적인 명성을 가져다주었다. 앙카라 전투가 있은 지 백 년이 지나고 영국이 오스만과 공식적인 무역 관계를 시작한 지 삼 년이 지난 때였다. 1648년 프랑스의 희극 작가 장 마그농(Jean Magnon)이 바예지드와 그의 아내와 딸이 함께 감금당했다는 상상을 바탕으로 연극 하나를 선보였을 때도 티무르의 인기는 여전했다. 헨델(George Frideric Handel)은 1725년 오페라 〈타메를라노(tamerlano)〉를 썼고, 비발디(Antonio Lucio Vivaldi)는 십 년 후 〈바자제(Bajazet)〉를 썼다. 이 이야기들은 대부분 16~17세기 관객들이 좋아했던 이국적인 무대 배경과 함께한 훌륭한 이야기 그 이상도 이하도 아닌 단순히 연극을 위한 것이었다. 그러나 티무르의 이야기는 고대 로마나 그리스의 이야기들과 달랐다. 동양의 독재자라는 이미지 자체와 유럽인의 상상 속에 그들의 안전을 위협하는 오스만 술탄의 이미지가 강하게 남아 있는 한, 오스만을 거의 전멸시켰던 이야기는 극도로 유쾌했다.

앙카라 전투 덕분에 비잔틴 콘스탄티노플은 또 다른 반세기를 살아남을 수 있었다. 그러나 그것이 오스만의 불같은 상승세를 완전히 꺾어버린 것은 아니었다. 오히려 오스만 제국의 단결력을 자극했다고 봐야 할 것이다. 1403년, 티무르는 동쪽으로 퇴각했고 이 년 후 중국에서 사망했다. 계승을 둘러싼 긴 전쟁 후 1415년 즈음 바예지드의 계승자인 메메드 1세(Mehmed Ⅰ)가 오스만 제국의 영토였던 아나톨리아 대부분을 되찾았다. 그동안 비잔틴 황제는 오스만 제국의 봉신이었던 신분을 내던지고 오스만 상인들을 도시에서 추방했다. 또한 그들을 위해 건설했던 사원들도 파괴하면서 비교적 안정적인 10년 세월을 보냈다. 하지만 다시 위험에 처하게 된다.

그러나 메메드가 죽고 그의 아들 무라드 2세(Murad Ⅱ)가 계승한 1421년에 와서야 오스만은 비잔틴을 다시 공격할 수 있었다. 1422년, 무라드 2세는 기술자들을 시켜 육지 쪽으로 나 있던 도시의 성벽 전 지역을 따라 거대한 돌로 적재물을 쌓은 후 그곳에 올라 콘스탄티노플 안쪽으로 맹렬하게 대포를 쏴댔다. 황제 파레올로구스는 그즈음 습관처럼 라틴 서양에 도움을 호소했지만 아무 효과도 없었다. 그러나 9월 초 무라드는 공격을 포기해야 했다. 결국 실패로 돌아간 짧은 공격이었지만 대포의 사용이 게임의 법칙을 어느 정도나 바꿀 수 있는지 명백하게 증명했다. 예전에 써먹었던 도시 포위 같은 것은 이제 더 이상 필요하지 않았다. 이제는 벽을 뚫을 정도의 화기를 얼마나 충분히 모을 수 있느냐의 문제였다. 그런 사실이 명백해지자 콘스탄티노플은 사실상 운이 다했다. 물론 라틴 서양이 거대한 군대를 보내고 주둔시킨다면 상황이 달라지겠지만 말이다. 그런 상황을 확실히 파악했던 비잔틴 황제는 서쪽 유럽의 같은 기독교도로부터 조금의 확신이라도 받으려고 고군분투했다.

처음에는 노력이 조금 결실을 보는 듯했다. 오랫동안 끌던 라틴과 그리스 정교회의 재결합은 1439년 플로렌스 종교 회의에서 마침내 성사되었다. 난해한 교리에 대한 수개월 동안(그동안 그리스 정교회 쪽 파견단은 음식을 비롯한 여러 편의 문제를 안고 있었다)의 토의 끝에 황제 파레올로구스는 교황의 요구 사항 대부분을 받아들였다(그리스 정교회는 여전히 발효된 빵을 사용할 수 있었다). 그러나 콘스탄티노플로 돌아간 황제는 그의 신하들 중 누구도 재결합을 받아들이지 못하는 현실에 직면했다. 1448년, 미망에서 벗어난 늙은 파레올로구스 황제가 사망할 때 플로렌스 종교 회의의 결과는 존재하지만 시행되지 않는 법령과도 같았다. 비잔틴 제국의 마지막 황제가 될 운명이었던 파레올로구스의 계승자 콘스탄티누스 9세(Constantine Ⅸ)는 그 법령을 몇 안 되는 자신의 신하들에게 강요할 마음이 전혀 없었고 또 그러기에는 이미 너무 늦었다.

14세기 말, 비잔틴은 이미 전략적인 중요성도 잃었고 군사적인 면에서도 오스만 제국의 야망에 전혀 위협적인 존재가 아니었다. 콘스탄티노플과 부서지고 있던 비잔틴 제국은 결과적으로 1204~1261년의 라틴 제국 점령에서 결코 완전히 회복되지 못했다. 1400년, 마누엘 2세 파레올로구스(Manuel Ⅱ Paleologus) 황제가 자신의 사라져가는 제국을 지키기 위해 군사를 일으키겠다는 허망한 꿈을 갖고 절박한 심정으로 영국에 있던 헨리 4세(Henry Ⅳ)를 방문했다. 그때 그를 보고 그의 박식함과 얼룩 하나 없는 하얀 관복에 감탄했던 우스크의 법률가 아담은 다음과 같은 슬픈 생각을 억제할 수 없었다. "위대한 기독교도 왕이 저 먼 동양의 사라센에 의해 이 먼 서쪽의 섬까지 찾아와 도움을 구해야 하다니 얼마나 비통한 일인가! 고대 로마의 영광은 어디에 있는가?"[359]

그즈음 고대 로마의 영광이자 한때 막강했던 비잔틴 제국은 콘스탄티노플과 그 주변의 시골 정도로 줄어 있었다. 인구가 백만도 되지 않는 (게다가 계속 줄어드는) 죽어가는 음침한 도시였다. 이븐 바투타가 14세기 중엽 콘스탄티노플을 방문했을 때 그는 성벽 안에 오직 열세 개로 분리된 촌락만 있었다고 기록했다. 한때 위대한 도시의 번영하던 구역들이 남긴 흔적이었다. 그는 "그곳에 가면 당신은 아마 봄에 산울타리 속에 피는 야생 장미와 잡목 숲에서 우는 나이팅게일이 있는 뻥 뚫린 시골에 있다고 느낄 것이다."라고 썼다.[360]

당시의 상황이 어쨌든 간에 콘스탄티노플은 여전히 (이슬람과 기독교 세계 양쪽이 똑같이 가장 위대한 권력으로 인정하는) 고대 로마 제국의 수도 '황금 사과'의 도시였다. 특히 무라드의 계승자 메메드 2세에게 콘스탄티노플은 아무리 황폐하더라도 가장 고귀한 전리품이었다. 콘스탄티노플을 획득하면 그는 곧 세상의 주인으로 거듭날 것이었다. 그는 대공들에게 콘스탄티노플이 없는 제국을 다스려야 한다면 제국을 전혀 다스리지 않는 쪽을 선택하겠다고 말했다.[361]

그러나 도시의 함락은 쉽지 않았다. 인구 감소, 군사력 저하에도 불구하고 도시를 감싸고 있던 14마일의 성벽은 위압적인 대포로도 여전히 뚫기가 불가능한 것처럼 보였다. 그러므로 메메드는 공격에 매우 신중을 기했다. 1451년, 일단 그는 도시 북쪽으로 5킬로미터 떨어진 곳에 놀랄 만한 속도로 요새를 하나 지었다. '보스포러스 해협의 칼날(혹은 목구멍의 칼날'이라는 뜻의 보크하즈케센으로 불렸는데 현재의 루멜리 히사르 요새로, 보스포러스 해협의 안전한 통과를 보장했고 또 공격의 전진 기지로 활용될 예정이었다. 눈앞에서 그런 요새가 만들어지는 것을 바라봐야 했던 황제 콘스탄티누스는 콘스탄티노플에 남아 있던 모든 투르크인을 감옥에 가두는 것으로 대응했지만 곧 그것이 기름에 불을 붙이는 꼴임을 깨닫고 다시 그들을 풀어줬다. 그런 뒤 그는 메메드에게 대사들을 보내 요새의 용도가 확실히 눈에 보이는 것과는 다른 것임을 확인하고 싶어 했다. 메메드는 대사들을 모두 감옥에 가둔 다음 후일 참수형에 처했다. 명백한 선전 포고였다.

다시 한 번 황제는 급히 서양에 원조를 요청했다. 그리고 다시 한 번 매우 애매하고 조건적인 대답을 들었다. 영국, 프랑스, 부르고뉴는 서로 싸우느라 파견할 군대가 없다고 설명했다. 제노아와 베네치아 같은 해양 공화국들은 믿음도 안 가고 이미 운명도 다한 비잔틴을 도와주는 것으로 불안하게 유지되던 이슬람과의 평화로운 무역 관계에 문제를 만들고 싶지 않았다. 콘스탄티노플 내부와 주변의 제노아인과 베네치아인인 라틴 거주자들을 제외하면 콘스탄티노플에는 그리스인들뿐이었다. 1204년 이미 한 번 그리스의 비잔틴 제국을 배신했던 라틴 기독교도들이 다시 한 번 배신한 셈이었다.

1453년 4월 5일, 메메드의 군대가 콘스탄티노플 성벽 바깥에 도착했다. 베네치아의 상인 니콜로 바바로(Nicolò Barbaro)는 메메드의 군대가 16만 명에 달했다고 했다. 그러나 그 수는 매우 소극적으로 계산된 것이었다. 다른 기독교도들의 계산에 따르면 20만 명에서 40만 명은 족히 되었다. 대부분은 오스만 제국 전역에서 소집된 이슬람교도였다. 그 수는 콘스탄티노플에서 한 밑천 잡아보려는 모든 종류의 변절자들까지 합쳐져서 한참 더 부풀어 올랐다. 세르비아의 왕 그레고리 브란코비치(George

Brankovich)의 대규모 파견단도 있었고 심지어 그리스 정교회 사람도 있었다.

성 로마누스의 문을 바라보는 선봉대 뒤에서 메메드는 때를 기다렸다.

도시는 다가올 명백한 몰락의 전조들로 공포에 질려 있었다. 운반중이던 마리아 상이 아무 이유 없이 갑자기 떨어졌다. 너무 무거워서 그곳에 있던 사람들이 "아우성과도 같은 기도를 올리고 대단한 노력"을 들인 후에야 다시 들어 올릴 수 있었다. 다음 날 깊은 안개가 도시를 덮쳤는데, 그리스의 연대기 작가 크리토보울로스(Kristovoulos)에 따르면 "신이 떠났다는 명백한 증거였다."[362] 징조들은 모두 다 그럴싸했다. 전투 참여가 가능한 남자 인구는 3만 명 정도 되었지만, 비잔틴의 정치가 스프란체스(George Sphrantzes)가 추정한 바에 따르면 싸울 수 있고 또 기꺼이 싸우려 했던 병사는 5,000명도 되지 않았다. (후대의 라틴 역사가들은 그리스인은 자기들 목숨이 걸린 일이라도 전쟁에 나가느니 차라리 천사의 성별을 감별하는 토론에 참석할 것이라고 비꼬았다.)[363] 거기다 보스포러스 해안가 서쪽 식민지 갈라타로부터 소집된 약간의 라틴 군인들이 있었다. 그들 대부분은 제노아 사람이었다. 전설적인 해적 지오반니 주스티니아니(Giovanni Giustiniani)가 이끌던 약 5,000명의 병사들이 그 라틴군에 합류했다.

메메드는 '테오도시우스의 벽'이라고 불렸던 콘스탄티노플의 성벽 바깥쪽 전역에 최소한 14개나 되는 포병 분대를 주둔시켰다. 에디르네에서 온 올바인(Orbain)이라는 사람이 만든 대포들은 기독교도들이 이전에 본 어떤 대포보다 훨씬 컸다(그는 배교자, 헝가리인, 대포 주조자였다). 그중에서 가장 큰 대포는 1,200파운드나 나가는 대포알을 멀리 1마일 밖까지 쏠 수 있었다. 당시로서는 굉장한 거리였다. 대포들을 옮기는 데 사십 마리의 수소가 필요했고 그 대포들을 운반했던 마차의 커다란 바퀴가 떨어져 나가지 않게 보살피는 데만도 이백 명이 필요했다. 4월 12일, 바실리스크 (입김을 쐬거나 눈길에 닿으면 사람이 즉사했다고 하는 전설상의 도마뱀 비슷한 괴물로 당시 대포의 별칭-옮긴이)라는 별명을 가진 이 베헤못(「욥기」에서 사탄을 상징하는 괴물-옮긴이)은 콘스탄티노플 성벽을 폭격하기 시작했다. 돌대포알은 포병들이 미처 다 넣기도 전에 튕겨져 나갔다. 며칠 동안 이어지던 거대한 돌대포알 포격으로 위대한 석조물과 마을 전체가 사라져갔다. 밤마다 도시의 거주자들이 최대한 복원하려 했지만 방어벽은 눈에 띄게 무너져갔다.

5월 12일, 첫 번째 콘스탄티노플 공격이 있었다. 약 5만 명의 군인들이 직접 아드리아노플과 칼리가리아 문으로 들어갔다. 그러나 하루 동안 계속된 싸움 끝에 시체가 문 앞에 너무 높이 쌓였고 투르크군은 결국 퇴각해야 했다. 6일 후 투르크군은 네 개의 공성탑('나무 성', 그리스인은 '도시 약탈기'라고 불렀다)을 만들어 가죽을 세 겹 씌운 다음 성벽을 넘는 데 쓰려고 벽 쪽으로 밀어붙였다. 그리스군은 다시 한 번 방어해냈고, 밤사이 도시에서 나와 공성탑을 모두 불태워버렸다.

수 세기 전 크세르크세스가 과신했던 것처럼, 메메드도 콘스탄티노플의 방어선이 거의 무너졌다고 생각했다. 오스만의 막강한 보병, 포병, 해군들이 비교적 쉽게 콘스탄티노플을 점령해 자신에게 승리를 안겨 주리라고 믿었다. 그러나 그는 곧 기독교도의 저항 능력에 대해 그가 접한 정보들이 매우 잘못된 것일지도 모른다는 생각이 들었다. 군사력 손실도 매우 컸으며 쉽게 승리만 해왔던 투르크군은 계속되는 패배에 사기가 매우 저하되었다. 곧 오스만 주둔지에 여러 괴소문이 퍼지기 시작했다. 5월 27일, 메메드는 향후 방향을 결정하려고 회의를 소집했다. 대공 하릴 파샤 (Halil Pasha)는 콘스탄티노플을 기독교도의 상업 집산지로 이용하면 술탄에게 더 좋을 것이라는 생각을 했고 메메드에게 공격을 중지하자고 했다. 그러나 메메드는 마지막 총공격을 결정했다. 그것이 실패하면 퇴각할 예정이었다.

다음 날 그는 이슬람 군인들을 모아놓고 연설을 했다. 군인들의 열정, 충성심, 용맹을 칭찬했다. 마지막 총공격에 흔들림 없이 임하도록 금, 은, 귀금속, 진주 등도 제공했다. 군인들에게 멋진 건물과 웅장한 저택과 정원에서 "아름답고 젊은 여자들과 결혼하기 좋은 처녀들"에 둘러싸인 삶이 어떨지 상상해보라고 했다. 물론 성적 성향이 다른 군인들에게는 "귀족 가문의 아름다운 소년들"이 아낌없이 제공될 것이었다. 그러고 나서 "번영했던 고대 로마의 위대한 수도이며 인간 세상의 수뇌부인 콘스탄티노플을 마음껏 파괴하고 약탈해도 된다."라고 약속한다.[364]

이것은 모두 그 자리에 있지는 않았지만 메메드를 매우 잘 알고 메메드로부터 임보스의 에게 섬 총독으로 지명받았다는 크리토보울로스가 한 말이다. 메메드의 연설은 탐욕스러운 투르크인이라는 서양인의 인식에 매우 잘 들어맞는 듯하다. 특히 처녀와 소년을 언급한 부분에서 그렇다. 그러나 연설의 골자는 진실을 말하고 있다. 특히 콘스탄티노플을 '인간 세상의 수도'라고 비유한 부분이 그렇다. 메메드 그 '신념의 지도자'와 그의 후손들은 그 수도를 세상이 끝나는 날까지 지배할 예정이었다.

메메드는 콘스탄티누스에게 특사를 보내 다음과 같이 말했다. "이 문제를 신의 손에 맡깁시다. 모든 고관대작들을 데리고 도시를 떠나 어디든 가고 싶은 곳으로 가시오. 그때 그대의 국민은 나로 인해서나 그대로 인해서나 아무런 고통도 받지 않을 것이오. 그것이 싫다면 그대는 그대의 생명과 왕실의 모든 소유품을 잃는 쪽을 선택하는 것이오. 쓸데없이 저항해 그대의 국민이 투르크의 노예로 팔려 전 세계로 흩어지는 것을 볼 것이오?"

전통적으로 전쟁 직전 모든 지하드의 전사들이 적군에게 제안하는 것이었다. 콘스탄티누스는 그 제안을 거절했다. 그는 메메드에게 결국 메메드의 승리가 확실하다고 말했고 어떠한 경우라도 "도시를 당신에게 건네주는 것은 나와 그 도시에 사는 시민들이 할 수 있는 일이 아니오. 우리는 모두 목숨을 부지하기보다는 도시를 지키기 위해 기꺼이 죽기로 결정했소."라고 말했다.[365]

5월 29일 목요일(이날도 물론 징조가 좋지 않았다) 해가 뜨기 3시간 전 메메드는 최후 공격을 명령했다. 그리스군은 가까스로 처음 두 번의 공격을 막아냈다. 그러나 도시 외성벽은 이제 사실상 완전 파괴되었고, 올바인의 대포가 남은 성벽을 공격하는 동안 술탄의 최정예군 예니체리 군단은 내성벽의 케르코포르타 문을 통과해 도시로 쏟아져 들어갔다. 전투는 격렬했지만 오스만 역사가 투르순 베이(Tursun Bey)는 정오가 되기 전 "이미 맹렬한 싸움의 광기는 먼지가 되어 사라졌다."라고 회상했다.[366] 우연치고는 참으로 역설적이게 제국의 창건자와 이름이 같은 비잔틴의 마지막 황제 콘스탄티누스는 전장에서 죽었다. 아무도 그가 어디서 어떻게 죽었는지는 모르지만 그의 머리(정복자들이 그의 머리라고 주장했다)는 후에 아우구스틴 대광장 기둥에 달려 있다가 오스만군과 함께 아나톨리아, 아라비아, 페르시아로 갔다. 〔콘스탄티누스는 자신의 제국적 칭호인 바실레우스를 이미 아라곤의 페르난도에게 팔았고 페르난도는 1494년에 다시 프랑스의 샤를 8세(Charles Ⅷ)에게 팔았다. 물론 두 군주 다 뻔뻔스럽게 그 칭호를 사용하지는 못했지만 말이다.〕

승리에 도취된 메메드의 군대는 3일 동안 도시를 약탈할 수 있었다.

크리토보울로스는 "인종과 국적을 분간할 수 없는 무리들이 어쩌다 함께한 사나운 야생 짐승처럼" 무력한 민간인을 공격했고 "훔치고 강탈하고 약탈하고 죽이고 모욕하고 남자, 여자, 아이들, 노인, 젊은이, 사제, 수도승 가릴 것 없이 간단히 말해 모든 연배, 모든 계층의 사람을 노예로 만들었다."라고 한탄했다.[367] 니콜로 바바로는 "피가 마치 비처럼 거리에 흘렀고 사체들이 베네치아의 멜론처럼 바다로 던져졌다."라고 썼다.[368] 410년 알라리크 고트족의 로마 약탈 이래 기독교 세계에서 그처럼 무자비한 순간은 없었다. 약탈이 끝났을 때 (크리토보울로스에 따르면) 민간인을 포함해 죽은 사람이 "거의 4,000명에 달했다."[369] (메메드의 이슬람 군인들이 얼마나 잔인했는지 빈정대는 사람들이 있지만 사실 1204년에 있었던 십자군의 콘스탄티노플 약탈도 그에 못지않은 비극이었다. 투르크군이 라틴군보다 더 많이 약탈했을지는 몰라도 적어도 약탈 기간만큼은 라틴군보다 훨씬 더 짧았다.)

도시 방어에 참여했던 사람들 중 키예프 출신의 그리스인 추기경 이소도레(Isidore)가 있었다. 그는 전투에서 부상을 입고 투르크인에게 붙잡혔다. 그러나 탈출했고 베네치아의 속국 크레타 섬의 칸디아로 도망갔다. 거기서 그는 자신의 동료 그리스인 추기경 베사리온에게 자신이 본 끔찍한 광경을 묘사했다. "모든 대로와 골목들까지 피가 흐르거나 엉긴 핏덩어리로 질척였고 내장이 튀어나오거나 절단 난 시체들로 가득했다."라고 써 보냈다. 그는 마호메트가 다른 누구도 아닌 바로 반그리스도의 선구자라고 선언했다. 알라리크가 로마를 약탈하던 때의 펠라기우스와 크리토보울로스처럼 이소도레도 이슬람군이 사회적 계급과 남녀를 전혀 구분하지 않고 학살을 일삼았다는 점에 특히 더 분노했다. 그는 약탈자들이 남녀의 성과 나이를 전혀 상관하지 않았다고 한탄했다. 그는 "귀족 집안에서 잘 자란 여성이 목에 밧줄이 묶여 집에서 끌려 나오는 것"을 보았다.

게다가 신성모독이 잔인함을 더했다. "그들은 주저 없이 하기아 소피아 성당(현재 터키의 이슬람 사원)으로 들어갔고 그 안의 그리스도와 성인들의 그림이나 조상들을 모두 뜯어내거나 깨뜨렸다."[370] 그것이 마지막이었다. 이소도레는 "콘스탄티노플은 끝났다."라고 말했다.

삼 일째 날이 마무리되는 늦은 오후, 더는 약탈할 것도 없었을 때 백마를 탄 메메드가 '황금 사과'의 도시로 들어갔다. 수 세기 전 로마의 푸블리오스 코르넬리우스 스키피오 장군이 꿈에서 보았던, 아시아에서 온 청동 갑옷 무리가 마침내 도착했던 것이다. 근위보병의 호위를 받으며 메메드는 천천히 이제 거의 개미 새끼 한 마리 보이지 않는 도시를 관통해 하기아 소피아 성당으로 들어갔다. 거기서 그는 말에서 내려 흙을 한 줌 주운 후 자신의 터번 위로 그 흙을 뿌렸다. 승리를 신에게 헌정하는 겸손함의 표시였다. 그런 다음 그는 광장을 지나 반쯤 파괴된 왕궁의 방들을 돌아보다가 피르다우시의 '샤 나마〔왕자의 서(書)〕' 중 한 구절을 중얼거렸다고 한다. "거미가 황궁의 커튼을 타고, 올빼미는 아프라시압 탑의 파수를 부르네."[371]

칼리프 우마르 2세가 지나치게 늘어졌던 1차 콘스탄티노플의 공격을 포기해야 했던 718년부터 예언 하나가 전 이슬람 세계에 널리 퍼졌다. 이슬람의 최대 숙적이며 서양의 마지막 보루인 위대한 도시 콘스탄티노플이 언젠가는 반드시 이슬람 세계로 넘어올 것이라는 예언이었다. 그리고 마호메트와 이름이 같은 술탄 메메드(Mehmed)의 지휘 아래 그 예언은 결국 실현되었다. 그때부터 이슬람교도와 기독교도는 모두 술탄 메메드 2세를 '정복자'라고 불렀다.

서양 입장에서 콘스탄티노플의 몰락은 명백한 재난이었다. 많은 서양 문화의 근원이었던 아시아와의 단절을 의미했고 동유럽의 몰락을 의미했다. 그 상태는 최소 4세기 동안 지속될 예정이었다. 거기에는 비잔틴 제국의 마지막 보루이며 동양에 있던 콘스탄티누스 대제의 위대한 기독교 도시가 몰락한 것 이상의 의미가 있었다. 콘스탄티노플의 몰락으로 고대 그리스 세상과의 마지막 연결 고리 역시 사라져버린 것이다. 교황 피우스 2세(Pius Ⅱ)는 콘스탄티노플을 위한 비가를 써 널리 읽게 했다. "오! 위대한 그리스, 당신의 끝을 보노라, 누가 과연 당신을 위해 슬퍼하지 않겠는가! 콘스탄티노플에는 당신의 지혜가 남아 있었다. …… 그러나 이제 투르크가 이겼고 한때 그리스 것이었던 모든 힘을 갖게 됐다. 그리스 문자도 사라질 운명이구나." 모든 화려한 과거는 저 먼 아시아에서 온 이슬람교도 야만인 무리에 의해 현재와 단절되어버렸다.[372] 추기경 베사리온을 모시던 칸디아의 베네치아인 라우로 퀴리니(Lauro Quirini)는 "문화도 모르고 법도 관습도 없이 뿔뿔이 흩어져 살며(유목민), 제멋대로이고 불성실하며 사기나 치는 인간들, 그 야만적인 사람들이 파렴치하고 비열한 방법으로 기독교도를 마구 짓밟았다."라며 울부짖었다. 그의 입장에서 살인보다 더 심한 것은 문화의 마구잡이식 파괴였다. 그는 "신이시여! 그리스가 엄청난 노력으로 발명했고 오랜 세월을 다듬었던 완벽한 그리스의 언어와 문화가 비명에 가고 말았습니다."라고 과장하며 울부짖었다.[373]

1930년 터키법에 의해 이스탄불로 바뀔 때까지 투르크 사람들은 콘스탄티노플을 계속 '콘스탄티니예(Konstantiniyye: 투르크어로 콘스탄티노플에 해당함-옮긴이)'라고 불렀다. 하지만 그 위대한 도시는 곧 '이스탄불'로 빠르게 변모하기 시작했다. 이스탄불은 그리스어로 '도시에게'를 의미하는 'is tin polin'이 와전된 것이었다.[374] 콘스탄티누스 대제가 건설했던 하기아 소피아 성당은 이슬람 사원으로 탈바꿈했다. 뾰족탑이 생겼고 기독교도 숭배 도구들이 사라지고 이슬람 기도를 위한 벽감(壁龕: 벽면을 파내어 조각품이나 숭배 도구를 놓게 만든 곳-옮긴이)과 설교단이 생겼다. 승리에 도취된 메메드의 군인들이 도시로 갖고 들어갔던 군기들이 하기아 소피아의 벽에 달렸고 마호메트가 몸소 사용했닦던 기도 매트들이 바닥에 깔렸다. 543년, 30미터 되는 기둥 꼭대기에서 황금공을 쥐고 있는 9미터 높이의 콘스탄티누스 대제의 입상도 사라졌다. 전설에 따르면 그 입상은 비잔틴 제국만큼이나 오래 그곳에 있었다고 한다. 입상의 일부는 고대 비잔틴 신전 자리에 세운 톱카프 궁전으로 들어갔다. 그곳에서 1540년대 프랑스의 인도주의자 피에르 질(Pierre Gilles)은 유스티니아누스의 다리 조각을 보았다. 그의 기록에 따르면 콘스탄티누스의 것보다 더 길었고 코는 '9인치나' 됐다고 한다.[375]

메메드는 동쪽 티무르의 귀찮은 페르시아 제국을 뺀 전 이슬람 아시아의 통치자였다. 그는 솔로몬, 콘스탄티누스, 유스티니아누스(이들은 신화적이며 실제적인 콘스탄티노플의 건설자이자 재건설자이다)의 합법적인 계승자라고 주장했고, 이슬람 우두머리가 콘스탄티노플과 로마를 모두 통치할 날이 올 거라던 하디스의 예언을 일부 완성했다고 주장했다.

크레타의 역사학자 트라페조운티오스(George Trapezountios)가 메메드에게 매우 아첨하는 태도로 말했던 것처럼 "그가 로마의 황제라는 것을 의심하는 자는 아무도 없었다." "법적으로 제국의 수도를 통제하는 사람이 바로 황제이고 콘스탄티노플은 로마 제국의 수도인 것이다." 물론 신성 로마 제국의 황제들은 결코 수긍하지 않았을 것이다. 그러나 '황금 사과'의 몰락과 함께 오스만투르크는 기독교 세계의 우두머리들이 '제국'의 칭호를 허가하는 유일한 국가가 되었다.

오스만 제국은 이제 동양에서의 주요 권력자였고 곧 칼리프의 망토를 걸칠 술탄은 '믿음이 있는 자들의 사령관'이요 스스로 임명한 이슬람 세계의 지도자였다. 베네치아 역사가 니콜로 사군디노(Niccolò Sagundino)의 주장이 믿을 만하다면 메메드는 헤로도토스와 리비우스를 그리스어와 라틴어로 읽고 「일리아스」와 아리안(Arrian)의 『알렉산드로스의 역사』 복사본을 자신의 서재에 비치해두었다. 그러므로 메메드가 다른 많은 잠재적 세계 정복자들처럼 자신을 알렉산드로스 대왕과 연결하려 했다는 것은 그리 놀랄 일이 아니다.[376] 1462년, 당시 베네치아 식민지였던 레스보스를 공격하러 가는 길에 메메드는 그 옛날의 알렉산드로스처럼 트로이로 추정되는 장소에 멈추고 트로이 전쟁 영웅들에게 경의를 표했다. 그러나 메메드가 자신의 분신으로 생각했던 인물은 아킬레우스가 아니라 헥토르였다. 크리토보울로스에 따르면 메메드는 다음과 같이 말했다.

> 과거에 이곳을 몰살했던 것은 그리스, 마케도니아, 테살리아, 펠로폰네소스 사람들이었다. 그리고 나의 노력으로 그 후손들은 그 시절과 그 후 종종 그들이 우리 아시아인에게 저질렀던 부당함에 대한 정당한 죄과를 받았다.[377]

콘스탄티노플 점령에 대한 기발한 설명에 따르면 '위대한 투르크인(메메드)'이 하기아 소피아 성당에서 울며 거부하는 처녀를 강간했다고 한다. 그것으로 그는 그리스인들이 트로이의 왕 프리아모스의 딸 카산드라를 강간한 것에 복수한 것이다.[378]

그러나 메메드의 그리스 통치는 서쪽으로 도망갔던 그리스인이 주장했던 것처럼 그렇게 잔인하고 파괴적이지 않았다. 뒤이은 술탄들과 비교했을 때 메메드는 더 번영하는 통일 제국을 만들고 싶었음에 틀림없다. 1454

년 1월, 메메드는 에디르네에 포로로 잡혀 있던 겐나디오스(Gennadios)를 불러 콘스탄티노플의 대주교가 되게 했다. 메메드는 겐나디오스와 정기적으로 이슬람과 기독교 각각의 장점에 대해 토론했다고 한다. 그 토론으로 겐나디오스는 투르크어 번역에 대한 간결하고 '객관적인' 보고서를 쓰기도 했다. 철학자 아미로우체스(George Amiroutzes)도 메메드를 위해 기독교와 이슬람의 공통점을 설명하는 책을 썼다. 그는 심지어 두 종교가 하나로 합쳐져야 한다고 주장했다. 그의 주장에 따르면 성경과 코란의 차이점들은 질 나쁜 번역과 유대인에 의해 과장되었다. 그는 유대인들 때문에 각각의 종교가 상대에게 형성했던 잘못된 인식을 악화해왔다고 주장했다. 메메드는 세계 교회주의에는 별 감명을 받지 못했지만 그리스 정교회에 권력을 되찾아 주었고 비잔틴 제국 아래 누렸던 특권과 재산도 대부분 회복시켜주었다.[379]

하지만 여전히 다르다넬스 해협 너머의 유럽인에게는 동양의 기독교 세계는 완전히 사라진 것 같았다. 이제는 그 자리에 크세르크세스 이후 최악으로 유럽인의 자유를 위협하는 매우 인상적인 권력이 서 있었다. 서양 기독교 세계는 다음에는 무슨 일이 벌어질까 두려워하고 있었다. 메메드는 거기서 멈추고 얻은 것을 더 굳건히 할 것인가? 아니면 서쪽으로의 정복전쟁을 계속할 것인가? 만약 그렇다면 과연 어디서 멈출 것인가? 모든 사람이 오스만의 야망인 '황금 사과'가 콘스탄티노플이었다는 것을 알고 있었다. 그러나 서양의 가장 성스러운 도시이자 여전히 뛰고 있는 기독교의 심장은 역시 로마였다. 전하는 얘기에 따르면 마호메트는 로마 역시 언젠가 이슬람 세계에 편입될 것이라고 확신했다고 한다.

콘스탄티노플의 붕괴를 골든 혼(터키의 항구-옮긴이) 맞은편에서 지켜보던 갈라타 제노아 공동체의 지도자 안젤로 지오반니 로멜리노(Angelo

Giovanni Lomellino)는 다음에 벌어질 일을 확신할 수 있었다. 콘스탄티노플이 붕괴하던 그날 그는 제노아에 있는 형제에게 "이제 술탄이 로마로 들어가는 데 이 년이 걸릴 것이다."라고 썼다.[380] 키예프의 이소도레도 같은 의견이었다. 7월 그는 교황 니콜라우스 5세(Nicholas Ⅴ)에게 메메드가 '기독교라는 이름 자체'를 없애려 하고 있다고 경고했다. 혹시 니콜라우스가 자신과는 아무 상관없는 일이라고 치부할 것을 염려해 메메드 술탄의 궁극적 목적은 '기독교도 제국의 수장격인 로마 시를 무력으로 진압하는 것'이라고 덧붙였다.

1453년 9월 30일, 니콜라우스는 서양의 모든 기독교도 국왕들에게 교황의 교서를 내려 콘스탄티노플에 앉아 있는 반기독교도에 대항해 새 십자군을 일으키는 데 국왕의 피와 신하들의 피를 바칠 것을 명령했다. 그러나 프랑스의 샤를 7세(Chales Ⅶ), 영국의 헨리 6세(Henry Ⅵ), 여러모로 제정신이 아니었던 아라곤의 알폰소 왕, 독일의 프레더릭 3세(Frederick Ⅲ)는 파산지경이라거나 국내 문제로 압력을 받는다는 등의 핑계를 들어 공손하게 교황의 명을 거절했다. 그러자 교황은 유럽에서 가장 부자이자 선량하다는 평판을 받던 부르고뉴의 필립 공(Phillip the Good)에게 눈을 돌렸다. 1454년 2월 필립은 리에주에서 연회를 베푼다. 온갖 귀금속으로 장식된 살아 있는 꿩이 왕실 테이블에 놓였다. 그동안 투르크인 복장을 한 거구는 홀에 있던 손님들과 하기아 소피아 성당의 처녀로 차려입은 청년 올리버 드 라 마르슈(Oliver de la Marche: 그가 연회에서 있었던 일을 기록했다)를 코끼리 장난감으로 위협하며 거들먹거리고 돌아다녔다. 연회에 참석했던 사람들은 모두 투르크의 위협을 깊이 절감했고 하나로 뭉쳐 십자군을 결성하기로 맹세했다. 그러나 그 맹세는 하나의 팬터마임일 뿐이었다. '꿩의 맹세(나중에 그렇게 불렸다)'를 했던 사람들 중 고

향을 떠난 사람은 아무도 없었다.[381]

그러나 니콜라우스의 계승자는 터키의 위협을 거의 집착적으로 우려했다. 1458년, 교황 피우스 2세가 된 아이네아스 실비오 피코로미니(Aeneas Silvio Piccolomini)는 인도주의 학자이고 시인이며 라틴 희극 작가였다. 그에게도 콘스탄티노플의 몰락은 위대한 기독교 도시의 몰락에 그치는 것이 아니었다. 그것은 '호메로스와 플라톤의 또 다른 죽음'이었고 곧 문화적 재난이었다.[382] 피우스는 배움도 많았지만 세계를 두루 돌아다녔고 통찰력도 남달랐다. 그는 기독교도의 단결 가능성을 높이 샀고 선임자들보다 더 원대한 비전을 품은 채 단결해야 하는 이유를 설명했다. 1459년, 피우스는 만투아 집회를 시작으로 이탈리아 전국 순회를 하며 콘스탄티노플을 되찾기 위해 새로이 십자군을 결성해야 한다고 주장했다. 그러나 아무도 준비가 되어 있지 않다는 사실만 확인했을 뿐이었다. 그 후 4년간의 다툼과 논쟁이 있었다. 후에 피우스는 다음과 같이 적었다. "우리는 투르크에 대항한 전쟁을 선포하기를 열망했다. 그러나 우리가 군주들에게 특사를 보내 도움을 요청하면 그들은 비웃었다. 우리가 십일조를 요구하면 성직자들이 의회에 이의를 제기했다. …… 사람들은 우리의 목적이 오직 돈을 긁어모으는 것이라고 생각했다. 아무도 우리 말을 믿지 않았다."[383]

1463년 9월 23일, 피우스는 추기경 대학에서 투르크인이 자신들의 눈앞에서 결국 전 유럽을 휩쓸어 버리기 전에 재빨리 행동을 개시해야 한다고 다시 한 번 연설했다. 피우스는 10월에 보잘것없는 자신의 군대를 새 십자군이라고 공식 선언했다. 마지막 시도였다. 빈약한 그리스도 대리 십자군을 이끌고 이슬람 이교도들과 대적하기 위해 홀로 가다 보면, 서로 싸우느라 정신없던 기독교국 군주들이 부끄러움을 느끼고 행동을 개시할 것이라고 생각했던 것이다. 이듬해 6월 피우스의 군대는 로마를 떠나 아드리아 해의 항구 도시 안코나를 향했다. 군대가 안코나에 도착하면 항해를 위한 배가 필요할 터였다. 그러나 피우스가 안코나에 도착했을 때 그곳에는 한 척의 배도 없었다. 8월 11일, 베네치아에서 배 두 척이 나타났다. 그러나 이미 너무 늦었다. 삼 일 후 교황은 죽고 말았다. 마침내 그 배들이 자신을 동양으로 데려가기를 희망하면서 말이다.

피우스는 투르크에게 온갖 아첨을 해대는 외교적인 노력도 아끼지 않았다. 한번은 '메메드로 가는 편지'라는 긴 편지를 써서 전 기독교 세계에 배포했다. 편지에서 피우스는 동로마 제국의 지도자라는 메메드의 주장을 인정했을 뿐 아니라 메메드에게 서양의 통치권까지 주겠다고 했다. 그 통치권은 피우스의 먼 전임자 레오 3세가 6세기 중반 샤를마뉴의 대관식 즈음 그리스에서 빼앗아 프랑스로 넘겼던 것이었다. 술탄이 해야 하는 일은 단지 기독교로 개종하는 것이었다. 교황의 매우 교황답지 않은 말에 따르면 "전 로마 세상을 통치하는 권리를 위해 그저 세례 성수 몇 방울을 받는 것이 무슨 대수이겠는가?"[384] 그러나 그것은 그도 충분히 알아야 했던 매우 허망한 제안이었다.

결과적으로 메메드는 로마를 침략하지 않았다. 그는 나머지 통치 기간 동안 발칸과 동쪽의 국경을 굳건히 하는 데 온 힘을 쏟아 부었다. 1481년 5월 3일 49세의 나이로 죽을 때 그는 서쪽으로는 아드리아 해, 북쪽으로는 다뉴브-사바 강, 그리고 동쪽의 아나톨리아 대부분에 해당하는 넓은 제국을 통치했다. 폴란드, 리투아니아, 모스크바, 러시아에 이르는 방대한 내륙 지방과 이어지는 상업적 요지인 흑해는 사실상 오스만 제국의 호수였다.[385] 지중해가 여전히 둘로 나뉘어 있었다는 것은 사실이지만 콘스탄티노플 점령으로 메메드는 지중해 동쪽 끝을 장악했다. '두 땅과 두 바다의 통치자'라는 오래된 이슬람의 꿈을 완수했다고 주장할 수 있었다. 그 땅은 물론 비잔틴 제국(Rumelia)과 아시아였고, 그 바다는 지중해와 흑해였다.

1480년, 말년의 메메드는 베네치아 화가 벨리니(Gentile Belini)에게 자신의 초상화를 그리라고 명한다. 그것은 이슬람 군주로서는 상당히 이 교도적인 명령이었다. 현재 런던의 국립 미술관에 소장되어 있는 이 초상화는 얼굴이 4분의 3을 차지한다. 메메드는 수염을 기른 채 터번을 쓰고 오스만의 토템 숭배 동물인 늑대의 가죽처럼 보이는 넓은 옷깃으로 된 옷을 입고 있다. 초상화 아래쪽에는 '세계의 황제(imperator orbis)'라는 글 귀가 보인다. 그는 또한 액자 같은 승리의 아치문 속에 들어가 있는데 아치문 위의 왼쪽과 오른쪽에 있는 왕관들은 그의 제국 안에 있던 왕국의 수를 상징한다. 바닥의 양탄자 위에 있는 귀금속으로 만들어신 꽃 네 개는 왕조의 창건자 오스만이 꿨다고 전해지는 꿈(그 꿈에서 미래의 세계 정복자로서 오스만 제국이 예견되어진다)을 상징하는 듯하다. 아니면 콘스탄티노플에 예속되는 세계를 상징한 것일 수도 있다. 루비로 만들어진 꽃잎들은 대륙을 뜻하고 검고 하얀 보석들은 흑해와 지중해를 뜻할 것이다.[386]

초상화를 누가 디자인했든 확실한 것은 사람들이 그 초상화를 보면서 여기 아시아와 유럽을 함께 계승했던 황제가 있었다는 것을 메메드가 알 아주길 원했다는 것이다. 방부처리가 끝난 메메드의 사체가 매장될 때 죽은 술탄의 형상은 관 뚜껑 위에 놓여 운반되었다. 어떤 이슬람 통치자도 그렇게 운반되지 않았다. 단지 337년, 콘스탄티누스 대제가 그랬다. 메메드는 자신을 제2의 헥토르와 제2의 알렉산드로스로 만들었을 뿐 아니라 죽으면서 자신을 제2의 콘스탄티누스로 만들었다. '반기독교의 선구자' 이며 투르크의 왕이자 신이었던 남자가 죽으면서 서양 세상, 그 기독교의

문 바로 앞까지 나아갔던 것이다.[387]

메메드가 로마로 행진하겠다는 약속을 지키지 못했다고 해서 서양이 안도의 한숨을 내쉬었던 것은 아니다. 그 약속은 메메드의 계승자들에 의해 여전히 최종 목적으로 남아 있었다. 1480년, 투르크군이 이탈리아 해안 지방 풀리아의 오트란토를 약탈하고 점령했던 이래로 바버리 해안의 해적들을 등에 업은 투르크 해군은 지중해의 동남쪽을 마구 누비며 지속적으로 서양 세계의 경계심을 불러일으켰다. 그 약탈자들의 동향을 밤낮으로 관측하기 위해 이탈리아와 스페인은 남쪽 해안 전 지역을 따라 관측탑을 건설했다. 이 탑들은 대체로 아직도 그곳에 남아 있다. 현대 스페인 말에는 "해안에 무어족이 있다."라는 말이 있는데 곧 "등 뒤를 조심하라." 라는 뜻이다. 인도주의적인 지식인 계층에서 새로운 십자군 결성 요청이 빈번했다. 새로운 한니발 장군과 싸울 제2의 스키피오 아프리카누스 혹은 새로운 파우사니아스(Pausanias: 그리스 동맹군을 이끌고 플라타이아이 전투에 승리해 페르시아인을 그리스 땅에서 완전히 내몬 스파르타의 왕)가 필요했다.

공포는 지중해나 동쪽 국경에만 해당되는 말이 아니었다. 1597년 한 이름 없는 영국인은 "보잘것없는 왕국과 토지를 가진 서양의 왕과 군주들은 전승의 투르크라는 이름만 들어도 벌벌 떨며 오금을 펴지 못했다." 라고 썼다.[388] 물론 과장이 심했다. 기독교 세계의 왕국과 토지가 모두 그렇게 보잘것없지는 않았다. 그러나 확실히 공포로 벌벌 떨던 사람이 적잖았다. 그럴 만한 이유도 충분했다. 심지어 저 먼 아이슬란드의 기독교도조차 '투르크의 공포'로부터 벗어나게 해달라고 기도했다. (게다가 1627년에 일어난 사건으로 그들의 공포는 곧 현실이 되었다. 북아프리카의 해적들을 등에 업은 오스만군이 흑해 깊숙이 들어가 사백 명의 포로를 붙잡아 알제리의 노예 시장으로 넘겨버렸던 것이다.) 영국 역사가 리처드 놀스(Richard Knolles)는 투르크를 위대한 제국이라 불렀지만 당시 그 제국 국경 밖에 살던 사람들에게 투르크는 여전히 '끝없는 공포의 대상' 이었다.[389]

투르크가 승리를 거둘 때마다 새로운 십자군을 주장하는 사람들이 생겼다. 목적은 성지 탈환이 아니라 투르크군을 유럽과 콘스탄티노플 밖으로 몰아내거나 가능하다면 한때 비잔틴 제국이라 불렸던 모든 영토에서 몰아내는 것이었다. 1517년, 교황 레오 10세(Leo X)는 추기경들에게 그 문제에 관한 보고서를 작성하게 했다. 추기경들은 오스만군이 명백하게 기독교 세계를 파괴하는 데 온 힘을 쏟고 있으니 십자군 외에는 다른 대안이 없다고 입을 모았다. 막시밀리안(Maximilian) 황제가 기독교 세계의 왕들에게 공통의 적에 집중하자며 오 년간의 휴전을 제안했지만 아무 효과도 없었다. 13세기 말 이후 대단찮은 싸움이 몇 번 있었지만 모두 이슬람과 싸운 것이 아니라 교회 분파들 사이의 싸움이었다.[390]

뒤이은 교황들도 직속 미사를 거행해 약간의 돈을 모으는 것 외에는 별 수가 없었다. 새로운 십자군이 생겨야 한다면 그것은 (이전에 그랬듯) 재정적 힘을 가진 유럽의 국왕들이 나서야 할 문제였다. 그런데 국왕들은 가능한 한 이슬람과의 갈등을 외교로 풀고 싶어 했다. 그들끼리 서로 싸우기에도 무척 바빴던 것이다. 그동안 유럽은 천천히 기독교 세계를 침투하던 오스만을 그냥 보고만 있어야 했다. 1461년, 비잔틴 제국으로 남아 있던 것이라곤 아테네 공국인 독재적인 모레아뿐이었다. 트레비존드 제국(십자군 비잔틴 정복 시 비잔틴 황족들이 세운 망명 국가-옮긴이)도 투르크 수중으로 넘어갔다. 1459년 세르비아가 이듬해에는 보스니아가 넘어갔고 1468년에는 알바니아가 정복당했다. 다뉴브 강 너머 블라드 드라쿨('악마공'이라고도 알려졌다. 적을 처치하는 방식이 잔인했기 때문에 이런 별명을 얻었다. 또 브람 스토커(Bram Stoker)에 영감을 줘 『드라큘라 백작』을 탄생시키기도 했다)이 지배하던 왈라키아(유럽 남동부의 옛 공국, 18세기, 몰다비아와 통합하여 루마니아가 됨-옮긴이)의 트란실바니아도 1462년에 투르크에게 넘어갔다. 근처 몰다비아도 1504년 같은 길을 갔다. 그렇게 투르크의 정복 전쟁은 계속 이어졌다. 오스만은 1440년과 1456년에 두 번 실패했지만 1521년에는 결국 헝가리 베오그라드도 정복했다. 그때 노세라의 주교이자 역사가인 파올로 조비오(Paolo Giovio)는 "헝가리만이 아니라 전체 기독교 세계의 성벽이 무너졌다. 문명 세계 전체가 '야만인 투르크'의 손에 넘어갔다."라고 한탄했다.[391]

1526년 8월, 술탄 슐레이만 1세(Suleyman Ⅰ)는 모하치의 습지에서 헝가리와 보헤미아의 왕 루이 2세(Louis Ⅱ)를 물리친다. 불운한 루이 2세는 머리에 온통 진흙이 뒤덮여 달려드는 오스만 기사들을 미처 피하지 못했다. 모하치 전투 당시 오스만 최후의 승리가 눈앞에 다가온 것 같았다. 그러나 결국 성급한 예측이었다. 루이의 죽음으로 헝가리의 왕좌는 빈의 대공인 합스부르크의 페르난도 2세(Ferdinand Ⅱ)에게 넘어갔다. 페르난도는 신성 로마 제국 황제 카를 5세(Charles Ⅴ)의 형제이자 스페인과 스페인령 아프리카, 이탈리아 대부분, 네덜란드의 중부 유럽 땅 거의 모두를 차지한 왕이었다. 오스만군은 그때까지 대적했던 누구보다도 더 단결되고 더 큰 기독교 세력과 대적하게 된 것이다. 이탈리아 시인 루도비코 아리오스토(Ludovico Ariosto)가 말했듯이, 당시 세상에는 '두 태양'이 빛나는 것 같았다. 서양의 기독교 황제와 동양의 이슬람 술탄이라는 두 군주가 세상의 패권을 놓고 싸우는 것이다.

유럽인이 '폐하(The Magnificent)'라고 불렀던 슐레이만은 제국의 왕으로서의 자신의 이미지를 좋아했다. 또 자신의 왕조를 메메드 2세가 만들어낸 영토 이상으로 확장하고 싶었다. 그는 자신을 '마지막 황제' 알렉산드로스 대왕의 후손으로 보았고 스스로 호적수인 카를 5세를 물리치고 당당히 서쪽으로 나아가 로마를 정복할 것이라고 생각했다. 술탄의 지위를 얻은 순간부터 그는 완벽하게 정당한 통치자였으며 위대한 법의 편찬자였다. 오스만의 법학자 알리 셀레비(Kinalizade Ali Celebi)는 메메드가 사실상 '덕의 도시'를 만들었다고 인정했다(완전한 아첨만은 아니었다). 슐레이만은 또한 술탄과 지방 우두머리들 사이에 내부적인 불화를 (단속적이나마) 잘 해결하기 위한 관료 체계도 새롭게 만들었다. 그것은 아바스 칼리프 왕조가 실패했던 점이기도 했다. 슐레이만은 서양에서는 신성 로마 제국에 대항하고, 동양에서는 사파비조의 시아파 이단에 대항했던 이슬람 정통 수니파 지지자였다. 서양의 경쟁자들처럼 슐레이만도 대체로 「다니엘서」에 의존하는 계시론적 전통의 덕을 몹시 보고 싶어 했다. 「다니엘서」에 따르면, 16세기 말 즈음에 위대한 시대가 시작되고 그때 진정한 종교(카를에게는 가톨릭, 슐레이만에게는 수니 이슬람)가 다른 모든 종교를 누를 것이다. 그때는 신성에 의해 지명된 한 명의 통치자인 '마지막 시대의 황제(sahib-kiran)'가 세상을 다스릴 것이었다.

그때를 대비해 슐레이만은 (비록 이전의 모든 칼리프처럼 쿠라이시족의 직계 후손은 아니었지만) 칼리프 칭호를 이어받았다.[392] 당시 그것이 문제될 소지는 없었다. 또 결과적으로 대단한 효과를 얻은 것도 아니었다. 칼리프는 당시 이미 순수하게 정치적인 호칭이었다. (페르시아를 제외한) 아바스 왕조 영토 대부분을 회복한 슐레이만에게 칼리프 자격은 충분했다. 비범한 대관 이브라힘 파샤(Ibrahim Pasha)는 슐레이만에게 절을 하면서 믿는 자의 지휘관이라는 전통 칭호, 즉 '신의 그늘(zill Allah)'이라고 칭했다. 또 이례적으로 '세계 피난처의 보편 군주' 그리고 '인간 세상의 보편 군주'라고도 불렀다. 1560년, 이스탄불에 대사원을 건설했을 때 슐레이만은 정문 입구에 "전능한 신과 위대한 군대의 도움으로 동양과 서양을 정복한 자, 세계 왕국의 주인"이라고 쓰게 했다.[393]

1529년 슐레이만이 다시 서쪽으로 진군할 때 그의 눈은 빈의 페르난도 황제에게 고정되어 있었다. 그러나 이번만큼은 과욕이었다. 어느 제국의 지도자가 과욕이 없겠는가? 중앙 집권 성향이 강했던 오스만 정부는 전쟁을 시작하려면 일단 제국의 전 지역 군사들을 이스탄불에 소집해야 했다. 그것만도 수개월이 걸렸다. 마침내 진군을 시작했지만 폭우와 홍수로 빈에 도착하는 데 넉 달이나 걸렸다. 지친 군인들의 사기는 이미 저하되었고 전쟁물자도 충분하지 않았다. 삼 주 만에 슐레이만은 진격을 중지하고 이스탄불로 퇴각했다. 오스만군을 퇴각시킨 것은 날씨였지 오스트리아군이 아니었다. 그러나 후대에 이 사건은 또 다른 마라톤 전투가 되었다. 다시 한 번 동양에서 맹위를 떨치던 야만인의 무리가 영웅적인 서양의 힘에 의해 돌아가야 했던 것이다.

기쁘기만 한 일은 아니었다. 슐레이만이 대담하게 빈까지 들어왔다는 단순한 사실과 오스만군이 남기고 간 흔적만으로도 충분히 공포스러웠다. 술탄의 병력이 광활한 유럽 땅을 지나 다뉴브 강 등 수많은 거대한 강을 건너 기독교 세계 심장부 깊숙이까지 들어올 수 있었다면 바다에서 곧장 쉽게 들어갈 수 있는 로마 같은 도시는 얼마나 쉽게 정복할 수 있겠는가? 1534년, 긴장한 교황 바울 3세(Paul Ⅲ)는 건축가 안토니오 다 상갈로(Antonio da Sangallo)에게 로마 시 주변에 열여덟 개가 넘는 요새를 포함한 보호벽을 지으라고 명령했다. 그러나 자금 부족으로 건설을 포기해야 했기 때문에 언젠가 슐레이만이 메메드가 시작했던 일을 완수하러 로마를 침략할 거라는 공포는 식을 줄 몰랐다.

슐레이만에게 빈 공격의 좌절은 단순한 후퇴였을 뿐이었다. 1551년, 카를 5세의 호스피틀 기사단이 지키고 있던 트리폴리 항구가 오스만 제국 함대와 전설적인 해적 투르구드 레이스(Turgud Reis)의 수중에 떨어졌다. 같은 해, 오스만 장군 피리 레이스(Piri Reis)가 페르시아 만 호르무즈에 있는 포르투갈인 지역을 약탈했다. 그는 아메리카의 지도(현재 이스탄불의 톱카프 박물관에 있다)를 만들게 해 술탄에게 신대륙도 정복되기를 기다리고 있다고 말하려고 했다. 너무 많이 지고 있었기 때문에 기독교도들은 빈에서의 승리 같지 않은 승리가 불운으로 작용해 매우 커다란 패배를 불러왔다는 생각을 멈출 수 없었다. 1560년, 오스만 황실로 간 페르난도 황제의 대사 뷔스베크 백작(Ogier Ghislein de Busbecq)은 다음과 같이 기록했다.

미래를 생각하면 나는 떨린다. 투르크군과 우리를 비교할 때 그들이 승리하고 우리가 전멸하리라는 것이 명백해진다. 확실히 양쪽 모두 살아남을 수는 없다. 저들에게는 거대한 제국의 자원이 있고 강력하고 완벽한 실전 경험이 있으며 노련한 군인들이 있다. 저들은 승리에도 익숙하고 인내력도 뛰어나다. 훈련도 잘되어 있고 질서정연하며 근면하고 신중하다. 우리는 가난하고 사치도 심하고 힘도 약한 데다 정신력도 없다. 인내심도 부족하고 훈련도 제대로 안 되어 있다. 군인들은 불복종을 일삼고 장교들은 탐욕스럽다. 훈련을 경시하고 방종하며 무모한 데다 주색까지 즐긴다. 무엇보다 최악은 적은 승리를 거듭하고 있고 우리는 패배를 거듭한다는 것이다. 결과는 뻔한 것이 아닌가?[394]

뷔스베크의 추측대로 오스만군은 거침없이 진격했다. 1565년, 오스만 함대의 몰타 섬 공격이 실패하기는 했다. 그러나 대단한 타격은 아니었다. 이듬해 키오스와 낙소스가 오스만 수중에 떨어졌다. 1571년, 또 다른 오스만군이 베네치아로부터 키프로스를 빼앗았고 파마구스타의 기독교인들을 학살했다. 6년 후에 사모스도 유사한 재난을 당했다. 지중해 동쪽의 낙담한 기독교도에게 당시 오스만군은 육상전은 물론 해상전에서도 무적처럼 보였다.

그러나 키프로스 함락 한 달 후 기독교군은 당시 레판토 만이라 불렀던 나프파크토스 근처에서 대승을 거둔다. 1571년 5월, 교황과 베네치아와 스페인이 키프로스 공격에 분격해 지중해에 더 이상의 오스만 침입을 막자는 의도로 다소 불안한 동맹을 맺었다. 카를 5세의 비합법적 아들이자 스페인의 필리프 2세(Philip Ⅱ)의 반쪽 형제인 오스트리아의 돈 주앙(Don Juan)이 급하게 조직된 합동 함대를 지휘했다. 길이가 160피트에 갑판만 30피트에 달하고 20~40개에 달하는 노열을 갖춘 베네치아 군함 170척이 등장했다. 지중해에 떠 있던 가장 막강한 기독교 병력이었다. 군함들 앞에는 거대한 거룻배 같은 노를 저어 나가는 갈레아스가 여섯 대 배치되었다. 오스만군이 이전에 결코 보지 못한 것으로 각각의 군함은 거의 50개의 대포를 실었다. 당시 가장 큰 군함보다 대포를 여섯 배나 빨리 쏠 수 있었다.[395]

9월, 돈 주앙은 시칠리아의 메시나 항에서 동쪽으로 나아갔다. 원래 의도는 키프로스를 되찾는 것이었다. 그러나 10월 7일 일요일 아침, 그는 코린트 만의 입구 마트라스 만에 있던 거대한 오스만 군함들을 매우 놀라게 했다. 전투는 네 시간 남짓 지속됐을 뿐이었다.

전투가 시작되기도 전에 이미 갈레아스가 수적으로 우세했던 오스만 군함의 3분의 1을 산산조각 내 무용지물로 만들었다. 오스만의 군함이 채 정비를 마치기도 전에 돈 주앙의 기함 '리엘레'가 오스만 제독 알리 파샤의 기함 '술타나'를 밀어붙이는 데 성공했다. 알리 파샤는 머리에 총상을 입고 사망했다. 사기충천한 기독교군은 그의 머리를 잘라 리엘레의 후갑판 끝에 달아 전시했다. 술타나의 돛대 끝에 매달린 찢어진 마호메트의 성스러운 군기는 교황의 깃발로 대체되었다. 제독이 죽고 배가 기독교도 수중에 떨어졌다는 것을 깨달은 나머지 오스만군은 공포에 질려 흩어졌다. 이른 오후에 전투는 이미 끝이 났다. 양쪽에서 약 4만 명의 군인이 살육전 속에 죽어갔다. 유럽 전쟁사에서 가장 잔인한 전투 중 하나였다. 오스만 군함의 거의 3분의 2가 화염에 싸여 가라앉거나, 돈 주앙과 그의 의기양양한 제독들에게 넘어갔다.

레판토의 승리는 전 유럽의 환호 속에 제2의 악티움 혹은 제2의 살라미스 해전으로 불렸다. 가톨릭과 교황의 권력이 커져서 좋을 게 없을 미래 영국의 청교도 군주 제임스 1세(James Ⅰ)조차 시를 읊는 축하 행사를 생각할 정도였다. 유럽의 기독교도 함대가 동양의 원수를 무찔렀고 다시 한 번 동양의 독재자적 권력의 굴레로부터 유럽과 유럽의 모든 가치들을 구한 것이다. 물론 상당한 억지였다. 돈 주앙의 함대에는 그리스의 민주주의적 자유정신도 로마의 시민정신도 없었다. 스페인의 필리프 2세가 행한 정치는 오스만 제국과 비교했을 때 결코 덜 전제주의적이라고 할 수 없었다. 많은 점에서 오히려 더 심했다고 할 수 있다. 살라미스 군함을 움직였던 사람들은 도시 국가를 위해 싸웠던 자유 시민이었지만 레판토의 양쪽 군은 모두 노예들이었다.

오스만 입장에서 레판토 해전은 기독교도가 주장하는 승리와는 더더욱 거리가 멀었다. 함대는 일 년 안에 재건되었고 1572년 펠로폰네소스에서 또 다른 격돌이 있었지만 사실 결국 어느 쪽도 승리했다고 할 수 없는 상황이었다. 베네치아는 키프로스의 손실을 받아들였고 나아가 술탄에게 배상금으로 금화 3만 두카트(ducat)를 지급한다는 데 동의하기까지 했다. 레판토 해전이 오스만군에게 좌절을 준 것은 확실했지만 곧 가장 낙관적인 기독교도조차 레판토 해전이 대단한 결과를 부른 것은 아니라는 사실을 인정해야 했다. 투르크는 여전히 지중해 동쪽과 대부분의 헝가리를 지배했고 서양에서 또 다른 대대적인 살육도 감행할 수 있었다. 오로지 시간문제였다. 1587년, 프랑스 위그노의 부관이자 군 전략가인 프랑수아 드 라 누(François de la Noue)는 "오스만은 이미 헝가리와 아드리아 연안 지방과 유럽의 외곽지역을 탐식하고 있다."라고 경고했다.[396) 그는 4년 안에 유럽에서 투르크를 몰아낼 전략을 짰다. 그리고 이를 즉시 채택하지 않으면 투르크는 다시 한 번 빈의 문을 통과할 것이고 그때는 이미 돌이킬 수 없을 것이라고 주장했다.

그러나 라 누가 예견했던 공격은 거의 한 세기가 지날 때까지 발생하지 않았다. 1574년, 술탄 셀림 2세(Selim Ⅱ)의 사망 후부터 오스만 제국은 몇몇 나약하고 무능한 술탄을 거쳤고 덕분에 왕궁 내의 잡다한 문제로 수년간 정신없는 세월을 보내야 했다. 서양으로 전진하기보다는 기존의 영토 안에 평화를 유지하는 게 더 급선무였다. 덕분에 육상과 해상 모두 잠잠했다. 게다가 페르시아 문제도 있었다. 16~17세기 수니파 오스만 제국과 시아파 사파비 페르시아 사이의 전쟁은 끊일 날이 없었다. 두 왕조는 흑해에서 페르시아 만까지 이르는 국경 1,500마일을 공유하고 있었다. 이스파한에 대대적인 수도(17세기에 이곳을 방문한 영국인 여행가들은 그곳이 질과 양 면에서 런던과 견줄 만하다고 했다)를 만든 사파비 왕조의 가장 막강했던 황제 샤 아바스(Shah Abbas)는 한동안 적극적으로 서양의 원조를 구했다. 그 때문에 몇몇 기독교도 군주가 당시 서양이 '웅장한 문(Sublime Porte: 오스만투르크 제국의 법원 역할을 하던 궁전의 문 이름으로 오스만 제국의 별칭으로 사용됨-옮긴이)' 이라 불렀던 오스만 제국의 몰락을 위해 막연하게나마 사파비 제국을 이용하는 협공 작전을 계획하기도 했다. 원조의 요청이 대부분 공손한 거절로 돌아왔지만 샤 아바스는 오스만을 계속 경계했다. 영국 모험가 형제 안토니 셜리(Anthony Shirley)와 로버트 셜리(Robert Shirley)의 도움으로 매우 서양화한 무시무시한 군부대를 창조했다(스페인의 필리프 4세도 이들을 고용한 바 있다). 1603년, 샤 아바스는 타브리즈와 예레반의 국경 도시들을 점령했다. 이듬해에는 카프카스와 아제르바이잔에 남아 있던 오스만 주둔군을 몰아냈고 그 힘을 카르스의 아르메니아까지 확장했다. 그는 또 로버트 셜리의 대포와 영국 군함의 도움으로 페르시아 만의 요지인 호르무즈 섬의 포르투갈인들을 몰아냈다.

그러나 1629년 샤 아바스의 죽음과 함께 제국은 나약하고 다투기 좋아하는 군주들의 손에 넘어갔고 곧 급속한 쇠퇴의 길을 걸었다. 동쪽 국경에 더는 주둔군을 배치할 필요가 없었던 오스만은 지중해 공격을 재개했다. 1645년 오스만의 함대가 크레타를 공격했다. 1646년 베네치아의 달마티아를 부분적으로 점령했지만 이듬해에 다시 빼앗겼다. 1665년 몰타-베네치아 연합 함대가 다르다넬스 해협에서 오스만군을 공격했다. 기독교도들은 제2의 레판토를 기대했지만 여섯 시간의 전투 후에 오스만군은 별 타격 없이 철수했다. 1669년, 450년간 베네치아 땅이었던 크레타는 메메드 4세(Mehmed Ⅳ)의 수중에 떨어졌다.

1682년 8월 26일, 메메드 4세는 대관 카라 무스타파 파샤(Kara Mustafa Pasha)의 주장을 마지못해 받아들였고 합스부르크에 대항해 거대한 군사 작전을 펼쳐야 할 때라고 생각했다. 메메드 4세는 1664년 황제 레오폴트 1세(Leopold Ⅰ)와 1684년에야 파기되는 평화 조약을 체결한 바 있었다. 하지만 당시 기독교도와 이슬람교도 사이에 체결된 조약이란 효력이 매우 부실했다. 술탄은 마자르 반란 지도자 토콜리(Thököly)의 지지도 얻고 있었다. 토콜리는 오스만 제국의 보호 아래 '중부 헝가리의 왕'으로 인정받았다. 오랫동안 합스부르크 편에 서느니 차라리 투르크를 선호했던 프랑스는 아무 간섭도 하지 않겠다고 약속했다. 오스만 제국의 서쪽 옆구리에 있던 다른 기독교 세력인 모스크바 대공국은 오스만과 평화롭게 지내기 위해서라면 무슨 일이라도 할 것 같았다. 합스부르크는 매우 외로운 처지였다.

10월, 술탄의 군기가 이스탄불 대궁전 밖에 게양되었다. 술탄이 도시를 떠나겠다는 공식적인 표시였다. 12월 초 그는 아드리아노플에 도착했다. 그곳에서 제국의 구석구석에서 소집된 군대를 기다리느라 넉 달을 지체했다. 이듬해인 3월 30일, 기세가 사그라질 줄 모르던 메메드의 군대는 서쪽의 베오그라드를 향해 움직이기 시작했다. 수백만 명과 그들이 먹어치울 식량이 움직이기 시작한 것이다〔술탄과 대동했던 합스부르크의 사절 알베르트 카프라라(Albert Caprara)는 매일 고기 3만 2,000파운드와 빵덩어리 6만 개가 소비됐다고 전했다〕. 가는 길은 힘들었다. 폭우 때문에 길은 진창으로 바뀌었다. 군인들을 뒤따르던 거대한 양떼와 소떼들은 자주 길을 잃고 헤매거나 진흙 속에 빠졌고 끝도 없이 이어지는 2륜, 4륜 마차들과 (모든 군대에 불가피한) 기식자들인 아내와 정부들이 낙담한 채 행렬을 길게 늘어뜨렸다.[397] 원정에 참여했던 연대기 작가 실하다르 핀디크 메흐메드 아그하(Silhadar Findikhh Mehmed Agha)는 3월 30일 에디르네를 출발하던 순간부터 군대의 이동을 방해했던 끔찍한 폭우를 불평했다. 그는 술탄이 가장 총애했던 정부 라비아 귈뉘스 에메툴라(Rabia Gülnüs Emetullha)와 하렘에서 온 그녀의 수행원 80명에 대한 불평도 숨길 수 없었다. 그녀들은 플로브디프 근처 강에 급조한 다리를 건너는 데 매우 많은 문제를 만들었다.

5월 3일, 군대는 마침내 베오그라드에 도착했고 다뉴브의 오른쪽 기슭에 위치한 제문에 주둔지를 만들었다. 그러나 그달 말 다시 움직이기 시작했다. 진군을 하는 동안 군대는 알바니아, 에피루스, 테살리아, 심지어 이집트에서 온 군인들로 점점 더 커졌다. '왕' 토콜리가 상당한 크기의 파견대와 함께 출현했고 8만 명에 달하는 타르타르인도 약탈품을 노리고 연합했다. 6월 25일, 군대는 적의 영토로 들어갔고 합스부르크의 도시 지외르로 나아갔다. 거대했지만 서로 이질적인 구성원들로 인해 분산된 군대에 대한 카프라라의 견해는 매우 비관적이었다. 카프라라는 이 군대의 특이한 점이라고는 "나약함과 무질서와 거의 우습기까지 한 장비일 뿐이다."라고 말했다. (마지막 지적만큼은 맞았을 것이다. 한 투르크인에 따르면 오직 60개의 대포와 박격포만 갖고 있었다.) 2만 명만이 확실한 전사였고 나머지는 오합지졸이었다. 그 투르크인은 그런 병력으로는 "'독일 사람(합스부르크)'을 결코 무찌를 수 없다."라고 결론 내렸다.[398]

그러나 레오폴트 황제의 생각은 달랐다. 그때쯤 레오폴트는 술탄의 최종 목적이 빈임을 확신할 수 있었으므로 7월 7일 왕실 가족과 가져갈 수 있는 보물을 모두 챙기고 빈을 떠나 파사우로 은신했다. 7월 14일, 오스만군은 빈 바로 앞에 주둔지를 만들었다. 오스만군 대표가 빈으로 들어가는 입구에 나타나 모든 기독교도에게 "이슬람을 받아들이고 술탄의 통치 아래 평화로운 삶을 살 것"을 요구했다. 도시에 남아 있던 어니스트 뢰디거(Ernest Rüdiger von Starhemberg)가 곧 그 이슬람 대표를 체포했고 몇 시간 후 포격이 시작됐다. 이틀 만에 투르크군은 도시를 완전히 둘러쌌다 (동시대의 측정에 따르면 단지 2,000걸음밖에 안 되었다). 메메드는 베오그라 드에 주둔하고 있었고 대관 카라 무스타파 파샤는 도시 성벽 외곽(실질적 으로 빈이 아니었다)에 거대한 군대를 집결시켰다. 그는 자신의 타조와 앵 무새와 함께 승리를 확신한 채 벌써부터 기념품을 나눠주며 참호 사이를 산책했다. 도시 안의 상황은 점점 나빠졌다. 물이 부족했고 거리에 쌓인 시체들 때문에 콜레라, 발진티푸스, 이질, 괴혈병 같은 전염병이 돌기 시 작했다. 그러나 빈 방위군은 두 달을 버텼다. 카프라라가 바르게 본 것처 럼 투르크군은 작은 대포로 싸웠기 때문에 빈처럼 도시를 에워싸고 있는 방벽의 보루, 제방, 목책, 통로 등과 다른 제반 설비들을 효과적으로 파괴 할 수 없었다.

한편 폴란드의 왕 존 3세 소비에스키(John Ⅲ Sobieski)와 레오폴트의 사돈지간인 로레인의 카를 공작이 이끄는 구원병 6만 명이 포위된 도시 쪽으로 천천히 움직이고 있었다. 이들은 툴른에서 다뉴브 강을 건넌 후 빈의 서쪽에서 공격을 감행하기 위해 비너발트 속으로 진군했다.

비너발트는 누구도 거들떠보지 않던 빽빽한 숲 언덕이었다. 아무도 그 숲을 관통할 수 없다고 생각했던 오스만군은 서쪽 방어선 쪽은 신경도 쓰 지 않았다. 치명적인 실수였다. 진군은 더뎠지만 기독교도 연합 군대가 9 월 11일 토요일 늦은 시각 비너발트를 통과해 가장자리 산등성이에 다다 랐다. 다음 날 아침 이들은 방심하고 있던 아래쪽의 투르크군 진지를 전 멸시켰다. 늦은 오후에 이미 모든 것이 끝났다. 소비에스키는 교황 이노 센트 11세(Innocent ⅩI)에게 "왔노라, 보았노라, 신이 정복했노라."라고 써서 보냈다. 카이사르가 파르티아를 점령하고 했던 유명한 말 "왔노라, 보았노라, 정복했노라."를 모방한 것이었다. 전사하지 않은 투르크 병사들은 포로로 잡히거나 최선을 다해 베오그라드로 도망쳐야 했다. 타조도 전투에서 죽었고 앵무새는 날아가버렸지만 카라 무스타파는 살아남아 허무하게 텐트에 매달려 있던 마호메트의 깃발과 보물들을 챙길 수 있었다. 그러나 행운은 오래가지 못했다. 술탄을 기쁘게 하지 못한 사람의 운명이 늘 그렇듯 그는 두 달 후 참수형을 당했다. 빈의 박물관에 그의 두개골이 있다고 한다. 그러나 실하다르 핀디크 메흐메드 아그하는 메메드가 자비심 혹은 존경심으로 마지막에 그 대관의 머리를 포함한 사체를 이스탄불로 보내 매장하게 했다고 주장했다.

절망감에 사로잡힌 오스만의 한 역사가는 빈의 패배가 "너무 치명적이어서 오스만 제국은 결코 다시 일어나지 못했다."라고 기록했다.[399] (앙카라 전투가 더 끔찍하긴 했어도) 틀린 말은 아니었다. 당시 아무도 깨닫지 못했지만 모든 사람이 무적으로 알았던 오스만 제국의 더디지만 불가피한 쇠퇴의 첫 장을 장식한 것이 바로 빈에서의 실패였다.

빈 전투 후 기독교 세계와 이슬람 세계 사이의 관계는 변하기 시작했다. 수 세기 동안 기독교도는 이슬람교도 정복 전쟁을 저지하는 것에 만족했고 기껏해야 가능하다면 기독교의 성지로 간주되는 팔레스타인 같은 땅을 되찾고 싶어 했다. 하지만 이제 오스만 제국의 힘이 눈에 띄게 약해졌으니 이슬람의 힘을 제한하는 것뿐 아니라 완전히 없애버리는 것도 생각해볼 만했다.

합스부르크는 빈의 성공을 기회로 삼는 데 주저하지 않았다. 1684년 3월 이례적인 일이 발생했다. 오스트리아, 베네치아, 폴란드-리투아니아, 토스카나, 몰타의 공국과 교황의 군사들이 연합해 투르크 제국에 대항한 동맹군을 일으킨 것이다. 이 년 후인 1686년 9월 2일, 이들은 첫 번째 대승을 거뒀다. 1526년부터 기독교 세계와 이슬람 사이 국경 지역에 위치했던 헝가리의 부다 시가 합스부르크군 수중에 떨어진 것이다. 빈에서의 패배가 무적의 오스만군에게 견딜 수 없는 모욕이었다는 것은 사실이지만 빈은 이슬람의 입장에서 늘 '전쟁의 영역' 안에 있었다. 그러나 부다는 달랐다. 부다는 이슬람의 도시였고 이슬람 세계에 통합된 부분이었다.

하지만 계속해서 살아남았던 오스만 제국에 결정적이었던 위협은 오스트리아에서 온 것이 아니었다. 그것은 상대적으로 신선했던 또 다른 기독교 제국인 러시아로부터 왔다. 988년 러시아의 기독교 개종은 그리스 정교회로서는 대단한 승리였다. 비잔틴 제국이 천천히 투르크에게 영토를 빼앗길 때 러시아는 그들을 지배했던 몽골 대군들과 지속적으로 싸우면서 조금씩 영토를 넓히고 있었다(기독교도가 이슬람에 대항했기 때문에 기독교도에게는 그것도 '십자군'이었다). 콘스탄티노플의 몰락과 함께 로마 제국이 사라졌으므로 러시아인들의 눈에 모스크바는 그리스 정교회의 유일한 계승자였다. 그리고 곧 러시아는 공식적으로 카이사르에 해당하는 '차르'를 지칭하는 황제가 통치하는 로마 제국의 계승자가 되었다. 1512년, 수도승 필로테우스(Philotheus)는 차르 바질 3세(Basil Ⅲ)에게 다음과 같은 편지를 썼다. "기독교 제국들은 우리 지도자의 제국을 위해 몰락했습니다. …… 두 로마 제국이 몰락했으나 세 번째가 도래했고 네 번째는 없을 것입니다. …… 당신이 세상에서 유일한 기독교도 군주이고 독실한 기독교도의 주인이십니다."[400] 이제 금발의 전사들이 북쪽에서 도래해 이슬람을 몰아낼 것이라는 예언이 동쪽의 기독교 세계에 널리 퍼지기 시작했다. 1657년, 그리스 정교회의 한 주교는 이슬람이 몰락하고 다시 기독교의 승리가 도래한다고 너무 성급하게 예견한 탓에 사악한 낙관주의라는 오명을 쓰고 교수형에 처해졌다.[401]

그러나 그런 주장에도 불구하고 서구 유럽 사람들은 러시아를 어떻게 대해야 할지 알 수 없었다. 방대한 러시아 영토의 대부분이 매우 오랫동안 확실히 유럽인과는 거리가 먼 유목민에 의해 통치되었기 때문에 러시아는 유럽인의 마음속에 '문명'과는 동떨어진 것이었다. 그렇게 완고하게 동양적인 전제주의 국가로 남아 있는 한 러시아는 확실히 아시아에 속했다〔독일 철학자 라이프니츠(Gottfried Wilhelm Leibniz, 1646~1716)는 러시아를 '북쪽의 투르크'라고 불렀다〕. 그러나 1690년 초 페테르부르크를 건설한 표트르 대제(몽테스키외는 그를 유럽의 관습과 예법에 힘을 준 사람으로 묘사했다)를 시작으로 러시아의 차르들은 '근대화'하기 시작했다.[402] 러시아의 귀족들이 무늬를 도드라지게 짠 비단 옷을 입고 프랑스어로 대화를 하기 시작하자 지금까지 스텝 지역의 후진 제국처럼 여겨지던 국가가 조금씩 타고난 유럽인처럼 보이기 시작했다. 1760년, 볼테르는 『표트르 대제 아래 러시아의 역사(History of Russia under Peter the Great)』를 썼다. 책의 목적은 정확하게 러시아가 이제 불가피하게 유럽 문화의 일부임을 증명하는 것이었다. 표트르 대제는 '모스크바 대공국'을 좀 더 근대 유럽적인 표현인 '러시아 제국'으로 바꾸고 러시아가 이제 "정치 국가들의 공동체에 가입했다."라고 선언했다.[403]

당시 그런 러시아에 반대할 사람은 별로 없었다. 러시아가 매우 고상하고 세련된 유럽은 못 될지 몰라도 어쨌든 유럽이었다. 1791년, 영국 수상 윌리엄 피트(William Pitt)가 차르의 권력이 세지는 것을 막기 위해 투르크에 영국군을 파견하자고 제안했을 때 아일랜드의 연설자 에드먼드 버크(Edmund Burke)는 흥분을 감추지 못했다. "야만인보다 못한 투르크인이 전쟁과 참사와 페스트나 퍼뜨린 것 외에 유럽에 한 것이 무엇이오?" 그는 영국 하원에서 러시아가 유럽에 속하고 술탄을 도우려는 시도는 그것이 아무리 정치적으로 옳다고 해도 소위 말하는 '유럽의 고매한 지역

성'이 주는 통합과 안전을 위협할 뿐이라고 역설했다. 러시아는 비록 다소 멀고 이국적이기는 하지만 유럽의 부분으로 확실히 남을 것이었다. 러시아가 볼셰비키 혁명으로 (서구인의 마음속에서) 다시 아시아 국가가 될 때까지 말이다.

표트르 대제로 시작된 근대화 혹은 '유럽화'는 아시아인을 중앙 유럽인으로 바꿨을 뿐 아니라 차르의 군사적 힘도 상당히 강화했다. 곧 러시아는 확실히 거대한 재난이라 할 만한 오스만 제국으로부터 러시아 영토를 되찾기 위해 동쪽으로 움직이기 시작했다. 10월, 보이보디나의 카를로비츠에서 양쪽 대표단이 만났다. 1699년 1월 26일, 영국과 네덜란드의 중개로 마침내 오스만, 러시아, 신성 동맹 국가들 사이에 평화 조약이 체결되었다.

카를로비츠 조약은 오스만 입장에서 완전 항복은 아니었다. 그러나 그 조약으로 오스만은 헝가리와 트란실바니아의 거의 모든 동유럽 지역을 잃었다. 이슬람 입장에서 그 지역은 유럽도 기독교 국가도 아닌 확실한 이슬람 세계였다. 그보다 더한 치욕은 '믿음 있는 자들의 지도자'이자 칼리프의 계승자인 술탄이 이슬람 역사상 처음으로 적과 함께 조약을 체결했다는 사실이었다. 그렇게 함으로써 술탄은 사실상 조잡하기는 하나 서양에서 만들어진 국제법의 영역 안에서 살겠다고 동의한 셈이었다. 믿음 없는 모든 사람에게 대항한 전쟁이 모든 통치자의 영원하고 필수적인 의무였던 정치 종교적 문화를 가진 이슬람 세계에서는 전무했던 일이었다. 이슬람교도도 비이슬람교도의 통치자들과 조약을 맺을 수 있다. 그런 조약은 필요에 의해 오래 지속될 수도 있을 것이다. 그러나 어떤 이슬람 통치자도 비이슬람 국가와의 조약을 영원한 것으로 받아들일 수는 없다. 지하드의 의무 때문에 다른 국가의 존재 자체를 인정할 수 없기 때문이다.

카를로비츠에서 이슬람 최고 지도자 술탄은 최소한 내포적으로라도 샤리아의 계명 하나를 어겼다. 그것은 오스만 국가의 본성 자체를 영원히 바꾸었다. 오스만의 힘이 최고인 한 오스만의 체계를 바꿀 이유는 없을 것이다. 그러나 사정은 달라졌다. 메메드 2세는 비잔틴과 라틴의 의복 양식을 받아들였다. 그리고 기독교도 화가를 고용해 서양의 도상학적 방식으로 자신의 초상화를 그리게 했다. 그러나 무스타파 2세(Mustafa Ⅱ) 이전의 어떤 술탄도 전 세계의 이슬람화를 멈춰야 하는 이유를 만들지는 않았다. 미래 이슬람 세계에 대한 비전은 카를로비츠 조약 이후 퇴색하기 시작했고 그 후로 계속 더 희미해지기만 했다.

오스만은 이전의 어떤 사건들보다 카를로비츠 조약 때문에 서양의 잠재적 힘을 완전히 새롭게 깨닫게 되었다. 제국이 살아남으려면 이제 '전쟁의 영역'을 다루는 새로운 방식을 채택해야만 했다. 다시 말해 단순한 형태의 지하드를 외교로 대체해야 한다는 것을 뜻했다. 그것은 명백하게 행운의 역전을 의미했다. 이제 서양이 공격자가 될 것이었다. 서로 싸우기만 했던 국가들의 조합이었던 서양은 이제 문화, 종교, 정치, 군사적으로 완전히 탈바꿈했다. 1699부터 1918년 영국 군대의 이스탄불 입성까지, 서양은 이슬람의 국경을 천천히 그러나 가차 없이 좁혀 들어가 결국 아무것도 남지 않게 할 예정이었다.

같은 기간에 또 다른 변형이 기독교 세계 내부에서 일어나고 있었다. 프랑스가 자유화 물결을 타고 있던 1945년 어느 날 프랑스의 위대한 역사가 페브르(Lucien Febvre)는 다음과 같이 말했다. "아시아에 대한 유럽의 우수성을 처음으로 보여준 사람이 위대한 프랑스 역사가 필립 코민(Philippe Commynes, c.1447~1511)이다. 아시아는 그렇게 오랫동안 문화적 힘과 명석함과 우수성의 힘으로 야만인 서양을 압도했다." 프랑스 루이 11세(Louis XI)의 역사가 코민은 (오스만 제국의 어렴풋한 존재에도 불구하고) 확실히 문화적 확실성의 새 장을 열었다. 페브르는 코민에게서 "기독교와 기독교 신념에서 벗어난(물론 그렇다고 해서 그가 독실한 기독교도가 아니라는 말은 아니다)" 현대 저술가의 이미지를 보았다.[404] 그러나 코민이 그런 생각을 한 유일한 사람은 아니었다. 헤로도토스에게 유럽은 그리스가 몰락함과 동시에 죽었다. 로마인들에게 '서양'은 아시아 깊숙이까지 전파했던 시민 세상과 동일했다. 5세기 이후 대부분의 기독교도는 (비록 '서양'과 '유럽'이라는 말을 혼용했지만) 그들이 살고 있는 세상은 '기독교 세계'와 같다고 생각했다. 천 년 후 '서양'에 대한 새로운 개념이 도래하기 시작했다. 그것은 종교적 충성이 아니라 (코민이 보았던) 삶의 방식에서 정체성을 찾는 세상이었고 한참 후에 '문명'이라고 불릴 세상이었다. 그것을 가능하게 한 것은 삶의 방식의 급격한 변형이었다. 그 변형으로 유럽의 국가들은 새 지식으로 세상을 새롭게 이해하게 된다.

8장

이성의 발견

돌이킬 수 없는 분리

외부적으로 기독교는 이슬람에 대항하는 것으로 어느 정도 단결할 수 있었다. 그러나 내부적으로는 시작부터 분열되어 있었다. 바로 교리 논쟁 때문이었다. 이슬람은 일부 추가된 문헌을 제외하면 신이 마호메트에게 계시한 것을 바탕으로 마호메트 사후 20년 후 만들었다는 경전인 코란 하나뿐이다. 대조적으로 기독교도가 받아들이는 경전은 다 합쳐 성경이라 부르긴 하지만 사실 여러 개다. 성경의 첫 부분은 유대교에서 직접 파생한 구약으로 신화, 역사, 법, 시, 예언 그리고 올더스 헉슬리(Aldous Huxley)의 "간담을 서늘하게 하는 무력적 역사"의 조합이다. 그리고 신약 성서가 있다. 그것은 그리스도의 삶에 대한 네 가지 다른 해석과 사도 바울과 다른 사도들의 글과 메시아와 세상의 끝을 예언하는 「요한계시록」으로 구성된다. 마지막으로 그노시즘 경전을 포함한 다양한 외경서들이 있다. 기독교 이전이 기원이라고 추정되는 그노시즘은 오직 우주의 불가사의에 대한 반(半)신비주의적인 이해를 통해서만 영혼이 구원받을 수 있다고 주장했다. (그노시즘의 어휘는 그리스어 그노시스 gnosis, 즉 '지식'에서 유래했다.) 이 다양한 경전들은 또 히브리어, 그리스어, 아랍어 등의 수많은 다른 언어들로 쓰였다. 게다가 경전 중 가장 높은 권위를 자랑하는 신의 말의 기록이라는 신약은 사실 신이 직접 내린 말이 아니다. 그러므로 신약은 해석의 필요성을 피해갈 수 없다. 해석은 불가피하게 토론을 부르고 분열을 일으킨다.

수 세기 동안 기독교 교회가 공식적으로 사용했던 정통 성경은 382~405년 성 제롬이 라틴어로 번역한 불가타역이었다. 15세기 다른 여러 문헌들이 기독교도 사이에 경전 혹은 유사 경전의 지위를 획득했다. '교회의 아버지'라던 초기 그리스 신학자들의 문헌과 '교회의 박사'라던 일련의 성자들의 저술(현재까지 33개)과 13세기 말부터 생겨난 아리스토텔레스의 주석서들이 그렇다. 반면 코란은 아랍어로만 쓰여졌다. 번역서가 존재하지만 이슬람교도는 절대 번역서를 인정하지 않는다. 이슬람 신학에서는 코란과 하디스만이 합법적이다. 해석서는 거의 존재하지 않는다.

상황이 그렇다 보니 기독교 세계에서는 복잡한 경전의 다양한 주장들을 이해하는 과정에서 계속해서 신랄한 싸움이 일어날 수밖에 없었다. 먼저 초기 기독교로부터 이단들이 대거 생겨났다. 싸움의 일부는 처음부터 순수하게 신학적이었다. 그리스도는 인간인가? 신인가? 반신반인인가? 성부, 성자, 성령은 서로 어떤 관계에 있는가? '신의 아들'이 의미하는 것은 무엇인가? 어떻게 신이 또 자신의 아들이 될 수 있는가? 그리스도가 이 땅에 오기 전과 죽고 부활한 후에는 어떻게 삼위일체가 가능한가? 성령은 아버지 신으로부터 나왔는가? 아니면 그의 아들에게서 나왔는가? 그것도 아니면 아들을 통해 아버지로부터 나왔는가? 성찬식에는 그리스도의 살과 피를 모두 써야 하는가? 아니면 평신도는 그중 하나만 취하고 성직자는 둘 다 취하는 것이 옳은가?

어떤 문제는 확실히 더 정치적이었다. 교황은 기독교도가 아닌 모든 인류에게 권한을 행사할 수 있는가? 교황은 기독교도 국왕에게 온전히 세속적인 문제를 명령할 수 있는가? 아니면 오직 영적이고 의식적인 영역에만 권위를 한정해야 하는가? 국왕은 성직자 임명에 (권리가 있다면) 어떤 권리를 갖는가? 국왕은 성직자 재산에 세금을 물릴 수 있는가?

이 모든 문제로 동서양의 기독교 세계는 때로 피 흘리는 싸움을 감수해야 했다. 그리스도의 인간성(혹은 비인간성)에 대한 처절한 논쟁은 동쪽 기독교 세계에서 네스토리우스교(그리스도의 본성은 하나라고 주장)와 단성론(그리스도는 인간과 신성의 두 가지 본성을 갖고 있다고 주장)의 두 가지 이탈적인 분파를 만들어냈다. 그리고 유럽 전역에 많은 이단들이 번성하게 했다. 카타르파, 프라티첼리, 발데시안, 타보르파, 후스파, 롤라드파 등이 있었다. 교회는 이들을 모두 이단이라고 간주해 억압했고 그 과정에서 카타르파와 후스파는 여러 차례 유혈 사태를 겪어야 했다.

교회는 사회적 문제 때문에 또 나눠졌다. 하나의 기관으로서 세상에서 교회가 해야 할 역할과 위치를 놓고 치열한 싸움을 벌였다. 사실 창립에서부터 오늘날까지 교회는 모순으로 갈기갈기 찢겨졌다. 그리스도는 다른 성자들(특히 동양의 성자들)처럼 신봉자에게 불가능한 요구를 했다. 그는 그를 따르고 싶으면 가정, 집, 가족, 개인적 소유물을 모두 버리라고 했다. 그러나 그의 이름을 걸고 만들어진 대단한 기구 자체가 정확하게 가정, 집, 가족, 개인적 소유물에 기반을 두고 만들어진 것이었다. 사도 바울이 아주 영리하게 해석하기는 했지만, 성경은 막강한 국가 종교의 성립에 대한 기반은 거의 제공하지 않았다.

기독교는 그 뿌리부터 안정적이지 못했고 그 때문에 지금까지 내분이 계속되고 있다. 그나마 초기 교회 신부들과 일련의 막강한 교황들 덕분에 오랜 역사 동안 유럽의 유일한 권위의 원천으로 살아남을 수 있었다.

그러나 16세기 초에 결국 일이 터졌다. 1518년, 독일의 무명 수도사 마틴 루터(Martin Luther)는 어느 날 비텐베르크의 수도원 탑에 앉아 명상을 하며 자신의 정신적 위기를 해결하려고 고투 중이었다. 그는 바울이 로마에 보낸 서한의 첫 번째 장을 읽고 있었는데 17절의 문장이 돌연 그의 눈을 사로잡았고 그의 영혼을 마비시켰다. "의롭게 됨을 인정받은 자는 믿음으로 살아간다." 그는 그것이 정확하게 무슨 뜻인지 알고 싶었다.

어머니 마가렛이 횃불을 낳았다고 말할 정도로 격정적이고 병적이고 분노와 우울증의 발작을 최소한 한 번 이상 일으켰던 거구의 마틴 루터는 뭐든 끝장을 봐야 하는 성격이었다.[405] 바울의 말을 깊이 생각하다가 그는 갑자기 자칭 진리의 사자라고 주장하는 사람들이 경험하는 일종의 각성 상태에 빠지게 된다. 그의 일생을 바꾸는 경험이었고 결과적으로 유럽 인구 절반의 일생을 바꾸는 일이었다. 그는 자신이 '다시 태어났고' 천국을 경험했다고 말했다. 루터는 바울의 그 불가해한 문장을 신이 그의 창조물에게 아무런 요구도 하지 않고 그들에게 그리스도가 관용으로 희생해 수여한 특권을 주었음을 의미한다고 이해했다. 인류는 교회가 늘 주장하는 것처럼 신의 호의를 얻기 위해 일할 필요가 없다. 인류는 오직 믿음만 있으면 용서받을 수 있다. 신의 사람이 되기 위해 인간은 단지 독실한 삶을 살아가기만 하면 되는 것이다. 인간은 고행을 할 필요도, 비싼 성지 순례를 떠날 필요도, 성자라고 추정되는 사람들의 먼지 쌓인 유품을 숭배할 필요도 없다. 희생할 필요도 없다. 무엇보다 인간은 교회가 망상에 빠진 신봉자에게 판매하는 겉만 번지르르한 물건들을 살 필요가 없다. 교회는 그런 물건들을 팔아 대단한 성당을 짓고 그림과 조상들과 나무 조각과 십자가 병풍과 황금 술잔과 은제 성수 용구를 샀다. 유럽 최고의 비싼 예술가들을 시켜 보석으로 치장하고 자수를 놓은 성자들의 유품함도 만들었다. 그리고 그 돈으로 전쟁도 일으켰다.

루터는 그 모든 행태를 직접 보았다. 1510년 성지 순례차 로마에 있었을 때 그는 경악을 금치 못했다. 성지 순례를 시작했을 때는 어땠는지 모르겠지만 돌아왔을 때 루터는 확실히 일종의 원리주의자가 되어 있었다. 당시 교황 율리우스 2세는 성 베드로 성당을 오늘날의 모습으로 증축하고 있었다. 사람들은 율리우스가 미켈란젤로의 후원자로 기도하는 모습보다 말 탄 모습이 더 어울린다고 생각했다. 루터는 돈이 필요한 교황이 면죄부의 형태로 기독교를 팔고 있다고 생각했다. 면죄부는 죄 사함을 보증하는 교회가 발행한 문서였다. 문서를 산 참회자는 덕의 유무와 상관없이 연옥에서 직면해야 하는 고통을 최대 수만 년 이상 줄일 수 있었다. 돈을 더 많이 낼수록 더 빨리 연옥에서 벗어나 천국으로 간다고 했다.

끔찍하고 비난받을 발상이긴 했지만 면죄부 자체는 나약한 인간을 위한 최후의 수단으로 볼 수도 있다. 루터를 분노하게 만든 것은 인간의 행동으로 인간에 대한 신의 권한에 영향을 끼칠 수 있다는 전반적인 생각이었다. '선행'을 둘러싼 가톨릭의 전반적인 인식도 문제였다. 내면의 근본적 속죄도 없이 외부적으로 좋은 일을 하고 이 땅의 신의 대리인에게 현금을 줌으로써 신에게 아첨할 수 있다는 믿음은 루터가 봤을 때 최악의 신성모독이었다.

루터는 역사에 남을 도전을 한다. 1517년 10월 31일, 면죄부 판매와 교회의 또 다른 악습에 대항하는 95개 논제를 적어 자신의 주장에 동조할 만한 친구와 주교들에게 보냈다. 그해 말 95개 논제는 라이프치히, 뉘

른베르크, 바젤에 등장했고 루터는 악명과 지지자를 동시에 얻었다. (루터가 95개 논제를 비텐베르크 성당 문에 붙였다는 것은 전설일 뿐이다.) 루터는 95개 논제를 계속 재발행했다. 자신이 소속된 교회의 중심 이론 중 하나를 실질적으로 대놓고 반박한 것이다. 그는 강력하고 직접적인 어조로 반복해서 교회가 돌이킬 수 없이 타락했다고 말했다. 사람들이 이 땅의 기독교 모임(성 아우구스티누스의 ‘신국’)을 돈 많고 힘센 정치 기구로 바꿔버렸다고 주장했다. 정통 기독교도는 아니더라도 매우 독실했던 네덜란드의 위대한 개혁자 에라스무스(Desiderius Erasmus)가 기탄없이 말했던 것처럼 루터의 주목적은 ‘교황의 관과 수도승의 뱃속’을 공격하는 것이었다.[406]

루터의 개혁이 과거 이단들의 전철을 밟았다면 16세기 초 독일에서의 귀중한 정치적 변화는 생겨나지 못했을 것이다. 근대 초기 유럽에서 종교는 국가 권력과 매우 밀접하게 연결되어 있었다. 신성 로마 제국의 가톨릭 국왕들은 그리스도와 사도 바울의 의지를 받들어 신의 것과 황제의 것을 확실히 구분했다. 그러나 그 과정에서 교회의 수장들은 유럽의 중심부에 독립된 권위 체계를 만들어냈다. 이탈리아의 중심에 강력한 독립 국가 바티칸이 생겨난 것이다. 바티칸 군주의 권력은 다른 모든 왕과 같고 덧붙여 그는 신이 지명한 교황이었다. 그리스도가 말했듯이 국가와 교회는 분리된 권력을 행사할 수 있을 것이다. 그러나 왕들도 스스로를 신의 권위가 인정한 사람이라고 믿었다. 이슬람에서는 국가가 종교적 이익을 위해 봉사했지만 기독교 세계에서는 국가와 종교가 종종 서로 적이 되었다. 그럴 경우 17세기 영국 철학자 존 로크(John Locke)가 신랄하게 지적했듯이, ‘국가의 종교’는 ‘국가의 골칫거리’였다.[407] 1532년, 영국의 헨리 8세(Henry Ⅷ)가 이혼하고 재혼할 때 교황의 승인을 거절하고 스스로 “영국 교회의 보호자요 최고 수장"으로 선언한 이유 중 하나는 교회가 군주에게 절하기를 거절했기 때문이었다. 헨리 8세의 선언은 오늘날까지 유효하다.

이슬람과 달리 기독교는 기존 체제에 도전하면서 변했다. 이슬람과 달리 기독교는 가난한 자의 종교였고 또 이슬람과 달리 기독교 창시자의 이론에는 혁명적인 의미들이 대거 숨어 있었다. 코란과 하디스의 어디에도 부자가 천국에 이르는 것은 "낙타가 바늘구멍 통과하는 것보다 쉽다."와 같은 말은 없다. 가끔씩 평등주의적 주장이 보이긴 하지만 말이다. 그리스도가 산상수훈에서 말한, 영혼이 가난하고 박해받고 욕먹고 탄압받고 순교한 사람이 축복을 받으며 온순한 자가 이 땅을 차지하는 전도된 세상과 같은 비전도 없다. 그런 말이 없기 때문에 이슬람 기득권은 코란과 하디스를 보호할 필요도 없었다. 그것이 말하는 것을 정확히 있는 그대로 이해하는 것이 오류라고 말할 필요도 없었다. 반면 기독교 기득권은 성경을 보호하고 왜곡해야 했다.

콘스탄티누스 대제 때부터 동방과 서방의 두 교회는 국가와 동맹을 맺고 풍부한 특권을 향유해왔다. 그리고 그때부터 교회는 그리스도의 메시지가 연구는커녕 방치되고 왜곡되고 있다는 사실을 독실한 신자들이 알아채지 못하게 최선을 다했다. 때문에 '대중'이 이해하기 어려운 성 제롬의 라틴 성경이 오랫동안 정통 성경으로 대접받았던 것이다. 그리스도의 메시지는 갈릴리의 순박한 어부는 도저히 알 수 없는 것으로 둔갑했다. 기독교 세계에서 종교는 18세기 후반 '이념'이라는 말이 생기기 훨씬 전부터 이미 정치 이념이었다.

대부분 유럽의 경우 주교들이 성직자들에게 엄격한 통제력을 행사했고 국가는 주교들에게 관대하지만 안정된 권력을 행사해왔다. 그러나 독일은 사정이 많이 달랐다. 지금 독일, 오스트리아, 보헤미아, 헝가리, 체코에 조금씩 걸쳐 있는 지역이 당시에는 샤를마뉴의 프랑크 제국이었다. 프랑크는 최소한 명목상으로는 서로마 제국의 계승자였다. 15세기에 많은 충돌이 혼재하던 가운데 샤를마뉴의 프랑크 제국은 '독일의 신성 로마 제국'으로 탈바꿈했다. 실제로 전 제국은 서로 다른 정치적 공동체, 도시, 공국, 주교 관할로 나눠졌고 통치자는 그곳의 우두머리 성직자들이었다. 그들은 세속의 왕과 같은 방식(대체로 더 강압적으로)으로 통치했다. 그 모든 정치적 단위들 위에는 신성 로마 제국 황제가 있었다. 고대 게르만족 왕권의 전통을 유지하는 가운데 황제는 원칙적으로 브란덴부르크, 쾰른, 마인츠, 팔츠, 색스니, 트리어의 여섯 군주들로 구성된 선거인단에 의해 선출되었다. 그러나 사실 1438년부터 황제 결정권은 오스트리아 합스부르크 왕조의 손에 달려 있었고 여전히 선거는 치렀지만 다분히 형식적이었다. 1519년, 황제가 된 샤를 5세(Chales V)가 왕조의 방대한 유산을 이용해 오스트리아, 헝가리, 보헤미아, 네덜란드, 벨기에, 프랑스 일부는 물론 이탈리아의 상당 부분과 스페인과 아메리카 대륙 식민지까지 손을 뻗치려 들었다.

카이사르(로마 황제)와 샤를마뉴의 계승자라는 신성 로마 제국 황제의 위상은 대단한 명성을 안겨줬지만 그 외에 별다른 것은 없었다. 황제는 자신의 영토에서조차 이름만 있을 뿐이지 절대 군주가 못 되었다. 신성 로마 제국 내 공국이나 시의 제후들은 많이 양보해서 황제를 '평등한 사람들 중 첫째'라고 불렀다. 수 세기 동안 황제들은 상충하는 많은 문제들에 관해 일종의 판사 같은 역할을 했고 정기적으로 의회라는 회합을 소집하는 것에 만족했다. 그러나 전임자들보다는 더 막강한 권력을 갖고 있었던 샤를 5세는 제후들을 확고하게 재정비하고 싶었다. 1521년, 보름스에서 개최된 의회에서 샤를은 "제국에는 반드시 오직 하나의 황제만이 있을 것이다."라고 선언함으로서 '평등한 사람들 중 첫째'라는 개념을 없애버렸다. 그러나 그의 선언을 얌전히 받아들일 제후는 아무도 없었다.

루터도 보름스에 있었다. 그 전 1520년 가을에 루터는 95개의 논제 중에 41개가 유죄이니 그 진술들을 철회하지 않으면 파문을 당할 것이라는 교황의 교서(Exsurge Domine)를 받았다. 12월 10일, 루터는 비텐베르크에 있는 엘스터토어에서 대중이 보는 가운데 신학책 및 교회법서와 함께 교황의 교서를 태워버렸다. 비텐베르크 대학의 모든 사람이 그 자리에 있었다. 루터가 화형식을 마치자 학생들이 교황의 인형과 루터가 태워버린 교황 교서의 모조품을 들고 거리로 쏟아져 나와 루터 반대파의 책들과 함께 불태웠다. 곧바로 루터는 파문되었고 머지않아 황제가 루터를 불러들였다. 순한 양으로 돌아갈 수 있는 마지막 기회를 준 것이다.

4월 2일 루터는 보름스로 출발했다. 일종의 개선 행진이었다. 그는 에르푸르트, 고타, 아이제나흐에서 연설했고 그때마다 면죄부 판매뿐 아니라 가톨릭의 선행에 대한 이론 자체를 전부 비난했다. 4월 16일, 마침내 보름스 입구에서 설교했고 열광적인 박수를 받으며 도시로 들어갔다. 확실히 샤를이 의도했던 바가 아니었다. 루터는 두 번 황제 앞에 나갔고 두 번 주장을 철회할 것을 요구받았고 두 번 거절했다. 루터는 교황과 교회 위원회가 비록 교회 이론을 (완벽하지 못한 이론으로) 모두 관장할 수 있다고 해도 그들 또한 오류를 범할 수 있다고 주장했다. 그리고 후대 기독교도들이 오랫동안 반복할 "성령이 내 의식을 사로잡았다."라는 유명한 말을 했다. 성령이 그에게 진심을 다해 한 말을 부인한다면 그는 영원한 저주 속에 갇힐 것이었다. 영원한 저주의 화염과 비교했을 때 법집행관의 화형주(火刑柱)나 나뭇단이 무슨 대수였겠는가?

홀을 떠나면서 루터는 "그것이 끝이다."라고 말했다. 곧 샤를은 보름스 칙령을 발표했고 루터와 그의 추종자들을 법 밖에 있는 자들이라고 선언했다. 누군가 루터를 살해해도 법적 책임이 없게 만든 것이다. 루터의 저작들도 금서가 되었다. 루터는 교회와 국가 모두에게 죄인이 되었다. 그렇게 황제의 지하 감옥에 갇혀 있다가 화형주에서 생을 마감할 수도 있었을 것이다. 그러나 루터에게는 강력한 후원자들이 있었고 그중에는 색스니의 현자 프레더릭도 있었다. 프레더릭은 루터가 살고 있는 지방의 제후였고 샤를은 그때까지만 해도 독일 제후들과 정면으로 대응할 마음이 전혀 없었다. 그래서 샤를은 일단 시간을 벌기 위해 루터에게 최소한의 신변 보호를 붙였다. 그러나 집으로 가던 도중 루터는 프레더릭의 사전 계획에 따라 위장 납치되었고 곧 아이제나흐 근처 바르트부르크 성으로 피신했다. 거기서 루터는 신약성서를 독일어로 번역했다. 영국 제임스 왕의 성경 같은 독일 내 최초의 성경 번역이었다. 루터가 사용한 쉬운 어휘들은 대단한 문학적 성취로 인정받았고 향후 독일어에 지대한 영향을 끼쳤다.

(개혁은 결코 한 사람에게서 시작되지는 않지만) 개혁이 시작되었다. 그것은 루터가 의도했던 것 이상으로 급진적, 결정적으로 전 유럽을 해방시켰다. 루터가 바랐던 진정한 교회는 신자들 각자가 그 혹은 그녀의 신과 직접 대면할 수 있는 곳이었다. 곧 '목사들'이 초현실적인 힘이 있다고 주장하고 신과 인간 사이의 조정자처럼 행세하던 가톨릭 교회의 사제들을 대체했다. 목사들은 신자들을 안내하고 도와주지만 일반 신자들과 다를 바 없는 사람들이었다. 후대에 더 급진적인 칼뱅주의자들이 말했던 '진정한 성직자적 임무'를 수행하는 사람들이었다. 곧 모든 사제에게는 더는 빵을 그리스도의 몸으로 바꿀 힘이 없다는 뜻이고 (더 큰 타격으로) 교회에 불복종하는 자, 예를 들어 십일조를 내지 못하는 자를 교회 밖으로

내쫓을 권한도 없다는 뜻이었다. 더 급진적인 변화도 일어났다. 루터는 신의 말, 즉 성경은 식자들이나 알 수 있는 말로 신자들에게 전해져서는 안 된다고 주장했다. 따라서 성 제롬의 불가타역이 조금씩 루터의 번역으로 대체되었다. 독일인들은 난생 처음 그들이 이해할 수 있는 언어로 신의 말을 전해들을 수 있었다.

결과는 파괴적이었다. 1525년 독일 농부들이 봉건 영주에 대항해 매우 조직적인 봉기를 일으켰다. 후에 '농부의 전쟁'으로 불리는 그 봉기는 스바비아 상류에서 시작해 알자스의 슈바르츠발트와 티롤 지방을 거쳐 투링기안 숲과 색스니까지 번져나갔다. 수 세기 동안 경제적, 사회적 억압 속에 살다가 더 급진적으로 변형된 루터와 그리스도의 설교를 들은 농민들은 멈출 수가 없었다. 풀다의 대수도원장, 밤베르크와 뷔르츠부르크의 주교들, 그리고 무엇보다 독일의 가장 강력했던 공국 마인츠의 대주교가 5월 7일 농부들의 요구 조항을 받아들여야 했다. 조항 중에는 매우 의미심장한 요구도 있었다. "성경이 인정하지 않는 사회적, 경제적 착취는 반드시 제거되어야 한다."

매우 대단한 기세이긴 했지만 봉기는 유감스럽게도 오래가지 못했다. 몇 달 만에 끔찍한 잔학 행위로 진압당했다. 기존 사회 질서를 파괴할 의도가 전혀 없었던 루터는 자신의 사상이 잘못 이용되는 상황에 경악했다. 따라서 농민 폭도들의 만행에 반대하는 소책자를 발행했다. 그는 봉기를 악마의 행위라고 비난했고 제후들에게 주모자들을 가차 없이 처벌하라고 말했다. 매우 거친 주장이었다. 그러나 상황은 이미 루터의 손을 떠나 있었다. 스위스의 츠빙글리(Ulrich Zwingli), 부처(Martin Bucer), 오이콜람파디우스(Johannes Oecolampadius)를 비롯해, 재세례파, 메노파, 후터파, 스위스 형제단 등 더 급진적인 개혁자들이 더욱 극단적인 주장을 들고 대거 일어났다. 물론 그 주장이 현재까지 전해지는 가장 중요했던 인물은 스위스 제네바에서 새로운 정치 공동체를 만들었던 칼뱅(Jean Calvin)이었다.

루터의 종교 개혁은 신성 로마 제국 제후들이 황제에 대항해 싸우는 데도 일조했다. 1530년, 5개 공국과 14개 도시의 우두머리들이 스스로 프로테스탄트라고 선언했다. 물론 대단한 종교적 신념의 변화를 뜻하는 것은 아니었다. 1531년, 그들은 샤를에 대항한 슈말칼덴 동맹을 결성했다. 비록 뮐베르크에서 진압되기는 하지만 슈말칼덴 동맹은 그 후에도 일련의 전쟁을 일으켰고 그 때문에 기독교 세계는 결국 결정적인 변화를 맞이했다. 종교 개혁이 퍼져 나가면서 피비린내 나는 전쟁도 증가했다. 16세기 중반부터 17세기 중반까지 거의 대부분의 유럽을 폐허로 만들었던 그 싸움을 후대 사람들은 간단히 '종교 전쟁' 이라고 불렀다.

1559~1600년 프랑스는 가톨릭 우두머리들과 칼뱅주의 귀족들 사이에서 벌어진 일련의 충돌에 휘말린다. 1566년, 수 세기 동안 합스부르크 영역 안에서 자치구로 남아 있던 네덜란드의 귀족들이 각각 다른 프로테스탄트파로 개종하더니 자신들의 일을 사사건건 관여했던 합스부르크(샤를은 네덜란드의 겐트에서 태어났다)의 스페인 통치자 필리프 2세에 대항해 반란을 일으켰다. 그 후 80년 동안 진압과 봉기가 반복됐다. 스페인 사람들이 '네덜란드의 반란' 이라고 불렀던(스페인으로부터 독립한다는 의미에서 '네덜란드의 독립전쟁' 이라고도 한다-옮긴이) 80년 전쟁은 당시 멕시코 만에서 필리핀에 이르렀던 스페인 '가톨릭 군주국' 에 대항했던 것이다. 혹자는 그것이 첫 번째 세계대전이었다고 주장하기도 한다. 전쟁이 끝났을 때 네덜란드는 북쪽에 근대적 프로테스탄트 공화국을 건설했다. 네덜란드는 유럽의 관문을 통제했고 아프리카와 중국을 잇는 무역 강국으로 성

장했다.

그리고 1618년에 결국 가장 최악의 사건이 터지고 만다. 5월 23일 아침, 보헤미아(현대의 체코) 프라하에 있는 라트신 성의 창문 밖으로 남자 세 명이 던져졌다. '창문으로 내던지기'는 체코 전통에서 반박을 표현하는 방식이었다. 세 남자는 쓰레기 더미(의도적으로 쌓여 있었던 것으로 보인다. '창문으로 내던지기'는 결코 '죽음'을 뜻하는 것이 아니었다) 위에 떨어졌고, 추하고 악마 같은 웃음을 흘리며 사라졌다. 그들은 신성 로마 제국의 황제 마티아스 2세(Mathias Ⅱ)의 고문관 마르티니츠와 슐라바타였고 나머지 한 명은 그들의 부하였다. 그 '프라하 창문 투척 사건'은 마티아스의 폐위와 팔츠의 프로테스탄트 프레더릭 5세(Frederick Ⅴ)의 보헤미아 왕 등극을 불러왔던 대반란의 신호탄이었다. 또한 1648년까지 쉬지 않고 지속될 전쟁의 시작이기도 했다. 30년 전쟁이라 불리는 일련의 전쟁들은 가톨릭과 프로테스탄트들 사이에서 벌어진 마지막이자 가장 잔인했던 대결이었다. 스페인에서 스웨덴에 이르는 유럽 대륙의 모든 대국들이 차례로 그 아귀다툼 속으로 끌려 들어갔다. 중부 유럽과 동부 유럽 전체에 전쟁이 휘몰아쳤다. 스웨덴의 왕 구스타프 아돌프(Gustavus Adolphus)는 "모든 유럽의 전쟁이 이제 하나로 뭉쳤다."라고 기록했다. 유럽 땅 대부분이 거대한 군대들의 출현으로 연기 나는 폐허가 되었다. 마침내 전쟁이 끝났을 때 중부 유럽 인구의 3분의 1이 사라졌다.

30년 전쟁으로 서구 기독교는 영원히 나뉜다. 역사상 처음으로 유럽인은 땅이나 국가나 그들 군주의 의심받는 권리를 위해서가 아닌 신념을 위해 싸웠다. 그러나 이전의 싸움들이 신의 본성이나 교회의 권위도 능가하는 이념들 때문이었다는 것도 사실이다. 어쨌든 많은 다른 이념들처럼 다양한 형태의 가톨릭과 프로테스탄트의 여러 교파들도 오래된 분리를 강화했다. 새로운 주장으로 유럽 대륙 전체 집단의 분리를 강화해 오히려 오래된 주장을 지지하는 결과를 불러왔다.

그러나 모든 이념적 전쟁에 필수적으로 뒤따를 냉소와 기회주의라는 비난에도 불구하고 1648년 베스트팔렌 조약과 함께 유럽은 남쪽의 가톨릭과 북쪽의 프로테스탄트 사이에 최종적인 분할을 공표했고 그것은 오늘날까지 그대로 남아 있다.

1644년, 가톨릭과 프로테스탄트 대표단 이백여 명이 협상을 위해 독일 북동쪽 베스트팔렌에 모였다. 여전히 자존심을 버리고 직접 협상하기를 꺼렸던 가톨릭 대표단은 뮌스터 시에 거주했고 프로테스탄트들은 30마일 떨어진 오스나브뤼크에 머물렀다. 장황한 거래였다. 협상은 협의 사항과 부수 사항에 대한 조잡한 싸움들로 거의 4년을 끌었고 협상 테이블에 앉아서조차 몇 달을 끌었다. 그동안 전쟁은 전쟁대로 계속되었다. (당시 한 외교관은 "겨울에 협상하고 여름에 싸웠다."라고 표현했다.)[408] 1648년 1월 30일과 10월 24일 마침내 다양한 대표단들 사이에 최종 동의안이 완성되었다. '베스트팔렌 평화조약'이라고 알려졌는데, 사실 최초의 근대적 조약이었다. 그 후에도 독일에서는 9년 동안이나 산발적인 싸움이 계속됐고 1648~1656년까지 폴란드와 리투아니아는 스웨덴, 러시아, 우크라이나 코사크족의 침략을 받아야 했다. 그 때문에 폴란드와 리투아니아 인구의 3분의 1이 죽었다. 폴란드인들은 지금도 폴란드가 30년 전쟁의 '노아의 대홍수' 지역이라며 그 전쟁이 폴란드 전쟁사 중 가장 최악의 재난이었다고 말한다.

어쨌든 베스트팔렌 평화조약은 이전의 조약들 같은 일시적인 휴전이 아니라 지속되는 평화를 창조하겠다는 목적하에 주권 국가 사이에서 체결된 최초의 조약이었다. 또 유럽 내 최초의 국제 모임이었고 네덜란드 연합과 스위스 연방의 존재를 최초로 공식 인정한 모임이었다. 네덜란드는 이미 40년 전 스페인으로부터 독립해 국가를 설립했고 스위스는 당시 합스부르크 제국에서 독립한 주권 공화국이었다.

그러나 베스트팔렌의 가장 큰 의의는 무엇보다 정치 무대에서 종교를 완전히 사라지게 했다는 점일 것이다. 유럽 국가들은 더는 (인류에 대한) 신의 의도에 대한 이해의 차이 때문에 전쟁을 일으키지 않았다. (아마 신앙의 차이가 유혈 사태를 일으킨 유일한 나라가 아일랜드일 것이다. 그러나 아일랜드에서 종교는 반식민지적인 이유를 갖고 있다. 그들은 그들이 혐오하는 영국 국가 자체를 몰아내기 위해 종교를 이용한 것이다.)

교회와 국가의 관계를 묘사하는 문장이 유럽 군주국 사이에서 이용되기 시작했다. "누가 왕이 되든 그 왕이 왕국의 종교를 결정할 것이다(cuius region eius religio)." 거의 한 세기 동안 유럽 대륙을 무덤으로 만들었던 문제에 대한 매우 적당하고 납득할 만하면서도 본질적으로 세속적인 해결책이었다. 당연히 그것은 교황 권력의 몰락을 가져왔다. 교황 이노센트 10세(Innocent Ⅹ)는 자신이 생각할 수 있는 모든 경멸적인 어휘들을 모아다가 베스트팔렌 조약이 구속력이 없다고 선언했다. "의미와 효과에 있어 역사상 최고로 공허하고 부당하고 무도하고 부정하고 사악하고 무뢰하며 어리석고 무가치한 것"이라고 말했다.[409] 그러나 주교들과 약간의 신도를 제외하고는 아무도 그의 말에 신경을 쓰지 않았다. 심지어 스페인과 프랑스의 가장 독실한 가톨릭 군주들조차 미래의 종교가 국제 정치에 아무런 역할도 하지 않을 거라고 조용히 받아들였다.

1648년부터 무질서하게 분리되어 있던 유럽의 군주국들은 조금씩 현대 국가의 형태로 바뀌어갔고 그렇게 오늘날의 유럽이 되었다. 1859년, 존 스튜어트 밀이 썼던 대로, 종교 개혁과 그 개혁이 일으켰던 폭력은 한 종교의 승리가 아니라 "모든 교회 혹은 분파의 쇠퇴를 가져왔다. 종교 지도자들은 이미 갖고 있던 소유물을 보유만 할 수 있게 되기를 희망했다. 국왕이 인정한 대표 종교가 될 희망이라고는 전혀 없던 소수 종교들은 전혀 개종하고 싶지 않은 대표 종교의 우두머리에게 각 분파의 차이를 인정해달라고 사정하는 상황에 놓였다." 밀이 이해했던 대로 곧 가장 널리 받아지던 '대표 종교인들' 도 종교의 자유를 암묵적으로 인정하게 되었다. 결과적으로 30년 전쟁에서 교회의 패배는 개인의 판단이 유럽 내 기독교 교회의 우위에 서는 데 반드시 필요한 과정이었다.[410]

기독교 세계가 돌이킬 수 없는 분리를 겪고 영국, 네덜란드, 스웨덴, 독일의 여러 지역에서 강력한 프로테스탄트 국가들이 생겨났지만 이슬람에 대한 기독교도의 자세에는 거의 변한 것이 없었다. 이슬람에 대한 루터의 다양한 글(대부분 투르크인들의 위협에 관한 것이었다)은 사용하는 어휘나 주장하는 바 어느 쪽으로나 결코 이전의 가톨릭 사람들과 다를 바가 없었다. 의미 있는 변화는 오직 루터의 진정한 종교에는 적이 하나가 아니라 둘(이슬람과 가톨릭)이라는 사실뿐이었다(비록 그의 머릿속에서 그 둘은 반그리스도적이라는 점에서 서로 다를 바가 없었지만 말이다). 루터는 "투르크와 교황은 종교 형태로서 전혀 다르지 않다. 오직 쓰는 어휘와 의식만 다를 뿐이다."라고 선언했다.

이념과 과학의 혁명

동서양 관계에 있어 30년 전쟁의 가장 큰 의의는 전쟁 후 유럽이 세상을 완전히 다른 방식으로 보게 됐다는 데 있다. 직접 영국 내전을 겪었던

철학자 토머스 홉스(Thomas Hobbes)는 "종교 개혁과 뒤이은 종교 전쟁
은 신학자들의 입씨름 때문이었다."라고 말했다.[411] 홉스에 따르면 나쁜
철학이 모든 이념 전쟁의 원천이다. 프로테스탄트와 가톨릭의 전쟁은 수
십 년 동안 유럽 땅을 시체로 뒤덮었고 그 결과 가톨릭 교회의 권위는 땅
에 떨어졌다. 인간은 더는 종교에서 확신을 얻을 수 없었다. 인간은 이제
스스로 확실성을 발견해야 한다. 종교 전쟁 후 모든 유럽인이 같은 결론
에 도달했다.

오랫동안 온순했던 유럽 사회를 뒤흔든 것은 종교 전쟁만이 아니었다.
'르네상스' 운동이 이미 한 세기 동안 구시대적 확신들을 조금씩 갉아먹
고 있었다. '재생'을 의미하는 르네상스는 고전 예술과 과학의 황금기를
되찾고 본받자는 시도였다. 유럽은 14세기 시성 페트라르카(Francesco
Petrarca)가 말했던 '암흑 시대'에서 조금씩 벗어나고 있었다. 거칠게 '인
문학'이라 할 수 있는 문학, 철학, 그리스-로마 과학에 대한 연구가 깊이
를 더해갔다. 비록 기존의 지적 체계에 직접 도전하지는 않았지만 대학의
교수들은 추상적인 철학이나 신학적 문제에서 벗어나 역사와 문학으로
관심을 돌렸다. 인문학자들은 철학이 반드시 실질적이어야 하고 무엇보
다 학자들이나 쓰는 왜곡되고 기술적인 암호가 아닌 훌륭한 라틴어로 쓰
여야 한다고 주장했다. 진정한 철학이란 인간이 세상을 어떻게 살아야 할
지 가르쳐야 했다. 따라서 인문학자들은 역사, 정치, 윤리, 형의상학 연구
에 집중했다.

한편 15세기 유럽, 특히 이탈리아, 스페인, 포르투갈에서는 지리적 공
간의 한계를 조금씩 넓혀가는 상당히 다른 종류의 발전이 진행되고 있었
다. 1434년, 포르투갈 함대 하나가 보자도르 곶[사하라 서쪽에서 대서양으
로 돌출한 갑(岬). 당시 항해가 가능한 최고로 먼 곳으로 여겨졌다]에 성공적으

로 도달했다. 그때부터 포르투갈 사람들은 정기적으로 서아프리카 해안을 드나들었다. 그러다 1492년, 세계사를 배운 사람이면 누구나 아는 일이 발생했다. 서쪽으로 항해하다 보면 인도나 중국에 도달할 것이라는 가정을 증명하려 애쓰다가 무명의 제노바 선원 크리스토퍼 콜럼버스가 다른 대륙으로 건너간 것이다. 유럽인 누구도 그 존재조차 몰랐던 대륙이었다.

죽는 날까지 콜럼버스는 그가 1492년 10월 12일 동이 트자마자 닿았던 땅이 카타이(Cathay: 중세 유럽에서 북중국을 가리키던 말-옮긴이) 혹은 '칸의 땅 인도', 즉 동양의 서쪽이라고 확신했다. 그러나 지리적, 천문학적 지식을 조금이라도 갖고 있던 사람이라면 곧 그가 틀렸음을 알 수 있었다. 그 자체로 아주 놀랄 만한 일이었다. 그러나 그게 다가 아니었다. 15세기 유럽은 지리학에 관해서라면 1세기 그리스 천문/지리학자였던 프톨레마이오스(Ptolemy)의 학설을 확실히 믿고 있었다. 그런데 콜럼버스가 어쩌다 프톨레마이오스가 틀렸음을 증명했다. 1518년에 에라스무스는 다음과 같이 생각했다. 우리가 철석같이 믿고 있는 철학과 과학을 발전시킨 고대인들이 지구의 모습에 대해 완전히 오해하고 있었다면 다른 문제에 대해서도 틀리지 않았다고 누가 장담할 수 있겠는가?

신대륙에 대한 정보, 더 정확하게 신대륙 거주자들의 놀랍고 이해하기 힘든 생활양식에 대한 정보들이 조금씩 유럽으로 흘러들어왔다. 유럽인이 상상도 하지 못했던 매우 넓고 세련된 문명을 가졌던 아즈텍과 잉카제국 정복자의 이야기가 베스트셀러가 되었다. 어수룩한 여행자들의 말을 믿는다면, 그곳에 사는 사람들은 서로를 먹거나 제물로 바치고 100년도 넘게 살았다. 형제와 결혼하고 아무 신도 모시지 않았으며 사체는 공기 중에 방치해 썩게 만들었다.

전통 기독교적 세계관과 완전히 모순되는 상황이었다. 기독교는 관습, 복장, 언어가 다르고 심지어 믿음까지 매우 달라도 인류는 특정 도덕적, 성적, 종교적, 문화적 규칙에 모두 순응하는 공통의 사회를 형성한다고 보았다. 그 규칙들은 자연의 법칙에 바탕을 두고 생긴 것이고 자연의 법칙은 변하지 않는다. 성 아우구스티누스에 따르면 그것은 '인간의 마음에' 새겨진 것이었다. 인간은 결혼 상대를 이성에서 찾지 동성과 이성 모두에게서 찾지 않는다. 또 신을 믿을지 말지 고민하지도 않으며(가끔은 망상과 나약함 때문에 잘못된 신을 믿기는 한다), 내 집 문 앞에 나타난 이방인을 먹을지 말지 갈등하지도 않는다. 그런 상황에서 어떻게 행동할지 결정하게 하는 것이 바로 자연의 법칙이었다.

그 논리대로라면 그런 행동을 자행하는(자행한다고 알려진) 아메리카 인디언은 인간이 아니게 된다. 사실 일부 유럽인은 인디언을 단순히 짐승이나 노예의 신분에나 적합하고 다른 종족들처럼 결국 저주받아 멸종할 사람들이라고 간주했다. 그러나 천지창조에 심각한 결함이 있을 수 없다고 믿었던 기독교도들은 인디언의 비인간적인 특성을 이해할 수 없었다. 후에 쿠바의 주교가 된 베르나도 드 메자(Bernado de Mesa)는 다음과 같은 이의를 제기했다. "우리가 인디언의 특성이라고 간주하는 반인간적인 모습은 신의 자비로움에 모순된다. 원인이 결과를 만들 때 그 결과가 목적을 달성할 수 없다면 반드시 원인에 결점이 있다고 봐야 한다. 그러므로 결점은 반드시 신에게 있다."[412] 가끔 보이는 미친 사람이나 난쟁이 같은 예외는 어쩌다 생긴 실수라고 볼 수 있다. 하지만 전 대륙 하나가 그런 반인간적인 사람들로 가득하다면 곧 창조의 선함 자체를 부인하는 것이었다.

유럽인은 경쟁적인 신앙을 위해 끝없이 불화하는 한편(유럽)과 서로 모순되는 다양한 신념과 행동이 여과 없이 공존하는 다른 한편(신대륙)에 동시에 직면했다. 그때 반성이 가능한 사람이 내릴 수 있는 유일한 결론은 세상에 결코 어떤 확실성도 없다는 것이었다. 신은 확실히 어떤 일정한 모양을 염두에 두고 우주를 창조했겠지만 그것이 꼭 유럽의 관습이나 관행과 같아야 할 필요는 없다. 그러므로 어떤 것이 '자연적'이고 또 어떤 것이 '비자연적'이라는 일반적인 주장은 오류이다. 자연법은 자연에 기초하지 않았다. 자연법이란 결국 집단적 견해일 뿐이었다. 뭔가를 비자연적이라고 말하는 것은 오직 그것이 다르고 이질적이며 겁나는 것이자 타자라고 비난하는 일일 뿐이다. 프랑스 철학자이자 수학자 파스칼이 말했듯이, '자연적'이라는 말이 의미하는 것은 (프랑스인의 경우) '피레네 산맥의 이쪽'에서 일반적으로 받아들여지는 것을 의미할 뿐이었다. 다른 쪽에는 또 다른 종류의 '자연'이 군림한다. 그리고 그 '자연'이 프랑스와 스페인 사이에서 서로 통할 수 없다면 중국이나 스리랑카에서 뭐가 자연인지 알 수 있겠는가? 또는 홉스가 신랄하게 지적했듯이 "논쟁에서 보편 이성을 구하는 사람들은 결국 그들만의 이성을 구하는 것"이었다.[413]

한때 신학적 확실성 속에서 살았고 서로 원칙적인 믿음들을 공유하며 공통의 문화를 향유했던 유럽인들은 당황했다. 게다가 신학은 신 이해와 신과 인간의 관계뿐 아니라 도덕과 물질 세상에 대한 인간 이해의 기반까지 제공했다. 때문에 유럽인은 전통 종교적 확실성의 재점검은 물론 모든 탐구 방법 자체도 재조사해야 했다. 영국의 시인 존 던(John Donne)은 1611년에 그 상황을 다음과 같이 신랄하고 처절하게 묘사했다.

그리고 이제 새 철학은 모든 것을 의심한다.
불의 요소가 타기 시작했다.

태양과 땅이 사라지고 아무도

어디서 그것들을 찾아야 할지 알지 못한다.

모든 것이 조각나고 통일성은 사라졌다.

정당한 세계관, 상관관계가 사라졌다.

왕과 신하, 아버지와 아들의 관계가 잊혀졌다.

모든 사람이 이제 홀로 스스로 피닉스가 되어야 한다고 생각하기 때문이다.

그리고 자신 외에는 아무도 자신을 지배할 수 없다고 생각하기 때문이다.[414]

모든 사람, 모든 개인은 마치 불사조 피닉스처럼 구세계 질서의 잿더미 위에서 스스로 일어서야 했다. 아무런 도움 없이 혼자 일어서야 했다. 그러나 그 일은 존 던도 알고 있었듯이 불가능했다. 우리 모두는 안내가 필요하다. 이정표가 없으면 인간은 절망한다. 그러나 교회의 권위와 유럽 문화적 습관의 정당함에 대한 확신이 더는 거대한 정치적, 도덕적, 지적 구조를 뒷받침할 수 없다면 과연 무엇이 그럴 수 있겠는가?

답은 (매우 단순하게도) 근대 과학이었다.

17세기 일단의 사상가들[영국의 흡스, 베이컨, 로크, 프랑스의 데카르트(René Descartes), 이탈리아의 갈릴레이(Galileo Galilei), 독일의 라이프니츠, 네덜란드의 그로티우스(Hugo Grotius)]이 당시 '스콜라주의'라 불렀던 동시대 사상을 전복시키며 다양한 분야에서 출현했다. 스콜라주의는 성 토머스 아퀴나스의 저작들에 기초한 신학으로 16세기 말 유럽의 큰 대학 대부분의 학과에서 중요한 과목으로 아성을 쌓았다. 도미니크회와 예수회 계승자들의 신학은 신이 창조한 자연 세상과 그 속의 인간 세상에 대한 모든 연구를 포괄했다. 신학은 전통적으로 모든 '학문의 어머니'였다. 스콜라주의 학자들이 사용했던 방법론은 본질적으로 성서에 입각했다. 그들의 연구는 가장 권위 있다는 성경과, 교회 아버지들의 저작과 고전 문헌, 특히 아리스토텔레스의 저작을 끈질기게 읽고 또 읽는 것이었다. 전통적으로 스콜라 철학에 대항한 비판은 스콜라 철학이 매우 사소한 문제에서 그칠 줄 모르는 열정을 보여준다는 데에 있었다. 가장 잘 알려진 예가 (사실 전거가 의심스럽긴 하지만) 압정 위에서 얼마나 많은 천사들이 춤을 출 수 있는지에 대한 논쟁이었다. 그러나 비판가의 눈에 그런 사소한 열정이 스콜라 철학의 결정적인 단점은 아니었다. 스콜라 신학자들이 저지른 진짜 범죄는 그들이 모든 가능한 지식을 고대 문헌 속에 넣고 가둬버렸다는 것이었다. 그 정도가 너무 심했기 때문에 홉스는 철학이 '아리스토텔레스학'으로 전락했다고 심하게 불평했다.

그러므로 존 던이 말한 '새 철학'의 첫 번째 임무는 학문을 신학의 손아귀와 고대 사상의 지배에서 벗어나게 하는 것이었다. 스콜라 철학의 죽음, 곧 신학의 죽음 위에서 힘들게 도래한 '새 철학'은 간단한 질문 하나, 즉 "나는 뭔가를 어떻게 알 수 있나?"에서 시작되었다. 그것은 고대 회의파가 가장 맹렬하게 던졌던 질문이었다. 회의론은 종종 '카르네아데스의 도전'이라는 말로 표현된다. 기원전 1~2세기에 살았던 웅변가 키레네의 카르네아데스(Carneades)가 회의파의 가장 유명한 주창자이기 때문이다. 그는 진위의 기준이 존재하지 않기 때문에 어떤 지식도 불가능하다고 주장한 것으로 유명하다. 다른 철학자들과 함께 로마에 파견되어 있을 당시 그는 정의가 좋다는 논지로 거창한 연설을 했다. 그리고 다음 날 똑같은 장소에서 똑같이 설득력 있는 논조로 정의가 나쁘다는 거창한 연설을 했다. 그 때문에 그는 곧장 도시 밖으로 쫓겨났다. 로마 청년들의 도덕성 보호가 이유였다.

　가장 극단적인 회의주의는 "내가 존재하는지를 내가 어떻게 확신하는 가?"라는 질문을 던진다. 데카르트는 "만약에 내가 이 세상에는 절대적으로 아무것도 없다고 확신한다면, 하늘도 땅도 마음도 몸도 없다고 확신한다면, 그것은 곧 나 역시 존재하지 않는다는 뜻인가?"라고 물었다. 그는 아니라고 대답했다. 왜냐하면 "내가 뭔가를 확신한다는 것은 곧 내가 확실히 존재한다."라는 뜻이기 때문이었다. 그 생각으로부터 데카르트는 "나는 존재한다는 명제는 내가 제안하는 한 혹은 내 마음이 그렇게 생각하는 한 반드시 옳다."라는 결론을 내렸다.[415] 그 결론은 라틴어 "나는 생각한다. 그러므로 존재한다."로 요약되어 새로운 철학의 시금석이 되었다. 세상의 존재 자체조차 의심하는 회의주의는 별로 없었다. 그러나 데카르트의 요지는 존 던과 상당히 비슷하다. 내가 확실히 알 수 있는 유일한 것은 나 자신에게서 나온다는 것이다. 전통적으로 회의적, 이성적인 생각들은 극단적이지 않아도 매우 천대를 받았다. 수 세기 동안 대체로 무시되었거나 사람들을 허무주의의 함정에 빠뜨린다고 비난받았다. 교회는 의심하는 자에게는 쉽게 "신과 신의 대리자가 너에게 그렇게 말했으므로 너는 그렇게 안다."라고 말했을 뿐이었다. 이제 그런 식으로는 안 된다. 어느 정도의 회의주의는 불가피한 것 같았다. 세상이 다시 한 번 재정립될 예정이라면 '카르네아데스의 도전'에 뭐든 조금이라도 지속적인 대답이 발견되어야만 할 것 같았다.

　우리의 감각으로부터 직접적으로 파생한 지식만을 신뢰해야 한다고 대답할 수 있을 것 같았다. 나 이전의 다른 사람이 말한 것은 그것이 아무리 현명해 보여도 신뢰하지 않는 것이다. 사실 감각도 자주 오류를 범한다. 그러나 그럴 때면 적어도 되잡을 수는 있다. '제1의 지식'이라는 신에게나 걸맞은 궁극적 지식은 어쨌든 위대한 수학자 아이작 뉴턴(Issac Newton)이 경고했듯이 인간은 결코 알 수 없다. 그러나 로크의 말대로 2차적인 인간의 지식만으로도 "인간이 염려하는 것을 모두 해결하기에 충분하다." 그리고 인간은 스스로 관찰과 경험을 통해 그 인간의 지식을 얻을 수 있다. 로크는 갖고 있는 책을 모두 버리라고 했다. 감각을 첫째 원칙으로 두고 시작하라는 뜻이다. 물론 그런 말은 모두 말일 뿐이다. 로크는 훌륭한 서재와 고전 철학에 대한 심오한 지식을 갖추고 있었다. 모든 책은 우리의 삶을 향상시키고 인류에 기여하게 돕고, 그의 말대로 "나만의 굴뚝에서 나오는 연기 그 너머를 보게" 만들 수 있다. 하지만 세상에 대한 진정한 이해는 한때 그 세상에 대해 생각했던 죽은 세대와 함께가 아니라 세상 자체와 함께 시작되어야 한다. 이것이 그의 요지였다.[416]

17세기가 지나는 동안 과학과 철학에 혁명이 일어났다. 그 사건과 성격과 범위와 영향력과 의의에 대한 셀 수도 없는 논쟁이 있었다. 마술, 연금술, 점성술도 새 물리학과 새 천문학과 함께 여전히 존경받은 과학이었음이 여러 번 지적되었다. 중력의 법칙을 발견하고 현대 과학의 이론적 토대를 제공한 아이작 뉴턴도 신학, 점성술, 신비주의에 대해 광범위한 저술을 남겼다. 그러나 오래된 사고방식은 새로운 사조와 불편한 공생 관계를 유지하다가 17세기 말 모두 사라져버렸다. 여전히 보수적인 몇몇 유럽 지역에서는 여전히 그 유산을 발견할 수 있지만 말이다. 옛날 사람들이 보편적이라고 동의했던 것들은 사라져버렸다. 그리고 정확한 증거 확보에 바탕을 둔 연구 방법들이 생겨났다. 그동안 진리라고 여겼던 것들을 모두 꺼내 기본부터 다시 논의해야 했다. 인간의 마음 작용에서부터 행성의 움직임들까지 대상은 다양했다.

과학은 신의 존재를 부인하려 들지 않았다. 사실 과학의 창시자들은 매우 독실하지는 않더라도 모두 기독교도였다. 홉스가 좀 가깝긴 하지만 아무도 대놓고 무신론자라고 말하지는 않았다. 그러나 과학은 학문에 관한 한 교회의 권위를 모두 박탈했다. 교회는 아주 비좁은 의미의 '신학' 속에서 신 본성을 논하는 일만 할 수 있었다. 세상은 이제 귀납과 관찰과 실험이 발견한 법칙들로 이해해야 하는 것이었다. 그 법칙은 신의 추종자들이 마구 갈겨 쓴 것이 아니라 갈릴레오가 '자연의 위대한 책'이라고 불렀던 곳에 쓰여 있었다.

마찬가지 논리로, 인간적인 모든 것은 오직 인간적인 말로 이해될 수 있을 것 같았다. 한때 신이 명령한 것이었던 도덕은 이제 절대적인 것이 아니라 관행일 뿐이었다. 로크는 "모든 인간은 칭찬받을 만한 행동을 선이라 하고 비난받을 일을 악이라고 불렀다."라고 했다.[417] 그러나 어떤 것은 '칭찬할 만하고' 또 어떤 것은 '비난할 만하다'라고 생각하는지는 이제 단순히 관행 때문이라고 인식되었다. 로크의 학생으로 어릴 때부터 로크를 좋아하지 않았던 휘그당원이자 이신론자인 샤프츠베리 백작 3세 앤서니 애슐리 쿠퍼(Anthony Ashley Cooper)는 "로크 선생이야말로 온통 원리주의에 빠져서 세상의 모든 질서와 덕성을 던져버리고 (신 개념이나 마찬가지인) '비자연적'이라는 개념을 만들어 인간 정신의 토대를 없애버렸다."라고 했다.[418]

샤프츠베리의 분개에도 설득력이 없는 것은 아니다. 그러나 그는 틀렸다. 로크가 '원리주의에 빠진 것'은 사실이지만 도덕 법칙들의 절대적 타당성에 대한 로크의 거부가 이전의 신 중심적인 오랜 도덕 규약보다 덜 구속적인 것은 아니었다. 로크가 도덕 법칙의 내용을 근본적으로 바꾼 것도 아니었다. 우리가 확신하는 인간 본성은 여전히 존재한다. 정상적인 환경에 있는 정상적인 인간이라면 가능한 한 죽고 싶어 하지 않는 게 그런 본성이다. 홉스는 본성을 "돌덩어리가 아래로 굴러 떨어지는 것처럼 강력한" 법칙이라고 말했다. 우리가 그 본성을 받아들이면(편란드인, 인디언, 투르크인, 힌두교도 할 것 없이 이성적인 사람이라면 당연히 받아들일 것이다), 그것은 절대 비난받을 일이 아니고 또 이성에 모순되지도 않는다. 죽지 않게 몸을 보살피고 유지하기만 한다면 그렇다. 그리고 무엇이 옳은 이성에 합당한지에 대한 동의도 정당하게 이루어졌다.[419] 그 과정에서 옛날의 '자연법'은 하나의 (혹은 홉스와 같은 결론에 도달한 네덜란드 인문학자 휴고 그로티우스의 경우라면 두 가지) 간단한 명제로 줄어들었다. '법은 곧 인간의 생명을 보호하고 유해한 것을 피하는 한도 내에서 허용된다."와 "법은 곧 인간에게 이롭고 삶에 유용한 것들을 보유하는 한도 내에서 허용된다." 가 그것이다.[420] 그런 바탕에서 우리는 "살인하지 말지어다."라는 계명 때문에 살인이 나쁘다고 말하는 것 못지않게 살인이 옳지 않다고 증명할 수 있다. 요점은 인간은 이제 모든 도덕 법칙을 단순히 문제에 대한 해결 방식으로 받아들여야 한다는 것이었다. 신이 인간의 본성으로 흠잡을 데 없이 규정해놓은 불가해하고 회의할 수 없는 것이 아니었다.

로크, 그로티우스, 홉스를 비롯한 그 어떤 '새 철학'의 창조자들도 자체 보존을 위한 단순한 충동에서 자연법을 격하시키는 것으로 인간 행동 양식에 대한 동시대적 심판의 가능성들이 부인될 것이라고 생각지 않았다. 오히려 그 반대였다. 그러나 선의 개념을 인간 본성의 본래적인 부분이 아니라고 보는 생각이 얼마나 치명적일 수 있는지 암시했다는 점에서 샤프츠베리는 옳았다. 로크가 현대 상대주의의 기원이라고 부른 여러 주장들을 보면, 우리가 행하고 생각하고 믿고 가치를 두는 것들은 타인이 행하고 생각하고 믿고 가치를 두는 것들과의 관계 속에서만 정당성을 가질 수 있었다. 그때 우리는 우리가 사는 세계 밖의 사람들의 행동을 도덕적으로 심판할 수 없다. 우리는 그들의 세계를 이해할 수 없기 때문이고. 타인은 타인이다. 그렇게 단순히 서로 존중되어야 할 뿐이다.

17세기 철학자들과 그들을 계승한 계몽주의자들 중에 그런 현대적 의미에서의 상대주의자는 아무도 없었다. 남성의 성에 관한 미신적 불안을 해소하기 위해 (유대교/회교권) 여성이 원하지도 않는 '할례'를 받는 것(비록 그녀들의 어머니의 공이 크지만)에 대해 법이 방관하고 있는 것은 계몽주의자들에게는 아내 살인을 묵인하는 것만큼이나 불쾌했다. 서양과 유럽의 문화는 '본래적' 진리라고 주장할 수 없고 그러므로 다른 문화가 동경하는 표본도 될 수 없다. 때문에 결과적으로 다른 모든 문화 속 행태들도 모두 유럽 문화만큼이나 타당하다고 간주했다. 이것이 현대 상대주의의 오류였다.

17세기 과학이 제시하고 18세기 계몽주의자가 발전시킨 논의는 '본래적'인 법칙이 없다면 모두 타당한 것이 되는 게 아니었다. 그들은 합리적인 인간들이 모두 동의할 수 있는 특정 원칙을 기반으로 타당하다고 증명될 때까지 아무것도 타당한 것이 없다고 주장했다. 여성 할례를 빙자한 음문 봉쇄(여성의 성기를 완전히 잘라 성욕을 없애는 것으로 여성을 단순히 출산을 위한 도구로 보는 것-옮긴이)나 죽은 남편의 시체와 함께 아내가 산 채로 태워지는 '사티' 같은 힌두교도의 관습은 인간의 신체를 해하고 여성의 권리를 무시하는 것이기 때문에 비인간적이다. 회의주의의 목적은 다른 땅에서 발견되는 무지와 잔인함을 무시하자는 것이 아니다. 그것은 어느 땅이든 상관없이, 무지와 잔인함의 근본적 원인을 이해하자는 것이다.

서양의 발전에 강력한 영향을 끼친 합리주의에는 중요한 점이 하나 더 있었다. 교회와 국가의 분리는 그리스도의 명령이었다. 그런데도 기독교도들은 여전히 정치적인 권력이 비록 인간에 의해 행사되는 것일지라도 신이 준 것이라는 믿음에 집착했다. 왕은 신이 그 권력을 지지하기 때문에 반쯤은 신성한 존재였다.

17세기, 정치적 권력의 근원에 대한 급진적인 이론이 출현했다. 정치적 권리는 그 권위가 행사되는 대상, 즉 국민들로부터 나온다는 주장이었다. 나아가 그 권위는 오직 국민의 동의와 관심과 함께 행사될 수 있다. 사람들은 그 이론을 정부계약론이라고 불렀다. 강력한 초기 주창자들은 영국인 토머스 홉스와 존 로크였다. 그러나 그 이론은 재빨리 프랑스로 넘어가 왕의 권력에 대항한 근대사에 가장 위대한 반란으로 남을 1789년 프랑스 혁명의 이념적 배경이 되었다. 모든 이론들이 그렇지만 정부계약론이 완전히 새로운 이론은 아니었다. 중세의 왕들조차 국민의 암묵적인 동의로 권력을 얻었고 명목상이나마 국민의 권익을 위해 통치했다. 그러나 정부가 통치자와 통치당하는 자를 똑같이 구속하는 계약에 좌우되고 그 계약을 기꺼이 따라야 한다는 믿음이 바로 현대 서양의 자유 민주주의를 가능하게 했다. 통치자들은 자비롭지만 독재적인 아버지의 역할을 그만두고 봉사자가 되었다. 국민들은 부하가 아니라 시민이 되었다.

'과학 혁명'은 서구 세상을 영원히 바꿨다. 과학적 지식의 무한한 잠재력으로 향하는 문을 활짝 열었다. 그러나 근대 과학은 과거처럼 이론적인 지식에만 한정되지 않았다. 필수적으로 곧장 기술과 연결되었다.

옛날 체계에서 의사란 대학의 도서관에 앉아 갈레노스, 히포크라테스, 켈수스, 아리스토텔레스의 고전 철학을 진지하게 연구하는 사람이었다. 부러진 다리를 고정시키기 위해 살에 거머리를 붙이거나 환자가 앓고 있는 병이 단순한 감기든 췌장암이든 상관없이 정맥을 열어 '나쁜' 피를 뽑아내 고통을 없애겠다고 헛되게 희망했던 사람들은 진짜 의사가 아니었다. 이 돌팔이 의사들(이들은 이발과 면도도 했기 때문에 영국에서는 '이발사 외과 의사'라고 불렀다)은 의학적 지식은 거의 없는 날품팔이 노동자들이었다. 그들의 진단이나 처방은 대개 다 잘못된 것이었다.

'과학 혁명'이 그 모든 것을 바꿨다. 17세기 이후 의학은 조금씩 완성되고 존중받는 학문이 되었다. 점성술과 거의 구별되지 않았던 천문학은 코페르니쿠스와 갈릴레오와 함께 18세기 중엽 천국과 이 땅의 이미지를 완전히 뒤바꾼 확실한 과학이 되었다. 식물학자와 지리학자들은 지구의 표면을 나누고 지도를 만들기 시작했다. 과학적 탐구와 새로운 항해 기술의 발달로 여러 원정대들이 생겨났고 이들은 지구 구석구석을 탐사한 후 표본을 갖고 돌아와 후세대 과학자들이 집에서 쉽게 연구할 수 있게 했다. 파리 식물원, 런던의 큐 왕립 식물원, 네덜란드 라이덴의 호르투스 보타니쿠스 등 유럽의 대도시 곳곳에 식물원과 사치스럽고 거대한 울로 둘러싼 구조물이 세워졌다. 정부가 지식산업에 상당히 눈에 띄는 투자를 하고 있음이 확실했다. 이 모든 변화가 새로운 과학의 창조를 불러왔고 환경, 항해, 지리, 통계, 근대 경제 전반에 걸쳐 인간의 통제력을 전례 없이 강화했다. 그것은 또한 간접적으로 그러나 불가피하게 막강한 부를 창출했고 유감스럽게도 무시무시한 군사 기술의 발달도 가져왔다. 대구경포부터 기관총, 후장(後裝)포 같은 무기들이 곧장 연기 자욱한 전쟁터로 공수되었고 아주 짧은 시간 안에 유럽과 미국은 거의 전 세계의 주인이 되었다.

그리고 과학의 발달은 인도주의적 혁명을 위한 길도 닦았다.

계몽주의의 날개 아래

18세기 초, 오늘날 자연적, 도덕적인 영역에서 우리가 과학 혹은 학문이라고 부르는 대부분이 교회와 교회 사람들의 손아귀에서 벗어났다. 유럽과 서양에서 기독교는 여전히 영감의 원천으로 남았고 지금도 그렇다. 그러나 16세기 이성과 교리 사이에 있었던 충돌은 이성의 승리로 끝이 났다. 그리고 그것이 유럽 전역에서 펼쳐졌던 지적 운동, 계몽주의의 토대가 되었다. 계몽주의는 바람직한 이성의 미덕에 대한 전 세계적인 단언이라고 할 수 있었다. 계몽주의의 주창자들은 바람직한 이성이 전 세계를 바꿀 것이라고 희망했다. 18세기 말, 유럽의 거의 모든 나라에서 스스로를 "계몽되었다."라고 말하는 사람과 그 계몽 때문에 그들을 비난하는 사람들이 있었다. 심지어 유럽의 가장 외딴 섬 중 하나인 스코틀랜드의 성직자도 저지(低地) 사람 제임스 보즈웰(James Boswell)에게 위쪽 극북(아이슬란드와 노르웨이 등을 가리키는 고대 그리스 로마 명칭-옮긴이) 사람들도 지나치게 "많이 계몽되었다."라고 주장했다.[421]

'계몽주의'의 정의와 유럽 역사 속의 의의에 대한 설명은 수없이 많다. 계몽주의는 편견으로부터의 자유를 의미할 수 있다. 물질주의자 홀바흐 남작(Baron d'Holbach)은 "인류는 너무나 오랫동안 편견의 희생자였다."라고 했다.[422] 구속으로부터의 자유일 수도 있고, 18세기 위대한 철학자 임마누엘 칸트가 말한 대로, '자초했던 미성숙'으로부터 벗어나려는 인류의 자발적인 의지일 수도 있다.[423] 계몽주의는 고귀한 사회적 평등을 암시하고 법의 개혁도 의미한다. 계몽주의는 또 타인의 존재와 욕구의 완전한 인식을 뜻하기도 한다. 그리고 무엇보다도 모든 것을 합리적이고 객관적 탐구로 귀속시킬 수 있는 권리이다. 자유롭게 비판할 수 있는 권리도 된다. 칸트는 그의 유명한 『순수이성비판(Cqitique of Pure Reason)』에서 다음과 같이 선언했다.

> 우리 시대는 상당한 비판의 시대이다. 모든 것은 비판주의에 고개를 숙여야 한다. 종교는 신성을 통해, 입법 기관은 왕을 통해 비판을 면제받을 길을 찾을지 모른다. 그러나 그럴 경우 계몽주의자들이 의심할 것이고 종교와 입법 기관은 자유롭고 공개적인 조사의 시험을 지지하는 사람들에게만 합당한 이성과 조화를 이루는 진실한 존경을 기대할 수 없을 것이다.[424]

칸트는 다소 흥분하며, 어떤 사회도 사회 구성원을 감시할 체제를 확보하기 위해 특정 이론을 불변의 것으로 옹호할 수 없다고 주장했다. 칸트가 알고 있듯이 그것이 바로 정확하게 모든 종교의 지식층이 했던 일이었다. 그러나 그것은 "인간 본성에 반하는 범죄"였다. 아무리 강력한 배후 세력을 가진 집단의 짓이라고 해도 그것은 "다음 세대가 중요한 문제에 관한 지식을 확장하거나 수정하지 못하게 하고 이성적인 어떤 진전도 불가능하게 하는 상황을 넘겨주는 것"이었다.[425] 이것이 떠나기를 주저하던 종교적 교의를 완전히 사라지게 만든 계몽주의의 본질이고, 퇴보와 결함에도 불구하고 미래 서양의 진보를 확실히 보장했던 세속주의의 시작이었다.

현대 통계학의 아버지이자 과학 아카데미 종신 사무국장이었던 콩도르세(Marquis de Condorcet)가 식자라고 자처하는 사람들에게 계몽주의가 의미하는 바를 가장 간단하고 날카롭게 설명한 사람일 것이다. 세상을 바꾸고 계몽하기 위해 시작된 프랑스 혁명이 진행중이던 1793년, 콩도르

세는 파리의 루 세르반도니 거리의 작은 방에서 인류의 진보에 대한 짧고
도 매우 희망적인 글을 하나 썼다. 그는 이성과 철학의 시대는 진리가 유
럽 사람을 압도하는 시대라고 했다. 유럽은 '종교의 교의와 원리의 고수
와 분파주의로부터 독립한' 세상이었다. 또 "인간이 자신의 본래적인 도
덕성 속에서 의무의 토대와 정의와 덕에 대한 관념의 근거를 구해야 하는
세상이었다."[426]

그러나 여전히 할 일은 많았다. 공포정치를 표방했던 자코뱅당이 그를
찾아 파리 시를 샅샅이 뒤지는 상황에서 콩도르세는 계몽과 이성이 늘 최
고의 지도자를 만나는 것은 아님을 알 수 있었다. 그러나 그가 발각을 두
려워하며 희미한 촛불 아래 격분하며 썼듯이 인류의 계속되는 진보에 대
한 신념은 결코 흔들리지 않았다. 이제 미래 인류의 발전에는 더 이상의
좌절도, 로마 제국의 몰락 이래 문명의 진보를 계속 방해했던 균열도 없
을 터였다. 그는 독자들에게 "프랑스인과 앵글로 아메리카인처럼 가장
계몽된 사람들, 편견으로부터 가장 자유로운 사람들이 이미 만들어놓은
문명의 상태에 모든 나라 사람들이 동참할 날이 멀지 않았다."라고 확신
했다. 콩도르세는 그리스에서 탄생해 로마를 통해 전 유럽으로 퍼진 과
학, 자유, 이성적 사고의 문화가 이제 대서양을 건너 북아메리카로 이식
되었음을 처음으로 인식한 사람들 중 한 명이고 또 그것이 '유럽적인' 것
이 아니라 '서양적인' 것이라고 최초로 묘사한 사람들 중 한 명이었다.
이제 남은 일은 아프리카인과 아시아인이 계몽된 서양인을 친구이자 해
방자로 환영하는 일뿐이라고 믿었다. 물론 그 해방은 수 세기 동안 '성스
러운 독재자'와 '우둔한 정복자들'의 손아귀에서 살았던 아시아와 아프
리카인을 자유롭게 하는 것이었다. 아시아와 아프리카인들은 아직도 성
직자와 군주들 아래서 어두운 세상을 살고 있었다.[427]

매우 고상하지만 또 매우 위험한 계몽주의적 망상이었다. 계몽주의는 모든 사람이 다 독자적이라고 가정한다. 또 종교 혹은 관습은 사람들에게 무엇이 진정으로 이득이 되는지 혹은 어디에서 진정한 행복을 찾을 수 있는지와 같은 문제에 대해 무지하게 만들었다. 그러나 계몽주의에 따르면 지역적 종교와 관습이 아무리 강력하게 원시적인 사람들을 통제하더라도 결국은 과학과 교육에 의해 불가피하게 쇠약하게 되어 있다. 구시대적 왕과 성직자로부터 착취당해왔던 사람들이 일단 계몽된 문화(불가피하게 서양의 문화를 의미한다)가 불러올 좋은 점을 두 눈으로 직접 확인만 하면 그들은 포용할 수밖에 없다. 유럽인 스스로 그 같은 역사를 걸어왔다. 유럽인도 계시 종교의 불합리로 유럽인의 이성을 헷갈리게 했던 야망에 눈이 먼 독재자와 광신자들에 의해 무지와 가난의 시대를 살아왔다. 그러나 유럽인은 기괴한 괴물들을 물리치는 데 성공했고 이제 나머지 세상에 그들이 깨달은 좋은 점을 말할 수 있는 입장에 선 것이다.

그때 과학과 인간에 대한 이해는 같이 온다. 둘 다 인간의 마음을 자유롭게 하는 데 기여하고, 자유를 찾은 마음은 힘과 진보와 궁극적으로 더 나은 삶을 제공한다.

새뮤얼 존슨(Samuel Johnson)이 1759년에 쓴 흥미로운 동양의 작은 이야기 『라셀라스(Rasselas)』에서 라셀라스는 '아비시니아의 왕자'로 '암하라의 왕국' 골짜기에 있는 웅장한 왕궁에 갇힌다. '행복의 골짜기'라 불리지만 그곳은 실질적으로 감옥이나 다름없다. 살면서 필요한 것은 모두 제공받을 수 있다. 그러나 지식에 대한 접근은 금지된다. 어느 날 그에게 '고이아마 왕국'에서 온 임락이라는 시인이 방문한다. 그는 라셀라스에게 골짜기 너머에 있는 세상을 설명하려 한다. 인도, 아라비아, 페르시아, 시리아, 팔레스타인에서 자신이 본 것들을 모두 애기한다. 그리고 물론 당연한 일이지만, 그와 라셀라스에게 특히 흥미를 끈 사람들은 바로 유럽인들이었다. 임락은 유럽인이 너무나 매력적이라고 선언한다. 그들은 이제 "힘과 지식"을 갖고 있다. 그들은 어디를 가든 정착지를 마련하고 그들의 함대는 "세상의 가장 먼 곳조차 통제한다." 임락은 "왕국과 주변 사람들과 비교하면 그들은 마치 거의 다른 존재처럼 느껴진다."라고 선언한다. 이해할 수 없었던 라셀라스는 묻는다. "하지만 이것은 어떨까?" 유럽인이 확실히 "무역 혹은 정복을 위해 지구 끝까지 갈 수 있다면 아시아인과 아프리카인도 거기에 경의를 표할 수는 없을까? 그들도 그들의 항구에 식민지를 만들고 그 군주들에게 법을 부과할 수는 없을까? 유럽인을 움직인 바람이 우리를 거기로 데려갈 수는 없을까?" 임락의 대답은 아주 간단하다. 유럽인은 더 강력하다. 그 이유는 간단히 그들이 더 현명하기 때문이다. "인간이 동물을 지배하는 것처럼 지식은 무지를 지배한다." 임락은 그 지식이 궁극적으로 "신의 불가사의한 의지"라고 했지만 (존슨은 매우 보수적인 토리당원이었다), 물론 "인간 정신의 진보와 이성의 점진적인 향상과 과학의 성공적인 도래를 통해 얻어지는 것이었다."[428]

오늘날 이성과 과학의 본성에 대한 확신을 비웃기는 쉽다. 비극적이고 음울한 19세기와 20세기의 유럽과 서양의 역사는 계몽주의에 대한 그런 관점이 결국은 매우 단속적이었음을 보여줬다. 지금 우리는 콩도르세가 말한 유럽의 군주들과 성직자들을 대신한 계몽된 과학자들이 아니라 다른 종류의 종교에 봉사하는 다른 종류의 독단주의자들, 다른 종류의 독재자들 아래 살고 있다. 아프리카와 아시아가 해안가에 출몰한 유럽의 '형제'들을 그렇게 우둔하게 환영했다면 그들은 실제 역사보다 훨씬 더 빨리 강제 노동자로 끌려갔을 것이다.

서구 합리주의와 과학이 불성실하게 이용되었음은 부인할 수 없다. 그러나 계몽주의에 쏟아졌던 경멸에도 불구하고 방법론적인 면에서 계몽주의는 그것을 대체하려 했던 다른 어떤 사조보다 더 설득력이 있고 더 이타적이며 더 인간적인 것으로 남아 있다. 방종한 서양 지식층이 대체로 경솔하게 만들어낸 위험천만한 식민주의에서 국가 사회주의로 이르는 서양 문화 속에 내재하는 모든 결함에도 불구하고 말이다.[429] 영혼이 그토록 자유로웠던 독일 철학자 니체조차도 낭만주의 후 도래한 반계몽주의에는 반대했다.

우리는 이제 계몽사상을 더 발전시켜야 한다. 전에 일어났던 '대혁명'이니 '대반동' 같은 일은 걱정하지 말자. 우리를 끌고 갈 진정으로 위대한 조류와 비교하면 그런 것들은 희롱하는 파도에 지나지 않는다.[430]

진실로 계몽주의는 서양을 이끌었고 현대 민주주의 서구 국가들을 이끌었다. 민주주의의 가치는 종교적 원리주의와 극단적인 문화 상대주의에 의해 위협받고 조롱받고 억압받지만 아직 살아남았다. 많이 부서졌지만 오늘날까지 여전히 존재한다.

9장

개화된 오리엔탈리즘

동서양의 연결 고리

이전에 알렉산드로스 제국과 비잔틴 제국이었던 보스포러스에서 히말라야에 이르는 방대한 영토는 17세기 초, 이란의 사파비와 오스만투르크, 인도의 무굴 제국이라는 세 이슬람 대제국이 확실히 나눠 갖고 있었다. 세 제국은 기독교 세계에서 인증된 이념적 적이었다. 그러나 다른 한편으로 유럽과 세 제국은 대체로 정기적인 무역과 무난한 외교 관계를 유지했다. 그래서 유럽의 상인, 외교관, 순수 모험가들이 점점 더 많이 아시아를 방문했다. 일부는 그들의 경험을 책으로 썼고 그중 세 저술이 매우 인기를 끌었다. 폴 리코트(Paul Rycaut)의 『오스만 제국의 현재(The Present State of the Ottoman Empire, 1665)』, 타베르니에(Jean-Baptiste Tavernier)의 『투르크, 페르시아, 인도로의 여섯 번의 항해(Six Voyages to Turkey Persia and India, 1676~1677)』, 장 샤르댕(Jean Chardin)의 『샤르댕의 페르시아 동인도 여행(Sir John Chardin in Persia and the East Indies,

1686)』이 그것이다. 이 저작들은 동양에 대한 상상력만 부추겼던 그때까지의 산발적, 선정적, 공상적 이야기들에 비하면 비약적인 발전이라 할 만했다. 그들의 다소 부정직한 설명들이 아시아를 더 가깝고 덜 위협적인 곳으로 만들지는 못했지만 최소한 이전의 저작들보다는 아시아를 더 익숙한 곳으로 만들었다.

여행의 경로는 늘 한 방향이었다. 15세기 후반부터 점점 더 많은 유럽 사람이 아시아의 다양한 지역으로 떠나갔다. 그러나 아시아인은 극소수만이 유럽을 방문했다. 투르크에서 중국에 걸쳐 살던 대부분의 동양 사람들은 18세기 말까지 서양에 거의 관심이 없었다. 물론 예외도 있었다. 1715년 루이 14세(Louis XIV)를 방문한 페르시아 특사 무하마드 리자 베그(Muhammad Riza Beg)는 짧은 동안이나마 프랑스 왕실에 대단한 흥미를 표시했다. 페르시아 출신 인도인 미르자 아부 탈립 칸 이스파니(Mirza Abu Talib Khan Isfahani)는 1799년 영국을 방문했고 그의 여행기『탈립의 프랑크 땅 여행기(Talib's Travels in the Lands of the Franks)』는 1810년에 영어로 번역, 출판되어 대단한 성공도 거두었다. 1719년 오스만 제국의 저명한 대사 메메드 사이드 에펜디(Mehmed Said Efendi)는 서양이 성공한 감춰진 이유를 발견했다고 주장하며 동시대 프랑스에 대한 책을 써 투르크어와 프랑스어로 출판했다. 1744년 영국을 방문한 페르시아인 미르자 알 딘(Mirza I ʻtisam al-Din)도 자신의 경험을『신비한 영국에 대한 책(The Wonder Book of England)』으로 기록했다.[431] 또 더 멀리 중국에서는 불행했던 기독교 개종자 요한 후(Hu)가 있었다. 그는 1722년 유럽으로 여행을 왔다가 삼 년을 머무는데 대부분의 시간을 프랑스 외곽 샤랑통의 정신병원에서 보냈다.[432]

그러나 유럽에 널리 잘 알려진 '동양인' 방문자는 없었다. 1721년 네덜란드에서 두 페르시아인의 프랑스 여행을 편지 형식으로 기록했다고 주장하는 책이 출판됐다. 거의 실제 인물이라고 믿을 수 없는 두 페르시아인의 이름은 우스벡과 리카였고 책 제목은 『페르시아인의 편지(The Persian Letters)』였다. 저자는 익명으로 남았지만 프랑스 지식인들은 그가 사실 보르도의 하급 귀족 샤를-루이 드 스콩다, 즉 몽테스키외 남작(Charles-Louis de Secondat, baron de Montesquieu)임을 알았다. 그는 이전에 과학적, 법적 문제에 관심이 많은 것으로 잘 알려졌다. 『페르시아인의 편지』는 섹스를 장황하게 묘사했고 동양의 독특하고 화려한 이미지를 제공해 엄청난 수의 열광적인 독자를 얻었다. 다소 구속이 많았던 유럽 패션의 상상력도 마구 넓혀놓았다. 서양 자체의 기원과 서양의 가능한 미래에 대한 골치 아픈 질문도 무수히 던졌다. 전반적으로 음침하게 왜곡된 동양이라는 거울에 유럽의 관습과 도덕과 만족을 비추었다.

『페르시아인의 편지』는 일 년 안에 10쇄를 인쇄할 만큼 폭발적인 성공을 거두었다. 후에 출판사들은 온갖 수단과 방법을 가리지 않고 몽테스키외에게 연작이나 또 다른 저작을 얻어내려 했다. 몽테스키외에 따르면 출판인들은 만나는 사람들의 소맷자락을 물고 늘어지며 "선생님 『페르시아인의 편지』 같은 책을 좀 써주세요. 제발 간청합니다."라고 말하고 다녔다고 한다.[433] 그들 중 일부는 출판인들의 청을 들어줬지만 몽테스키외는 페르시아 이야기를 더는 쓰지 않았다. 1755년, 『페르시아인의 편지』를 잇는 (도저히 비교가 안 되는) 『중국인의 편지(Chinese Letters)』가 출판됐다. 저자는 관능적이고 철학적인 소설인 『테레즈 철학(Thérèse Philosophique)』의 저자 다르장스 후작(Marquis d'Argens)이었다. 1762년에는 골드스미스(Oliver Goldsmith)의 『동양의 친구들에게 보내는 세계 시민의 편지(Letters from a Citizen of the World to his Friends in the East)』가 출판되기도 했다. 둘 다 폭넓게 읽혔지만 『페르시아인의 편지』의 탁월함과 인기에는 비교도 할 수 없었다.

다르장스, 골드스미스 그리고 그 밖에 다소 덜 중요한 인물들은 말할 것도 없고, 몽테스키외의 동양도 저자 특유의 자의식적인 정치적 열정이 빚은 창조물일 뿐이었다. 몽테스키외는 문화 인류학적인 정확성을 기하려는 노력조차 하지 않았다. 그는 1748년, 방대한 지역의 다양한 문화 속에서 발견한 다양한 예를 제시했던 최초의 의미 있는 비교사회학 저서 『법의 정신(Spirit of the Laws)』을 저술했다. 그 책에 페르시아가 언급되기는 하지만 몽테스키외가 이해한 페르시아와 이슬람의 삶의 방식은 대체로 샤르댕과 타베르니에의 저작에 의존했다. 우스벡이 그의 일등 환관과 주고받은 서신을 통해 몽테스키외가 창조해낸 하렘의 이미지는 루이 14세 아래 있던 프랑스의 초상이었다. 이슬람이 일반적으로 종교에 적대적이라는 묘사는 페르시아인의 눈을 통해 보이는 기독교 교회에 대한 몽테스키외의 묘사일 뿐이었다. 그가 만들어낸 페르시아인은 몽테스키외 자신의 가차 없는 비판을 대변했다. 그들은 혁명 이전 프랑스의 관습과 제도를 비판했고 유럽인의 성 규범 속 위선을 벗겼으며 전통 종교의 공허함을 폭로했다. 그들에게 종교란 단순히 신자들의 세상에 대한 편견을 반영하는 것으로, 인간의 두려움과 불신과 성적 비참함의 원천이었다.

몽테스키외는 결코 동양학자가 아니었지만 아시아의 다양한 국가들에 대한 새롭고 믿을 만한 정보와 아시아인에 대한 유럽인의 새로운 자세로부터 확실한 이득을 봤다. 우스벡과 리카는 완전한 공상의 산물은 아니었다. 인위적이긴 했지만 그들은 유럽 독자에게 점점 더 친근하게 다가가던 세상(동양)에 속한 인물들이었다. 리카가 페르시아인이라고 뒤늦게 알게 된 한 프랑스인은 "오, 오, 있을 수 없는 일이군, 어떻게 페르시아인일 수 있을까?"라고 감탄했다.[434] 리카는 반복해서 유럽의 관습 조직을 관통해 볼 수 있었다. 종교적 주장도 가차 없이 비판했다. 리카는 "인간이 우주의 한 점일 뿐인 이 땅의 한 지점에 기어 올라가 즉시 자신이 신의 원형이라고 선언하는 것을 보고 나는 그 허풍(방대함)과 한 지점(협소함)을 도저히 연결시킬 수 없다."라고 말한다. 또 삼각형이 신을 갖고 있다면 그 신은 세 면을 갖고 있을 것이라는 매우 유명해질 말도 했다. 당시만 해도 매우 충격적인 말이었다.[435] 비록 꾸며낸 이야기지만 '동양인' 이슬람교도로 하여금 직설적인 언어로 유럽을 비판하도록 허락하면서 유럽의 관습과 신념은 종교적 광신과 교의적 확실성으로부터 독립하는 급격한 전환을 맞이했다. 역설적이게 동양인이 비판한 동양적 특성에서 벗어나게 된 것이다.

몽테스키외가 소설을 쓸 즈음 동양 문화에 대한 유럽인의 자세는 한 세기 전과 비교해 눈에 띄게 변해 있었다. '이교도', '이단자', '사라센'을 한목소리로 비난하던 풍토는 이미 사라졌다. 비난의 목소리가 사라진 것이 아니라 다양해졌다는 뜻이다. 그 목소리가 모두 적대적인 것도 아니었다. 유럽은 아시아가 더 가깝다고 느꼈다. 유럽이 기독교적 확신을 저버렸기 때문이 아니라 (물론 그것도 한 가지 이유기는 했지만) 세속적 계몽사조가 도래했기 때문에 그랬다. 그리고 인간 계몽의 진보를 부를 상업의 발달이 있었다. 상업, 특히 몽테스키외가 말해서 유명해진 '달콤한 상업'은 당시 사람들에게 단순한 무역 이상을 의미했다.[436] 상품의 교환은 곧 관점의 교환을 뜻했다. 그것은 샤르댕, 타베르니에, 리코트 같은 사람들이 그들만의 방식으로 증명한 것처럼, 처음에는 이상하고 위협적으로 보이던 사람들과 타협하고 그들에게 길들여지는 것을 의미했다. 위대한

‘동양학자’ 윌리엄 존스 경(Sir William Jones)은 “관심(그는 물론 경제적인 관심을 의미했다)은 동양과 서양을 한 원 안으로 끌어들이는 마법 끈이다.”라고 말했다.

상업은 즉각적이고 실질적인 결과도 불러왔다. 원거리 교역을 하려면 먼저 그들의 관습을 어느 정도 알고 또 그들과 대화할 수 있어야 한다. 존스의 말대로 상업으로 “동양 언어가 진정 중요한 언어로 거듭났다.”[437] 1453년 유럽에는 중국어와 일본어는커녕, 페르시아어, 산스크리트어, 투르크어, 아랍어에 유창한 사람도 별로 없었다. 그러나 약 이백 년 후 네덜란드 라이덴, 영국의 케임브리지와 옥스퍼드, 프랑스 대학 등에 아랍어 강의가 생겨났다.

동양 자체는 물론 동양의 언어, 문화, 역사, 문학, 종교에서 점점 증가하던 관심이 사실 점점 더해만 갔던 유럽의 식민지 제국적 욕망 때문이었다고 말하는 것은 이제 심지어 진부하게 들린다. 특히 프랑스와 영국이 본질적으로 나약하고 개성 없고 종속적인 동양이라는 이미지를 창조해왔다고 한다. 그런 평가에서 보면 식민지 제국들은 동양의 다양한 국가들을 정치적으로 억압하기 위해 여행자들의 이야기나 정직하지 못한 학자들의 연구를 마구잡이식으로 수집했다. 그렇게 보스포러스부터 중국 앞바다에 이르는 방대한 문화를 왜곡해 통칭 ‘동양’이라 부르는 상상적 위조품 문화를 날조한 것이다. 문학 이론가이자 논쟁가였던 에드워드 사이드(Edward Said)는 “동양에 대한 유럽의 생각”은 오직 “동양의 후진성 위에 군림하는 서양의 우수성을 반복 확인하기 위한 것”이라고 주장했다. 사이드는 서양이 관계 속에서의 동양이 아닌 “독립적인 동양에 대해 더 진지하게 연구할 경우 동양에 대한 서양의 이미지는 상당히 달라질 것”이라고 주장했다. 또 “그런 사실을 서양은 대체로 간과하고 있다.”라고도

지적했다.[438]

　그것은 매우 복잡한 그림에 대한 매우 투박한 묘사라고 할 수 있다.[439] 동양에 대한 일부 유럽인의 설명은 명백하게 잘못됐고 또 확실히 동양인이 얼마나 비겁하고 열등한지 보여주려는 시도였다(그것이 동양을 지배하는 데 도움이 되었는지는 또 다른 문제이다). 경박한 동양학자들과 후대의 (특히 인도와 관련한) 인류학자들 다수가 제국주의적 행정가였다는 것도 사실이다. 아시아, 아프리카 사람의 삶과 사회에 매우 활발한 관심을 가졌던 1세대 유럽인은 군인, 상인, 제국주의 행정관, 선교사들이었다. 이들은 모두 특정 목적을 갖고 있었고 종종 확실한 음모를 꾸미며 활동했다. 여행 문화가 정착되기 전 19세기에 살았던 평범한 사람들에게는 그렇게 오랫동안 집을 떠날 일도 원조도 기회도 없었다.

　그러나 군인이라고 해서 나중에 싸우게 될지 모를 사람들을 늘 오해만 하란 법은 없다. 상인들도 종종 단순한 경제적 이익 너머를 본다. 선교사들도 (때때로) 미션을 접어두기도 하고 제국주의적 행정에 관여한다는 것이 꼭 완전히 제국주의적이라는 의미는 아니다. 18세기 위대한 언어학자 중 한 명인 윌리엄 존스 경은 산스크리트(그는 산스크리트가 "그리스어보다 완벽하고 라틴어보다 풍부하며 그 둘보다 세련된 언어"라고 선언했다)와 현재 유럽어 대부분이 언어학적으로 친족 관계(인도-유럽어족)라는 이론을 제시했다.[440] (이 이론은 후대에 그 언어군의 사람들이 모두 한 인종에서 기원했다는 더 믿기 어려운 주장을 낳기도 했다.) 윌리엄 경은 언어학자일 뿐 아니라 매우 존경받던 판사였다. 1783년 그는 캘커타의 대법원 최고 판사가 되는데 곧 그가 영국 동인도 회사에 고용되었음을 의미했다. 입법자이자 문헌학자였던 나다니엘 할헤드(Nathaniel Halhed)도 동인도 회사의 고용인이었다. 마찬가지로 19세기 입법자 헨리 섬너 마인(Henry Sumner Maine)

도 한동안 동인도 회사에서 경력을 쌓아야 했다. 그는 그리스 도시 국가와 인도의 마을이 같은 기원을 갖는다는 인도-유럽 통합 기원설을 주장하며 유럽 민주주의의 기원은 아시아에서 찾아야 한다고 확신했다.

이들이 모두 식민지 이념의 단순한 추종자 혹은 제국주의 선전의 도구였던 것은 아니었다. 윌리엄 경은 ‘동양인’이 조금이라도 서구인보다 열등하다고 주장하기는커녕 “대부분의 유럽인이 동양인을 무지한 야만인으로 취급한다.”라고 탄식했다. 이는 “세상의 다른 모든 것보다 내 것이 더 우수하다고 믿게 만드는 자기애와 무지에서 나온 편견일” 뿐이었다.[441]

윌리엄 경은 유럽이 정말 ‘문명화’에 있어 진보했는지도 진지하게 의심했다. 문명이란 많은 말로 묘사될 수 있는데 “각 나라는 문명의 정도를 그 나라의 편견과 관습으로 측정한다. 그러나 만약 정중함과 세련됨과 시에 대한 사랑과 고양된 덕성의 찬양과 그 실천이 완벽한 문명사회의 정당한 척도라면” 아랍은 “페르시아를 정복하기 수십 년 전부터 이미 탁월한 문명을 이룩했다고 할 수 있다.” 그것은 유럽이 근대화되기 훨씬 전의 일이다.[442] 윌리엄 경은 발미키(Valmiki), 비아사(Vyasa), 칼리다사(Kalidasa) 같은 고대 인도의 성인들을 플라톤과 그리스 시인 핀다로스(Pindar)만큼 추앙할 만하다고 보았다. 그는 또한 그의 친구 리처드 존슨(Richard Johnson)에게 1784년 「마하바라타(M'hab'harat)」에 나오는 유디스트라, 아르주나 같은 전사들이 내가 「일리아스」를 처음 읽었을 때 느꼈던 아가멤논, 아이아스, 아킬레우스보다 더 위대해 보였네.”라고 했다.[443] 그는 틈날 때마다 “페르시아도 고대 역사에서 그리스나 로마만큼 두드러지는 나라였고 페르시아의 하피즈(Hafiz)는 호라티우스와 견주어 전혀 처지지 않는 시인이다.”라고 주장했다.[444] 그에게 우리 것을 찬양하고 남의 것을 우습게 생각하는 것은 오직 익숙함의 문제였다.

그러나 윌리엄의 연구가 완전히 객관적이었던 것은 아니다(어느 위대한 학자의 연구가 그렇겠는가). 그는 동인도 회사의 정책에 적대적이지도 않았다. 동인도 회사의 행정이 향상되기를 바랐지 대체되기를 바라지는 않았다. 우리 "서양의 기반을 이루는 아름답고 현명한 법 혹은 우리의 신성한 종교 덕분에 우리는 결코 동양의 왕들처럼 독재정치를 일삼지 않을 것"이라고 단언했고, 영국의 인도 통치는 도덕적으로 정당하다고 굳게 믿었다.[445] 그러나 뒤이은 인도 주재 영국 관리들처럼, 인도의 힌두교도와 이슬람교도에게 유럽의 법을 그대로 적용할 수는 없다고 생각했다. 그는 "폭정의 관습에 너무 익숙한 사람들에게 자유 체제가 강요될 경우 그것이 곧 폭정 체제다."라고 주장했다.[446] 그는 인도에 만연하던 다양한 법체계를 서로 융화하려는 의도로 1788년 힌두와 이슬람법 판결 요록 편찬이라는 거대한 작업에 착수했다. 영국령 인도 총독 콘월리스(Lord Cornwallis)에게 그 작업이 "유스티니아누스가 그리스와 로마의 시민들에게 했던 것처럼 인도인에게 정의로운 행정을 보장할 것"이라고 말했다.[447] 윌리엄이 편찬한 법전과 함께 콘월리스는 '인도의 유스티니아누스'가 될 수도 있었다. 그러나 윌리엄은 그 일을 끝내기 전에 죽고 만다.

인도, 페르시아, 아라비아 문학에 대한 윌리엄 존스의 감탄에는 아름답지만 부당하게 멸시되는 문화를 재생시키려는 욕망만 있었던 것이 아니다.[448] 그가 아시아에 대한 좀 더 개화된 관심을 고취시켰던 것은 사실 유럽의 기원 그리고 나아가 인류 문명의 기원을 찾고 싶은 욕망 때문이었다. 이는 곧 계몽시대 유럽의 당면 과제이기도 했다. 유럽은 동시에 왜 인류가 서로 그렇게 다르게 진화했고 결정적으로 현재와 같은 모습으로 변화했는지를 설명하고 싶었다. 그 때문에 존슨(Samuel Johnson) 박사는 윌리엄 존스를 '화목한 존스'라고 불렀다.[449] 존스, 그리고 1784년 바가 바드기타를 최초로 영역한 찰스 윌킨스(Charles Wilkins)와 벵골어 문법 책을 처음 편찬한 나다니엘 할헤드 같은 사람들은 왜 '서양'이 그런 모습이 되어야 했는지 알고 싶었다.

그들은 이를 위해 존스가 캘커타 아시아 협회(존스는 협회의 창립단원이기도 했다)에서 말한 대로 동양을 관대한 눈으로 봐야 한다고 생각했다.

따라서 한 가지는 충분히 가정할 수 있을 것 같다. 그것은 곧 우리가 여기 인도에서 그리스와 이탈리아에서는 다른 이름으로 숭배되고 있는 바로 그 신들을 믿는 사람들 사이에서, 그리고 이오니아와 아티카의 작가들이 음악 같은 아름다운 언어로 묘사했던 똑같은 철학을 말하는 학자들 사이에서 살고 있다는 점이다.[450]

거기, 먼 나라 인도에 인류 문명의 기원이 숨어 있었다. 바로 유럽이 인도에 유럽의 위대했던 고대 문명과 존스 당대의 계몽주의에 대한 빚을 지고 있다는 뜻이기도 했다.

존스는 '유럽의 국왕들'에게 아시아어 연구를 후원해달라는 요청과 함께 프랑스어로 쓴 논문 「동양 문헌(Oriental Literature)」을 완성했다.

아시아어 연구 장려는 세상에 귀중한 보물을 선보이는 것입니다. 왕들이시여! 당신들은 그 보물을 가둬두고 있습니다. 마치 장식장 속 도자기에 새겨진 중국 문자의 뜻도 모른 채 아름다운 모양만 감상하듯이 말입니다. 그 감탄할 만한 필사본들이 빛 속으로 나와 유용하게 이용될 때까지 보물은 진정한 보물이 아닙니다. 당신의 마음을 풍요롭게 하지도 못합니다.[451]

19세기 독일의 위대한 동양학자 막스 뮐러(Max Müller)에게 윌리엄 경이 발견한 동서양 문화 사이의 언어학적 연결고리는 인류 역사상 가장 위대한 발견이었다. 인도-유럽어가 기원에서 하나로 묶이자 인도, 페르시아, 그리스, 로마, 슬라브, 켈트, 게르만 사람들의 첫 조상들이 "같은 장소, 아니 같은 지붕 아래" 함께 살았다는 가정이 생겨났다.[452] 뮐러는 그리스 신화가 마치 "뿌리도 줄기도 없는 연꽃이 물 위에서 수영이라도 하듯" 인도 문화와 아무 상관도 없다고 주장할 "유인원 같은 인간들이 있을 수 있음"을 잘 알고 있었다. 그들은 지구가 여전히 평평하다고 믿는 사람들과 같은 부류였다.[453] 모든 동양학자들이 유럽의 역사가 아닌 전 인도-유럽 세상의 복잡한 새 역사를 쓰는 야심 찬 프로젝트에 집중적으로 매달렸다. 그것은 뮐러와 메인(Henry Summer Maine)을 거쳐 20세기 중반, 프랑스의 위대한 인도-유럽인 듀메질(Georges Dumézil)로 이어졌다. 메인은 인도 마을, 그리스 도시 국가, 스칸디나비아의 마크(Mark)가 형식적으로 비슷하다고 주장했다(이들은 인도-유럽어족 특유의 민주주의 실험을 대표했다). 한편 인도-유럽 공통 조상 이론은 불명예스럽게도 후에 나치의 '아리안족' 신화로 악용되기도 했다. 그러나 오늘날 유럽의 역사가 아시아의 중요한 부분으로부터 따로 떼어낼 수 없다는 단순한 사실로 여겨진다면, 이는 많은 부분에서 계몽주의 '동양학자들' 때문이다.

아베스타를 찾아서

윌리엄 존스를 혐오하고 또 그의 혐오를 받은 남자가 있었다. 그는 새 오리엔탈리즘의 메시지를 진정 온 마음으로 받아들인 프랑스 산스크리트

학자 앙크틸 뒤페롱(Abraham Hyacinthe Anquetil-Duperron)이었다.[454] 그의 삶, 그리고 그가 어떻게 18세기 위대한 지적 논쟁의 중심에 섰는지에 대한 이야기는 계몽주의 시대 ‘동양’에 대한 서양의 이미지가 어떻게 변형되었는지 잘 보여준다. 어떻게 그 변형이 19세기와 20세기에 발생한 동서양의 정면충돌을 연출했는지에 관해서도 마찬가지다.

존스 이후 아마도 앙크틸 뒤페롱이 당대 가장 유명한 동양학자였을 것이다. 수다스럽고 자기 과시적이며 자신에 대해 말하는 것만 매우 사랑했던 그는 많은 면에서 전형적인 골동품 수집가였다. 때문에 파리의 식자층과 문학가들의 외면을 받았다. 사람들은 그의 열정에 매혹되었다가도 이내 그 열정이 부르는 재난에 혐오감을 느끼고 사라졌다. 나폴리의 철학자이자 프랑스 대사를 지낸 페르난도 갈리아니(Fernando Galiani)에 따르면 “뒤페롱은 천생 여행가였다. 그는 꼼꼼하고 정확하지만 어떤 체계를 창조할 수는 없고 유용한 것과 그렇지 못한 것을 구별할 줄도 몰랐다.”[455] 그러나 그런 평판은 뒤페롱 입장에서는 부당했다. 앙크틸 뒤페롱의 저작은 확실히 장광설에다 (대부분 자신에 대한) 부적절한 세부 사항으로 늘어져 있다. 그러나 그 지루한 나르시시즘에도 불구하고 그는 자신이 한 일이 ‘동양’을 이해하는 데, 더 나아가 궁극적으로는 “우리 모두가 관심 갖는 존재이자 자연의 중심인 인간”을 이해하는 데 강력하고 설득력 있는 체계를 만들어준다고 확신했다.[456] 고대 시대뿐 아니라 현대 아시아(그리고 말년에는 아프리카)[457]에까지 큰 관심을 보였고 투르크와 아랍의 정부 형태를 열정적으로 옹호하는 글을 쓰기도 했다. 동양의 연구가 “인류의 지식을 완성하고 나아가 양도할 수 없는 인권을 확실히 할 것”이라고 흥분했다.[458]

앙크틸 뒤페롱은 1731년 12월 7일 파리에서 근대적 의미의 향신료 상인의 넷째 아들로 태어났다.[459] 소르본 대학에서 히브리어와 신학을 공부하는 것으로 경력을 쌓았고 후에 네덜란드의 린비즈크 신학 대학에서 페르시아어와 아랍어를 배웠다. 1752년 왕립 도서관 동양 필사본 부서의 관원 자격으로 파리로 돌아왔다. 1754년 뒤페롱은 한 영국인 요원이 수라트(인도 구자라트의 한 도시-옮긴이)의 배화교도들로부터 얻어 옥스퍼드 보들리언 도서관에 두었던 필사본 벤디다드(아베스타의 일부-옮긴이)의 복사본을 보게 된다. 판독할 수도 없었던 그 필사본을 시작으로 젊은 뒤페롱은 천직을 발견했다. 후에 겸손(?)한 뒤페롱은 다음과 같이 회상했다. "그때 나는 놀라운 업적으로 내 조국을 더욱 풍요롭게 하겠다고 결심했다. 감히 그 필사본을 번역할 계획을 세웠고 그렇게 계획하자 구자라트나 키르만(이란의 도시-옮긴이)으로 가서 고대 페르시아어를 배워야겠다는 생각이 들었다." 아베스타에 대해 거의 알지 못했지만 "라틴과 그리스에서 찾지 못했던 깨달음을 고대 동양에서 얻을지도 모른다."라고 생각했다.[460]

왕립 도서관에서 뒤페롱이 발견했던 복사본은 아베스타의 벤디다드, 즉 '악마에 반대되는 법' 혹은 '순수한 신념에 관한 규칙' 22조항 중 일부였다. 아베스타 혹은 젠드 아베스타(이 두 말 자체가 사실 고대 페르시아를 뜻하기도 한다)는 배화교도들의 성전으로 634년 이슬람이 이란을 정복하기 바로 전인 사산조 시대로 거슬러 올라가는 문헌이다. 스물한 권에 815장으로 구성되었지만 오직 348장만이 남아 있다. 아베스타는 고대 페르시아의 성자이자 예언자였던 조로아스터가 남긴 가르침의 모든 것이라고 한다.[461]

18세기, 조로아스터와 그가 창시했다는 조로아스터교에 대해 서양에 알려진 것은 거의 없었다. 그를 종교적 지도자(사실 신들의 창조자로 봄)이자 입법자로 다루는 몇몇 일관성 없고 오히려 해가 되는 그리스 문헌들이 있을 뿐이었다. 그러나 사람들은 대체로 조로아스터가 기독교 이전, 심지어 모세 이전 고대 시대에 지혜의 몸통을 창시한 사람이라고 믿었다. 그 지혜를 알기만 하면 고대 그리스 세상과 아시아를 연결시킬 수 있었다. 뒤페롱이 확실한 아베스타 원본 전체를 발견해 근대 유럽 언어로 번역했다면 그는 당시 서양 역사에서 가장 발달한 시기라던 그리스 로마 시대에 대한 서양의 해석 전체를 변형시킬 수도 있었을 것이다.

이제 그에게는 야심 찬 계획이 생겼다. 단지 후원자가 필요할 뿐이었다. 그는 파리의 다양한 학술기관에 있는 저명한 멤버들과 접촉을 시도했다. 그들은 뒤페롱의 계획에 흥분했다. 당시 프랑스에서 가장 두각을 나타내던 기관인 왕립 한림원을 먼발치에서나마 보여주며 뒤페롱에게 그의 야심 찬 계획을 성공으로 이끌 경우 한림원 회원으로 만들어주겠다고 약속했다. 그들은 뒤페롱을 대신해 대신들에게 호소하겠다고 했으며 당시 남인도 일부를 통치하고 있던 인도 회사의 후원을 받아주겠다고도 했다. 그 결과 뒤페롱은 왕이 파견한 인도 회사의 판무관 에티엔 드 실루에트(Étienne de Silhouette)의 '찬사를 받는 영광'을 여러 번 경험했다. 실루에트는 프랑스 재무 대신이기도 했고 중국 도덕과 정부 형태에 대한 논문을 썼으며 '재능 있는 젊은이들의 후원자'로 유명했다. 그러나 실질적인 도움은 아무것도 없었다. 인내심 부족한 뒤페롱은 1754년 말에 혼자 일을 시작하겠다고 결심했다. 11월 7일, 그는 인도 회사 군대에 보병으로 등록했다. 편지 두 통과 손수건 두 장, 양말 한 켤레, 수학 입문서, 히브리어 성경 복사본, 몽테뉴(Michel Eyquem de Montaigne)의 『수상록(Essays)』, 얀센(네덜란드의 신학자-옮긴이)주의자 피에르 샤론(Pierre Charon)의 『지혜에 대한 조약(Treaty on Wisdom)』을 갖고 인도로 떠났다.

1755년 2월 24일, 뒤페롱은 '아키텐 공작'이라는 이름의 움직이는 요새(배)를 타고 프랑스령 인도로 출발했다. 그즈음 그가 보병으로 등록했다는 소식을 들은 실루에트는 그에게 선실과 선장에 준하는 자격을 줬으며 오백 루블(뒤페롱은 충분하지 않다고 했지만 살아남기에는 충분했다)의 월급을 약속했다. 결국 그는 다소 우아하게 인도를 향해 항해할 수 있었다. 그러나 그렇다고 대양을 건너는 공포가 사라졌던 것은 아니었다. 수백 명이 질병으로 죽고, 선원 반이 그물 침대 신세를 져야 했다. 뒤페롱은 밤낮으로 자신의 선실에 누워 배의 나무들이 서로 부딪히며 신음하는 소리를 들어야 했다. 불쌍한 시체들이 바다로 던져질 때마다 대포 소리가 울려 퍼졌다. 그는 일기에 "어디든 죽음의 냄새는 사람을 질식시킨다."라고 적었다.

8월 9일, 떠다니던 납골당은 남인도의 프랑스 점령 지역인 퐁디셰리에 도착했다. 거기서 앙크틸 뒤페롱은 공손하게 인도 회사를 떠났고 산스크리트를 배우려는 목적으로 베나레스(인도 바라나시의 옛 이름-옮긴이)로 향하는 험난한 여행을 시작했다. 그의 설명에 따르면 여행 중 여러 종류의 열병 때문에 대부분의 시간을 혼미한 상태로 보내야 했다. 일단 출발하자마자 허약한 체력 때문에 베르나고르의 매음굴에서 쉬어야 했다. 창녀 두 명이 다섯 시간 동안 교대로 세이지 차를 제공하며 그를 간호했다. "불쌍한 욕정에 희생된 이들의 인간적인 권리를 생각하며(그가 그렇게 썼다)" 창녀들에게 풍성한 보상을 했다(그 대가로 무엇을 취했는지는 고상한 체하며 말하지 않았다).[462]

당시 프랑스와 영국은 전쟁중이었다. 3월, 뒤페롱은 찬데르나고르의 프랑스 재외 상관에 도착했지만 그곳은 곧 영국 수중에 떨어졌다. 인도인 이슬람교도로 변장한 채 퐁디셰리로 다시 돌아가야 했다. 그러고 나서 칼리코트, 코친, 망갈로르를 거쳐 포르투갈령이었던 고아로 갔다.[463] 가는 길에 자신에게 호기심을 보이는 사람이라면 누구든 가리지 않고 붙잡고는 여러 이야기를 나누었다. 인도의 카스트 제도, 영혼의 재생, 말라바르 지역의 기독교 기원에 대해 생각했고 마라타 부족과 스파르타 사이의 유사점을 깊이 숙고했다. 1758년 4월 30일 오후 다섯시 마침내 그는 "이질로 극도로 쇠약해진 채" 사 년 전 그의 마음을 사로잡았던 필사본 조각들이 원래 있던 수라트에 도착했다. 그리고 삼 년 동안 그곳에 머물렀다.

초기에 좀 곤란을 겪었지만 뒤페롱은 다랍 소라브지 쿠마나라는 배화교도 사제와 그의 사촌 카오스와 접촉하는 데 성공했다. 그들은 뒤페롱에게 벤디다드 복사본(최소한 그들은 벤디다드라고 주장했다)을 제공할 수 있었다. 그러나 때 이른 성공은 곧 문제를 일으키고 만다. 쿠마나와 카오스는 뒤페롱이 시키는 일을 계속 미뤘고 그들의 더딘 작업 수행 능력을 간파한 뒤페롱은 마침내 그들이 자신을 일정한 수입의 원천으로만 보고 있다고 의심했다. 그들이 건네준 벤디다드의 복사본도 믿을 수 없었다. 그러나 쿠마나는 결국 뒤페롱에게 정확한 벤디다드 필사본과 페르시아 팔레비 문법책을 제공하는 것으로 무고함을 증명했다. 또 "고대와 근대의 페르시아 필사본 몇 개와 배화교도의 인도 이주를 다뤘던 서사시로 된 작은 역사책도 제공했다."[464] 1759년 3월 말 뒤페롱은 번역을 시작했고 6월 즈음 벤디다드 번역본이 완성됐다.

그러자 또 다른 재난이 찾아왔다. 뒤페롱의 과장된 설명에 따르면, 잠시도 쉬지 않고 달고 다녔던 이질과 설사도 부족했던지 대낮에 사백 명에 달하는 사람들 앞에서 프랑스 상인 장 비캉(Jean Biquant)의 공격을 받는다. 비캉의 에페와 사브르 공격으로부터 찌르기를 세 번 당하고 피를 흘렸지만 뒤페롱은 살아남았다(비캉이 위험할 일은 전혀 없었다). 왜 비캉이 뒤페롱을 죽이려 했는지는 확실치 않다. 앙크틸 뒤페롱은 전에 비캉과 잘 알고 지내던 사이였다. 그런데도 그 사건을 마치 모르는 사람에게 당한 도발적인 일처럼 묘사했다. 또 다른 기록에 따르면 뒤페롱이 유혹하려 했던 한 여성과 관계있는 듯하다. 사건 후 뒤페롱이 영국군 수용소로 피신했다는 사실이 확실히 자신이 주장했던 것처럼 무고하지만은 않다는 증거이다. 꼼꼼하고 까다롭게 생긴 외모와 그가 늘 주장했던 허약한 체질에 맞지 않게 뒤페롱은 인도 체류 기간에 방종한 성 생활을 즐긴 것 같다. 베르나고르의 매음굴 이야기도 그가 주장했던 것처럼 그렇게 순수하지만은 않았을 것이다.

한 달 후 수라트 영국군 수용소의 보호 아래 뒤페롱은 아베스타의 다른 부분을 번역하기 시작했다. 고대 페르시아어, 팔레비어, 산스크리트로 된 필사본들을 수집했고 그 지역의 눈에 띄는 (지적, 물질적) 특성들을 모았다. 그리고 베나레스로 돌아간 후 중국을 여행하며 중국어를 배울 계획을 세웠다. 그러나 그의 원래 임무는 이미 완성되었다. 왕립 도서관의 훈장 보관 담당자인 장 자크 바르텔레미(Jean Jacques Barthélémy) 신부는 그것만으로도 뒤페롱은 "전 유럽에 그의 이름을 떨칠 것이라고 장담했다."[465]

뒤페롱은 수라트 영국 기지 사령관과 개인적으로 가깝기는 했지만 인도 내 정치적 상황이 프랑스에게 불리하게 돌아갔기 때문에 영국 기지에 머물기가 편치 않았다. 늘 허약하다던 건강도 더 나빠진 듯했다. 결국 뒤페롱은 중국 여행을 포기하고 유럽으로 돌아가겠다고 결심했다. 1761년 3월 15일, 수라트를 떠나 봄베이로 향했고 두 달 후 프랑스가 여전히 영국과 전쟁을 치르고 있었지만 영국 동인도 회사 소유의 무역선 브리스톨을 타고 영국 남부의 포츠머스 항으로 향했다.

이듬해 뒤페롱은 영국에 도착했고 일단 옥스퍼드로 향했다. 거기서 8

년 전 자신의 인생을 바꾼 필사본의 원본을 처음으로 볼 수 있었다. 그러나 놀랍게도 그 필사본은 도서관 벽에 쇠사슬로 묶여 있었다(당시 보들리언 도서관은 희귀본을 그런 식으로 보관했다). 홀 자체도 매우 추웠다. 뒤페롱은 필사본을 자신의 숙소로 가져가 자신의 복사본과 비교할 수 없다는 사실에 다소 당황했다. 열람실에서 오랜 시간을 보내야 했다. 그는 매우 거만하게 "옥스퍼드 도서관은 대체로 우리의 공공 도서관에도 못 미친다."라고 결론 내린 후 떠날 채비를 했다.[466]

1762년에 무사히 파리로 돌아왔다. 1754년 떠날 때와 비교해 더 가난해졌지만 "고대 희귀 필사본과 앞으로 남은 한가한 시간 동안 그로부터 취득할 지식을 생각하면 마음은 이미 부자였다(그때 그는 서른도 되지 않았다)." 그는 "그것들이 내가 인도에서 찾은 유일한 재산이었다."라고 기록했다.[467] 뒤페롱은 곧 다양한 필사본과 길고 긴 여행담 출판을 위한 준비를 시작했다. 그러는 동안 또 9년이 흘렀다. 1771년, 뒤페롱의 아베스타 번역이 방법론 및 여행기 완성본, 배화교도 종교 의식의 관습에 대한 에세이, 페르시아어-프랑스어, 프랑스어-페르시아어 사전과 함께 매우 무거운 세 권의 책으로 파리에서 출간되었다. 뒤페롱은 '고대 최초의 입법자 중 한 명'인 예언자 조로아스터의 믿을 만한 말들이 처음으로 유럽의 식자층 앞에 모습을 드러냈다고 주장했다.

그것은 엄청난 망상으로 판명 났다. 저명한 비평가 프리드리히 그림(Friedrich Melchior Grimm)은 그의 업적을 두고 몰인정하게 "팔릴 수 없고 아무도 읽을 수 없는 것"이라고 했다.[468] 뒤페롱의 저서는 읽을 수 없는 것이지만 유럽의 저명한 동양학자라면 누구나 한 번쯤 볼 만한 책으로 그 세기가 끝날 때까지 엄청난 논쟁을 불러일으켰다.

그 책이 출현하자마자 당시 스물다섯 살이었던 윌리엄 존스는 익명의 프랑스어로 앙크틸 뒤페롱에게 공개적인 편지를 보냈다. 존스는 뒤페롱이 번역서 서문에 올려놓은 여행기를 혐오했다. 후에 존스는 타당한 이유로 뒤페롱을 "야비하고 거만한" 사람으로 고소하기도 했다. 존스는 뒤페롱의 책을 "부당하고 촌스러운 풍자와 야만적인 어휘들과 역겨운 묘사, 유치한 세부 사항으로 점철된 약 오백여 쪽"이라고 말했다.[469] 또 뒤페롱의 옥스퍼드 방문 사건 묘사가 무례하다며 매우 탐탁찮게 생각했다. (그는 "무슨 처벌?" "당신의 조로아스터가 그런 배은망덕을 가르쳤던가? 수소의 오줌을 얼마나 많이 마셔야 했던가?"라고 썼다.)[470] 무엇보다 존스는 옥스퍼드의 동양학자 토머스 하이드(Thomas Hyde)의 저술에 대한 뒤페롱의 가차 없는 비판에 매우 화가 났었다. 토머스 하이드는 1700년, 뒤페롱처럼 조로아스터교의 뼈대를 구축하려고 이슬람 이란 이전의 이슬람 이야기들을 찾아내 "고대 페르시아의 모형"과 결합시킨 바 있다.[471]

존스와 뒤페롱의 문제는 학자적 양식에 대한 하찮은 말다툼이나 영국과 프랑스 학자들 사이에서 오늘날까지도 가끔 일어나는 자존심 싸움 같은 문제가 아니었다. 유럽의 지식인들은 성자로서의 조로아스터를 기대했다. 앙크틸 뒤페롱의 조로아스터는 볼테르의 말처럼 '혐오스러운 잡식가'였다. 볼테르는 어떻게 그런 시시한 이야기와 기괴한 신과 악마와 괴상한 법들이 조로아스터처럼 현명하다는 평판을 받은 사람의 업적이 될 수 있겠는가라고 했다. 볼테르의 비위를 매우 거스른 "책 곳곳에 발견되는 진부함과 오류와 모순들"은 뒤페롱이 사용한 텍스트가 매우 조야함을 증명했다. 존스는 "바로 그 때문에 우리는 그 텍스트가 아주 현대의 것이고 조로아스터 같은 지성적인 철학자의 말일 수도 없다는 결론을 내렸다."라고 비난했다. 그 이해할 수 없는 말들의 수집이 정말 고대 페르시아인의 법이고 종교였다면 "그들한테 배우기 위해 그렇게 먼 길을 갈 가치가 있었을까?"[472] 존스는 뒤페롱이 아첨으로 왕실 후원을 얻어내는 것을 빈정대며 뒤페롱에게 "당신의 봉건적인 법률들과 당신이 그렇게 소중하게 생각하는 로마 종교와 함께" 고향에 남아 있는 것이 나았을 것이라고 말했다. 뒤페롱이 수라트로 곧장 건너가 찾으려 했던 문헌들은 "안 그래도 야만적인데 뒤페롱의 번역으로 얻은 것이 아무것도 없다."라고 했다.[473] 존스는 또 뒤페롱의 번역이 명백하게도 페르시아는 물론 그 모든 잘난 척에도 불구하고 팔레비어도 거의 아는 것이 없는 남자, 그리고 자신이 읽은 것을 전혀 이해하지도 못했던 또 다른 사악한 박사 다랍 소라브지 쿠마나가 합작한 결과물이라고 했다. 그 둘과 그 작품은 철저한 위조품이었다. 장 샤르댕도 존스에 동의했고 독일 학자 크리스토프 마이너스(Christoph Meiners)도, 영국 언어학자 존 리처드슨(John Richardson)도 그랬다. 리처드슨은 뒤페롱의 아베스타가 아랍 차용어로 가득하고 사용된 언어가 매우 조야하므로 다른 고대 페르시아 문헌들과 다르다는 것을 증명하려 했다.[474] 대부분의 백과전서파 학자들도 같은 결론에 도달했다. 프리드리히 그림은 "만약에 이것이 조로아스터의 원작을 번역한 것이라면 고대 페르시아의 입법자 조로아스터는 동료들의 예나 따르며 대단히 철없는 소리를 해대는 바보나 다름없다. 이 세상 모든 법에 존재하는 공통된 도덕성 약간과 함께 불합리하고 미신적인 견해를 합쳐놓은 것뿐이다."라고 했다. 명백하게도 가련한 뒤페롱은 "쓸모도 없고 힘만 드는" 여행으로 생을 낭비한 것이다. "그것은 무의미한 것들을 수집하기 위해 지구 끝으로 떠나는 여행이었다."[475]

결과적으로 그들은 모두 틀렸다. 뒤페롱이 허영심 많고 제멋대로였던 것은 사실이다. 그러나 뒤페롱은 존스가 생각했던 것 같은 광대 언어학자는 아니었다. 1826년에 와서야 덴마크 언어학자 라스무스 라스크(Rasmus

Rask)가 뒤페롱이 읽은 아베스타가 실은 최소 기원전 334년에 쓰여진 것임을 증명했다. 와전된 산스크리트 아베스타가 아니었다.[476] 막스 뮐러는 존스를 비롯한 많은 학자들이 뒤페롱이 엉터리라고 주장해야만 했던 것은 결국 "아베스타의 저자들이 결코 백과전서파의 저서를 하나도 읽지 않았다는 것"을 증명했을 뿐이라고 말했다.[477] 적절한 지적이었다. 여기 우리가 놓치지 말아야 할 점은 원전에 대한 철학적인 다툼이 아니라 서양 지식인 사이에 존재했던 유럽 문명의 기원과 동양과 서양의 차이에 대한 갈등이다. 조로아스터는 인도-유럽인이었다. 동양인이긴 했지만 그의 저작은 헤로도토스의 동양에 속하고 그리스인이 페르시아인과 공유했던 동양이며 후에 서양 문명의 요람이 된 동양인 것이다. 뒤페롱의 아베스타 번역은 미신적 난센스의 잡동사니였다. 그러나 그 불합리성이 성경 혹은 코란보다 심했던 것은 아니었다.

만들어진 이미지

유럽의 계몽된 식자들에게 조로아스터의 저서를 제공하는 것으로 돈이 아니라면 명성이라도 얻고자 했던 앙크틸 뒤페롱의 험난했던 시도는 18세기 유럽이 시도했던 아시아 재발견의 역사에서 한 부분일 뿐이었다. 또 다른 재발견은 아마도 볼테르의 저작을 통해 잘 드러날 것이다. 지금까지 보아왔듯이 볼테르는 뒤페롱의 번역이 대면한 불신에 한몫을 한 사람이었다. 볼테르에게는 뒤페롱의 번역에 화가 날 충분한 이유가 있었다. 뒤페롱의 업적을 비방했던 대부분의 사람들처럼 볼테르도 그리스와 로마 문명과 동등한 가치를 지닌 고대 아시아의 이미지를 만드는 데 엄청난 노력을 해왔다. 1740년에 볼테르는 새 역사를 쓰는 일에 착수했다. 유럽의 문명과 업적을 범세계적인 관점에서 보는 작업이었다. 이전의 세계사는 모두 유대인과 기독교도의 관점에서 본 역사였고 그것은 볼테르가 봤을 때 웨일스 사람의 시각으로 로마 제국 역사를 쓰는 것만큼이나 불합리했다.[478] 그런 오류를 피하기 위해 볼테르는 지구상의 모든 문명화된 사람들을 묘사, 비교하며 동양에서 서양으로 넘어간 문명의 궤도를 추적할 예정이었다. 그는 그 책을 『풍속론(Essai sur les mœurs)』이라고 불렀다. 풍속 혹은 관습은 행동, 믿음의 양식과 성향 등을 보여주며 사람들을 서로 구분하는 가장 좋은 지표이다. 『풍속론』의 세속적, 비종교적, 세계적 관점은 "유럽 문명의 일부임을 매우 자랑스럽게 생각했던 유럽인에게 겸손함이라는 귀중한 교훈을 줄 예정이었다."

볼테르는 또 자신의 작업이 수 세기 동안 유럽인이 스스로에게 이런저런 방식으로 질문해왔던 한 문제에 대한 해답을 제공하기를 희망했다. 곧 볼테르가 말한 대로 "만약에 동양이 현재 서양이 향유하고 있는 모든 좋은 것의 원천이라면" 왜 우리 유럽, 서양의 국가들이 "마치 어제 태어난 것처럼…… 지금 동양보다 훨씬 더 멀리 나아가고 있는가?"라는 질문이었다.[479] 매우 다른 방식이기는 했지만 플라톤도 (볼테르가 잘 알고 있던 대로) 스스로에게 본질적으로 같은 질문을 던졌다. 20세기 초 오스만 제국의 몰락과 함께 서양의 승리가 완전히 확정될 때까지 서양인은 계속 그 질문을 했고 답을 얻고 싶었다. 오늘날에는 점점 더한 당혹감과 모욕을 느끼는 이슬람교도들이 그 질문을 던지고 있다. 답이 무엇이냐에 따라 헤로도토스 이래 영원한 반목으로 규정되어 왔던(현재까지 그 반목은 약간 위장한 채 계속되고 있다) 동서양 관계의 전체 그물망이 바뀔 수도 있었다.

몽테스키외는 그 답을 찾았다고 믿었다. 사실 그 답은 아리스토텔레스 이래 계속 있어왔으므로 답을 더 발전시켰다는 말이 정확하다. 몽테스키외는 인간이 환경, 특히 각자가 살고 있는 지역의 기후에 좌우된다고 주장했다. 아시아는 대체로 온대 지역이 없으므로 너무 춥거나 너무 더운 지역 사이에 계속되는 싸움을 겪어야 했다. 그 속에서 약한 자(혹서의 남쪽)는 강한 자(혹한의 북쪽)에 대면해야 했다. 몽테스키외는 "그러므로 한쪽은 늘 피정복자이고 다른 한쪽은 늘 정복자여만 했다."라고 결론 내렸다. 반면 유럽에서는 강한 자끼리 싸웠고 때문에 거의 끊임없는 전쟁을 겪었지만 결국 균형 상태를 유지할 수 있게 됐다. 유럽에서 자유는 인간 의지의 문제였다. 그러나 아시아인은 환경적 영향 때문에 의지만으로는 아무리 노력해도 독재자의 통치에서 벗어날 수 없었다. 약자는 항상 강자에게 복종할 수밖에 없었고 결코 강자가 될 수 없었다. "그 때문에 아시아는 결코 자유 개념을 널리 퍼뜨릴 수 없었다. 반면 유럽에서 자유는 상황에 따라 좋아지거나 나빠졌다." (데이비드 흄은 몽테스키외의 주장을 매우 회의적으로 보면서 만약 북쪽 사람들이 남쪽 사람들을 늘 약탈한 게 사실이라면 그것은 기후와는 아무 상관이 없고 오히려 가난과 상관이 있다고 주장했다. 북쪽 사람들은 늘 가난했고 남쪽에는 늘 먹을 것이 넘쳤던 것이다.)

몽테스키외는 자신의 이론이 "이전에 결코 주장된 적이 없다."라고 자랑스럽게 말했지만 그 말에 동의하는 사람은 많지 않았다.[480] 기후가 '국민성'을 결정짓는 요소일 수는 있다. 하지만 "기후가 국민들의 성향을 결정짓는다는 절대적인 증거가 있다면 그리스와 이집트 사람들은 정부가 국민에게 영향을 끼친다는 더 결정적인 증거가 있음"을 보여줬다. 데이비드 흄도 같은 입장이었다. 그는 웨핑과 세인트 제임스(런던에서 가장 가난한 지역과 가장 부유한 지역)의 서로 다른 풍속이 공기 혹은 기후 차이 때문이라고는 도저히 믿을 수 없다."라고 단정적으로 말했다.[481]

비록 아랍이나 페르시아보다 늦었지만 유럽은 이제 그들을 추월했다. 그것은 기후나 나태함이나 수동성 같은 동양의 어떤 특성 때문이 아니다. 흄의 유명한 문장에 따르면 인간 본성을 "그렇게 일반화할 수 있다면 역사는 우리에게 아무런 새로운 것 혹은 특별한 것도 제공하지 못할 것이다." 세상 사람들이 서로 다른 이유는 자연적 성향이 아닌 다른 것에서 찾아야 한다. 모든 국가는 진실로 각각 다르지만 그 특성은 본래적인 것이 아니다.

콘스탄티노플에서 델리에 이르는 아시아 사람들이 둔감한 휴면 상태에서 독재자로부터 해방되지도 못하고 그들 조상의 위대한 업적이 남긴 유산을 향유하지도 못한다면 그 이유는 그들이 지금 공유하는 문화나 그들이 믿는 종교와 더 중요하게는 그들을 통치하고 있는 정부에서 찾아야 할 것이다.

17세기 후반, 유럽에는 동양적 전제정치라는 말이 많이 쓰였다. 유럽은 전 아시아가 '동양적 전제정치'로 뒤덮여 있다고 생각했다.[482] 동양적 전제정치라는 표현이 인기를 끈 데에는 대체로 프랑스 철학자이자 의사인 프랑수아 베르니에(François Bernier, 1620~1688)의 책임이 크다. 그 표현은 무굴 제국에서의 경험에 기초한 것이었다. 그러나 원칙적으로는 당시 세 이슬람 제국 모두에 해당했다. 그리고 다소 다르기는 했지만 중국에 해당하는 말이기도 했다.[483]

무굴 제국 황제 아우랑제브(Aurangzeb)의 내과 의사로 12년 동안 인도에 머물렀던 베르니에는 1684년 인종주의에 대한 최초의 저술이라고 해도 과언이 아닌 『인종에 따른 세계의 새로운 구분(A New Division of the Earth According to the Different Species or Races which Inhabit it)』을 출판했다. 여성의 아름다움을 너무 많이 얘기하기는 했지만 베르니에는 책에서 투르크, 페르시아, 무굴 인도 사회 전반을 방대하게 묘사했다. 후대에 길고 지속적인 영향을 끼칠 대작이었다. 베르니에의 책은 급진적 공리주의자 제임스 밀(James Mill)을 확실히 감동시켰다. 제임스 밀은 영국의 인도 점령을 최초로 신랄하게 비판했으며 위대한 자유주의자 철학자였던 존 스튜어트 밀의 아버지였다. 칼 마르크스(Karl Marx)도 베르니에의 저술에 영향을 받아 그의 유명한 '아시아적 생산 양식' 개념을 구상했다.

직접 체험을 바탕에 둔 베르니에의 주장은 간단하다. 이슬람과 힌두교 통치 아래에 있는 국가에는 법이 없다. 입법은 군주의 기분에 달려 있거나 오래전에 죽은 군주의 이러저러한 기분들이 모여 성전이라는 가면을 뒤집어쓴 샤리아(이슬람법)에 달려 있다. 동양의 전제 군주들은 통치를 하는 것이 아니라 나라 전체를 소유했다. 서양에서 개인의 위상과 정체성은 상당 부분 재산 소유 능력에 달려 있다. 그러나 동양에서는 모든 것이 군주의 소유였다. 바로 그 점이 동양의 위대한 이슬람 문명인 오스만, 페르시아, 무굴의 공통점이었다. 베르니에는 다음과 같이 주장했다.

이 세 제국은 세상의 아름답고 선한 것의 원천인 소유의 권리를 없애 버렸기 때문에 서로 매우 비슷할 수밖에 없다. 그리고 모두 같은 실수를 저질렀기 때문에 조만간 같은 운명을 맞을 것이었다. 전제 군주들에게 불가피한 절대 고독과 몰락이 그들을 덮칠 것이었다.[484]

동양에서 노예는 많은 면에서 필수적이었다. 사실 대부분의 유럽도 그랬다. 유럽 식민지 내 노예 제도는 심지어 더 잔인했다. 그러나 몽테스키외의 용어를 차용한다면, 동양에는 특별히 '정치적인 노예 제도'라는 것이 있었다. 군주의 의지와 다른 표현 혹은 행동을 위한 자유가 부재했다는 뜻이다. 군주의 권력은 (많은 군주 국가가 그렇듯) 군주에 대한 존경심이나 군주의 덕성에서 나오는 것이 아니라 두려움에서 나왔다. 그것이 아시아의 전제 국가에서 종교가 특히 중요하게 된 이유이다. 종교는 늘 "공포에 공포를 더하기 마련이기 때문이다."[485] 그래서 『페르시아인의 편지』에 등장했던 레흐디는 소아시아의 몇몇 도시와 아마도 더 골치 아픈 문제를 갖고 있었을 카르타고를 제외하면 아시아에서 공화국이란 결코 존재하지 않았다고 주장했다. 아프리카에서도 마찬가지였다. "공화국은 전제 국가 아래에서 생길 수 없었다."[486]

동양 전제 국가에서 법은 변하지 않고 그 가짓수도 얼마 안 된다. "짐승을 길들일 때는 주인에게 덤비지 않게 훈련 혹은 조련하고 짐승의 뇌속에 두세 가지 지침만 세워주는 법이다."[487] 몽테스키외에 따르면 전제 국가 사회는 국가가 아니라 일종의 거대 가족이었다. "모든 것이 시민 정치 정부를 궁전 국가 관료들로 대표되는 자국의 정부에 흡수하는 데 이용되었다."

'동양'에 대한 새로운 이미지 덕분에 마호메트는 기독교 악마론의 한 장을 장식했던 것에서 벗어날 수 있었다. 그러나 어쩌면 악마로서의 이미지가 더 매력적이었을지도 모르겠다. 이제 그는 불명예스러운(모든 예언자들이 불명예스럽긴 하다) 간교한 독재자이고 기교가 넘치며 빈틈없는, 오히려 더 그럴싸한 지도자가 되었다. 볼테르가 1742년 비극 〈마호메트 (Fanaticism or Mahomet the Prophet)〉에서 묘사한 마호메트였다. 작품 속에서 마호메트는 강력한 성적 욕망으로 독재를 계획한다. 또한 천재적인 책략가로서 아랍의 미래를 열정적으로 생각했다. 그는 아랍인을 "너무 오랫동안 빛을 보지 못한 자비로운 사람들"이라고 불렀다.

볼테르의 마호메트는 메카의 샤리프(태수) '조피레'에게 다음과 같이 말했다.

> 나는 나를 고취하는 신을 통해서만 말할 것이다.
>
> 내 피 묻은 손에 있는 검과 코란이
>
> 인류의 나머지를 침묵하게 할 것이다.
>
> 내 목소리는 그들에게 천둥 같은 굉음일 것이고
>
> 나는 그들의 이마가 땅에 닿는 것을 볼 것이다.
>
> 나에게는 야망이 있다. 모든 인간이 그럴 것이다.
>
> 그러나 그 어떤 왕, 교황, 족장, 시민도
>
> 나처럼 위대한 계획을 품지는 못했다.
>
> 모든 인간은 세상의 법칙과 예술에 의해,
>
> 그리고 무엇보다 전쟁을 통해 한 번씩 그 몫의 영광을 받을 것이다.
>
> 이제 아라비아의 세상이 가까이 왔다.[488]

콩도르세, 기번, 흄, 루소(Jean-Jacques Rousseau)도 마호메트에게 마찬가지 역할을 부여했다. 콩도르세는 "그때까지 한 번도 문명화하지 못한 나라를 다스리려면 그 지도자는 먼저 묻혀 있던 고대 사교(邪敎)들을 끄집어내 좀 더 세련된 종교로 만드는 것부터 시작해야 할 것이다."라고 말하며 점잖게 감탄했다. "입법자, 예언자, 성직자, 판사, 장군 등 모든 통치 수단들이 그의 수중에 있었고 그는 그들을 멋지게 이용할 줄 알았다."[489] 마호메트에 대한 이런 묘사가 새로운 것은 아니었다. 심지어 완전 서양적인 것도 아니었다. 4세기 전, 이븐 칼둔(Ibn Khaldûn)도 매우 유사한 말을 했다. 칼둔에게 '마지막 예언자'로서 마호메트의 위상은 논의의 여지가 없었지만 어쨌든 다음과 같이 기록했다.

> 베두인 왕실은 일반적으로 예언자 혹은 성인이 있는 종교를 등에 업고
> 서만 권력을 유지할 수 있었다. 베두인 사람들은 매우 야만적이기 때문에
> 자치적인 국가로는 통솔이 불가능했다. …… 그들 사이에 예언자나 성자
> 를 주축으로 하는 종교라도 있어야 그들은 스스로 어느 정도 자제할 수
> 있다.[490]

마호메트에 대한 주장이 새롭든 아니든 무장한 예언자 이미지의 마호메트는 이슬람 세계로 전환된 아케메네스 제국의 이미지를 거의 모든 측면에서 완벽하게 재연해냈다.

그때 마호메트는 매우 편하고 익숙한 것이 된다. 마라톤과 살라미스 같은 고대 승전의 역사 속에서 작고 독립적이고 자유와 법을 사랑했던 그리스는 거대한 절대 국가에 맞서 당당히 승리를 거두었었다. 살라미스로 페르시아의 위협이 끝난 것이 아니었다. 지금까지 보아왔듯이 그 후 그리스는 페르시아에 대항해 점점 더 세력을 키웠고 알렉산드로스 대왕이 페르시아를 침략해 수도를 불태우고 그가 원하던 대로 세상을 하나의 문화로 연결했다. 18세기, 교육받은 유럽인이라면 누구든 유럽의 성공 신화는 살라미스에서 시작되고 알렉산드로스가 강화했으며 로마에 의해 세계 문명으로 변모했다고 믿었다. 현대 유럽 국가들과 식민지는 그런 로마의 후손인 것이다. 한편 보스포러스 저편 아케메네스는 파르티아를 시작으로 사산조 페르시아와 아랍을 거쳐 마침내 사파비, 오스만, 무굴 이슬람이 되었다.

문제는 좀 더 호의적이고 더욱 면밀하게 조사할 경우, 오스만, 사파비,

무굴 제국이 유럽인이 생각하는 것처럼 야만적이지 않다는 데 있다. 볼테르가 찬사를 아끼지 않는 콘스탄티노플의 정복자 메메드 2세 같은 통치자가 위대한 문화를 창조했음은 대개 인정하는 바이다. 더불어 그는 어떤 점에서 고대 세상의 가치들을 깊이 갖춘 사람이었다. 비잔틴 제국 (혹은 부패한 그리스 후손) 몰락의 진짜 이유인 십자군 전쟁으로 요약되는 탐욕스러운 기독교도들은 오래전에 그 가치들을 저버렸다. 볼테르는 현대 그리스인이 잊어버린 고대 그리스어와 ‘고대 그리스의 신학, 의학, 아리스토텔레스 철학’을 가르치기 위해 이스탄불에 아카데미를 세운 사람이 바로 메메드 2세임을 지적했다.[491]

최소한 그 점에서 뒤페롱과 볼테르는 의견 일치를 본다. 동양에 대한 전통적 이미지의 단순성에 격분한 뒤페롱은 1778년 「동양의 법률 (Oriental Legislation)」이라는 논문을 썼다. 논문에서 뒤페롱은 투르크, 페르시아, 인도의 “전제정치를 말하는 그때까지의 방식이 오직 그 지역에서 절대적으로 잘못된 정부 이미지만 강조하고 있음”을 증명하려 했다. 뒤페롱에 따르면 그때까지 동양에 대한 저술 대부분이 잘못 쓰여진 것은 단순한 오해의 문제가 아니었다. 세계적인 공통 증상 혹은 심지어 자연적인 증상을 마치 동양 사람들 혹은 동양 ‘정부’의 의지에서 나온 것처럼 보이려는 경향에서 나온 문제였다.

동양에서 뭐든 잘못되면 다 정부 탓이란다. 메뚜기 떼가 한 주를 황폐하게 하고, 또 다른 주에서는 전쟁으로 사람의 씨가 말랐다. 가뭄에 흉년이 들어 아버지가 살기 위해 어린 자식을 팔아야 했다(1755년 벵골에서 내가 직접 목격한 일이다). 그게 다 정부 탓이다. 동양을 여행한 사람들은 파리, 런던, 암스테르담에서 여행기를 쓴다. 그럼 동양에 대해 뭐라 한들 무

슨 대수이랴. 자기들 나라에서 똑같은 문제가 생긴다면 하늘을 탓하고 인간의 사악함을 탓할 것이다.[492]

볼테르도 동의했다. 그가 지치지도 않고 계속 던졌던 질문은 페르시아 혹은 투르크 연대기 작가들이 유럽의 봉건 제도를 만들었냐는 것이다. 봉건 제도 아래 영주가 농노들을 소유했던 것이 이슬람 사회보다 나은 것이었나? 자세히 들여다보면 동양 사회들은 프랑스가 베니스와 다른 것처럼 서로 놀랄 정도로 다르다. 게다가 유럽인 대부분이 동의하는 가장 거대한 사회인 오스만투르크는 사실 '전제적'이었다고 할 수조차 없다. 볼테르는 다음과 같이 선언했다.

사람들이 모두 술탄의 노예였고 아무것도 소유할 수 없어 그들의 물건들과 그들 자체가 바로 술탄의 소지품이라고 가정하는 것은 말도 안 된다. 그런 행정은 자폭할 것이다. 정복당했던 그리스인(비잔틴 제국)이 노예가 아니라 그들의 정복자가 노예라면 참으로 이상한 일이 아니겠는가?[493]

볼테르에 따르면 오스만 제국의 강점(결국은 약점이 되었지만) 중 하나는 투르크인, 아랍인 모두 로마 제국과 달리 세상을 하나의 국가로 만들려 하지 않았다는 점이었다. 그들은 중국의 몽골족이 그랬던 것처럼 정복지의 문화를 흡수하려고도 하지 않았다. 그들이 창조했던 사회는 대부분의 기독교도가 생각했던 음산한 사탄의 땅과는 거리가 멀었다. 사실 매우 관대하고 보편적이며 누구나 환영받는 세상이었다. 권력을 얻으려면 이슬람으로 개종만 하면 되었다. 물론 술탄이 최고 권력자였다. 하지만 그는 정복지의 세력가를 통해 통치했다.

18세기 이스탄불에 한동안 머물렀던 이탈리아 모험가 마르시질리 후작(Marquis of Marsigili)은 「오스만 제국의 군사 조직(Military State of the Ottoman Empire)」이라는 논문을 썼다. 그는 논문에서 술탄 제국은 전제 국이지만 실질적으로는 군주 국가라기보다는 민주 국가에 가깝다고 결론 내렸다. 술탄에게 권력의 궁극적 원천은 그의 근위병들이었고 결국 각 지방의 통치자들이 각 지역을 통치했기 때문에 가능했다.[494] 성공적으로 정복을 하고 나면 다시 피정복자들에 의한 정부가 수립되었다.[495] 볼테르는 아케메네스 제국의 후손이자 모든 점에서 투르크나 인도보다 더 문명화했던 페르시아의 경우도 "인권이 대단히 존중되었다는" 점에서 군주 국가가 아니었다고 선언했다.[496] 그런 면에서 오스만과 사파비는 크세르크세스보다 "모든 국가의 군주, 모든 도시의 시민"을 외쳤던 알렉산드로스의 후손에 더 가까워 보인다.[497]

이런 주장들은 대개가 매우 도발적인 것으로 사실 볼테르 같은 사람이 동양의 군주보다 더 독재적이라고 보았던 유럽의 군주들을 겨냥한 주장이었다. 그러나 동양의 위대한 제국들이 사실 전제 국가가 아니거나 최소한 앙시앵레짐(ancien régime) 아래 유럽 군주국보다 덜 전제적이었다고 하더라도, 그리고 최근까지 군사적, 문화적으로 유럽의 방대한 국가들에 대항한 강력한 호적수였음에도 불구하고, 18세기에 접어들자 그들은 눈에 띄게 시들어가기 시작했다. 오랜 세월 이슬람은 아랍인을 프랑스 남쪽까지 몰고 갔고 아나톨리아 산간 지방과 중앙아시아를 지배했다. 17세기의 위대한 술탄 슐레이만은 심지어 크세르크세스의 야망조차 능가하며 다뉴브 강까지 진군해 유럽 문명을 바짝 위협했다. 그런데 18세기 이슬람은 이제 기력을 모두 소진한 듯했다.

아랍인은 사산조 페르시아로부터 정치 조직을 차용했고 사산조와 그리스로부터 군사 기술을 배웠다. 투르크인도 페르시아와 후대에 정복했던 비잔틴 사회로부터 많은 것을 배웠다. 투르크인은 당시 유럽인은 들어보지도 못한 고문서 등을 바탕으로 당대 제일가는 중앙 정부 형태를 구축했다. 그들은 그리스 건축 및 실내 장식 기술도 받아들였다. 그러나 유럽인의 눈에는 아랍인과 투르크인은 모두 인류 역사에서 기습과 약탈의 단계 이상으로는 도저히 나아가지 못한 사람이었다. 모든 성공에도 불구하고 그들은 매우 침체해 있었다. 그들의 군사적 정복 역사는 매우 경외심을 품게 하기는 했다. 하지만 그리스 로마의 정복처럼 예술과 과학의 발전과 결부되지는 않은 것 같았다. 그들은 그저 영토를 정복했을 뿐이었다. 오스만 국가는 아케메네스의 선조들의 방식과 매우 유사한 방식으로 선조들의 야망을 이룬 것이다. 볼테르는 투르크인은 근대 경제학이나 특별 조세 체계나 대부 같은 것은 전혀 알지 못한다고 지적했다. 그들은 국민 부채나 국가 은행의 문제 같은 것도 전혀 걱정하지 않았다. "그 세력가(볼테르는 술탄을 그렇게 불렀다)는 키로스 시대 조상들처럼 귀금속을 모으는 방법만 알고 있었다."[498] 사파비 페르시아는 부분적으로 약간 예외일 수 있겠으나 거기서도 한때 그리스와 견줄 만했던 과학이 "후대에 가면서" 사라져버렸다.[499] 볼테르는 『샤르댕의 페르시아 동인도 여행』을 읽는 것은 "크세르크세스 시대를 상상하는 것"과 같다고 말했다.[500]

그러나 왜 그렇게 됐을까? 칼리프 시대와 사파비 시대는 말할 것도 없고 16세기 오스만까지만 해도 그들은 유럽의 기독교 세계보다 훨씬 앞서 있었다. 왜 그 상태가 주는 이점을 살리지 못했을까? 단순하지만 가장 외면하기 어려운 대답은 바로 종교일 것이다.

유럽은 세속 정부의 권한을 자꾸 넘보던 교회에 저항하는 데 성공했다. 지금까지 보아왔듯이 16세기 교회는 내부적 투쟁을 거쳤고 그 결과 순수하게 정신적인 영역을 제외한 대부분의 영역에서 권력을 잃었다. 정치와 종교의 분리는 오직 부분적인 것이었다(오늘날까지도 그렇다). 그러나 독립적 이성 및 과학 문화의 발달을 보장하기에는 그 정도 분리로도 충분했다. 이슬람 세계는 매우 다른 양상을 띠었다. 이슬람 자체가 시민법의 기반이었기 때문이었다. 전제 군주이자 능숙한 군사 지도자였던 마호메트가 거칠고 호전적인 사람들을 통치하려고 채택했던 최고 도구가 이슬람이었다. 그 기능을 계속 수행하려면 이슬람은 서양의 시민법이 경험해야 했던 모든 종류의 분석과 보강 과정을 외면해야 했다. 볼테르가 말한 대로, 그나마 행해졌던 코란의 해석들도 "식자들의 논쟁을 위한 것이 아니라 거의 추천서 용도 정도"로 전락했다. 볼테르가 지적했듯이 이슬람이라는 말 자체마저 일종의 단념 혹은 신의 말의 받아들임을 의미했다.[501]

중국의 정체성

그런 설명은 그러나 오직 오스만, 페르시아, 무굴 세상에 한정된 것이었다. 그런데 볼테르가 열심히 저작에 몰두하던 시각, 아시아에서는 유럽인이 상상도 할 수 없었던 또 다른 문화가 조금씩 유럽인의 눈에 띄기 시작했다. 바로 중국 문화였다. 그것은 유럽이 익숙했던 고대 근동과 중동의 문화와 매우 유사하면서 동시에 매우 달랐다. 볼테르는 『풍속론』을 헌정했던 샤틀레 부인에게 이렇게 말했다. 동양에서 서양으로 건너온 문명의 길을 추적하는 새로운 인류 공동의 역사가 있다면 그 역사는 "유럽인이 문자의 개념을 터득하기 시작할 때 이미 언어로 역사를 기록했던 사람들의 나라, 바로 극동의 중국에서부터 시작해야 할 것이다."[502]

　서양이 상상하던 방대한 동양의 모습에 중국을 포함하는 것은 상당히 힘든 문제였다. 18세기의 세련된 유럽인들처럼 볼테르에게도 동양의 역사는 극단적으로 말해 아케메네스 제국의 연장선이었다. 또 북인도나 최소한 박트리아 지역, 즉 힌두쿠시 산맥과 아무 다르야(거칠게 보아서 현대 아프가니스탄) 사이의 땅은 오랫동안 그리스 영토였고 따라서 서양 역사에 포함되었다. 그리고 반(半)신화적인 나체주의자(고행자)의 땅(인도)이 있었다. 그 땅은 (볼테르가 말했듯이) "피타고라스 이전의 그리스인이 가르침을 얻으려고 찾아갔던 곳"이고 이집트와 함께 고대 페르시아 및 그리스 과학과 철학의 원천으로 인정받았던 땅이었다.[503]

　그러나 중국을 유럽과 연결시키는 것은 매우 어려운 작업이었다. 고대로부터 중국인은 실크로드를 통해 페르시아, 아랍, 비잔틴, 로마와 직접 무역을 했다〔로마인은 중국인을 '비단 사람들(silk-people)'이라고 불렀다〕. 비단뿐 아니라 상아, 금, 이국적 동물, 향신료 등이 중앙아시아에서 유럽으로 건너갔다. 사산조는 스리랑카에 무역 기지를 갖추어놓았고 비잔틴 연대기 작가 코스마스 인디코플레우스테스(Cosmas Indicopleustes)는 인도, 페르시아, 에티오피아…… 그리고 아주 먼 지역(Tsinista: 중국)에서 스리랑카로 들어오는 많은 뱃길을 설명하기도 했다.[504] 심지어 7세기까지 거슬러 올라가는 네스토리우스 교회가 미얀마 혹은 말레이시아의 항구 쿠알라에 존재했다는 설도 있다. 11세기에는 선박들이 페르시아 만의 시라프와 오만 앞바다 소하르를 출발해 스리랑카와 그 너머 중국까지 정기적으로 항해했다. 항해는 매우 길고 위험했다. 중국으로 이어지는 바닷길은 해적이 들끓는 약 1만 6천 킬로미터의 우회로였지만 그만큼 수익이 좋았다. 그러나 중국과 중국인에 대한 지식이 거의 부재했기 때문에 많은 선박이 대체로 서쪽 비잔틴 제국 쪽으로 항로를 틀었던 것도 사실이다.

유럽인이 처음 중국에 관심을 갖기 시작한 계기는 중국인 때문이 아니라 몽골인 때문이었다. 1209년이 되기 전 몇 년 동안, 알타이 산맥 너머 고원 지대에 살며 싸움을 일삼던 투르크-몽골 부족을 테무친이라는 소국의 왕자가 통합하는 데 성공했다. 그는 ‘칭기즈 칸(Genghis Khan: 위대한 왕)’으로 이름을 바꾼 다음 마호메트가 아랍인의 마음을 사로잡았듯이 몽골인의 마음을 사로잡는 데 성공했다. 1227년 사망할 때까지 중국 북쪽 대부분과 페르시아에서 아프가니스탄으로 이어지는 방대한 땅을 정복했다. 그의 계승자 오고타이 칸(Ögedei Khan)은 중국 정복을 완성하고 러시아를 통해 헝가리까지 진군했다. 콜럼버스가 1492년에 도착했다고 믿은 동양의 해변이 바로 ‘위대한 칸의 땅’이었다. 칸의 땅은 현재 30억의 인구가 거주하고 있는 땅으로, 단일한 제국으로는 역사상 가장 큰 제국이었다.

그 정복 소식이 유럽 전역에 퍼졌다. 칸에 대해 무지했던 유럽인은 스텝 지역 출신의 야만적인 긴 머리 기수에 대한 매우 거친 상상을 하며 두려움에 떨었다. 일부 유럽인은 칸의 몽골인들이 다리우스 1세가 몰살시켰다던 마기족 왕의 후손이라고 믿었다. 그게 아니면 전설의 알렉산드로스 대왕이 카스피 산맥 너머에 감금했다던 거인들인 곡과 마곡의 후손들일 것도 같았다(최고 교육을 받았다던 중세 시대 유럽인도 역사적 인물과 상상 속 인물을 구별하지 못했다). 그들은 로마를 정복할 심산인가? 그들의 도착은 곧 지구 멸망의 전조인가? 의문들이 난무했다. 동유럽 사람들은 마치 향후 오백 년 동안 동양의 비기독교도인의 침략을 두려워하며 살아야 하는 운명에라도 처한 듯 공포에 떨었다. 그들은 그 동양인을 ‘타타르족’이라고 불렀다. 타타르는 역설적이게도 칭기즈 칸이 전멸시킨 부족의 이름이었다. 그러나 두려움에 질린 사람들은 그 이름에서 '타르타로스(지옥)'의 이미지를 상상했다. 1295년 불교도였던 가잔(Mahmud Ghazan)이 이슬람으로 개종하며 칸이 된 사건으로 상황은 더 악화되었다.

그러나 이슬람을 채택하기 전의 몽골인들은 이국의 종교에 관대했고 불교, 기독교, 유대교, 이슬람 등 다양한 이종교들을 매우 중립적으로 장려했다. 13세기 유대교를 제외한 모든 종교 대표들이 몽골인의 영혼을 독점하고 싶어 혈안이 되어 있었다. 1245년 3월, 교황 이노센트 4세는 몽골이 이미 페르시아의 이슬람 셀주크 제국을 몰락시켰기 때문에, 어쩌면 잘 설득해 기독교도로 개종시킬 수 있을 거라는 희망을 품고 당시 지도자 구유크 칸(Güyük Khan)에게 특별 사절단을 보냈다. 사절단에는 주목할 만한 이탈리아인 지오반니 디 피안 디 카르피니(Giovanni di Pian di Carpini)도 있었다. 카르피니는 멀리 구유크 칸의 '황색 군대' 까지 찾아가 1246년 6월 마침내 칸을 알현할 수 있었다. 그는 칸에게 그와 부하들이 교황의 권위에 복종할 것을 요구하는 교황의 편지를 전달했다. 구유크 칸은 매우 짓궂은 답신을 보냈다.

당신은 "기독교도가 되면 좋을 것이다."라고 말했소. 매우 주제넘은 말이군. …… 신이 누구를 용서하고 누구를 구원할지 당신이 어떻게 알 수 있단 말이오? 신은 자연의 힘으로 이 세상의 모든 땅을 '우리'에게 수여했소. …… 어떻게 우리가 진심으로 "우리는 당신의 신하가 될 것입니다. 우리는 우리의 힘을 당신에게 주겠습니다."라고 말할 수 있겠소? 그곳 모든 왕들의 왕인 당신이 오히려 직접 우리에게 와서 존경을 표시해야 할 것이오.[505]

그것으로 끝이었다. 카르피니는 유럽으로 돌아왔지만 돌아오는 일 년 반 동안 칸의 영토를 두루 돌아다니며 몽골인에 대해 자세히 연구할 수 있었다. 1247년에 돌아온 그는 『몽골의 역사(History of the Mongols)』를 썼다. 헤로도토스 이후 유럽에 최초로 등장한 아시아인에 대한 책이었다. 게다가 매우 구체적이고 믿을 만했다. 카르피니도 정확히 헤로도토스처럼 문화인류학적인 다양한 특징들을 서로 혼합하는 식으로 기록했다. 거기에는 몽골인의 신념 체계, 결혼 풍습, 음식, 의복, 점(占), 매장 습관, 불 정화 의식, 복종, 준엄함, 정조, 거만함, 성급함 같은 성격들, 더러운 식습관, 음주 등에 대한 자세한 설명이 있었다. 그리고 늘 경악스럽다며 헐뜯기를 잊지 않았다. 몽골인은 말 그대로 스키오포드(Sciopods: 로마의 플리니우스가 처음 언급한 다리가 하나뿐인 인간, 플리니우스는 고대 인도인들이 스키오포드의 존재를 처음 언급했다고 전한다. 이들은 큰 다리로 비나 햇빛을 가렸고, 유럽에서 괴물 같은 인간의 대표적 은유로 통했다-옮긴이)였고 그 나라는 암컷 괴물과 수컷 개들의 땅이었다.[506] 카르피니는 중국인은 기독교도가 될 것이라고 믿었다. "친절하고 가장 인간적인" 키타요이(Kitayoi: Catayans → Chinese로 변함-옮긴이)라고 불렀고 "옥수수와 와인과 금, 은, 비단이 많은" 땅에서 산다고 묘사했다. 그러나 그는 중국인을 실제 본 적이 없었으므로 그저 풍문에 따른 생각일 뿐이었다.

1248년, 루이 9세(Louis Ⅸ)가 이집트로 향한 십자군을 준비하고 있던 키프로스에 서아시아 몽골군 사령관 엘지기데이(Eljigidei)의 특사라고 주장하던 두 명의 네스토리우스교도가 등장했다. 그들은 루이 9세에게 구유크 칸이 기독교도로 개종했고 게다가 그의 어머니가 '성직자 요한'의 딸이라고 주장했다. 성직자 요한은 중세 민간전승 속에서 큰 인기를 누렸던 인물로 대단한 권력과 부를 가졌던 신화적 기독교도였다. 요한은

1165년 당시 비잔틴 황제 마누엘에게 '사라센'에 대항한 투쟁을 돕겠다
는 편지를 썼다고 한다. 편지는 당연히 허구로 판명 났고 황금 건물과 은
으로 장식된 거리를 갖췄다는 성직자 요한의 영토는 에티오피아의 콥트
왕국으로부터 온 여행가들이 꾸며낸 이야기였다. 구유크 칸의 개종과 어
머니의 출생에 얽힌 이야기는 너무 기쁜 소식이어서 유럽인들은 차마 믿
을 수 없었다. 그러나 그 이야기를 완전히 무시하지는 않았다. 오 년 후
프랑스의 루이 9세는 프란체스코 수도회의 윌리엄 루브룩크(William of
Rubruck)를 지금은 사라진 당시 몽골의 수도 카라코룸으로 보냈다. 몽골
지도자가 정말 기독교도로 개종했는지 알아보고 만약 그렇지 않을 경우
개종시켜 교황에 복종하게 하라고 명령한 것이다.

구유크의 개종은 물론 희망사항이었다. 그러나 칸은 그런 포교 노력에
마음을 열고 있었던 것 같다. 1254년 5월 30일, 그는 동서양 종교 대표단
들의 논쟁에 참석했다. 이론적 경합에 대비하지 못했던 루브룩크는 로마
가톨릭 기독교가 유일하게 진정한 종교임을 공개적으로 주장하는 일이
무척 곤혹스러웠다. 다른 논쟁자들은 네스토리우스교도, 불교도, 이슬람
교도였다. 루브룩크의 일기(이 사건에 대한 남아 있는 유일한 설명)에 따르면
루브룩크는 일단 네스토리우스파를 자기편으로 만들었다. 비록 네스토리
우스가 이단이기는 했지만 어쨌든 기독교였기 때문에 그리 어려운 일은
아니었다. 그러고 나서 그는 이슬람교도로 하여금 신의 본성 및 존재와
관련한 가장 기본적인 원칙들에 동의하게 만들었다. 논쟁은 매우 성공적
이었다. 때문에 이슬람교도는 무조건 그에게 항복했고 다음 논쟁을 준비
하기 시작했다. 이제 남은 사람은 불교도였다. 불교도들은 다른 세 파의
논쟁자들에게 익숙했던 복잡한 신학적 계보에 기반을 둔 변증법적인 논
쟁에 대해 거의 아는 것이 없었다. 불교도들은 어떤 신도 전능하지 않다

고 선언해 기독교도와 이슬람교도의 큰 비웃음을 샀다.[507]

라틴 기독교 왕국 쪽이 승리한 것 같았다. 하지만 그 논쟁이 칸을 감동시킨 것은 아니었다. 칸은 루브룩크에게 매우 현명하게도 "신이 손에 서로 다른 손가락을 준 것처럼 인간에게도 믿음에 대한 다른 방식들을 주었을 것이다."라고 말했다. 논쟁에서 이겼지만 루브룩크는 빈손으로 돌아가야 했다. 그러나 몽골의 칸과 중국의 황제를 비롯한 우랄 산맥 저편의 상상하기도 힘들 정도로 많은 군주들이 기독교도로 개종하고 싶어 한다는 신화는 수 세기 동안 유럽 사회를 떠나지 않았다. 거의 끝이 없을 것 같은 대서양 한복판에 있던 콜럼버스는 자신이 카타이(Cathay: 중국) 해안 근처에 있다고 굳게 믿었다. 항해 일지에 그가 전인도의 통치자라고 믿었던 '위대한 칸'이 "여러 번 로마에 그들의 성스러운 믿음을 가르칠 선생을 보내라고 요청했지만 우리의 성부는 그것을 제공하지 않았고 그 결과 칸의 세상에서 너무도 많은 사람이 우상 숭배를 하며 악마의 이단에 빠졌다."라고 적는 것도 잊지 않았다.

카르피니처럼 루브룩크도 자신을 둘러싼 사람들을 관찰할 자유 시간을 충분히 가질 수 있었다. 또 카르피니처럼 그도 멀리 중국(루브룩크가 처음으로 중국을 카타이라고 불렀다)까지 가지는 못했다. 중국인이 몽골인과 매우 다르다는 것을 간파하기는 했지만 말이다. 그는 몽골의 수도에 있는 동안 확실히 중국에 대해 질문하면서 많은 시간을 보낸 듯하다. 자신을 환대했던 몽골인이 그렇게 정복하고 싶어 했던 그 재능 있고 고도로 문명화한 사람들에 대해 관심이 매우 많았던 것이다. 그 결과 루브룩크는 중국 관습에 대해 최초로 제대로 언급한 사람이 되었다. 그는 한의학과 한자("중국인은 한 음절 안에 여러 개의 글자를 집어넣어 한 단어를 만든다."라며 놀라워했다)와 유럽인은 들어보지도 못했던 지폐의 사용에 대해 자세히 설명했다. 그에게 중국은 카르피니가 몽골 집단 속에서 보았던 것보다 훨씬 세련되고 섬세하고 화려하고 풍요로운 문명이었다. ‘카타이’의 벽은 아마도 금으로 만들어지지도 않았고 또 그 길도 은으로 장식되지 않았을 것이다. 그러나 루브룩크는 몽골 황궁에서 불가사의한 은나무와 그 나무를 장식하던 네 마리의 사자를 봤다. 사자의 입에서는 암말의 젖이 흘러나왔다. 나무 꼭대기에는 무표정한 천사가 트럼펫을 불고 있었다. 트럼펫도 네 종류의 와인을 뿜어냈다. 파리 토박이 금세공자 기욤 부셰(Guillaume Boucher)의 작품으로 판명되었지만, 루브룩크는 그런 작품이 유럽에서 그렇게 멀리 떨어진 곳에 이국적인 모습으로 존재한다는 자체가 불가사의라고 생각했다.[508]

그러나 중국에 대한 가장 상세한 기록으로 가장 널리 읽힌 책은 베네치아의 상인 마르코 폴로(Marco Polo)의 『동방견문록(The Description of the World)』이었다. 그는 1271~1295년까지 중국에서 원나라 쿠빌라이 칸(Kublai Khan: 아마도 가장 위대한 칸)의 (중국) 수사관으로 살았다고 한다. 쿠빌라이 칸은 중국을 통일했고 실제적인 중국 황제가 되어 북경에 새 수도를 건설했다. 마르코 폴로는 이국적이고 기적 같은 세상, 유럽에 알려진 어떤 세상보다 더 크고 풍성하며 세련된 중국에 대한 최초의 완성된 기록을 남겼다. 그러나 오늘날 마르코 폴로가 감옥에서 루스티켈로에게 구술하여 책으로 만들었다는 『동방견문록〔거칠 게 번역해서 밀리오네(Il Milione : ‘매우 많은 돈’이란 뜻)라고도 한다〕』의 진정성이 심각하게 문제시되고 있다. 동방견문록은 직접적인 목격을 바탕으로 한 상세한 묘사와 여행기 독자들에게 익숙한 환상적인 묘사가 혼합되어 있다.

그러나 순진하고 열정적이었던 콜럼버스를 포함한 폴로의 동시대 사람이나 뒤이은 세대의 독자들 중에 『동방견문록』의 정확성을 의심하는 사람은 거의 없었다. 거기 최초로 중국 내부에서 본 중국의 모습이 있었다. 폴로는 자애로운 독재 아래 예의 바르고 세련되며 풍요롭고 도회적이며 상업적이지만 전쟁에 약하고 대체로 과학 기술에는 무지한 사람들이 방대한 영토에 걸쳐 살고 있는 나라로서의 중국(The Middle Kingdom)을 묘사했다. 그 이미지는 18세기 아편에 빠진 영국 시인 사무엘 테일러 콜리지(Samuel Taylor Coleridge)의 환상 속에서도 출현할 정도(콜리지는 이질 때문에 아편을 조금 복용했다고 한다-옮긴이)로 그 후 수 세기 동안 지속되었다.

> 쿠빌라이 칸은 상도(원나라 도시-옮긴이)에
> 장엄한 환락궁을 지으라고 명령했다.
> 신성한 알프 강이
> 인간이 헤아릴 수 없는 동굴을 지나
> 깊은 바다로 흐르고 있었다.
> 10마일이나 되는 비옥한 땅이
> 성벽과 탑으로 둘러싸여 있었다.
> 완곡한 실개천이 반짝이는 정원에
> 향나무 하나가 만개해 있었다.
> 그리고 산처럼 오래된 고대의 숲이
> 따뜻한 녹지를 감싸고 있었다.

1368~1644년까지 중국 명나라의 장엄한 환락궁은 대체로 서양 방문자들에게 불가침의 영역이었다. 그러나 명을 이은 청나라는 서양에 문물을 개방했고 유럽 국가의 공사와 대사들을 조금씩 더 많이 받아들였다.

그 결과 서양으로 비단, 세공 나무, 청동 장식품, 옻칠 가구, 마호가니 찻상, 중국 옷장 같은 이국적인 물건들이 대거 흘러들어갔다. 또 중국인이 대량으로 생산하던 질 좋은 '도자기(China)'가 있었다. 중국식 탑은 영국의 대저택의 세심하게 조성된 정원에서 매우 고급스런 소품이었다. 스웨덴의 드로트닝홀름과 러시아의 차르스코예 셀로에 지역에는 '중국인'으로 추정되는 사람들이 중국 마을을 만들어 살기도 했다.

중국 사람이 생산해낸 물품만큼은 확실히 장인의 솜씨 바로 그것이었다. 그러나 유럽인이 열광적으로 중국의 화려한 물품들을 소비하기는 했지만 여전히 그들의 역사, 종교, 문화, 심지어 사는 지역까지 모든 것이 확실치 않았다. 루브룩크가 몽골과 중국이 매우 다르다는 것을 발견한 지 3세기도 더 지나고, 몽골의 칸 제국이 중국 명나라가 된 지 253년이 지났다. 그런데도 무식함과는 거리가 먼 영국의 수필가이며 『우울의 해부(Anatomy of Melancholy)』의 저자 로버트 버턴(Robert Burton)조차도 여전히 "마테오리치(Matteo Ricci)가 중국과 카타이아가 같은 나라고 타타르의 칸이 중국의 황제라고 했던 말을 확인할 필요가 있다."라고 선언할 정도였다.[509]

대부분의 유럽인에게 중국은 세상의 끝이며 우주의 극한에 존재했다. 중국은 나머지 인류로부터 너무 격리되어 있었다. 때문에 윌킨스 주교는 1688년 『진정한 문자를 위한 에세이(Essay towards a Real Character)』에서 중국인은 바벨탑의 건설에 참여할 수 없었기 때문의 인류 언어의 원형을 보존하고 있을 것이라고 주장할 정도였다. 중국을 매우 혐오한 듯한 독일 철학자이자 시인 헤르더는 인간 역사에 결코 의미 있는 역할을 하지 못한다는 "운명 때문에 다른 국가들 외곽에 놓이도록 강요된 지구의 구석"이라고 칭했다.[510]

그러나 이슬람과 중국이라는 아시아의 두 부분 사이에는 중요한 연결 고리가 있었다. 16세기 예수회 선교단은 이미 그 사실을 알고 있었다. 그 것은 바로 종교였다. 긴 세월 보람도 없이 몽골인을 기독교도로 개종시키려 했던 유럽인이 볼 때 매우 놀라운 사실이었다.

선교단은 물론 선교를 해야 한다. 1583년부터 1610년 사망할 때까지 중국에 살아 상당한 중국 지식인 계급과 친분을 쌓은 마테오리치 같은 선교사들은 매우 우아한 중국어로 글을 썼다. 아마도 오늘날 우리 서양인이 갖는 유교의 이미지를 만든 최초의 사람들일 것이다.[51] 그러나 중국적인 것 대부분에 감탄해 마지않았던 마테오리치도 정기적으로 서신을 주고받았던 자신의 동료들이 인도나 아메리카로 간 것처럼 중국으로 들어가 그들의 종교가 뭐든 그것을 기독교로 바꿔야 했다. 그런데 중국인은 (그리고 인도인은) 아메리카 인디언과 달랐다. 불교, 도교, 특히 유교의 신념 체계는 너무 복잡했고 많은 점에서 기독교 윤리와 비슷했다. 나쁘게 말하면 완전한 사탄의 업적인 아즈텍이나 잉카 문명 혹은 힌두교와 비슷하다고 할 수도 있지만 중국의 종교들은 잉카 등의 종교와 달리 기독교가 이교도들로부터 흡수한 윤리적 측면과 매우 비슷한 면도 갖고 있었다.

그러므로 마테오리치는 중국의 다양한 믿음 체계와 기독교 사이의 연결점을 찾는 일에 착수했다. 플라톤주의와 비슷한 면이 있는(적어도 마테오리치는 그렇게 생각했다) 고도로 세련된 유교 문화에 기독교 복음의 정수가 아주 원시적인 형태일지언정 반영되어 있을 수도 있지 않겠는가? 마테오리치와 그의 많은 예수회 동료들은 그럴 수 있다고 확신했다.

마테오리치 외에도 불교와 유교 같은 이교 사상 모두가 십계명이 생겨나기 전 존재했던 고대 신학의 유물이라고 생각하는 사람들이 있었다. 독불장군 같았던 독일의 예수회 선교사 아타나지우스 키르허(Athannasius

Kircher)도 그런 사람들 중 한 명이었다. 그는 1667년 이집트와 인도 대륙을 자신의 『중국 지도(China illustrate)』에 포함시켰다. 중국의 종교적 믿음 체계에 대한 가장 최초의 그리고 가장 기상천외한 묘사였을 것이다. 그렇게 함으로써 키르허는 '동양'의 다양한 지역 사이에 하나의 뚜렷한 종교와 문화적 연속성을 구축하고 싶었다. 키르허에게 고대 이집트와 근대 중국은 둘 다 그 근원이 가공의 그리스 성자인 헤르메스 트리메기스토스(Hermes Trismegistus)에게서 발견될 수 있는 법체계에 의해 통치되고 있었다. 헤르메스는 헬레니즘적 철학, 점성술, 연금술, 우주론, 의학의 신이다. 밀교적 문헌들은 글자의 창조자이자 예술과 과학의 보호자인 이집트 신 토트(Thoth)가 말한 것을 헤르메스가 직접 받아쓴 것의 복사본이라고 믿어졌다. 그러므로 그 문헌들은 모세와 플라톤 이전의 지혜를 알려주는 유일한 문헌들이다(사실 그것들은 기원후 1세기에서 3세기 사이에 쓰여진 것으로 추정된다).[512] 키르허는 중국의 '절'을 절을 하는 관리들과 목이 잘렸지만 어울리지 않게 웃고 있는 머리들로 쌓여 있는 제단으로 기묘하게 (밀교적으로) 묘사했다. 키르허 같은 사람에게 공자는 헤르메스/토트의 또 다른 이름에 불과했다. 그 말은 곧 중국, 이집트, 그리스의 사상이 모두 하나의 유산을 공유한다는 뜻이었다. 또 다른 예수회 선교사이자 북경 예수회의 지도자였던 부베(Joachim Bouvet)는 전설적인 주역의 창시자 '복희씨'와 조로아스터, 헤르메스, 에녹이 사실 같은 사람이므로 고대 페르시아, 그리스, 유대교의 사상은 모두 중국 사상과 연결된다고 주장했다.[513]

18세기 초에 널리 받아들여졌던 중국의 이미지는 마테오리치, 키르허, 부베의 저작들과, 다음 한 세기 동안 극동 지역에 대한 유럽의 이미지에 강한 영향을 끼칠 초기 이집트 학자들인 폴 뵈리에(Paul Beurrier)와 고트립 스피첼(Gottlieb Spitzel)이 만든 것이었다. 그들은 극동 지방에 고도로 숙련되고 신비롭고 불가사의한 사람들이 있다고 믿었다. 그들은 예식과 예의범절을 차릴 줄 알고 무엇보다 기독교도가 찬사할 만한 많은 덕성을 갖추고 있었다. 그러나 당시까지 그런 덕스러운 중국의 이미지와 함께 중국인과 중국 문화가 확실히 결여하고 있는 점까지 지적할 수 있었던 사람은 독일 철학자이자 미적분 기호를 만들어낸 수학자 라이프니츠였다.

라이프니츠는 중국만이 최선으로 자연법칙에 따르는 삶을 고수해왔기 때문에 중국은 세상의 다른 모든 국가들과 다르다고 선언했다. 중국에는 확실히 독선적인 유일신 종교의 강령이 없고 16~17세기에 유럽을 킬링 필드로 만들었던 종교적 분파들도 전혀 없었다. 때문에 유교는 '이성의 종교'라고 할 수 있다. 라이프니츠는 중국의 이성적인 인간이 신의 바람이라고 할 수 있는 자연법칙을 보존하는 데 성공했다고 믿었다. 다른 세상의 종교들, 특히 기독교와 이슬람이 명백하게 실패했던 것이었다. 라이프니츠가 기독교도가 아니라서가 아니라 그는 "중국의 정부가 신의 정부보다 훨씬 낫다는 것"을 확실히 볼 수 있었다.[514] 자기네 교파 안의 괴물들만이 구원받을 수 있다고 주장하는 분파적인 교회의 박사들이 주장하는 신의 정부라면 말이다.

그것은 중국인도 볼 수 있었다. 별 차이도 없는 것 같은 기독교 교파들끼리 시끄럽게 싸우는 모습은 매우 공손하고 조용한 중국식 논쟁과 한참 비교되었다. 그 때문에 중국인은 '서양인'의 지적인 위상을 매우 저급한 것으로 치부했다. 인간의 영혼을 놓고 시끄럽게 싸우는 선교사들을 보고 매우 놀란 청나라 2대 황제 강희제는 다음과 같이 비웃었다.

공경의 마음을 어느 정도 갖고 있던 이슬람과 몽골인들 혹은 다른 외

국인들과 달리 가톨릭의 베드로 선교사, 예수회 선교사, 마리아회 선교사
들은 서로 싸우느라 정신이 없다. 포르투갈 사람들은 교회 내에서 나라라
도 세우고 싶어 하는 것 같고 프랑스 사람들도 마찬가지다. …… 그런 불
화가 천국의 신(마테오리치의 말에 따르면 기독교의 신)으로부터 나온 것일
수 없다. (서양인들이 말했던) 다른 일은 할 수 없기 때문에 인간을 사악한
길로 이끄는 바로 그 악마들로부터 나온 것이다.[515]

라이프니츠는 강희제의 말에 동의할 것이다. 라이프니츠는 중국으로
선교사를 보내는 것에 반대하지는 않았지만, 당시 상황을 볼 때 유럽은
"자연의 법칙을 따르는 종교를 어떻게 이용할지 가르쳐줄 선교사를 중국
으로부터" 데려오는 것이 더 급하다고 말했다.[516] 라이프니츠에게 중국은
위대한 장인이자 천재적인 도안사들의 나라이고 동시에 매우 도덕적인
사람들의 나라였다. 윤리는 중국인의 진정한 강점이었다. 중국인의 윤리
는 교육과 대화에 치중한 결과로서 결정적으로 형이상학적, 신학적 사변
을 피한 것이었다. 라이프니츠는 부베에게 "진정으로 실질적인 철학은
덕성이나 권리에 대한 일반적인 개념보다는 인간의 의사소통과 사회성을
위한 것으로 훌륭한 교육 체계에서 나온다."라고 써 보내기도 했다.[517] 볼
테르가 후에 주장한 것처럼 중국 사람은 유럽인이 그렇게 자주 되려고 노
력했지만 매번 실패하고 만 진정한 스토아학자들이었다. 볼테르는 (도덕
에 대해 잘 알지 못했지만) "중국인의 도덕은 에픽테토스(Epictetus)만큼이
나 순수하고 신중함과 동시에 인간적이다."라고 말했다.[518] (에픽테토스는
1~2세기 그리스 스토아학자이며, 도덕적 실수에 대한 적당한 대응은 처벌이 아니
라 교육이라고 가르쳤다.)

라이프니츠는 중국인을 소크라테스의 계승자로 변모시켰다. 그러나

중국인이 도덕 철학에서 아주 탁월하다고 주장하는 한편 그들이 논리학, 기하학, 형이상학, 천문학, 자연과학에 대해서는 이해의 수준이 매우 낮다고 말했다.[519] 그렇다면 그 시점에서 '교환'보다 더 인류에게 좋을 일이 무엇이겠는가? 라이프니츠는 열정적으로 "우리는 한꺼번에 우리의 모든 지식을 그들에게 줘서 그들을 고취시키고 그들도 한꺼번에 우리에게 그들만의 지식이라는 새로운 세상을 주는 것이다. 그렇게 배우지 않으면 내가 장담하건대 유럽은 수 세기가 지나도 그 지식을 얻지 못할 것이다."라고 썼다.[520]

그러나 불행히도 중국인은 그런 식의 고취에는 매우 둔감했다. 예수회 선교사들은 과학, 특히 과학적 기구들이 기독교의 우수성을 인상적으로 입증하는 데 충분할 것이라는 헛된 믿음을 가지고 있었다. 그래서 중국으로 들어갈 때 황제에게 선물할 시계, 천체 관측기, 망원경, 건반 악기, 베네치아 프리즘, 감압 펌프 같은 독창적인 물건들을 갖고 갔다. 비슷한 목적으로 마테오리치도 서양의 지리학과 천문학이 얼마나 발전했는지 보여주기 위해 세계 지도를 만들었고 서양 수학의 우수성을 증명하려고 일부지만 유클리드의 기하학을 중국어로 번역했었다. 만약 유럽인이 그런 천재적인 물건들을 고안할 줄 안다면 논리적으로 우주에 대한 그들의 이해도 다른 어떤 사람들보다 우수할 것임은 당연한 귀결이 아닌가? 그리고 신 외에 그 누가 궁극적으로 그런 이해를 가능하게 하겠는가? 라이프니츠는 1675년 프랑스 재무 장관 콜베르트에게 다음과 같은 서신을 보냈다.

중국인이 당신이 만든 천국에나 있을 것 같은 놀라운 장치(기계 시계)를 본다면? 저는 그들이 인간의 정신이 신의 정신을 닮았고 그 신은 특히

기독교도들과 소통한다는 것을 깨닫게 될 거라 믿습니다.[521)

그러나 중국인의 생각은 달랐다. 그들은 기술과 종교적 신념 사이의 필수적인 관계에 대해 결정적으로 매우 다른 개념을 갖고 있었다. 시계를 매우 감사히 받으면서 복음은 정중하고 단호하게 거절했다. 그 사건으로 마테오리치는 중국인에게는 "논리 법칙에 대한 개념이 없다."라고 선언했고 중국인은 선교사들을 "이해할 수 없는 무수한 논증"에 빠져 있는 사람들이라고 비난했다.[522) 중국인은 심지어 명백하게 우수한 새로운 장치들과 그 장치들을 가능하게 했던 서양의 수학이 서양의 이성적인 사고방식에서 나왔다는 사실도 가당치 않다고 생각했다. 서양인에게 친절하다던 강희제도 "서양의 방식이 우리와 일부 다르고 심지어 더 낫다고 할 수도 있지만 별로 새로울 것은 없다. 수학의 원칙들은 모두 주역에서 파생했고 서양의 방식들은 중국에서 기원한 것이다."라고 선언했다.[523) (후에 이집트 민족주의자들도, 서양의 유용한 과학적 수단은 진지한 코란의 연구로 짐작될 수 있는 것들이라고 주장했다.)[524) 중국에서 '서(西: hsi)'와 '신(新: hsin)'은 재빨리 서로 동음처럼 쓰여져 빈정거림의 소재가 됐다. 1640년 11월 독일 예수회 선교사 아담 샬 벨(Adam Schall von Bell)은 "서(西)라는 단어는 비속해서 사람들이 쓰기를 매우 꺼려한다. 황제는 칙령에서 서양을 가리킬 때 '서'가 아닌 '신(新)'을 사용한다. 사실 '서(西)'는 우리를 멸시하려고 할 때나 사용하는 단어이다."라고 기록했다.[525)

서양인들은 매우 분해하며, 중국이 서양에서 사용되는 똑같은 논리 체계를 차용하지 않는다면 자연 세상을 지배하는 법칙에 대한 어떤 지식도 얻을 수 없고 따라서 과학 기술을 배울 수도 없다고 믿었다. 그것은 중국인과 유럽인을 구분 짓는 결정적인 특징이었다. 동시에 중국을 아랍, 페르시아, 인도로 대표되던 동양의 이미지에 포함시킬 결정적인 특징이기도 했다(비록 다른 면에서 중국은 그 나라들과 매우 다르긴 하지만 말이다). 윌리엄 존스도 그 점을 인정했다. 아시아의 모든 사람에 대해 그는 "도덕 철학과 관련해 동양은 최고를 자랑한다. 그러나 난해한 과학은 유아적인 수준에 머물러 있다. 중국에도 우수한 수학자나 위대한 천문학자가 있었다. 하지만 그들은 뉴턴, 라이프니츠, 월리스(John Wallis), 헤일리(Edmond Haley) 혹은 베르누이(Jacob Bernoulli) 같은 사람들의 단계까지 가지 못했다."라고 적었다.[526]

결국 그것으로 유럽이 동양을 앞선 이유를 설명할 수 있을 것이다. 과학은 자연을 정복하려면 자연과 합리적으로 맞서야 한다고 요구한다. 그러나 매우 점잖은 유교 체계는 세상의 지배가 아니라 세상에 합리적으로 적응할 것을 요구한다. 20세기 위대한 사회학자 막스 베버(Max Weber)는 그것이 인도, 이슬람 국가, 중국이 16세기 북유럽이 경험했던 경제적 도약을 하지 못하고 19세기 산업 혁명에도 실패한 이유라고 했다.[527]

왜 중국이 다른 동양 국가들처럼 서양 같은 과학적 진보에 다소 실패하게 되었는지를 설명하는 또 다른 사회적 측면이 있다. 그 측면은 중국의 위대한 점이기도 했다. 중국은 고생하는 농민, 숙련된 장인, 덕 있는 유학자의 나라에 그치지 않았다. 중국은 수 세기 동안 내란이나 침략을 받지 않았던 세상에서 매우 희귀한(일부는 '유일한' 이라고 한다) 나라이기도 했다.

16세기 정치학 저술가('국가의 이성' 이라는 말을 처음으로 사용한 사람)이자 예수회 선교사였던 지오반니 보테로(Giovanni Botero)는 문명화한 사람들 중에 중국인이 가장 특이하다고 적었다. 중국은 "다른 사람에게서 뭔가를 얻으려고 지금 내가 가진 것을 잃는 것만큼 우둔한 짓은 없다."라고 깨닫고 그 깨달음에 따라 사회를 통치한 유일한 나라였다. 보테로에게 그 직접적인 증거가 바로 만리장성이었다. 중국 영토의 지리적 한계 극단까지 간 중국 황제는 그제야 성 쌓기를 멈추었다. 지나치게 야망이 큰 신하들을 장성 안에 두고 그들의 적을 장성 밖에 둔 것이다.

18세기 모든 이들이 중국 제국의 힘이 쇠퇴하고 붕괴될 것이라고 예견했다. 그때조차 최소한 중국을 좋아했던 일부 사람들은 인류 역사상 최대로 위대한 건설을 이룬 사회의 배후에 깔려 있던 이미지를 '부동의 제국'이라는 이미지로 바꾸어 묘사했다. 유럽의 대단한 제국들이 갖지 못한 오랜 세월의 태평성대를 중국이 누렸다면 당연히 중국에는 서양이 찬사할 만한 뭔가가 있지 않겠는가? 그렇다고 확신했던 사람들 중에는 프랑스 중농주의자 프랑수아 퀘즈네(François Quesnay)도 있었다. 루이 15세(Louis XV)와 그의 여인 마담 퐁파두르의 괴팍하고 까다로운 주치의였던 퀘즈네는 말년에 아담 스미스가 "매우 천재적이고 조예가 깊은 저자"라고 말할 정도로 매우 참신한 경제 이론가로 변모했다.[528] 시장 경제 원리의 창조 겸 '자유방임주의(laissez-faire)'의 창시자였던 퀘즈네는 국가의 진정한 번영은 정부가 부과한 (17세기 프랑스의 중상주의 같은) 모든 경제적 구속이 사라질 때만 성취될 수 있다고 믿었다. 오직 그때만이 퀘즈네가 '자연법'이라고 불렀던 것(오늘날의 '시장' 개념이 될 것이다)이 경제를 완벽하게 장악하고 그때야 비로소 모든 사람들이 오랜 세월 이득을 보게 될 것이었다. 한번은 왕이 프랑스 경제를 계속 골치 아프게 하는 곡물 공급 부족을 끝내려면 어떻게 해야 하냐고 물었을 때 퀘즈네는 두 손을 들어올리며 단언했다. "아무것도 하지 마십시오. 자연이 통치하게 두어야 합니다." 퀘즈네는 그런 정책이 실행되고 있는 사회가 두 곳 있다고 믿었다. 하나가 페루의 잉카 사회였다. 그러나 신이 제공한 가치를 따질 수 없는 귀한 교훈을 인류가 제대로 이해하기도 전에 탐욕스러운 스페인 사람들이 슬프게도 잉카 문명을 멸망시켰다. 이제 중국이 남아 있었다. 퀘즈네는 "중국 제국의 무구한 역사와 방대한 땅과 영원한 번영은 자연법칙을 준수했기 때문이다."라고 믿었다. 1767년 발행한 짧은 논문 「중국의 전제정치(Despotism of China)」에서 그는 그 이유를 설명했다.

퀘즈네에 따르면 유럽과 '중동'은 제국 확장과 몰락을 반복했다. 그것이 이제 "매우 당연해서 정부가 시도 때도 없이 바뀌는 게 오히려 자연스러울 정도다." 중국만 달랐다. 퀘즈네는 중국에서는 자연법칙이 곧 군주라서 모든 사람이 의심 없이 복종하기 때문이라고 믿었다. 중국에서 전제정치를 일삼는 것은 몽테스키외를 포함해서 중국에 적대적인 사람들이 주장했던 정부가 아니라 자연법칙이다. 그리고 퀘즈네에 따르면 중국이 절대 뒤지지 않는 것은 라이프니츠가 주장한 도덕이 아니라 "인간의 보존 본능과 끝없는 생산의 욕구라는 물리적인 법칙"이 살아 있는 경제였다.[529] 정말이지 퀘즈네에게 윤리학과 경제학은 불가분의 관계였던 것 같다. 그냥 내버려두면 인류가 자연스럽게 번영할 거라고 이해했던 나라는 중국뿐이었다. 중국인만이 모든 유럽의 권력들이 병적으로 집착했던 군사적 확장을 영원한 경제적 성장으로 대체하는 데 성공했던 것이다.

퀘즈네에 따르면 중국은 전쟁에 대한 열정을 농업에 대한 관심으로 대체하면서 성공을 이룰 수 있었다. 오직 진정으로 농경적인 국가만이 "불변하는 자연법칙의 신하인 일반적, 보편적 정부 아래 안정되고 오래가는 제국을 건설"할 수 있다. 그 때문에 중국에서는 전사가 아닌 농부가 시민의 전형이다. 매우 인위적인 봉건 제도가 아니라 자연의 법칙이 군주이기 때문에 농부들이 유럽에서는 불가능한 권력을 얻고 고위 관직에 오르는 것이다. 다른 유럽인처럼 퀘즈네도 강희제가 봄에 직접 나서서 고랑에 첫 씨앗을 뿌리는 의식을 치르는 것에 매우 감탄했다. 퀘즈네의 '자유방임주의'를 혐오했던 디드로(Denis Diderot: 18세기 프랑스의 사상가, 소설가-옮긴이)도 그 의식만큼은 "국민의 아버지인 황제가 땅에 의존한다는 것이 곧 그 나라가 풍요로울 수 있었던 이유다."라며 흥분을 감추지 못했다.[530]

퀘즈네는 중국이 농업의 성공으로 자급자족할 수 있었다고 주장했다. 유럽 국가들이 외부적인 무역에 생존을 의지해야 했던 것과 달리 중국은 외부로부터 필요한 것이 거의 없었다. 퀘즈네는 왕실 사람들로부터 꼼짝 못하고 신하들에게서 소외당한 군주가 유산으로 권력을 얻은 일단의 사람들을 거느리며 정부를 이끌어가는 서양이나 오스만 제국의 정부 형태와 중국의 그것을 비교해보라고 한다. 자연법칙의 최고 구현인 중국 황제는 신하들의 정기적인 비판을 기꺼이 받아들였다. 관직 등용 시험은 모든 사람에게 열려 있었다. 귀족 계급이 분명히 있었지만 귀족이라고 반드시 자동으로 관직에 등용되는 것은 아니었다. 무엇보다 중요한 것은 경제 법칙이 "그 나라의 도덕군자들, 즉 지각 있는 사람들 사이에 널리 알려졌다"라는 사실이었다.

중국은 군주가 사회 집단의 대표가 아니라 자연법의 최고 구현이었기 때문에 모든 유럽 제국이 얻지 못한 것을 얻을 수 있었다. 중국 정부 관료들은 지적, 도덕적 자질에 의해 선택된 사람들이었다. 그래서 주로 이타적으로 공공의 이익을 추구했다. 퀘즈네의 중국에 대한 통찰은 결과적으로 오늘날의 경제 안정 모델과 '환경 친화적 성장' 개념을 만드는 데 일조했다. (그의 견해가 대체로 허구이고 객관적이지 못한 매우 윤색된 주장들로부터 파생한 것이기는 하다.)

그러나 라이프니츠는 퀘즈네가 말한 중국의 특징이 결국 중국의 최고 약점이 될 것이라고 예견했고 그 예견은 맞았다. 중국의 안정과 단결력은 특히 전쟁이 끊이지 않았던 유럽 국가들이 봤을 때 매우 탐나는 것임에 틀림없다. 그러나 그것을 위해 중국은 확실한 대가를 치러야 했다. 안정은 그만큼의 정체도 불러왔던 것이다. 평화는 새로운 것에 대한 불신, 의심, 무관심, 수동성을 일으킨다. 중국만 그랬던 것은 아니다. 아시아 전역의 복종적인 사람들이 계속되던 전제 군주들 앞에 절을 하면서 그들 고유의 창의적인 주장을 모두 포기했다. 투르크, 페르시아, 인도, 중국은 서로 비교도 할 수 없이 다른 정부 형태, 법률, 관습, 기후조건을 가졌다. 그러나 모든 나라는 이런저런 정체를 똑같이 겪어야 했다. 볼테르는 그 나라들이 알렉산드로스 시대 이래 하나도 변하지 않고 남아 있다고 말했다.[531] 투르크, 페르시아, 아랍 땅의 문화, 예술, 과학은 중세 시대(대체로 그리스 문화에 바탕을 두었다)에 찬란한 꽃을 피웠지만 더 이상의 진전은 없었다. 볼테르에 따르면 중국의 과학도 "중세 시대 유럽의 대단찮았던 과학 수준에 머물고 있었다."[532]

중국인은 자연법칙과 황제의 칙령을 수동적으로 받아들였고 이슬람교도는 그들만의 세상에서 신의 말이라는 종교를 수동적으로 믿었다. (윌리엄 존스와 할헤드에 따르면 힌두교도의 경우 다소 그런 저주에서 예외일 수 있으나 대영 제국이 인도를 점령하기 전 인도는 말기에 다다른 이슬람 제국의 통치를 받고 있었다.) 중국은 태평성대와 상대적으로 매우 조화로운 시대를 영위했을지 몰라도 정체라는 비싼 대가를 치러야 했다. 그들의 방대한 제국은 결국 얼어붙었다. 확실히 안정적이었지만 정지된 것이었다.

정체되고 휘황찬란하고 지나치게 예식을 중히 여기고 진보나 혁명이 불가능한 나라라는 중국의 이미지는 1911년 군주 국가 중국이 몰락할 때까지 거의 변하지 않고 남아 있었다. 1816년, 중국 황제가 영국 사람을 잘 대우하지 않는 것을 항의하라는 특별 임무를 띠고 중국으로 파견된 애머스트 백작(Lord Amherst)과 동행한 헨리 엘리스(Henry Ellis)는 유럽인이 그런 이미지의 중국을 매우 권태로워한다는 것을 알아챘다.

> 중국은 크기, 생산량, 인구, 예술의 열정, 이국성 등에서 위대한 나라지만 오싹한 획일성이 널리 퍼졌고 그것이 전체를 죽이고 있다. 나는 개인적으로 황실의 수로에서 나오는 잔잔한 물 위를 늘 똑같은 편안함으로 항해하느니 아라비아의 베두인족이나 페르시아의 엘리아트족이 겪는 기근과 궁핍을 참아내는 쪽을 택하겠다.[533]

1842년, 계관 시인 알프레드 테니슨(Alfred Lord Tennyson)은 "세계 연방, 인류의 의회"의 평화로운 통치 아래 비행 기계들과 함께하는 빛나는 승리의 미래를 기대하며 "중국의 한 순환보다 유럽의 오십 년이 낫다."라고 적었다. 동양은 미래에 공헌할 게 아무것도 없었다. 결국 동양은 서양의 미래로 휩쓸려 들어갈 것이었다(혹은 휩쓸려 나가버릴 것이었다).[534]

그러나 모든 것이 사실이라고 해도, 그리고 '중국의 한 순환'이 유럽의 오십 년 역사보다 못할 우둔하고 무의미한 반복이라고 하더라도 다음과 같은 질문은 여전히 남아 있다. 과연 무엇이 수많은 중국인이 세대를 걸쳐 그들의 먼 조상들이 구축해놓은 가르침과 규칙을 그토록 수동적으로 따르게 했는가? 왜 그들은 유럽처럼 과학적 혁명, 아니 어떤 종류의 혁명도 결코 한 번도 경험하지 못한 것일까?

모든 전제적 통치가 두려움에 기반을 둔다는 것은 너무나 잘 알려져서 진부하기까지 하다. 중국 황제는 명백하게 전제 군주였다. 어떤 면에서 그가 아무리 자애로웠다고 하더라도 말이다. 그리고 엄격하게 교육받은 중국인들에게는 서양의 자유 시민이 만든 어떤 종류의 혁신도 기대할 수 없었다. 그러나 퀘즈네는 "황제가 전제적이었음이 사실이라고 해도 황제의 힘은 두려움이 아니라 그가 국민들에게 보여준 사랑에서 나오는 것이다."라고 대답했다.[535]

그러나 횡포한 아버지를 뒀던 천재 시인 디드로는 봤지만 퀘즈네가 보지 못한 것이 있다. 사랑, 적어도 부모의 사랑 역시 두려움에 기반을 둔다는 것이다. 부모가 화를 낼까? 나를 외면할까? 나를 버릴까? 바로 이런 종류의 두려움이다. 황제는 두려움보다 사랑을 통해 통치할 수 있겠지만 결과는 어쨌든 같다. 중국은 사실상 하나의 큰 가족으로, 볼테르가 말했듯이 "부모의 권위는 결코 약해진 적이 없었다. 그런 사회에서 유학자 관료들은 마을과 지방의 아버지고 왕은 전 제국의 아버지로 간주된다."[536] 디드로는 "그 커다란 가정에서 중국인들은 가족 내 아버지 폭군과 제국 내 황제 폭군이라는 두 폭군의 신하이다."라고 말했다.[537] 〔역사학자 리처드 파이프스(Richard Pipes)는 구소련을 두고 비슷한 주장을 했다. 그는 구소련을 '가부장적인 국가'라고 불렀다. 많은 점에서 18세기 중국과 다르긴 하지만 구소련도 경제의 몰락을 부를 '정체된' 아시아적 폭군의 또 다른 표본이었다.〕

가족 제도는 새롭지만 파괴적일 수도 있는 것을 외면한다. 또한 고대의 것, 신성한 것을 보존하려는 경향이 있기 때문에 결과적으로 과도하게 과거를 숭배한다. 다시 볼테르의 말을 빌리자면 "그들 눈에 비친 고대의 것은 모두 완벽해 보인다."[538] 헤르더는 그것을 다음과 같은 다소 인종주의적인 발언으로 표현하며, 조만간 도래할 식민지 시대 식민 국가에 매우 적합한 말이라고 했다.

이 지역의 인종들은 결코 그리스인이나 로마인 같을 수 없다. 이들은 중국인이었고 또 중국인으로 남아 있다. 자연은 그들에게 작은 눈, 들창 코, 평평한 이마, 빈약한 수염, 큰 귀, 불룩한 배를 주었다. 그 사람들에게 주어질 만한 것은 사실 이미 주어졌다. 더 줄 것이 무엇이겠는가?[539]

이때 중국은 퀘즈네의 참신한 생각처럼 자연법칙에 따른 통치를 하는 전제 국가가 아니다. 통치자의 명령을 어떤 이의도 없이 확실히 관철시키도록 두려움보다는 존경심을 이용하는 방법을 알고 있는 전제 국가가 된다. 18세기 스코틀랜드 역사학자 윌리엄 로버트슨(William Robertson)은 폭군이 반드시 "폭력, 불공정, 잔인함을 통해 권력을 발휘해야 된다는 뜻"은 아니라고 지적했다.[540] 폭군은 국민에게 매우 큰 관심을 보이며 자애롭게 통치할 수도 있다. 프리드리히 대왕, 피터 레오폴트, 토스카나 대공, 러시아의 예카테리나 같은 소위 말하는 유럽의 '계몽 전제 군주들'은 모두 협소하고 낙후된 국가에 질서와 발전을 불러온 계몽으로 대대적인 환영을 받았다. 디드로는 예카테리나의 훈령 나카즈에 주석을 달았다. 프랑스 밖으로 나간 유일한 여행이 바로 성 페테르부르크에 있는 그녀를 방문한 것이었다(오가는 길 내내 불평으로 일관했다). 프리드리히 대왕에 대한 열정에 찬 볼테르는 포츠담의 상수시 궁에 머물라는 초대장을 매우 경솔하게 수락하고 결국 한밤중에 속옷 바람으로 그곳에서 도망쳐야 했다. 프리드리히는 사람들이 자신의 정치적 의무에 대해서 말하는 것을 듣기 싫어했고 오직 자신의 시에 대한 볼테르의 말만 귀담아들었다고 한다. 볼테르는 "폐하께서 얼마나 많은 더러운 빨랫감을 내게 빨라고 주셨는지 보시오!"라고 평했다.

그러나 프리드리히와 예카테리나를 한 축으로 하고 중국 황제를 다른 한 축에 놓을 때 그 차이가 드러난다. 유럽의 대신들은 대개 황제들을 일시적인 수단이나 진보적인 입헌 군주제로 오르는 길에 놓인 계단쯤으로 생각했다. 반면 동양에서는 계몽이 되었든 아니든, 한번 군주는 영원한 군주였다. 그들이 군주로 남아 있는 한 그들이 통치하는 나라는 불변하는 정체 속에 갇힌다. 그렇게 한때 우주에서 가장 진보했다고 여겨지던 칼리프 국가나 중국이 각각 다른 방식으로 결국 세상에서 가장 뒤진 국가로 전락했던 것이다.

진보와 내부 불화는 함께 온다. 임마누엘 칸트가 말했던 '비사교적 사회성(모든 사람이 갖는 타인에게 이기고 싶은 욕망)' 없이 과학의 발전은 없다. 아니 그 어떤 발전도 없다. 결국 유럽인이 그렇게 오랫동안 보람도 없이 피하려고 했던 불안정성이 정확하게 유럽의 가장 위대한 강점으로 판명이 났다. 유럽의 전쟁들, 끝없는 내부 투쟁, 종교 전쟁, 이 모든 것은 확실히 불행한 것이었다. 하지만 유럽을 아시아 이웃들과 달리 지적으로 성장시켰고 자연에 대한 형이상학적이고 실질적인 탐구심을 계발하게 했다. 또 그들이 살고 있는 세상을 바꾸고 조종하는 힘도 주었다. 헤르더는 "우리는 마술과도 같은 과학의 놀라운 이미지와 보편 지식을 추구한다. 그것을 결코 얻을 수 없을지도 모르지만 유럽의 헌법이 존재하는 한 우리는 포기하지 않을 것이다."라고 썼다. 대조적으로 심지어 가장 성공적이었다는 아시아의 제국도 "그런 경합에 결코 관여하지 않았다." 헤르더는 계속해서 "저 산맥들 너머에 있는 완벽한 중국은 통일적, 은둔적인 제국이다. 사람들은 각각 달라도 고대 법칙 하나가 중국을 통치한다. 중국은 서로에 대한 경쟁의식으로 이루어진 나라가 아니라 심오한 복종으로 이루어진 나라이다."라고 썼다.[541]

완전히 새로운 이야기는 아니다. 1세기 그리스 지리학자 스트라보도 유사한 주장을 했다. 마키아벨리가 존경했던 기원전 1세기 로마 역사가 살루스티우스는 로마 공화정을 유지하는 것은 시민들의 단결이 아니라 평민과 귀족 사이의 갈등이라고 주장했다. 당시 반란에 책임이 있는 자들은 로마 공화정의 골칫거리였다. 살루티우스는 그들을 두고 "모든 공화국에는 지도층과 일반 시민이라는 상충하는 집단이 있고, 모든 법은 두 집단 사이의 불화에서 자유라는 기치를 걸고 만들어진 것임을 이해하지 못하는 사람들이다."라고 말했다.[542] 그 자유로부터 인류의 진보와 지속적인 발전이 생기고 그때 갈등은 사라지는 것이다. 과학, 학문, 예술, 이 모두는 오직 경쟁을 장려하는 사회에서만 진보할 수 있다. 단순한 반복이 아닌 해석을 위해 논쟁이 필요하다는 것을 알고 있으며 사람들 사이의 자유로운 의사소통을 장려한다. 그리스인에게는 그런 성질이 있었다. 많은 점에서 그리스인의 후손이라고 할 수 있는 로마도 그랬다. 따라서 그것은 결국 유럽의 천부적 재능이었다. 자유 추구 능력과 뒤따르는 창조 능력은 어쨌든 로마의 몰락 후에도 살아남은 것이다. 말을 타고 유럽을 침략했던 유목민들은(헤르더는 그들을 '잽싼 포식새'라고 했다) 먼저 서로마 제국을, 다음 동로마 제국을 파괴했고, 그것으로 유럽 역사를 수 세기나 퇴보시켰다.[543] 그러나 세월과 함께 그들은 로마화했다. 옛 로마 제국의 행정, 군사, 건축, 심지어 법체계까지 모두 소용없게 됐지만 그런 창조를 가능하게 했던 가치들은 살아남았고 '암흑의 시대'가 끝나면서 다시 활기를 띠었다.

몽골인도 유럽인 같은 경쟁 개념을 가졌던 것 같다. 그러나 그들은 정복지 사람의 정체성과 전제성을 너무 철저하게 받아들인 나머지 중국에서는 중국인이 되었고, 페르시아에서는 페르시아인, 인도에서는 인도인이 되었다. 본연의 활기는 온데간데없었다. 전제정치를 용케 피했던 인도의 남부 지방 같은 곳도 정체되기는 마찬가지였다. 그곳에서는 카스트 제도가 경쟁을 방해했다. 헤르더의 관점에서 보자면, 소위 인도의 "브라만적 체계는 아시아의 다른 어떤 종교보다 더 심오하고 더 인간적이며 더 유용하고 더 고상하지만" 모든 예술과 학문을 "한 계급의 비밀 학문"으로 만들었다. 그 결과 예술과 학문은 모두 "술수와 미신" 속에 갇혔다.[544]

볼테르가 처음 기록한 서구로의 문명 이동의 역사는 이제 완성됐다. 헬레스폰트 해협 너머 이집트에서 중국의 동쪽에 이르는 땅에 모호하게 주어졌던 이름인 아시아는 이제 공통의 정체성을 획득했다. 아시아 사람은 다양하기가 이루 말할 수가 없다. 그것은 모든 유럽 사람들이 동의했다. 아시아에 대한 이해가 거의 없는 사람들까지 그렇게 생각했다. 그러나 한 가지 공통점은 있었다. 모든 나라에는 각각 다른 방법으로 통치하는 절대 군주가 있고 종교로 (중국의 경우 유사 종교로) 정당성을 인정받는 정부가 지배했다. 정부의 목적은 국민들로 하여금 그들 삶의 방식이 자연과 신이 제공한 유일한 삶의 방식이라고 믿게 만드는 것이었다. 동양은 개인이 아닌 집단으로 구성된 사회였다. 그렇게 동양 사람들이 자진해서 무지와 무관심의 벽 속에 갇혀 있는 한 아무것도 그들을 바꿀 수 없다. 그들에게 시간과 진보란 거의 의미가 없고 유럽 사람이 말하는 과학을 포함한 진리는 오직 과거에서 나온 것일 수밖에 없다. 이슬람교도는 고대 유목민 사회의 흔적인 경전을 읽는다. 중국인도 기원전 6세기에 쓰여진 성인군자들의 글을 읽고 중국의 신성한 역사만 생각한다. 공자는 자신이 완벽하다고 주장하지 않았기 때문에 그의 글은 마호메트의 코란보다는 선호할 만하다. 그러나 보스포러스에서 중국 남해까지 아시아 전 영토에 사는 사람들은 늘 절대적으로 과거를 바라봤다. 1881년에 헨리 서머 메인이 말한 대로 "우리가 대략 동양이라고 말하는 그 탐구되지 않은 위대한 땅에서…… 현재와 과거의 구별은 사라졌다."[545]

19세기 초, 매우 회의적인 일부를 제외한 유럽인들은 아시아의 다양한 사회가 곧 사라지거나 서양에 항복할 거라고 생각했다. 1822~1823년 겨울, 독일의 위대한 철학자 프리드리히 헤겔은 베를린 대학에서 역사 철학 강의를 했다. 그의 목적은 학생들에게 인간 정신의 '변증법적' 행진을 설명하고 전체 그림을 보여주는 것이었다. 마치 태양이 가차 없이 동쪽(시작점)에서 서쪽으로 움직이는 것과 같다. 그 법칙 아래 헤겔 동시대인의 눈앞에 곧 "세계 역사의 본질이 모습을 드러낼 터였다."[546] 아시아는 정지된 땅이었다. 이슬람 동양은 칼리프 제국 몰락 후 더 이상 진보하지 못했다. "인류 초기 문명의 하나라는 인도와 중국도 마찬가지였다. 그곳에서 현재는 곧 과거였다." 헤겔이 말한 '다른 것으로의 진보' 속에 동양의 나라들은 없었다. 그 때문에 인도에서는 "영국, 아니 동인도 회사가 주인이었다. 유럽 사람에게 지배당하는 것은 동양 제국의 불가피한 운명이었다. 그리고 중국도 언젠가는 그 운명에 굴복할 것이었다."[547]

새로운 여명

헤겔은 확신할 수 있었다. 그가 헤겔이어서가 아니다. 헤겔이 (아시아로서는) 저주 같은 결론을 내리기 훨씬 전부터 유럽과 이슬람 사회 사이의 힘의 균형은 유럽을 향해 극적으로 기울었다. 1780년대 이후 오스만 제국은 완전한 은둔 상태에 빠졌다. 1747년 나디르 샤의 암살 후 이란의 사파비 왕조도 정신없는 혼란 속으로 빠져들었다. 대 무굴 제국은 1757년 '하늘이 낳은 장군' 로버트 클리브(Robert Clive)가 벵골의 태수를 물리치고 북서인도 대부분을 장악했던 플라시 전투 후부터 실질적으로 대영 제국 동인도 회사의 수중에 있었다. 청나라의 황제 아래 '완강했던' 중국도 유럽 상인(그리고 유럽 선교사들)에게 문호를 개방했다. 19세기 말에는 유럽인의 손에 중국 경제가 휘청거릴 정도였다. 많은 사람이 아시아의 전통 질서가 몰락하는 것은 이제 시간문제라고 생각했다. 당연히 '서양'이 동양을 흡수할 것이었다. 수 세기 동안 이룰 수 없었던 알렉산드로스의 야망이 드디어 성취될 것 같았다. 비전과 힘을 가진 누군가가 나타나기만 하면 말이다.

1782년이 바로 서서히 다가오는 가능성의 시대였다. 프랑스 북서쪽 마옌 출신의 콘스탄틴 샤스뵈프(Constantin-François Chassebœuf)가 이집트와 시리아로 의미심장한 여행을 시작했을 때도 바로 그때였다. 샤스뵈프는 파리에서 몇 년간 의학과 아랍어를 공부할 때 무신론자와 물질주의자로 악명 높았던 동료 홀바흐 남작을 방문했다. 어느 시점에서 샤스뵈프는 그의 성 샤스뵈프(소고기 사냥꾼쯤으로 번역된다)가 앞으로 쌓고 싶은 문학적 경력에 어울리지 않는다고 봤고 필명으로 볼테르에게 경의를 표하는 '볼네(Volney)'라는 이름을 지었다. 볼네는 볼테르의 필명 볼(Vol)과 스위스에 있는 볼테르의 성 이름 페르네(Ferney)의 마지막 알파벳 세 개를 합친 것이었다. 볼네는 비록 단명하긴 했지만 대혁명 후 프랑스 학계에 거물이 될 예정이었다.

1782년 12월, 볼네는 마르세유를 떠나 이집트로 향했다. 이듬해 그는 알렉산드리아에 도착했다. 동양에 대한 첫인상은 말 그대로 충격이었다. 후에 그가 회상한 바에 따르면 그가 이전에 상상했던 무엇과도 완전히 다른 것이었다. 어떤 유럽인도 그가 본 것을 사실대로 받아들일 수 없을 것 같았다. "그 지역의 모습과 도시 정립 상태, 주민들의 의복 양식과 관습 등"을 보기 전에 아무리 상상하고 아무리 많은 책을 읽었다고 해도 말이다. "그가 생각했던 것들은 모두 무너지고 사라졌으며 오직 놀라움과 경이로움만 남았다." 그리고 공포와 역겨움이 있었다.[548]

몇 주 후 볼네는 알렉산드리아를 떠나 카이로로 향했다. 카이로는 보통 유럽의 수도들과 비교되곤 했지만 볼네가 본 카이로는 유럽의 도시라기보다는 10세기쯤에나 볼 수 있던 도시 같았다. 무질서하고 먼지가 가득하며 포장되지 않은 저지대의 거리는 낙타, 당나귀, 개와 인간들로 가득했다.[549] 거기서 볼네는 9월까지 머물며 이집트인, 농경, 바람의 효과, 물의 이용 방법, 다양한 종교와 사회 집단의 성격, 풍토병을 연구했다. 9월, 볼네는 의무적으로 피라미드를 방문했다. 그러나 피라미드의 크기와 장대함에 압도당하기보다는 쓸모없는 무덤을 건설하기 위해 20년이나 고통스러웠을 나라를 생각하며 오히려 비탄에 젖었다.[550] 곧 볼네는 시리아로 떠났다. 그리고 다시 야파, 아크레, 티레, 베이루트, 트리폴리를 여행했다. 다마스쿠스에서 한동안 지냈고 거기서 예루살렘, 베들레헴, 여리고, 사해를 방문한 후 다시 알렉산드리아를 거쳐 프랑스로 돌아갔다.

1787년, 귀향과 함께 볼네는 여행서 『시리아와 이집트 기행(Travels through Syria and Egypt)』을 출판했다. 제목은 단조롭고 사실적일지 몰라도 안을 들여다보면 이집트인의 비참함에 대한 절절한 묘사에다 한때 근동 지방의 위대한 문명이 파괴된 데 대한 매우 고매한 탄식들뿐이었다. 자신의 책이 과학적 묘사와 '진리에 대한 공정한 사랑'을 얘기한다고 너무 의도적으로 주장했다는 것이 당시 대부분의 기행문과 다른 점이었다.

볼네는 여행 중에 향후 볼네 자신의 학문적 발전과 서양의 동양 인식의 역사 전반에 기여할 매우 결정적인 순간을 경험했다. 1784년, "보이는 것이라고는 약탈, 유린, 횡포, 비참함뿐인 불모의 외딴 곳"을 삼 일 동안 힘들게 걸은 볼네는 팔미라 시의 폐허를 지나친다. 그리고 이십 년 전 기번이 로마의 카피톨리누스에서 그랬던 것처럼, 기둥에 기대고 손으로 머리를 받치며 사막에 눈을 고정하고 문명의 도래와 몰락을 생각했다. 기번처럼 볼네도 전사 제노비아 여왕의 도시였던 장엄한 팔미라와 현재 '회색의 단조로운' 사막 팔미라를 연결할 수 없었다.

볼네는 오스만의 수중에 떨어져 폐허가 됐어도 지금 자신의 앞에 있는 것은 한때 위대한 문명을 자랑했던 로마였고 파르티아였고 사산조 페르시아였음을 잘 알았다. 눈앞에 펼쳐진 광경을 곰곰이 반성한 볼네는 왜 제국이 생겼다 사라지는가라는 기번의 의문에서 더 나아갔다. 그는 국가의 번영을 위한 궁극적인 요인은 무엇이며 "인간 사이의 평화와 사회 간의 행복을 확립할 원칙"은 과연 무엇인지 생각했다. 쉽지 않은 문제에서 해답을 찾으려고 니네베, 발벡, 바빌론, 페르세폴리스, 예루살렘, 시돈, 티르 등 동서양 고대 세상의 모든 문명의 원천을 헤매고 다녀야 했다. 지금은 모두 폐허가 된 문명들이었다.

사색에 몰두한 볼네에게 섬광 같은 생각이 떠올랐다. "심장이 뛰었고 흥분을 감출 수 없었다." 모든 문명이 "영광과 안녕을 향유할 때" 그 속에 살았던 사람들은 모두 '이교도들'이었다. 페니키아 사람들은 잔인한 몰록(아이를 제물로 바치고 섬기는 신-옮긴이)을 숭배하고 뱀이나 불에 절을 하기도 했지만 신이 유일해야 한다거나 신을 모르는 사람들이 반드시 믿음을 바꾸고 신의 규칙을 받아들여야 한다고는 생각하지 않았다. 그 이교도들이 위대한 제국의 설립자들이었다. 그러나 세월이 흐르자 그 모두는 기독교, 이슬람, 유대교라는 세계 거대 유일신 종교에 정복당했고, 또 세월이 흐른 후 문명은 사라졌다. '이교도' 정복자들 아래 있던 팔미라 시와 주변의 오아시스는 풍성했고 비옥했다. 볼네는 "유일신 신자들과 성자들이 이 땅을 점령했고 이제 불모의 고독함 외에는 아무것도 없다."라며 냉소적으로 말했다.[551] 그러나 여전히 신자와 성자들은 스스로를 "은혜와 기적으로 가득한 천국으로 가도록 선택된 자들"이라고 주장하지 않는가? 그런데 왜 그 특권을 가진 인간들이 저주받아 마땅한 혐오스러운 이교도들이 향유했던 문명조차 재건해 보이지 못하는가?

답이 없는 혹은 답을 알 수 없는 질문을 던지다가 볼네는 이제 '세상의 홀(笏: 왕권)'은 고대 아시아에서 근대 유럽으로 넘어왔음이 명백하다고 생각했다. 그 생각에 이르자 그는 떨지 않을 수 없었다. 비록 "유럽이 과거 아시아가 누렸던 영광을 회복할 거라는 생각으로 기쁘기는 했지만" 눈앞에 펼쳐진 극빈한 현장은 다른 말을 했다. 미래의 여행자들이 지금 주변에 놓여 있는 "말 못할 폐허"가 된 센 강, 템스 강, 혹은 쥬더해 제방에 앉아 그가 지금 그런 것처럼 "위대한 문명의 기억과 문명인의 잿더미 속에서 홀로 울 수도 있다."라는 생각이 들었던 것이다.

그는 질문했다. 문명의 끝없는 도래와 몰락의 무시무시한 과정은 그 끝을 볼 수 있을까? 문명의 홀(笏)이 지금 있는 곳, (그의 관점에서) 명백하게 세상에서 가장 진보한 사람들의 손에 남아 있을 수는 없을까? 한때 아리스티데스가 로마로 끝을 맺었다고 봤던 역사를 지금의 서양이 이어받아 그 끝을 낼 수 있을까? 볼네는 그럴 수 있다고 생각했다. 그는 이제 문명은 인간과 인간을 서로 가깝게 하는 데 실패할 수 없다고 믿었다. 곧 "전 인류는 하나의 위대한 사회가 될 것이고, 같은 정신과 공통의 법이 관장하는 한 가족이 될 것이고, 인류가 가질 수 있는 행복을 똑같이 향유할 것이었다." 마지막으로 그는 다음과 같이 말했다.

세상은 최고 권력을 낳을 것이다. 세상은 권력을 감당할 사람을 기다린다. …… 저 먼 강둑 위로 떠오르는 자유에 대한 갈구가 고대 대륙 전체에 메아리를 울리고 있다. …… 민중을 놀래고, 폭군을 경악시키고 모욕해 위대한 인간을 해방시키고, 전 세계에 희망을 부를 새 세기의 여명이 시작되고 있다.[552]

그럼 어디서부터 그 일이 벌어질까? 답은 명백했다. 볼네의 책이 '거짓 없이' 동양의 진실을 말한 유일한 사람이라고 선언한 나폴레옹 보나파르트로부터였다.[553]

서양의 마호메트

나폴레옹의 야심

팔미라의 폐허를 지켜보던 볼네에게는 아시아 전체가 폐허처럼 보였다. 아시아에는 현재도 미래도 아닌 과거만 있었다. 이백 년이 넘는 세월 동안 오스만은 단순하고 잔인하기만 했다. 그러나 1780년 즈음 무적처럼 보였던 오스만투르크도 확실히 돌이킬 수 없는 쇠퇴의 길을 가고 있었다. 당시 그 붕괴를 막을 것은 아무것도 없어 보였다. 다른 제국처럼 투르크도 다양한 사람들을 강제로 함께하게 만들어 창조한 세상이었다. 유럽인들은 오스만의 경우 강제뿐 아니라 공포와 억압도 제국의 창조에 한몫을 했다고 생각했다. 그리스, 이집트, 불가리아, 크로아티아, 세르비아, 헝가리 사람들의 일부와 위대했던 칼리프 후손들의 노예화가 오스만투르크가 쇠퇴한 원인이었다. 계몽된 유럽의 목소리는 그들을 자유롭게 하라고 외쳤다. 그럼 그들은 한때 자신들이 만들었던 위대한 국가를 재건할 것이었다. 볼네는 '초승달의 제국(투르크)'이 곧 모든 전제 국가의 마지막 운명을 맞이할 것이고 '구속 풀린 제국 내 사람들은 원래의 정체성을 회복할 것'이라고 예견했다. 볼네는 지금 필요한 것은 '덕 있는 지도자'이고 그 일을 완수할 '힘 있는 사람들'이라고 선언했다.[554] 그러나 누가 그 지도자이고, 누가 그 사람들인가?

근대화도 시도해봤지만 오스만 제국의 군대는 1718년과 1730년 이란에 의해 심각한 타격을 받았다. 서양 쪽에서는 오스만의 숙적인 오스트리아, 러시아, 헝가리, 북유럽 같은 늑대들이 비틀거리는 거인의 숨통을 조금씩 조여왔다. 1768년, 프랑스에 선동된 술탄은 폴란드 연방을 방어한다며 러시아와의 전쟁을 선포했다. 결과는 재난에 가까웠다. 전승의 러시아 군대가 발칸 반도를 통해 동쪽으로 진군하다 우크라이나 하친에서 투르크군에 대승했고 다시 1770년 루마니아 프루트의 카굴에서도 대승을 거뒀다. 1770년, 루마니아 함대가 오스만에 대항해 그리스 정교회 동지들을 돕겠다며 지중해에 출현했다. 몬테네그로, 보스니아, 헤르체코비나, 알바니아에서는 반란이 일어났다. 7월 5일, 이즈미르 근처 체스메 항구 전투에서 전체 오스만 해군이 실질적으로 불에 타버렸고 투르크 병사 오천 명이 목숨을 잃었다. 기독교도는 환성을 질렀다. 그것은 레판토 해전에 버금가는 승리였다. 한동안은 러시아가 그 길로 곧장 이스탄불로 들어갈 것 같았다. 그해 말 러시아는 우크라이나 남단의 크림 반도를 침략했다.

다뉴브 남쪽 수보로보와 슈멘에서 또다시 두 번이나 참혹하게 패한 술탄은 1774년 7월 21일 퀴취크 카이나르카에서 러시아 차르(tsar)와 조약을 체결해야 했다. 75년 전의 카를로비츠 조약보다 더 모욕적이었다. 그 조약으로 러시아는 흑해와 지중해에 자유롭게 드나들었고 러시아 정교회 대표가 오스만 국내 문제에 직접 간섭할 수도 있게 되었다. 오스만은 그 후 삼 년 동안 전쟁이 발발할 경우 전쟁 보상금도 지불해야 했다.

조약의 가장 흥미로운 결과 중 하나는 오스만 술탄이 '술탄-칼리프'로 탄생 혹은 재탄생했다는 것이다. 슐레이만 대제가 스스로 '칼리프'가 된 후 오스만 술탄들은 모두 칼리프 칭호를 마다하지 않았다. 하지만 아무도 공식적으로 그 칭호를 채택하거나 이용하지 않았고 오스만 제국 자체도 새로운 칼리프 제국으로 다시 태어나고 싶은 생각이 없는 듯했다. 투르크 주재 프랑스 대사인 생 프리스트의 백작 프랑수아 기냐르(François Emmanuel Guignard)의 제안으로 퀴취크 카이나르카 조약에는 술탄이 오스만 제국 안팎의 이슬람교도에 대한 영적, 법적 권한이 있고 이슬람교도는 "그들 종교 규칙이 정한 대로 마호메트의 계승자인 최고 칼리프에 복종해야 한다."라는 항목이 들어 있었다. 물론 이전 이슬람 사회에 그런 규칙 명시는 없었다. 그러나 칼리프와 교황이 비슷하다는 말도 안 되는 오해 때문에 술탄은 전 이슬람 세계의 공식적 수호자가 되었다. 그들의 적 기독교도에 의해서 말이다.

뒤이은 술탄들은 기꺼이 칼리프의 지위를 받아들였고 이 조항은 뒤이은 서양-이슬람 조약에도 몇 번 더 삽입되었다. 1808년, 마흐무드 2세는 즉위식 때 칼리프 우마르의 검 인계 의식을 공식적으로 재개했다. 또 1876년에 오스만 헌법은 "최고 칼리프, 존엄한 술탄은 이슬람의 수호자이다."라고 선언했다.

그런 배경에서 '범이슬람주의'라는 강력한 정치 운동이 시작됐다. 오스만 술탄들은 서양의 적들에게 당했던 잔인한 패배를 설욕하겠다는 희망으로 범이슬람주의를 이용해 분산된 이슬람의 재통일을 고취했다.[555] 그러나 앞으로 보겠지만 그것은 1914년 제1차 세계대전 발발 후 술탄-칼리프 대 아랍인 관계에 오히려 더 위중한 결과를 부른다.[556]

퀴취크 카이나르카 조약은 크림 반도 상업 지대를 '독립' 지구로 만들었다. 물론 그것은 1783년으로 예정되어 있던 러시아의 크림 반도 합병을 알린 서막이었다. 그리고 볼네의 말대로, 투르크인에게 러시아의 크림 반도 점령은 "적을 제국의 심장부로 불러들여 수도의 대문 앞에 세워둔 격이었다." 오스만은 "고대의 영광이 비참하게 꺾이는 고통"을 당해야 했다.[557]

유럽의 여러 나라들은 러시아-투르크 전쟁, 조약 체결 그리고 뒤이은 투르크의 크림 반도 손실이 부를 결과를 초조하게 지켜보았다. 그 모든 사건들은 확실히 오스만 제국의 말로가 가까이 왔음을 의미했다. 생 프리스트 백작은 프랑스 왕에게 러시아나 오스트리아가 나서기 전에 오스만 제국의 와해에 적극적으로 관여하라고 재촉했다. 심지어 영국까지 나설 수 있는 상황이었다. 그의 최대 관심은 투르크 제국 내 최고 부자 나라이면서 가장 서구화했고 그만큼 위험에 많이 노출되어 있던 이집트였다.

수 세기 동안 이집트는 동서양의 국경 노릇을 했다. 파라오들의 고대 문명은 많은 그리스 학문에 기반을 제공했고 이집트의 신과 건축학적 특색들은 서양 문명 구석구석으로 침투했다. 이집트 문화에 열광하는 경향을 통칭하는 '이집토마니아(Egyptomania)'가 계속 수상한 것으로 취급되기는 했지만, 로마와 동양의 관계를 얘기할 때면 늘 등장하는 주제였다. 불가사의하고 때때로 무시무시한 힘을 드러내는 고대의 땅이라는 이집트의 이미지는 오늘날까지 살아남았다. 그러나 기원전 5세기 이후 이집트 자체는 파라오의 반(半)신화적인 땅이라기보다는 동서양의 다양한 이민자들이 살았던 정복의 땅이었다. 아케메네스를 시작으로 알렉산드로스, 프톨레마이오스 왕조, 로마, 아랍, 투르크의 통치를 차례대로 받았다. 또 1770년대까지 이집트는 투르크-서카시아 용병 맘루크의 통치 아래 있었다. 맘루크들은 12세기에 칼리프 아이유브에 의해 이집트로 수출되었는데 그곳에서 1250년 즈음 정권을 찬탈했고 뒤이어 군사 과두정치를 창조했다. 1291년 십자군을 아크레로부터 몰아내 이슬람 세계에서 쫓아낸 것도 바로 맘루크들이었다. 1517년 오스만은 이집트를 재정복했지만 이스탄불이 임명한 파샤(터키 고관의 존칭-옮긴이)가 통치하는 속국으로 남겨졌다. 그러나 18세기 중반이 되자 오스만의 권위가 한참 떨어졌기 때문에 파샤는 실질적으로 카이로에 갇힌 죄수나 다름없었고 이스탄불에 조공을 바칠 형편도 못 되었다.

이집트는 스물네 개의 지방으로 나눠졌고 각 지방은 오스만의 지방 장관들이 관할했는데 이들은 서로 싸우기에 바빴다. 1776년, 그들 중에서 이브라힘과 무라드가 각각 이집트의 행정과 군사를 책임지며 동맹 관계를 형성했고 뒤이어 다른 지방 장관들을 내쫓는 데 성공했다. 1786~1787년, 이스탄불은 두 장관들을 회유하려고 노력했지만 별 효과를 보지 못했다. 상황을 예의 주시하던 유럽은 술탄이 힘을 잃었다고 결론 내렸다. 옛 오스만 제국은 반(半)독립적인 봉건 군대로서 널리 퍼져 있는 제국의 지방을 잘 통제할 수 있었지만 당시 상황은 예전 같지 않았다.

1797년, 프랑스의 총재 정부(프랑스 혁명기에 다섯 명의 총재로 구성된 정부)는 사실 확인차 보병 대장 요셉 펠릭스 라조프스키(Joseph-Félix Lazowski)를 투르크로 보냈다. 이듬해 1월에 돌아온 라조프스키는 프랑스 정부에 이집트와 그리스 섬들을 빨리 점령하라고 재촉하는 보고서를 제출했다. 펠릭스는 17세기 초부터 오스만 전역과 이집트에서 활동하던 프랑스 상인들에게 맘루크들이 가한 학대(사실 무근)에 대항한다는 명분을 내세워 이집트를 침략하자고 제안했다. 매우 빈약하고 자기 합리적인 명분이었다. 하지만 당시 외교 대신이었던 샤를 모리스 드 탈레랑(Charles-Maurice de Talleyrand)이 지적했던 대로 당시 프랑스는 명분 같은 건 사실 별로 필요하지도 않았다. 대혁명의 가치를 널리 퍼뜨린다는 사명감과 (부탁받지도 않은) 유럽 동맹군에 대한 원조만으로도 명분은 충분했다.

오스만 제국 몰락 가능성에 대한 커져가는 관심 속에서 나폴레옹 보나파르트가 출현했다. 나폴레옹은 자칭 열렬한 '오리엔탈리스트'였다. 대혁명 이전 코르시카에서 때를 기다리던 나폴레옹은 마리니 신부(abbé de Marigny)의 『아라비아의 역사(History of the Arabs)』와 토트 남작(Baron de Tott)의 『투르크와 타타르에 관한 회상록(Memoirs of the Turks and the Tartars)』을 면밀히 읽고 정리했다. 그는 또한 아바스 왕조에 대항해 반란을 일으킨 협잡꾼 하킴의 이야기를 담은 짧은 '아랍 설화'「가면 쓴 예언자(The Masked Prophet)」를 쓰기도 했다. 문학적인 작품은 아니었고 마리니 신부의 책에서 표절한 부분도 많이 눈에 띤다. 그러나 결과적으로 이야기의 일부는 거의 예언적이라 할 만했다. 하킴은 이집트 원정 당시 나폴레옹의 또 다른 페르소나였다. 하킴은 "자칭 신의 사절이며, 군중을 기쁘게 하는 순수 도덕을 가르친다. 그 가르침은 주로 부와 계급을 초월한 평등에 관한 것이었다."[558]

1795년, 프랑스 정부가 자신을 확실히 홀대하고 있다고 생각하던 인내심 없고 화난 젊은 사단장 나폴레옹은 홀로 자신의 군대를 이끌고 투르크로 진군하려고 심각하게 고민하다가 볼네에게 충고를 구했다. (볼네는 "상황이 조금 받쳐준다면 이 젊은이는 알렉산드로스와 카이사르를 종합한 인물이 될 것이다."라고 나폴레옹을 평가한 바 있다.)[559]

동양에 대한 나폴레옹의 열정은 의미심장했다. 방대했지만 여전히 대체로 알려지지 않은 땅 동양은 나폴레옹의 드높은 야심을 충족하기에 충분했다. 나폴레옹은 "유럽은 나에게 너무 좁다. 나는 동양으로 가야 한다."라고 말했다고 한다. 그리고 동양으로 향하는 길에는 이집트가 있었다. 18세기 유럽의 식민주의를 맹렬하게 비난한 기욤 레날(Guillaume Raynal)의 『두 인도의 역사(Philosophical and Political History of the Two Indies)』가 나폴레옹의 애서 목록 중 하나였다. 나폴레옹은 책의 구절을 따로 정리해놓곤 했는데 다음이 그중 하나이다.

이집트는 두 바다 사이에 놓여 있고, 사실상 동서양의 중간에 위치한다. 알렉산드로스 대왕은 거기에 제국의 수도를 세워 세계 상업의 중심지로 만들었다. 그 정복자는 아시아, 아프리카, 유럽을 잇는 이집트를 통해야만 모든 정복지를 하나의 국가로 통일할 수 있음을 알고 있었다.[560]

나폴레옹은 자신이 다시 태어난 알렉산드로스라고 상상하곤 했다. 나폴레옹도 지중해 동쪽에서 영국을 괴롭히기 위한 기지로서 이집트의 상징적, 전략적 중요성을 볼 수 있었다. 이집트는 아시아의 새 제국을 연결하는 다리가 될 것 같았다. 나폴레옹은 알렉산드로스의 뒤를 이어 프랑스 원정대가 이집트를 시작으로 시리아, 이란, 아프가니스탄을 점령하고 마침내 인도에서 보기 싫은 영국을 쫓아낼 수도 있다고 생각했다. '7년 전쟁'이 끝난 1763년, 영국이 프랑스에게 준 모욕을 되갚는 데 아주 좋을 것이었다. 1797년 8월, 캄포 포르지오 조약으로 프랑스는 북이탈리아 대부분과, 오스트리아 쪽 네덜란드, 이오니아 섬을 갖게 됐다. 그것으로 유럽은 진정 국면에 들었다. 그리고 넉 달 후 나폴레옹은 총재 정부에 "투르크 제국이 하루가 다르게 무너지고 있다. …… 정말 영국을 파멸시키고자 한다면 시간이 별로 없다. 이집트를 점령해야 한다."라는 서신을 보냈다.[561]

이듬해 2월 9일, 삼십 년 넘게 카이로 주재 프랑스 총영사로 있던 샤를

마갈롱(Charles Magallon)이 탈레랑에게 연구 논문 한 편을 보냈다. 그는 이집트에서의 오랜 경험에 비추어 프랑스 정복은 헤아릴 수 없을 정도로 많은 이득을 남길 것이며 "전혀 불편한 일이 아닐 것이다."라고 적었다. 그에 따르면 동쪽의 이슬람을 침략하려 했던 십자군의 시도는 상업적 문제와 관련한 기독교적인 동기에 자극을 받았다. "종교가 정치인들에게 구실로 봉사"한 것이다. 그리고 실패의 원인은 십자군의 무능이었다. 마갈롱은 "신중하게 계획했더라면 이집트와 시리아 해안에 유럽의 식민지가 건설되었을 것이다."라고 했다.[562] 유럽인은 그 기회를 한 번 놓쳤다. 그러나 이번에는 절대 놓치지 않을 것이라고 주장했다.

탈레랑은 그에게 동의했고 오 일 후 대대적 침략 계획을 세우기 시작했다. 탈레랑은 프랑스가 서양의 역사를 바꾼 것처럼 동양의 역사도 바꿀 것이라고 선언했다. 그는 총재 정부 내각에 "이집트는 로마 공화정의 지방이었으니 이제 프랑스 공화국에 부속되어야 한다."라고 말했다. 다소 일관적이지 못하게 로마의 정복이 그 아름다운 나라의 쇠퇴를 불러왔으니 "이제 프랑스의 점령이 번영을 부를 것이다."라고 덧붙였다.[563]

1798년 3월 5일, 나폴레옹은 '동방군'의 통솔권을 부여받았다. 동방군의 임무는 술탄과 동맹관계를 맺는 척하며 이집트를 점령하고 술탄의 이름으로 맘루크 지도자들을 물러앉게 하는 것이었다. 오스만 술탄의 이름으로 그 일을 해야 오스만이 프랑스의 식민지 건설 야망을 의심하지 않을 것이었다.

작전은 성공했다. 나폴레옹은 다시 영국을 홍해에서 몰아내고 수에즈의 통제권을 장악하라는 명령을 받았다. 그 일이 성공하면 인도로 진군해 마라타족과 '마이소르의 호랑이'라는 티푸 술탄(Tipu Sultan) 세력과 연합해 영국과 싸울 상황이 허락될 터였다.

티푸 술탄의 아버지 하이다르 알리(Haidar Ali) 때부터 30년 동안 마이소르의 술탄은 점점 막강해지는 동인도 회사의 세력과 힘든 싸움을 하고 있었다. 1792년에 대영 제국군을 물리치기는 했지만 티푸는 절박하게 도움을 구하고 있었고 한동안 프랑스를 끌어들이려고 애쓰기도 했었다.

1788년, 루이 16세(Louis XVI)가 티푸에게 우정과 군사적 도움을 약속했지만 결국 티푸가 받은 것은 아흔여덟 명의 프랑스 숙련공, 프랑스 씨앗, 그리고 세브르 도자기의 장엄한 출현뿐이었다.[564] 그 후 루이는 대혁명으로 황제직에서 물러나야 했고 티푸는 1790년 3차 마이소르 전투에서도 아무 도움 없이 싸웠다. 그 결과 영국에 상당한 영토를 내주어야 했다.

곧 총재 정부가 관여하기 시작했다. 인도인을 격려하는 많은 공문서들이 뿌려졌다. 거기에는 다음과 같은 말이 쓰여 있었다. "우리가 유럽에서 (영국의) 폭정을 영원히 몰아내는 그 순간이 바로 그렇게 오랫동안 당신들을 짓누르던 무거운 멍에를 내려놓는 순간일 것이다."[565]

1799년 1월 26일, 나폴레옹도 티푸에게 편지를 보냈다. 나폴레옹은 매우 염려하는 투로 '정치적 상황'이 어떤지 묻고 티푸에게 나폴레옹과 그의 '무적 군대'가 열렬하게 "티푸를 영국의 강철 멍에에서 벗어나게 하려 한다."라고 적었다.[566]

그러나 티푸에게 배달된 편지는 아무것도 없었다. 영국이 편지를 모두 가로챈 것이다. 그것도 모자라 오히려 프랑스의 이중 거래를 폭로하는 데 사용했다. 티푸와 휴전 중이던 동인도 회사는 편지 때문에 마이소르에 최후의 공격을 감행할 결심을 했다. 인도 총독 웰즐리(Richard Wellesley)는 동인도 회사 이사회에서 "술탄과 프랑스의 결탁은 대영 제국이 인도에 첫 토대를 세운 이래 가장 대대적이고 무시무시한 위협이다."라고 말했다.[567]

프랑스-마이소르 결탁은 웰즐리가 과장한 것일 뿐 사실 대단한 위협
은 아니었다. 티푸는 이슬람교도였다. 1789년 마지막 시도로 인도양에
있는 프랑스의 최후 기지 모리셔스에 대사를 보내기는 했지만 티푸에게
는 프랑스의 향방과 장기적 목적에 대해 신중하게 생각해야 할 충분한 이
유가 있었다. '문명', '평등', '박애', '인권' 개념을 내세우며 근대 서양
을 대표하는 나라가 바로 프랑스였다. 실용적인 영국보다 그런 프랑스가
전 이슬람 세계의 확실한 적이 되기는 더 쉬웠다. 프랑스와 강력한 동맹
을 맺어 정권을 시작했던 (그리고 끝맺었던) 서구화한 술탄 셀림 3세(Sellim
Ⅲ)조차 티푸 술탄에게 이슬람의 성지를 넘보는 나폴레옹이 위험하다고
경고했다. 또 당시 이슬람 통합을 위협하는 '물질주의자' 들로부터 '이슬
람 형제들' 을 보호하기 위해 오히려 영국과 평화 관계를 유지하라고 촉
구했다. 모든 오스만 술탄처럼 셀림도 '신념의 지도자' 였고 수니 이슬람
의 우두머리였다. 오스만이 그렇게 생각해주니 영국 편에서 보자면 훌륭
한 안전 보증이 아닐 수 없었다. 술탄의 말이 영국인이 생각했던 것처럼
14세기 교황령만큼 강력한 효력을 가진 것은 아니었지만 무시할 수도 없
었다.

티푸는 덧없긴 했지만 셀림에게 서구 무신론의 행진을 막는 데 최선을
다하겠다고 약속했다. 그러나 일 년도 못 갈 약속이었다. 1799년 5월 4일,
티푸는 그의 수도 세링가파탐에서 살해됐다. 마이소르는 쪼개졌고 일부
는 영국령의 힌두교 지도자에게 넘어갔다.

셀림 3세가 제대로 보았듯이 나폴레옹의 관심은 영토만이 아니었다.
최소한 동방군의 명분 자체는 침략군이 아니라 구조군이었다. 총재 정부
는 나폴레옹에게 "권한을 십분 발휘해 이집트 원주민의 삶을 향상시키
라."라는 명령을 내렸다. 역사에서 유추란 늘 위험한 것이다. 그러나

1883~1956년 영국의 이집트 '점령'부터 2003년 미국 주도의 이라크 침공까지, 뒤이은 서양의 아시아 침략으로 서양이 직면해야 했던 모든 문제와 재난을 예견했던 동양에 파견된 서양의 군사적, 문화적 '사절단'이 있다면 바로 나폴레옹의 '동방군'이라고 할 수 있다. 영국의 제1 해군위원 스펜서(Lord Spencer)가 1789년 6월 (프랑스 혁명을 두고) 냉소적으로 한 말처럼 동방군의 명분은 "너무 환상적이고 낭만적이어서 도저히 믿을 수가 없었다."[568] 뒤이은 서양의 동양 침략은 덜 낭만적이긴 했지만 환상적이기는 마찬가지였다.

1883년 알렉산드리아의 울즐리(Garnet Wolseley) 장군이나, 2003년 바그다드의 조지 W. 부시(혹은 그의 해외 정책 입안자들) 같은 후대의 서구 정복자들과 달리, 1789년의 나폴레옹은 단순한 군사적 힘이 아닌 문화, 종교적 조작을 통해 전략적으로 정치적 목적을 달성하는 일에 착수했다. 원정에 동참했던 수학자이자 철학자였던 푸리에(Jean-Baptiste Fourier)가 선언했듯이 나폴레옹의 목적은 "이집트 국민이 처한 상황을 좀 더 개선하는 것과 완벽한 문명의 좋은 점을 모두 경험하게 하는 것이었다." 그런 목적이 무력, 설득, 법률만으로 이루어질 수는 없었다. '학문과 예술의 지속적인 응용'도 선행되어야 하는 것이다.[569]

그러므로 동방군은 군수품뿐 아니라 서양 고전 문학을 포함한 천여 권의 책, 나폴레옹이 '프랑스의 중추 정예 도덕가이자 소설가들'이라고 했던 몽테스키외, 루소, 볼테르, 몽테뉴의 책, (아랍어와 프랑스어로 된) 코란, (혹시 곧장 인도 원정까지 성공할 때를 대비해) 인도의 베다까지 짊어지고 가야 했다. 군대와 함께 제대로 갖춰진 연구 기관인 이집트 학사원도 진군했다. 학사원은 '모든 유용한 지식의 확장에 헌정된 것'이었지만 결과적으로 원정이라는 전체적 모험이 길이 남길 유산을 증명하는 데 유용했다.

나폴레옹은 자신만의 방식으로 알렉산드로스가 시작한 일을 끝내기 위해 이집트로 갔다. 그도 그럴 듯했다. 나폴레옹은 당시 29세였는데 알렉산드로스가 이집트를 정복하고 자신의 이름과 무덤을 모두 차고 앉을 수도를 세웠을 때도 29세였다. 나폴레옹의 주장에 따르면, 이집트 쿠푸 왕의 대 피라미드 앞에서 그는 '이슬람 율법 학자들'과 대화를 나눴다. 그때 카이로의 수석 율법 학자가 그를 '알렉산드로스의 훌륭한 계승자'라고 불렀다고 한다.[570] 오랜 세월이 흐른 후 세인트헬레나에 망명 중이던 나폴레옹은 클레르 드 레뮈자 부인에게 다음과 같이 말했다.

이집트에서 나는 종교 하나를 만들었소. 코끼리 등에 올라타고 터번을 쓰고 손에는 내 좋을 대로 쓴 새 코란을 들고 아시아의 대로를 행진했지. 나는 동서양의 두 세상을 결합했던 것이오. 그렇게 인류 역사에 공헌하려 했던 것이오.[571]

영광의 날을 뒤로한 몰락한 정복자의 종잡을 수 없는 회상이 아니라면, 1798년 초부터 나폴레옹이 그런 생각을 하고 있었다고 추정할 수 있을 것이다.

최소한 볼네가 던졌던 질문에 대한 대답만큼은 확실해졌다. 분산되고 타락한 오스만 제국 사람들을 노예 상태에서 벗어나게 하고 새로운 나라를 건설하게(물론 프랑스의 보호감독 아래) 할 사람은 나폴레옹이었고 프랑스였다.

2~4월까지 삼만 명이 넘는 군대와 그들을 태울 함대가 프랑스와 이탈리아의 지중해 연안에 모여들었다. 군인들은 군수품과 양식을 싣고 툴롱

으로 갔다. 한편 파리에서는 나폴레옹의 요원들이 통역, 예술가, 시인, 건축가, 경제학자, 천문학자, 골동품 연구가, 제도공, 광물학자, 식물학자, 동물학자, 화학자, 기술자, 조각가, 스물두 명의 화가, 기구 조종사, 그리고 '전직 파리 오페라단 바리톤 가수 한 명'을 모았다. 모두 167명이었다.

대부분 국립 연구소 소속이었다. 국립 연구소는 왕실 재단 프랑스 학술원과 인문학 학회를 대신해 1795년에 건립되었다. 1797년, 나폴레옹도 국립 연구소의 회원이 되었다. 어떻게 자격을 갖추었는지는 모르겠지만 그의 문학적 공헌 때문이 아니라는 것만은 확실하다. 단지 형식적인 회원자격이었는데도 나폴레옹은 국립 연구소 회원이 된 것에 매우 우쭐했고 심지어 그보다 더 대단한 '황제'의 칭호에 걸맞을 때조차 자신이 국립 연구소의 회원임을 절대 잊지 않고 언급했다. 18세기 학술 기관들은 여전히 지식의 보고였고 나폴레옹은 늘 자신이 천재적 군사령관 이상이길 원했다.

나폴레옹은 석학들을 '이집트 학사원'으로 끌어들이기 위해 유혹하고 설득하고 심지어 위협도 했다.[572] '바벨탑의 모든 언어를 섭렵한' 언어학자 루이 마티유 랑글레스(Louis-Mathieu Langlès) 같은 사람들은 끝까지 거부해서 나폴레옹의 원한을 샀지만 대부분은 기꺼이 순응했다. 그러나 위대한 독일의 자연 과학자이자 탐험가인 훔볼트(Alexander von Humboldt)도 거절했다.

이집트 학사원의 목적은 다소 모호했다. 물론 이집트에 관한 가능한 한 모든 정보와 물건들을 모은다는 목적이 있었다. 유럽과 미국의 대형 박물관은 현재 18~19세기에 대부분 아마추어였던 열정적인 여행가들이 오스만 제국 곳곳에서 수집한 고대의 유물들로 가득하다. 오스만, 특히 그리스, 이라크, 시리아 지방의 관리들에게 유물 밀거래는 짭짤한 수입원이었다. 이들은 늘 현금이 부족했고 불쾌하게 이슬람 이전 시대를 상기시키는 고대 유물의 운명 따위에는 전혀 관심 없었다. 그러나 유물 수집이 이집트 학사원의 유일한 목적일 리는 없었다. 이집트 학사원은 단순한 약탈과는 거리가 먼 고고학적인 연구를 하고 싶어 했다. 오늘날 사람들은 고고학에 별 관심이 없지만(혹은 관심 없는 척하지만) 이집트 학사원은 그쪽으로 관심이 비상했다. 18세기 고고학은 정치, 문화적 목적과 매우 밀접한 관계가 있었다. 윌리엄 존스, 앙크틸 뒤페롱 같은 '동양학자'들이 인도에서 유럽 문명의 기원을 발견하려 했다면 이집트 학사원의 회원들은 이집트에서 기원을 발견하고 싶어 했다. 볼네가 1783~1785년 시리아와 이집트를 여행했던 이유이기도 하다. 볼네는 그의 『시리아와 이집트 기행』에서 다음과 같이 적었다.

　　나는 동양에 갔다. 동양이 우리 삶을 좌우하는 사상들이 태어난 곳이기 때문이다. 우리의 개인적, 사회적 행동 양식과 법률과 전 사회적 조건에 그토록 강력한 영향력을 발휘했던 종교적 사상들이 거기에 있기 때문이다. 사상의 탄생지를 보고 그 속에서 만들어진 관습과 습성을 보고 그 사상을 만들어낸 사람들의 정신과 성격을 살펴보는 것은 매우 흥미롭다. 정신과 습성과 관습이 어떻게 변했고 어떻게 유지되었는가를 보는 것과 기후와 정부의 영향 혹은 그러한 관습들이 부른 결과 등을 보는 것도 흥미롭다. 간단히 말해 그들의 현재를 보는 것으로 과거의 그들이 어땠는지를 판단하는 것이다.[573]

　볼네가 나폴레옹의 원정에 직접 참여하지는 않았지만 나폴레옹의 야심은 곧 볼네의 야심이기도 했다.

새로운 통치의 시작

1798년 5월 19일, 짐을 가득 실은 대형 선박 삼백여 채가 닻을 세우고 천천히 지중해를 떠나 아시아의 서쪽 끝으로 향했다. 당시 가장 크기가 컸던 제독함은 '동방호'라는 적절한 이름을 달고 뒤쪽에서 항해했다. 나폴레옹은 전용 갑판의 뱃전에 한 발을 딛고 자신의 미래를 응시하고 있었다. 6월 10일, 함대는 짧은 소규모 충돌 끝에 몰타 섬을 장악했다. 1530년부터 자칭 성 요한의 기사들이라던 국제적 무장 성직자들이 몰타 섬을 통치했다. 그들은 이백 년이 넘게 북아프리카와 동맹해 투르크군을 급습하는 방식으로 충분히 여유로운 삶을 살 수 있었다. 1798년 이래 그들은 부패하고 퇴폐적으로 변했기 때문에 오스만 제국에 별 위협이 되지는 못했지만 여전히 이슬람의 공공연한 원수들이었고 걸어 다니는 십자군의 유물이었다. 나폴레옹은 그들을 처치하면 오스만의 환심을 살 수 있고 그럼 이집트 정복도 쉬울 거라고 생각했다. 또 나폴레옹은 몰타 섬 교회 대부분을 뒤져 보물을 찾아냈고 트리폴리, 알제리, 튀니지, 모로코, 시리아, 이스탄불에 있던 이슬람교도 노예 칠백여 명을 풀어주었다. 그 불행했던 노예들은 음식과 옷을 받고 제독함의 갑판에 소집되었다. 그들은 곧 다가올 계몽된 새 프랑스 정권의 대변인이자 해석자로 봉사하게 될 터였다.

이틀 후, 당시 메시나에 있던 넬슨(Horatio Nelson) 제독이 프랑스의 몰타 섬 점령 소식을 접했다. 나폴레옹이 곧 이집트로 갈 거라고 예상한 넬슨은 나폴레옹을 쫓아가기 시작했다. 그러나 레이더망이나 위성망이 없던 당시 해군의 교전이란 종종 주먹구구식이었는데 이 경우 그 방식이 통하지 않았다. 나폴레옹의 함대가 너무 커서 천천히 항해했던 탓에 따라잡기가 너무 쉬웠던 게 문제였다. 영국 함대는 6월 22일 밤과 23일 새벽 사이, 망원경으로 볼 수 없는 거리인 66마일 밖에 있는 프랑스 함대를 알아채지 못한 채 지나치고 말았다. 그로부터 오 일 후, 화창한 바다 위에서 속력을 내던 넬슨은 먼저 알렉산드리아에 도착해버렸다. 프랑스 함대의 소재를 알 수 없었던 넬슨은 시리아 해안가를 거쳐 키프로스로 내려갔다. 그때까지 아무것도 보이지 않자 나폴리로 돌아가 식량과 식수를 공급받으며 때를 기다렸다.

한편 6월 28일 아침, 무슨 일이 일어났는지 전혀 알 수 없었던 나폴레옹의 군대도 알렉산드리아에 도착했다. 알렉산드리아의 아랍인 족장 코라임은 고관 무라드에게 "대관이시여, 지금 나타난 함대는 너무 커서 처음과 마지막을 볼 수 없습니다. 알라신과 마호메트의 가호로 전사들을 보내주십시오."라는 서신을 보냈다.[574] 무라드는 도움을 약속했으나 실제로 아무도 오지 않았다.

7월 1일 밤, 프랑스군이 상륙하기 시작했다. 나폴레옹은 이집트인이 자신을 자유의 전사로 환영하리라는 꿈은 이미 잊은 지 오래였다. 그러나 저항은 예상했던 것 이상이었다. 전투는 치열했다. 동방군은 일 년 중 이집트가 제일 더울 때를 선택해 공격했다. 그 때문에 프랑스군은 죽음도 불사하는 버거운 이집트군뿐 아니라 모기와 파리는 물론 유럽에서 전혀 본 적 없는 이상한 곤충들과도 싸워야 했다. 7월의 이집트는 밤에도 섭씨 34도가 넘었다. 어떤 용기병(龍騎兵)은 다음과 같이 회상했다. "이집트군은 대담무쌍하게 우리 주변을 압박해왔다. 우리는 태양에 쉽게 달궈지는 구리 투구, 무거운 재킷, 긴 군화를 부풀리는 가죽 바지를 입고 있었다. 그리고 저들은 찌는 듯한 더위에 매우 적합한 통풍이 잘되는 가벼운 모시 옷을 입고 있었다. 과연 비교가 되지 않을 수 없었다."[575]

해안가에 발을 디뎠을 때부터 프랑스군은 지독한 갈증에 시달렸다. 함대와 해안 사이에 놓인 파도가 센 바다를 헤엄쳐 들어왔던 까닭이다. 어떤 이름 모를 병사는 "물을 찾든지 전멸하든지 둘 중 하나였다."라고 기록했다.[576] 그러나 결국 다음 날 알렉산드리아는 프랑스 수중에 떨어졌다. 오랫동안 고립되어 있던 이슬람 세계는 그렇게 돌연한 최후를 맞았다.

나폴레옹도 몸소 육지로 내려왔다. 평화로운 점령의 바람은 깨졌다. 하지만 아시아를 침략했던 후대의 유럽인들처럼 나폴레옹도 이집트 민간인들이 곧 자신이 정복이 아니라 알렉산드로스처럼 그들을 해방시키기 위해 왔다는 사실을 깨달을 것이라고 생각했다. 후대의 계승자들처럼 나폴레옹도 피정복지 사람들이 정복자의 이름을 걸고 들여온 정치적, 이념적, 문화적 비전을 받아들여야만 무력적인 점령이 성공할 수 있고, 또 더 중요하게 유지될 수 있다고 생각했다. 나폴레옹은 볼네의 『시리아와 이집트 기행』 한 구절을 가슴에 새기고 있었다. "이집트를 통치하고자 하는 사람은 누구나 세 번의 전쟁을 치러야 할 것이다. 영국과 오스만 제국에 대항하는 것이 그 둘이고 가장 어려운 세 번째는 바로 이집트 땅의 거주자들에 대항한 전쟁이다. 세 번째 전쟁은 너무 많은 손실을 불러들일 테니 필경 극복할 수 없는 난관이라 해야 할 것이다."

나폴레옹은 그것이 극복할 수 없는 문제라고는 생각하지 않았다. 그러나 이집트 사람의 신망을 얻으려면 프랑스가 소위 '마호메트가 파문할' 대상이 되어 이슬람의 원수 계급으로 전락하는 일만은 피해야 했다. 나폴레옹은 동양학자들을 동원해 "프랑스 대혁명의 이념들을 코란이 주장하는 바와 상통하게 변형시켰다. 이슬람 법전 해석관, 울라마, 샤리프, 이맘들이 동방군을 호의적으로 받아들이게 하기 위해서였다."[577]

몰타에서 알렉산드리아로 가는 항해 동안 '프랑스 공화국 동양어 통역 담당 학자' 방뷔르 드 파라디(Venture de Paradis)는 동방호 함장실에 앉아 나폴레옹의 '이집트인에게 고하는 포고문'을 아랍어와 투르크어(나중에 프랑스가 술탄을 대신해 이집트로 왔다고 설득시킬 요량이었다)로 적어나갔다. 그 포고문은 잘 살펴볼 만하다. 포고문을 보면 '동방'으로부터 프랑스가 원했던 것은 물론 프랑스와 이집트 양쪽이 왜 서로를 이해하는 데 실패할 수밖에 없었는지도 짐작할 수 있다.

포고문은 익숙한 이슬람의 기도문으로 시작한다. "은혜롭고 자비로운 하나님의 이름으로…… 그는 유일신이며 그의 왕국에는 아들도 다른 협력자도 없다." 분명 프랑스가 기독교도가 아님을 보여주려는 시도였다. 나폴레옹은 이어서 이집트인들에게 프랑스군 사령관 나폴레옹 보나파르트는 맘루크들이 '십자군과 같은 부류'라고 말한 것과 달리 이슬람의 힘을 파괴하려고 이집트에 온 것이 아니라 '자유와 평등에 기초해 건설된 프랑스 공화국을 대신해' 이집트에 온 것임을 확실히 했다. 또 자신이 한 말은 모두 진실이라고 주장했다.

> 중상자들에게 나는 오직 억압을 풀고 당신들의 권리를 되찾아주기 위해서 왔고 맘루크들보다 더 신을 섬기고 (신을 칭송하고 찬양하나니) 그의 예언자 마호메트와 위대한 코란을 공경한다고 말하라. …… 그리고 그들에게 신의 눈에 모든 사람은 다 평등하며 사람을 서로 구별하는 것들은 이성이고 덕이고 지식이라고 말하라.[578]

그렇게 인권의 원칙과 동양학자들이 말한 이슬람의 기본 기조를 최대한 결합시킨 후 나폴레옹은 인권이라는 말 자체도 모르는 사람들에게 다음과 같은 포고문을 이어갔다. 후대에 빅토르 휴고(Victor Hugo)는 나폴레옹을 두고 '서양의 마호메트'라고 묘사한 바 있다.[579]

재판관, 율법학자, 이맘, 기병대원, 그리고 그 외의 모든 사람들이여! 프랑스인도 독실한 이슬람교도이고 그것을 확실히 보여주기 위해 프랑스군이 로마를 침략해 늘 이슬람에 대항해 전쟁을 일으키라고 기독교도들을 성가시게 해 온 교황청을 파괴했다고 말하시오. 그러고 나서 프랑스군이 몰타에 가서 신과 성자들이 이슬람교도와 싸우라고 했다고 주장하는 기사들을 내쫓았다고 말하시오.[580]

(월터 스코트 경이 혐오스럽다는 듯이 언급한 대로 나폴레옹은 '과장스럽게 동양의 언어'를 사용 혹은 남발했다.)[581]

7월 2일, 나폴레옹은 몰타에서 데리고 온 노예들 모두에게 포고문의 사본을 쥐여주고 그 좋은 소식을 퍼뜨리라고 당부했다.

어디까지가 나폴레옹의 진심이었는지는 알 수 없다. 나폴레옹의 장군 중 한 명은 후에 툴루즈에 있는 친구에게 "우리는 이집트인의 종교에 거짓 사랑을 맹세하면서 이집트인을 속였다. 보나파르트와 우리는 교황도 마호메트도 믿지 않았다."라고 썼다.[582] 그러나 나폴레옹의 개인적인 믿음은 별로 중요하지 않다. 중요한 것은 정책이다. 나폴레옹은 종교적 신념이 가장 무서운 적을 만든다는 것을 알았기 때문에 항상 타인의 종교에 관대했다. 그러나 관용과 존중은 달랐다. 나폴레옹이 그가 주장한 대로 코란을 제대로 읽었는지조차도 매우 의심스럽다. 레뮈자 부인에게 말했던 것을 고려해볼 때 그의 관심을 끄는 유일한 책은 바로 자신이 쓴 책이다.

그러나 나폴레옹은 혁명 이념을 다른 어떤 책보다 훌륭하게 고취시켰던 루소의 『사회계약론(Social Contract)』은 읽었다. 그리고 마지막 장 '시민 종교' 편에서 아마도 "종교적 기반 없이 창건된 국가는 없다."라는 것을 배웠을 것이다. 종교가 안전에 대한 유치한 열망의 단순한 반영이고 루소의 말대로 ‘치명적 오류’ 일지 몰라도 나폴레옹이 예리하게 간파했듯이 어쨌든 수 세기 동안 살아남은 가치 중 하나이다. 루소의 주장처럼 ‘정의로운 자가 행복하고 부도덕한 자가 벌 받고 사회계약과 법률이 불가침이라는 믿음’ 을 기반으로 한 하나의 사회, 하나의 신념만이 구성원들을 견고하게 묶을 수 있을 것이다. 그 신념이 진리냐 아니냐는 중요하지 않다. 중요한 것은 신념이 하나이어야 하고 또 개인적이어야 한다는 것이다. 루소의 주장에 따르면 “여러 종교들이 난립하면 종교는 불가피하게 시민 사회에 영향을 끼친다. 일단 그렇게 되면 군주는 더는 아주 작은 일에서조차 군주로서의 힘을 갖지 못한다. 그때부터 성직자들이 진정한 주인이 되고 왕들은 단순 사무관으로 전락한다.”[583] 그 때문에 나폴레옹은 자신이 입성한 이탈리아의 도시에 소수 종교인 강제 거주 지역을 만들었다. 나폴레옹은 후에 “내가 이집트에서 힘을 얻을 수 있었던 것은 나 스스로 이슬람교도가 됐기 때문이었다. 또 이탈리아에서 나는 교황권 지상주의자가 됐다. 유대인을 통치해야 했다면 나는 솔로몬 사원을 재건축했을 것이다.”라고 언급했다.[584]

프랑스 시민 교육의 요체가 된 혁명 이념들이 이집트 사람들의 마음속에서도 조금씩 뿌리를 내릴 것이었다. 물론 그때쯤이면 이집트 사람들은 완전히 문명화되어 있을 것이다. 그러나 그렇게 만들려면 먼저 이슬람 이론과 혁명의 이론들이 서로 어떻게 비슷한지를 보여주어야 했다.

현대 이슬람교도는 서양의 사회적 가치와 샤리아의 성스러운 법률이 서로 양립될 수 없다고 생각한다. 마찬가지로 나폴레옹이 대면했던 이집트 사람들도 그랬다. 카이로의 제국 위원회 회원 아브드 알 라그만 알 자바르티(Abd-al Rahman al-Jabarti)는 나폴레옹의 점령 아래 놓인 카이로의 최초 일곱 달을 기록했다. 이를 보면 이슬람을 향한 나폴레옹의 애정 고백에 이슬람 사람들이 어떻게 반응했는지를 알 수 있다. 알 자바르티는 프랑스의 기술력에 감탄했던(특히 프랑스의 외바퀴 손수레에 감탄했다) 학식이 풍부하고 지각 있는 사람이었다. 프랑스군이 전투에서 보여준 용기와 일사불란함을 지하드에서의 이슬람 전사 무자헤딘과 열렬하게 비교하면서 기꺼이 감탄하기도 했다.[585] 그러나 그도 역시 이슬람교도였다. 신이 마호메트를 통해 한 말이 아니라면 그것은 진리도 선도 아니라고 굳게 믿었다.

알 자바르티는 포고문의 문체가 조잡하고 문법적 오류가 심하며 "단어 선택에 일관성이 없고 통속적으로 구성"되어 있어 나폴레옹의 원래 의도가 무엇인지 알 수 없다고 비판했다. 원정에 참여했던 방튀르 드 파라디와 다른 프랑스인 아랍학자들의 역량에 대한 명백한 모욕이었다. 그러나 알 자바르티의 가장 신랄한 비판은 그가 프랑스인의 위선이라고 묘사했던 부분에 숨어 있었다. 그에 따르면, 포고문의 도입부는 나폴레옹이 의미한 대로 이슬람에 대한 관대함을 보여주는 것이 아니다. 오히려 그가 3대 세계 종교(이슬람, 기독교, 유대교)를 모두 같은 것으로 취급하고 있음을 드러냈다. 사실 프랑스 사람들은 아무 믿음도 없다는 말이었다. 독실한 신자들에게 다 그렇지만 관대함이란 알 자바르티 같은 이슬람교도에게는 특히나 더 무의미했다. 그들에게 타종교에 대한 관대함이란 단지 그들의 과오를 눈감아주는 것일 뿐이었다. 유대교, 기독교, 이슬람 사이에 화해가 이루어지기에는 이미 너무 늦었다. 이제는 오직 하나의 진리와 다른 많은 이단이 있을 뿐이다. 또 알 자바르티에 따르면 마호메트의 메시지를 믿지 않으면서 마호메트를 '존경'한다는 나폴레옹의 말은 위선이다. 인간은 마호메트의 메시지를 많은 법 중 하나로서가 아니라 유일한 법으로서 받아들여야 한다. 알 자바르티는 포고문이 '거짓이라고' 격렬하게 비난했다. "코란을 존중한다는 말은 영광되게 한다는 것이고 코란을 영광되게 할 수 있는 길은 오직 이슬람교도가 되는 것뿐이다."

나폴레옹은 확실히 거짓말을 했다. 더 심각한 것은 그가 이슬람뿐 아니라 모든 신념과 종교를 없애려고 작심한 사회의 요원이라는 점이었다. 알 자바르티는 이슬람교도에게 포고문의 시작을 장식했던 기도문은 역설적으로 신이 없는 국가를 드러낸다고 설명했다. 프랑스인은 '국왕'을 배신하고 살해한 후 스스로 신 없는 나라를 건설했다. 루이 16세를 처형하면서 프랑스인은 한때 섬겼던 사람에게서 등을 돌린 것이다. 물론 프랑스인이 신의 뜻을 잘못 해석해 잘못된 국왕을 받아들였을 수도 있다. 그러나 국왕은 이 땅에 존재하는 신의 대리인이다. 그들은 신의 대리인 자리에 매우 추상적인 '공화국'을 세웠다. 그리고 나폴레옹은 평화를 주장하면서도 정복을 일삼고 평화를 추구하는 공화정을 대신해 연설하는 체한다. 이슬람교도에게는 세속적 국가가 없고 신의 법이 아닌 법도 없기 때문에, 인간을 서로 구분하는 것은 '이성, 덕, 지식'이라는 프랑스의 주장은 명백하게 부조리했다. 알 자바르티는 "신이 수승한 일부 사람들을 만들었다. 천국과 이 세상의 거주자들이 그것을 증명했다."라고 선언했다.

믿음이 있는 사람들, 특히 성경이 근본적으로 신성하다고 믿는 사람들은 믿음이 없는 사람을 제일 싫어한다. 알 자바르티에게 프랑스인은 이슬람교도가 될 수도 있는 다른 믿음을 갖고 있는 사람이 아니라 완전한 무신론자들이었다. 이슬람과 기독교는 수 세기 동안 서로 싸웠지만 이슬람은 여전히 기독교를 인정했다. 기독교도는 '책의 사람들(경전을 따르는 사람들로서 유대교도와 기독교도를 말함-옮긴이)'에 속하는 것이다. 또한 그리스도는 마지막 최고의 예언자는 아니지만 신의 진실한 사도이다. 기독교도가 이슬람으로 개종하지도 않으면서 기독교조차 거부한다면 그것은 곧 최악의 범죄이다. 교황청을 파괴하고 몰타의 기사들을 전멸시켰다는 나폴레옹의 자랑은 안도가 아니라 공포를 주었다.

알 자바르티는 나폴레옹의 주장 밑바닥에 놓여 있는 것이 신의 말에 대한 매우 뿌리 깊은 불신이라는 것을 제대로 보았다. 그가 직접 경험했던 대로 프랑스인들은 물질주의자였고 물질주의 속에서 세상을 이해했으며 그들만의 경험을 통해서만 세상을 조종하려 했다. 그리고 그것은 알 자바르티도 볼 수 있었듯이 눈에 띄는 성공을 거두고 있었다. 그러나 프랑스의 기술과 용맹성에 감탄은 했어도 성스러운 계시와는 시종일관 아무런 상관도 없는 과학 기술을 제대로 인식할 수는 없었다. 그의 관점에서 프랑스 사람들은 예전의 이교도 아랍인처럼 무신론자 '물질주의자' 였다. 무신론과 물질주의는 마호메트가 이 땅에 태어나 바로잡으려고 했던 오류에 포함되기 때문에 곧 그들은 그들의 선조들처럼 이슬람으로 개종하거나 파멸당해야 하는 것이었다. 이집트 사람들은 침략자들이 갖고 들어온 기술적으로 신기한 것들, 노리개들, 외바퀴 손수레 등의 유혹에 넘어가지 않고 신념을 지키며 때를 기다려야만 하는 것이다.

알 자바르티가 그렇게 흥분한 유일한 사람은 아니었다. 그 외에도 나폴레옹의 존재가 이슬람에 대한 이념적 위협임을 인식한 사람은 많았다. 아랍어와 투르크어로 작성한 한 성명서에서 오스만 술탄은 이집트에 있는 그의 국민에게 유럽인이 몰고 온 새로운 위협에 대비해야 한다고 경고했다.

(신이여! 저들의 집을 파괴하고 국기를 불태우소서. 저들은 무도한 무신론자요 반체제 악인들입니다.) 프랑스는 하늘과 땅에 존재하는 유일신도 심판의 날을 중재하는 우리의 임무도 믿지 않고 모든 종교를 저버리고 사후 세계

와 사후에 있을 처벌도 부인한다. …… 저들은 예언자의 말인 코란, 토라, 성경 같은 경전들이 모두 가짜이고 거짓말이고 무익한 얘기이며, 예언자들이 무지한 사람들을 속였다고 주장한다. 저들은 또 인간은 인간이라는 점에서 모두 똑같고 평등하며 더 나은 인간은 없다고 말한다. 저들은 영혼을 처분해버리고 이 생에서의 삶만 준비한다. 헛되고 터무니없는 견해로 새로운 원칙을 만들고 법을 제정하며 사탄의 제도를 설립하고 종교의 기반을 파괴하며 모든 금지를 풀고 열정을 탐닉하며 사악함 속으로 일반인을 유혹한다. 그 결과 일반인은 정신없이 날뛰며 종교에 불온 요소를 심고 왕과 국가 사이를 껄끄럽게 만들었다.[586]

이슬람은 역사상 최초로 그동안 상상도 자각도 하지 못했던 전례 없는 도전에 직면했다. 수 세기 동안 이슬람교도는 런던에서 빈까지 유럽의 모든 도시에 곧 샤리아가 공포될 것이라고 믿었다. 유럽의 대성당들은 콘스탄티노플 대성당처럼 우상을 벗어던지고 종탑을 이슬람 첨탑으로 바꿀 것이며 전 세계 이슬람 신자들이 메카를 향해 하루 다섯 번 기도할 것이라고 믿었다.

그러나 이제 그 역전이 진행되는 것 같더니 적들은 갑자기 이전의 정체까지 벗어던지고 있다. 기독교가 유일한 종교라고 주장하던 것을 멈추고 알 자바르티와 술탄의 성명서가 말한 것처럼 진정한 종교에서 전혀 언급하지 않던 뭔가를 말하기 시작했다. 신에게 그리고 신이 지명한 대표에게 경의를 표하지 않는 삶의 비전을 제시했다. 더 나쁜 것은 사탄의 꾐에 넘어간 프랑스인이 대중에게 '원하는 것은 뭐든' 얻지는 못하겠지만 최소한 존중받고 보호받고 무엇보다 선택의 자유를 갖고 살 것이라고 말하고 다닌다는 것이었다. 신 없는 새 세상의 대중이 결코 이슬람 세계의 대중보다 더 존중받고 더 힘이 있는 것 같지도 않은데 말이다.

이 시기가 세속화한 서구 유럽과 이집트에서 인도로 이어지는 이슬람 동양이 처음으로 제대로 대면한 시기일 것이다(다소 논란의 여지가 있기는 하다). 그러나 모든 대면이 그렇듯 이해의 여지란 그리 많지 않았다. 양쪽 모두 자신들의 가치를 고수했다. 문제는 그 가치들이 둘 다 우주 속 인류의 본성을 말한다는 것이었다. 서양에서 그 가치는 신의 직접적 도움 없이 이성을 이용해 인간이 스스로 얻을 수 있고 이슬람에서 그 가치는 보편적인 진리로서 오직 신이 명할 수 있었다. 일부 기독교도도 그런 관점을 고수했고 또 여전히 고수하고 있다. 그러나 그들은 신과 신의 중계자로 자청한 사람들의 역할을 지속적으로 제한하는 사회와 늘 싸워야 했다. 반면 이슬람의 역사는 그 반대 방향으로 움직였다. 혹은 나폴레옹이나 그의 동료들이 말한 대로 전혀 움직이지 않았다.

서양의 누군가가 이성을 사용해 완전히 비종교적으로 어떤 체계를 발전시킬 때면 이슬람교도는 모든 것이 사실은 경전에서 예언된 것이라고 주장하며 대응할 것이다. 우리가 해야 할 일은 경전을 제대로 보는 것이다. 1789년 12월, 실로 귀머거리들의 회의라 할 말한 일이 있었다. 어느 날 나폴레옹은 셰이크 알 사다트의 저택에서 울라마들과 저녁을 들었다. 나폴레옹은 이슬람 족장들에게 칼리프의 통치 아래 아랍인은 과학과 예술을 발달시켰지만 "지금 그들은 가장 심한 무지 속에 살고 조상들이 한때 획득했던 지식은 거의 남아 있지 않다."라고 말했다. 분개한 사다트는 이슬람에는 여전히 그 모든 지식을 포함하고 있는 코란이 있다며 대응했다. 그때 나폴레옹은 코란이 대포 쏘는 법을 말할 수 있냐고 물었다. "족장들은 일제히 단호하게 그렇다라고 대답했다."[587] (1883년, 알 아프카니로 알려진 이집트 지식인 망명자 사이드 자말 아드 딘은 철도, 근대 경제, 세금 원칙,

세균설 등도 모두 코란에서 예견된 것이라고 주장했다.)[588]

나폴레옹의 주장은 거의 효과가 없는 것 같았다. 뒤이은 서구 문명의 새로운 세대도 별수 없었다. 현대판 프랑스 혁명 이념이라 할 수 있는 민주주의를 아랍 세계의 다양한 국가들에게 설득 혹은 강요하려던 최근의 시도도 허망했다. 후대의 계승자들처럼 나폴레옹도 그 상황에서 참을성 있게 기다리는 것이 비결이라고 믿은 듯하다. 이집트 사람들이 프랑스군을 환영하지 않았을 때 나폴레옹은 그것을 지나친 권력을 가졌던 완고한 소수와 불가피하게 무지한 대중 탓으로 돌렸다. 프랑스군 침략 직후 바로 저항군(오늘날에는 아마 '폭도'라고 부를 것이다)이 형성됐다. 이들은 미국이 이끈 2003년 이라크 침공 직후 결성된 이라크 저항군과 매우 비슷했으며, 공동의 이해관계나 신념으로 뭉쳤다기보다는 자신들의 땅에 침범한 외국인 비이슬람교도에 대한 공동의 혐오감으로 뭉쳤다.

이집트 학사원 회원이고 화가이자 조각가인 도미니크 비방 드농(Dominque Vivant Denon)은 소수의 '지각 있는 사람들'은 프랑스가 제공하는 것을 받아들이고 최선을 다해 다른 사람을 설득하려 했으나 "더는 잃을 것이 없고, 포악한 주인의 소유물로 사는 데 익숙한 대중은 우리가 보여준 평등을 나약함의 표시라고 단정하고 계속 그들의 주인들에게 속고 있었다."라고 했다. 그 주인들은 계속 '종교를 이용해(더 정확하게는 종교적 편견을 이용해)' 대중을 문명화하려는 모든 시도를 저지하고 있었다.[589]

나폴레옹군의 모든 군인과 학자들은 이집트인이 '동양인'이거나 인종이 그래서가 아니라(그런 주장은 조금 뒤에 생겨나기 시작한다) 맘루크의 혹독한 폭정 아래 너무 오랫동안 살았기 때문이라고 이해했다. 이븐 칼둔의 말처럼 14세기 맘루크는 문명에 오염되지 않고 음란한 쾌락도 모르고 품격도 높은 '진정한 종교인' 이었을지 몰라도 18세기 맘루크는 같은 종교인의 눈으로 보아도 잔인하고 무능하고 부패했다.[590] 프랑스 사람들은 그런 전제정치가 노예를 만들고 노예는 인간을 동물로 만들고 한때 위대했던 문명을 파괴한다는 것을 알았다. 지식인이 고대로부터 배웠고 또 최근의 몽테스키외, 볼테르, 루소, 콩도르세, 볼네에게서 배운 교훈이었다. 물론 프랑스의 일반인들도 널리 인식하고 있는 진리였다. 어쨌든 그것은 프랑스 대혁명의 주요 논지였고 유럽 전쟁 동안 나폴레옹이 계속 군인들에게 주입한 것이었으니 말이다. 동방군의 군복을 책임지던 젊은 재단사 프랑수아 베르누아이예(François Bernoyer)는 '클레오파트라의 궁전' 으로 알려진 콘스탄티노플의 폐허를 보며 그의 아내에게 그 몰락의 현실에 놀라움을 금할 수 없었다고 적었다. 수 세기 전 콘스탄티노플은 비범한 문명을 창조했고 조국을 사랑하는 사람들로 넘쳤는데 이제 기후는 예전과 다르지 않지만 이집트의 운명은 풍전등화에 놓여 있다. 주거지는 대부분 소의 분비물을 조합해 만들었는데 비참하기 이를 데 없었다. 베르누아이예는 "그러므로 여보, 이것이 바로 전제정치의 불가피한 결말이라오."라고 결론 내렸다.[591]

억압받았던 이집트의 대중이 서양의 비종교적 사회가 주는 자명한 이점들을 이해할 것이라고 확신했던 사람은 베르누아이예만이 아니었다. 이집트의 패배와 당시 시대 상황을 고려하면 당연한 예측이었다. 나폴레옹이 선보였던 새로운 생활방식은 이미 유럽 내 최고 폭군들을 한 번 이겼던 것이 아닌가? 툴롱으로 떠나기 직전 나폴레옹은 '동방군' 에게 "프랑스 공화정을 유럽의 중재자로 만든 자유라는 비범한 가치로 우리는 이제 저 먼 육지와 대양에서도 중재자가 되기를 희망한다."라고 말했다. 그리고 언젠가 한번은 더 확고한 의지를 불태우며 "프랑스인에게 좋은 것

은 모두에게 좋다."라고 했다.[592]

드러나는 진실

한때 프랑스군이 정박했던 알렉산드리아는 오늘날은 황량한 항구 도시로서 대부분의 건축물이 1950년대와 1960년대의 것이다. 제2차 세계 대전 전 소설가 로렌스 더럴(Lawrence Durrell)을 매혹했던 그 옛날의 세계 시민 도시 '멋진 사랑의 포도 짜개(great wine-press of love)' 알렉산드리아의 잔재는 거의 남아 있지 않다. 알렉산드리아는 1950년대에 이미 더럴의 소설 도입부에 나오는 말처럼 '수천 개의 먼지 구덩이 거리'로 전락했다.[593] 18세기 말에는 확실히 더 황량했을 것이다. 1737년, 수단으로 가던 길에 알렉산드리아를 거친 덴마크 해군 장교 프리데릭 루드비히 노르덴(Friderik Ludvig Norden)은 다음과 같이 말했다. "그 아랍의 도시는 잿더미 위에 솟아난 불사조가 아니었다. 오히려 진흙과 먼지에서 나온 해충에 가까웠다. 코란이 그 전역을 타락시켰다."[594] 비좁은 집과 먼지 나고 시끄러운 골목길에 마구 겹쳐져 아등바등 살아가는 이집트인의 모습은 프랑스인에게는 매우 생경했다. 1783년 알렉산드리아에 도착한 볼네는 "알 수 없는 것들이 압도적으로 내 감각을 습격했다."라고 적었다. 더러운 옷을 길게 휘두른 각양각색의 기묘한 사람들과 거리로 내몰린 굶주린 개떼들의 울부짖음이 그의 "귀를 공격했다."

그 너머 알렉산드로스 대왕, 프톨레마이우스, 안토니우스의 고대 시대가 있었지만 집단적인 쇠퇴와 파괴의 시대가 뒤를 이었다. 나폴레옹이 떠난 후 오 년 뒤인 1806년, 르네 드 샤토브리앙은 그를 둘러싼 폐허의 그림자 속에서 "한때 테베와 멤피스의 적수였고 삼천 명이 거주했으며 사색의 성소였던 알렉산드리아"를 느끼고, "안토니우스와 클레오파트라의 격렬했던 주연"에서 울리는 먼 메아리라도 들어보려 했다. 그러나 아무소용이 없었다. 헬레니즘과 과거 로마의 그늘은 영원히 사라지고 말았다. 샤토브리앙에게도 알렉산드리아는 전제정치의 파괴적인 결과만을 상기시킬 뿐이었다. 그는 다음과 같이 기록했다.

최후의 주문이 알렉산드리아 사람들을 침묵 속으로 던져버렸다. 모든 기쁨을 없애는 전제주의가 그 주문이다. 나는 고통스러운 울부짖음을 멈출 수가 없다. 아! 이 도시에서 무엇을 희망할 수 있겠는가? 최소한 3분의 1은 폐허가 되었고 또 다른 3분의 1은 묘지가 되었다. 매우 끔찍한 현실이 아닐 수 없다. 사람들이 죄수처럼 살고 있는 나머지 지역은 마치 쇠스랑을 끄는 힘없는 맥박의 거대한 몸뚱어리 같다.[595]

인간 정착지의 한계 너머에는 언제나 베두인족이 있었다. 그러나 19세기가 도래할 때 영국이 '야생의 거물'이라 했고, 1921년 루돌프 발렌티노(Rodolfo Valentino)의 영화 〈셰이크(The Sheikh)〉에서 '고결, 위엄, 용맹, 우아, 생기'의 대명사였던 사막 아랍인의 이미지는 확실히 더 후대에 생긴 것이었다.[596] 1798년 프랑스인이 만난 사람들은 동방군의 학자였던 기술자 질베르 조젭 볼빅 드 샤브롤(Gilbert-Joseph Volvic de Chabrol)에 따르면 떠돌이 약탈자들이었다. 샤브롤은 "그들이 농업과 상업에 대해 아무것도 모르고 자진해서 강도가 되고 탐욕 때문에 암살자가 된다."라고 썼다.[597]

어느 날 이집트 학사원 회원 여섯 명이 일에 열중하다가 프랑스 영역

밖으로 나가버렸다. 무장한 기병들이 그들을 붙잡아 자신들의 주둔지로 데려갔다. 베두인족은 열띤 논쟁 끝에 그들을 돌려보내기로 결정했다. 쇼맨십을 발휘할 기회를 절대 놓치지 않았던 나폴레옹이 직접 학자들을 맞이했고 베두인족 족장에게 '인도주의적'인 처사에 대한 감사의 말을 전했다. 나폴레옹은 그에게 "당신들이 정직으로 나를 대한다면 나는 당신들의 보호자요 친구가 될 것이다."라고 말했다. 베두인족 족장은 노고의 대가라던 돈은 거절했지만 금시계는 기쁘게 받았다. 그 장면을 목격했던 프랑수아 베르누아이예는 "그들은 훌륭한 말과 은으로 장식된 좋은 무기를 갖고 있었다."라고 적었다. 그러나 재봉사인 그의 눈에 비친 그들의 옷은 "한탄할 만했고 비참하기까지 했다."[598]

　18세기, 남태평양과 아프리카의 원주민들을 미화했던 '고결한 미개인(낭만주의 문학에서 이상화된 원시인상−옮긴이)'이라는 감상적인 환상을 갖고 있던 프랑스인에게 알렉산드리아는 문명 밖에서 사는 것이 무엇을 의미하는지 확실히 보여주었다. 또 다른 루소 신봉자 나폴레옹의 동생 루이 보나파르트(Louis Bonaparte)는 "그들은 가장 끔찍한 야만인들이다. 오! 장 자크 루소여! 당신이 말한 '자연스러운' 그들을 당신이 직접 봤다면 그들에게 감탄한 당신 자신에 놀라고 수치심에 온몸을 떨 것이오."라고 썼다. 나폴레옹도 그 유목민들 속에서 말을 타는 장군이라면 얻고도 남을 장엄함을 발견할지 모른다고 생각했다. 카이로에 도착하자마자 조금 남은 희망도 사라졌지만 말이다. 급기야 나폴레옹은 프랑스 총재 정부에 "그들의 야만성은 비참한 삶의 정도에 견줄 만하다. 그들의 삶은 야만적인 태양 아래 타오르는 모래에 매일 노출되어 있다. 시원하게 마실 물도 없다. 그들은 유감도 신념도 없다. 정말이지 상상 속에서나 가능한 가장 섬뜩한 야만인의 모습이다."라고 보고했다.[599]

알렉산드리아 점령이 안정권에 들자 동방군은 낙타 위에서 얼굴에 모기장을 두른 나폴레옹의 지휘 아래 카이로로 가기 위해 사막을 건너기 시작했다. 사막 횡단은 알렉산드리아 침략보다 훨씬 더한 시련이었다. 불타는 태양 아래 완전 무장한 채 비틀거리며 걷던 군인들은 고통을 조금이라도 덜어보려는 필사적 몸부림으로 종종 지고 가던 식량과 물까지 버리곤 했다. 곧 목마름과 배고픔으로 쓰러질 줄도 모르고 말이다. 후에 나폴레옹은 물과 식량이 충분했던 병사들조차 '무력감과 알 수 없는 우울함' 때문에 매우 고통스러워했다고 회상했다. "몇몇 병사들은 나일 강에서 자살을 기도했다. …… 그들은 '왜 우리가 여기에 왔나?' 라고 묻고 '총재정부가 우리를 여기로 보냈다' 라고 대답했다."[600]

그래도 나폴레옹은 꺾이지 않고 행군을 계속했다. 7월 21일, 나일 강 서쪽 기슭 현재 임바바 외곽의 평지에서 동방군은 오스만 장군 무라드 휘하의 기병 만 2천 명과 보병 4만 명과 마주쳤다.

나폴레옹은 19세기 초 오스트리아와 러시아가 오스만에 대항해 훌륭한 효과를 거둔 방진 대형으로 군대를 배치했다. 나폴레옹은 병사들에게 "나가라, 그리고 (멀리 보이는 피라미드를 가리키며) 4천 년 역사가 저기서 우리를 경멸하고 있음을 기억하라."라고 말한 후 수적으로 훨씬 우세한 맘루크군과의 대적을 준비했다. 맘루크 기병대는 잔인함과 용맹함으로 유명했다. 그러나 그들은 조직적이지 못했고 대포도 없이 원시적인 권총에만 의지했다. 두 시간 만에 방진 대형을 갖춘 동방군은 맘루크의 공격을 통제했고 포병이 공격을 개시했다. 전투가 끝났을 때 프랑스 편에서는 오직 스물아홉 명만 전사했지만 이집트 쪽에는 만 명이 전사하거나 혹은 무자비한 태양 아래 죽어가고 있었다. 살아남은 무라드 장군은 기병 삼천 명과 함께 사막을 건너 남쪽 나일 강 상류로 도망쳤다. 카이로의 맘루크들도 급히 물건을 챙겨 무라드를 뒤따랐다. 이 '피라미드 전투'로 프랑스군은 이집트 수도를 점령할 수 있었다. 다시 한 번 나폴레옹은 이집트인에게 가족, 집, 재산과 관련해 아무것도 두려워할 것이 없다고 안심시켜 주었다. 그리고 "무엇보다 나폴레옹이 마호메트의 종교를 그토록 사랑하고 있으니" 더욱 걱정할 것이 없다고 했다.[601]

넓은 에즈베키야 광장(프랑스인 관찰자에 의하면 파리의 콩코르드 광장보다 컸다고 한다)이 내려다보이는 알피 고관의 궁전에 자리를 잡자 나폴레옹은 새로운 보호령 이집트의 국세와 행정 체계를 재구축하기 시작했다. 고관의 우두머리 셰이크 알 사르카우이와의 대담에서 밝힌 나폴레옹의 목적은 "유일한 진리이며 인류에 유일하게 행복을 줄 수 있는 코란의 원칙에 기반을 둔 단일한 정권을 설립하는 것"이었다.[602]

방법은 매우 불투명했다. 나폴레옹도 확실히 알고 있었듯이 어떤 법률적인 시도도 샤리아와 인권이 서로 화합할 수 있다는 그의 주장이 엉터리임을 즉각적으로 드러낼 것이기 때문이었다. 결과는 아무튼 그의 개인적 운명에 달려 있었다(그즈음 그는 이미 자신의 운명과 전 동양의 운명을 동일시했다). 결국 이 방대한 우주에서 모든 것이 운명에 종속된다는 것을 진지하게 의심할 사람이 누구겠는가?

1798년 12월 21일, 나폴레옹은 카이로 사람들에게 성경과 '변장한 예언자'의 중간쯤 되는 언어로 연설했다.

사람들에게 내가 이슬람의 적과 십자가를 파괴한 후 나에게 주어진 임무를 완수하려고 동양으로 왔다고 알게 하시오. 그리고 성스러운 코란에 지금까지 생긴 일과 앞으로 생길 일이 모두 예견되어 있다는 것도 알게 하시오.

그는 더 열띤 어조로 자신의 요지를 말하기 시작했다. "하늘의 질서가 나를 안내하고 있다는 것과 그 어떤 인간의 노력도 나와 대적할 수 없음을 모든 세상이 알아차릴 날이 올 것이오. 훌륭한 신념을 가진 자들이 우선 나에게로 올 것이고 그들은 행복할 것이오."[603]

이제 그는 놀라움을 감추지 못한 율법학자들에게 자신이 구세주(Mahdi)라고 말한다. 나폴레옹은 많은 유럽인이 투르크식 스타일이라며 즐겨 입었던 동양식 관복을 차려입기도 했다. 하지만 터번과 흘러내리는 로브가 너무 투박하고 불편해 보였기 때문에 그 모습을 본 장군들은 웃음을 참지 못했다.[604] 모두 나폴레옹이 후에 망명 중일 때 인정한 일이다. 나폴레옹은 "그것은 명백한 허풍이었지만 수준 높은 허풍이었다."라고 말했다.[605] 프랑스인이 이제 진정한 이슬람교도(그때 이슬람교도는 프랑스인이 됐다)라는 나폴레옹의 반복되는 주장을 유일하게 믿었던 사람은 영국인들이었다. 결국 아크레에서 나폴레옹을 물리치게 될 시드니 스미스 경(Sir sidney Smith: 그는 자신을 사자왕 리처드의 화신쯤으로 생각했다)은 "프랑스인 마호메트 나폴레옹의 식민지를 절대적으로 제거해야 하고 그의 명백한 '동양화'도 막아야 한다."라고 주장했다. 이슬람 개종에 대한 소문과 출신 배경이 코르시카라는 것 때문에 나폴레옹은 죽을 때까지 잔인한 폭군이라는 평판과 함께 매우 거친 이국적 이미지를 달고 다녀야 했다.[606]

그러나 나폴레옹의 장군 중 최소한 한 명은 나폴레옹의 주장을 진심으로 받아들인 듯했다. 바로 자크 무느(Jacques Menou)가 그랬다. 자크 무느는 카리스마 있는 인물은 아니었다. 작고 살이 쪘으며 이미 머리가 벗겨진 오십 대 남성이었다. 다만 행정관으로서의 능력은 인정받았다. 1799년 9월, 나폴레옹이 이집트에서 철수하고 부사령관 장 밥티스트 클레버(Jean-Baptiste Kléber)도 살해되자 카이로에 남겨진 프랑스군과 프랑스 행정의 책임자가 되었다. 전쟁 초기에 이슬람 여성 조바이다와 결혼하기 위해 이슬람으로 개종했고 '아브달라 자크 무느'라는 이름을 얻었다. 무느는 그 결혼이 '정치적인 것'이라고 주장했다. 알 자바르티를 포함한 이슬람교도들은 그 결혼이 자기 이익을 위해서라면 뭐든 하는 프랑스의 민족성을 보여준다고 생각했다.[607] 사실 무느에게는 기독교나 이슬람이나 다 같은 종교였을 뿐이니 그 자신도 그런 해석에 동의했을 것이다. 그러나 무느는 확실히 자신의 아내가 마호메트의 후손이라는 점을 자랑스러워했다. "나는 결과적으로 마호메트의 사촌이고 세상에서 녹색 터번을 쓰는 사람들은 모두 나의 친척들이다."라며 자랑했다. 나폴레옹은 무느에게 이슬람 복장을 착용하지 못하게 했다. 프랑스 관습이 아니며 군인들이 우습게 생각해서 문제를 만들 수 있다는 것이 이유였다. 그러나 무느는 정말로 아랍과 프랑스 침략자들 사이에 유사점을 찾고 싶어 했던 것 같다. 한번은 군인들에게 "이집트인에게 관대하라. 그런데 내가 지금 무슨 말을 하고 있는 것인가? 오늘날 이집트인은 곧 프랑스인이다. 그들은 너희들의 형제이다."라고 말했다.[608]

나폴레옹은 온순하고 신통찮은 카이로의 엘리트들을 시켜 이집트를 프랑스의 이슬람 지방처럼 만들려고 했다. 그 엘리트들이 나폴레옹의 이름으로 카이로를 통치했고, 남편을 따라 미처 피난가지 못했던 맘루크의 아내들에게 과도한 세금을 물렸다. 이집트 국민이 매우 혐오하게 될 새로운 세금 제도는 프랑스 행정관을 두는 프랑스식이었다. 돈이 좀 있는 사람들에게는 대부를 강요했다. 알렉산드리아의 상인 공동체만 해도 삼십만 프랑을 바쳐야 했다. 맘루크들이 갖고 있던 농지들은 몰수되어 '국유지'가 되었다. 즉결 심판을 서슴지 않았던 나폴레옹은 이집트인이 잘 알고 있던 동양의 폭군과 전혀 다르지 않았다. 나폴레옹은 무느에게 "매일 카이로 거리에서 대여섯 명의 목을 달아나게 했다."라고 자랑했다. 이집트인을 복종하게 만들 필요가 있었다는 게 이유였다. "그들은 두려울 때만 복종하니까 말이다."

1798년 10월 21일, 집주인의 허락도 없이 집으로 들어가 인구 조사를 했던 프랑스에 격노한 카이로 시민들이 폭동을 일으켰다. 폭도들은 인구 조사 책임자였던 판사를 살해했고 조사 중이던 프랑스 사무관들을 납치했다. 급기야 이슬람 법률 고문들이 나서서 폭동을 지하드로 변형시켰다. 프랑스에 협력했던 이슬람교도들과 프랑스에 대항한 전쟁이었다.

나폴레옹의 대응은 신속했고 잔인했고 또 효과적이었다. 폭동이 발발한 지역에 폭탄을 퍼부어 삼천 명이 넘는 이집트인이 죽어나갔다. 주모자들이 찾아와 자비를 빌었다. 하지만 나폴레옹은 그에 대한 복수로 분견대를 알 아즈하르 사원으로 보내 사원을 약탈하고 방화했다. 프랑스 기병이 말을 몰아 이집트에서 가장 성스러운 사원으로 들어간 것은 명백한 신성 모독 행위였다. 드디어 프랑스가 실제로 이슬람을 어떻게 생각하는지가 만천하에 드러났다. 알 자바르티가 "이집트 사람 대부분, 특히 농부들이 프랑스 정부에 원한이 많다."라고 주장한 것도 무리가 아니었다.

나폴레옹은 잔인한 면모를 감추지 못하고 실수를 했다. 프랑스는 삼십 년 후 알제리에서 토후 아브드 엘 카데르의 군대와 싸울 때도 똑같은 실수를 범하고 만다. 이집트에서의 일을 지켜보던 알렉시스 드 토크빌(Alexis de Tocqueville)은 프랑스 정부에게, 프랑스가 야만인처럼 행동한다면 "야만적인 이슬람교도가 항상 우리를 압도할 것이다."라고 경고했다.[609]

학자들의 시도

한편 동방군의 학자들은 이집트인의 의식을 상대로 또 다른 종류의 공격을 감행하고 있었다.

카이로 중심부에서 남쪽으로 2킬로미터 떨어진 외딴 곳 나스리헤에는 맘루크들이 버리고 간 네 개의 궁전이 있었다. 나폴레옹은 그곳에 이집트 학사원 기지를 만들었다. 학자들은 그들의 책과 수학과 물리학 도구를 그 화려한 건물로 옮겼고 화학 실험실, 천문대, 인쇄소, 동물원을 비롯해 여러 작업 공간을 만들었다. 고고학적 유물들도 모아들였다.

1798년 8월 22일, 이집트 학사원이 정식으로 문을 열었다. 수학자 가스파르 몽주(Gaspard Monge)가 회장으로 추대됐고 나폴레옹 자신은 겸양이라도 보여주려는 듯 부회장이 되었다. 그리고 장 밥티스트 푸리에가 종신 사무국장으로 임명됐다. 학회의 목적을 상세하게 다룬 헌장이 만들어졌다. 학회는 이집트를 포함한 넓은 의미의 아시아에 대한 자연, 인간, 역사, 정치의 모든 측면을 연구하고 이집트 새 행정부에 조언을 아끼지 않아야 했다. 그러나 그 주요 목적은 사실 "이집트에 계몽주의를 선전하고 유포하는 것"이었다.[610] 선전과 유포에는 이집트 학사원의 공식 기관지 「이집트 시대(Décade égyptienne)」가 한몫을 했다. 처음에 「이집트 시대」는 "유럽의 지식인은 응용과학의 힘을 흥분 없이 바라볼 수가 없다. 특히 야만성과 격정적인 종교 아래 너무 오랫동안 억압되어 있던 사회에서 인문학에 대한 사랑과 과학으로 무장한 지혜의 힘은 너무 대단했다."[611]라고 선언하는 등 승리에 도취된 문구로 가득했다. 나폴레옹은 대부분의 모임에 직접 참석했다. 나폴레옹이 자신의 정책에 대한 비평과 비판을 유일하게 허락했던 장소가 바로 학사원 모임이었다고 한다. 그가 그렇게 학사

원의 말에 민감했기 때문에 군인들은 학사원을 "대장이 최고로 사랑하는 애인"이라고 불렀다.[612]

　학자들의 활동은 이집트인의 고개를 갸우뚱하게 만들었다. 이들은 누구이고 하는 일은 정확히 무엇인가? 이들은 군인도 (일부는 입법의 일에 관여하기는 하지만) 입법자도 아닌 것 같다. 행정관도 아니고 모든 유럽인은 무신론자이니 종교와는 더더욱 아무 상관이 없다……. 이집트 학사원이 수행하고 후원한 구체적이라기보다는 무척 방대한 사업들을 고려해볼 때 그런 혼란은 당연했다. 한때 오스만 지방의 고관 하산 카체프의 하렘이었던 회당에서 그들은 신기루 형성, 암모니아 소금 정제, 이집트의 인디고 물감 제조에 대한 논문을 읽었다. 푸리에는 새로운 대수학 방정식을 제공했고 시인 프랑수아 파스발(François Parseval)은 당시 정치 상황에 매우 적합한 기독교도의 예루살렘 정복을 노래한 타소의 위대한 시 '해방된 예루살렘'을 번역해서 발표했다. 뛰어난 동물학자 생 틸레르(Geoffroy Saint-Hilaire)는 타조의 날개에 대한 논문을 발표해 타조가 날 수 있음을 증명하려 했다. (프랑수아 베르누아이예도 그 자리에 있었다. 그의 말에 따르면 토론은 거의 세 시간이나 지속됐으나 결국 타조가 달리기와 날기 중 어느 쪽에 적합한 동물인지에 대한 아무런 결론도 내지 못했다. 그는 아내에게 "그렇게 멍청한 토론은 처음 봤소. 최악의 무지렁이도 그 질문에 대답할 수 있을 것이오. 타조가 그렇게 긴 다리를 가졌다는 것은 달리라는 뜻 아니겠소? 원래 날게 되어 있다면 더 큰 날개를 갖고 태어났겠지."라고 말했다.)[613]

　이집트 학사원의 모든 사업에 대한 설명을 들은 이집트 사람들은 그 모든 것이 단순히 핑계라는 결론에 도달했다. 이집트 학사원의 진짜 일은 실험실 안에서 이루어지고 있는데 그것은 바로 금을 제조하는 일이라고 확신했다.

이집트 학사원의 주요 사업은 "인문학에 대한 사랑과 과학으로 무장한 지혜의 힘"을 증진시키는 것이었다. 그러나 이집트 학사원은 다른 일에도 쓸모가 많았다. 프랑스는 대혁명을 거치면서 정치적 메시지를 선전하는 데 대규모 공공 축제를 이용하는 것이 좋다는 것을 이해했고 나폴레옹도 그 전략을 이집트에 적용했다. 나폴레옹은 모든 이슬람 축제를 이용해 신성모독에다 모순투성이였던 최초 포고령의 주장을 강화했다. 1798년 9월 21일, 프랑스는 이슬람 음력과 프랑스 대혁명력을 합치려고 프랑스 공화정 건립 기념일을 축하하는 축제를 벌였다. 학사원 학자들의 도움으로 나무와 천으로 된 6피트에 달하는 오벨리스크를 세웠고 프랑스-이집트 전쟁 전사자들의 이름을 새겼다. 에즈베키야 광장 주변에 열주를 세웠고 그 위에 피라미드 전투 장면을 새긴 개선문을 올렸다.

축제 당일 군인, 율법학자, 카이로의 대관, 아랍의 족장, 오스만 근위 보병대 대장 그리고 고관 대표가 모두 함께 도시를 행진했다. 그러고 나서 고위 인사 150명이 나폴레옹 관저에서 만찬을 들었다. 그곳에는 프랑스 국기와 터키 국기가 프리지언 보닛(두건 형태의 원추형 모자-옮긴이)과 초승달 기장, 인권선언서와 코란의 인용구와 함께 달려 있었다. 셀 수도 없는 축배가 이어졌고 마지막으로 가스파르 몽주가 자리에서 일어나 술잔을 들며 "인간 정신의 완벽함과 계몽주의의 전진을 위하여"라고 말하며 축배를 들었다. 전통적인 불꽃놀이로 축제는 끝이 났다.

군대의 공식 출판물 「이집트 소식(Courier d'Égypte)」이 전한 말이다. 그러나 사실은 조금 덜 웅장했다. 권력과 호의를 동시에 과시하려던 프랑스의 또 다른 시도에서 그랬던 것처럼, 이집트인은 매우 차갑고 회의적인 눈길을 보냈다. 초대된 손님들 상당수가 나타나지 않거나 억지로 참석했다. 불꽃조차 터지지 않은 것이 많았다. 아랍인의 귀에 프랑스 칸타타는 불협화음이었고 말 많던 오벨리스크도 가까이에서 보니 대수로울 게 없었다. 급조한 탓에 곧 그 무게를 견디지 못하고 이곳저곳이 처졌다. 축제가 끝나자 병사들은 오벨리스크 바닥에 굴을 만들고 내부를 임시변통한 매음굴로 만들었다. 아랍어로 시를 썼고 프랑스의 이집트 점령에 대한 목격자들의 말을 기록했던 그리스의 가톨릭 시인 니퀼라 알 투르크(Niqula al-Turk)는 오벨리스크의 바닥으로 사람들이 드나드는 것을 목격했다. 그는 "프랑스는 이 기둥이 자유의 나무라고 주장했지만 이집트인은 그것이 오히려 자신들을 못 박은 화형주이자 이집트 점령의 상징이라고 대꾸했다."라고 적었다.[614]

과학으로 이집트를 위압하려던 프랑스의 시도도 비슷한 운명을 겪어야 했다. 나폴레옹은 몽골피에식 열기구를 이집트에 가져갔다. 화려한 경력을 가진 수석 기구 조종사 니콜라우스 자크 콩테(Nicolas-Jacques Conté)는 짧은 곱슬머리에 애꾸눈이었다. 1795년에 폭발로 왼쪽 눈을 잃었던 것이다.

1798년 8월 21일, 콩테와 그의 조수들은 매우 정교한 열기구 진수대를 마련했다. 빨간색, 하얀색, 파란색으로 장식된 거대한 열기구가 기둥에 매달려 있었다. 콩테는 거창한 의식과 군악대의 팡파르와 함께 연소기에 불을 붙였다. 알 자바르티는 "연기가 열기구 속으로 올라가더니 속을 채웠다."라고 회상했다. 열기구는 천천히 떠오르더니 "바람과 함께 아주 조금 항행하는 듯하더니 이내 바람이 멈추자 연소기가 꺼지고 열기구도 주저앉았다." 땅으로 떨어지는 순간 열기구는 불꽃으로 산화했다. 그곳에 있던 사람들은 프랑스군이 자신들에 대항해 사용하려고 준비한 새로운 무기라고 생각하고 공포에 질려 흩어졌다. 알 자바르티는 프랑스인은 "그 기구가 배처럼 사람들이 들어가 앉아 다른 나라를 여행하는 것이라고 자랑했다."라고 기록했다. 이집트인에게 그것은 또 다른 물질주의자적 거짓말이었다. 알 자바르티의 견해에 따르면 그 허약하고 화려한 천조각은 "집안의 하인들이 축제나 즐거운 행사를 위해 만드는 연 같은" 정교한 장난감에 지나지 않았다. 그 재난에도 불구하고 꿋꿋한 프랑스군은 1799년에 다시 한 번 열기구 진수식을 시도했다. 열기구는 전보다 조금 더 날아갔지만 결국 또 엄청난 광경을 연출하며 땅으로 곤두박질 쳤다. 열기구가 성공적으로 시야에서 사라졌다고 해도 알 자바르티는 "그들은 열기구가 먼 나라로 떠났다고 우겼다."라며 매우 비웃었을 것이다.[615]

이집트에서의 실패

열기구 작전이 대실패로 돌아갈 즈음, 이집트에서 프랑스의 힘은 약해지기 시작했다. 1798년 8월 1일, 넬슨 제독이 다시 알렉산드리아로 들어가 아부키르 만에서 방심하고 있던 프랑스 함대를 기습했다. 프랑스군의 포병 대부분은 이미 육지로 이동한 상태로 영국 군함을 무찌르기에는 너무 멀리 있었기 때문에 아부키르 만에 흩어져 있던 프랑스 군함들은 부실한 방어막으로 힘겨운 싸움을 해야 했다. 넬슨의 군함은 별 대단한 저항도 없이 프랑스 함대를 포위해 맹공격했다. 밤 열시가 지났을 때 동방호에 불이 붙었고 한 시간 정도 연기가 치솟았고 불꽃이 밤하늘을 수놓았다. 그러다 동방호가 폭발했다. 브로이 제독, 그리고 갑판에 붙은 불과 필사적인 싸움을 벌이던 승무원들도 함께 산화했다. 폭음이 너무 커서 아부키르 만 건너편까지 들릴 정도였고 몇 분간 양쪽 진영으로부터 섬뜩한 침묵이 감돌았다. 베르누아이예는 들리는 것이라곤 '터무니없이 높이' 치솟은 동방호의 파편이 다시 물속으로 떨어지는 소리 뿐이었다고 회상했다.[616] 생 틸레르는 "그 후 해군은 혼란에 빠졌다."라고 기록했다.[617]

45분이 지나서야 총성이 다시 울리기 시작했다. 싸움은 밤새도록 지속됐지만 다음 날 정오 프랑스 제독 빌레누브(그는 트라팔가 갑에서 다시 넬슨과 대면하고 패배한다)는 남아 있는 배들과 함께 유럽으로 떠날 것을 결정했다. 칠백 명의 프랑스 병사가 전사 혹은 익사했고 1,500명이 부상을 입었으며 삼천 명이 포로로 잡혀갔다. 전투가 끝난 후 아부키르에 도착한 도미니크 비방 드농은 '자존심 상한 무거운 마음'으로 바다를 바라보았다. 해안가에서 야영하던 베두인족이 창백하게 명멸하는 횃불을 들고 배의 파편과 죽은 자의 몸뚱어리를 건져내고 있었다.[618]

동방군은 오도 가도 못하는 신세가 됐다. 아부키르 만 해전이 이스탄불에 전해지자 술탄은 프랑스와의 전쟁을 선언했다. 술탄군의 대규모 이집트 입성을 막기 위해 나폴레옹은 아크레에 있는 술탄의 보스니아인 대사 아흐마드 파샤 알 자자르(Ahmad Pasha al-Jazzar)에게 특사를 보냈다. 소문과 달리 프랑스군은 예루살렘을 재정복하기 위해 온 것이 아니라고 말하려 한 것이다. 특사는 프랑스군이 신십자군이 아니라고 주장했다. 프랑스군은 단지 술탄을 위해 맘루크로부터 이집트를 되찾으려했을 뿐이었고 지금 나폴레옹은 그 술탄의 이름 아래 이집트를 통치하고 있는 것이었다. 그러나 알 자자르가 특사의 접견조차 거부했으므로 특사는 급히 카이로로 되돌아가야 했다.[619] 9월 9일, 셀림 3세는 프랑스에 대항한 지하드를 선언했다. 그는 "프랑스에 대항해 싸우는 것은 모든 이슬람교도의 의무이다."라고 말했다. 지금까지 그들이 한 짓을 볼 때 그들은 "오직 세상의 질서와 조화를 깨고 모든 사람과 국가 사이의 상호 연계를 끊으려고 여기 왔음이 명백하기 때문이다."[620]

그러나 파리에서는 여전히 이집트 원정의 좋은 결과를 기대하고 있었다. 1798년 11월 21일, 혁명 관보 「모니퇴르(Moniteur)」에 "이집트군에 대해 모든 사람이 소설을 써대고 있으니 여기 내 것도 있다."라며 시작한 볼네의 글이 실렸다. 그에 따르면 나폴레옹은 사람들의 마음을 사로잡기 위해 콥트인, 베두인, 농부 사이의 불화를 잘 이용했다. "그들의 관습을 많이 채택해서 그들도 우리의 것을 채택하게 해야 한다."라고 생각하여 그들의 자존심을 지켜주었다. 처음에 그들은 오랜 세월 동안 폭군정치를 겪어서 매우 '우울하고 다혈질에 싸움을 좋아하는 사람들'이었다. 나폴레옹은 그들을 농담과 음악과 공공의 일을 즐기는 '쾌활하고 호의적이며 착한' 사람으로 만들었다. 나폴레옹은 다리, 길, 수로를 보수했다. 농노가 된 농부들에게 농지도 주었다. 상속법을 바꿔 아이들뿐 아니라 여자들도 동등한 권리를 갖게 했다. 미성년 결혼을 금지했으며 부드럽게 일부다처제를 반대했다. 아시아에 새 시민법도 만들었다. (볼네는 그것이 아시아를 영원히 바꿀 것이라고 예견했다.) 경제를 변형하고 아랍인, 콥트인, 프랑스인이 나란히 앉아 아랍어와 프랑스어로 배우는 학교를 창설했고 자연과학의 기반을 마련했다. 나폴레옹은 아랍인에게 그들 조상이 살았던 번영하던 시절을 연상시켰다. "한마디로 말해 나폴레옹은 새 나라를 건설한 것이다."

볼네의 상상은 계속된다. 아부키르 패배 후 오스만은 프랑스에 대항한 전쟁을 선포했고 러시아 함대가 지중해 항해를 시작했으니 이제 나폴레옹은 인도 원정을 포기할 것이었다. 볼네는 나폴레옹이 "왜 영광도 이득도 없는 일 때문에 모든 노력을 기울여 궁벽하고 야만스런 우주의 끝으로 가야 하나?"라고 질문할 것이라고 생각했다. 아니다. 이제 나폴레옹은 유럽 쪽으로 고개를 돌려야 했다. 그리고 "무모한 투르크가 (나폴레옹에 대항해) 군기를 쳐들었으니 나폴레옹은 저들에게서 콘스탄티노플을 빼앗을 것이었다." 나폴레옹은 오스만의 수도를 점령한 뒤 쿠르드, 아르메니아, 페르시아, 투르크멘, 베두인 전역에서 군대를 소집해 "그들 공통의 적인 영국을 전멸시킬 것"이었다. 그렇게 나폴레옹은 '새 비잔틴 제국'을 창건하며 지중해와 중부 유럽을 휩쓸 것이다. 그럼 프러시아가 아마도 프랑스와의 옛 동맹 관계를 재개할 것이다. 모스크바가 성 페테르부르크로부터 해방되어 또 다른 프랑스의 적 러시아 제국을 끝장낼 것이고 요새 같은 섬나라 영국에도 자유의 물결이 넘쳐날 것이다. 그럼 모든 정부들이 서로 평화롭게 살 것이었다.

볼네는 "나는 그날을 본다. 그날이야말로 진정으로 영광스러운 날이다."라고 소리쳤다. 그럼 이스탄불에 영광스런 새 비문이 세워질 것이었다. 그 옛날 페르시아에 대항한 최후의 승리를 기념해 만들었던 청동 뱀 세 마리의 오벨리스크가 있던 바로 그 자리에 세워질 것이었다.

용감무쌍한 프랑스군에게,
이탈리아에서
아프리카에서
그리고 아시아에서
유럽의 화해자,
국립 연구소 연구원 보나파르트에게……[621]

그렇게 동양은 다시 한 번 서양과 결합할 것이고 알렉산드로스가 바랐던 문명화가 이천 년도 더 지난 지금 마침내 완수될 것이었다.

그러나 당시 나폴레옹의 바람은 별로 그리 당당한 것이 못 되었다. 그는 이집트 유지가 점점 힘들어 가는 상황에서 되도록 많은 것을 확보한 후 최대한 많은 동방군을 데리고 가능한 한 빨리 프랑스로 귀환하고 싶었다. 1799년 2월 6일 나폴레옹은 만 3천 명의 군인들과 다미에타의 동쪽 카티아를 떠나 투르크가 병력을 모으기 전에 재빨리 시리아로 진군했다. 그는 가자(Gaza)를 점령했고 이어 3월 3일 자파도 점령했다. 나폴레옹은 볼네가 상세한 사항을 끔찍하게 묘사했던 1776년 맘루크 군벌 무하마드 아보우 다합(Muhammad Abou Dahab)의 대학살을 재연하는 것 같았다. 이전에 맘루크가 애용했던 팔레스타인 정복의 주요 수단인 테러는 이제 나폴레옹의 주요 수단이 된 듯했다.[622]

그날 2,500명이 넘는 사람이 죽었다. 총알이 부족해서 마지막에는 총검을 사용해 대학살을 끝내야 했다. 살육이 끝나자 나폴레옹은 여전히 최대한 서양의 마호메트 역할을 수행하며 팔레스타인 사람들에게 자신은 알 자자르를 상대로 전쟁을 치르기 위해 온 것이라고 선언했다. 늘 그랬듯 팔레스타인 사람의 종교적 자유와 재산의 소유권을 인정해줬다. 또 저항에 대한 경고도 했다. 그는 팔레스타인 사람을 통치할 운명을 갖고 태어난 사람이었다. "당신들은 인간의 노력이 나에게는 아무 소용이 없음을 알아야 할 것이오. 나는 한번 착수한 일은 모두 성공하기 때문이오. 나를 친구로 선언하는 사람은 번영할 것이고 나를 적으로 선언하는 사람은 멸망할 것이오."라고 말했다.

그러나 사실 멸망한 것은 그의 군대였다. 도시에 들어가자마자 전염병이 군대를 휩쓸었다. 점점 더 많은 병사들이 쓰러지고 전염병이 돈다는 소문을 더는 억누르지 못하게 되었다. 그러자 나폴레옹은 그 기회를 이용해 자신이 거의 불사의 힘을 갖고 있음을 증명하려고 전염병 환자가 수용되어 있던 병원을 방문했다. 옷자락이라도 만지고 싶어 하던 죽어가는 병사들 속에서 나폴레옹은 그리스도라도 된 것처럼 코를 가린 채 서 있었다. 앙투안 장 그로(Antoine-Jean Gros)가 그것을 그림으로 남겼다. 이집트 원정이 남긴 가장 오래 지속될 나폴레옹의 이미지였다.

1799년 3월 14일, 나폴레옹은 남은 군대를 이끌고 자파를 떠나 아크레에 있는 알 자자르의 수도로 진군했다. 거기서 그는 최초의, 그러나 최후의 결정적인 패배를 경험했다. 나폴레옹이 도착하기 직전 영국 기병대대가 먼저 들어가 알 자자르에게 저항에 필요한 군수품과 병참선을 제공하고 있었던 것이다. 또 영국은 나폴레옹이 바다를 통해 알렉산드리아로 돌려보냈던 포병대를 가로채 알 자자르의 수중으로 넘겼다. 5월 20일, 프랑스로서는 아크레를 맹공격하는 것도 항복을 강요하는 것도 불가능했다. 동방군은 철수했고 밤사이 남쪽으로의 길고 위험한 퇴각을 시작했다. 6월 14일, 나폴레옹은 어렵게 카이로 입성에 성공했지만 사람들은 모두 그가 이집트를 영원히 떠날 날이 멀지 않았다고 생각했다.

한편 유럽에서도 사태는 프랑스에 불리하게 돌아가고 있었다. 1799년 6월, 프랑스의 도움으로 나폴리에 세워졌던 '파르테노피안 공화정'이 짧은 역사를 마감하고 무너졌다. 다음 달, 프랑스는 북이탈리아 대부분을 잃었다. 앵글로-러시아군이 네덜란드로 진군하고 있었다. 왕정 체제를 선호했고 이미 한번 혁명에 대항해 반란을 일으켰던 프랑스 북서쪽 방데(Vandée) 지역은 또 다른 반란을 준비했다. 전반적으로 그 모든 재난에는 총재 정부의 책임이 컸다. 한 비판가는 "총재 정부가 가장 위대한 장군이며 가장 천재적인 군사 지도자를 아라비아 사막에서 죽어가게 했기 때문"이라고 했다.

9월 10일, 총재 정부는 어떤 조건을 달고서라도 동방군을 구해오겠다

결심하고 술탄과 협상을 시작했다. 나폴레옹은 사막에서 죽어갈 생각이 전혀 없었고 모욕적인 평화 협상에 남아 있을 생각도 없었다. 그는 무느에게 총재 정부의 무능력 탓에 프랑스가 외국 침략과 내전 사이에서 방황하고 있다고 말했다. 나폴레옹에 따르면 이집트는 이제 안전하고 더는 자신의 존재가 필요하지 않으니 장 밥티스트 클레버가 혼자 잘 건사할 것이었다. 그달 말 나폴레옹은 파리로 돌아갔고 클레버가 남아 있는 프랑스의 힘을 최선을 다해 구해내라는 반갑지 않는 임무를 떠안았다. 클레버는 그의 수석 사령관에게 독살스러운 목소리로 "나폴레옹은 허풍만 잔뜩 남기고 떠났다."라고 말했다. 그리고 클레버는 기필코 프랑스로 돌아가 "나폴레옹의 얼굴을 그 허풍으로 갈기고야 말겠다."라고 맹세했다. 그러나 1800년 6월 클레버는 암살되고 만다. 무느가 뒤를 이었지만 이듬해 7월 남은 병력과 함께 카이로 밖으로 쫓겨났다. 무느는 알렉산드리아로 퇴각했다가 9월 헬리-헛친슨(John Hely-hutchinson) 장군에게 항복했고 1801년 9~10월 남아 있는 모든 동방군과 이집트 학사원 회원들과 함께 프랑스로 향했다. 이집트 원정은 끝이 났고 이집트는 원상복귀되었다. 1883년까지 명목상으로나마 오스만이 다시 이집트를 통치했다.

군사작전으로서의 이집트 원정은 명백한 실패였다. 나폴레옹은 근동 지방에 프랑스 식민지를 만드는 데 실패했고 이집트인의 마음을 사로잡지도 못했다. 인권과 평등의 가치를 모든 이슬람교도가 아닌 극소수에게만 전달할 수 있었고 인도도 가지 못했다. 그러나 길게 봤을 때 그 의의는 의도치 않게 깊고 넓은 것이었다.

그들이 본 이슬람 세계

그중 불후의 의의라고 할 수 있는 것이 이집트 학사원의 업적이었다. 파리로 돌아온 학자들은 도미니크 비방 드농의 후원 아래 이집트에서 발견한 것들을 널리 알리기 시작했다. 동방군은 이집트 식민지화에는 실패했지만 이집트를 비롯한 전 '동양'에 대해 유럽인이 가질 향후 이미지에는 확실히 막대한 영향을 끼쳤다.

드농은 매우 유능한 출판인으로 판명 났다. 대단찮은 귀족에 외교관이자 그런대로 괜찮은 데생 화가(한번은 윌리엄 해밀턴 경과 그의 유명한 아내였던 나폴리의 엠마를 그리기도 했다)였던 드농은 루브르 박물관(당시 나폴레옹 박물관으로 불렀다)의 관장이 되면서 천재적인 군사 지도자에서 르네상스 시대의 문화 군주로 탈바꿈하려는 나폴레옹의 사업에 주요 설계사가 되었다. 1809~1828년, 드농이 이집트 학사원의 연구 결과를 편집한 것이 스물세 권의 거대한 2절판 『이집트 견문기(Description de l'Égypte)』로 결실을 맺었다. 『이집트 견문기』는 오랜 개인적인 관찰에 기초해 근대 동양인의 관습을 과학적 방식으로 다룬 최초의 책이었다. 책이 만들어낸 이집트인과 이슬람교도에 대한 이미지는 서양인이 갖는 '동양'에 대한 미래의 모든 인식에 강력한 영향을 지속적으로 끼칠 예정이었다.

『이집트 견문기』는 지중해에서 시작해 중국에서 끝나는 방대한 땅에서 살던 사람들에게 경멸할 만한 정체성을 만들어주었다고 자주 비난받는다.[623] 과히 틀린 말은 아니다. 몇몇 예외를 제외하곤 19세기 초 대부분의 유럽 사람이 생각하던 이슬람 동양은 대체로 매우 부정적이었다. 오스만 제국의 쇠퇴와 함께 볼테르 같은 사람이 주장했던 위대한 투르크의 이미지도 쇠퇴했다. 나폴레옹이 이집트 원정을 갔을 때만 해도 동양에 대한 기대와 애정이 있었다. 나폴레옹을 따랐던 학자들과 교육받은 군인들에게 이집트는 파라오와 프톨레마이오스의 땅이었고 고대로부터 내려오는 불가사의한 지혜의 땅이었다.

그런 신화가 결국 다 깨졌을 때조차 이집트가 그리스에 자연 과학 및 수학의 근본 원칙을 전해 그리스 문명과 나아가 유럽 문명을 일으키게 했다는 생각은 여전히 일반적이었다. 이집트를 방문한 유럽인들은 근대 이집트가 나일 강 기슭에서 한때 번영했던 문화와 더는 상관없으며, 그것은 근대 이탈리아나 그리스가 고대 로마와 그리스와 별 상관이 없는 것과 마찬가지라고 쉽게 그리고 매우 이성적으로 생각할 수도 있었을 것이다. 그러나 유럽, 특히 18세기 유럽의 역사적 상상력 속에서, 특정 장소와 그곳에 살고 있는 사람들은 서로 떼려야 뗄 수 없는 것이었다. 유럽인은 질문했다. 고대 이집트 문명은 어떻게 된 것일까? 왜 근대 이집트인은 과거 영광의 폐허 속에서 그렇게 무지하게 살고 있을까? 왜 그들은 한때 그들의 조상이 창조했던 과학과 예술에 무지한 것을 오히려 자랑스러워하는 것처럼 보일까? 예를 들어 왜 파라오의 후손들은 가장 단순한 수학 문제도 풀지 못할까? 동방군에서 기술자로 일했던 루이 서먼(Louis Thurman)은 자신이 "이집트 수석 건축 기사 중 한 사람과" 한 말을 샤브롤에게 전했다.

그는 기도할 때 쓰는 염주를 벗어 계산하기 시작했다. 자신이 아는 것을 나에게 자랑하려는 듯했다. 계산은 너무 오래 걸렸고 그는 귀를 긁적거리기 시작했다. 그 옆에 앉아 있었기 때문에 나는 그가 하는 일을 힐끗 쳐다볼 수 있었다. 그는 250을 30(혹은 0이 들어가는 비슷한 숫자일 수도 있다)과 곱하고 있었는데 250을 30번 쓴 다음 더하기를 하고 있었다. 나는 돕겠다고 했고 그는 기꺼이 수락했다. 그러나 결과는 나를 당황스럽게 했다. 당신은 물론 연필만 있으면 정답이 금방 나온다는 사실을 알 것이다. 놀랍도록 빨리 계산을 끝내자 그는 흥분하며 물었다. "알라시여! 마호메트가 신의 메신저라는 것이 확실한 만큼 당신 프랑스인들은 확실히 마법사이구려. 최고 천사들의 비밀은 알고 있소? 그들이 당신에게 이것을 가르쳐 주었소?" 나는 사무관으로서 그 정도는 알고 있어야 하고 우리 중에는 원사들도 그 정도는 다 안다고 대답했다. 그는 매우 놀란 눈치였고, 악마의 기운을 물리치려고 작정한 듯 이슬람 신앙 고백을 중얼댔다.[624]

동시대 유럽 농부들의 상황도 그다지 낫지는 않았을 테지만 근대 이집트인이 그런 기본적인 곱셈도 못한다는 사실은 서먼과 샤브롤을 매우 놀라게 했다. 이집트는 그들이 배웠던 수학을 '발명한' 나라이고 유럽이 지금 쓰고 있는 숫자도 아라비아 숫자가 아닌가?

이집트인은 무슨 일이든 할 수 없고 하고 싶어 하지 않은 것 같았다. 드농은 그들이 보수공사를 전혀 하지 않는다고 회상했다. 집에 벽이 무너지면 그들은 그냥 방 하나가 부족한 채 산다. 집 전체가 무너지면 무너진 곳 위에 대충 집을 꾸며 산다.[625] 모두 바닥에서 뒹구는 것은 게을러서가 아니다. 게으름을 자랑스럽게 생각하기 때문이기도 했다.

이집트 사회에서는 모든 것이 수평적이고 정적이었다. 드농에 따르면 '앉기보다는 눕기에 좋은' 소파들이 그렇고 손까지 덮으며 걸리적거려서 손으로 하는 활동적인 일을 거의 불가능하게 하는 옷들이 그렇다. 드농은 그들이 쓰는 터번조차 머리를 꼿꼿하게 세우게 만든다고 생각했다. 모두 상상력을 없애고 활동 자체를 단념하게 만드는 것이다. 그들은 목적도 없이 꿈꾸고 기쁨도 없이 매일 같은 일을 했다. 어느 날 '무식한 데다 거만하기까지 한' 투르크인이 드농에게 일은 노예나 포로들이나 하는 것이라고 설명했다. 한 프랑스 예술가가 이집트인에게 유럽인이 아랍인보다 예술과 산업에서 우수하다는 것을 납득시키려 했지만 돌아온 대답이라고는 이랬다. "우리들은 편히 쉬며 위대한 코란을 사색하도록 태어난 반면 당신네 무신론자들은 일을 해야 하는 벌을 받은 것 같소."[626]

게으르고 호기심 없는 근대 이집트인은 새로운 사건들이 아무리 놀랍고 비극적이더라도 늘 무관심과 수동성으로 대처했다. 프랑스 사람에게는 이집트의 더럽고 버림받은 환경보다 그런 자세가 더 인상적이었다. "그들의 침착함은 놀라울 정도다. 아무것도 그들을 고통스럽게 할 것 같지 않았다. 그들에게 죽음이란 영국인에게 미국으로의 항해쯤이 될 것이다."[627] 그 때문에 이집트인은 열기구의 운명에 대해서도 별 다른 관심을 보이지 않았을 것이다.

이집트인이 무관심했던 것은 프랑스의 놀라운 기술력만이 아니었다. 샤브롤은 "불안에 떨고 후회에 몸서리쳐본 적이 있을까? 행복에 취하고 예기치 못한 행운의 전도에 좌절할까? 질투, 미움, 분노, 복수심으로 고통받을까? 그들의 품행은 늘 같은 수동성을 유지한다."라고 썼다.[628]

이집트인은 맘루크들이 그들에게 부과했던 "교육받고 계몽된 사람이라면 결코 참을 수 없는" 고통을 불평 없이 잘 참도록 태어난 사람들이 전부라고 베르누아이예는 말했다. 그것은 베르누아이예로 하여금 아마도 예술, 과학, 계몽은 결국 아주 고통스러운 것이라는 루소의 말이 옳을지도 모른다는 우울한 결론에 이르게 했다. 예술, 과학, 계몽이 한 일이라고는 결국 인간이 얼마나 비참할 수 있는지를 증명하는 것이라면 말이다. 베르누아이예는 오랫동안 기다리느라 지친 아내에게 아마도 결국 "인간은 자연 상태, 즉 야만적인 상태를 제외하고는 진정으로 행복할 수 없는

것"이 진리일지 모른다고 적어 보냈다.[629]

그러나 (다소 기준이 모호하긴 하지만 베두인족을 제외한) 이집트인은 야만인이 아니었다. 적어도 루소가 생각했던 종류의 야만인은 절대 아니었다. 그들은 한때 위대한 문명을 이루었던 사람들의 후손이었다. 그럼 무엇이 그들을 그렇게 만들었을까?

다시 한 번 즉각적으로 대답하자면 원인은 물론 전제정치였다. 드농이 관찰한 이집트인들 각자는 기회만 주어진다면 근면하고 영리했다. "미개 사회처럼 도구가 부족했지만 반대로 그들이 손으로 할 수 있는 일들은 놀라울 정도였다." 그들은 또 이상적이 군인이 될 자질을 많이 갖추고 있었다. 굉장히 진지하고 절도가 있었으며 "켄타우로스처럼 달리고 트리톤처럼 수영했다." 그러나 "이백여 개의 군소 지방을 통치하는 사천 명의 독립적인 프랑스인들이 그런 성향을 갖춘 이집트인 백만 명 이상을 통제할 수 있다." 드농은 "그것이 복종에 익숙해진 사람들의 운명이다."라고 결론 내렸다.[630]

샤브롤도 비슷한 견해를 갖고 있었다. 그에 따르면 미천한 근대 이집트인은 수동적으로 "불안정 속에서 무기력하게 지내며 한탄할 말한 상황에 대해 전혀 생각하지 않는다." 한때 활기 넘치는 문화와 지적인 삶을 영위했던 그들에게 이제 기쁨은 거의 남아 있지 않다. 노래하고 이야기하기, 수염 쓰다듬기, '하렘에서 놀기' 정도가 남아 있을 뿐이었다.[631]

드농과 샤브롤 둘 다 알고 있었듯이 전제정치가 그런 습관을 만들었다. 전제정치가 상상력을 마비시켰고 인간에게 주어진 창조성의 본능을 박탈했다. 그러나 최소한 샤브롤은 그런 이집트인의 무감각한 외관 뒤에 "열렬한 창작력이 숨어 있다."라고 보기도 했다. 무감동과 태평함은 이집트인과 "동양인 일반이 폭력에 대항하는" 방식이었다. 그러나 아무 생각

없는 것 같은 모습 뒤에도 감수성은 여전히 매우 강렬하게 남아 있을 것이었다. 그리고 "우리가 가장 절대적인 냉담함에 빠졌다고 생각하는 이들"은 사실 집중력을 비롯한 그들의 능력을 '최고 한도까지' 올리고 있는 중이었다.[632] 그들은 지금 유럽인의 상상력과 개인주의가 그들을 구해주기를 기다린다. 구원만 받는다면 유럽의 개인주의와 상상력이 가져다줄 모든 혜택을 이해할 수 있을 것이다.

반세기 후, 존 스튜어트 밀이 이 관점을 전 '동양'에 대한 관점으로 확장했다. 그는 1859년에 다음과 같이 썼다.

세상의 상당한 부분이 정확히 말해 역사를 갖고 있지 않다. 전통 전제정치가 완벽했기 때문이다. 동양 전체가 그렇다. 거기서 관례는 모든 것이요 최종 결정이 된다. 정의와 권리는 관례에 대한 순응을 의미할 뿐이다. 권력에 취한 폭군이 너그럽게 받아들이지 않는 이상 아무도 관례를 문제 삼을 수 없다.

밀은 "세상에서 가장 위대했고 가장 막강했던 나라들은 이제 어디에 있는가?"라고 묻고 그들은 "이제 유럽인에게 종속되고 유럽인에게 의존한다."라고 대답했다. "유럽인의 조상이 숲을 달리고 있을 때 그들의 조상은 웅장한 궁전과 고상한 사원을 갖고 있었지만" 말이다. 새로운 유럽의 대군주들이 야만인이었더라도 일단은 "관례만이 아닌 자유와 진보도 중요하다고 생각했기 때문"이다.[633]

그러나 드농과 밀의 주장에도 문제가 있었다. 오직 전제정치 하나가 사람들을 그렇게 나태하게 만들고 맘루크 지배자들에게 착취당하게 만들었다는 것은 아무래도 대부분의 프랑스 사람들에게 설득력이 없는 듯했다. 전제정치 외에도 동양인이 거의 아무런 저항 없이 그들 주인의 요구를 받아들이게 한 뭔가가 있어야 할 것이다. 늘 그렇듯 가장 그럴듯한 대답은 역시 종교였다. 샤브롤은 "기대하지 않았던 성공이나 가장 끔찍한 재난을 당했을 때 이슬람교도가 유일하게 하는 말이 '신의 뜻이었다', '신은 위대하다', '신은 자비롭다'와 같은 말이다."라고 썼다.[634] '운명론의 독단'을 바탕으로 하는 이슬람은 이집트인에게 이 세상에 그들이 성취할 것은 아무것도 없다고 가르쳤다.

1824~1828년과 1833~1835년, 카이로에서 이집트인으로 살았던 아랍학자 겸 출판업자였던 에드워드 레인(Edward Lane)은 이집트인을 다소 다른 식으로 관찰했다. 대부분의 동시대 유럽인에 비해 이슬람에 비교적 긍정적이었던 레인은 이슬람교도의 '냉담에 가까운 단념과 참을성'은 무관심이나 나태함이 아니라 '훌륭한 인내심'의 표시라고 해석했다.[635] 그러나 인내심이든 무관심이든 결과는 마찬가지였다. 마호메트는 추종자들의 저항을 성공적으로 진압하면서 그들을 변화와 자기 발전이 불가능한 사람으로 만들어버렸다. 이슬람교도는 숙명론을 받아들였다. 그것이 무엇인지 이해도 하지 못한 채 말이다. 그래서 인간은 아무것도 바꿀 수 없다고 믿었다. 전염병조차 피할 수 없다고 믿었다. 뭐든 늘 불가사의한 알라신의 의지라고 단순하게 받아들여야 하는 것이다.[636] 샤브롤은 그 결과 그들은 "끝없는 단념의 세상으로 빠져들었고 그것으로 다른 사람들과 다르게 되었다."라고 결론 내렸다.

대부분의 유럽인에게 이슬람이 그 신봉자에게 끼치는 유해한 영향을 가장 극명하게 보여주는 것이 있었다. 바로 이집트인이 여성을 다루는 방식이었다. 수 세기 동안 서양인은 그들의 이웃 동양의 성적 관습을 경멸과 부러움이 뒤섞인 심정으로 바라보았다. 일부다처제와 축첩제도는 경

악할 만한 것임과 동시에 매혹적이었다. 특히 투르크인은 방종한 성적 욕
망의 대명사였다. 그것은 부끄러워해야 할 것임과 동시에 매우 부러운 것
이기도 했다. 하렘 혹은 후궁전 같은 곳은 끝없는 호기심의 대상이었다.
말 그대로 그곳은 음탕함의 보고였다. 투르크, 페르시아, 무굴 인도를 여
행했던 유럽인들은 여성들이 거주하는 금단의 집 내부를 경험하지 못했
다. 하지만 그곳의 존재 자체와 오달리스크 그림, 환관, 농아, 난쟁이 등
그것을 둘러싼 이국적인 모습은 도저히 거부할 수 없었다. 몽테스키외에
따르면 그곳은 두려움과 공경이 바탕인 전제적 사회의 완벽한 예였다. 그
곳은 경외심과 동경에 차서 군주를 바라보는 부하들로 가득 차 있다. 그
들은 경외심과 동경 외에는 다른 어떤 것도 알지 못했다. 이슬람에서 신
하가 술탄을 위한 것이라면 여성은 남편을 위한 것이었다. 많은 여성이
실제 노예 신분이었으므로 여성은 주인을 위한 것도 되었다. 단순한 가재
도구라고도 할 수 있었다. 보기에 별로 유쾌하지 않은 여성이라면 낙타보
다도 가치가 없었다.

　프랑스 침략자들은 그런 행태에 분개했다고 주장했다. 그러나 실제로
이집트인과 (이집트에 있던) 프랑스인들 사이에서는 특히 결혼하지 않은
여성의 대우에 관해서라면 별 다를 점이 없었다. 동방군의 젊은 남성들은
성적 충족을 위한 여성의 출현을 일종의 관행으로 받아들였다. 1798년
11월 베르누아이예는 (물론 아내에게는 절대 말할 수 없는 이야기라고 고백하
면서) 자신의 사촌에게 '오랜 성행위 부재' 후 어떻게 자신이 내연의 처를
두게 되었는지에 대한 지극히 개인적인 이야기를 상세하게 전했다. 카이
로의 프랑스군 거주지 주변에 쇄도했던 군인 매춘 알선자 한 명이 베르누
아이예에게 젊은 여성 열두 명을 제공했다. 그들은 모두 베일을 쓰고 머
리끝에서 발끝까지 '기다란 푸른색 속옷'을 걸치고 있었다. 그가 볼 수

있던 거라고는 그녀들의 발뿐이었다. 베르누아이예는 "발만 보고 있으려
니 욕정은커녕 자신에 대한 연민만 생기더라."라고 고백했다. 그들 중 한
명이 "단숨에 모든 옷을 벗어버리고 그 앞에 나체로 서서 마치 그의 소심
함을 비웃기라도 하듯 크게 웃을 때"까지 말이다. 그는 즉시 황홀한 기분
에 빠졌다. 베르누아이예는 "그녀의 크고 검고 아름다운 눈이 나를 사로
잡았네. 무엇보다 그녀는 14살 소녀이지 않았겠나. 나는 그녀가 내 술타
나라고 선언했다네."라고 적었다.[637]

'아름다운 소녀'로 만족하지 못한 베르누아이예와 아비뇽에서 온 뤼
넬 대령은 얼마 후 흑인 여성 두 명을 사려고 했다. 동방군 문명화 사업
중 하나가 1793년 국가 협약에서 '국가의 최대 수치'라고 규정된 노예제
도의 폐지임을 명백하게 망각했거나 그런 사업에는 완전 무관심했거나
둘 중 하나였다.[638] 베르누아이예에 따르면, 그가 백인 여성도 구입 가능
하냐고 노예 장사꾼에게 물었을 때 장사꾼은 한 명이 있지만 나폴레옹이
자신이 직접 그녀를 볼 때까지 따로 두라고 명령했다고 말했다. '그런 정
당한 근거'를 받아들인 베르누아이예는 어깨를 들썩이고는 그 자리를 떠
났다고 한다. 나폴레옹이 정말 그렇게 말했는지는 모르겠지만 중요한 것
은 베르누아이예가 대단한 문제 제기도 약간의 놀라움도 표시하지 않았
다는 점이다. 그토록 (남녀 모두의) 인권을 주장하던 나폴레옹이 자신을
위해 여자를 살 생각을 했다는 사실을 아무렇지도 않게 받아들이는 듯했
다.[639]

프랑스인들은 마주쳤던 동양 여성들을 좀 진부한 표현이지만 완전한
'성적 노리개'로 생각했다. 물물교환이나 돈으로 사서 즐기고 되팔거나
버리면 되는 것이었다. 그녀들은 기쁨을 주거나 후계자를 생산하기 위해
존재했고 그 인생은 값싼 것이었다. 정말 너무나 값싼 것이어서 무사태평

인 베르누아이예도 깜짝 놀랄 정도였다.

다른 프랑스 병사의 정부가 베르누아이예의 ‘술타나’에게 돌을 던져 그녀가 심각하게 부상을 당했을 때 그는 프랑스 화승총병 둘을 시켜 공격을 한 여자를 체포했다. 그러고 나서 그가 ‘투르크 커미사르’라고 부르던 사람들에게 보내 몇 주 동안 감옥에서 자숙하게 하라고 명령했다. 그녀는 즉시 체포되었고 손과 발이 묶이는 것은 물론 포대 자루로 온몸이 꽁꽁 묶여졌다. 베르누아이예가 “인간을 감옥에 넣는 매우 이상한 방식이다.”라고 말했더니 커미사르는 베르누아이예에게 “이 여자를 나일 강에 던져 버릴 작정이 아니었냐?”라고 물었다. 놀란 베르누아이예는 즉시 그 불쌍한 여성을 풀어줬다. 이미 받았을 충격으로 충분한 벌이 되었다고 생각한 것이다.

19세기 그림에는 처첩, 노예 경매, 선정적으로 눈을 내리깔고 있는 반라의 어린 여성(가끔은 소년) 같은 ‘동양’의 이미지가 수도 없이 등장한다. 그 모든 것은 코르셋을 입은 뻣뻣한 동시대 유럽 여성과 매우 비교되었다. 몇 년 후 1849년, 그런 이미지에 끌린 위대한 프랑스 소설가이자 유럽 섹스 투어의 선구자 귀스타브 플로베르(Gustav Flaubert)도 이집트로 향했다. 거기서 그는 이집트 무희 쿠취크 하넴(Kuchuk Hanem)을 만났다. “살이 많았지만 건조했던 그녀의 면도한 성기는 전염병 희생자 혹은 나병 병원과 같은 충격을 주었고” 그에게 황홀감과 동시에 불쾌감을 주었다(플로베르는 그 둘을 구별하는 데 힘든 시간을 보내야 했다).

이집트인도 유럽인에 대해 그들 나름의 선정적인 상상을 했다. 십자군 전쟁 이래 이슬람교도가 서양 문화적 양식을 지속적으로 경험한 것은 나폴레옹 침략 때가 처음이었다. 그때까지 이슬람교도가 본 무신론자 외부인은 매우 신중하고 꼼꼼하며 안전을 위해 그 지방 (특히 성에 관한) 관습에 순응하는 여행자나 외교관 같은 개인들뿐이었다. 나폴레옹군의 도착과 함께 이집트인은 좋게 말해 감정이 매우 헐렁한 사람들과 대면해야 했다. 그들은 여행가처럼 신중할 필요도 없었다. 게다가 일부 관료들과 학자들은 아내를 동반하고 오기도 했다. 이슬람교도, 적어도 이집트인은 처음으로 아주 가까이에서 유럽 여자를 볼 수 있었다. 이전에 봤던 유럽 여성들은 이슬람 여성처럼 온몸을 가리거나 특정 장소에 숨어 있었다. 그러나 나폴레옹의 이집트에 살던 프랑스 여자들은 마치 프랑스를 떠난 적도 없었다는 듯 아주 자유롭게 행동했다.

이집트 남자들로서는 별로 맘에 들지 않았다. 공공장소에서 머리와 얼굴을 노출하고 맘껏 떠들며 남편의 면전에서 음식을 먹는 창조물들은 명백하게 신에 대한 모욕이었다. 알 자바르티는 프랑스에 만연한 물질주의가 우주의 섭리와 남녀간의 자연스러운 관계를 완전히 오염시켰다고 결론 내렸다. "저들은 은밀한 부분이 노출되어도 상관하지 않는다. 즐길 수만 있다면 어떤 여자와도 성교를 하고 그건 여자 쪽도 마찬가지다. 어떤 여자들은 이발소에 가서 음모를 깎아달라고 하기도 한다. 이발사는 돈으로든 뭐로든 봉사료를 받을 수 있다."라고 말했다.[640] 많은 유럽인이 이방인이나 괴상한 '타인들'을 설명할 때 그랬던 것처럼 알 자바르티도 본 것과 상상한 것을 혼합했고 한 가지 기묘한 사건을 마치 오래된 관습인 양 묘사했다.

이집트 여성의 경우, 프랑스 여성이 누리던 문제의 '자유'에 대해 좀 다르게 반응했다. 최소한 카이로의 이슬람 최대 귀족 알 바크리의 딸은 고상한 신분에도 불구하고 프랑스의 화려한 관습에 반하여 유럽식으로 차려입고 베일도 없이 공공장소에 출현하곤 했다. 그러나 프랑스군이 퇴각하고 투르크 정부가 다시 들어섰을 때 그녀는 사람들의 선도덕을 위해 공개적으로 처형되었다.

고대로부터 동서양은 성과 여성에 관해 서로 오해하고 불신하고 혐오했다. 알 자바르티의 이발사 이야기가 보여주듯이 동서양은 수 세기 동안 대체로 기괴하거나 최소한 비정상적인 상대편의 성문화에 집착했다. 서양인은 더럽고 무분별하고 천박하며 서양 여성은 신이 명령한 남녀 구별에 대한 모욕이었다. 이슬람교도는 음탕하고 잔인하고 위선적이며 양성애를 일삼고 동시에 흥미롭게도 무력했고 나약했다. 그런 진부한 생각들이 계속 이어졌고 일부는 아직까지도 고정관념으로 남아 있다. 그러나 나폴레옹이 이집트에 도착했을 즈음 유럽인은 이슬람 사회 내 여성의 지위보다는 인간 자체의 지위에 더 관심이 많았다.

18세기 초까지, 여성의 지위로 말하자면 기독교 세계도 이슬람 세계와 별 다를 게 없었다. 그러나 교회 권력이 쇠퇴하고 계몽사조가 조금씩 도입되고 경제적으로 번영하기 시작하자 여성의 사회적 위상과 생활 상태가 눈에 띄게 나아졌다. 무엇보다 여성 자신이 그들의 권리와 인격을 존중하라고 요구할 수 있었고 어느 정도는 정당한 대우를 기대할 수 있었다. 최소한 귀족층에서는 그랬다. 1869년 즈음 존 스튜어트 밀은 여성이 법적으로 남성에게 종속되는 것은 마지막 남은 구시대적 속박이자 "인간 발전의 주요 방해물 중 하나다."라고 말했다. 너무 급진적인 주장이었다. 그가 출입했던 상류 사회의 계몽 교육을 받은 자유주의자들조차 비웃을 정도였다. 그러나 우리는 적어도 이슬람 남성이 이슬람 여성을 대하는 태도와는 매우 다른 환경이 유럽에 존재했다는 것만은 확실히 예상할 수 있다.[641]

노예 여성을 행복하게 받아들일 수 있는 상황이라면 한 명이 아니라 수십 명도 마다하지 않았을 평범한 유럽 남성 베르누아이예도 이슬람교도 가정에서 어머니나 딸의 위상이 노예 혹은 소유물이나 다름없다는 것을 발견하고 매우 한탄했다. 베르누아이예는 그런 성차별이 바로 전제주의의 또 다른 비도덕적인 측면이고 전제주의의 다른 형태들과 함께 여성들을 희생시키는 데 매우 성공적인 역할을 해왔다고 결론 내렸다. 샤브롤에게도 순응하는 여성 희생자는 저항 없는 전제정치의 또 다른 표시였다. 이슬람 사회의 남성들은 대체로 집안에서 술탄이 되는 것 같았다. 샤브롤은 매우 분개하며 "사회에서 격리되고 절대적으로 무가치한 것으로 무시되는 이슬람 여성은 이슬람교도의 눈에 거의 지성도 이성도 없는 존재들이다."라고 썼다.[642]

볼네도 이집트를 방문했을 때 이슬람이 여성을 격리하는 방식을 보고 매우 심한 충격을 받았다. 온몸을 감싸는 다양한 형태의 옷 자체가 경악스러웠다. 볼네는 알렉산드리아에서 "커튼 같은 옷을 걸치고 돌아다니는 유령들보다 더 섬뜩한 것은 없었다. 그들이 인간임을 알아볼 만한 것은 여성스런 두 눈 외에 아무것도 없었다."라고 적었다.[643] 볼네는 여성이 제외되는 사회는 "유럽 국가의 특징인 쾌적함과 정중함의 조화를 획득할 수 없다."라고 말했다. 그에게 여성은 근대성의 창조자였다. 여성의 존재가 없었다면 18세기 유럽이 대체로 동의했던 '정중함'은 결코 생겨날 수 없었을 것이고 여성이 없었다면 원시 부족은 결코 진정한 국가로 나아갈 수 없었다. 유럽에서 한때 안정되고 번영하던 문명을 쇠퇴하게 한 것도 그 원시 부족이었다.

물론 누구나 알다시피 문제는 코란이 여성의 이미지를 그렇게 규정한다는 것이고 법률이 여성의 행동을 그렇게 제약한다는 것이었다. 많은 사람이 이슬람 사후 세계에 여성의 존재는 없다고 생각했다는 것도 문제였다. 여성을 천국에 들이지 않는 것(샤브롤은 코란이 그렇게 규정했다고 믿었지만 사실은 그렇지 않다)은 그들의 존재를 인정하지 않는다는 것이고 따라서 이 생에 그들이 발휘할 수 있는 정당한 영향력을 없애겠다는 뜻이었다.[644] 당연히 샤브롤은 매우 비판적이었다. "있는지 없는지도 모를 천국을 지탱하는 괴물 같은 뼈대를 유지하기 위해 그리고 천국에 사는 마호메트의 일흔두 명의 아내들과 모든 이슬람교도에게 주어진 영원한 오르가슴을 위해 마호메트는 실제 여성의 존재를 없애버려야 했다. 그는 자신의 불가사의하다던 힘을 왜 좀 더 합리적이고 정의롭고 공평하게 쓰지 못했던가?"[645]

나폴레옹의 유산

나폴레옹의 이집트 원정은 단순하고 야만적인 종교가 강요되고 인구의 반인 여성의 존재를 부인해 진보와 계몽의 가능성을 거부하고 전제주의적 나태함으로 썩어 들어가고 있는 이슬람 동양의 이미지를 만들었다. 그러나 이집트 원정이 남긴 유산은 그것만이 아니었다.

이집트에서의 나폴레옹의 존재는 오스만 세상의 불안정한 균형을 깨버렸다. 그리스를 비롯한 발칸 전역 사람들에게 프랑스는 자유를 약속하는 것 같았다. 그것은 그리스 혁명 영웅 리가스 베레스틴리스(Rigas Velestinlis)가 말한 "추잡한 여성 편력에 사로잡혀 있는 술탄의 가장 끔찍한 오스만 전제주의"로부터의 자유였다.[646] 나폴레옹의 침략은 또한 프랑스에게 중동 지방으로 들어가는 문을 열어주었다. 그 후 프랑스는 1830년 알제리를 점령(이집트를 원정했던 노병들이 대거 참여했다)했고 1918년 이후 시리아, 팔레스타인, 리비아를 침략했으며 다시 한 번 이집트 영토

문제에 관여하기도 했다. 프랑스는 중동 지방에 들어갈 때마다 그 지역에서 나폴레옹이 치렀던 전쟁을 기억했다. 외무대신 바르텔레미 생 틸레르(Barthélemy-Saint-Hilaire)는 1881년 다음과 같이 선언했다.

> 프랑스는 동양의 대표격인 이 나라(이집트)에서 항상 비종교적인 전통을 유지해왔다. 그것으로 프랑스는 이 나라에 명성과 권위를 주었다. 그리고 우리는 그 명성과 권위가 사라지는 것을 허락할 수 없다. 지난 세기 말 군사를 대동하기는 했지만 과학적 사고방식을 전파하려 했던 우리의 이집트 원정이 이집트를 되살렸다. 그 후로 우리는 늘 이집트를 걱정했다.[647]

나폴레옹이 이집트를 되살렸고 이집트에 '근대성'을 불러왔다는 생 틸레르의 주장은 20세기 후반까지 여전히 널리 받아들여졌지만 이제는 확실한 '오리엔탈리즘'적 판타지가 되었다. 그러나 한 가지 점에서 그 주장은 약간의 진실을 갖고 있다. 나폴레옹 자체와 혁명 이념과 코란을 나름대로 조화시키려 했던 그의 노력은 망각의 저편으로 사라졌을지 모른다. 그러나 나폴레옹의 존재와 그가 만들었던 분열은 이집트 내에서 뒤늦은 개혁의 시작을 불러왔다. 그것은 곧 19세기 말 이집트를 근대 유럽이 아닌 근대 국가로 변형시켰다.

1805년, 신과 인간의 대변인으로 간주되던 카이로의 율법학자들은 1801년에 영국군과 함께 이집트로 들어온 알바니아의 알바니아-투르크인 지도자 무하마드 알리에게 무능한 오스만 제국의 지방 장관 파샤 쿠르쉬드를 몰아내라고 요청했다. 알리의 야망을 경계한 술탄 셀림 3세는 쿠르쉬드의 파면을 주저했지만 결국 대규모 반란이 일어날 것이 뻔했고 그것을 진압할 힘도 의지도 없었기 때문에 쿠르쉬드를 파면했다. 그래서 알리는 이집트의 왈리(오스만 제국의 술탄이 임명하는 이집트 부왕—옮긴이)가 되었고 새 왕조를 탄생시켰다. 그 왕조는 1952년까지 영국의 감독 아래 있기는 했지만 거의 자치국이라고 할 수 있었다.

무하마드 알리는 모든 점에서 뛰어난 사람이었다. 몇 년 안에 그는 나폴레옹 시대에도 용케 살아남은 맘루크들을 찾아내 대부분 참살했고 이집트 전역뿐 아니라 수단까지 통치권을 확장했다. 곧 나일 강 유역은 물론 홍해와 지중해 동쪽까지 장악했다. 그때쯤 알리가 오스만 제국의 폐허 위에 자신이 새로운 칼리프로 등극하는 새로운 아랍 이슬람 제국을 세우려 한다는 것은 누구나 다 알 만한 사실이었다. 그는 대규모 근대화 사업도 시작했다. 강력한 중앙집권 체제를 만들었고 농경을 개혁했으며 다양한 제조 산업을 창조했다. 여전히 조악하고 원시적인 개혁이기는 했지만 이집트와 오스만 세상에서는 처음 있는 일이었다. 프랑스의 도움으로 국가 교육 제도도 만들었고 프랑스 의사들을 불러들여 병원과 기본적인 공공 의료 체계도 만들었다.

무하마드 알리는 교육을 위해 젊은이들을 프랑스로 보내는 정책도 수행했는데 그 혜택을 받은 사람 중 한 명이 저술가 알 타타위(Rifa'ah Rafi al-Tahtawi)였다. 1834년 알 타타위는 아랍어로(1839년 투르크어로도 출판했다) '문명'을 옹호하는 책을 출판했다. 무하마드 알리의 개혁 정권에 이념적인 정당성을 제공하는 것이자 이슬람과 유럽 계몽사조의 가치를 서로 조화시키려는 초기 시도들 중 하나였다. 알 타타위가 제공한 이슬람 근대화의 비전은 1826~1831년 오 년간의 파리 생활과 몽테스키외, 볼테르, 루소와 같은 18세기 프랑스 문헌에 기반을 두었다. 그러나 그는 그 비전을 동시대의 위대한 이집트 학자 샤이크 하산 알 아타르의 제자로 있을 때 완성했다. 이십 년 전 알 아타르는 직접 카이로에 있는 이집트 학사원을 방문했고 근대 유럽의 과학을 높이 평가한 바 있다.

알 타타위는 이집트 최초의 국립 박물관 관장이 되었고 이집트인 최초로 민족주의를 주장하기도 했다. 그는 유럽식 민족주의 개념 안에서 이집트 파라오의 과거를 이슬람의 현재 및 미래와 연결하려 했다.[648] 그가 쓴 위대한 이집트 역사에서 나폴레옹의 침략은 분명 치욕이었다. 그러나 이집트 학사원을 비롯한 프랑스의 존재는 이집트의 민족의식을 고취했고 이집트 국민에게 파라오와 이슬람이 누렸던 과거의 영광이 얼마나 심오한 것이었는지를 보여주었다는 점에서 평가받을 만했다. (알 타타위는 나폴레옹 법전과 프랑스 상법을 아랍어로 번역했다.)

스스로 결코 이집트인이라고 생각해본 적이 없었던 무하마드 알리는 파라오보다는 프랑스의 원조를 받아 자신의 근대화 사업을 확실히 추진하는 일에 더 관심이 있었지만 1859년 이집트 학사회를 다시 열 것을 허락했다. 프랑스에 있던 동안 알 타타위를 후원했던 학자 에드메 프랑수와 조마르(Edmé-François Jomar)가 새 이집트 학사원을 방문했다. 조마르는 나폴레옹 시절 이집트 학사원에서는 가장 젊은 축이었지만 이제 노학자가 되어 돌아왔다.

뒤이은 이집트 민족주의에서 논의된 바도 같았다. 프랑스의 이집트 점령은 실패였다. 그러나 프랑스의 이집트 원정은 이집트를 자극해 오스만 제국(그리고 영국)에서 벗어나 이집트만의 민족적 유산을 되찾게 했다. 프랑스의 이집트 원정은 또 이집트에서 시작해 전 아랍 세상으로 번져나갈 아랍 민족주의에 불을 붙였다. 1952년, 무하마드 알리의 고손자 파루크 왕을 퇴임시킨 후 이집트를 공화국으로 만든 민족주의 지도자 가멜 압둘 나세르(Gamal Abdul Nasser)는 1962년 알 타타위의 논문을 다소 거칠게 연구하더니 나폴레옹의 이집트 원정이 "이집트인들의 혁명적 에너지를 고취시켰다."라고 말했다. 그는 프랑스가 이집트인에게 "근대 과학을 전했다. 그 근대 과학은 이집트 파라오와 아랍 문명이 시작했지만 유럽 문명이 완성한 것"이라고 주장했다.[649]

그 주장에 따르면 나폴레옹은 탁월한 아랍 국가로서의 뒤이은 이집트 역사의 서막을 열었다. 19세기 말 이집트 도시들은 세련됐고 경제력도 강했으며 아랍 세상의 다른 어떤 국가보다 문맹이 훨씬 적었고 그만큼 지적 수준도 높았다.[650] 알 타타위가 증명하려 했던 대로 이집트는 서양에서 얻을 것은 모두 얻었지만 동시에 이슬람의 뿌리도 굳건하게 지켰다.

역사학자 자말 함단(Jamal Hamdan) 같은 사람에게는 이슬람 진보의 역사에서 이집트의 역할은 심지어 이슬람 초창기 칼리프 전성 시대보다 나은 것이었다. 우마이야 왕조는 붕괴했고 스페인으로 도망갔으며 아바스 왕조는 13세기에 몽골에 의해 몰락했다. 레반트의 십자군 왕국을 파괴하는 데 필요한 기지와 병력을 살라딘에게 제공한 것은 이집트였다. 그전에 로마인과 프톨레마이오스 왕조와 알렉산드로스 대왕과 파라오가 있었던 것은 사실이다. 이들이 이슬람 역사에 직접적인 역할을 했다고 볼 수는 없지만 이집트 땅은 그들로 인해 어떤 다른 곳과 비교할 수 없을 정도로 인간 역사의 흥망성쇠를 분명하게 보여주는 장이 됐다.

그렇게 제국주의는 의도하지 않게 인간 역사의 흥망성쇠를 보여준다.

민족주의의 도래와 이스라엘

나폴레옹의 이집트 침략은 또 한 가지 좀체 사라지지 않는 유산을 남겼다. 1799년 5월 22일, 다음과 같은 짧고 간략한 기사가 프랑스 혁명 관보「모니퇴르」에 실렸다.

> 보나파르트 장군이 콘스탄티노플에서 유대인들에게 그의 군기 아래 집결해 예루살렘의 벽을 다시 쌓으러 가자고 요청하는 성명서를 발표했다.[651]

역사적으로 우리가 아는 한 그런 성명서가 발표된 적은 없다. 그러나 나폴레옹이 이집트 원정을 떠나기 일 년 전쯤, '이데올로기'라는 지적 집단의 간행물『철학, 학문, 정치 시대(Décade philosophique, littéraire et politique)』에 'L.B.'라는 서명을 쓰는 사람의 논문이 실렸다. '이데올로기'는 볼네가 소속된 집단이었고 나폴레옹도 당시 매우 가깝게 교류하던 단체였다. 논문은 프랑스군이 팔레스타인에 만드는 미래 유대교 국가의 가능성에 대해 매우 자세하게 논했다.[652] 저자의 주장에 따르면 그 국가는 '1,800년도 넘게 지속됐던 박해'를 보상하는 것이었다. 또한 오스만 제국의 심장부에 위치해서 경제적으로 안정된 유대인이 '계몽된 유럽'에서 살면서 얻은 좋은 점을 오스만 사람들에게 전파하는 효과를 줄 것이었다. 유대인이 그 좋은 점을 비참한 시리아인에게 전하는 것이다. 물론 이 주장은 나폴레옹이 직접 선언한 '문명화'의 의도와 잘 맞아떨어진다. (그리고 뒤이은 팔레스타인에 대한 영국의 계획과도 잘 맞는다.) 나폴레옹이 그 논문을 읽었을 가능성은 높다. (L.B.가 나폴레옹의 동생 루이 보나파르트일 수도 있다.) 나폴레옹의 서신이나 세인트헬레나 유배 시절 그의 회상을 조합해보면 때때로 나폴레옹은 새로운 유대인 국가의 개국에 대한 생각을 즐겼던 듯하다. 그 자신이 제2의 솔로몬이 되는 것이다. 그는 콘스탄티노플을 정

복해 제2의 메메드가 되거나 인도에서 영국을 몰아내 제2의 악바르 대제
가 되는 생각을 하며 즐거워하기도 했다.

유대교에 대한 나폴레옹의 생각은 이슬람에 대한 그의 (공언하지는 않
은) 생각과 비슷했다. 그에게는 둘 다 시민법을 강탈한 종교에 불과했다.
'유년기의 국가들'이 피할 수 없는 것일 뿐이었다. 그리고 나폴레옹은 둘
다 유럽식이 만연함에 따라 점차 약해질 것이라고 예측했다. 특히 나폴레
옹은 "사회의 훌륭한 질서와 문명에 반하는 많은 예배식을 만들어내는
유대교의 경향은 사라져야 한다고" 생각했다. 나폴레옹은 일단 유대인들
이 사회에 제대로 동화되면 "유대교적인 관심과 정서를 벗어나 프랑스적
인 관심과 정서를 채택하게 될 것"이라고 믿었다. 유대교에서 남는 것은
유럽의 기독교처럼 종교 자체일 터였다. 그것은 이집트와 시리아의 경우
도 마찬가지였다. 그때 종교는 시민권에 영향을 주지 않는 순수하게 개인
적 믿음이 될 것이다.[653] 사실 예루살렘은 프랑스군을 경계 안으로 절대
들어오지 못하게 했기 때문에 나폴레옹은 예루살렘 근처에도 가지 못했
다. 1799년 3월 아크레를 점령한 후에야 나폴레옹은 팔레스타인에 들어
갈 수 있었다. 하지만 그때도 그의 군사 작전은 갈릴리에서 벗어날 수 없
었고 그때 이미 그에게는 독립 국가를 창조하고 이주시키고 방어할 만한
힘이 없었다.

그러나 나폴레옹이 유대인에게 그들 조상의 땅을 되찾아주려 했다는
소문은 각국에 흩어져 있던 유대인들 사이로 재빨리 퍼져나갔다. 나폴레
옹은 안코나의 유대인 게토 지역을 없애주었고 이에 감사한 유대인들은
자유의 나무를 심어 삼색 모표를 씌웠다. 영국군이 팔레스타인과 이집트
로부터 그를 몰아내지 않았다면 나폴레옹은 그 대단한 계획을 실천할 수
있었을까? 19세기 말 시온주의자들에게 나폴레옹의 의도는 확실히 그랬

다. 1898년, 시온주의 운동의 정신적 창시자 테오도르 헤르츨(Theodore Herzl)이 독일 황제 빌헬름 2세에게 "팔레스타인에 유대 국가를 열겠다는 자신의 생각은 이미 위대한 지도자 보나파르트도 심중에 두었던 것"이라고 말했다. 그리고 "나폴레옹이 하지 못했던 일을 이제 빌헬름 황제께서 대신 수행할 수도 있을 것이라고" 말했다. 1915년, 영국 유대인 역사 학회 회장 이스라엘 장윌(Israel Zangwill)은 당시 국방 장관이었던 데이비드 로이드 조지(David Lloyd George)에게 영국은 "나폴레옹의 선례를 따를" 역사적 의무가 있으며 유대인이 "그들 고대의 땅을 되찾도록" 허락해야 한다는 서신을 보냈다. 10년 후, 팔레스타인에는 상당수의 유대인이 거주하게 됐다. 하지만 여전히 영국 통치령이었다. 장윌은 이제 로이드 조지가 회장으로 있던 영국 유대인 역사 학회의 모임에서 분연히 일어나 피라미드 전투 이전 나폴레옹의 선언을 인용하면서 "나폴레옹은 피라미드 사천 년 역사를 등에 업고 팔레스타인 땅에 유대인을 위한 나라를 되찾겠다고 선언했다."라고 말했다. 그는 다시 "영국은 그때 나폴레옹이 성취하지 못하게 방해했던 계획을 완수할 것인가?"라고 물었다.[654]

모임의 막바지에 장윌은 대답을 들었다. 로이드 조지가 발표에 나선 것이다. "영국의 고향만큼이나 예루살렘에 지극정성이었다던" 로이드 조지는 당시 장관직에서는 물러나 있었지만 여전히 막강한 정치적 영향력을 갖고 있었다. 그는 제1차 세계대전 후의 상황을 1799년의 상황과 비교했다.[655] 연합군은 나폴레옹의 계획을 인수했고, 프랑스인 나폴레옹의 약속은 그 결과가 보여주듯이 믿을 수 없는 데 반해 영국은 확실히 다를 것이라고 주장했다. "유대인은 나폴레옹의 서명이 별 소용이 없다는 것을 알지만 그들은 또한 영국의 서명은 어떤 경우에도 존중된다는 것을 알 것이다." 그러자 그 자리에 있던 모든 사람들이 일어섰고 로이드 조지를 시작으로 시온주의자의 축가를 불렀다.

　나폴레옹의 이집트 원정이 결국 어떤 결과를 부를지는 더 두고 봐야겠지만 우리는 여기서 나폴레옹의 이집트 원정이 부른 미래의 서양 세계와 이슬람 세계의 관계를 근본적으로 바꿀 두 가지 사건을 말할 수 있다. 민족주의의 도래와 그 민족주의의 옆구리에 아프게 박힌 파편 같은 이스라엘의 건국이 그것이다.

11장

제국주의의 진로

문명의 공격

1853년, 러시아 차르 니콜라스 1세는 헬레나 대공비의 모스크바 궁전에서 저녁 만찬 중 영국 대사 해밀턴 세이모어 경(Sir Hamilton Seymour)에게 무너져 내리는 오스만 제국을 러시아와 영국이 나눠 가져야 할 때가 왔다고 말했다. 차르는 "우리 손에는 병자가 하나 있소. 그는 지금 위독하지! 바로 지금 그가 우리 손을 빠져나간다면 그것은 대단한 불행이 될 것이오."라고 말했다. 물론 그는 그들의 손을 빠져나가 기다리고 있던 프랑스, 오스트리아, 독일의 손으로 들어가는 경우를 의미했을 것이다. 병자의 비유는 절묘했다. 그 후 오스만 제국은 완전히 몰락할 때까지 60년 동안 '유럽의 병자'가 되었다.[656]

그 병은 사실 오래된 것이었다. 비이슬람교도이자 반유목민 야만인 집단의 지도자인 차르를 술탄과 동등한 군주로 인정해야 했던 1683년 카를로비츠 조약부터 뒤이은 크림 반도의 손실, 퀴취크 카이나르카 조약, 나폴레옹의 이집트와 시리아 침략 등은 사실 그 병의 첫 번째 징후에 불과했다. 19세기 전반 내내 또 다른 징후들이 쉴 새 없이 터져 나왔다. 1804년에 카라, 즉 '검은 조지' 라던 조지 페트로비치(George Petrovic) 장군의 지휘 아래 세르비아군이 베오그라드의 요새를 성공적으로 점령했고 그 후 11년 동안 간헐적인 전투와 러시아의 간섭으로 세르비아는 반독립적인 상태를 확보할 수 있었다. 1812년, 러시아는 나폴레옹의 러시아 침공 전에 몰다비아 일부를 점령했다.

그 병은 투르크 밖의 기독교 원수들 때문에 생겼다. 특히 러시아가 문제였다. 그러나 병자 투르크의 내부에도 문제는 많았다. 18세기 중반, 아라비아 반도의 중심 네지드에서 알 와하브(Muhammad ibn Abd al-Wahhab)라는 종교 지도자가 '신의 독창성 이론' 이라는 극단적인 이슬람 청교도주의를 가르치기 시작했다.

대부분의 청교도들처럼 알 와하브도 당시의 불행은 신자들의 타락 때문이라고 주장했다. 이슬람교도는 나태하고 불순한 이스탄불 정권의 원조 혹은 교묘한 꼬드김에 빠져 신념을 잃었다. 루터처럼 알 와하브도 정치적 후원을 얻어 그 주장에 힘을 실을 수 있었다. 그에게는 강력한 부족장 아브드 알 아지즈 빈 무함마드 빈 사우디(Abd al-Aziz bin Muhammad bin Saud)가 있었다. 알 사우디는 알 와하브의 도움으로 한 왕조를 창설하는데 그것이 현재의 사우디아라비아가 됐다.

1792년에 죽을 때까지 알 사우디는 부패하고 불경한 오스만 술탄 정부와의 연계를 끊는 일에만 몰두했다. 알 와하브의 전사들은 북쪽으로 걸프 만까지 올라가더니 이라크까지 들어갔으며 1802년에는 케르발라와 네자프의 시아파 성지를 약탈했다. 이듬해 메카를 점령했으며 카바 대사원의 장식품을 모두 벗겨버렸다. 1805년 메카의 샤리프에 의해 쫓겨나기는 했지만 이듬해 다시 돌아와 이번에는 메디나까지 점령했다. 이 년 후, 빈 사우디의 계승자 사우디 빈 아브드 알 아지즈(Saud bin Abd al-Aziz)는 성 금요일 기도에서 자신의 이름으로 술탄의 칭호를 대신하겠다고 선언해 공식적이면서도 동시에 매우 과시적으로 이스탄불과의 모든 연계를 끊어버렸다. 전 아라비아 반도와 이슬람 성지가 모두 사우디의 수중에 있었다. 군사적, 경제적인 의미에서 아라비아는 별로 중요하지 않았지만 종교적으로 매우 큰 의미가 있는 곳이었고 따라서 정치적으로도 중요했다. 기본적으로 술탄의 힘은 이슬람 세계에서 확실한 최고 지도자라는 역할에서 나왔다. 그런 술탄의 역할을 성 금요일 기도에서 찬탈해버리고 메카와 메디나에 있던 술탄의 측근들을 몰아내버렸으니 사실상 사우디 빈 아브드 알 아지즈는 술탄은 곧 '신념 있는 자들의 지도자' 라던 술탄 셀림 3세의 주장을 무효화한 것이었다.

그 뒤 더 심각한 문제가 서양에서, 더구나 전 서양 문명의 심장부였던 그리스에서 터졌다.

오스만 제국은 방대한 다민족 국가였다. 그러나 오스만 제국의 행정은 민족이나 국가가 아닌 종교에 따른 것이었다. 전체 행정은 이슬람교도는 물론 다양한 종류의 유대교, 기독교 소수 분파들, 로마 정교회, 아시리아-아르메니아 믿음 체계, 네스토리우스교까지를 모두 포함하는 것이었다. 술탄의 통치 아래에서 비이슬람교도의 삶은 서양인들이 종종 얘기하는 것처럼 그렇게 비참하지 않았다. 이슬람 법 안의 소위 '보호되는 사람들(dhimmah)' 은 종교 활동에 약간의 제약을 받았지만 적당한 세금을 내는 한 행정적인 자치권을 인정받았다. 그들은 이등 시민에 속했지만 여전히 문제없이 잘 살 수 있었고 일부는 국가 계급 구조 속에서 높은 지위를 획득하기도 했다.[657]

오스만 제국은 어느 정도 지방 자치제를 인정하는 밀레트 제도를 정착시켜 비이슬람교도에게는 따로 법률을 적용하게 했고 국가를 대표하는 평범한 종교 지도자가 모든 소수 종교인들(그 안에서 그리스 정교회인, 유대인, 아르메니아인이 대다수를 차지했다)을 다스리게 했다. 그 지도자는 그리스어로 지배자(ethnarch) 혹은 밀레트 바쉬(millet bashi)라고 했다. 그는 밀레트 구성원의 행동에 대해 직접 술탄에게 보고할 의무가 있었다. 오스만 제국의 전체 역사 동안 기독교도와 유대인들은 오스만 제국 자체의 권력보다는 자신들의 종교 권력 아래에서 살았다고 할 수 있다.

밀레트 제도로 각 지방은 어느 정도 독립성을 인정받았다. 밀레트 제도는 달리 말하면 제국의 비이슬람교도를 관대하게 무시하는 것이었다. 물론 무시하는 부분을 무시하고 관대함의 정도를 과장하는 것은 옳지 않다. "저들은 오늘날 우리보다 더 인간적인 대우를 받은 듯하다."라는 에드워드 사이드의 주장에 오스만의 통치 아래 있던 대부분의 소수 종교인들도 찬성할지는 알 수 없다(물론 사이드가 말하는 저들과 우리들이 정확하게 누구냐에 따라 다르겠지만 말이다).[658]

술탄의 비이슬람교도 피정복자들 중에 수적으로 가장 우세하고 가장 강력했던 집단이 그리스인들이었다. 오스만 제국의 수도 자체도 많은 점에서 여전히 그리스 도시였다. (1918년, 이스탄불을 국제 연맹 소속으로 만들고 싶어 했던 사람들은 이스탄불이 한 번도 이슬람 국가였던 적이 없었다고 주장했다. 비이슬람교도가 68만 5,000명이었던 반면에 이슬람교도는 45만 8,000명이었고 그중에서도 실제 투르크인은 얼마 되지 않는다는 것이었다.)[659]

고대 비잔틴 귀족의 후손이라고 주장했던 그리스 귀족 열한 가문이 서로 강력한 연계를 갖고 힘을 키웠다. 이들은 모두 이스탄불의 골든 혼 항구의 파나르 지역에 살았기 때문에 그리스 파나리오트라고 불렸다. 이들은 오스만 우두머리들과 열정적으로 협력하면서 부유하고 강력한 공동체를 만들었다. 일부는 술탄의 특사가 되어 서양으로 파견되거나 발칸 지역의 지방 총독이 되기도 했다. 후에 독립된 그리스 공화국의 초대 대통령이 될 가장 걸출한 파나리오트 알렉산드로스 마브로코르다토스(Alexandros Mavrokordatos)는 "우리는 '황제의 것을 위해서 황제에게 경의를 표하라'는 성경의 말씀에 순응한다. …… 일시적이고 부패할 수 있는 것과 신성하고 영원한 것을 혼동하는 것은 기독교도의 관습이 아니다."라고 말했다.[660]

그런 놀라운 실용주의는 외부인들에게는 대개 단순한 기회주의처럼 보였다. 1791년, 오만한 영국인 윌리엄 에톤 경(Sir Willian Eton)은 "파나리오트들이 술탄에게 열심히 정치적 호의를 구하는 것을 보는 일은 영 이상하다. 스스로를 다른 그리스인들보다 귀하고 우수하다고 주장하지만 파나리오트들은 고대 그리스 정신을 완전히 포기한 반쪽 그리스인에 불과하다. 그들은 우리 섬나라 사람들처럼 자유를 획득하기 위해 열심히 노력하지 않고 가짜왕과 처첩들이 득실대는 궁전의 조잡한 음모 속에서 매우 만족하며 살고 있다."라고 썼다.[661]

밀레트 제도는 또 그리스 정교회 총주교, 주교, 그리고 해당 관구 사람들에게 비잔틴 시대 조상들이 결코 가져보지 못한 권력도 주었다. 마브로코르다토스가 신과 황제의 영역을 혼동하지 말라는 그리스도의 말을 재치 있게 인용하기는 했지만, 기독교도 사회(이슬람 입장에서는 이교도의 땅)는 밀레트 제도로 인해 교회와 국가를 구분했던 오랜 전통을 깨고 정치에 관여하는 쪽으로 기울게 됐다.

많은 기독교 성직자들은 다시 찾은 권력을 보호하고 오스만 통치 아래 살아남기 위해 기독교도에게 술탄에 완전히 복종하라고 말했다. 심지어 오스만 제국이 비잔틴 제국을 정복한 것은 동방 정교회가 저지른 죄가 너무 많아 벌을 받은 것이라고 주장하기도 했다.

예루살렘의 총주교 안티모스(Anthimos)는 1798년 자신의 관내 기독교도들에게 "이 강력한 오스만 제국은" 불쌍한 그리스 정교회가 라틴 서양 교회의 이단적 마수에 빠지는 것을 방지하기 위해 "다른 어떤 왕국보다 막강하게" 되어야 했다라고 말했다. 그러므로 술탄은 "기독교도에게 동양을 구원의 수단으로" 제공한 것이다. 술탄은 또 친절하게도 기독교도를 보호해 최근에 프랑스 공화정과 그 안의 사악한 자들이 퍼뜨린 또 다른 오싹한 악마의 꾐에도 빠지지 않게 했다. 그 악마는 다시 말하면 "쓸데없이 과도하게 칭찬받는 자유라는 사상"인데 사실 그것은 "사람들을 곧바로 부패와 혼란으로 떨어뜨리는" 함정이었다.[662]

그러나 파나리오트와 성직자들이 에톤의 말대로 "결코 멈출 수 없는 배신, 배은망덕, 잔인함, 음모" 등으로 번영했다면, 그리스 농부와 상인 공동체는 18~19세기 술탄이 지방의 우두머리들에 대한 통제권을 조금씩 잃어감에 따라 점점 더 심한 고충을 겪어야 했다. 지방 관리들의 부패, 늘어가는 도적, 해안 지방의 해적질 등으로 부유한 그리스인들이 점점 더 해외로 빠져나갔다. 오스만 제국의 다른 지역과 마찬가지로 그리스에서의 무역은 위험부담에 대처할 장비를 이미 갖추었던 서구 유럽인의 수중에 떨어졌다.

그리스 지식인과 상인들은 프랑스, 영국, 독일로 이주했다. 심지어 러시아로 이주한 사람도 있었다. 그들은 서구 유럽 국가들과 오스만 제국 사이에 점점 더 커져만 가는 차이를 직접 목격할 수 있었다. 서구 유럽이 개인적 삶과 사회 질서와 부의 분배에서 세련되고 고상해졌다면 오스만 국가들은 점점 더 혼란스러운 무정부 상태에 빠졌다. "그 와중에 술탄은 정치적 권위의 유일한 원천인 코란의 법이 말하는 대로 사람들을 마음대로 칼이나 물로 죽이거나 목매달았다.”[663] 암스테르담으로 이주한 그리스인 이오아니스 프링고스(Ioannis Pringos)는 1768년 “제2의 알렉산드로스여! 이제 나타나시길……”이라고 외쳤다. 그는 “옛날의 알렉산드로스가 그리스 땅에서 페르시아인을 몰아냈듯이 새 알렉산드로스가 독재자 술탄을 몰아내 그리스 땅에 다시 한 번 기독교가 빛나게 할 것이다.”라고 말했다.[664]

18세기 후반 유럽의 계몽주의, 경제적 번영, 비교적 안정된 정치는 그리스 지성인들이 골칫거리인 나약한 오스만 군주들을 내모는 데 일조했다. 게다가 프랑스 대혁명은 또 다른 자극제를 제공했다. 1797년, 테살리아에서 온 헬레니즘화한 왈라키아 사람이며 시인이자 팸플릿 집필자, 그리스 독립을 위한 최초 순교자인 리가스 베레스틴리스(Rigs Velestinlis: 혹은 리가스 페라이오스)는 1793년과 1795년 프랑스 헌장을 본뜬 다민족 그리스 공화국을 창건하자고 제안했다(자유만 사랑한다면 투르크인도 환영할 터였다). 리가스의 새 그리스는 실질적으로 비잔틴 제국의 재건립이라는 비전을 갖고 있었다. 다만 이번에는 군주법이 아닌 공화국법에 따른 제국이었다.

리가스의 제안이나 그의 다른 혁명적인 저술로 바뀐 것은 아무것도 없었다. 1798년 리가스는 나폴레옹과 접촉하려고 베네치아로 떠났다. 그의 상상 속에서나 존재할 아련한 그리스 혁명 사회의 비전을 제시하려던 것이었다. 그러나 베네치아에 도착하기 전에 누군가가 그를 베오그라드의 오스만 우두머리에게 넘겼고 오스만 우두머리는 리가스를 교살한 후 다뉴브 강에 버리라고 명령했다. 죽기 직전 리가스는 포획자에게 “이것이 바로 용감한 자가 죽는 방식이다. 나는 씨앗을 뿌렸다. 내 조국이 수확을 할 날이 올 것이다."라고 말했다고 한다.[665] 매우 예언적인 말이었다. 아테네 민주주의와 비잔틴 제국의 위대함을 재생하는 계몽화된 공화정으로서의 그리스라는 리가스의 정치적 비전은 20세기 말까지 실현되지는 못했다. 하지만 그의 순교는 20년 후에 시작될 오스만 제국에 대항한 항쟁에 강력한 영향을 끼칠 예정이었다. 그 감사의 표시로 그리스 10센트 동전에는 그의 얼굴이 새겨져 있다.

그리스에서 오스만 권력을 몰아내기 위한 첫 번째 진지한 움직임은 1814년 9월 세 명의 그리스인 추방자인 석공 에마누엘 크산토스(Emmanuel Xanthos), 니콜라우스 스쿠파스(Nikolaos Skouphas), 아타나시우스 차칼로프(Athanasios Tsakalov)가 러시아 항구 오데사에서 만든 '피리키 에타이리아(Philiki Etairia: 친절한 사회)'로부터 나왔다.

그전에 해외에서 그리스 본토의 도움을 받던 다른 모임도 있었다. 1807년 파리에서 '그리스 호스텔(Ellinoglosson Xenodocheion)'이 시작됐고, 1814년 아테네와 베네치아에서 '뮤즈 친구들의 사회(Philomousos Etairia)'도 생겼다. 그러나 이것들은 교육, 고고학, 문헌학을 통해 그리스의 독특한 문화적 유산을 되살리자는 의도로 생겨난 것으로 정치적 목적을 전면에 내세우지는 않았다.

'친절한 사회'는 이름과는 대조적으로 무력을 이용한 '그리스 본토'의 독립에 목숨을 바친 집단이었고 1821년 그리스 정교회, 성무회원(Holy Synod)으로부터 공인되지 않은 '사악한 반항자'이자 "그리스인 공통의 자비롭고 세심하고 강력한 무적 제국을 공격하는 집단"이라는 저주를 받기도 했다.[666] 그런데도 혹은 바로 그 종교적 견책 때문인지 '친절한 사회'의 회원은 다음 몇 해 동안 눈에 띠게 늘어났다. '친절한 사회'는 오직 오스만 정부의 타도만을 목적으로 하고 어떤 이데올로기도 주장하지 않았으며 오스만 제국을 대체할 그리스 사회에 대한 어떤 비전도 제공하지 않았다. 그 때문에 오히려 모든 종류의 단체로부터 후원을 받을 수 있었다. 비록 대부분의 가입자가 다양한 상인들이었으며 가난하고 소외된 사람들이었지만 개중에는 낮은 계급의 성직자들도 있었다. '친절한 사회' 자체는 다른 비밀 단체들처럼 웅변, 의례, 무모한 계획이 난무했고, 전략도 목적도 빈약하기 이를 데 없었던 집단이었다. 그리고 그 자체가 성취한 것은 결국 거의 아무것도 없었다. 그러나 '친절한 사회' 덕분에 헌신적인 애국자들의 네트워크가 생겨났다. 그리고 바로 그 네트워크가 뒤이은 항쟁에 조직적인 바탕을 제공했다.

독립 항쟁에 불을 붙인 사건은 1821년 3월 25일에 터졌다. 파트라의 대주교 게르마노스(Germanos)가 '보호받는 사람들'이 종교적 상징을 전시하는 것을 금지했던 이슬람에 대항해 펠로폰네소스 북쪽 칼브리타에서 십자가를 들고 일어섰던 것이다. 이것이 그리스 독립 전쟁 역사(혹은 전설)의 시작이었다. 한 달 뒤인 4월 22일 부활절 토요일, 그리스 정교회 총주교 그레고리 5세(Gregory V)가 이스탄불 총주교 관저 출입문 상인방에 사제 신부 두 명과 함께 매달린 채 공개되었다. 그는 칼브리타의 밀레트 바쉬로 관내 기독교도의 행동에 대해 술탄에게 보고할 책임이 있었다. 한 영국인은 그의 사체가 "안타깝게 출입문에 매달려 있어 지나가는 사람들은 모두 그를 한쪽으로 밀쳐야 했다."라고 증언했다.

삼 일 후 시체는 내려졌다. 그러나 오스만 관리가 보란 듯이 그 시체를 모여든 유대교 군중에게 던졌다. 그리고 나서 시체의 목에 밧줄을 걸어, "모든 종류의 쓰레기가 더럽게 널브러져 있는 거리 위를 질질 끌고" 다닌 다음 항구에 던졌다. "사체는 물과 함께 겨우 안식을 찾을 수 있었다."[667]

그레고리의 죽음 후 총주교 관저의 문은 닫혀버렸고 지금까지 그대로 열리지 않고 있다. 메메드의 콘스탄티노플 점령 이래 그리스와 이슬람 사이에 암묵적으로 지켜졌던 공존을 위한 계약이 그 사건으로 깨져버렸다.

오스만 제국이 오랫동안 보스포러스에서 카스피안 해안까지를 통치하는 동안 다양한 사람들이 많은 독립 전쟁을 일으켰지만 서양 사람들은 그레고리 사건을 가장 감정적으로 받아들였다. 그러나 3월 25일 항쟁은 고대 그리스의 이름이 아닌 그리스 정교회의 이름 아래 시작된 것이었기 때문에 서구 유럽의 즉각적인 동정을 사지는 못했다. 그리스인조차 못마땅하게 생각했던 그리스 정교회 성직자들의 순종하고 아첨하는 태도가 부분적인 이유기도 했지만 일단 그리스 정교회에 대한 서양의 인식은 15세기 이래 거의 변한 것이 없었다. 항쟁 바로 전날 한 영국 여행가는 그리스판 기독교의 "얼빠진 의식과 역겨운 미신보다 나를 더 불쾌하게 하는 것은 없다."라고 적었다.[668]

근대적 그리스인 자체도 별로 본받을 만한 사람들은 아니었다. 그들은 무지하고 무례했고 당파적이었다. 볼테르의 말처럼 그리스인은 자유를 가장 사랑했던 사람들조차 전제주의에 의해 노예로 전락할 수 있음을 증명하는 것 같았다. 1820년, 러시아 시인 푸슈킨(Aleksander Pushkin)은 그리스 독립 운동을 지지하는 '자유를 위한 송시'를 써서 투르크에게 '호메로스와 테미스토클레스의 정당한 후손들'이 사는 그리스를 떠나라고 요구했다. (자유를 사랑하지 않았던 차르는 곧 푸슈킨을 베사라비아에 가둬버렸다.) 그러나 후에 푸슈킨은 오데사와 키시네프를 지나다 그리스 상인들을 보고 큰 충격을 받았다. 그는 혐오감을 감추지 못하고, '새 레오니다스(스파르타의 왕-옮긴이)들'은 그가 기대했던 영웅이 아니라 "역겨운 도둑이나 소매상인들이었다."라고 적었다.

그러나 그다지 비전 없는 현대 그리스인의 특성에도 불구하고 그리스 독립을 위한 투쟁을 고대 그리스 세상의 모든 유산에 대한 열망으로 바꾸는 데는 그리 오랜 시간이 걸리지 않았다. 거기 '서양 문명의 요람'이 있었다. 그리고 그것은 당시 동양의 가장 독재적이고 가장 잔인한 전제 국가와 싸우고 있었다. 게르마노스가 펠로폰네소스에서 십자가를 들기 한 달 전인 1821년 2월, 러시아군에 복역하다 차르의 참모가 된 파나리오트 알렉산더 입실렌티스(Alexander Ypsilantis) 공이 잡다한 러시아 군대를 이끌고 프루트 강을 건넜다. 24일 몰다비아 수도 야시에서 입실렌티스는 그리스 동포들에게 "그리스 본토에 자유를 초대하자."라는 포고문을 냈다. 그는 "마라톤과 테르모필레 사이에서 싸우자. 우리에게 자유를 물려주기 위해 여기서 싸우고 죽은 우리 조상들의 무덤 앞에서 싸우자."라고 했다. 그리고 자유를 위해 죽은 모든 그리스 영혼들을 불러냈다. 페르시아 야만인의 막대한 군대를 무찔렀던 레오니다스와 그의 병사 삼백 명이 마지막을 장식했다. 그 영혼들의 보호를 받으며 이제 그리스는 가장 미개하고 비인간적인 페르시아 후손들을 쉽게 전멸시킬 것 같았다.

그러나 투르크의 전멸이 기대만큼 쉽지는 않았다. 무익한 여러 번의 전투 후 입실렌티스의 군대와 뒤따라왔던 그리스 학생으로 구성된 '성스러운 대대'는 6월 드라가트사니 전투에서 전멸하고 만다. 그런데 입실렌티스의 주장이 서구 유럽의 마음을 움직였다. 입실렌티스의 주장에 따르면 그리스를 위한 싸움은 곧 그리스를 요람으로 한 서양 전체의 가치를 위해 싸우는 것이었다. 전 서양의 가치를 위해서라면, 입실렌티스가 믿었던 대로 '계몽된 유럽 사람들'은 '기꺼이 싸울 준비'가 되어 있었다.[669]

그레고리 5세의 죽음 직전, 1821년 4월 9일 메시니아 의회의 공식 지도자이자 혁명가이고 펠로폰네소스 남쪽 '스파르타군의 수석 사령관'이었던 마브로미찰리스 페트로베이(Mavromichalis Petrobey)가 유럽의 군주들에게 다음과 같이 연설했다. "우리의 어머니 그리스는 여러분을 밝히는 등불입니다. 그래서 그녀는 여러분의 자선 활동에 의지합니다. 그녀는 군대, 돈, 충고 등 뭐든 환영합니다."[670] 별 성과는 없었다. 대다수 서양의 지도자들은 초창기 그리스 독립 의지를 의심쩍은 눈으로 지켜봤고 나폴레옹 사후 유럽의 힘의 균형이 오스만 제국의 붕괴로 다시 무너질 것을 두려워하고 있었다. 오스트리아 수상 메테르니히는 이탈리아와 그리스는 단순한 지역을 나타내는 것일 뿐 진정한 국가라고 보기 어렵다고 했다. 그리스 총주교 살해 사건 후, 러시아 차르 알렉산드로스 1세는 이스탄불의 대사를 불러들였다. 그러나 오늘날도 그렇지만 그때도 그런 일이 별 대단한 효과를 부르지는 못했다.

그러나 그리스 항쟁군은 유럽과 미국의 교육받은 자유주의자 중산층으로부터 많은 반응을 얻어냈다. 영국 시인 셸리(Percy Bysshe Shelley)는 1821년 가을, 그리스 최초 독립 항쟁 소식을 들은 후 다음과 같은 열정적인 글을 썼다.

우리는 모두 그리스인이다. 그리스인이 처한 심각한 상황에 그리스 문명에 대단한 빚을 지고 있는 문명화한 세상의 군주들은 무척 냉정하다. 이 지독한 장면의 목격자인 나로서는 도저히 이해할 수 없는 일이다. …… 우리의 법, 문학, 종교, 예술은 모두 그리스에서 나왔다. 그러나 그리스에게 우리는 여전히 야만인이고 우상 숭배자이다. 심할 경우 중국과 일본 같은 정체와 비참한 사회제도의 상태에 머물러 있는 것처럼 보일지도 모른다.

또 다른 아테네가 다시 일어나야 한다.

그리고 먼 훗날까지

하늘의 일출처럼

전성기의 광채를 전할 것이다.

밝은 것이 모두 사라질 때도

그리스는 남을 터,

그것은 하늘이 준 것으로

세상이 취할 것이다.

몇 달 후, 그리스 근대 문학의 아버지 코라이스(Adhamantios Korais)가 파리 망명지에서 당시 고대 아테네의 정신을 이어받은 지 얼마 안 된 '미국 시민들'에게 호소문을 썼다. 코라이스는 그리스 독립 전쟁에 지적 토대를 마련했다. 그는 미국인에게 "자유가 거처를 정한 곳이 이제 당신들의 땅이다. 자유롭고 잘사는 미국인은 모든 인간이 그 같은 축복을 공유하기를 바란다. 모두 천부인권을 향유하기를 바란다."라고 썼다. 그리스를 천부인권이 가득한 땅으로 재건하는 것은 미국인의 손에 달려 있는 것 같았다.[671]

코라이스가 당황하며 인정했듯이 새로운 자유의 땅에도 노예제도가 있었지만 호소문에 대한 반응은 대단했다. 1821년 7월, 파리에서 미국인들의 만찬이 있었다. 그곳에는 워싱턴 어빙(Washington Irving)과 라파예트(Marquis d' Lafayette)가 있었다. 사람들은 그리스를 위해 건배했다. 그들에게 그리스는 "미네르바의 땅이며 예술과 시와 자유의 탄생지였다. 쇠퇴하면서 정복자를 문명화하고, 몰락하면서 유럽을 재건했었다."[672] 에드워드 에버렛(Edward Everett)이 자신의 영향력을 이용해 코라이스의 편지를 여러 신문에 실어 미국 전역에 알렸다. 에버렛은 게티즈버그 연설을 썼고 1815년 스물한 살의 나이에 이미 하버드 대학 그리스어 교수였으며 발행부수가 엄청났던 잡지 「북아메리카 리뷰(North American Review)」의 편집장이었다. 기부금이 밀려들었다. 1821~1822년 사우스캐롤라이나 주 찰스턴의 개인 기부자들만 해도 항쟁자들을 위한 식량으로 말린 고기 50배럴을 보냈다.

1821년 연말, 에피다우로스 근처에서 열린 국민의회는 1799년 프랑스 헌장을 거칠게 본뜬 헌장을 채택하며 그리스를 독립공화국으로 선언했다. 의회는 초대 대통령으로 알렉산드로스 마브로코르다토스를 선출했고 "그리스는 그리스를 위협하는 오스만의 끔찍한 지배에도 불구하고 여전히 존재하고 있음을 선언하고 하늘과 땅을 불러 증인으로 삼는다."라며 그 의지를 불태웠다.

그리스는 그 후 투르크인 학살을 자행했고 투르크인도 복수를 위해 그리스인을 학살했다. 결국 이긴 쪽은 그리스였다. 곤봉과 낫으로 무장한 무리들이 2만 명이 넘는 투르크 남자, 여자, 아이들을 살해했다. 대부분 그곳에 정착한 지 몇 세대가 넘는 투르크인들이었다. 무리를 이끈 사람들은 대개 한 달 전까지만 해도 '신성한 술탄'에게 흔들리지 않는 충성심을 맹세한 성직자들이었다. 학살이 자행된 지 몇 주 만에 펠로폰네소스 지역 투르크와 알바니아 이슬람교도의 인구는 작은 공동체 정도로 줄어들었다. 남은 사람들은 살기 위해 해안가에 있던 투르크인 집단 거주지로 모여들었지만 그곳도 점령되었다. 그리스인들이 말했던 것처럼 달(투르크 국가의 상징-옮긴이)이 그들 모두를 삼켜버렸다. 고대 그리스적 자유를 위한 영웅적 해방자들의 이야기에 심취한 그리스와 유럽은 살육에 대한 기억을 망각 속으로 던져버렸다.[673]

그 사건과 그리스 본토로부터 들려오는 온갖 소음에도 불구하고 유럽의 정부들은 여전히 냉담했다. 그러나 1822년 4월, 투르크 원정군이 키오스 섬을 약탈하고 주민들을 살해하거나 노예로 만드는 사건이 터졌다. 전 유럽인은 전율과 혐오감을 느꼈다.[674] 1823년 3월, 런던-그리스 협회가 만들어졌고 기금을 모으기 시작했다. 같은 달, 외무장관 조지 캐닝(George Canning)은 그리스를 교전국으로 공식 인정했다. 이제 그리스는 중립국으로부터 원조를 받을 수 있었다.

더디기는 했지만 유럽의 정부들은 조금씩 그리스의 대의를 인정하기 시작했다. 게다가 유럽 정부들의 주저는 곧 개인적인 후원에 불을 지피는 결과를 불러왔다. 문명의 요람 그리스를 '괴물 같은 오스만 제국'의 수중에서 벗어나게 하는 데 일조하려는 지원병들이 유럽 곳곳에서 밀려들었다.[675]

그들은 스스로를 '필헬레너스(그리스를 사랑하는 사람들)'라고 불렀다. 이들은 영국, 프랑스, 이탈리아, 독일, 스페인, 포르투갈, 헝가리, 폴란드, 스위스, 스웨덴, 덴마크, 미국에서 왔고 쿠바에서 온 사람도 있었다. 대부분 이상주의자들이었다. 일부는 일자리를 구하던 전직 군인이었고, 사색가, 스파이도 있었으며 개중에는 단순히 기회를 찾던 사람도 있었다. (완전 실패나 다름없었지만) 그리스 정교회 기독교도를 여러 청교도 분파로 개종시키려는 영국이나 미국에서 온 선교사들도 있었다. 그리스에 공장을 차리고 싶어 했던 바이에른에서 온 도자기 제조자, 일자리를 잃은 프랑스 백작, 석판 인쇄기를 지고 다니던 가짜 덴마크 백작, 로스토크에서 온 춤꾼, 남자로 변장한 스페인 소녀 같은 기인들도 있었다.[676] 실로 잡다한 사람들이 모인 비정규군이었다. 에드가 앨런 포(Edgar Allem Poe)는 자신이 "한 푼도 없이 그리스군에 합류했고 자유를 위해 돈키호테식의 무모한

원정"을 시작했다는 소문을 퍼뜨리기도 했다. 사실 그는 보스턴 밖으로 한 발자국도 나가지 않았다.[677]

그러나 이들 중 가장 유명한 사람은 바로 바이런 경이었다. 비록 그는 마지막까지 총알이라고는 구경도 해본 적이 없지만 말이다.

1823년 4월 7일, 아일랜드 전직 선장이자 런던-그리스 협회의 회원이었던 에드워드 블란퀘에레(Edward Blanquiere)와 또 다른 그리스인 안드레아스 로우리오티스(Andreas Louriotis)가 그리스 독립 전쟁 기금 모금의 임무를 띠고 당시 제노아 외곽 알바로에 살던 바이런을 찾아갔다. 당시 바이런은 오스트리아로부터 독립을 구하던 이탈리아 비밀 결사대 카르보나리당과의 짧고 불만스러웠던 관계와 테레사 구이치올리(Teresa Guiccioli) 백작부인과의 상대적으로 길고 만족스러웠던 관계를 뒤로하고, 그가 말하던 '단순하고 유용한 삶'을 남아메리카에서 보낼까 아니면 그리스로 갈까를 놓고 결정하지 못한 채 방황하고 있었다.

블란퀘에레와 로우리오티스의 출현으로 바이런은 그리스로 가기로 결정했다. 두 달 후 그는 "나는 그리스로 가기로 결심했다. 그리스는 내가 만족하며 살았던 유일한 곳이다."라고 기록했다.[678] 그는 약 9천 파운드의 금화(당시로는 굉장한 돈)를 모았다. 바이런은 "돈은 전쟁이라는 몸뚱어리의 근골이다. 사실 돈은 모든 것에서 그렇다(때로는 사랑도 포함된다)."라고 적었다. 그는 남아메리카에 대한 열망의 표시로 '볼리비아'라고 이름 붙였던 범선을 팔고 돛대 셋에 뱃머리가 뭉툭하게 굽고 바닥이 둥근 120톤짜리 쾌속 범선을 빌려 자신의 새로운 야망에 걸맞게 '헤라클레스'라는 이름을 지어주었다.[679] 7월 16일, 헤라클레스는 바이런, 블란퀘에레, 로우리오티스, 여러 친구들, 하인들을 태우고 출항했고 리보르노를 거쳐 케팔로니아로 향했다. 케팔로니아에서 바이런은 해변으로 내려가 아르고

스톨리 남쪽 해안의 메타자타에 집을 얻어 향후 작전을 짰다. 그리스 통제권을 놓고 싸우고 있던 여러 분파들로부터의 끝없는 요구를 몇 달 동안 받아넘긴 후 바이런은 미솔롱기로 가겠다고 결정했다. 미솔롱기는 모기가 들끓는 거대한 개펄의 끝자락에 위치하긴 했지만 당시 그리스 서쪽에서 가장 번영하던 도시였다. 미솔롱기의 주민들은 1821년에 투르크인을 전부 학살하거나 내쫓았고 그 후 빠른 속도로 독립 항쟁의 본거지가 되었다.

그 이동은 결과적으로 돌이킬 수 없는 실수였다. 바이런은 부자였고 유명했으며 영국 신사였다. 미솔롱기 사람들은 이십 발의 축포를 터뜨리며 그를 대대적으로 환영했다. 당시 바이런은 스스로 고안한 붉고 화려한 군복을 입고 황금 투구를 쓴 메시아였다. (사실 바이런은 한 번도 그런 복장을 한 적이 없다. 다만 그것들을 발치에 두고 서 있는 자신의 모습이 그림으로 그려지게 했을 뿐이다.)

곧 바이런은 자신의 개인적 군대인 '바이런 대대'를 모집했다. 모집된 사람들은 대부분 알바니아 피난민들이나 투르크 대학살의 희생자인 척하던 용병들이었다. 매일 아침 영국 신사는 그 잡다한 군인들의 선두에서 말을 달렸고 오후가 되면 해안가 근처 집에서 결론 없는 회의를 거듭했다. 바이런은 군인들에게 돈도 지불했다. 다른 그리스인 사령관들 중 아무도 하지 않은 일이었다. 그 때문에 전 유럽에서 군인들이 모여들었다. 이제 모든 길은 미솔롱기로 통하는 듯했다. 테레사 구이치올리 백작 부인의 동생 페트로 감바(Petro Gamba) 백작은 다음과 같이 말했다. "우리는 영국, 스코틀랜드, 아일랜드, 미국, 독일, 스위스, 벨기에, 러시아, 스위스, 덴마크, 헝가리, 이탈리아 등 모든 국가에서 모였다. 우리는 작은 십자군이라고 할 수 있다."[680] 그러나 다양한 국적의 인물로 구성된 무리는 결코 일어나지 않는 전투를 기다리며 서로 싸우는 일 외에는 한 일이 없었다. 필헬레너스는 서열과 권한 등을 놓고 끝없이 싸웠다. 알바니아인은 돈을 더 달라고 폭동을 일으켰고 그리스인과 함께 병기고를 약탈하려 했다.

1824년 2월 초봄, 비바람 속에서 말을 달리던 바이런은 열병에 걸려(개버룩이 옮긴 진드기 매개 뇌염 열병으로 추정된다) 자리에 눕고 만다. 그리고 의사들이 그를 죽여버렸다. 바이런을 말려 죽이기 위해 그들이 한 짓은 사혈만이 아니었다(그들이 사혈한 양은 매우 건강한 사람에게도 치명적인 양이라고 한다). 그들은 질산은 요법, 하제 치료, '황제의 레모네이드' 라던 주석 정화수 등을 처방해 이미 쇠약한 몸의 저항력을 완전히 없애버렸다. 바이런은 1824년 4월 19일 저녁 여섯시쯤 사망했다. 그 모든 일에 책임이 있던 바이런의 주치의 줄리어스 밀링건(Julius Millingen)은 "바이런 같은 부자들이 매일 죽는 것은 아니다."라며 금화 이백 기니의 청구서를 보냈다.[681]

바이런이 미솔롱기에서 자신만의 전쟁을 치르고 있던 동안 나머지 그리스 지역의 상황은 거의 실질적인 내전 상황으로까지 악화되었다. 1821년 12월, 알렉산더 입실렌티스의 형제 디미트리오스 입실렌티스(Dimitrios Ypsilantis)가 아르고스에서 국민 의회를 개최하는 데 성공했고 거기서 리가스 베레스틴리스가 예전에 했던 대로, 1793년과 1795년 프랑스 헌장을 모델로 한 새 독립 국가 그리스 헌장 초안이 마련됐다. 이 년 후 아스트로스에서 또 다른 국민 의회가 개최되었다. 이 두 의회는 미래 그리스 국가에 일종의 초석을 깔기는 했지만 그리스 내 다양한 당파 사이의 적대감을 낮추지는 못했다. 1823년 여름, 펠로폰네소스와 그리스 본토 동쪽과 서쪽이 오스만 통치에서 벗어났다.

그러나 독립 지역 통치권은 혼란 자체였다. 1823년 말, 그리스 독립항쟁 단체의 대표라고 주장하던 경쟁적인 두 정부가 있었지만 그들이 갖고 있던 통제권은 매우 불안했기 때문에 결국 둘 사이에 전쟁이 터지고 말았다. 당시 그리스 당파들이 직면했던 문제 중 하나는 비록 모든 사람이 고대 그리스와 비잔틴이 어땠는지 알거나 혹은 상상할 수 있었지만 그들 중 누구도 근대 그리스가 어때야 하는지에 대해서는 전혀 알지 못했다는 점이었다. 대부분의 그리스인들, 특히 서로 내전을 일삼고 있던 그리스인들에게 리가스, 입실렌티스를 비롯한 많은 우국지사들이 새 그리스를 묘사하기 위해 사용했던 '모국(patrida)'이라는 단어는 국가가 아니라 지방 혹은 심지어 마을 같은 이미지만 주었다. 그런 의미에서 오스만과 메테르니히의 주장은 옳았다. 그리스라는 국가는 없었다. 제국 군주들의 지배를 너무 오래 받았던 지역의 사람들이 늘 그렇듯 그들은 당시 새 나라를 '발명'해야 했던 것이다. 문제는 그 발명 과정이 매우 지난하고 손실이 크고 피비린내 나는 일이라는 것이었다.

1824년, 술탄 메메드 2세는 이집트의 반독립적 왈리 무하마드 알리를 설득해 여전히 서로 싸우느라 정신없던 그리스 반란군을 처치하는 일을 맡겼다. 그 대가로 메메드는 알리에게는 크레타 총재권을, 그의 아들 이브라힘에게 펠로폰네소스 총재권을 주기로 약속했다. 무하마드 알리는 오합지졸이 된 오스만군보다 훨씬 탄탄한 군대를 갖고 있었고 결정적으로 전 프랑스 해군 장교들이 지휘하던 프랑스 함대로 무장하고 있었다. 6월, 알리는 크레타를 점령했고 곧 키프로스도 점령했다. 이듬해 이브라힘은 모레아를 점령했고 또 이듬해 4월 미솔롱기를 약탈하고 파괴했다. 미솔롱기에는 오직 세 개의 건물만이 남았는데 그중 하나가 바이런이 거주하던 곳이었다. 바이런의 측근이었던 건달 모험가 에드워드 트렐로니

(Edward Trelawny)는 약탈 직후 미솔롱기에 잠시 들러 "바이런의 집이 마치 사막 한가운데 놓인 외로운 기둥처럼 흐릿하게 남아 있었다."라고 말했다.[682]

8월, 이브라힘은 아테네로 들어갔다. 기원전 480년처럼 주민들은 아크로폴리스로 도망쳤고 여성, 노인, 아이들은 살라미스로 피신했다. 알라 신이 도왔는지 이번에는 살라미스에서 기다리던 그리스군은 없었다. 대영 제국 제독의 옷을 입은 테미스토클레스도, 부호 뱃사람 코크렌 경(Lord Cochrane)도 적어도 이듬해 봄까지는 그곳에 도달할 수 없었다. 코크렌이 후에 여전히 포위되어 있던 아크로폴리스를 지나 항해할 때 그는 미약한 묘사력을 총동원해 다음과 같이 썼다. "여기 과학과 문학의 보금자리가 있었다. 야만스러운 투르크인이 허공을 나는 탄환으로 한때 아크로폴리스의 웅장한 사원이었던 곳에 남아 있던 옹색한 유산까지 완전히 파괴해버렸다."[683]

전 모레아를 황폐하게 만든 이브라힘의 잔학 행위에 분노한 유럽 강국들이 행동을 개시했다. 1827년 7월 6일, 프랑스, 영국, 러시아가 런던 조약을 맺었다. 비록 주권 국가는 아니었지만 그리스는 독립 국가로 선언되었고 위 세 나라는 그리스와 투르크 사이의 다양한 전쟁에서 일종의 중재자 역할을 하기 시작했다. 그리스 내 모든 당파들은 그 조약에 (최소한) 원칙적으로 동의했다. 당연히 오스만 술탄은 동의하지 않았다. 그러나 이브라힘과 그의 아버지 알리는 동맹군의 개입으로 자신들의 입지가 극적으로 약해졌음을 잘 알고 있었다. 이브라힘은 이스탄불에서 자신의 대리인에게 다음과 같이 말했다. "마호메트가 이슬람교도에게 이슬람이 언젠가 전 세계를 정복할 것이라고 약속했다. 그러나 바로 그 때문에 우리는 무모한 조치를 취하지 않게 조심해야 할 것이다. 지금 퇴각하고 나중에 더 적당한 시기에 돌아오는 것이 더 강력해진 적에 대항해 전 함대와 이슬람 전사 4만 명을 잃는 것보다 나을 것이다."

그러나 그 신중함도 이미 너무 늦었다. 10월 20일, 이집트-투르크 동맹군 함대 89척과 대포 2,240개가 나바리노 만에 포진해 있었다. 그날 늦은 아침, 영국 제독 카딩톤 경(Lord Codington)이 다소 상서롭지 못한 '아시아' 란 이름의 배를 타고 바람과 햇살을 가르며 연합군 함대를 나바리노 만으로 이끌었다. 전투는 저녁 6시쯤 끝이 났다. 오스만 함대는 군함 81척과 4천에서 6천에 이르는 병사들을 잃었다. 연합군 측은 174명만 전사했고 군함은 모두 멀쩡했다. 나바리노 해전으로 그리스는 사실상 독립한 것이나 다름없었다.

그러나 그 해전이 그리스 독립군들이 생각했던 헌법을 바탕으로 한 자유 공화국을 보장한 것은 아니었다. 유럽 강대국이 그리스 내에서 그 권력을 행사하게 됐으니 그리스인이 되찾은 것은 또 다른 군주 국가일 뿐이었다. 누가 그리스의 새 왕이 될 것인지에 대한 싸움이 한차례 있은 후 1832년 5월, 영국, 러시아, 프랑스, 바이에른은 바이에른의 루드비히 왕의 17세 아들 프레더릭 오토 비텔스바하(Frederick Otto of Wittelsbach)를 새 '군주제 독립 국가' 그리스의 '세습 군왕' 으로 임명했다. 비텔스바하의 후손들은 다음 한 세기 동안 내전, 침략, 쿠데타, 역 쿠데타를 겪으며 위태로이 왕권을 유지하다가 1967년 아이러니하게도 마지막 비잔틴 황제 콘스탄티누스와 똑같은 이름을 가진 왕이 망명길에 오름으로써 막을 내린다.

오스만 제국 입장에서 그리스 독립은 최초로 제국 내 독립국을 인정한 것으로, 매우 큰 타격이었다. 그러나 그것은 시작에 불과했다. 1814년 영국은 이미 코르푸를 점령했다. 1882년 영국은 다시 카이로를 침범했고 반복되는 항거로 위기의 순간을 겪었지만 이집트가 공식적으로 독립국이 될 1922년까지 남아 있었다. 이집트는 제1차 세계대전 발발까지 명목상으로만 오스만 술탄의 주권 아래 있던 총독국이었지 거의 반독립국이나 마찬가지였다. 그러나 이집트의 독립 상태는 더 복잡한 양상을 띠었다. 영국 수상 솔즈베리 경(Lord Salisbury)의 말에 따르면 '시끄러운 광대극' 같았다. 물론 솔즈베리 자신이 누구보다 그 상황에 일조했을 것이다.[684] 영국은 이집트에 대한 통치를 비직접적인 것으로 보이려고 안간힘을 쓰고 있었다. 이집트와 수단의 총독 키치너 경(Lord Kitchener)의 '동양 비서관(혹은 동양관계 외교 전문가)' 로날드 스토즈(Ronald Storrs)가 1914년 전형적인 외교관 어투를 사용하며 매우 비유적으로 말한 것처럼 "영국은 가정법 혹은 수심 가득한 기원법을 선호했고 명령법은 피했다."[685] 어떤 '법'을 선택해 통치를 하든 영국은 통치를 했다. 그리고 술탄이 주권을 주장하며 남아 있었지만 이집트는 이름만 빼면 온전한 영국 보호령〔또 다른 영국 부영사 밀너 경(Lord Milner)에 따르면 '베일 쓴 보호령'이었다〕이었고 그 속에서 술탄의 총독들과 내각은 영국의 고문들이 써놓은 것을 그대로 따라 통치할 뿐이었다. 솔즈베리의 또 다른 이집트 '요원(여기에는 많은 의미가 담겨 있다)'으로 24년간 일했던 에블린 베어링(Evelyn Baring)은 아랍 세계의 가장 중요한 부분인 이집트를 오스만에게서 성공적으로 빼앗은 영국의 업적을 뒤돌아보며 만족한 듯 다음과 같이 말했다. "일단 문명화된 힘이 반(牛)문명화한 야만적이고 나약한 국가에 손을 뻗치기 시작하면 다시 거둬들이기가 힘들다. 모든 역사가 그것을 증명한다."[686]

계속되는 개혁

그 후 두 세기 넘는 세월 동안 오스만 술탄과 이슬람교도가 감당해야 할 모욕은 엄청났다. 서양의 이교도 원수들이 신을 따르는 사람들과 대적해 그렇게 결정적으로 논쟁의 여지없는 승리를 거두었다면 뭔가 잘못된 것이다. 그러나 뭐가? 그런 상황에서 늘 그렇듯 가능한 대답은 두 가지로 축약되었다. 즉 패배는 승자의 기술 혹은 덕성 때문이거나 패자의 내부적 약점 때문이거나 둘 중 하나였다. 전자가 더 큰 이유라면 오스만이 해야 할 일은 당연히 적을 승자로 만든 것을 발견하고 모방하는 것일 테다. 그리고 후자가 더 큰 이유라면 이슬람에서 잘못된 점을 찾아내고 바로잡아야 했다. 후자의 경우, 사람들은 이슬람 사회가 부패 혹은 쇠퇴했거나, 일종의 죄를 범했거나, 아니면 둘 다였을 거라고 가정했다. 그때 사회를 정화하거나 (대개 별 효과가 없지만) 인간이 상상하고 추측할 수 있는 (대개 무시무시한) 신의 바람을 들어줘 격노한 신을 달래는 치유가 가능했다. 18세기 후반 이후 서양의 꾸준하고 냉혹한 침투에 대해 이슬람은 대개 위에서 말한 가능한 대답의 두 극단 사이를 때로 매우 폭력적으로 왔다 갔다 하며 대응했다.

이슬람 위정자들은 먼저 혼란스럽고 비능률적이었던 프랑크를 강력하게 만든 것이 무엇인지 알아내는 것으로 대응하려 했다.

빠르게는 15세기 후반부터 오스만 술탄들은 유럽의 대포, 권총, 지뢰 등을 받아들이기 시작했고 유럽인을 고용해 제조 및 활용 방식을 배우려 했다. 투르크와 그리스는 수 세기 동안 서로 국경을 마주하며 이런저런 방식으로 협력했다. 서로 의복, 음식, 언어에 영향을 주고 심지어 일부 종교 행사조차 비슷했다. (그리스 기독교와 투르크 이슬람 사이에 공통으로 존재하는 성인, 성지, 축제 등이 적지 않다.)

그런 교환을 과학과 기술의 영역으로 넓히는 것은 그리 어려운 일이 아니었다. 황제 페르디난드가 이스탄불에 보낸 대사 뷔스베크 남작은 1560년에 대포와 박격포를 비롯해 기독교도가 발명한 많은 것들을 채택하는 투르크를 보면 "투르크만큼 외국의 유용한 발명품을 적극적으로 받아들이는 민족도 없는 것 같다."라고 기록했다.[687] 오스만은 또 유럽의 조선 기술도 배웠다. 처음에 베네치아의 기술을 배웠지만 나중에 영국과 프랑스 방식까지 배워 1682년에는 삼단 갑판에 가로돛을 단 범선도 만들 수 있었다. 배에는 수많은 화포를 장착할 수 있었으며, 영국과 네덜란드인이 한 세기 넘게 이 배를 이용했다.

그러나 그런 움직임은 여전히 한정적이었다. 오스만은 더 나은 무기와 더 크고 빠른 배와 더 정확한 지도를 만들게 했던 유럽 문화에 대해서는 확실히 별 대단한 관심을 보이지 않았다. 뷔스베크는 오스만에 대해 "그들은 인쇄술도 받아들일 수 없었고 공공장소에 시계도 설치할 수 없었다. 성전을 인쇄하면 그것은 이미 더 이상 성전이 아니라고 생각했고 사람들이 시간을 다 보게 되면 종을 쳐서 기도할 시간을 알리는 사원의 사람들과 고대 의식의 권위가 손상된다고 생각했기 때문이다."라고 적었다.[688] 확실히 유용하고 종교적 암시가 전혀 들어 있지 않는 것들은 채택할 수 있었다. 비록 지나치게 독실한 자들은 그런 것들조차 의심의 눈으로 바라보았지만 말이다. 그러나 이슬람의 위상이나 코란의 순수함을 손상시키는 것이라면 아무리 미묘한 손상이라도 받아들일 수 없었다.

인쇄술과 시계 외에도 유럽인의 혁신 기술 중 오스만이 잠재적으로 불온할 수 있다며 매우 조심스럽게 살펴본 후 거절한 것도 많았다. 예를 들어 유럽 의학은 거의 이슬람 세계로 들어가지 못했다. 들어갔다고 해서 이슬람 세계에서 유용하게 쓰였다는 얘기는 아니다. (사실 18세기 가장 위대한 의학적 발견인 우두 접종을 비롯한 예방 접종의 개념을 서양에 소개한 것이 바로 오스만 제국이었다.)[689] 그러나 유럽의 것, 정확하게 기독교도의 것을 싫어했던 오스만은 유럽 의학만이 아니라 다른 유럽 과학도 받아들이지 않았다. 이슬람교도의 마음속에 데카르트, 케플러, 갈릴레오의 업적은 루터나 칼뱅의 글만큼이나 거짓이고 부적절했다.[690]

그러나 카를로비츠 조약, 그리고 1718년 파사로비츠에서 오스트리아와 맺은 마찬가지로 모욕적인 조약(이 조약 후 헝가리와 크로아티아 국경은 실질적으로 술탄 슐레이만 정복 이전으로 회복되었다)이 변화를 불러왔다. 오스만 위정자들은 당시 명백했던 기독교도의 우수한 기술과 조직성이 그들이 사는 사회의 조직성과 모종의 연관이 있을지도 모른다는 생각을 진지하게 하기 시작했다.

1719년 대관 다마드 이브라힘 파샤(Damad Ibrahim Pasha)는 메메드 사이드 에펜디 대사를 파리에 보냈다. 에펜디는 "파리의 문명과 교육 방법을 철저하게 연구한 후 그것을 오스만 제국에 적용할 수 있는 사람들에게 보고하라."라는 지시를 받았다.[691] 좋은 출발이었다. 다음 수십 년 동안 많은 유럽인들, 특히 프랑스인들이 이스탄불로 들어가 삐걱 소리 나던 구식 오스만 국가의 현대화를 도왔다. 1727년 7월, 술탄 아흐메드 3세(Ahmed Ⅲ)는 '최고의 신이 보호하는 도시인 콘스탄티노플'에 인쇄소 설립을 허가하는 황제의 특령을 내렸다. 인쇄소에서는 모든 종류의 책을 투르크어로 인쇄할 수 있었다. 물론 코란을 제외하고 말이다. 오스만은 또 유럽의 시계를 수입하고 시계공을 들여오기도 했다. 그중 한 명이 장 자크 루소의 아버지 아이작 루소(Issac Rousseau)였다. 아들의 말에 따르면 아이작 루소는 '후궁들을 위한 공식 시계공'이 되었다.[692]

1731년, 이슬람 개종자 클로드 알렉상드르 본느발 백작(Comte Calude-Alexandre de Bonneval)은 포병대를 개혁(사실은 창조)하라는 명을 받았다. 그것을 위해 술탄은 기꺼이 그를 파샤로 명했다. 1720년, 또 다른 프랑스인 다비드가 이스탄불에 최초의 소방 시스템을 조직하는 데 성공했다. 그는 이슬람으로 개종해 이름도 게르체크로 바꿨다. 1734년 더욱 의미심장하게도 위스퀴다르에 중앙 훈련 센터와 기하학 학교가 생겼다. 오스만에게 서양 수학의 기본 원칙들을 가르치는 것이 목적이었다. 학교의 교사 중 한 명이었던 메메드 사이드는 원거리 총의 정확한 겨냥을 위해 투-아치(two-arch)형 측정기를 디자인했고 삼각술에 대한 논문을 쓰기도 했다. 1773년, 토트 남작의 후원 아래 해군을 위한 수학 학교가 문을 열었다. 헝가리 출신 프랑스 관료였던 토트 남작은 술탄의 군대를 훈련시켰고 술탄의 병기고 운영을 도왔다. 그는 또 『투르크와 타타르에 관한 회상록(Memoirs of the Turks and the Tartars)』을 지어 나폴레옹의 오스만 제국에 대해 많은 것을 말해줬다. 한동안 이스탄불의 부자 시민들은 유럽적인 것, 특히 프랑스적인 것은 모두 조심스럽게 받아들이는 듯했다. 프랑스 정원과 가구는 왕실에서 매우 인기가 있었고, 메메드 2세 이후 처음으로 오스만 술탄은 유럽 화가에게 자신의 초상화를 그리게 했다.

모든 것은 동전의 한 면이었다. 1774년 술탄 무스타파 3세(Mustafa Ⅲ)가 죽기 직전에 개혁으로 변해가는 제국의 상황을 한탄하며 적었던 시는 그 동전의 다른 한 면을 말해준다. 시는 자기 연민과 절망감으로 가득하다.

세상은 무너지고 있고 그것이 우리에게 좋은 것이라고 생각지 않는다.
국가는 비열하고 상스럽게 변했다.

　　왕실 사람들은 모두 쾌락만을 생각하고

　　우리에게 남은 것은 신의 가호 외에는 아무것도 없다.[693]

무스타파의 입장에서 무너지고 있던 것은 오스만 제국이 아니라 세상이었다. 크림 반도를 잃고 러시아 이교도들에게 패배한 것도 아랫사람들의 경솔함 때문이었다. 유일한 해결책은 알라의 뜻에 복종하고 그의 자비를 구하는 것이었다. 왕실의 도덕성을 회복하고 샤리아 속 단언의 힘을 다시 강화해야 했다. 그들은 다시 한 번 오래된 것들을 확실하게 회복하면 항상 혹은 최후에는 새로운 것에 대항해 이길 수 있다고 보람도 없이 희망했다. 그러나 그런 상황에 처한 사람들이 늘 그렇듯 질문부터가 틀렸다. 저들을 강하게 만든 것이 무엇인지가 아니라 우리는 어떻게 해서 이렇게 약하게 되었나를 질문했던 것이다.

무스타파는 알라의 자비를 얻을 아무런 대책도 세우지 못하고 죽었다. 더 오래 살았다고 해도 개혁의 물결을 거스를 수는 없었을 것이다. 러시아의 존재가 군사적 열등감을 상기시키며 늘 술탄을 압박하고 있었기 때문이다. 그러나 오스만 제국은 변화를 주저하는 한정적인 개혁과 결국 '서양'적인 것은 모두 거부하라며 종교 기관이 거창하게 떠들어대던 도덕적, 영적 타락에 대한 염려 사이에서 불안한 시소게임을 계속했다. 그리고 오스만 제국 최후의 날까지 그랬다.

무스타파는 1774년 퀴취크 카이나르카 조약 때까지 살지 못했다. 그 언짢은 임무는 그의 동생 압둘하미드 1세(Abdülhamid I)에게 넘겨졌다. 예카테리나는 새롭게 얻은 크림 반도를 기반으로 스스로 바실레이아(비잔틴 여왕의 칭호-옮긴이)가 되어 비잔틴 제국을 재건하겠다고 결심이라도 한 것처럼 오스만 제국의 목을 조여왔다. 압둘하미드는 그 모습을 속수무

책으로 지켜봤다. 1779년, 예카테리나는 자신의 손자 이름을 매우 도발적이게도 콘스탄티누스 파블로비치(Constantine Pavlovich)라고 짓고 (투르크를 상징하는) 하기아 소피아 성당의 이미지로 동전을 주조했다. 1789년, 그녀는 우크라이나의 헤르손 외곽에서 신성 로마 제국 황제 요제프 2세(Joseph Ⅱ)를 만났다. 전해 내려오는 얘기에 따르면 로마 황제의 개선 행진을 상기하도록 연출된 상황에서 두 군주는 (둘 다 읽지도 못하는) 그리스어로 '비잔틴으로 가는 길'이라는 말이 새겨져 있는 아치문 아래를 지났다고 한다. 진실 여부는 잘 모르겠지만 압둘하미드만큼은 그 일을 심각하게 받아들였고 덕분에 오스만 제국은 러시아와 또 다른 전쟁을 치러야 했다. 그러나 그것은 1792년 또 한 번의 모욕적인 조약인 야시 조약으로 끝이 났다.

개혁의 필요성은 점점 더 절박해졌다. 1791년, 이미 러시아와의 전쟁이 부를 불가피한 결과를 알고 있던 셀림 3세는 스물두 명으로 구성된 군인, 행정관, 성직자 그룹에게 제국을 몰락으로까지 위협하는 파괴적인 조류를 뒤바꿀 빠르고 효과적인 방법을 마련해내라고 명령했다. 그들 중에는 프랑스 관리 베르트랑과 이스탄불 주재 스위스 대사관에서 통역으로 있던 아르메니아 출신의 도손이라는 두 명의 기독교도도 있었다. 이 집단은 1789년 프랑스 대혁명에 유용했던 입법 의사록과 유사한 건의서(Layiha)를 제시하는 것으로 임무를 다했다.[694] 건의서에는 여러 의견이 잡다하게 뒤섞여 있었다. 일부는 오래된 가치를 예전 방식으로 재구축하고 재확정함으로써 이전의 군사적 영광으로 귀환해야 한다고 주장했다. 이들은 당시의 사태가 단순한 타락이지 서양의 우수한 군사 기술에 의한 완전한 추월은 아니라고 생각했다. 그런가 하면 또 일부는 (조심스럽게) 서양의 기술과 훈련 방식을 채택하고 무기를 들여오자고 주장했다. 서양의 기술과 무기의 기반인 서양적 관념에는 다소 무심했다. 또 다른 일부는 완전히 유럽식으로 훈련하는 군대를 양성하고 최신식 무기를 들여와야 한다고 주장했다.[695]

전임자들보다 더 대담했던 셀림은 마지막 주장에 동의했고 1792~1793년 '새 질서(Nizam-i Cedid)'라는 슬로건 아래 일련의 의미심장한 개혁 정책을 실시했다. 각 지방의 행정 우두머리들에게 새로운 규칙을 내려 보냈고 세금과 곡식 매수 방식에 변화를 줘 제국 경제를 현대화하고 중앙집권화했다. (삼십 년 전, 마찬가지로 구식 군주제였던 스페인의 샤를 3세가 와해되어가던 제국을 재결속하기 위해 유사한 개혁을 비슷한 방식으로 단행했다는 사실은 결코 우연의 일치가 아니다. 유럽의 계몽주의가 만들어낸 개혁의 힘은 매우 온건했지만 저항할 수 없는 것이었다.)

셀림의 개혁 중 가장 급진적인 것은 육해군 사관학교의 건립이었다. 그곳에서 서양의 사격법, 방어법, 항해 기술은 물론이고 그 바탕인 서양 과학도 가르쳤다. 선생들은 주로 프랑스인이었고 프랑스어는 필수 과목이었다. 모든 비이슬람적인 공부와 쓰기를 금하는 일반 이슬람법에 어긋났지만, 학교에는 4천여 권의 유럽 서적을 소장하는 도서관이 있었다. 도서 중에는 보수적 이슬람교도가 보수적 기독교도만큼이나 불쾌하게 생각했던 프랑스 백과전서파의 책도 있었다.

1798년 나폴레옹의 이집트 침공으로 개혁은 크게 위축되었다. 한동안 셀림은 서양의 무신론, 평등주의, 합리주의 등이 결과적으로 사악하고 파괴적이라며 프랑스를 맹렬하게 비난했다. 그러나 셀림은 확고하게 유럽식 통치자이고 싶었다. 이집트의 통치권을 되찾으려고 이슬람 보편주의에 호소하기는 했지만 프랑스군이 퇴각하자 금방 서구화 정책을 재개했다. (심지어 나폴레옹의 이집트 원정도 용서했고 1806년 나폴레옹을 황제로 공식적으로 인정했으며 그에게 자신의 초상화를 선물하기도 했다.)

그러나 '새 질서'는 이슬람 사람에게 '구 질서'보다 더 참기 힘든 것이었다. 특히 근위 보병들에게 그랬다. 1806년 이스탄불에서 셀림의 개혁에 대항한 일련의 반란이 일어났다. 독실한 이슬람교도들이 분노했고, 오만하고 보수적인 연대기 작가 아흐메드 아심 에펜디(Ahmed Asim Efendi)의 말을 빌리자면 "악의에 가득 찬 패거리이자 혐오스러운 일당인 프랑크인이 프랑크의 사상으로 자극하고 유혹해 성스러운 이슬람법의" 기초를 위태롭게 하는 일에 저항하기 위해 일어났다.[696] 일 년이 안 되어 반란군이 승리했고 1807년 5월 28일 셀림 3세는 퇴위당했으며 그로써 '새 질서'도 끝이 났다.

그러나 완전히 끝난 것은 아니었다. 무능했던 무스타파는 권좌에 오른 지 일 년 만에 암살당했지만 뒤를 이은 마흐무드 3세(Mahmud Ⅲ)가 심지어 셀림보다 더 급진적인 개혁 과정을 시작했다. 그는 현명하게도 '새로운'이라는 단어를 포함해 저항을 유도하는 도발적이고 위협적인 말은 절대 쓰지 않았다. 천천히 지방의 옛날 귀족들이 권력을 잃었다. 마흐무드는 새 행정 체계를 만들었고 제국의 재정 상태를 면밀히 점검했다. 새 조세제도를 도입했고 세금의 종류와 출처를 분명히 밝히기 위해 (처음으로) 인구 조사를 실시했다. 스페인의 필리프 2세와 프랑스의 루이 14세가 16~17세기 했던 일을 오스만 술탄은 19세기에 시작한 것이다.

1826년 7월 14일, 짧고 잔인했던 싸움 끝에 근위 보병들이 진압됐다. 대부분의 보병들이 그들의 병사에서 불에 타 죽거나 도망가다가 잡혔다. 유럽인이 훈련을 책임지는 새 무장 군대가 그 자리를 차지했다. 군인들은 군복을 착용했고 터번이 아닌 페즈 모자를 썼다. 오스만들은 그들을 '마흐무드의 전승 군인'이라 불렀다. 술탄도 유럽 군주가 입던 전통 프록코트와 바지를 일명 이스탄불 스타일로 변형해 입었다.

마흐무드는 매우 신중하게 성직자들이 모든 개혁에 활발하게 참여하도록 유도했고 그것을 종교적 의무라고 믿게 만들었다. 또 사람들이 자신의 개혁을 더 조직적인 서구화의 전초전쯤으로 보지 않게 하려고 노력했다. 그러나 그렇게 노력했지만 서양인들의 눈에 그의 개혁은 부족 기반의 이슬람 제국을 근대적 절대 군주제로 변형하는 것으로 보일 뿐이었다. 게다가 불안하기 짝이 없는 절대 군주제였다.

사실 개혁 과정의 실질적인 시작을 위해서는 또 다른 십 년과 또 다른 술탄의 교체가 필요했다. 1839년, 술탄 압둘메시드 1세(Abdülmecid Ⅰ)는 '탄지마트(Tanzimat: 재정비)' 사업을 시작했다. '재정비'란 압둘메시드가 시도하는 일은 모두 오래된 방식을 재정립하고 고무시키는 것뿐이라는 인상을 주었다. 그러나 탄지마트 사업은 사실 마흐무드와 셀림의 좌절된 '새 질서'를 훨씬 능가하는 개혁이었다. 과거의 개혁은 군사 제도의 눈에 띄는 변화 외에는 약간의 제도적인 변형만 있었을 뿐 대체로 옛날 방식을 고수했다. 그러나 탄지마트는 오스만 이슬람 사회 심장부에 위치했던 이슬람법 체계 전반을 급진적으로 바꾸려던 시도였고, 그 결과 여전히 부분적이긴 했지만 의미심장하게도 이슬람 사회 전반의 세속화라는 결과를 얻어냈다.

1839년 11월 3일, 압둘메시드가 선포한 '장미의 방 칙령(Noble Rescript of the Rose Chamber)'은 그때까지 오스만 법에 존재하지 않았던 삶의 (권리까지는 아닌) 원칙, 존엄성, 국민의 재산권, 공정한 재판을 받을 권리 같은 개념들을 드러냈다. 이듬해 '산속의 양치기와 장관들'이 법 앞에 평등하다고 주장(아직 술탄까지는 아니었다)하는 새 법전이 소개되었다.[697]

새 법전은 모든 종교인이 서로 평등하다고 말했다. 그러나 그것이 가장 큰 문제였다. 이슬람교도 입장에서는 오랜 세월 철저하게 누려왔던 세금 및 법적 혜택이 폐지된 것이나 마찬가지였다. '보호받는 종교'를 믿는 사람이라도 더는 특별세를 낼 필요가 없었다. 한편, 모든 개혁에는 일부 손해 보는 사람이 생기기 마련이어서, 밀레트 제도 속에서 자신들만의 법으로 자치적으로 살았던 소수 민족들도 개혁법 아래 노출되었다. 그러나 이슬람 역사상 최초로 시민법(Medjelle)이 만들어졌다는 점에서 의의는 컸다. 비록 완성되기까지 그 후 또 거의 40년이란 세월이 걸렸지만 말이다.

'장미의 방 칙령'은 다른 점에서도 급진적이었다. 칙령은 그 원칙들을 공공연히 혁신이라고 말했다. 전통 이슬람 용법에서 '혁신(Bid'a)'이란 곧 마호메트의 방식, 즉 순나(Sunna)를 거스르는 것을 의미했다. '가장 큰 문제는' 하디스에 존재하지 않는 '새로운 것들'이었다. "모든 새로운 것은 혁신이고, 모든 혁신은 오류이고, 모든 오류는 지옥불을 이끈다." 셀림 3세의 짧았던 '새 질서' 사업을 제외한 이전의 모든 개혁들은 타락한 현재를 과거로 되돌리는 체하는 데 최선을 다했다. 그러나 '장미의 방 칙령'에 그런 위장은 없었다. 이슬람교도에게 그것은 술탄 스스로 이단의 법령으로 이슬람에 정면 도전한 것이나 다름없었다.[698]

탄지마트는 정치(정의)와 종교의 분리를 암시했다. 따라서 신이 마지막 예언자 마호메트를 통해 인류에게 전달한 것만이 법이라는 이슬람 최고의 성스러운 신조를 위반한 것이었다. 1841년 무스타파 레시드 파샤(Mustafa Resid Pasha)가 오스만 최고 위원회에 거의 프랑스 법전에서 파생한 듯한 새 상법을 소개했다. 울라마(율법학자)들은 새 법률이 경전과 조화를 이루는지 물었다. 무스타파는 "경전은 이 법과 아무 상관이 없다."라고 대답했다. 울라마들은 "신성모독!"이라며 소리쳤다. 뒤이은 소란으로 술탄은 레시드 파샤를 해임해야 했다. 개혁 과정은 잠깐 중단되는 듯했지만 이미 멈출 수 없었다(후에 레시드 파샤는 복귀해서 외무부 장관에 이어 수상까지 되었다). 1847년 유럽인과 오스만인 판사가 반반씩 섞인 시민법-형법 재판소가 문을 열었다. 증거 우선주의 등을 채택한 재판 절차도 매우 유럽적인, 특히 프랑스다운 것이었다.

법행정만 울라마의 굴레를 천천히 벗어난 것은 아니었다. 교육도 그랬다. 1846년 학교들이 대거 세워졌다. 비록 여전히 '종교가 인간에게 부과한 의무와 구속'을 가르치긴 했지만 새로 생긴 학교들은 확실히 완전히 비종교적인 교육 체계를 소개할 준비가 되어 있었다. 1868년, 프랑스 국립 고등학교 리세가 오스만 제국 내 갈라타사라이에서 문을 열었다. 수업은 프랑스어로 진행됐고 커리큘럼도 서구적이었다. 이슬람과 기독교도 학생들은 같은 교실 안에서 나란히 앉아 공부했다. 공무원 교육 대학(Mulkiye)과 전쟁 대학(Harbiye)이 조금씩 확장해서 근대화했다. 오랫동안 연기됐던 이스탄불 대학 설립 계획이 수립됐다. 목표는 이슬람 세계 최초의 서구식 대학 설립이었다. 비록 1900년에 와서야 첫 학생을 받아들였지만 말이다.

1871년, 울라마들은 다시 한 번 개혁을 저지하려 했다. 그리고 술탄은 또 한 번 무릎을 꿇어야 했다. 그러나 이번에도 개혁 반동 세력의 힘은 오래가지 못했다. 오스만 기독교도들이 개혁 사업에서의 지위를 박탈당했고(후에 다시 복직한다) 시민법이 무효화됐지만 단지 잠시 동안만 그랬다. 제국은 돌아가기에는 이미 너무 멀리 왔던 것이다. 현재 터키는 모든 이슬람 국가 중에 가장 서구화했고 가장 비종교적이며 가장 진보한 나라이다. 오늘날 많은 터키인은 좋은 의도에서 터키가 오랫동안 유럽의 한 부분이었다고 주장한다. 또 바로 그런 의미에서 터키는 곧 유럽 연합의 일원으로 인정될 것이다. 수 세기 동안 유럽의 최대 적이었던 오스만 제국의 심장부인 터키가 오늘날 유럽 연합의 회원이 될 수 있는 것은 사실 셀림 3세, 마흐무드 2세, 압둘메시드 1세가 시작한 개혁 사업 덕분이라고 해도 과언이 아닐 것이다.

그러나 근대화라고 좋기만 한 것은 아니었다. 술탄의 주요 관심은 군대를 강화해 제국을 유지하는 것이었다. 그것을 위한 수단으로 압둘메시드는 종교와 정치의 분리, 그리고 모든 국민의 법적 평등 창출이라는 길고도 힘든 길을 걸었다. 그러나 탄지마트는 근대 서구 사회로 향하는 길을 닦으면서 동시에 중앙집권도 강화했다. 그 과정에서 예전에 사람들이 향유했던 비공식적인 자유도 사라져버렸다.

1830년대에 몇 차례 투르크를 방문했던 영국 해군 장교 아돌푸스 슬레이더(Adolphus Slade)는 마흐무드 2세의 개혁이 낳은 영향을 다음과 같이 말했다.

지금까지 오스만인들은 자유민으로서 관습에 따른 귀중한 특혜를 향유해왔다. 그것은 기독교 국가들이 오랫동안 힘들게 추구했던 것이었다. 오스만의 자유민은 약간의 토지세 외에는 정부에 아무것도 바칠 필요가 없었다. 토지세가 의무적이었고 재산 평가에 따라 강요된 세금이긴 했지만 말이다. 하지만 그들은 지방 우두머리의 배를 채우는 십일조도 소작료도 내지 않았다. 그들은 신분증 없이도 가고 싶은 대로 갈 수 있었다. 세관 관리들이 더러운 손가락과 눈으로 짐을 검사하지도 않았고 경찰들이 행동을 감시하거나 심문할 일도 없었다. 아들들은 전쟁 때가 아니라면 징집되지 않았다. 천한 태생이라고 혹은 가난하다고 야망을 죽일 필요도 없었다. 가장 미천한 신분이라도 제대로 읽을 줄 안다면 고관은 물론 수상의 자리라도 넘볼 수 있었다. 그런 크고 작은 전례들이 많기 때문에 사람들은 계급이 낮아도 당당하게 높은 관리의 의무를 다했다. 이것이 자유 국가에서 누릴 수 있는 혜택이 아니고 무엇이겠는가?[699]

초기 오스만 제국의 사회 상황에 대한 너무도 낙관적인 관점이 아닐 수 없다. 그러나 완전히 거짓말은 아니다. 이슬람은 부족 사회에서 파생한 것이어서 이슬람 법과 실천 방식은 부족 특유의 다소 평등주의적인 특색을 띠고 있었다. 물론 일부 현대 학자들의 주장처럼 그 사회를 '민주주의적'이었다고 할 수는 없다. 오스만 사람들은 자신들이 성스러운 전사임을 결코 잊지 않았다. 술탄은 마호메트와 칼리프처럼 유일하게 도전할 수 없는 통치자였다(술탄이라는 말이 의미하는 바도 그랬다). 그의 국민은 서양적 의미의 '권리'를 결코 누려본 적이 없었다. 그러나 '가장 미천한 신분'의 사람이 수상까지 바라볼 수 있었다는 것은 사실이 아닐지 몰라도 당시 번영하던 오스만 관료 제도가 전통 서구 사회는 결코 제공하지 못했던 신분 상승의 수단을 많이 제공했던 것은 사실이다.

오스만 개혁과 그 결과는 어떤 면에서 17세기 서구 유럽에서 일어났던 변화와 비슷했다. 17세기 유럽에서는 중세 시대에 만연했고 프랑스 종교 전쟁 때 되살아났던 게르만 부족의 오래된 반(半)평등주의적 정치적 전통이 조금씩 사라지다가 결국 절대 군주제의 막강한 국가 권력으로 대체되었다. 영국과 스칸디나비아 일부를 제외한 대부분의 유럽 국가들은 오래된 게르만법과 관습법을 '구속 없는 입법자' 유스티니아누스 황제의 『로마법대전』으로 대체했다. 오스만이 샤리아와 투르크 전사단의 관습법을 시민법으로 대체한 것과 유사했다. 일부 매우 신랄한 유럽 비평가들의 말처럼, 오스만이 유럽을 본보기로 삼아 개혁했다는 것이 결국 오스만이 과거에 누렸던 절대 군주제로의 복귀였다는 것은 다소 아이러니하다. 슬레이더의 주장대로 마흐무드는 "유럽의 방식으로 아시아를 변형한 것이 아니라 유럽의 전제정치를 아시아적인 것으로 바꾼 것"뿐이었다.[700] 마흐무드는 개혁을 통해 이전에 없던 절대 통치라는 도구를 얻었다. 슬레이더는 "이전에 확실한 억압의 도구를 갖지 못해 권력의 속박을 느꼈던 군주는 과학의 도움으로 이제 거인이 되었다. 이제 확실히 칼자루를 쥔 것이다."라고 말했다.[701]

19세기 초, 오스만은 절대 군주제(일종의 서구화)를 받아들였다. 그러나 그때 서구의 절대 군주제는 이미 서서히 자유 민주주의로 대체되고 있었다. 1876년 술탄 압둘메시드가 마지못해 국민들에게 공포한 헌법에서조차 군주는 법 위에 있었다. 그것은 통치자와 통치 받는 사람들 사이의 계약서의 일종인 유럽의 헌법들과 달랐다. 그 헌법은 (어떤 현대인이 지적한 대로) 절대 군주가 국민에게 준 "자비로운 수여와 같은 것으로 유럽 헌법의 모방이라기보다는 패러디에 가까웠다."[702] '자비로운 수여'에서 '계약'으로의 변화는 오스만이 터키로 변한 후에나 일어날 수 있었다. 그리고 오늘날에도 그 변화는 여전히 계속되고 있다.

근대화는 술탄에게 한 가지 불행한 결과를 초래하기도 했다. 대체로 비종교적인 새 학교의 건립은 곧 술탄의 무제한적인 권력에 불만을 품은 교육받은 새 중산층을 만들어냈다. 19세기 말, 스스로를 '젊은 오스만들'이라고 부르던 한 혁명 집단이 더욱 자유주의적인 정부 형태를 요구했다. 이들은 동시에 이슬람의 뿌리를 되찾아야 한다고 주장하기도 했다. 1876년 12월 23일, 압둘하미드 2세(Abdühamid Ⅱ)는 궁여지책으로 혁명 단체의 요구를 대부분 받아들였다. 오스만은 처음으로 유럽식 헌법을 만들었고 거의 힘은 없었지만 의회도 만들었으며 간접선거 제도도 채택했다.

그러나 압둘하미드는 결코 '계몽된 군주'가 아니었다. 그는 33년 동안 일련의 잔학 행위로 통치권을 유지했기 때문에 서양 사람들은 그를 '붉은 술탄', '저주받은 술탄'이라고 불렀다. 매우 보수적이었고 의심이 많기로는 거의 망상 수준이었다. 그의 야망은 '젊은 오스만들'이 요구했던 서구 자유 사회의 구현이 아니라 자신의 조상들이 향유했던 독재적 범이슬람주의로 되돌아가는 것이었다. 1877년 2월 압둘하미드는 의회를 폐회하고 헌법 통과를 연기했다. 프랑스인들의 말에 따르면 그러고 나서 '이슬람의 바티칸'으로 숨어 가능한 한 모든 무력과 생각해낼 수 있는 몇 안 되는 전술을 소진해가며 저물어가는 제국을 유지하려고 애썼다.

그러나 탄지마트의 흐름 속에서 헌법에 기초한 정부로의 움직임은 그렇게 쉽게 돌이킬 수 있는 것이 아니었다. 40년의 세월이 더 걸리긴 했지만 1908년 살로니카에서 또 다른 집단이 헌법 정부를 재개하라고 요구하며 술탄에 대항해 혁명을 일으켰다.[703] 이들은 1894년, 제국 내 모든 인종과 신조들의 평등과 합일의 자유주의적 이상을 증진시키기 위해 결성된 단체로 스스로를 '단합과 진보를 위한 위원회(CUP)'라고 불렀고 일반적으로 '청년 투르크당'으로 알려졌다. 혁명 지도자인 육군 소령 엔버 베이 (Enver Bey)는 정부 건물 계단에서 "지금부터 우리는 모두 형제이다. 이제 더는 불가리아인도 그리스인도 루마니아인도 유대인도 이슬람교도도 없다. 똑같은 파란 하늘 아래 우리는 모두 평등하고 똑같이 오스만인인 것을 영광으로 생각한다."라고 선언했다. 압둘하미드는 물러섰다. 7월 24일 그는 헌법 제정 절차를 회복했고 선거 날짜를 공시했다. 이스탄불 거리를 가득 메운 군중은 "술탄이여 영원하라! 헌법이여 영원하라!"를 외쳤다.[704]

그러나 헌법 군주로서의 압둘하미드의 시간은 짧았다. 청년 투르크당에 항복한 것으로 그의 힘은 약해졌다. 청년 투르크당은 권력의 공유가 아니라 권력 자체를 원했던 것이다. 1909년 4월, 압둘하미드가 폐위되었다. 그는 두 아들과 많은 부인들과 함께 망명길을 떠났고 그가 나머지 생을 보낼 개인 저택은 아이러니하게도 그에 대한 복수가 시작됐던 도시인 살로니카였다. 압둘하미드의 뒤를 이어 고분고분했던 그의 동생이 메메드 5세(Mehmed Ⅴ)라는 이름으로 술탄이 됐다. 그해 여름에 헌법이 개정되었다. 술탄의 권력은 매우 축소되어 동시대 대부분의 유럽 군주의 권력에도 못 미치게 되었다. 술탄은 군림도 통치도 할 수 없었고 오직 의회에서 이미 결정된 것들을 승인하는 일만 할 수 있었다.

이제 투르크는 매우 새로운 방식으로 유럽에서 여전히 절대 군주제였던 국가들을 위협했다. 프랑스 대혁명을 불안하게 상기시키는 전복적인 급진주의가 갑자기 '동양의 전제주의'를 대체한 것 같았고 서구 열강들은 대체로 '동양의 전제주의' 쪽을 더 선호했다. 이스탄불 주재 영국 대사 제라드 로우더 경(Sir Gerard Lowther)은 1910년 5월 29일, 스스로를 "깨어난 아시아의 선구자라고 생각하는 청년 투르크들이 이제 프랑스 대혁명과 그것의 무신론적 계급 타파 방식 모방에 열중하고 있다."라고 적었다.[705] 〔'청년 투르크(Young Turk)'라는 표현은 지금도 영어에서는 공공의 평화를 성급하게 파괴하는 사람을 일컫는다.〕 오스트리아-헝가리 제국은 청년 투르크들이 급진적인 입법 정부의 원칙들을 보스니아-헤르체코비아로 퍼뜨릴까봐 공포에 떨었다. 오스트리아-헝가리 제국은 1878년 이래 보스니아-헤르체코비아에 어느 정도 통제권을 행사하고 있었다. 그런 일이 벌어지면 부다페스트나 빈조차 안전하지 못할 터였다.[706] 그래서 오스트리아-헝가리 제국은 보스니아-헤르체코비아를 합병했고 이에 불만을 품을 발칸 국가들이 영토를 넓히고자 오스만과 발칸 전쟁을 치렀다. 그 결과 오스트리아-헝가리 제국이 몰락했고 제1차 세계대전이 터졌다.

'청년 투르크당'은 일단 권력을 잡자 훨씬 덜 급진적으로 변했다. 엔버가 살로니카에서 거창하게 선언했던 종교적, 인종적 단결의 이상주의는 '투르크화'라는 덜 보편적인 목적으로 급속하게 전락했다. 그들은 인종적, 국가적 목적을 갖는 모든 집단을 불법화했다. 중등 교육과 법정에서는 투르크어 사용을 법제화했다. 그전에는 각 지역에 따라 사용하던 언어가 달랐다. 이런 조치는 국민들의 불만을 샀는데, 특히 제국 내 비투르크계로 최대 민족을 형성했던 아랍인의 경우가 그랬다. 이들은 맹렬하게 자신들의 언어와 문화를 보호하려 했다. 아랍어와 문화가 이슬람과 특별한 관계가 있기 때문에 더욱 그랬다. 한때 한 명의 지도자 아래 단결했던 이슬람 세계는 곧 내부적으로 복잡하게 얽히더니 결과적으로 중동 지방 전체의 재난이라고 할 수 있는 상황으로까지 치달았다.

1912년 3월, 그리스를 중심으로 연합한 세르비아, 불가리아, 몬테네그로가 발칸 동맹을 결성했다. 이들은 일단 당시 오스만 통치 아래 있던 발칸 지역에 궁극적인 개혁을 요구했다. 그것이 받아들여지지 않자 전쟁을 선포했다. 몇 달 안에 발칸 동맹군은 그나마 유럽 안에 조금 남아 있던 오스만 영토를 모두 장악했다. 그해 말, 오스만군은 이스탄불에서 50킬로미터 이내로 퇴각해야 했다. 1913년 1월 23일, 엔버 베이와 일단의 관리들이 각료실로 쳐들어가 전쟁 장관 나짐 파샤(Nazim Pasha)를 총살하고 수상 카밀을 사임시켰으며 정부 내각을 해산했다. 오스만이 경험했던 자유주의는 그렇게 끝이 났고 그것과 함께 오스만 제국의 미래에 대한 희망도 모두 끝이 났다.

만들어진 평화

1914년 여름, 제1차 세계대전이 터지자 초기에 연합군은 오스만에게 중립을 지키라고 설득하는 데 최선을 다했다. 1914년 8월 18일, 첫 발의 총성이 있은 지 한 달이 조금 지났을 때 에드워드 그레이 경(Sir Edward Grey)은 런던 주재 오스만 대사에게 투르크가 전쟁에 관여하지 않는다면 "전후 근동 지방의 상황이 어떻게 변하든 오스만의 영토는 유지될 것"이라고 확인해주었다.[707] 그러나 당시 엔버, 제말, 탈라트 파샤의 3인 연합 정부 형태를 유지하던 오스만의 생각은 달랐다. 엔버 파샤는 독일이 전쟁에서 이길 것이고 그 전쟁으로 예전 유럽 영토를 부분적이나마 회복할 수 있을 것이라고 생각했다. 다른 둘은 엔버 파샤의 설득에 넘어갔다.

엔버는 슬프게도 1830년대 중반 이래 투르크에 주재했던 게르만군과 프러시아군으로 인해 독일군이 무적이라고 오판했다. 19세기 말, 오스만 주재 독일 군사 참모들이 모두 프랑스인으로 바뀌었을 때는 (매우 이례적이게) 오스만 장교들이 정기적으로 독일을 방문했다. 압둘아미드 술탄 정부의 타도에 한몫을 했던 수상 마흐무드 세브케트 파샤(Mahmud Sevket Pasha)는 젊은 시절 독일에서 10년을 보내기도 했다. 1885년, 대영 제국의 자유주의자 수상인 윌리엄 글래드스턴(William Gladstone)이 술탄에 대한 지지를 거둬들이자 독일의 '철의 재상' 비스마르크(Otto von Bismarck)는 기꺼이 영국의 자리를 차지했다. 빅토리아 여왕의 조카 윌리엄 2세가 즉위한 1888년에 비스마르크는 '동양 대공세'로 알려진 정책을 만들었다. 독일만이 위험한 자유주의와 헌법 이상주의에 빠지지 않은 성공적인 서구 국가라고 보았던 술탄 압둘메시드의 도움으로 오스만 제국을 확장하는 독일 제국의 가장 만만한 고객으로 만드는 것이 목적이었다.

독일의 발달한 제조업과 우수한 효율성 대한 지나친 확신들에 고무된 당시 오스만 제국의 명목상의 술탄 메메드 5세는 1914년 11월 11일 연합군에 대항한 전쟁을 선포했다. 이틀 후, 3인 연합 정부는 마호메트의 유물로 둘러싸인 톱카프 궁전에서 앞으로 전개될 전쟁은 바로 모든 이슬람교도가 참전해야 할 성전(지하드)이라고 선언했다. 그리고 서양에서 수입된 불길한 신조어인 인종주의라는 말을 써가면서 "세계대전에 참여하는 것은 우리 국가 이념의 증명이다. …… 사람들은 우리가 제국의 원래 국경을 다시 되찾기를 바란다. 그 제국은 모든 인종이 단결한 곳이기도 하다."라고 말했다.[708] 결국 오스만의 병자는 자살을 선택한 것이다.

오스만의 제1차 세계대전 참전은 제국의 붕괴와 현대 터키 공화국의 수립을 불러왔다. 또 중동 지방 전역에 서구 열강들을 배후로 한 인위적 총독 국가들의 성립도 가져왔고 그 결과 이슬람 세계의 내부적 분열은 돌이킬 수 없게 되었다. 이슬람과 서양 사이의 오늘날 같은 충돌이 세 나라(영국, 프랑스, 러시아)와 결전을 벌이던 무신론자의 권력(독일)과 오스만의 동맹에서 시작됐다는 것은 매우 아이러니하다.

오스만의 제1차 세계대전 참전은 오스만 제국 아래 수 세기 동안 하나로 묶여 있던 이슬람의 분열이라는 결과를 낳았다. 술탄과 그의 장관들과 독일 후원자들은 지하드를 기대했다. 하지만 서구화한 이슬람 국가(술탄)와 진정한 마호메트의 길로 돌아가자고 주장하던 순수한 이슬람 지도자들(지금 이들은 다소 왜곡되어 '원리주의자'로 불린다) 사이의 수많은 충돌이 있었을 뿐이었다.

1915년 2월, 술탄과 이슬람교도(주로 아랍인들) 사이의 첫 번째 분열이 일어났다. 영국과 프랑스 함대가 항만을 봉쇄하고 있는 와중에 시리아의 절대 통치자 오스만 제4육군 사령관 케말 파샤(Cemal Pasha)는 자신이 통치하던 아랍인들이 반란을 계획하고 있다고 확신했다. 선수를 치기 위해 그는 아랍 지도자 상당수를 처형했고 그들의 가족들을 아나톨리아로 추방했고 사그라져가던 '투르크화' 사업을 다시 열성적으로 강화했다. 그러나 그 모든 조치는 망상적 공포를 현실로 바꿀 뿐이었다.

그때까지 아랍을 무시했던 영국이 아랍과의 동맹 가능성을 타진하기 시작했다. 영국은 오스만을 붕괴시킨 민족주의 정서를 아랍이 더 강화할 수도 있다고 생각했다. 그럴 것이라고 확신했던 사람 중 한 명이 바로 영국 전쟁 장관 키치너였다. 키치너는 전쟁 징집 포스터에서 "조국이 너를 필요로 한다."라는 험악하고 위협적인 문구 아래 사각턱, 이글거리는 파란 눈, 덥수룩한 콧수염을 한 채 사람들을 노려보았다.

키치너는 활동 시기 대부분을 동양에서 보냈다. 1898년 9월 2일 유명한 옴두르만 전투에서 자칭 구세주라 선언했던 무하마드 이븐 압둘라(Muhammad ibn Abdullah)의 계승 정권을 몰락시킨 사람이 바로 키치너였다. 젊고 열정적인 윈스턴 처칠(Winston Churchill)도 그 전투에 참전했다. 이븐 압둘라의 군대는 1885년 하르툼의 정부 건물 계단에서 영국의 국가 영웅인 조지 고든(Charles George Gordon) 장군을 살해했다. 1911년 키치너는 이집트와 수단의 총독이 됐다. 동양에서 복역했던 대부분의 영국 군인들처럼 키치너도 재임하는 내내 그가 싸우고 또 통치했던 사람들을 거의 알지 못했다. 그에게 이슬람은 가톨릭만큼이나 흥미가 없었다. 1774년 압둘하미드 1세와 관계했던 러시아 전임자들처럼 그에게 칼리프는 곧 교황과 비슷한 것, 혹은 완고한 영국 성공회 신도들이 바라는 교황의 지위와 비슷한 것이었다.

그러므로 대부분의 영국 관료들처럼 키치너도 술탄-칼리프가 영국과 동맹국에 대항한 지하드를 선언하면 이집트, 수단, 그리고 결정적으로 인도에 어떤 영향을 끼칠지 생각하지 않을 수 없었다. 그 나라들은 전 세계 이슬람 인구의 절반이 사는 곳이자 대영 제국이 직/간접적으로 통치하고 있는 곳이었다. 영국은 이슬람의 복잡한 내부적 사정을 이해하지는 못했지만 이븐 압둘과의 경험으로 이슬람 종교에 내재해 있는 열정만큼은 확실히 알 수 있었다. 키치너는 1885년 수단에서 일어났던 종교적 돌발 상황 같은 일은 피할 수 있다고 믿었다. 단지 오스만 술탄의 종교적 권위가 영국에 좀 더 우호적인 누군가에게 옮겨갈 필요가 있었다. 그런 생각은 사실 새로운 것이 아니었다. 1877년에 이미 히자즈 하시미테 왕국의 지도자요 마호메트의 직계 후손으로 유일하게 당시 술탄을 정당하게 대체할 수 있을 듯한 메카의 샤리프(태수)가 그와 똑같이 그럴듯하지만 결론 없는 생각으로 카이로의 영국 행정부와 접촉을 시도했다. 당시 영국 정부는 오스만 제국의 와해를 전혀 바라지 않았기 때문에 그런 움직임을 정중하게 막으려 했다. 물론 시기가 되면 이용하겠다는 생각도 하면서 말이다. 그리고 곧 술탄-칼리프의 통치가 영국의 권력에 걸림돌이 되었고 메카에는 새 샤리프 후세인 이븐 알리(Hussein ibn Ali)가 전임자의 야망을 열렬하게 되살리고 싶어 했다.[709]

후세인은 연합군의 목적에 기꺼이 부흥하려 했지만, 순수하게 종교적인 열망 때문이라기보다는 개인적인 '동양적 전제주의'에 대한 선호와 개혁 중이던 오스만 정부의 새 독재주의와의 충돌 때문이었다. 메카의 영국 영사 대리 압두라만은 "샤리프는 태생적으로 그 어떤 개혁도 반대하고 모든 것이 관습에 따라 움직이길 원한다."라고 적었다.[710] 오스만 정부가 후세인을 물러나게 하려 한다는 것도 당시 공공연히 알려진 비밀이었다. 1914년 2월과 4월, 후세인은 아랍 국가 건설을 위해 가장 아끼던 아들 압둘라를 카이로로 보냈다. 아시르 이드리시(Idrisi of Asir), 네지드의 이븐 사우드(Ibn Saud), 하일(Hayil)의 지도자 이븐 라시드(Ibn Rashid) 같은 아라비아의 태수들이 이미 서로의 차이를 접어두고 후세인의 배후에서 '아랍인을 위한 아라비아'를 위해 싸울 준비를 마쳤다고 말해 영국을 설득하려 한 것이다.[711] 그러나 사실 아시르 이드리시는 결국 투르크 편이었고 로날드 스토즈 경에 따르면, 이븐 사우드와 샤리프는 서로 개신교와 가톨릭의 관계에 비견할 만한 원수지간이었다.

10월 31일 키치너 경은 압둘라에게 다시 한 번 제1차 세계대전 발발 시의 상황을 강조하며 다음과 같은 서신을 보냈다. "영국과 동맹군은 오스만 제국이 전쟁에 관여하지 않도록 최선을 다했지만, 독일이 투르크 정부를 금으로 매수한 탓(이것으로 오스만투르크의 변절을 폭로했다)에 오스만은 참전했다. 대영 제국은 그때까지 투르크로 대변되는 이슬람을 보호했고 돌봐왔다. 이제부터는 품위를 지킨 아랍이 영국의 보호 아래 있게 될 것이다." 그는 "아랍인의 자유의 물결을 위해 그리고 아라비아에 떠오르는 태양을 위해서"라며 서신을 끝맺었다.[712]

1915년 11월까지 후세인은 이집트 주재 영국 행정 장관이었던 아서 맥마흔 경(Sir Arthur McMahon)에게 자신이 '전 아랍 국가'를 한 군데도 빠짐없이 대표한다고 주장했다. 그러나 그것은 사실이 아니었다. 당시 아랍 '국가' 같은 것은 존재도 하지 않았다. 뿐만 아니라 그 가상의 국가에 거주하며 아랍어를 말하는 800~1,000만 명 대부분과 심지어 메카 자체에 거주하는 아랍인들조차 이스탄불의 술탄-칼리프에 충성을 다하고 있었다. T. E. 로렌스는 1915년 비망록에 다음과 같이 기록했다.

도시, 마음, 가계, 강령들 사이에 매우 사적인 질투들이 존재한다. 그것은 어떤 자발적인 연합도 불가능하게 만들려고 오스만투르크가 꼼꼼하

게 조장한 것이었다. 시리아에서 설립된 가장 큰 토착민 위주의 정치 조
직도 단지 한 족장 아래 뭉친 한 마을일 뿐이다. 그 마을 너머 존재하는
법은 모두 투르크의 인위적인 관료주의이다.[713]

그러나 맥마흔은 로렌스의 비망록을 읽지 않았거나 읽었어도 별 주의
를 두지 않았음에 틀림없다. 맥마흔은 한동안 숙고한 후 1915년 10월 24
일 후세인에게 아랍의 독립을 약속하는 다음과 같은 편지를 보냈다. "대
영 제국은 메카의 샤리프가 제안한 국경 내 모든 지역에서 아랍의 독립을
인정하고 지지할 준비가 되었다. 그러나 다마스쿠스 서쪽 지역의 시리아
와 홈스, 하마, 알레포 지역(시리아 내륙뿐 아니라 전 서쪽 해안 지방을 뜻한
다), 바그다드와 바스라 행정구역은 예외가 되어야 할 것이다. 이 지역 사
람들은 진정한 아랍인이라고 할 수 없기 때문이다."[714] 후세인은 한동안
고민하다가 그 지역들, 특히 바그다드와 바스라는 한때 '순수 아랍 왕국'
의 부분을 형성했으므로 "그 아랍 국가들에게 전체 아랍 국가와 연계할
수 있는 영광스러운 기회를 강제로 박탈하는 것은 말도 안 된다."라고 쓴
서신을 보냈다.

영국에게 아랍 국가라는 말을 쓸 수 있어서 확실히 기쁘기는 했지만
후세인은 아랍 국가라는 것이 당시 존재하지도 않았다는 것과 일개 국가
에 한정되는 칼리프 통치도 자가당착임을 잘 알고 있었다. 칼리프는 모든
이슬람 세계를 포용하고 마호메트의 말과 예언이 맞다면 언젠가 전 인류
를 포용하는 것이었다. 후세인이 애초에 주장했던 아라비아 연합국도 아
랍만이 아니라 투르크, 아르메니아, 쿠르드, 아시리아, 체첸, 서카시아를
모두 포함하는 알레포에서 아덴에까지 이르는 영토였다. 또한 이슬람교
도뿐 아니라 다양한 기독교도와 유대인도 포함하는 것이었다. 국가 형식

을 주장하긴 했지만 후세인의 칼리프 국가는 유럽이 말하는 좁은 의미에서의 국가 개념이 아니었다. 그의 야망은 세계대전 후 연합군이 다른 아랍 군벌에게 최선을 다해 강요했던 유럽의 모조품 같은 현대 국가의 창조가 아니었다. 그의 야망은 이전의 칼리프들이 누렸던 제국적 영광의 회복이었다. 1917년, 압둘라는 로렌스에게 "오스만 제국을 아랍 왕국이 대체하는 것은 영국 정부의 손에 달렸다."라고 말했다.[715] 그 첫 번째 단계로 1916년 11월 2일, 후세인은 자신의 추종자들 앞에서 스스로를 '아랍 국가들의 왕'이라고 선언한 바 있었다. 영국과 프랑스는 급히 그 선언의 정당성을 부인했다. 로날드 스토즈 경은 "우리는 그의 허세가 거의 희비극에 가깝다는 느낌을 지울 수 없었다."라고 간결하게 말했다. 이듬해 1월, 압둘라는 좀 더 겸손하고 좀 더 가능성 있는 '히자즈의 왕'으로 만족해야 했다.[716]

한편 스스로 '중동' 지방 문제의 전문가가 되고 싶어 했고 또 후에 아랍 반란에 중요한 역할을 할 영국 의원 마크 사이크스 경(Sir Mark Sykes)은 전쟁 후 오스만 제국 영토 분할 문제를 놓고 프랑스와 일련의 협상을 진행하고 있었다. 1915년 11월에서 이듬해 1월 3일까지, 서너 달에 걸친 난항 끝에 사이크스와 프랑스 쪽 대표 프랑스와 조지 피코(François Georges Picot) 사이의 협상이 타결됐다. 그것으로 시리아와 바스라, 바그다드 그리고 무술의 오스만 관할지구(러시아에서 페르시아 만까지 이르는 고대 '메소포타미아', 즉 현대 이라크 지역에 해당하는 지역과 남부 투르크의 방대한 지역)가 조각조각 나눠져 프랑스와 영국의 직/간접 통치 속으로 들어갔다. 프랑스가 가졌던 부분은 현대 시리아와 레바논 지역에 해당하고 영국은 이라크와 트란스요르단을 가졌다. 지역 내 문제는 각각 프랑스와 영국의 간접적인 통치에 따랐다. 그러나 프랑스와 영국은 알레포에서 라반다즈 지역과 이집트에서 쿠웨이트에 이르는 지역에 '아랍 우두머리의 주권 아래 있는 아랍 국가 연방 혹은 독립적인 아랍 국가를 인정하고 지지' 할 예정이었다.

아랍 세계에서 사이크스-피코 협정은 곧 십자군이 남긴 유산처럼 보였다. 또 곧 다가올 미국 제국주의의 전조이자 뻔뻔스러운 유럽 식민주의의 전형이었다. 팔레스타인 지도자 야세르 아라파트(Yasser Arafat)가 1968년 8월 "우리 조상들은 백 년 동안 십자군과 싸웠고 나중에도 오스만 제국주의, 영국, 프랑스 제국주의와 싸워야 했다."라고 했을 때 그것은 이미 모든 아랍인이 인정하는 아랍 역사를 다시 한 번 언급했을 뿐이었다.[717] 연합국은 오스만 제국을 대체하는 새 칼리프 제국의 건설이라는 제멋대로 비약된 후세인의 공상을 만족시킬 생각은 전혀 없었지만, 사실 사이크스-피코 협정에서 그들이 '아랍 족장들'에게 할당하겠다고 결정한 영토는 후세인이 원래 요구했던 것에서 그리 많이 부족한 것도 아니었다. 사이크스는 1919년 파리 로티 호텔에서 인플루엔자로 사망할 때까지 영국이 후세인에게 약속한 것을 지켰다고 확실히 믿은 듯했다.[718]

한편 후세인은 오스만과 영국 사이에서 최대한 중립을 유지하며 가능할 때까지 양쪽으로부터 뇌물을 받아들이느라 정신이 없었다. 1916년 6월, 그는 하지도 않을 영국에 대항하는 투쟁의 대가로 이스탄불로부터 5만 파운드 상당의 금을 거둬들였고 영국으로부터도 투르크에 대항한 반란을 준비한다는 명목으로 또 그만큼의 거금을 거둬들였다. 로렌스가 후에 언급했듯이 "사랑과 전쟁과 동맹관계에서 정당하지 못할 일은 없는 것이다."[719]

그러나 투르크는 곧 후세인을 의심하기 시작했다. 1916년 4월, 후세인은 오스만이 상당 규모의 군대로 자신과의 전쟁을 준비하고 있다는 정보를 접했고 이제는 다른 선택의 여지가 없이 행동을 개시할 수밖에 없다고 생각했다. 6월 5~10일, 그는 술탄-칼리프에 대항한 반란을 일으켰고 6월 16일 얼마 안 되는 투르크 주둔군을 처리하고 메카를 점령했다. 후세인과 그의 아들 파이잘(Feisal Ⅰ)은 약 십만 명 정도의 아랍군이 와서 도와줄 것이라고 기대했다. 그러나 나타난 사람이라고는 영국의 금에 혹한 수천 명의 베두인족뿐이었다. 반란은 결국 물에 젖은 폭죽이었다. 사실 홍해의 제다, 라베그, 얀보 항구를 점령해 오스만에 대항한 제대로 된 반란을 일으킨 것은 모두 영국 함대와 영국 지휘하에 있던 이집트군 분견대들이었다. 그러나 거기서 영국은 더 나아갈 수가 없었다. 기독교도 군대가 이슬람 성지를 포함한 오스만 국가 본토에 주둔하겠다는 영국의 생각을 후세인이 거부했기 때문이었다. 후세인은 그렇게 함으로써 전 이슬람 세계에 자신의 입지를 세울 수 있다고 믿었다. 비이슬람군(미국)의 아라비아 주둔으로 현대 이슬람이 겪는 문제를 고려해 본다면 후세인의 생각이 틀렸다고만 할 수는 없을 것이다.

한편 후세인은 이스탄불 '청년 투르크당' 수뇌부에 제대로 보상만 해 준다면 영국에 등을 돌리고 다시 오스만 편을 들겠다고 제안하며 양다리 걸치기에 여념이 없었다. 네지드의 태수 이븐 사우드가 말한 것처럼 그가 혐오했던 경쟁자 후세인은 "자신이 영국을 속여 넘기면 투르크가 독일과 함께 그에게 독립국을 보장할 것이라고 생각하는 것" 같았다.[720]

후세인의 의도가 무엇이었든 오스만에 대항한 반란을 감독했던 카이로의 아랍 관료들은 샤리프 후세인의 얼마 안 되는 오합지졸이 투르크에 대항한 싸움에 별 도움도 안 될 것이라고 확신했다. 그들 중 한 명이었던 베두인족 사람은 "후세인 군인들의 관심사는 전쟁에서 화려한 쪽 편을 드는 것이다. 돈과 식량을 충분히 지급하지 않으면 그런 사람들을 오랫동안 잡아두기는 힘들 것이다.”라고 기록했다. 돈과 식량, 후세인에게는 특히 돈이 매우 결정적이었다.[721]

그 시점에 T. E. 로렌스가 등장했다. 작고(로날드 스토즈 경은 그를 ‘내 작은 천재’라고 불렀다) 지나치게 섬세하고 ‘꿰뚫어보는 듯한 바이올렛 블루 눈동자’를 가진 로렌스는 불행한 사생아였고 더 불행하게도 동성연애자였다. 그는 빛을 발하지 못한 천재 고고학자였고 시인이었으며 재능 있는 언어학자였다.[722] 그는 또한 허언증 환자였고 성공한 출판인이었다. 오하이오 출신의 종잡을 수 없는 신문 기자 토머스 로웰(Thomas Lowell)이 그의 탐험을 매우 과장해 특집 기사를 내고 영웅적인 현장 사진을 기사화해준 (당시의 소설 같은 저널리즘) 덕분에 로렌스는 대단찮은 아일랜드 준남작의 아들에서 ‘아라비아의 로렌스’로 거듭났다. 로렌스는 점점 더 의기소침해지던 영국 대중이 갈구하던 사람이었다. 그는 매우 낭만적인 먼 전쟁터에 있던 영국의 영웅이었다. 그 전쟁터는 소설가 존 버컨(John Buchan)이 ‘피비린내 나는 쓸쓸한 사업’이라고 묘사했고 이미 너무 많은 익명의 사상자를 낸 더럽고 유감스럽고 참호나 파대던 유럽의 전쟁터와는 달랐다. 1919년 로웰은 오스만에 대항한 아라비아의 로렌스식 반란에 대한 그만의 버전을 뉴욕의 센츄리 극장을 가득 메운 관객 앞에서 여러 사진과 함께 강의 형식으로 선보여 갈채를 받았다. 후에 런던에서도 대단한 호응을 얻었다. 그 반란은 당연히 ‘마지막 십자군 전쟁’으로 불렸다.

로렌스는 베두인족을 감상적으로 대했다. ‘동양’에 대한 그의 관념은 자신이 1921년 서문을 쓰기도 했던 『아라비아 사막 여행(Travels in Arabia Deserta)』의 저자 찰스 다우티(Charles Doughty) 혹은 리처드 버튼 경(Sir Richard Burton) 같은 낭만주의 세대에 의해 형성되었다. 리처드 버튼은 난봉꾼, 펜싱선수, 탐험가, 외교관으로 유명했고 『카마수트라

(Kama Sutra)』와 『아라비안나이트(Arabian Nights)』를 번역했으며 1853년 아프가니스탄의 파슈툰족으로 변장한 채 이교도로는 두 번째로 메카의 대사원에 들어갔다(첫 번째는 1503년, 루도비코 디 바르테마였다). 이들에게 베두인족은 나폴레옹의 군대가 마주쳤던 잔인한 군인들이 아니었다. 계급적 위계질서를 갖추었으며, 유럽에서는 민주주의와 산업화의 무게에 짓눌려 사라진 지 오래인 고대 전사의 신조를 지키는 사람들이었다. 다른 말로 영국의 용감한 용병 같았다.[723]

사실 다우티와 버튼처럼 아랍에 대한 로렌스의 태도도 지나치게 역성을 드는 것처럼 보인다. 의리를 지키고 용감하며 자부심 강하고 진실한 '멋진 아랍인'도 있었다. 그러나 신뢰할 수 없고 의지박약이며 대의보다는 노획물에 더 관심이 많은 아랍인도 많았다. 로렌스의 자서전을 썼던 시인 로버트 그레브스(Robert Graves)에게 로렌스는 후에 "우리의 전쟁은 오직 아랍의 자존감을 지키는 데 몰두했던 매우 유쾌한 것이었다."라고 말했다.[724] (1971~1972년 내가 그레브스를 만났을 때 그는 로렌스가 자신이 주장했던 것처럼 사막의 아랍인들을 매우 좋아하지는 않았다고 회상했다. 현실 앞에 환상은 무너지기 마련이다. 더구나 로렌스가 알았던 파이잘 같은 아랍인과 일반 목동의 삶은 전혀 달랐다.)

로렌스는 결코 아랍을 서로 약탈하며 사는 사막 부족으로만 보지는 않았다. 그러나 로렌스를 포함한 유럽인이 아랍에 국가적 정체성을 강하게 세워줄 필요는 있다고 생각했다. 1926년 로렌스는 그레브스에게 매우 성마른 선생 같은 목소리로 "아랍에 대한 내 목적은 그들이 스스로 일어설 수 있게 하는 것이다."라고 말했다.[725] 사실 전쟁 초기에 로렌스는 아랍에 국가라는 것은 존재하지도 존재할 수도 없다고 보는 듯했으나 1916년 11월 즈음 그 생각이 완전히 바뀌었다. 자신이 창간에 일조한 아랍지국 간

행물 「아랍 뉴스(Arab Bulletin)」를 통해 로렌스는 히자즈에서 아랍 부족의 사고방식은 영국의 생각과 달리 "부족적이라기보다 훨씬 더 범국가적이고 세련된 것이다."라고 보도했다. 그는 그것이 독일인의 공헌이라고 보았다. 독일은 "아랍인이 지하드를 포기하게" 설득했고 "잠자고 있던 오스만 정서(그들은 그렇게 생각했다)를 일깨우기 위해" 민족주의를 부각시켰다. 그러나 그 결과 오스만 민족주의가 아니라 아랍 민족주의가 일어난 것이다. 로렌스는 "그 이유가 무엇이든 히자즈의 아랍 정서는 완벽한 애국심에서 나온 것이고 교육받은 지도층이나 인종적 광신주의에 물든 무지한 사람들이나 할 것 없이 모두 그런 애국심을 갖고 있다."라고 결론 내렸다.[726]

로렌스는 아랍에 애국심을 불어넣어 흩어져 있던 부족 집단에서 국가로 변모하게 만든 사람이 바로 자신이라고 생각했다. 로렌스는 자신이 직접 본 전쟁과 아랍에 대한 이야기 『지혜의 일곱 기둥(The Seven Pillars of Wisdom)』을 썼다(이 책으로 로렌스는 20세기의 헤로도토스가 되고 싶었다). 도입부에 쓴 시에 따르면, '아랍인을 한데 모아' 새 아라비아의 하늘 아래 '그들의 의지를 드높이게' 한 사람이 바로 로렌스 자신이었다.[727]

1916년 12월, 로렌스는 파이잘 왕자의 연락 장교가 된다. 후세인의 아들 파이잘은 누구나 인정하는 게릴라군이자 사막의 정복자인 베두인군을 오스만에 대항한 반란에 이용하는 일을 관장했다. 로렌스는 혼자서 진행했던 그 일에 도취되었고 파이잘에게 매료되었다. 그는 파이잘을 "퐁테브로의 리처드 1세 기념상과 매우 비슷하게 생겼다."라고 묘사했고 그를 "완벽하게 멋진 사람"이라고 표현했다. 그래서 로렌스는 파이잘의 옷보다 더 비싸다는 흰 로브를 입고 낙타를 타며 "아랍 원주민이 되었다."[728] 그러나 그가 부분적으로라도 공헌한 실질적인 군사적 업적을 굳이 찾자면 팔레스타인 남쪽 끝 아카바 항 탈환이 유일할 것이다. 아카바는 홍해 해협 입구에 위치한다. 그 해안가에는 오스만투르크 포병대가 주둔해서 영국 해군이 아리비아 부족민을 팔레스타인으로 들여보내는 것을 막고 있었다. 팔레스타인에도 투르크 군대가 대거 모여 있었다. 팔레스타인으로 향하는 내륙 통로는 메디나의 투르크 주둔군에 의해 또 막혀 있었다. 내륙의 투르크군은 후세인의 반란에 참여할 생각이 전혀 없었으며 파이잘의 베두인군과는 상대가 안 될 정도로 막강했다. 그러므로 아카바 항 점령만이 아랍인 반란 유도 사업에서 유일하게 남은 대안이었다.

1917년 봄, 로렌스는 사막으로 들어갔다. 금화 만 파운드로 동부 호웨이타트(Howeitat: 현대 요르단과 사우디아라비아에 거주하던 부족 연합-옮긴이)의 족장 아우다 아부 타이(Auda abu Tayi)와 동맹 관계를 확실히 맺어두었는데 아우다가 그때 아카바 공격을 제안했다. 아카바 뒤쪽은 지구상에서 가장 혹독한 기후를 자랑하던 히자즈 사막이었다. 투르크군은 사막을 통해 적이 들어올 것이라고는 상상도 하지 않았기 때문에 모든 포병대를 바다를 향해 포진해두었다.

아우다는 정확하게 투르크군에게는 불가능했지만 베두인족에게는 가능한 일을 제안했다. 즉 사막을 횡단해 배후에서 아카바 도시를 점령하는 것이었다. 로렌스는 그 일이 자신이 생각해낸 일인 것처럼 개작해서 자극적으로 보도했다. 베두인족만이 알 수 있는 많은 전술을 요하는 작전이었는데도 말이다. 그 전술로 베두인족은 1,200년 전 카디시야에서 사산조 황제 야즈데게르드를 물리쳤다. 로렌스는 또 애매모호하게 보도해서 습격을 실질적으로 지휘한 사람이 자신이라는 인상을 주었다. 그는 '당시 지도자' 파이잘이 웨즈 뒤에 남자는 결정을 내린 것은 "내 북쪽으로의 원정에 불쾌한 것이었다."라고 적었다.[729] 오직 로렌스의 상상 속에서나 아우다 같은 사람이 고립된 영국 통신 장교의 '지휘하에 모이는 것'을 매우 만족스럽게 생각했을 것이다. 그가 아무리 금화로 가득한 안장을 갖고 있었다고 해도 말이다. 로렌스는 아랍어를 완벽하게는 아니겠지만 유창하게는 말했을 것이다. 또 『지혜의 일곱 기둥』에서 주장했던 남자들 간의 의리 같은 것으로 아우다나 다른 베두인족 지도자의 환심을 사는 데도 성공했을 것이다. 그러나 그는 여전히 이교도이며 어떤 베두인족 족장도 전투에서 이교도의 지휘를 받고 싶어 하지는 않았다. 아카바 습격을 포함한 모든 습격에서 모든 베두인족들은 아우다의 전체 지휘 아래 그 지도자의 명령으로 대체로 그들만의 방식으로 싸웠다. 투르크와의 협상에 도움을 준 것 정도 외에는 로렌스가 그 작전에 대단한 역할을 했을 가능성은 거의 없다.

7월 6일, 아우다의 군대가 사막에서 모습을 드러내자 허를 찔린 아카바의 소규모 투르크 주둔군은 당황했다. 몇 시간 만에 아카바는 동맹군의 수중에 떨어졌다. 약탈은 많았지만 로렌스의 외교적 수완이 힘을 발휘했는지 살인은 상대적으로 적은 편이었다. (아마 우연한 일치겠지만 2002년 6월, 조지 W. 부시와 아리엘 샤론과 팔레스타인 지도자 마흐무드 아바스가 정상 회담 장소로 선택한 곳도 바로 아카바였다.)

로렌스는 재빨리 이집트가 점령 소식을 제일 먼저 보도할 수 있게 손을 썼다. 다른 사람이 쓴 더욱 정확한 기사가 영국 본부에 도달하기 전에 선수를 친 것이었다. 그의 이야기는 너무 사실적이었고 또 그의 부관들이 너무 쉽게 그의 말을 믿어버렸기 때문에 아카바에서의 성공은 곧 영국이 이룬 것이 되었고 그 결과 로렌스에게 가장 용감한 자에게 주는 빅토리아 십자 훈장을 수여해야 한다는 말까지 나왔다. (그러나 결국 로렌스는 그 영광을 차지할 수 없었다. 영웅적인 행위는 반드시 다른 사람에 의해 증명되어야 한다는 조항이 있었기 때문이다. 로렌스가 그런 영웅적 행위를 하는 것을 직접 목격한 사람은 아무도 없었다.) 전쟁이 끝나고 『지혜의 일곱 기둥』이 출판되자 로렌스의 이야기는 역사적 사실이 되었다. 토머스 로웰의 〈마지막 십자군(The Last Crusade)〉에서부터 1962년 데이비드 린(David Lean) 감독의 〈아라비아의 로렌스〉까지 전 세계에서 공연되는 그에 대한 모든 이야기에서 회의적이고 숙명론적이고 소극적인 호웨이타트를 승리로 이끈 사람은 사막의 모래 바람 속에서 흰 로브를 휘날리던 로렌스였다.

의기소침한 영국 대중에게 전쟁 영웅의 환상을 안겨준 일 외에도 로렌스에게는 또 다른 중요한 임무가 있었다. 바로 아랍에 영국 금화를 제공하는 일이었다. 그는 엄청난 영국 금화를 탄약 상자에 넣어 낙타를 이용해 아랍으로 들어갔다. 전쟁이 끝난 후 로날드 스토즈 경은 대체로 별 효과가 없었던 후세인의 반란 계획을 위해 영국은 금화 천백만 파운드를 낭비했다고 계산했다. 오늘날 4억 달러에 해당하는 돈이다. 그로부터 거의 반세기가 지난 후 로렌스는 오토바이 사고로 옥스퍼드셔 교외에서 사망했다. 그를 기억하느냐는 질문을 받은 베두인족 족장은 짧게 대답했다. "그는 금화가 많은 남자였다."[730]

1917년 3월 11일, 아무런 저항 없이 바그다드가 영국-인도 '티그리스군'의 수중에 떨어졌다. 그것은 바그다드라는 도시의 위상을 생각해볼 때 전략적이기보다는 상징적인 승리였다. 그래도 그 승리로 인해 마크 사이크스 경은 아랍인에게 영국이 그들의 미래를 어떻게 설계하고 있는지 제대로 설명할 수 있었다. 승리의 상황에 맞게 매우 화려했지만 또 매우 신중한 연설이었다. 그는 아랍인이 폭군들과 모욕 속에서 고통을 받았다고 말했다. "훌라구 칸의 아랍 정복 이래 아랍의 왕궁들은 폐허가 되었고 정원은 황폐해졌으며 그들의 선조들과 그들 자신은 속박 속에서 신음해 왔다." 그리고 "이제 곧 동서남북의 모든 아랍인이 그들 민족성을 깨닫고 서로 단결하는 위치에 서게 할 것"이라고 약속했다. 1965년, 전쟁도 끝났고 사이크스도 죽었지만 수단에 주재했던 키치너 경의 연로한 계승자는 그 선언을 여전히 분개하며 기억했다. 그에 따르면 그 선언은 "고작 『아라비안나이트』나 연극 〈키스밋(kismet: 전쟁 전 유럽에서 대성공을 거두었다)〉 정도나 알고 있던 열광적 오리엔탈리스트들"이 작성한 "난센스의 잡동사니"였다.[731]

사이크스는 그보다는 좀 더 겸손하고 좀 더 현실적인 말도 했다. 그는 이라크인에게 "제대로 된 법과 제도를 만들고 부를 향유할 자격 조건을 갖추라."라고 말했다. "그럼 영국인이 자유를 줄 것"이라고 역설했다. 그리고 당시 샤리프와 지도자라는 위치에서 왕으로 승격한 후세인이 통치할 미래의 중동 연합에 대해서도 어느 정도 언급했다.[732]

사이크스 선언은 식민지 관료 특유의 신중하고 낮은 목소리에 '사려 깊은 기원법'을 채택했고, 언제 아랍인들이 자치할 준비가 될지 혹은 (일단 아랍 민족적 정체성이 있다고 가정한 후) 그들 민족적 정체성을 깨닫게 될지에 대한 대략적인 날짜도 지정하기를 거부했다. 그러나 사이크스 선언은 결정적으로 바그다드와 바스라 지방의 인구가 당시에도 지금처럼 시아파가 주도적이었다는 사실을 완전히 무시했다. 후세인은 수니파였다. 사실 메카의 샤리프에서 이제 '아라비아의 왕'이 된 후세인은 모든 수니의 지도자였고 그와 시아파들 사이, 그리고 그들 둘과 당시 바그다드에서 가장 경제적으로 강력한 소수 민족을 형성하던 유대인들 사이의 대립은 수 세기 동안 폭발 직전에서 겨우 균형을 유지하고 있었다. 남쪽으로 오늘날 터키가 이라크, 시리아, 이란, 러시아와 만나는 경계 지역에 쿠르드족이 있었다. 그들은 이목을 주로 하는 양치기들로 1917년 당시에는 오늘날처럼 수가 많고 정치적으로 매우 중요한 입장도 아니었지만 거의 모든 주변 아랍인 그리고 투르크인과 껄끄러운 관계에 놓여 있었다.

당시 영국에 대한 반란은 전혀 없었다. 하지만 영국의 침략은 무신론자 정복자가 서양의 새 자유(민주주의라기보다는 법적 전제군주에 가까웠으나 그 역시 아랍인들에게는 새로운 것이었다)를 약속하며 아바스 왕조부터 오스만에 이르기까지 수 세기 동안 전 이슬람 제국이 유지해왔던 전통의 종교적, 윤리적 구분을 완전히 무시하는 것이었다. 그리고 또 2003년 미국(그리고 영국)이 같은 지역에 범할 침략의 전조이기도 했다. 당연히 사이크스 선언이 내포한 모호한 약속들이 부를 파장을 너무 잘 알고 있었던 당시 티그리스군 사령관 스탠리 모드(Stanley Maude) 장군은 최선을 다해 선언문을 무효화하려 했다. 그는 영국의 상관들에게 "아랍이 국가로 서기 전에 법과 질서가 먼저 제대로 기반을 잡아야 할 것 같다."라고 말했다.[733]

한편 마크 사이크스 경은 후세인의 새 아랍 '국가'의 국기를 디자인하느라 바빴다. 국기는 흑색, 흰색, 녹색, 빨간색으로 구성되었다. 정확하게 아랍의 영광만을 드러내는 것은 아니었지만 모두 과거 이슬람을 상징하는 색이었다. 영국 관리가 만든 국기가 현재 람알라에 위치한 팔레스타인 정부 하마스 근거지 본부에서 휘날리는 국기가 되었음은 아이러니한 일이 아닐 수 없다.

12월 11일, 에드먼드 알렌비(Edmund Allenby) 장군이 지휘하던 영국-아랍 합동군이 자파 문을 통과해 예루살렘으로 들어갔다. 알렌비는 자신이 십자군 장군 탄크레드처럼 보일까 우려해 말을 타지 않고 걸어 들어갔다. 그와 동반했던 소령 비비안 길베르트(Vivian Gilbert)는 후에 그 사건을 다음과 같이 회상했다. 거의 텅 빈 거리를 걸어 들어갈 때 나는 "그 아름다운 도시가 세 종교의 사랑과 미움에 그렇게 고통당해야 했다는 것이 매우 기묘하게 느껴졌다. 교회와 수도원의 높은 지붕이 모스크와 유대 회당의 돔과 함께 서로 어깨를 견주고 있었다. 모두 대낮의 밝은 햇살 아래 평화로운 흰색을 반사하고 있었다." 이제 새 십자군이 종교나 영광의 이름이 아닌 억압된 사람을 해방하기 위해 예루살렘으로 입성했다. 알렌비 장군이 길베르트에게 "예루살렘에서 절대 영국 국기가 휘날리게 하지 말라고 명령한 것만큼 팔레스타인에서 영국의 의도를 명확하게 드러내는 것도 없었다. 억압받는 자들을 향한 원조를 상징하는 적십자기만 게양할 수 있었다. 그 자랑스러운 적십자기는 바로 미국 병원에서 휘날렸다."[734]

이슬람 세계에서 상징적으로 가장 중요한 두 도시(바그다드와 예루살렘)가 사실상 무신론자의 수중에 떨어졌다. 1918년 10월 1일, 알렌비는 다마스쿠스를 점령하면서 오스만 제국에서 아랍어를 사용하는 땅에 대한 영국 점령을 완수했다. 물론 이슬람 성지인 메카와 메디나는 예외였고 영국은 그곳을 점령할 의도가 전혀 없었다. 다마스쿠스는 고대 우마이야 칼리프 왕조의 수도였고 이제 더는 전략적으로 대단한 가치가 있는 곳은 아니었지만 예루살렘처럼 정치적으로 매우 중요한 곳이었다. 그 때문에 다마스쿠스는 파이잘에게 넘겨졌다. 파이잘은 로렌스의 안내로(로렌스의 『지혜의 일곱 기둥』에 쓰여진 말이 사실이라면 로렌스는 그 일의 책임자였다) 개선문 앞에 섰고 '아라비아의 왕'의 영광 아래 다마스쿠스를 공식적으로 넘겨받았다.[735]

다마스쿠스를 파이잘에게로 넘김으로써 아랍의 민심을 얻었을지는 몰라도 그것은 동시에 사이크스-피코 협정 위반이었다. 사이크스-피코 협정에서 프랑스령으로 인정했던 시리아와 베이루트가 이제 명목상이긴 하나 파이잘의 수중으로 넘어간 것이다. 당시 어디서나 등장했던 로렌스를 포함한 영국 사람들은 서명을 하기는 했지만 사이크스-피코 협정을 인정하고 싶지 않았기 때문에 프랑스에 대항해 시리아와 레바논으로 야망을 확장하던 파이잘을 후원하는 중이었다.[736]

다시 로렌스는 아랍 땅과 방대한 석유 저장고를 나눠 먹으려고 혈안이 된 강철같이 비정한 제국주의자들에 대항하는 아랍 자유 독립 국가의 창설을 위해 투쟁하는 식민지 독립 전사가 됐다(그런 신화를 만들었다). 로렌스가 메소포타미아에 대한 영국의 정책을 비판했던 것은 사실이다. 그러나 그것은 그가 생각했을 때 영국이 프랑스에 충분히 강경하게 대응하지 못했기 때문이었다. 사실 아랍 세상에 대한 로렌스의 야망은 '새 아랍 국가(후세인이 꿈꾸었던 칼리프 제국과 매우 비교되었다)'의 창조가 아니라 호주처럼 영국의 부분은 아니라도 영연방 안에 들어가는 아랍 자치 지구의 건설이었다. 인용구가 장황했던 문장에서 그는 "내 야망은 아랍을 영국의 마지막 갈색 인종 식민지로 만드는 것이 아니라 첫 번째 갈색 인종 자치령으로 만드는 것이다."라고 적었다.[737] 그것을 성취하려면 시리아를 제2의 알제리로 보는 프랑스부터 전체 그림에서 제거해야 했다.

런던의 실력자들 대부분도 로렌스의 생각에 동의하는 듯했다. 최소한 사이크스-피코 협정에서 자유롭고 싶어 한다는 점에서는 그랬다. 동양 위원회의 회장이었던 무시무시한 커즌 경(Lord Nathaniel Curzon)은 사이크스-피코 협정을 "절대적으로 실행 불가능한 것"이라고 선언하며 프랑스를 시리아에서 완전히 쫓아내고 싶어 했다.[738]

그런 복잡한 상황을 더 복잡하게 만들면서 미국이 싸움에 끼어들었다. 윌슨(Woodrow Wilson) 대통령이 '민족 자결주의'라는 심란한 원칙을 들고 등장한 것이다. 영국은 한동안 찬성하기는 했지만 그 원칙을 진짜 수행할 생각은 꿈에도 없었다.

월슨은 영국과 프랑스에게 미래의 아랍 영토는 아랍에 의해 그곳 '사람들의 동의' 하에 통치될 것을 인정하라고 요구했다. 1918년 1월 8일 미의회에서 있었던 유명한 '14개 원칙' 연설에서 월슨은 식민지 사람들의 미래에 대한 지금부터의 모든 토론은 그 식민지를 차지한 나라가 어느 나라든 상관없이 '식민지 국가 국민들의 이해'가 최우선 고려 대상이 될 것이라고 선언했다.[739] 그 선언은 1918년 7월 4일 월슨의 '4개 평화 원칙'으로 더 구체화되고 나아가 국제 연맹의 헌장에 중요한 부분이 되었다.

1918년 11월 7일, 영국과 프랑스는 오스만 아래 '억압받았던' 모든 사람의 완전한 해방을 지지하고 그들의 의지를 표현할 국가 정부 창조에 동의했다. 중동은 '제국'으로 다시 돌아간 것이 아니었다. 그곳 사람들은 목표가 무엇이든 자유롭게 그들만의 목표를 추구할 수 있었다. 그러나 동맹군과 미국은 그 결과가 어떻게 될지 극도로 걱정했다. 월슨이 생각했던 것보다 확실히 더 많은 시간이 필요한 것 같았다. 이집트인과 영국인의 상상 속 대화를 통해 밀너 경은 민족 자결주의에 대한 영국의 어정쩡한 입장을 잘 묘사했다. 영국인은 이집트인에게 얘기한다. "우리는 당신들이 옛날에 가던 길을 계속 가게 내버려 둘 수가 없소. 당신들은 이미 실패했기 때문이오. …… 하지만 한편으로 우리 영국은 당신 나라에 영원히 머물 수가 없소. 당신들이 당신들의 일을 해결하는 방법을 왜 우리가 간절하게 가르쳐야 한단 말이오. …… 당신들은 스스로 해결할 필요가 있소 하지만 또 당신들은 어떻게 스스로 해결할지 배워야 하기도 하오. 당신들은 시작을 하고 자립해야 하오. 늘 이끌어주는 누군가가 있다면 어떻게 그것을 배울 수 있겠소?"[740] 매우 거만하고 생색도 보통이 아니다. 그러나 밀너는 영국과 이집트가 합작해 사람들로 하여금 영국은 오직 이집트인이 그들의 일을 관리하는 방법을 가르치는 데만 관심 있다고 믿게 하는 한 자신의 조국 영국은 살아남을 것이라고 알고 또 믿고 있었다.

그러나 윌슨에게 '민족 자결주의'는 정확하게 유럽 제국주의 질서를 끝내는 것이었다. 중동 지방이 시작을 하면 나머지 세계도 곧 뒤따를 것이었다. 적어도 윌슨은 그렇게 희망했다. 민족 자결주의는 모든 식민지 세계가 공유해야 할 이론이었다. 물론 실질적으로 그렇지는 못했다. 그러나 주사위는 이미 던져졌다. 주사위가 비록 약 40년을 굴러다니긴 했어도 스페인의 위대한 정치가 살바도르 데 마다리아가(Salvador de Madariaga)가 한때 유럽의 30년 내전이라 불렀던 전쟁이 끝날 1945년 즈음 제국주의가 이제 과거의 유산임은 누구나 인정하는 바가 되었다(완고한 몇몇을 제외하고). 심지어 영국인이 좋아하는 불간섭주의를 빙자한 '간접적 통치' 진영에서도 그랬다.[741] 물론 뒤이은 미국 대통령들과 달리 윌슨은 당시 자유롭게 스스로의 가치를 추구하게 된 사람들이 현대 민주주의 성향과 맞지 않는 것을 추구하겠다고 선택할 수도 있다는 사실을 미처 생각하지 못했을 것이다. 민주주의는 윌슨을 위한 것일 뿐 당시 대부분의 유럽 군주들은 여전히 전제주의를 선호했다. 그들에게 민주주의는 여전히 불쾌한 타협이었다. 그러나 윌슨은 민주주의는 거부할 수 없는 것이라 확신했고 그의 확신처럼 민주주의는 새로운 보편적 사상이 되었다.

프랑스와 이탈리아군을 뒤따라 1918년 11월 13일, 영국군이 이스탄불에 들어갔다. 예루살렘과 다마스쿠스는 명목상으로나마 아랍에 의해 점령된 것이었던 반면 이스탄불 점령은 완전히 무신론자들에 의한 것이었다. 많은 이슬람교도가 그 무신론자들을 이슬람 땅에 도달한 마지막 십자군으로 보았다.

이스탄불은 이슬람 세계에서 가장 위대한 도시였다. 3세기가 넘게 이스탄불은 '순수한 도시'였고 '행복이 거처하는 곳'이었고 무엇보다 '이슬람 세계'였다. 동맹군은 많은 이슬람 도시를 점령했지만 그중에서도 이스탄불 점령은 가장 의미심장했다. 1915년 처칠은 처참한 갈리폴리 전투를 치르던 중 "동양에 콘스탄티노플이 의미하는 것은 서양에 런던, 파리, 베를린이 의미하는 것을 몽땅 합친 것과 같다. 그 도시가 어떻게 동양을 지배해왔는지 생각해보라. 그리고 그 도시의 몰락이 무엇을 의미하는지도 생각해보라."라고 적었다.

과장이 아니었다. 콘스탄티노플은 과거에 이슬람 세력이 서양으로부터 빼앗은 가장 위대한 노획물이었다. 그때 이후 거의 오백 년이 지난 당시 서양은 이슬람 제국의 최후를 알리며 다시 콘스탄티노플을 되찾았다. 비록 그때 이미 콘스탄티노플은 쇠퇴하고 부패한 정부의 도시였지만 여전히 '신념 있는 자들의 지도자' 칼리프-술탄의 보금자리였던 것이다. 그 몰락은 또 이슬람 세계가 향유하던 독립도 1,300년 동안 유지됐던 이슬람 제국주의도 끝났음을 의미했다.

한때 서양을 공포로 몰아넣었던 이슬람 세계는 이제 서양인에게 간청하는 입장이 되었다. 1876년 윌리엄 글래드스턴이 분노하며 말했던 '반(反)인류의 전형'은 이제 가난과 위협의 낭떠러지로 떨어졌다.[742]

서양 사람들은 과거 오백 년의 잘못된 역사를 이제는 바로잡아야 한다고 믿었다. 어떤 사람들은 1453년 투르크의 콘스탄티노플 점령 당시 투르크는 완전 이민족이었기 때문에 새로운 비잔틴 황제가 나타날 때까지 이스탄불을 영원히 국제 정부 아래 두어야 한다고 주장했다. 버지니아 울프의 실용적이며 자유주의적인 남편 레오나드 같은 사람이 그랬다.[743] 영국, 특히 커즌 경은 콘스탄티노플에서 투르크인들을 몹시도 몰아내고 싶어 했다. 한때 위대한 제국이었다는 오스만투르크의 위상과 전 이슬람 세계에 대한 환상을 모두 박탈하고 싶었기 때문이었다. 또 다른 숨은 이유가 있었는지는 모르겠지만 말이다.[744]

어떤 사람들은 칼리프-술탄을 '이슬람교도의 정신적인 수장'으로 남게 하면서 도시 자체는 미국을 포함한 비이슬람 국가들이 통치하게 하자고 제안했다. 그것은 '바티칸 제안'이라고 불렸다. 바티칸 제안에 덧붙여 어떤 사람들은 그 비이슬람 국가에 브라질과 일본까지 포함시켜 이스탄불이 단지 서구 유럽 땅이 아니라 진실로 '국제적인' 지역임을 과시하자고 제안했다. 그 시점에서 프랑스 총리 조르주 클레망소(Georges Clemenceau)는 동양에 하나 더 만들지 않아도 "서양에 교황이 하나 있는 것만도 충분히 골치 아프다."라고 비꼬며 논의를 끝내버렸다.[745]

1923년 10월 동맹군이 돌아갔기 때문에 서양의 이스탄불 점령은 비교적 짧았다고 할 수 있다. 그러나 그것은 뒤이어 거듭되던 전쟁 속에 거듭되던 분할, 합병, 회복, 그리고 또 다른 분할 과정의 한 단계에 지나지 않았다. 곧 다시 말해 한때 고대 페르시아를 통치했던 다양한 왕조들과 몽골족을 이은 마지막 대 이슬람 제국이 사라지는 길고도 긴 모욕이 점점 더 깊어만 갔음을 의미했다. 그것은 또한 오스만투르크의 폐허 위에 매우 이색적인 새 국가의 건립을 불러오기도 했다. 새 국가의 건립은 이슬람 세계의 미래뿐 아니라 당분간 서양의 미래를 좌우하는 일이기도 했다.

제국 분할 과정에 몰두했던 서구 열강들은 이제 마지막 결산을 준비했고 그것은 1919년 벽두 파리에서 구체화됐다.

1월 18일, 파리 평화 회담이 문을 열었다. 그것은 여느 회담과 달랐다. 영국 수상 데이비드 로이드 조지가 하원에서 연설했듯이 1814년 나폴레옹 전쟁을 끝나게 했던 빈 회의도 겨우 열한 달 지속됐을 뿐이었다. 그러나 빈 회의는 유럽의 일에 한정된 것이었다. 파리 회담은 "한 대륙이 아니라 모든 대륙이 영향을 받을 사안을 다루고 있었다."[746] 그것은 제1차 세계대전이 '모든 전쟁을 종식하는 전쟁'이 되게 하는 것으로 새 세상을 만들려 했다. 그러나 슬프게도 회담은 또 다른 종류의 충돌을 위한 초석을 깔았을 뿐이었다. 오늘날까지도 이곳저곳의 전후방에서 충돌이 이어지고 있다. 평화 회담이 끝난 후 영국의 얼 웨이블(Earl Wavell) 장군이 씁쓸하게 표현한 것처럼 '전쟁을 종식하는 전쟁' 후 저들은 파리에서 '평화를 종식하는 평화'를 만드는 데 상당히 성공한 듯했다.[747]

회담 과정에서 중동 지방의 미래를 결정지을 때가 오자 동맹국들의 주장은 윌슨이 희망했고 영국이 지지한다고 주장했던 민족 자결주의와는 상당히 거리가 멀어졌다. 영국이 프랑스에게서 시리아를 빼앗아 영국 지배하에 있던 파이잘의 손으로 넘겨주려 한다는 것이 너무도 명백했던 것이다. 영국의 책동은 물론 시리아 내의 또 다른 이슬람 식민지를 얻는 데 혈안이 되어 있던 프랑스 내부의 민족주의적 여론에 시달릴 만큼 시달린 조르주 클레망소는 그만 화를 폭발하고 만다. 그는 3월, 전 수상 레이몽 포엥카르(Raymond Poincaré)에게 "나는 절대 양보하지 않겠다. 더 이상은 아니다. 로이드 조지는 사기꾼이다."라고 말했다.[748]

윌슨은 아랍인에게 뭘 원하는지 직접 물어보는 것이 최선이라고 주장해 영국과 프랑스를 어이없게 했다. 영국과 프랑스는 그 제안이 미국의 전형적인 정치적 순진함을 드러내는 것이라고 좋아했지만 그의 말대로 할 생각은 전혀 없었다. 국민의 주장은 의회 정부가 있는 국가에서나 존중받을 것이었다. 아랍 세상에 의회 같은 것은 존재하지 않았다. 그러나 윌슨은 영국과 프랑스를 무시하고 아랍인이 누구의 통치를 받고 싶어 하는지 알기 위해 (물론 통치를 받고 싶어 한다는 가정하에) 시리아와 팔레스타인에 파견단을 보냈다. 파견단에는 윌슨의 측근 두 명이 있었다. 오하이오 오벌린 대학 총장이자 YMCA 종교 활동 책임자 헨리 킹(Henry King) 박사와 시카고의 백만장자 C. R. 크레인(C. R. Crane)이었다. 그 특별 임무는 사실 완전히 광대짓이었다. 킹과 크레인은 둘 다 자타가 공인하는 프랑스 혐오가들이었고 처음부터 아랍인들에게 "미국적 훈련과 앵글로-색슨의 학문과 문명이 프랑스 것보다 도덕적으로 우수하다."라고 말하고 다녔다. 그들은 아랍인들 사이에 새롭게 형성된 민주주의 정신에 대한 열정에 감탄하는 것으로 여행을 마치고 돌아왔다. 여성의 위상과 대우 같은 미묘한 문제에 대해서도 그들은 "이슬람도 이제 여성이 교육받을 때가 왔다고 인정하고 있다."라고 확신했다. 아랍인은 아마도 나폴레옹 점령의 기억 때문이겠지만 "프랑스식 교육을 받은 여성들이 방종하는 경향을 보이기" 때문에 프랑스가 그 문제를 관장하는 것을 바라지 않는다고 보고했다. 미국이 그 문제를 맡는 것이 좋을 것 같았다. 또 파이잘은 그들에게 미국이 원조를 한다면 "메카에 여성을 위한 미국 대학"을 열겠다고 약속했다.

킹과 크레인은 시리아가 미국의 손에 넘어오는 게 낫겠다는 견해를 보였다. 혹시나 윌슨이 그것을 원하지 않는다면 프랑스보다는 영국이 나을 것이라고 했다. 미국 평화 대표단은 윌슨보다는 덜 순박했는지 킹과 크레인의 의견이 난센스라고 생각해 동맹국에 제시조차 하지 않았다.[749]

결국 끝없는 논쟁 끝에 영국은 파이잘을 대신해 시리아에 대한 주권을 포기한다고 선언했다. 7월, 불행한 파이잘은 다마스쿠스에서 쫓겨났다. 자칭 시리아의 왕 파이잘 1세라며 즉위한 지 넉 달 만이었다. 그는 하이파에 피난처를 구했고 그곳에서는 영국 장교들로부터 매우 공손한 대우를 받았다. 「런던 타임스(London Times)」는 그를 현대의 살라딘이라고 추켜세웠다. 새 프랑크 집단에 의해 다마스쿠스에서 쫓겨난 사람이 어떻게 살라딘이 될 수 있는지에 대해서는 아무런 말이 없었다.

파리 평화 회담 후 영국은 이라크, 이집트, (비공식 보호령) 페르시아, 팔레스타인, 트란스요르단, 그리고 페르시아 걸프 만 부족들에 대한 조종권을 가지며 대 제국으로 거듭났다. 로이드 조지는 자신이 프랑스에게뿐 아니라 아랍에 약속했던 것 모두를 어겼다는 소리를 몹시 듣기 싫어했다. 그는 후에 자신의 회고록에 "1919년 파리 회담만큼 독재에서 많은 국가를 해방시킨 회담도 없다. …… 동맹군이 해방하겠다고 약속했고 또 그렇게 지킨 인종 중에 아랍인만 한 인종도 없다."라고 적었다.[750] 말할 필요도 없이 아랍의 후손들은 절대 그렇게 생각하지 않았다.

페르시아의 흥망

기술로 무장한 서구 유럽의 제국주의적 야망에 이제 미국이 더해졌다. 희생자는 오스만 제국만이 아니었다. 더 동쪽에는 또 다른 위대한 이슬람 세계, 페르시아가 있었다.

1800년대 초부터 러시아와 오스만의 간섭을 받았던 사파비 왕조는 1820년대에 이미 조금씩 그러나 확고하게 힘든 쇠퇴의 길을 걷고 있었다. 1722년 표트르 대제가 페르시아의 일부를 점령했고 곧 오스만도 페르시아에 들어왔다. 그런 뒤 두 세력은 페르시아 북쪽과 서쪽을 나눠 가지며 사파비를 페르시아 제국 동쪽으로 몰아넣어 고립시켰다. 그러나 1736년, 투르크멘 부족 출신의 나디르 콜리 벡(Nadir Quli Bewg)이 마지막 사파비 왕 아바스 2세(Abbas Ⅱ)를 퇴위시키고 스스로 나디르 1세

(Nadir Ⅰ)가 됐다. 1739년, 오스만과 러시아를 몰아낸 나디르는 유명한 카이베르 고개를 넘어 인도로 들어가 무굴 황제 무하마드 샤(Muhammad Shah)의 군대를 격퇴하고 3월에 델리로 입성했다. 한 인도 역사학자는 "348년간 모아왔던 부의 주인이 하루아침에 바뀌었다."라고 적었다. 승리의 전리품 중 하나가 타지마할을 세웠던 샤 자 한이 1635년에 만든 공작 옥좌였다. 1676년 장 밥티스트 타베르니에가 실제 일견한 것에 따르면 옥좌 전체가 귀금속으로 덮여 있었다고 한다. 옥좌 위 닫집에는 공작이 앉아 있었는데 "꼬리가 정교한 블루 사파이어와 화려한 보석으로 되어 있었고 몸통에는 온통 금이 박혀 있었다. 특히 가슴은 커다란 루비로 되어 있는데 거기에는 과일 배 모양의 오십 캐럿 진주가 늘어져 있었다."[751] 나디르는 공작 옥좌를 전리품 삼아 이스파한으로 가져왔다. 1747년, 옥좌는 파괴되었지만 후대 왕들은 그 비슷한 옥좌를 주문했고 '공작 옥좌'라는 말은 이란 군주제가 무너질 1979년까지 이란 왕실의 상징이었다.

나디르는 페르시아로 돌아갔고 티무르의 후손 무하마드 샤(무하마드 샤는 자신이 티무르의 후손이라고 주장했다)는 한때 다리우스 대왕이 정복했던 인더스 강 남쪽 기슭만 지킨 채 황폐해진 제국을 재건하려 했다. 나디르는 1740년에 페르시아를 다시 한 번 군사 강국으로 만든 천재적인 장군이었다. 그러나 그는 희생자의 두피를 벗겨 두개골로 피라미드를 만든 것으로 악명 높았던 야만적이고 비인간적인 군주이기도 했다. 그가 만든 피라미드는 350년 전 티무르가 만든 피라미드 다음으로 컸다. 1747년, 점점 더 반항적이 되어가던 신하들이 더는 그를 참을 수 없어 살해해버렸다.

1794년에 무하마드 칸(Agha Muhammad)이 뒤를 이었다. 그는 1925년까지 지속될 카자르 왕조의 시조였다. 당시 페르시아는 키플링이 그의 소설 『킴(Kim)』에서 매우 적절하게 묘사했던 '거대한 게임'의 중심에 서 있었다. 지중해 동쪽에서 인더스 강까지 이어지는 이슬람 국가들의 통치권을 놓고 프랑스, 영국, 러시아, 독일 사이에서 벌어진 게임이었다.[752]

게임 속 페르시아는 동쪽의 인도를 차지했던 영국과 서쪽 러시아와 오스만의 경쟁적인 공격은 물론 이따금씩 뛰어들던 프랑스의 간섭까지 받아가며 사면초가의 상태에 있었다.[753] 그러나 페르시아는 여전히 왕이 부유한 부재 영주와 법적으로 자유민이지만 실질적으로는 러시아의 농노처럼 가난하고 무지했던 농민들을 지배하는 낙후한 독재 사회로 남아 있었다. 물라(mullah: 율법학자)와 무즈타히드로 이루어진 시아파 내 계급 제도는 수니파의 울라마보다 더 방대했고 권력도 더 강했다. 그러나 왕실에서 그들에게 어떤 위협도 가하지 않았기 때문에 그들도 왕실 일에 상관하지 않았다. 카자르 왕조는 이웃 나라들과 거의 계속적인 전쟁을 치렀지만 기술적으로 진보한 유럽 국가들, 특히 러시아에게 늘 습관처럼 지기 바빠서 제대로 된 개혁을 실행할 여유도 없었다. 황제 나시르 알 딘(Nasir al-Din)의 진취적인 재상 미르자 타키 칸(Mirza Taqi Khan)이 페르시아판 탄지마트를 소개하려 했다. 하지만 1870년 투르크 자체에서 개혁에 실패하고 압둘하미드가 다시 독재로 돌아가자 나시르의 무시무시한 모후가 불행한 재상 타키 칸을 처치함으로써 그 실험마저 끝나고 말았다.

페르시아 왕실은 매우 화려했고 사치스러웠으며 부패했다. 근대 제조업 개발에 무능하고 (유일한 수출품이었던 카펫과 직물 생산을 위한) 기계화한 농업도 발전시키지 못한 나시르 알 딘은 사치스러운 생활을 유지하기 위해 외국 회사에 점점 더 많이 의지했다. 1873년, 귀화한 영국인 모험가이자 유명한 로이터 통신의 창시자 줄리어스 로이터(Julius de Reuter) 남작은 70년간의 페르시아 기차와 전차(물론 당시 전차는 거의 존재하지 않았다) 운영권과 미개발 부지를 포함한 정부 소유 산림 개발에 대한 독점권을 수여받았다. 또한 모든 페르시아 공공요금과 세금 등을 20년간 거둘 수 있는 권리와 그 외 잡다한 특혜도 보장받았다. 대신 로이터는 황제에게 기차 운영 수익의 20퍼센트와 다른 개발에서 나오는 수익 15퍼센트를 지불하면 되었다. 커즌 경이 말했듯 "한 왕국의 모든 산업 자원을 통째로 외국의 손에 넘겨주는 매우 이례적인 행위로 감히 꿈도 꿀 수 없었던 일이었다."[754]

페르시아 자체로 말하자면, 무신론자 훼방꾼인 외국인에게 그렇게 많은 국가 자원을 양도하는 것에 신경 쓰는 사람은 거의 아무도 없는 것 같았다. 그러나 1892년, 페르시아 왕실이 영국에 담배 독점권이라는 엄청난 특혜를 줬을 때는 대대적인 폭동이 일어났다. (페르시아인들은 대단한 애연가들이었다.) 마치 1979년 이란 혁명의 불길한 전조라도 되는 양 성직자들이 폭동을 이끌었다. 그들은 성난 군중의 선두에 서서 왕궁으로 진군했다. 공포에 질린 황제는 코사크군을 불렀다. 황제는 10년 전에 만들어 러시아군에 지휘를 맡긴 코사크군만큼은 자신에게 흔들림 없는 충성을 다할 것이라고 믿었지만 그들마저 일찌감치 성직자들 편으로 돌아섰음을 깨달았다. 황제는 항복했고 '사람들의 자비'를 구했다. 결국 자신의 처첩들과 함께 여생을 고양이나 돌보며 보내야 했다. 성직자들은 기쁨을 만끽한 후 일상으로 돌아갔다. 그들의 항의는 매우 짧았고 결국 대체로 별 효과를 보지는 못했다. 그러나 담배 폭동은 물라의 힘을 증명했다. 그들에게는 왕실의 (일종의) 혁신에 대항해 사람들과 자신들의 권리를 지킬 힘이 있었던 것이다. 물라들은 그때 얻은 성과를 잊지 않았다.[755]

페르시아의 자원 출혈은 계속됐다. 나시르 알 딘의 한 측근은 페르시아가 물잔 속에서 서서히 녹아 없어지는 "설탕 덩어리 같았다."라고 말했다. 1896년 5월 1일, 황제가 암살됐고 더 무능한 무자파르 알 딘

(Muzaffar al-Din)이 왕위를 계승했다. 그의 유일한 야망은 페르시아 경제 살리기에 필요한 자금 충당을 위해 유럽을 순례하는 일인 듯했다. 그러나 오히려 더 많은 페르시아 경제를 유럽에 저당잡히고 만다. 마침내 1906년 무자파르에게 법규에 입각한 통제력이 가해졌다. 의회가 구성됐고 기본법이 성립됐다. 사람들은 곧 그것을 헌법 혁명이라 불렀다. 뒤이은 정부들이 의회를 해산하거나 무효로 하려고 애썼고 마지막 황제는 통치 기간 내내 의회의 역할을 무시했다. 하지만 의회는 살아남았고 오늘날에도 이란 이슬람 공화국 제도 내에서 흔적을 찾을 수 있다.

그러나 개혁도 국가 자원의 끈질긴 국외 유출을 막지는 못했다. 막기는커녕 1901년에는 더 극적인 사건이 터졌다. 영국인 윌리엄 녹시 다시(William Knox D'Arcy)가 전 페르시아 제국 내 석유 가스 채굴권을 60년간 보장받은 것이다.

19세기 말, 석유가 미래 연료라는 것은 이미 명확한 사실이었다. 당시 사용되던 석유의 90퍼센트가 미국과 러시아에서 생산됐고 석유 시장은 세계적으로 '스탠다드 오일'과 '로열 더치 셸' 두 회사가 장악하고 있었다. 영국 해군은 독립적이고 직접 통제가 가능한 석유 생산지를 애타게 찾고 있었다. 1905년 한 영국 해군 제독이 영국 버마 석유 회사를 설득해 다시와 연계해 페르시아에서 석유를 찾게 했다. 유일한 문제는 다시가 오 년 동안이나 석유를 찾아 헤맸지만 그때까지 찾지 못했다는 점이었다. 그러나 1908년 어느 날, 절망에 휩싸인 다시가 자신의 모험을 모두 포기하기 바로 직전에 착암기가 세계에서 가장 큰 석유 매장지 중 하나인 남서 페르시아의 마스지드 술라이만을 뚫었다. 1909년 4월 영국-페르시아 석유 회사가 설립되고 즉시 주식을 공개했다. 1914년 전쟁 발발 두 달 전, 당시 해군 장관으로 있던 윈스턴 처칠은 영국에게 영국-페르시아 회사의 주식을 대거 사들일 것을 요구했다. 후에 회사는 영국-이란 석유 회사가 됐고 더 후에도 여전히 영국 회사로 남았다(정치적인 이유로 이름만 바뀌었을 뿐이다).

1907년 1월 8일, 무자파르 알 딘이 사망했고 무하마드 알리 샤(Muhammad Ali Shah)가 왕위를 계승했다. 무하마드 알리 샤는 모든 종류의 법적 개혁에 반대했던 것으로 유명했다. 그는 별 효과도 없을 의회 해산과 헌법 무효화에 혈안이 되어 있었다. 한편 영국과 러시아는 이미 가속도가 붙은 페르시아의 쇠퇴를 매우 초조한 눈으로 바라보고 있었다. 이제 페르시아는 잠재적 석유 부자였던 것이다. 당시 영국 외무 장관이었던 에드워드 그레이 경은 후에 "페르시아는 위험한 국면을 맞이하고 있었다."라고 회상했다. "정부의 무능력, 열악한 재정 상태, 내부적 무질서 등이 외국의 간섭을 불러들인 정도가 아니라 열렬히 환영할 정도였다."라고 말했다.[756]

1907년 8월 31일, 영국과 러시아는 성 페테르부르크에서 협상을 한다. 영국과 러시아는 페르시아를 북쪽과 남쪽으로 나눠 가졌지만 원칙적으로는 페르시아 제국의 '통합과 독립'을 지지한다고 말했다. 그레이 경은 후에 그 지역 영국 외교 정책이 늘 그랬듯이 페르시아에서 영국이 기본적으로 얻으려 했던 "주요 목적은 석유와 인도 국경의 안전을 지키는 것이었다."라고 인정했다.[757] 최소한 한동안은 모든 목적이 성취된 듯했다.

한동안 유럽은 아랍과 오스만처럼 페르시아도 보기 좋게 삼켜버렸다. 그러나 1907년, 테헤란 주재 영국 대사 세실 스프링-라이스 경(Sir Cecil Spring-Rice)은 그레이 경에게 전언을 하나 보냈다.

나는 유럽 국가들이 다른 곳에서 경험하기 시작하는 민족적, 종교적

운동들이 페르시아에서도 일어날 수 있다는 것을 염두에 두어야 한다고
생각합니다. 그런 운동들은 구체적이지 못하고 지도부도 약할 수 있지만
대단히 맹렬하고 집중적일 수 있습니다. 그리고 페르시아인들이 인종적
우월감을 갖고 있음을 감안할 때 여기 페르시아에서 그런 움직임이 생긴
다면 지도자들은 아마도 미래에 있을 이슬람 사람들의 민족적, 제도적 움
직임에서 주도적이고 뛰어난 위치를 점하게 될 것이라고 생각합니다.[758]

결과적으로 놀라운 선견지명이었다. 비록 이란의 움직임이 스프링-라
이스가 생각했던 온건하고 궁극적으로 자유주의적이며 종교적인 운동과
는 거리가 멀었지만 말이다. 그리고 '페르시아의 인종적 우수성'과도 별
상관이 없었지만 이란이 '이슬람 사람들'의 변화에서 명백하게 뛰어난
위치를 차지한 것만큼은 사실이었다.

동양 속의 서양, 이스라엘

파리 평화 회담이 끝나자 동맹국들은 현대 터키 국경 너머 남아 있던
오스만 제국을 재할당하고 재건하는 과정을 시작했다. 원칙적으로 영국
과 프랑스는 중동의 여러 지역들을 식민지가 아닌 국제 연맹에 의한 위임
통치령으로 할당받았다. '위임 통치'는 당시 새로 도입된 개념이었다. 발
전한 서구 열강들에게 지구상의 미개발 지역을 위탁해 (이미 식민 상태인
경우가 대부분이었지만) 가능한 한 빨리 그 지역을 독립하게 하고 자발적으
로 국제 연맹에 협력하게 하는 것이 목적이었다.
열강들은 국제 연맹에 연간 보고서를 제출해야 했고 국제 연맹은 해방

과정의 진전을 모니터하기 위해 위임 통치령의 거주자들로부터 청원서를 받았다. 그러나 런던과 파리는 곧 위임 통치 개념에 매우 회의적인 입장으로 바뀌었다. 그들 눈에 미국은 신사상을 고취시키는 데는 탁월할지 몰라도 행정적으로는 무능했다. 1920년 6월 25일, 영국 외무 장관 커즌 경은 하원 연설에서 "'위임 통치'의 권리가 국제 연명에 있다고 생각하는 것은 크게 잘못된 생각이다. …… 팔레스타인과 메소포타미아의 위임 통치권은 영국에 있고 시리아의 것은 프랑스에 있다."라고 말했다. 그리고 일단 수여되고 받아들여진 권리는 국제 연맹이나 국제 연합에 의해 감시되고 간섭받을 수도 없었다. 그러나 물론 국제 연맹에는 열강들이 의도하는 일에 어떤 식으로든 간섭한 권리가 있었다.

영국은 위임 통치령에서 자국에게 매우 도움이 될 최적의 국가를 만드는 일에 착수했다. 능숙한 '동양' 여행가에서 1918년 메소포타미아 판무관 아놀드 윌슨(Arnold Wilson)의 비서가 된 게르트루드 벨(Gertrude Bell)은 그 일을 '왕 만들기' 작전이라고 불렀다.[759] 영국은 왕을 어떻게 다루면 되는지 잘 알았다(프랑스는 대혁명으로 그 기술을 잃어버렸다). 국민들이 정당한 정권으로 인정하지 않고 단지 영국 군대에 의해 왕좌를 지키는 전제 군주가 영국 입장에서는 국민 선거로 만들어진 의회보다 훨씬 더 통제하기 쉬웠다. 그렇게 윈스턴 처칠이 "가장 품위 있고 유순하다."라고 말했던 후세인의 둘째 아들이 현대 요르단의 왕이 되었다. 로렌스는 "그가 권세도 강하지 않고…… 트란스요르단 출신도 아니어서 자리 보전을 위해 영국의 왕에 의지할 수밖에 없기 때문에" 영국 대리인으로서 가장 이상적이라고 말했다. 그의 후손들도 대를 이어 영국왕과 왕비에 의존했고 이제는 미국 정부에 의지하고 있다.

메소포타미아에서는 아랍의 계속되는 항쟁과 그들 부족 간의 싸움과 영국 관리들의 암살 사건이 반복되었고 1920년 여름에는 대아랍 항쟁이 일어났다. 현재(2007) 이라크 전쟁의 예행연습이라도 하는 양 시아파는 수니파와 싸웠고 둘이 합동해서 영국과 싸웠다. 현재보다 당시에 더 과격했던 「런던 타임스」는 '중동 지방에 관한 정부의 어리석은 정책'을 사정없이 비판했다. 8월 7일 주요 기사는 "저들 아랍인들이 요청하지도 원하지도 않는 정교하고 비싼 행정을 만들어주려는 헛된 노력 때문에 얼마나 더 많은 소중한 목숨이 희생되어야 하는가?"라고 썼다.[760]

1921년, 윈스턴 처칠이 중동 지방의 영국 정책을 책임지는 식민 장관으로 임명됐다. 그가 제안한 해결책은 예전 오스만의 땅이었던 바스라, 바그다드, 무술을 통합해 새 이라크 국가를 만들고 파이잘을 왕으로 추대하는 것이었다.

짧은 기간 시리아를 통치하다 물러난 파이잘은 당시 현대 국가 지도자로서의 자신의 이미지를 만들어가고 있었다. 그는 1919년 5월, "우리는 동쪽, 서쪽, 남쪽의 바다와 북쪽의 타우루스 산에 접해 있는 통합된 지역에 살고 있는 한 민족이다."라고 선언했다. 수 세기 동안 명백하게 그 지역을 좌지우지했던 인종적 그리고 더욱 심한 종교적 차이는 이제 범아랍주의라는 정화의 강물 속에서 씻겨 나갈 터였다. 파이잘은 "우리는 이슬람이기 전에 아랍인이다. 마호메트는 예언자가 되기 전에 아랍인이었다."라고 반복해서 말했다. 틀린 말은 아니었지만 독실한 이슬람교도에게는 매우 거슬렸을 것이다. 파이잘은 서구적인 세속적 국가 개념을 지지했지만 (혹은 지지한다고 주장했지만) 그 역시 아랍인이었다. 그것도 부족의 충성을 만끽했던 출중한 아랍인 가문 출신이었다.[761]

1921년 7월 11일, 바그다드 장관 총회가 파이잘을 이라크의 합법적 군주로 선언했다. 이라크 '국민들'이 찬반 투표를 했다(비록 1932년 죽기

직전 파이잘은 이라크에 이라크 '국민' 같은 것은 없었다고 인정했지만 말이다).[762]

8월 18일, 내무 장관은 찬반 투표의 결과가 자신들이 옳았음을 증명했는데 그것도 압도적으로 증명했다고 발표했다. 오 일 후 파이잘은 왕으로 임명됐고 ('뿌리 깊은 나라'를 의미하는) 고대어 '이라크'가 새 왕국의 공식 이름이 되었다. 파이잘의 왕관 수여식으로 간단히 아랍 항쟁은 끝나버렸지만 정치적으로 이라크는 (비록 이름뿐이기는 했지만) '뿌리 깊은 나라'와는 아주 거리가 멀었다. 어떤 국가도 존재하지 않았던 곳에 국가를 건설하려던 영국의 시도는 미국 선교사 한 명이 게르트루드 벨에게 1918년 했던 말처럼 4,000년 역사를 부인하는 것이었고 당시 해결되고 있던 문제보다 훨씬 더 복잡한 문제를 만들었다. 그리고 문제는 아직까지도 해결책을 찾지 못하고 있다.

영국은 1922년 이집트 무하마드 알리의 후손 푸아드 1세(Fuad Ⅰ)를 이집트 독립국의 군주로 만드는 것으로 '왕 만들기' 사업을 완수했다. 팔레스타인을 제외한 영국 지배하의 세 지역이 이제 조잡한 왕국으로의 성공적인 변모를 완수했다. 군주들은 대영 제국이 런던에서 보내는 요구는 뭐든 고개를 조아리며 대환영했다. 일은 잘 풀리는 듯했다. 한동안은 그랬다. 그러나 로렌스가 처칠에게 경고했듯이 과거의 영광을 자랑스럽게 가슴에 품고 있는 거친 아랍인들은 이제 열렬히 영광을 재현하고 싶어 했다. 파이잘은 1933년까지 이라크를 통치했고 그의 하시미테 왕국 후손들은 이라크 왕국을 1958년까지만 통치할 수 있었다. 이집트 왕국은 1952년 민족주의자 나세르(Gamal Abdel Nasser) 장군의 혁명으로 사라졌다. 시리아와 레바논을 위임 통치했던 프랑스는 그 나라들이 세계 국가 프랑스의 보호령인 양 다스렸다. 그 속에서 두 나라는 대체로 17세기 전통 속에 남아 있었다. 그러나 1930년 시리아는 유럽의 꼭두각시 왕을 몰아내고 안전과 외교 정책을 제외한 모든 면에서 프랑스로부터 독립해 의회 중심 공화국으로 거듭났다.

중동 지방에 대한 파리 평화 회담에서 내린 결정 중에는 영국과 프랑스의 위임 통치령보다 더 중요하고 더 의미심장하다고 할 수 있는 결정도 있었다. (필리스티아 사람의 땅) 팔레스타인에 유대인 국가를 건설하기로 한 결정이 그것이다. 유대인들은 물론 그곳을 이스라엘(야고보)의 땅이라고 불렀다.

앞에서 보았듯이 18세기 말부터 디아스포라 유대인 강제 거주 지역 내에는 나폴레옹이 성지 예루살렘을 수도로 한 유대인 국가를 건설하려 한다는 이야기가 떠돌았다. 1830~1840년 영국 수상 팔머스톤 경(Lord Palmerston)도 유대인 고국 창건을 지지했다. 영국이 후원하는 팔레스타인의 유대교 국가라면 중동 지방과 인도로 가는 길을 놓고 계속되던 프랑스와의 싸움에 도움이 되기 때문이었다. 또 유대인 고국 창건은 유대인과 영국의 천 년 야망의 실현을 의미할 수도 있었다. 17세기 청교도 혁명의 지도자 크롬웰은 신이 유대인을 성지로 다시 데려가기 위한 도구로 영국을 선택했다고 주장했다.

1868년, '디지' 벤저민 디즈레일리(Benjamin Disraeli)가 수상에 오르면서 최초(그리고 현재까지 최후)의 유대인 영국 지도자가 되었다. 1847년, 디즈레일리는 『탄크레드(Tancred: 혹은 '새 십자군')』라는 소설을 썼다. 아시아 3대 종교인 유대교, 기독교, 이슬람이 말하는 정신적 깨달음을 위해 성지를 여행하는 젊은 귀족의 이야기였다. 『탄크레드』는 '유럽의 난파한 행복'을 깨달은 혹은 미몽에서 깨어난 보수파 영국인의 자기표현으로서, 길고 다소 미완성된 느낌을 준다. 서구 문명을 비판하는 많은 문헌들처럼 이 책도 "아시아의 정체는 나머지 세상의 각성보다 더 필수적이다."라며 아시아에서 답을 구한다.[763] 『탄크레드』는 당시 영국의 상황을 잘 말해주고 있지만 동시에 동양에 대한 환상도 보여준다. 『탄크레드』에서의 동양은 수 세기 동안 지속되던 아브라함의 세 종교 간의 싸움이 마침내 종결될 장소이다. 그런 다음 동양은 향수에 젖은 낭만주의자들이 산업화한 현대 유럽에는 없다고 생각했던 '영혼'을 제공한다.

19세기 말, 유럽 자유주의자 진영은 시온주의를 관대하게 받아들였다. 1876년, 소설가 조지 엘리엇(George Eliot: 실명은 메리 안 에반스였다)이 『다니엘 데론다(Daniel Deronda)』라는 길고 복잡한 소설을 출간했다. 젊은 영국 귀족이 자신이 실은 유대인임을 발견한다. 정체성의 혼란을 느꼈지만 뭔가 깊이 깨달은 그는 즉시 전통의 영국 신사적 삶과 그를 구원자로 사랑했던 불행한 여성을 버리고 팔레스타인에서 유대인 고향을 되찾는 데 일생을 바친다. 대단한 반항을 불러일으켰으나(당시 심지어 자유주의자들도 영국 소설에 쉽게 유대인 영웅을 등장시키지 못했다) 문단에서 인정받지는 못했다. 그러나 유대인 운동에 대해 잠재되어 있던 동정심을 불러일으켰고 후대의 시온주의자들에게 대단한 영감의 원천이 되었다. 이스라엘 창건을 위한 협상자 중 한 명이었던 아바 에반(Abba Eban)은 엘리엇이 최초의 예언자라고 칭하기도 했다. 현재 이스라엘의 대도시에는 모두 그의 이름을 딴 거리가 있다. 그러나 19세기 말까지 팔레스타인에서 유대인 고향 찾기(그때까지 아무도 유대인 '국가'라는 말을 쓰지는 못했다) 운동은 유대인을 유대의 땅으로 돌려보내는 것으로 최후 심판의 날을 재촉하려는 크롬웰의 노력이나 소문으로 떠도는 '예루살렘 성벽 다시 쌓기' 같은 나폴레옹의 계획처럼 예언적인 이야기일 뿐이었다.

1894년, 오스트리아 빈의 「신 자유 신문(Neue Freie Presse)」 파리 통

신원이었던 테오도르 헤르즐(Theodore Herzl)은 드레퓌스 사건을 담당하게 된다. 충성심 강했던 유대인 장교 알프레스 드레퓌스(Alfred Dreyfus)는 군기밀 누설죄로 프랑스령 기아나 섬의 악명 높던 '악마의 섬'에 갇혔다. 그곳에서 살아남은 자는 손에 꼽을 지경이었다. 그의 죄를 확정하는 증거가 매우 이차적이고 빈약하다고 밝혀지자 군 스캔들이 터질 것을 염려한 프랑스군은 군법 회의를 감행했다. 그러나 당시 최고 인기를 누리던 에밀 졸라를 비롯한 많은 사람이 군법 회의가 조작됐다고 믿었다.

드레퓌스 사건이 세상을 떠들썩하게 한 이유는 의심적은 군법 회의 때문이 아니라 드레퓌스가 유대인이라는 사실 때문이었다. 프랑스 사회는 동요했고 분열했다. 그 사건이 헤르즐의 일생을 바꿨다. 헤르즐은 일반 사회에 완전 동화한 유대인으로, 드레퓌스 사건 전까지만 해도 유대교에는 관심도 없었다. 그러나 당시 드레퓌스 사건이 드러내는 만연한 반유대주의에 압도당한 헤르즐은 '반유대주의에 대항한 싸움'은 '공허하고 무모한' 짓이라고 확신했다. 이 년 후 헤르즐은 『유대 국가(The Jewish State)』라는 책을 낸다. 그는 유대인 핍박은 매우 국제적인 것이라서 오직 유대인 독립 국가 창건만이 유일한 해결책이라고 주장했다. 그는 유대인이 "그들 역사가 시작된 이래 밤마다" 독립된 유대교 국가라는 "당당한 꿈"을 꾸어왔다고 썼다. "고대로부터 내려오던 그들의 암호는 '내년에는 예루살렘에서……'였다." 당시가 바로 "꿈을 현실로 바꿀 수 있는 때처럼 보였다."[764]

『유대 국가』는 즉각 대단한 반응을 얻었다. 첫해만 해도 3쇄가 인쇄되었고 곧 '정치적 시온주의' 운동이 시작됐다. 1897년 8월, 헤르즐이 바젤에서 첫 번째 시온주의 협의회를 열고 세계 시온주의자 기구를 창설했고 회장으로 당선됨으로써 '정치적 시온주의 운동'은 제도권의 후원을 받기 시작했다.

헤르츨이 계획했던 유대인 고향은 1948년에 생겨난 '실제 현실의' 이스라엘과는 상당히 달랐다. 그의 새 국가는 평등하고, 초국가적, 다인종적, 다문화적, 초종파주의의 구현이었다. 18세기 독일의 보편주의 유대인 철학자 모세스 멘델스존(Moses Mendelssohn) 이래 계몽된 유대인들이 꿈꾸던 이상향이었다. 거기에는 국가 언어도 없었다. 최소한 히브리어가 국어는 아니었다. 헤르츨은 "우리 중에 기차표를 살 정도의 히브리어를 알고 있는 사람이 있는가?"라고 물었다. "언어는 생각의 소중한 고향으로" 유대인 국가를 구성할 여러 집단 각자는 그들만의 소중한 고향을 유지할 것이었다. 헤르츨의 이상향 속에서는 현대 이스라엘 사람들의 삶과 떼려야 뗄 수 없는 군대도 존재하지 않았다. 그 이상향 속 군대란 단지 긴급 상황에만 형성되는 것이었다. "모든 사람은 자유롭고 다른 나라에 살 때처럼 신념을 갖거나 갖지 않아도 아무 문제가 되지 않는다." 달리 말하면 중동의 스위스처럼 진정한 국제 도시라고 할 수 있었다.[765]

유대 국가 창건은 당시 민족주의로 인해 더 악화된 '유대인 문제'에 대한 해결책이기도 했다. 수 세기 동안 유럽의 가장 불쾌한 질병이었던 반유대주의는 19세기에 들면서 양상을 달리했다. 이제 '국가 기반의 유럽'이 생겨났는데 그럼 유대인은 어느 국가에 속한단 말인가? 독일 유대인을 1871년 비스마르크가 창조한 새 국가 독일이라는 특정 장소에 속하는 진짜 독일인이라고 할 수 있을까? 프랑스 유대인을 대혁명 이후 새로운 프랑스 사회의 진정한 시민이라고 할 수 있을까? 유대인 자신도 확실한 대답을 몰랐다. 유대인 국가를 세운다면 문제는 모두 한 번에 사라질 것 같았다. 그러나 '유대교 고향 되찾기' 운동은 인종적 함축을 포함한 단순한 새 민족주의적 표현만은 아니었다. 기원후 70년, 로마 황제 티투스

(Titus)가 예루살렘을 파괴해 유대인이 유대 지방에서 쫓겨난 이래, 유대인은 약속의 땅으로의 귀환을 꿈꿔왔다. 매년 유월절이면 전 세계 국제 유대교 공동체들은 의례적으로 '내년에는 예루살렘에서'라는 기도를 반복했다. 천 년 만에 처음으로 이제 그 기도가 답을 받을 것 같았다.

그러나 기원후 1세기부터 이민과 이민을 거듭하며 바로 그 땅에 정착해왔던 아랍인이 존재한다는 매우 불편한 사실은 대체로 무시되었다. 1897년 빈의 랍비들이 현장 조사차 팔레스타인에 특파되었다. 돌아온 그들은 "신부는 매우 아름다웠으나 다른 남자와 결혼했다."라는 유명한 말을 남겼다. 그러나 그 뒤틀린 표현 속에 감춰진 의미, 즉 "시온주의자들은 먼저 아랍인들과의 결혼부터 시도해야 한다."는 무시되었다. 1901년 헤르츨은 술탄 압둘하미드에게 접근해 유대인 국가 건설 프로젝트를 위해 팔레스타인의 일부를 빌려달라고 요청했다. 처음에 술탄은 부유한 유대인이 불러들인 경제적 이익에 혹했지만 유대인이 범이슬람 야망에 재난을 부를 것이라는 대신들의 말에 설득당해 결국 거절했다.

그러나 헤르츨에게는 그곳이 꼭 팔레스타인일 필요는 없었다. 팔레스타인이 '그들의 잊을 수 없는 역사적 고향'임에는 틀림없지만 결코 비옥하고 쾌적한 땅은 아닌 것이다. 사실 반유대주의가 강한 유럽의 영향권에서 벗어날 수만 있다면 어디든 상관없었다. 19세기에 상당한 유대인들이 이민을 간 아르헨티나만 해도 기후, 경제, 비옥도 면에서 팔레스타인보다 훨씬 나았다. 1903년 식민 장관 체임벌린(Joseph Chamberlain)이 당시 영국 동아프리카 회사 통치하에 있던 나이로비 근처 우아신 기슈 고원을 제시했을 때도 헤르츨은 수락하려고 했다. 최소한 일시적으로라도 좋을 것 같았다.[766] 그러나 그 계획은 이듬해 제6차 시온주의 협의회에서 무산되었다. 새 유대인 국가는 항상 그랬듯이 다른 어느 곳도 아닌 유대 지방

이어야 했다.

세계대전 발발은 시온주의 운동에 불을 붙였다. 오스만 제국이 몰락한다면 연합군이 팔레스타인에서 유대인 국가를 지지하기도 쉬울 것 같았다. 영국은 처음부터 팔레스타인을 통제하고 싶어 했다. 식민 장교들 대다수는 영국 지배하의 아랍 국가보다 영국 감독하의 유대인 국가 창건이 팔레스타인 지역 통제에 더 낫다고 생각했다. 1917년, 「선데이 크로니클(Sunday Chronicle)」은 "시온주의 운동에서 우리는 영국 제국을 팔레스타인으로 확장할 수 있는 동기와 힘과 자부심을 얻는다. 시온주의 운동이 없다면 팔레스타인으로의 확장은 매우 힘든 일이 될 것이다."라고 선언했다.

전쟁이 진전됨에 따라 연합군은 조금씩 팔레스타인에 유대인 국가의 창건을 지지하는 쪽으로 기울었다. 이미 그 지역에 살고 있는 사람들의 생명을 위협하지만 않는다면 괜찮을 것 같았다. 그리고 1917년 11월 최후의 선언이 있었다. 그 전에 이미 프랑스와 미국이 선언을 인정했다. 그리고 이탈리아와 (별 유쾌한 일은 아니었지만) 심지어 바티칸과도 상의를 끝마친 상황이었다. 선언은 외무 장관 아서 밸푸어(Arthur Balfour)가 시온주의자는 아니었지만 당시 영국 유대인 공동체에서 가장 저명한 멤버였던 로스차일드 경(Lord Rothschild)에게 보내는 서신의 형식을 취했다. 편지의 내용은 1917년 11월 2일 「런던 타임스」에 실렸다.

친애하는 로스차일드 경에게

나는 대영 제국 국왕 정부를 대신해 경에게 내각 각료들이 승인한 유대인 시온주의 운동에 부응하는 다음과 같은 선언을 하게 된 것을 매우 영광으로 생각합니다. 국왕의 정부는 유대인을 위한 국가를 팔레스타인에 건설하는 일에 호의적이고 그 목적을 성취하는 데 필요한 최선의 노력을 다할 것입니다. 팔레스타인에 존재하는 비유대인의 세속적, 종교적 권리나 다른 나라에 거주하는 유대인의 권리와 정치적 위상을 침해하는 일은 어떤 것도 용납될 수 없음을 잘 알고 있을 것입니다. 경이 대영 제국의 입장을 시온주의 연합에 알려준다면 매우 감사하겠습니다.

로이드 조지 경의 외무 장관 밸푸어가 서명한 서신이었다. 후에 '밸푸어 선언'으로 알려진 서신은 1918년 2월 14일 프랑스 정부가 그리고 5월 9일 이탈리아 정부가 배서했고, 1922년 6월 30일 미국 의회에서도 양원 공동 결의로 통과되었다. 온화한 말로 쓰여졌지만〔영국 시온주의 연합의 회장 하임 바이츠만(Chaim Weizmann)에 따르면 너무 온화했다〕 서신은 '유대인 나라 건설의 정치적 허가장'으로 환영받았다. 기원전 538년 키로스 대왕이 유대인이 고향에 돌아갈 수 있게 법령을 발표한 사건 이후 유대인 역사에서 밸푸어 선언보다 더 좋은 일은 없었다.

그 선언으로 영국이 의도했던 것을 한 가지로 요약하기는 힘들다. 유대인 국가 건설은 막바지에 들어선 전쟁에서 연합군에게 유리하게 작용했을 수 있다. 처칠은 "유대인이 전 세계, 특히 미국과 러시아에 줄 수 있는 후원이 매우 명백한 이점으로 고려되었다."라고 1922년에 설명했다.[767] 또 당시 독일이 직접 팔레스타인을 침공할 것이라는 예측이 나돌았고 커즌 경이 말했듯이 '튜턴(독일)화한 터키'가 "지속적, 극단적으로 대영 제국을 위협할 수"도 있다는 우려도 있었다.[768]

그러나 밸푸어 선언에는 또 다른 원대한 목적이 있었다. 유대인 정착지가 오스만 제국이 붕괴된 자리에 불가피하게 생겨날 분할과 반목의 세상에 질서와 안정을 불러오게 한다가 그것이었다. 교육과 기술에서 우수한 유대인이 팔레스타인을 대영 제국의 유용한 총독 국가로 만드는 것은 물론, 나아가 현대적으로 번영하는 공동체를 구현할 수도 있을 것 같았다. 그것은 전 세계에 흩어져 있던 유대인이 팔레스타인으로 들어가 비참한 삶을 사는 사람들에게 유대인들 스스로 창조에 적극 기여했던 '유럽의 계몽주의'를 넘겨줄 수도 있다는 1798년 프랑스의 제안을 상기시켰다.[769] 헤르즐도 그렇다고 보았다. 그는 "유럽에게 우리 유대인은 아시아에 대항한 방벽의 한 부분이다. 우리는 미개인에 대항한 문명의 최전선으로 활약할 수 있다."라고 적었다.[770] 다시 말해 서양의 한 부분이 동양의 옆구리에 안착하는 것이다.

동양은 다시 한 번 서구화될 예정이었다. 그러나 이번에는 서양인에 의한 것이 아니라 명백하게 '동양적'이었으나 계몽된 유럽의 자세와 기술을 오랫동안 흡수한 사람들, 즉 유대인에 의한 것이었다. 산업화한 유대인의 도움으로 새로운 팔레스타인이 도래할 수도 있는 것이다. 처칠은 새 팔레스타인은 "약간 철학적인 그곳 사람들이" 혼자서는 결코 창조할 수 없었던 것이라고 말했다.[771]

밸푸어 선언은 결코 공존할 수 없는 두 집단을 붙여놓는 것이었다. 그러나 당시에는 유대인과 이슬람교도가 유대인이 장악한 땅에서 궁극적으로는 영국의 주권 아래 서로 조화롭게 삶을 영유한다는 생각이 오늘날처럼 그렇게 불가능한 일처럼 보이지는 않았다. 밸푸어 선언문 작성을 도왔던 레오폴드 에머리(Leopold Amery)는 후에 다음과 같이 적었다. "우리 세대는 서양의 지식과 에너지를 품고 있으면서도 여전히 중동을 고향이라고 생각하는 사람들이 중동 지방 전체를 재생 혹은 쇄신한다면 매우 바람직할 것이라고 생각했다. …… 우리 대부분은 마크 사이크스처럼 젊은 세대였고 시오니즘에 찬성하는 것만큼 아랍에게도 호의적이었다. 우리는

완벽한 두 집단 사이의 본질적인 적대감을 보지 못했다."라고 적었다.[772]

모든 사람이 다 에머리 같지는 않았다. 영국 내각의 유일한 유대인이었던 에드윈 사무엘 몬타규(Edwin Samuel Montagu)는 이스라엘 건국 계획 자체가 바벨탑의 재건이나 마찬가지라며 비난했다. 그는 "팔레스타인은 세상에서 제일 큰 유대인 강제 거주 지역이 될 것"이라고 말했다. 커즌 경도 밸푸어 선언을 '감상적 이상주의'라고 비난했고 심지어 유대인이 팔레스타인을 넘본다면 영국도 프랑스 땅을 넘볼 수 있을 것이라고 말했다. 그러나 이스라엘 건국 반대파들은 반대의 이유가 각자 달랐어도 하나같이 무시됐다. 밸푸어는 준수할 의무가 있는 국제법과 민족 자결주의를 과감하게 무시한 채 로이드 조지에게 "팔레스타인 현 거주자의 의견을 물을" 의도가 전혀 없다고 말했다. 그는 또 "옳든 그르든 간에" 이스라엘의 건국은 오랜 전통에 뿌리를 두며 그것에 현재의 필요와 미래의 희망이 달려 있다고 했다. "그 의미가 지금 고대의 땅에 거주하고 있는 아랍인 70만 명의 편견에 가득 찬 욕망보다 훨씬 더 심오한 것'이기 때문에 세력가들이 모두 시온주의를 성원한다고도 말했다.[773]

처음에 그런 낙관주의는 정당한 것처럼 보였다. 밸푸어 선언과 그 의미에 대항한 아랍의 움직임조차 매우 더뎠다. 유대인들이 부재 아랍 영주들로부터 팔레스타인 땅을 사들이기 시작하며 착실하게 이주를 준비했지만 아랍인들은 위협을 눈치 채지 못하는 듯했다. 1919년 1월, 파이잘이 밸푸어 선언을 지지하고 유대인의 대대적인 팔레스타인 이주를 후원하고 장려하는 데 필요한 모든 지원을 아끼지 않겠다는 하임 바이츠만의 동의서에 기꺼이 서명했다. 파이잘은 영국으로부터 시리아를 보장받기 위해 그런 짓을 했다.[774] 그러나 파이잘은 유대인 국가의 건설만은 원하지 않았다. 그리고 정확하게 바로 그 유대인 국가 건설이 뒤이은 분쟁과 전쟁의 원인이었다.

1920년대와 1930년대, 유대인과 아랍인은 갈등하면서 함께 살았다. 그러나 헤르즐이 그렇게 열심히 퍼뜨리려 했던 공통의 다문화적 사회라는 오래된 환상은 재빨리 깨졌다. 유대인 이민이 늘어날수록 아랍의 적대감도 늘어났다. 1922~1939년, 팔레스타인 내 유대인 거류지는 마흔일곱 개에서 이백 개로 늘어났고 유대인의 소유지도 두 배로 늘었다. 제2차 세계대전 발발 즈음, 팔레스타인 내 유대인은 실질적인 자치 정부를 수립했다. 1925년부터 예루살렘 스코퍼스 산에 유대인 대학을 설립했고 하가나 민병 조직을 만들었다. 하가나는 지하 조직이긴 했지만 공공연히 인정되었고 1936~1938년 아랍 반란을 진압하는 일에서 영국 군대를 돕기까지 했다.

홀로코스트는 많은 것을 바꾸었다. 1945년 즈음 제2차 세계대전 승전국들은 유대인 고향 되찾기를 더 이상 성경적 예언의 성취에 대한 다소 엉뚱한 집착이나 유럽의 계몽주의를 이슬람 동양에 밀수출하겠다는 이상주의로 보지 않았다. 유대인 고향 되찾기는 이제 도덕적 의무가 되었다. 유대인에게는 그들 인종의 존속을 유일하게 보장하는 긴급 대책이나 마찬가지였다. 유대인 피난민이 홍수처럼 밀려들었고 후원자로 여겼던 유대인에 대한 아랍인의 테러 활동이 맹렬해졌으며 그 와중에 영국의 통제권도 사라졌다.[775] 이스라엘이 옛날 대영 제국을 대체했던 영국 보호령 아래 있는 새 영연방을 형성할 가능성은 사라졌다. 자치 독립 국가들로 구성된 전후의 새 세상에서 이스라엘도 당당한 독립 국가로 다시 서야 했다. 1948년 5월 14일, 헤르즐의 초상화 아래 선 시온주의 지도자 다비드 벤구리온(David Ben Gurion)은 당시 존재했던 "유대인 국가를 '이스라엘'로 부른다."라고 선언했다.[776] 몇 시간 안에 그 선언은 미국에서는 실질적(de facto)인 것으로, 구소련에서는 합법적(de jure)인 것으로 인정됐다.

많은 점에서 20세기 초 영국이 이스라엘을 지지했던 이유는 오늘날 미국이 이스라엘을 지지하는 이유와 매우 흡사하다. 두 나라에는 똑같이 매우 부유하고 최고로 영향력 있는 유대인 공동체가 있었고, 지금도 그러하다. 영국과 미국은 이스라엘을 불안정한 미개발 아랍 지역에 심어진 현대적이고 안정적인 국가로서 아랍에 대항하는 데 도움이 되는 동맹국으로 보았다. 다른 점이라면 영국은 이스라엘을 계몽주의의 확산자로 보았고 미국은 민주주의의 확산자로 본다는 것이다. 영국에게 이스라엘은 '매우 애국적인 인종'이 모여 사는 영국과 아랍 사이의 완충국이었다. 비슷하게 미국에게 이스라엘은 처음에는 구소련의 침략에 대항한 완충국이었다가 지금은 골치 아픈 이슬람 테러리스트와 그들 아랍 이란 후원자에 대항한 완충국이다.

계속되는 성전

파리 평화 회담은 히말라야 서쪽의 아시아 전체를 실질적인 서양 통제하에 두게 만들었다. 그 예외가 한 곳 있었다. 1922년, 그리스와의 끔찍하고 잔인한 전쟁 후 젊은 투르크인 무스타파 케말(Mustafa Kemal Atatürk)이 권력을 잡고 당시 남아 있던 오스만 제국을 현대 서양 국가의 형태로 바꾸는 일에 착수했다.

1922년 11월 1일, 술탄제가 폐지되고 결국 오백 년 만에 오스만 제국이 몰락했다. 이 년 후 케말은 그때 일을 두고 "진정으로 문명화하고 문화적인 세상 사람들의 눈에 웃음거리밖에 안 되는 칼리프제가 마침내 사라졌다."라고 말했다.[777] 다양한 유럽 형식에 기반을 둔 법전이 샤리아를 대체했고 세속주의가 새 정부의 주요 원칙 여섯 개 중 하나로 성립됐다. 여성들은 공공장소에서 베일을 쓰지 못하게 됐다. 모두 울라마의 힘을 실질적으로 없애는 것이었다. 의회 민주주의가 들어섰고 새 헌법은 법 앞의 만인의 평등과 사상, 웅변, 출판, 모임의 자유를 보장했으며 선거로 만들어진 의회에 주권을 이양했다. 비록 일부에 따르면 진정한 권력은 여전히 일부 군부에게 남아 있었지만 말이다.

그 나라는 곧 터키라고 불렸다. 그곳 사람들은 인종과 종교에 상관없이 '터키인'이라는 새로운 국가 정체성을 획득했다. 연합군이 떠나고 11일 후 터키는 수도를 이스탄불에서 작고 초라한 도시 앙카라로 옮겼다. 앙카라는 1402년, 몽골의 티무르가 미래 오스만 제국의 씨앗만 남긴 채 모두 파괴했던 곳이었다.[778] 아라비아 문자는 수정 보완된 라틴 알파벳으로 바뀌었다. 모든 터키인은 서양인처럼 성과 이름을 지어야 했다. 케말 자신도 터키의 아버지라는 뜻의 '아타투르크'로 개명했다. 1923년 10월 29일, 신권 정치의 제국이 공식적으로 세속적 현대 공화국으로 거듭났다.

터키는 다른 이슬람 국가의 모범이 되었다. 아타투르크가 서양 민족주의를 포용해 식민지 병합과 분할을 모면하고 재생할 수 있다면 다른 이슬람 국가도 못할 리가 없었다. 재생을 위한 강력한 후보는 단연 이집트였다. 이집트는 비록 표면적이기는 했지만 나폴레옹을 시작으로 무하마드 알리를 거쳐 마지막에는 영국에 의해서 처음으로 '현대화'한 이슬람 사회였다. 이제 아타투르크의 아시아 민족주의를 채택하는 것으로 더 확실한 현대 국가로 거듭날 수 있는 것이다.

이집트에게는 프랑스와 영국을 이방인이자 국가 찬탈자로 미워할 많은 이유가 있었다. 그러나 그 국가들의 간섭 덕분에 제1차 세계대전이 끝날 즈음 이집트가 이슬람 사회 중에서 가장 강력하고 부유한 나라가 될 수 있었다는 사실도 부인할 수 없다. 교육 수준이나 군사력에서 여러모로 나았고 도시는 더 크고 활기가 있었으며 농업과 제조업도 중동 지방의 어느 지역보다 우수했다. 그러므로 제2의 아타투르크가 생겨난 곳이 이집트라는 것은 당연한 일이었다. 그는 작은 지방의 우체국 직원의 아들 가멜 압둘 나세르였다. 소위 말하는 제3세계의 대다수 민족주의 지도자들이 그렇듯 나세르도 군부를 통해 권좌에 올랐다. 1952년 7월 23일, 볼셰비키의 '10월 혁명'을 본떠 이름 붙인 '7월 혁명'에서 나세르는 매우 타협적이었던 파루크 왕 정권을 쓰러뜨리고 왕실 가족과 수행원들을 굴욕적이게도 프랑스 남쪽 해안으로 망명 보냈다.

나세르는 민족주의자였다. 그가 한 첫 번째 일이 이집트 파라오 람세스 2세(Ramses Ⅱ)의 위상을 카이로에 불러들이는 것이었다. 그러나 그는 전 아랍 세상의 단결 없이 오랜 식민 대국들을 아랍 세상에서 쫓아낼 수는 없다는 것을 알았다. 그는 중동 지방의 무능력과 후진성은 대체로 그 식민 대국들 때문이라고 믿었다.[779] 1955년, 혁명 성명서에서 나세르는 사악한 서양이 우리를 배신하고 속였다며 나약하게 한탄만 할 때는 지났다고 선언했다. 이제 복수의 시간이 다가온 것이다. 그는 "우리는 강하다. 도와달라고 한탄하고 소리치는 목소리가 강한 것이 아니라 침묵하며 우리 능력을 확장할 방법을 강구할 때 강하다."라고 말했다."[780]

그 선언을 증명이라도 하듯 이듬해 나세르는 영국과 프랑스에 도전해 수에즈 운하를 국유화했다. 수에즈 운하는 홍콩을 기준으로 서쪽 지역에 퍼져 있던 서구 식민주의의 가장 강력한 상징이었다. 수에즈 운하를 공동 소유했던 영국과 프랑스는 파리 외곽 세브르의 한 도시에서 이스라엘과 비밀 협상을 감행했다. 그 협상으로 이스라엘이 이집트를 침공할 예정이었다. 대단한 저항이 없을 것으로 예상했고 또 사실이 그랬다. 그 뒤 영국과 프랑스가 양쪽 군대를 수에즈 운하 10마일 밖으로 철수한다는 동의서를 얻어내면서 다시 운하 조종권을 획득하는 것이다. 일명 '삼총사 작전'이었다.

10월 29일, 이스라엘군이 가자 지구와 시나이 반도를 침공했다. 영국과 프랑스는 적당한 시기에 국제 연합의 이름으로 휴전을 강요하며 끼어들었다. 그러나 나세르는 국제 연합의 요구를 거절했다. 프랑스-영국 연합군이 수에즈를 장악했다. 모든 것이 계획에 따라 진행되었다. 그러나 바로 그때, 구소련이 나세르의 편을 들까봐 걱정되고 중동에서 유사한 작전을 묵인하면서 구소련의 헝가리 침략만 비난하기에는 명분이 서지 않았던 미국이 연합군에 경제 압력을 넣어 결국 철수시켰다. 운하는 다시 이집트 수중에 떨어졌고 이집트인들은 환성을 질렀다. 아랍인들은 서양에서는 '수에즈 위기'가 되었고 아랍 세상은 모두 '삼총사 전쟁'이라 불렀던 그 사건을 군사적 패배에도 불구하고 나세르의 이념적 승리라고 생각했다.[781]

프랑스-영국-이스라엘 연합군이 당한 모욕은 이집트 군대에 의한 것이 아니라 미국의 경제 압력의 결과였지만 아랍인들은 대체로 그 사실을 알아채지 못하는 듯했다. 아랍인에게 중요한 것은 아랍의 다윗이 유럽의 골리앗과 만나 승리를 거두었다는 점이었다. 나세르의 혁명적 민족주의는 이제 새 아랍 세상의 희망과 새 르네상스를 제공했다. 나세르는 영국과 프랑스를 운하에서 내몰면서 "우리의 싸움은 제국주의에 대항한 것이고, 그 제국주의가 팔레스타인을 파괴한 것처럼 전 아랍을 파괴하려고 만든 이스라엘에 대항하는 것이다."라고 선언했다. 그 말은 매우 의미심장했다. 적은 바로 제국주의였으며 나세르는 제국주의라는 말을 레닌의 수사에서 탈취했지만 사실 유럽과 미국, 다시 말해 '서양'을 지칭했다. 그리고 아랍의 목적은 제국주의가 이슬람 세계 심장부에 심어놓은 총독 국가(이스라엘)를 파괴하는 것은 물론, 나세르 자신이 지배할 '대서양에서부터 페르시아 만에 이르는' 비종교적이고 단일한 아랍 세상의 창조이기도 했다.[782]

나세르는 아랍 세상의 영웅이자 미래의 등불이었다. 그리고 이스라엘의 붕괴뿐 아니라 전 유럽을 독자적으로 대면할 수 있는 단결한 아랍의 능력을 증명한 사람이었다. 한 세기 좀 더 전에 알 타타위는 유럽의 힘은 이슬람 사회가 비교적 쉽게 모방할 수 있는 기술적 성취나 비종교적 종교에서 나오기보다는 애국심에서 나왔다고 결론 내린 바 있었다. 그는 이슬람이 유럽과 애국심에서 경쟁할 수 있다면 "유럽과의 간극을 극복할 수 있다."라고 주장했다.[783] 그의 주장은 수 세기 동안 아랍 세상을 하나로 묶었던 이슬람 자체를 (다소 불안하게) 부인하는 것이긴 했지만 아주 매력적인 주장이었다. 이슬람 공동체의 단일성을 포기하는 것으로 알 타타위와 그를 따르던 아랍 지도자들은 한때 칼리프 지배 아래 위대한 이슬람 문명을 만들었던 보편주의와 이슬람 세계주의에 등을 돌렸다. 그러나 매우 비극적인 주장이 아닐 수 없었다. 20세기 중반, 이슬람 세계는 겉만 번지르르한 유럽 민족주의만큼은 결코 필요하지 않았던 것이다.

그러나 주요 아랍 국가들은 구소련의 편의에 따른 도움과 지지 아래 하나둘씩 유럽 민족주의의 마법에 빠져들었다. 1950년대, 시리아는 조금씩 살라흐 알 딘 비타르(Salah al-Din Bitar)와 파리에서 교육받은 미셀 아프라크(Michel Aflaq)라는 두 지식인이 1947년 창당한 바트(부흥)당의 지배하에 들어갔다. 아프라크는 곧 바트당의 이데올로기 주창자가 되었고 후에 당서기장이 된다. 나세르처럼 아프라크도 범아랍 민족주의, '분열

될 수 없는 아랍국'을 선전했다. 그리고 모든 아랍 사회의 이슬람 뿌리를 주장하기도 했지만 이슬람의 아랍 뿌리를 더 단호하게 주장했다. 그는 "마호메트는 전 아랍인의 전형이다. …… 그러므로 지금 모든 아랍인이 마호메트가 되게 하자."라고 말하기도 했다. 이것이 아랍 부흥(Arabic Ba'th) 운동이었다. 그리고 앞으로 보게 되겠지만 그 운동은 1960년대 이후 이슬람 부흥에 매우 큰 영향을 준 '이슬람 부흥(Islamic Ba'th)' 운동과 매우 극명한 대조를 이루는 것이었다.[784] 단결된 아랍의 이상향을 추구하기 위해 바트당은 이집트와 가까운 동맹 관계를 추구한 것에 그치지 않고 실제로 이집트와 연합하고 싶어 했다. 1958년 2월 2일, 시리아와 이집트는 아랍 연합 공화국으로 변모했다. 그러나 그리 오래가지는 못했다. 1966년 2월, 바트당 과격파들이 쿠데타로 미셸 아프라크를 추방하고 권력을 장악했으며 그 상태가 현재까지 지속되고 있다.[785]

1958년, 이라크에서 서양의 마지막 꼭두각시 왕 파이잘 2세(Feisal Ⅱ)가 자칭 나세르 추종자라던 압둘 알 카림 카심(Abdul al-Karim Quasim)에 의해 축출됐다. 아랍 세상에서 가장 강력한 국가들이 이제 현대적 민족주의자라고 대놓고 말하는 지도자들의 수중에 떨어진 것이다. 모두 구소련의 후원을 받고 전 식민주의 서구 열강을 중동에서 영원히 몰아내는 데 혈안이 되어 있었다. 그러나 오 년 후 아브드 알 살람 아레프(Abd al-Salam Aref)가 카심을 물러앉게 했고 아레프가 죽자 그의 형제 아브드 알 라만 아레프(Abd al-Rahman Aref)가 정권을 잡았다. 그러나 1968년 바트당이 다시 정권을 장악했고 1979년 즈음 정권은 매우 잔인한 남자와 그의 가족과 그의 측근들에게로 넘겨진다. 바로 사담 후세인이었다.

사담은 국가 단결 사업에 착수했다. 그러나 실질적으로 단결과는 거리가 매우 먼 사업이었다. 수니 이슬람이었던 사담의 주요 목적은 가능한

한 잔인하게 시아파 이슬람교도와 쿠르드인들을 탄압하는 것이었다. 종교적 신념 때문이 아니라 수니 이슬람교도의 충성만이 확실하다고 생각했기 때문이었다. 1970~1980년대 사담 후세인은 이념 선전도 시작했다. 영국이 조작한 수니-시아-쿠르드의 불행한 연합에서 벗어나 수니파 독재에 의한 전통에서 이라크의 정체성을 찾도록 이라크인을 설득하는 것이 목적었다. 이란의 왕들처럼 사담도 이슬람 이전의 과거로 눈을 돌렸다. 고대 바빌로니아, 아카디아, 아시리아, 수메르는 모두 '이라크'로 되살아났고 오래전에 죽은 사람들이 19세기의 의심쩍은 언어학적 연관 이론의 바탕과 '셈족'으로 거슬러 올라가는 아랍의 족보와 함께 '이라크인의 할아버지'요 '이라크의 조상'으로 정식으로 공포되었다.[786]

터키를 제외한 중동의 국가들도 모두 같은 목적을 추구했다. 비록 아타투르크처럼 울라마의 권력을 없애버린 것은 아니었지만 모두 순수 이슬람적이었던 과거를 외면했다. 비록 이제 미국 혹은 유럽의 안내가 아니라 구소련의 안내를 받기는 했지만 모두 현대화와 서구화가 재생의 수단이라고 믿었다. 어떤 의미에서 그들은 의도하지 않게 18~19세기 개혁 술탄의 길을 똑같이 따르고 있었다. 당시 술탄들도 서양식 개혁을 채택했다. 그들 역시 서양 원수를 물리치겠다는 똑같은 소망 아래 현대화했고 어느 정도 세속화했다. 먼저 언급했듯이 오스만의 경우 그 결과는 프랑스와 영국의 19세기 자유주의자들이 고취시켰던 국가의 탄생은 아니었다. 대신 정확하게 18세기 후반 유럽에서 만연했던 절대 군주 혹은 계몽과는 거리가 먼 전제주의의 탄생이었다.

새롭게 무장한 중동 민족주의자들에게도 비슷한 운명이 기다리고 있었다. 서구 국가들이 성공할 수 있던 궁극적 원천이었던 자유 민주주의를 창조하는 대신 아랍인이 성취했던 것은 새로운 종류의 독재였다. 그것 또

한 서양에서 수입한 것이었다. 술탄 셀림 3세와 압둘메시드가 동양의 표 트르 대제나 루이 14세였다면 나세르와 추종자들은 매우 히틀러와 스탈 린스럽다. 비록 대학살에 몰입하지는 않았지만 말이다. 1877년, 영국 헌 법학자 토머스 어스킨 메이(Thomas Erskine May)가 지적했듯이 "동양 지 도자의 손에 있는 서양 문명은 헛된 것이다. 서양 문명은 위태로운 국가 를 바로 세우기는커녕 오히려 더 빠른 파괴를 부르는 것 같았다." 매우 겸손한 빅토리아풍의 지적인 것은 확실하지만 동양 국가들을 대상으로 실험을 반복했던 사람들은 모두 크게 낙담하며 그 말이 사실이라고 믿는 듯했다.[787]

페르시아에도 마찬가지로 좋지 않은 운명이 기다리고 있었다. 1921년 2월 21일, 페르시아 코사크군 사령관 레자 칸(Reza Khan)은 영국의 지원 을 받고 카자르 왕조의 마지막 왕을 축출했다. 사 년 후, 의회의 압도적인 지지로 레자 칸이 팔레비 왕조의 시조가 되고 나라 이름을 페르시아에서 이란으로 바꿨다.

레자 왕은 자신이 대단히 찬양했던 아타투르크처럼 현대화 및 서구화 에 착수했고 새로 건국된 이란을 비종교화했다. 프랑스를 모델로 한 새로 운 법체계를 도입했고 터키처럼 그 법체계로 샤리아를 대체했다. 1936 년, 아랍 여성의 베일 착용이 금지됐고 남녀 모두 전통 페르시아 복장을 벗고 유럽 의상으로 갈아입어야 했다. 서양 교육 체계가 도입되었고 새로 운 대학도 설립되었다. 그러나 새 왕은 다른 아랍의 왕들처럼 빠른 속도 로 민주적 지도자가 아닌 독재자가 되었다. 사치스럽게 살았고 권위적인 정치를 일삼았다.

뒤이은 왕도 마찬가지였다. 사실 더 심해졌다고 해야 할 것이다. 영국 과 구소련이 레자가 퇴위하기를 강요했기 때문에 1941년 그의 아들 무하마드 레자(Muhammad Reza)가 왕위에 올랐다. 석유 경제 호황 덕에 이란을 '아시아의 독일'로 만들겠다던 무하마드 레자의 '백색 혁명'은 교육, 의료, 농업에 상당한 발전을 가져왔다. 그러나 이전의 정권부터 거침없이 계속됐던 족벌주의, 부패, 방종한 행정 등으로 수혜자는 극소수에 지나지 않았다.

새롭게 등장한 민족주의적 이슬람교도 독재자들의 궁극적 목적은 이스라엘의 붕괴였다. (이란 왕은 여기서 제외된다. 이란 왕은 아랍인도 아니었고 대부분의 이슬람교도에게는 심지어 이슬람교도도 아니었다.) 1950년대 말, 이스라엘은 역사를 통틀어 레반트의 십자군 국가들 중에 가장 성공한 국가처럼 보였다. 수 세기 동안 이슬람이 서로 매우 다른 두 원수라고 생각했던 유대인과 기독교도 십자군이 이제 하나로 합병된 것이다. 수 세기 동안 유대인들은 이슬람 국가 안에서 비교적 편하게 살았고 가끔은 번성하기도 했다. 그러나 이제 그 유대인이 서양의 도구가 되었으니 오랫동안 잊혀진 듯했던 그들을 파괴하라는 일련의 지령들이 다시 소생했고 또 심화됐다. 2001년 누군가 오사마 빈 라덴(Usama bin Laden)에게 미국 인기 정치이론가 사무엘 헌팅턴(Samuel Huntington)이 말한 '문명의 충돌' 이론에 동의하냐고 물었을 때 그는 다음과 같이 대답했다.

절대적으로 동의한다. 성전이 확실히 그렇게 말하고 있다. 그리고 미국인이 지구상에 평화라는 신화를 만들어냈다. 그것은 동화 속에나 나오는 이야기다. …… 예언자 마호메트는 "이슬람교도가 유대인과 싸워 그들을 모두 죽이기 전까지 '그날'은 오지 않는다."라고 했다. 유대인 한 명이라도 바위나 나무 뒤에 숨어 있다면 사람들은 말할 것이다. '오, 이슬람교도여! 알라의 신봉자여! 내 뒤에 유대인이 있소. 여기 와서 그를 죽이시오!' 우리와 유대인들 사이에 평화가 있을 수 있다고 주장하는 사람들은 믿음이 없는 사람들이다. 그들은 경전과 경전의 내용에 동의하지 않는다.[788]

모든 이슬람교도가 하디스를 빈 라덴처럼 해석하지는 않는다. 그것은 인용도 아니고 오용이며 나아가 모호한 언급이라고 할 수 있다. 코란에는 단지 '그들(유대인)은 이전에 믿음이 없던 사람의 말을 모방한다(예를 들어 다신교도들의 말들이 그렇다). 알라가 그들을 파괴하리라. 그들은 어떻게 거부할 수 있단 말인가!(9. 30)' 라고 쓰여 있을 뿐이다. 아무리 과격한 이슬람교도도 이스라엘에 대항해 모든 유대인을 죽여야 한다고 생각하지는 않는다. 예를 들어 '범이슬람 협회' 회장 카라다위(Sheikh Qaradawi)는 항상 '경전에서 말하는 사람들' 중 한 무리인 유대인과 이슬람 성지의 정복자 이스라엘은 분명히 다른 것으로 인식되어야 한다고 했다. 그러나 많은 아랍인에게, 최소한 빈 라덴에게 이스라엘, 유대인, 서양의 '십자군'은 이슬람의 적이라는 점에서 미묘하게 서로 떼려야 뗄 수 없는 것으로 변모한 듯하다.[789] 빈 라덴이 만드는 데 일조하고 후원한 광범위한 테러 집단이 알 카에다(토대)가 되기 전 그것은 "유대인과 십자군에 대항한 지하드를 위한 최전방 부대"라고 불렸다.

처음에 아랍은 새 십자군 나라를 쉽게 물리칠 거라고 믿었다. 일부는 십자군이 한 세기도 못 견뎠으니 이스라엘도 그보다 오래 지속되지는 못할 것이라고 말하기도 했다. 이슬람 역사는 늘 반복되는 저주 속에 있는 셈이다.

1948년 이스라엘이 존재를 선언한 바로 다음 날 첫 번째 공격이 있었다. 5월 15일 이른 아침, 시리아, 요르단, 이라크, 이집트 정규군 연합군이 팔레스타인의 국경을 넘었다. 이집트 왕 파루크는 승리를 너무 확신한 나머지 미리 축하하는 의미에서 기념우표를 만들 정도였다. 그러나 범아랍군은 무질서했고 조직적이지 못했다. (아랍인 한 명이 비탄에 차 언급한 것처럼 그들은 가두 행진에나 적합한 것이었다.)

1949년 1월 전쟁이 끝났을 때 이스라엘은 해안가를 따라 좁은 띠처럼 형성된 가자지구를 제외한 이전 이집트-팔레스타인 국경 지역까지 이어지는 네게브 지방까지 점령했다. 팔레스타인 전체의 21퍼센트만이 아랍 지역으로 남았고 70만에서 75만 팔레스타인 사람들이 이주해야 했다. 이스라엘 인구의 1퍼센트 정도가 피해를 입었지만 후에는 이스라엘 '독립 전쟁'이라 불렸다. 이 사건은 이스라엘이라는 새 국가가 주변국의 신랄하고 압도적이며 끝없이 더해만 가는 혐오에도 살아남을 수 있음을 증명했다. 그것이 아랍인들이 말하는 '재난(al-Naqba)'의 시작이었다.

심지어 더 비참한 두 번째 재난이 1967년 발발했다. 이스라엘이 시리아가 배후조종했던 국경 근처 테러리스트들의 공격을 오랫동안 참다가 결국 먼저 전쟁을 일으킨 것이다. 전쟁은 6월 5일에서 10일까지 겨우 6일 간 지속됐을 뿐이지만 대부분 아랍인인 5만 명의 사상자와 부상자를 냈다. 결과는 팔레스타인에 남아 있던 아랍 땅의 상실이었다. 30만 팔레스타인 사람들이 집을 떠나야 했다. 이스라엘은 이제 그때까지 나눠져 있던 예루살렘의 두 부분을 합병, 점령했으며, 시리아로부터 골란 고원을, 요르단으로부터 웨스트 뱅크를 빼앗았다.

서양은 '6일 전쟁'이라고 불렀고 아랍인들은 '후퇴(al-Naksah)'라고 불렀던 그 전쟁으로 시리아의 군사 능력이 완전히 마비됐다. 새 아랍 세계가 지명한 지도자였던 낙세르는 이미지 실추를 감당해야 했다. 범아랍 단결의 희망도 사라졌고 그 희망을 낳았던 급진적 민족주의도 위태로워

졌다. 후에 보수적인 사우디 사람들은 그 전쟁을 종교를 외면했기 때문에 신이 내린 벌이라고 했다.[790]

전쟁 후 이슬람 세계에는 이슬람과 서양의 대립에 대한 새로운 역사적 해석 하나가 생겨났고 그 덕을 본 사람은 결국 오사마 빈 라덴과 그의 추종자였다. 해석은 다음과 같다.

역사적으로 세 번의 십자군 전쟁이 있었다. 첫 번째, 십자가 깃발 아래 무장한 기독교군이 성지를 침략했다. 비열했지만 이해할 만한 그들만의 지하드였다. 그러나 살라딘과 그의 후손들이 성공적으로 물리쳤다. 서양 제국주의 시대, 두 번째 십자군 나폴레옹군이 1798년 이집트를 침략했다. 세 번째 십자군은 사실 두 번째와 별로 다르지 않는 것으로, 무력을 동반하기는 했지만 군인들의 전쟁이라기보다는 사상의 전쟁이라고 할 만했다. 그것은 나폴레옹이 시작한 것으로 기술, 문화, 법, 정치 제도에서 서양의 압도적인 우수성을 동양 사람들에게 강요하려는 시도였다. 나폴레옹의 동방군이 알렉산드리아 해안가에 당도하기 전 일반 이슬람 사람들은 13세기 이래 '프랑크' 사람과 대면한 적이 없었다. 그래서 이슬람 사람들은 막연하게 서양이란 13세기 프랑크인들처럼 낙후되었을 것이라고 생각했다. 그러나 1798년 이슬람 사람들은 자신들보다 명백하게 더 부유하고 군사적으로 앞섰으며 자신감에 넘치는 무신론자들과 대면했다. 그들이 막강한 이슬람 속으로 포섭되기를 기대했지만 무신론자들은 이슬람을 누르고 승리했으며 또 계속 승리하고 있었다. 그들은 점점 더 깊이 이슬람 세계로 들어갔다.

19세기 이슬람을 통해 현대화를 이룩하겠다던 많은 개혁자들이 있었다. 자말 아드 딘 알 아프가니(Jamal ad-Din al-Afghani)와 무하마드 압두

(Muhammad Abduh)는 파리에서 이슬람 잡지 「최강 결속(The Firmest Bond)」을 발행했다. 알 아프가니는 1899년 이집트 최고 율법학자가 되었다. 그리고 그의 제자 라쉬드 리다(Rashid Rida)는 1919년 시리아 의회 의장이 되었다. 그 외에도 모로코의 알랄 알 파시(Alal al-Fasi), 튀니지의 아브드 알 아지즈 알 탈라비(Abd al-Aziz al-Thalabi), 알제리의 아브드 알 하미드 이븐 바디스(Abd al-Hamid ibn Badis), 인도의 무하마드 이크발(Muhammad Iqbal)이 있었다.[791] 그들의 목적은 살라피즘(salafism)이었다. 이슬람 조상(살라프)들의 전통 속에 이미 존재하는 현대화의 뿌리를 드러내면서 새롭게 수입된 유럽식 민족주의와 이슬람 종교를 혼합하는 방법을 찾아내는 것이었다. 그 속에서 그들(혹은 최소한 아프가니는)은 "이슬람으로 남아 있으면서도 어느 날 모든 구속을 깨고 단호하게 서구 사회의 방식으로 문명의 길을 걸을 수 있을 것이라고 희망했다."[792]

그러나 그런 밝고 젊은 민족주의자들의 비전은 배신을 당했고 그들이 꿈꿨던 이상들은 고문을 당하고 살해되었다. 고문과 살인을 했던 사람들도 또 다른 사람에 의해 고문받고 살해되었다. 그런 지옥 같은 전락의 끝에는 오스만 술탄-칼리프의 끝을 봤던 몇몇 젊은 투르크인에 의한 혁명이 기다리고 있었다. 그러나 혁명은 재난에 가까웠다. 그들은 여전히 자신들이 이슬람교도라고 주장했지만 실질적으로 이슬람 세계의 전통 질서를 대거 파괴했다. 부패하고 타락한 오스만 정권으로부터 자신들을 해방시킬 것이라던 서양의 약속을 믿었던 불쌍한 아랍인들은 제1차 세계대전이 끝나자 '노예처럼 팔려간' 자신들의 처지를 자각하게 된다. 분할된 아랍 세상에서 그들이 살던 지역은 더 이상 이슬람 세계도 아니었다. 그 세상은 이해관계에 얽혀 있던 일련의 무신론자 총독 국가였다. 팔레스타인의 유대인, 시리아의 (시아파 관련) 이단 같은 알라위파, 레바논의 마론파

기독교도들이 대표적인 예였다.[793]

　서양이 제공했던 여러 경험들을 외면했던 또 다른 민족주의 지도자들이 있었다. 이번에 그들을 고취시킨 것은 자유주의도 민주주의도 아닌 다양한 종류의 마르크스-레닌주의였다. 그러나 그들도 이전의 아랍 민족주의자의 전철을 밟았다. 1918년, 러시아 차르 제국주의를 몰락하게 했던 구소련도 또 다른 거짓 친구로 판명 난 것이다. 마르크스주의는 아무리 사유재산 재분배를 주장한다 해도 여전히 서양의 신조였다. '범이슬람 협회'와 연관된 다작 논객 무하마드 잘랄 키식(Muhammad Jalal Kishk)은 이렇게 말했다. "마르크스는 새 문명을 요구하지 않았다. 그는 서구 문명의 충성스런 아들이다. …… 그는 서구 문명의 가치와 역사를 믿었고 자랑스럽게 생각했으며 서구 문명을 최후의 승리로 향하는 길에 인류가 성취한 업적으로 보았다."[794] 물론 키식이 제대로 본 것이다.

　이슬람 세계가 재해석한 역사의 다음 장이자 마지막 장은 '이슬람의 재생'이다. 서양 신식민주의의 끝없는 살육에 저항하는 데 필요한 이슬람의 단결을 가능하게 하는 유일한 힘이 '이슬람의 재생'이 되었다. 그러나 새로 태어난 이슬람은 이전의 개혁자들이 만든 허약한 이슬람이어서는 안 된다. 그것은 신을 믿지 않는 서양과 타협하면서 수 세기 동안 쌓아왔던 많은 이물질을 모두 씻어낸 순수한 이슬람이어야 한다. 샤리아의 역량을 최고로 발휘한 것이어야 한다. 이집트 내 하나의 분리 사회로 입지를 강화하며 국가가 제공하지 못하거나 하지 않은 것(병원, 학교, 공장, 복지 공동체 등)을 사람들에게 제공하는 '범 이슬람 협회'의 창립자 하산 알 반나(Hasan al-Banna)에게 비종교적 민주주의 정부라는 서구적 개념은 일종의 신성모독이었다.

　무하마드 압두는 모든 경전 직역주의를 거부했다. 그의 제자였음에도 불구하고 알 반나는 오직 이슬람만이 신의 의도를 확실히 이해했다고 주장했다. 그런 이슬람의 이해에 따르면 인간은 인간의 변덕스런 사상이 아니라 창조자 신이 시키는 대로 살아야 한다. 알 반나는 '이슬람은 그 법을 모든 나라에 전하고 힘을 전 세계로 확장해야 하기 때문에 본성상 지배당할 수 없고 오직 지배할 수밖에 없다."라고 선언했다.[795]

기독교도에서 시작해 세속적으로 변한 서양과 이슬람 동양 사이의 관계에 대한 이슬람의 위와 같은 시각은 비록 지나치게 도식적이다. 하지만 단순한 왜곡으로 치부하고 말 대상은 절대 아니다. 그들의 세상이 붕괴하고 있기 때문에 매우 필사적인 이슬람교도들은 오스만 조상들이 한때 그랬던 것처럼 과거로 눈을 돌렸다. 식민 지배를 짧은 기간 받았지만 그것에서 성공적으로 벗어난 같은 동양의 중국이나 일본 같은 나라들과 달리 이슬람 사회는 실패했다. 그런데 이슬람 사람들에 따르면 그것은 이슬람이 서양의 규칙과 기술을 이슬람 방식으로 받아들이지 못할 정도로 허약해서가 아니었다. 그들에 따르면 그들이 옛날 방식을 포기하고 배신했기 때문이었다. 그 말은 곧 그들이 마호메트가 지시한 길에서 벗어났기 때문이라는 뜻이다. 헌법에 기초한 군주제, 비종교적 민족주의, 자유주의 혹은 마르크스주의자가 되기 위해 이슬람을 저버렸다는 뜻이다.

그렇게 1960년대 후반, 세상의 거의 모든 곳에서 사라졌던 신이 갑자기 폭력적으로 되살아났다. 그러나 신은 모든 신이 그렇듯 스스로 어쩌지 못한다. 그러므로 그를 위해 늘 그의 창조물 인간이 행동해야 한다. 아프가니는 1880년대 이집트인들에게 다음과 같이 경고했다.

"당신이 말한 대로 이슬람교가 그렇게 대단하다면 왜 이슬람교도들이 그런 슬픈 상황에 처한 것이오?"라고 누군가 묻는다면 나는 "그들이 진정한 이슬람교도라면 그들은 원래의 그들이 될 것이고 세상도 그들의 우수성을 알게 될 것이다."라고 대답할 것이오. 현재로서는 "진실로, 인간이 스스로 내면에서부터 변하기 전에 신은 인간을 변화시키지 않는다."라는 경전의 말로 만족할 수밖에 없소.[796]

별로 논리적인 것 같지는 않다. 그러나 이집트에서 이란에 이르는 땅에 사는 소외된 이슬람교도 후세대들은 아프가니의 메시지를 가슴 깊이 새긴 듯하다. 내면으로부터 변해야 한다는 말만 제외하고 말이다. 테헤란 주재 영국 대사 세실 스프링-라이스 경이 1907년 한동안 이란에서 어렴풋이 목격했던 '민족, 종교 운동'은 현대화를 위한 것이었지만 모두 실패로 돌아간 잡다한 실험일 뿐이었고 결국 한때 위대했던 제국이 당시 감당해야 했던 좌절과 모욕을 견딜 수 없어 저지른 필사적인 마지막 몸부림에 지나지 않았다.

사실 중동 지방의 여러 나라 중 가장 먼저 정부 전복의 타격을 받은 나라는 이슬람 국가 중에 가장 안전한 것처럼 보였고 '6일 전쟁'의 모욕에도 비교적 자유로웠던 이란이었다. '아시아의 독일'을 만들겠다던 이란 왕의 야망은 이란 국민 대부분을 혼란과 불만족 상태에 빠뜨렸을 뿐이다. 왕은 종교 공동체의 부와 권력에 한계를 부여하는 일에 최선을 다했지만 이슬람 사원 전통이 그동안 제공해오던 가치와 (필요할 때마다 제공되던) 자선, 원조 같은 일종의 복지 후생의 역할을 대체할 뭔가를 제공하지 못했다. 서양의 언론에 대단한 세부 사항까지 남김없이 노출된 왕의 사치스러운 사생활은 많은 사람을 낙담시키거나 혹은 혐오감을 느끼게 했다. 심지어 정권의 덕을 본다고 할 수 있는 중산층마저도 그랬다. 왕을 도울 수도 있었을 서양 권력가들도 등을 돌렸다. 그들은 이란의 왕들에게서 아프리카와 라틴 아메리카의 수많은 국가들을 황폐하게 했던 셀 수도 없이 많은 독재자의 전형을 보았다. 1960년대 후반부터 비종교적 마르크스주의자와 이슬람 이상을 추구하는 원리주의자들이 합동으로 이란 왕에 대항한 세력들을 모아갔다. 지도자는 뜻밖에 팔레비 왕조에 의해 이미 한 번 쓴맛을 본 적이 있으며 파리에서 망명 중이던 아야톨라인 루홀라 호메이니였다.

이란 왕은 그의 '백색 혁명'이 야기했던 적대감의 정도를 지나치게 과소평가했다. 특히 여전히 강력한 영향력을 행사하고 있던 울라마들 사이의 적대감은 대단했다. 언젠가 한 외국인 방문자가 그에게 테헤란 왕국 밖에서 벌어지고 있는 항변에 대해서 문자 왕은 "일부 율법학자들이 11세기를 그리워하는 소리일 뿐이다."라고 간명하게 대답했다. 매우 재치 있는 대답이었지만 결국 무사태평한 자세가 그의 축출을 불러왔다. 1978년, 평범한 이란 사람들조차 11세기를 그리워하게 되었다. 더 이상 잃을 것도 없는 농민들이나 부르주아에 불만 많았던 프롤레타리아만이 아니었다. 정권을 지지했고 정권의 덕을 가장 많이 보았던 중산층과 군인들도 왕에게서 등을 돌렸다.

이란 사람들도, 그리고 호메이니를 제2의 레닌이나 마르크스로 보았던 유럽과 미국의 좌파 지식인들도 호메이니가 어떤 의도로 자신의 인기와 이슬람을 이용하고 있는지 전혀 예측하지 못했다. 이란이나 서양에서 호메이니가 쓴 『이슬람적 정부(Islamic Government)』를 읽은 사람은 거의 없었다. 비록 읽었다고 해도 아무도 20세기 말에 인기 있고 존경받는 한 정치 지도자가 아무리 성직자였다고 해도 자신의 영향력을 이용해 원시 사막 공동체의 법과 관습을 다시 소생시키려 한다고는 전혀 짐작하지 못했을 것이다. 그러나 그것이 정확하게 호메이니가 하려던 일이었다.

1979년 1월 16일, 일 년이나 지속되던 국민들의 폭동 끝에 이란 왕과 왕비는 급히 조국을 떠나야 했다. 헨리 키신저(Henry Kissinger)의 말에 따르면 '플라잉 더치맨(Flying Dutchman: 네덜란드의 유령선, 희망봉 근해에 출몰한다고 한다-옮긴이)'처럼 사라져서 다시는 돌아오지 않았다고 한다. 호메이니는 망명 생활을 청산하고 대단한 환성 속에 귀국했으며 즉시 왕이 서구화했던 새 아케메네스 제국을 신정 공화국으로 바꾸는 일에 착수했다. 이란은 '이슬람 법학자 정부(velayat-e faqih)'의 통치 아래 있게 됐다. 다시 말해 마호메트의 진정한 계승자들인 성직자 계급(이들은 다른 이슬람 국가에 비해 특히 이란에서 늘 더 강력했다)이 정확하게 샤리아에 따라 관리하는 나라로 다시 태어났다. 그것은 21세기 후반의 이슬람 사회가 그 옛날 마호메트의 이슬람 사회와 얼마나 가까워질 수 있는지를 단적으로 보여주었다. 석유와 현대 무기(그것이 무엇이든)를 제외하면 말이다. 율법학자들은 더 이상 그리움에 시달릴 필요가 없었다.

종교의 부활과 함께 이슬람 보편주의도 부활했다. 그러나 보편주의는 이제 서양화한 독재자에 대항한 정치적 항쟁으로 드러나는 것이 아니라 시아파, 수니파를 막론한 전체 이슬람교도가 모든 서양 사람들에게 대항하는 전 세계적인 성전으로 드러났다. 혁명 같은 보편 이슬람의 메시지는 전 세계에 울려 퍼졌다. 보스니아, 체첸, 소말리아, 필리핀에서 일어나는 문제들은 이제 절대 지역적인 것이 아니다. 다 같은 이슬람이 같은 신을 등에 업고 호메이니가 말한 '대단한 사탄'에 대항해 싸우는 것이다. 사탄이란 물론 미국을 말한다. 그러나 그의 마음속 미국은 서양 십자군의 마지막 현현일 뿐이었다.

싸움의 중심에는 여전히 팔레스타인-이스라엘 문제가 있었다. 그러나 이제 그 문제는 작은 땅덩어리에 국한된 것이 아니라 이슬람 전체의 성전이 되었다. 모든 이슬람교도는 인종적 기원과 상관없이 무신론자 수중에 있는 이슬람 요지를 되찾는 전쟁에 참여해야 한다. 팔레스타인 테러리스트 기구 하마스의 헌장에는 "적들이 이슬람 영역의 일부를 찬탈할 때 모든 이슬람교도는 하나가 되어 지하드에 참여해야 한다."라고 쓰여 있다.[797] 민족주의자들이 범아랍 단결을 통해 죄의 사함을 받아야 한다고 했던 죄, 즉 '아랍인의 배신은' 이제 '이슬람교도의 배신'이 되었다. 이슬람교도 대다수는 아랍인도 아니고 많은 이슬람교도들은 '이슬람 영역' 밖에 산다. 지하드에서 팔레스타인, 아프가니스탄, 이라크는 각각 분리된 무대가 아니고 성전은 이제 오직 하나뿐이다. 그래서 부모가 파키스탄 사람인 영국 출생의 영어밖에 모르는 청년이 2005년 6월 8일 대낮에 런던에서 자살 폭탄 테러를 일으켜 자신은 물론이고 무고한 여러 사람의 목숨을 빼앗는 일이 가능하게 됐다. 그는 가보지도 못한 나라의 알지도 못하는 사람이 받은 모욕에 복수한다며 그런 일을 했다.

1979년, 이란 왕이 짧고 불편한 망명길에 올랐을 때 또 다른 '서구' 열강인 구소련이 이슬람 영역에 속하는 아프가니스탄을 침공했다. 파키스탄이 후원하던 이슬람 폭동에 대항해 쇠약하고 지지도 못 받는 아프가니스탄 공산당 정부를 지지하기 위해서였다. 이슬람 세계는 격분했다. 구소련은 "대중의 종교적 성향을 존중하고 제국주의 세력과의 싸움에서 모든 이슬람교도와의 연대와 우정을 고수하겠다."라고 선언했다.[798] 그러나 이미 삐걱거리기 시작한 레닌주의자의 반(反)제국주의적 언어는 더 이상 이슬람 사람들을 감동시키지 못했다. 그들에게 레닌주의는 미움받은 비종교적 정권의 실패한 민족주의처럼 보였다. 아프가니스탄 침공으로 이슬람은 차르 러시아가 수 세기 동안 이슬람에게 해왔던 일, 즉 중앙아시아로 영토를 넓히기 위해 전쟁을 일으키는 일을 구소련이 반복하고 있음을 재확인할 수 있었다. 사실 확인할 필요도 없이 명백한 일이었지만 말이다.

전 세계의 이슬람 투사들이 아프가니스탄으로 몰려들었다. 아랍 국가들이 열정적으로 참여한 일이었다. 이집트 대통령 사다트는 "우리 이슬람 형제들이 힘들어하고 있다."라고 선언했고 서양에 우호적인 사우디아라비아조차 미래의 무자헤딘들에게 파키스탄 페샤와르로 가는 사우디 항공권을 70퍼센트 할인해주었다.[799] (그러나 아프가니스탄으로 몰려든 투사들이 한 일은 별로 없었다. 눈에 띄는 공적이라고는 적십자군이 떠난 뒤 1981년 3월, '무신론자' 아프가니스탄 죄수들을 토막 내 상자에 쑤셔 넣어 아프가니스탄 무자헤딘들을 경악하게 한 일 뿐이었다.)[800] 미국과 이스라엘도 아프가니스탄 전쟁을 거들었다. 미국은 자신들이 나서면 구소련 정권을 약화시킬 수 있다고 보았기 때문이고(또 사실이 그랬다) 이스라엘은 미국의 환심을 사는 동시에 팔레스타인군 일부를 팔레스타인에서 벗어나게 할 좋은 기회였기 때문이었다.

1989년 2월, 구소련은 아프가니스탄을 포기하고 철수했다. 이슬람 세계는 그것을 대단한 승리로 보았다. 경험 없고 훈련도 못 받은 헐렁하기 그지없던 이슬람 비정규군 연합군이 (최첨단 장비를 갖춘 CIA 덕분이기는 했지만) 무신론자 세계 최강국의 하나인 구소련을 물리친 것이다. 1994년, 오 년간 자행된 무자헤딘 사이의 서로 죽고 죽이는 싸움이 끝나자 탈레반이 권좌에 올랐다. 탈레반은 전쟁터에서 잔뼈가 굵은 물라(율법학자)들과 자퇴 학생들과 와하브주의자들로 구성된 매우 극단적인 테러 집단이었다. 많은 이슬람교도는 테러를 비난한다. 그들 스스로 순수 이슬람이라는 구호 아래 불행한 아프가니스탄 사람들에게 그 말미를 만들어주었지만 말이다. 많은 이슬람 투사들조차 탈레반을 그렇게 좋아하지 않는다. 하지만 탈레반으로 인해 확실히 이슬람은 위대한 이슬람 국가가 전 세계를 포용할 그날을 향해 한 발자국 더 나아간 듯하다. 적어도 이슬람 투사들에게 이슬람 동양과 십자군 제국주의 서양 사이의 선과 악에 대한 거대한 싸움은 (최소한) 시작만큼은 그들 쪽에 우호적인 듯했다.

미래를 향해

이슬람의 민주주의

아프가니스탄에서 구소련의 패배로 치솟았던 희망은 이내 사라졌다. 1991년에 걸프전이 발발한 것이다. 걸프전은 수에즈 운하 전쟁 이후 서방 세계가 자행한 최초의 아랍 침공이었고 서방 세계 연합군의 힘은 압도적이었다. 연합군에는 사우디아라비아와 다른 아랍 이슬람 국가도 있었다. 독실한 이슬람교도들이 사담 후세인의 변절 정권을 아랍 세상 밖으로 축출하는 것이 명분이었지만 걸프전은 확실히 이슬람교도가 대부분인 나라에서 서양 사람들이 일으킨 서양의 전쟁이었다. 급진적 이슬람 단체들이 쿠웨이트 정권에 대단한 애정을 가졌던 것도 아니었다. 오사마 빈 라덴의 후원자 중 한 명인 저명한 이집트 내과 의사 아이만 알 자와히리(Ayman al-Zawahiri)는 걸프전을 두고 "미국이 약탈한 오일 파이프"일 뿐이라고 말했다.[801] 아프가니스탄 전쟁 참전 용사 타미니(Sheikh Tamini) 같은 이슬람 지도자들은 사담 후세인의 쿠웨이트 점령을 지지했다. 단지 미국에 대항하기 위해서였다. 그러나 빈 라덴을 포함한 많은 이슬람 사람들은 걸프전을 이슬람 국가들끼리 스스로 싸운 것이라고 비난했다. 마호메트가 엄격하게 금했던 원칙이었다. 마호메트는 죽으면서까지 "모든 이슬람교도는 서로 형제임을 알아야 한다. 그 안에서의 싸움은 반드시 피해야 한다."라고 말했다.[802]

걸프전이 전 중동 지방을 지배하려는 더 큰 미국-이스라엘 계획의 일부로 비치는 데는 그리 오랜 시간이 걸리지 않았다. 1998년 2월 23일자 파트와(이슬람 칙명, 이슬람 지도자가 내리는 신학적 견해이다. 사형 선고로 오용되기도 한다-옮긴이)에서 빈 라덴은 이렇게 선언했다. "중동지방에서 가장 강력한 아랍 국가인 이라크를 파괴하려고 혈안이 되어 있었다는 사실 자체가 미국과 십자군-시온주의자 동맹이 중동에서 유대인 억지 국가를 지지하고 그들의 예루살렘 점거와 그곳 이슬람교도 살해를 묵인하려 하고 있다는 명백한 증거이다."[803]

처음에 사담은 민족적 통합을 내세워 쿠웨이트 침공을 정당화했다. 그가 이라크 '모국'으로 재통합하려 했던 쿠웨이트가 사실 영국이 이라크라는 현대 국가를 꿈꾸기 두 세기도 훨씬 전부터 존재했다는 사실을 무시한 채였다. 그러나 전쟁이 이라크에 불리하게 돌아가자 사담은 이슬람 보편주의를 대대적으로 선전하기 시작했다. 스스로 독실한 이슬람교도이자 시온주의의 절대적 원수가 되었다(그러나 사담은 1985년 이스라엘에 아랍 지도자들 중 이스라엘의 파괴를 고대하는 사람은 아무도 없다고 말해주었다). 또 정열적인 범아랍주의자가 되었고 앞에서 이미 언급했듯이 무신론자들에 대항해 이슬람 성지를 방어하는 제2의 살라딘을 자청했다.

사담의 캠페인에 속는 이슬람 사람은 별로 없었다. 그들 중 더 극단적인 사람들은 사담이 바트당 민족주의에 저항했던 시아파 이슬람 주요 사상가이자 경제학자인 바키르 알 사드르(Baqir al-Sadr)를 처형했다는 사실도 잊지 않았다. 대부분의 이슬람 사람들은 사담의 쿠웨이트 침공을 명백한 사실 그대로 인식했다. 사담은 부패와 그릇된 행정과 지지부진하게 연장되던 이란과의 전쟁으로 무너지던 이라크 경제를 쿠웨이트의 석유로 한 방에 해결하려 했던 것이다.

서양도 사담의 민족주의적 주장을 역으로 이용해 그를 공격할 수 있었다. 쿠웨이트는 결코 이라크의 속주가 아니고 역사적으로 그랬던 적도 없었다. 그러므로 쿠웨이트 침공은 주권 국가 침범이며, 유엔과 '국제 사회'가 절대 간과할 수도 무시할 수도 없는 일이었다. [비록 걸프전 당시 '사막의 폭풍' 작전을 이끌었던 노먼 슈바츠코프(Norman Swarzkopf) 장군이 만약 쿠웨이트가 석유가 아니라 당근을 그렇게 많이 갖고 있었다면 자신이 절대 그곳으로 파견되지 않았을 것이라는 유명한 말을 남겼지만 말이다.]

'이라크'는 원래 서양이 만들어낸 나라였다. 하지만 많은 서양 사람들은 이라크 영토가 한때 칼리프 이슬람 제국의 심장부였음을 잊어버린 듯했다. 연합군이 바그다드 150마일 밖에서 멈추고 철수하기는 했지만 이슬람 사람들에게 그것은 마치 서양이 이슬람 세계의 심장부에 또 다른 십자군 국가를 심어놓으려고 하는 것처럼 보였다. 후에 미국이 이끈 이라크 침략으로 그 불길한 예감은 더욱 힘을 얻었다. 걸프전이 끝나자 상황은 더 악화되는 것 같았다. 사우디아라비아가 이슬람 최대 성지 메카와 메디나에 미군 주둔을 허락한 것이다. 빈 라덴 같은 사람에게 그것은 확실한 변절이었다. 빈 라덴은 알 사우디 가계의 신하였고 알 사우디 가계가 18세기 종교 지도자 알 와하브와 연계했던 이후부터 대부분의 이슬람 사람들은 사우디아라비아를 이슬람 종교의 가장 순수한 보호자로 생각했기 때문이다.

1991년에 서양의 공격이 다시 시작된 듯했다. 이전에 자신만만했던 이슬람 투사들은 이제 뭔가 더 새로운 것이 필요하다고 생각한다. 모든 이슬람교도를 단결시키고 조잡한 내부 싸움을 멈춰야 했다. 보편적 대의, 즉 '이슬람 국가'를 창조하고 미래에 전 세계를 지배하는 일에 집중하게 만드는 뭔가가 필요했다. 그들만의 무대를 발견하기 어렵다면 적의 심장부를 대상으로 하는 세상을 깜짝 놀라게 할 테러 공격도 좋을 듯했다. 많은 테러 공격이 다양한 비밀 조직에 의해 서양 여러 나라나 '십자군-시온주의자 동맹'을 지지하는 사람들을 목표로 계획되었다. 1993년 2월, 팔레스타인-파키스탄 출신의 젊은 기술자 람지 유세프(Ramzi Yousef)가 뉴욕의 세계 무역 센터 주차장에 폭탄을 설치해 건물 한 층 150평방피트를 날려버렸고 여섯 명이 사망했다. 1996년, 사우디아라비아 미군기지 폭파 사건으로 미군 열아홉 명이 사망했다. 이 년 후 나이로비와 다르에스살람의 미국 대사관 직원들이 4분 간격으로 차량 폭탄 테러를 당했다. 2000년 10월 12일, 아덴 항구에서 정기적 연료 공급을 받기 위해 정박해 있던 미군 군함 USS 콜 쪽으로 폭탄 장치를 실은 작은 보트가 아무런 방해도 없이 유유히 접근했다. 폭탄은 폭발하면서 1.2센티미터 두께의 강철 선체에 약 40피트의 깊은 구멍을 내며 군함을 반 토막 냈고 점심을 먹으려던 선원 17명의 목숨을 앗아갔다.

그러나 가장 끔직한 테러는 2001년 9월 11일 일어났다. 뉴욕의 세계 무역 센터가 파괴됐다. (이슬람 사람들에게) 서양의 호전성과 가공할 경제적 힘의 상징이었던 세계 최고층 건물이 무너졌다. 빈 라덴은 세계 무역 센터를 "자유와 인권과 인류를 대변하는 황공하게 상징적인 건물"이라고 했다.[804] 코란은 "어디서 죽든 그것은 우뚝 솟은 탑보다 고결할 것이다."(4. 78)라고 했고 그 말대로 되었다. '먼 나라 원수'의 땅 깊숙한 곳에 있는 표적이 몇몇 '순교자'에 의해 성공적으로 파괴되었고 (많은 이슬람교도들을 포함) 무신론자 수천 명의 생명을 앗아갔다.

빈 라덴과 그의 측근들은 황홀해했다.[805] 빈 라덴은 계획이 그렇게 훌륭하게 수행되리라 기대하지 못했다고 한다. 그와 함께 많은 이슬람 사람들이 기뻐했다. 다른 때 같으면 무고한 생명의 손실을 한탄했을 사람들도 그랬다. 다른 종교처럼 이슬람도 그런 살인은 금한다. 「월 스트리트 저널(Wall Street Journal)」을 읽으며 맥도날드에 앉아 있던 대학생 한 명은 뉴스가 보도됐을 때 "모든 사람들이 서로 축하했다. 차도에서는 사람들이 경적을 울리며 마침내 미국이 벌을 받았다고 기뻐했다."라고 회상했다.[806] 물론 그곳에서만 그런 것은 아니었다.

전 세계 수백만 대의 텔레비전으로 화염에 휩싸인 건물이 그 안에서 죽어간 무수한 인명을 천천히 토해내는 모습이 전파되었다. 서양 세상은 끝없이 반복되는 이미지가 주는 공포에서 벗어나려고 고군분투했다. 그 동안 알 자와히리는 인터넷에 '마호메트 깃발 아래의 기사들'이라는 제목의 글을 올렸다. 알 자와히리는 그 공격이 이슬람교도들을 단결하게 하려는 의도로 자행되었다고 설명했다. 걸프전 이후 낙담하고 소심해진 이슬람 대중에게 이슬람 투사들이 가장 막강한 이슬람의 적이자 중동과 북아프리카 변절자들의 후원자인 미국에 성공적인 타격을 줄 수 있음을 보여준 것이다. 서구 자유주의와 민주주의가 나약하고 도덕적으로 타락했으며, 곧 서양의 모든 정부들이 쌍둥이 타워와 같은 길을 걷게 됨을 증명했다. 이제 해야 할 일은 파키스탄에서 필리핀까지 이어지는 전 이슬람 세계의 사람들이 전쟁의 영역 안팎에서 새로운 지하드를 시작하는 일뿐이었다. 테러리즘은 이슬람이 매우 선호하는 방식이 되었다. 쌍둥이 타워가 무너지면서 테러리즘이 '서양 사람들이 이해하는 유일한 언어'임을 증명했기 때문이다.

10월 7일 아랍 텔레비전 방송 알 자지라에 아프가니스탄 산중 동굴 입구에서 빈 라덴과 함께 앉아 있는 알 자와히리의 모습을 담은 비디오가 배달됐다. 그는 (보통 이집트 내과 의사들이 착용하지 않는) 터번을 쓰고 마호메트의 삶과 시대를 다룬 이집트 드라마의 배우들이 선호했던 의상을 걸치고 있었다. 이슬람 사람들이 지치지도 않고 주장하는 점, 즉 테러리즘은 사실상 십자군 전쟁으로까지 거슬러 올라가는 전쟁의 한 장에 지나지 않는다는 것을 더 확실히 알리기 위해 알 자와히리는 9월 11일을 "정당한 날, 순수한 날, 도전의 날"이라고 불렀다. 그는 또 카메라에 대고 "이슬람 영광의 날이 도래했다. 이슬람 역사의 새 장이 시작됐다. 하틴, 아인 잘루트 전투(1260년 몽골군에 대항한 이슬람의 승리) 같은 신념을 위한 전투와 예루살렘의 정복이 시작됐다. 때가 왔고 이제 이슬람의 영광을 되찾는 일을 서둘러야 한다."라고 말했다.[807]

9월 11일이 이슬람이 기다렸던 인류 종말의 날을 부르지는 못했다. 그러나 미국이 주도한 탈레반 정권 파괴와 이라크 침략과 뒤이은 사실상의 이라크 점령 같은 서양의 복수전은 이슬람 사람들에게 인류 종말의 날을 연상시키기에 충분했다. 이슬람 투사들의 말처럼 이제 전 세계가 이슬람과 서양 사이 혹은 이슬람과 세속주의 정부, 민주주의, 권리, 선택의 자유, 남녀평등 같은 서양을 대표하는 가치 사이의 처절한 싸움으로 동요했다. 예멘, 수단, 사우디아라비아, 알제리, 이집트, 요르단, 파키스탄, 필리핀, 인도네시아처럼 좀 더 세속적이고 최소한 좀 더 서양에게 우호적인 국가들과 더 온건한 이슬람 사회들도 극단적 이슬람 집단 때문에 피해를 받아야 했다. 그리고 지하드 투사들은 계속해서 '십자군 유럽 그 깊숙한 곳'에 표적을 만들고 공격했다. 2004년 3월 마드리드, 2005년 7월 런던

에 테러 공격이 있었다.[808]

공격이 계속되면서 이슬람이 말하는 적은 더 광범위하고 일반적이 되었다. 옛 이슬람의 적은 종교, 즉 기독교와 유대교였다. 그런데 어느새 영국, 프랑스, 미국 같은 특정 권력이 되는가 싶더니 이제는 간단명료하게도 적은 바로 '서양'이다. 서양 쪽의 대처는 그렇게 간단명료하지 않았다. 성공적인 테러 공격들로 서양 사람들은 이슬람 극단주의자뿐 아니라 이슬람 자체에도 적대감을 드러냈다. 그리고 그런 적대감은 악순환이 되어 온건한 이슬람 사람들조차 서양 문명이 어떤 식으로든 이슬람을 완전 파멸시키려 한다고 믿게 만들었다. 그러나 타협적인 서양 지식인도 많다. 이들은 한때 이슬람과 기독교 세계의 국경을 따라 존재했던 종교적 공유 정서와 이슬람 사회가 그 속에 살고 있던 기독교도와 유대인을 기꺼이 관대하게 받아들였다는 점이 바로 모두가 공유할 수 있는 세상이 가능하다는 것을 증명한다고 주장한다. 또 이들에 따르면 지금 보이는 동양과 서양 사이의 명확한 구분은 역사가 길지 않으며 대체로 서양, 특히 서양의 식민주의 때문이고 인류애로 쉽게 극복할 수 있다고 말한다.[809]

많은 이슬람 사람들, 심지어 가장 급진적인 이슬람 나라에 사는 사람들도 유사한 믿음을 갖고 비종교적인 서양과 이슬람 세계 사이의 적대감이 대화와 상호 존중과 이해로 풀어지기를 희망한다. 그러나 또 다른 이슬람 사람에게 그 모든 대화와 이해가 도달하는 곳은 그저 또 다른 형태의 서구화일 뿐이다. 심지어 마음을 열었다는 사람들도 그렇게 냉소적이 된다. 누가 관용, 대화, 이해가 덕이라고 했나? 당연히 무신론자 서양인들이 그랬다. 마호메트의 종교는 공손한 개심의 종교라기보다는 복종의 종교다(결국 '이슬람'과 '무슬림'이 뜻하는 바가 그렇다). 다른 것을 믿는다는 것은 나폴레옹이 이집트에서 선보였던 이슬람과 인권의 괴상한 혼합의 꿈에 빠지는 것이다. 나폴레옹은 신이 없는 근대적 믿음이라는 케이크에 코란의 크림만 얹으면 불쌍한 이슬람교도들이 평등, 개인의 자유, 자기표현, 권리 같은 서양 관습을 받아들일 것이라고 생각했다. 그럼 자신들의 옛날 방식이 얼마나 조악했고 잔인했고 원시적이었는지 알게 될 것이다. 1941년 인도에서 자마아티 이슬라미(Jama'at-i-Islami: 이슬람 사회) 창단에 관여했고 현대 이슬람 사람들이 존경하는 지도자이자 화해와 조정을 선호했던 마우두디(Mawlana Abdullah Mawdudi)는 이렇게 썼다. "제대로 배우지도 알지도 못하면서 이슬람의 대의에 봉사하겠다는 목적만 가지고 있는 사람들은 늘 이슬람이 그 자체로 현대의 정치 사회적 사상과 실천의 모든 면을 포함하고 있다고 주장하고 그것을 증명하려는 대단히 힘든 과제에 시달리고 있다."

마우두디는 그것이 이슬람에 대한 확신보다는 '열등감'에서 나온 바보 같은 짓이라고 주장했다. 그에 따르면 이슬람 사람들은 열등감 때문에 "절대 명예나 (서양으로부터) 존경을 얻으려면 일단 그들의 종교가 현대의 신조들과 닮았으며 동시대 이념 대부분과 조화를 이루고 있음을 보여주어야 한다."라고 믿는다.[810] 집요한 성향의 이맘 알 나세리(Kadhem al-Ebadi al Nasseri)는 2003년 5월 바그다드에서의 종교 집회에서 "서양은 자유 민주주의, 문화, 시민 사회 같은 번지르르한 말들로 여러분을 유혹하려 합니다."라고 하고는 "그런 개념을 통해 무신론자의 타락이 우리 사회로 들어왔다."라며 그들의 말을 듣지 말라고 울부짖었다.[811]

마우두디에게 알 나세리의 말은 서양 민주주의 자체를 거절하라는 뜻은 아니었다. 많은 사람이 마호메트 시절 메디나에 존재했다고 믿는 그런 선거에 의한 평판 좋은 민주주의 정부라면 거절할 이유가 전혀 없었다.[812] 알 나세리가 의미했던 것은 현대 자유 민주주의 국가를 만든 서양의 세속

주의를 거부하라는 것이었다. (대부분 이슬람교도들의 눈에 서양의 세속주의
는 현대 자유 민주 국가들의 조건이라기보다는 결과였다.) 그리고 그것은 곧 현
대와 고대의 모든 민주주의 형식의 기본 전제, 즉 "주권은 이슬람에서 반
드시 그래야 하는 것처럼 신에게 있는 것이 아니라 일반 사람들에게 있
다."라는 것의 실질적인 거부였다. 마우두디의 상상 속 미래 이슬람 국가
는 정당하게 선출된 지도층을 바탕에 두지만 통치는 그 지도층이 만들 법
에 의한 것이 아니었다. 샤리아, 즉 신의 법에 의한 것이었다. 마우두디는
그것을 '신 숭배 민주주의적 칼리프 국가'라고 불렀다. 매우 자가당착적
인 '신정-민주정치'가 아닐 수 없다.[813] 그가 생각했던 것과 실제 현대 이
란 공화국과는 별 차이가 없다. (많은 기독교 원리주의자들이 미국에 바라는
것과도 별로 다르지 않다. 성경을 샤리아처럼 바꾸는 것이 불가능하지 않다면 말이
다.)

그런 생각을 마우두디만 한 것은 아니다. 사이드 쿠틉은 많은 점에서
현대 지하드 운동의 대부라 할 만한 사상가다. 급진적 이슬람에서 그의
영향력은 최소한 이란에서 호메이니의 영향력과 비슷하다. 그의 최고로
급진적인 책 『길가의 이정표(Milestones, 1960s)』는 이슬람 세계에서 여전
히 베스트셀러로 남아 있다. (사이드 쿠틉의 동생 무하마드 쿠틉은 오사마 빈
라덴이 수학했던 제다의 아지즈 대학에 이슬람학과를 만드는 데 공헌하기도 했다.)

쿠틉에게 적은 일단 나세르의 이집트 같은 민족주의 아랍 국가들이었
다. 마호메트가 받은 메시지는 이교도, 기독교, 유대교 같은 이전의 모든
전통을 없애거나 대체하는 "매우 자연스러운 창조 혹은 새 탄생을 의미
했고 자체로 실재했다."[814] 이슬람 이전의 전통에서 어떤 의미에서 가장
중요하다고 할 수 있는 개념은 초기 기독교가 (그리고 후기 서양이) 주장했
던 종교와 사회의 분리라는 개념이었다. 쿠틉은 1940년대 미국에서 지내

며 서양 문명을 직접 경험할 수 있었다. 그에 따르면 서양은 "삶의 모든 측면을 설명하는 체계를 만들어 이 땅의 왕국과 천국의 왕국을 분리하는 실수를 범했다."[815] 쿠틉에 따르면 마찬가지로 아랍 민족주의자들은 인간에 의한 통치와 신에 의한 통치를 구분하는 것으로 아랍 사람들을 마호메트 이전의 상태(jahiliiyyah)로 되돌리는 실수를 범했다. 그 상태는 현대 '서구 문명'의 속박 속에서 사는 삶과 매우 비슷한 것이었다.

쿠틉에 따르면 나세르와 그의 추종자들이 현재 이슬람 정체의 1차 원인이다. 그들과 온순한 이슬람 사람들은 "신과 마호메트가 설명하고 묘사했던 것이 아닌 그들만의 이슬람을 창조해내고는 그것을 '진보적 이슬람'이라고 불렀다."[816] 쿠틉에 따르면 그렇게 함으로써 그들은 서양, 특히 미국의 꼭두각시가 되었고 모든 이슬람 사회에 성공적으로 독을 퍼뜨려 결과적으로 마호메트가 가르쳤던 순수한 삶에서 등을 돌리고 서양의 물질과 쾌락을 따르고 특히 성적으로 문란하게 만들었다. (미국으로 가는 길에 술 취한 여성을 경험한 적이 있는 쿠틉은 특히 섹스를 크게 문제 삼았다. 그는 거의 질려 하며 "미국 여성은 자신의 몸매, 얼굴, 멋진 눈, 입술, 튀어나온 가슴, 풍만한 엉덩이, 매끄러운 다리가 얼마나 아름다운지 잘 알고 있다."라고 적었다.)[817]

쿠틉은 서양 과학에 결코 적대적이지 않았다. 서양 과학에 적대적이었던 이슬람 개혁자는 없었다. 그는 기꺼이 "유럽의 천재들이 과학, 문화, 법, 물질적 생산에 있어 놀라운 일을 해냈다. 그것으로 인류는 창조성의 극치를 경험하고 물질적인 안락함을 누릴 수 있다."라고 썼다. '그런 놀라운 것들을 발명한 사람들'에게서 잘못을 발견하기란 쉽지 않았다. 그러나 문제는 서양인이 발명한 것들은 모두 '인간'이 만든 전통에 기반을 두고 이슬람 속에서만 발견될 '진정한 진보'를 위해 필요한 '필수적인 가치들'을 모두 제거해버렸다는 점이다. 쿠틉은 현대 세상의 가치는 그 세

상이 인류에게 물질을 주었다는 데에 있지만 그것은 "근본적으로 이슬람
의 가치와 맞지 않다."라고 했다. 그리고 그 현대 세상이 "힘으로 억압해
우리로 하여금 창조자가 요구했던 삶을 살지 못하게 한다."라고 주장했
다.[818] (미국을 등에 업은 정권 아래 있던 이란 사람들은 그 타락의 과정을 '서구
화'가 아니라 '서양 중독화'라고 불렀다.)[819]

쿠틉은 지금 나타나야 하는 것은 마호메트가 아랍 이교도의 폐허 위에
첫 번째 움마(이슬람 공동체)를 지었던 것처럼 서구 민족주의의 폐허 위에
이슬람을 재건하고 마호메트 지침서를 반복해서 읽는 '새 코란 세대'라
고 주장했다.[820] 그것을 위해 코란과 하디스와 '예언자 마호메트의 자서
전과 모범이 되는 행동들'을 다시 순수하게 있는 그대로 이해할 필요가
있었다. 그것이 쿠틉과 그의 추종자가 말하는 진정한 의미의 살라피즘
(salafism)이었다. 그런 의미에서 알 아프가니, 압두, 리다 등이 제안했던
자유롭고 더 보완적인 경전 해석은 일종의 변절이었다. 경전의 매우 엄격
한 이해가 아닌 것은 모두 무시해야 했다. 쿠틉은 심지어 중세 시대 위대
한 저술가들인 이븐 신드, 이븐 라쉬드, 알 파라비 같은 '이슬람 철학자
들'의 저술도 "이슬람 정신에 맞지 않는 그리스 철학의 그림자에 지나지
않는다."라며 외면해야 한다고 주장했다.[821]

'새 코란 세대'가 해야 할 일은 '신만이 갖는 신성의 선언'을 통해 '인
간 찬탈자의 손에 있던 권력을 신에게 다시 돌려보내고 신성한 법의 지상
권을 선언하고 인간 법의 취소를 선언하는 것'이다.[822] 그것이 '이슬람 부
흥'의 기반이 될 것이었다. 새 이슬람 세대가 서양이 성취한 물질적, 과
학적 성공의 수준을 따라가려면 시간이 걸릴 것이다. 그러나 그날은 오게
되어 있다. 쿠틉은 "이슬람의 회생 후 세상의 지배자가 될 때까지 대단히
멀고 험난한 길을 가야 할지 모르지만 그 길은 반드시 이슬람의 회생에서

부터 시작해야 한다.”라고 경고했다.[823]

놀랄 일도 아니지만 대체로 비종교적인 이집트 정부는 그들 인간 법의 취소가 불러올 번영을 달갑지 않게 생각했고 1966년 8월 29일 새벽 기도가 끝나자마자 쿠틉을 목 매달았다. 죽는 순간에도 쿠틉은 “15년간의 지하드 끝에 순교할 수 있어서 신에게 감사한다.”라고 말했다.[824]

독실한 신자들에게 쿠틉의 주장은 극단적이지도 어리석지도 않다. 많은 기독교도도 그들의 비종교적인 정부와 그들만의 변절과 세속화에 대해 똑같은 주장을 펼칠 수 있을 것이다.[825] 마우두디와 쿠틉은 많은 점에서 이슬람 경전 직역주의자들이었다. 그러나 탈레반으로 대표되는 이슬람 투사 직역주의자 같지는 않았다. 그들은 마호메트가 수염을 길렀으면 독실한 이슬람교도도 수염을 길러야 하고 마호메트가 오른쪽으로 누워 잤다면 또 모두가 그렇게 해야 한다고 믿는 사람들이다. 그러나 마우두디와 쿠틉은 이슬람의 전진을 위한 유일한 길은 그 뿌리로 돌아가 서양의 영향력을 완전히 없애는 것이라고 믿었다. 그리고 마호메트의 원래 메시지를 보완하고 희석하는 것은 바로 배신이라고 생각했다.

마우두디와 쿠틉의 사상적 조상이라 할 수 있는 두 명의 법학자 겸 신학자가 있었다. 알 카에다의 지도층을 형성하는 더 급진적인 이슬람 신봉자들도 넓은 의미에서 그들의 후손이라고 할 수 있다. 그중 한 명인 알 와하브는 이미 앞장에서 언급한 바 있다. 그런데 알 와하브 이전에 더 급진적인 이슬람 학자가 있었는데 바로 타키 알 딘 아흐메드 이븐 타이미야(Taqi al-Din Ahmad ibn Taymiyya)였다. 그의 저술은 1981년 젊은 전기 기술자 아브데살람 파라즈(Abdessalam Faraj)와 그의 동료들이 이집트의 사다트(Anwar Sadat) 대통령을 암살한 사건을 정당화하는 데 이용되기도 했다. 사다트 대통령 암살은 1990년대 중반 사우디 정권을 전복하려 했

던 이슬람 극단주의자들에게는 릴레이 경주의 출발 신호탄과도 같았다.[826]

이븐 타이미야는 몽골군이 바그다드를 파괴한 지 얼마 지나지 않은 1263년 현재 터키 지방인 하란에서 태어났다. 뛰어난 신학자였던 할아버지와 아버지의 피를 이어받은 그는 한발리 법학교에서 천재적인 법학자로 통했다. 그는 매우 엄격하게 경전을 해석해야 한다고 생각했던 순수파였고 그리스 논리학이 이슬람의 가르침과 상충한다고 비난하는 논문을 쓰기도 했다. 또한 레반트 십자군 국가들의 동맹국이었던 소아시아의 아르메니아 왕국과 몽골에 대항한 전쟁에 참전하기도 했다. 시간이 갈수록 그는 점점 더 극단적인 결벽주의자가 되었다. 칼리프 국가가 너무 해이하고 이슬람 정도에서 벗어났다고 확신했다. 따라서 이슬람교도라고 주장하는 사람들이 모두 삶을 정화해야만 움마에 대한 신의 가호를 되찾을 수 있다고 주장했다. 모든 종교적 결벽주의자들이 그렇듯 그는 화가 나 있었고 비타협적이었다. 그것이 문제가 되어 정부는 그를 다마스쿠스의 감옥에 가두었고 저작 활동을 금지해 그의 펜 끝에서 더 이상의 소책자들이 쏟아져 나오지 않게 했다.

오늘날 이븐 타이미야는 급진적 이슬람교도 사이에서 그가 몽골에 대항해 발표했던 유명한 파트와(칙명)로 가장 잘 알려져 있다. 몽골인들은 1295년 이슬람교로 개종했지만 이븐 타이미야의 관점에서 그들은 '괴짜' 변절자였을 뿐이었다. 그들은 거침없이 잔인했고 이슬람 하인들을 다루는 태도도 나빴다. 습관적으로 술을 마셨으며 이슬람 중심 교리를 제대로 지키지도 않았고 무엇보다 샤리아에 따른 삶을 살지 않았다.[827] 타이미야에 따르면 그렇게 몽골인들이 실질적으로 변절자들이라면 이슬람교도는 그들을 죽음으로 처벌할 수 있다. 타이미야는 그 논리를 확대해 변절자에 대항한 전쟁도 성전에 속한다는 위험한 결론을 내렸다. 게다가 변절자의 범주에는 다른 변절자나 무신론자 정권에 이바지한 이슬람교도도 포함됐다. 그들이 개인적으로 아무리 이슬람에 충실한 삶을 살더라도 소용없었다. 뜻하지 않게 변절자 혹은 무신론자를 도와서 죽음에 이르는 처벌을 받았다면 불행한 일이지만 그럴 경우 사후에 신에 의해 구제받을 것이었다.[828]

이븐 타이미야는 빈 라덴과 그의 추종자들의 마음을 사로잡았다. 2001년 2월, 전 알 카에다 멤버 중 한 명이 FBI 스파이에게 서투른 영어로 다음과 같이 말했다. "빈 라덴은 타이미야가 칙명을 발표했다고 말했다. 타이미야는 몽골인 앞잡이들을 만날 때면 그들에게서 뭔가를 사서…… 그들을 죽게 했다. …… 당신이 그들을 죽였더라도 걱정할 필요 없다. 그들이 착한 사람이었다면 천국으로 갈 것이고 나쁜 사람이었다면 지옥으로 갈 것이다."[829] 그의 정신없는 영어가 뜻했던 것은 사실 9.11 테러에 무고한 희생자는 없다는 것이었다. 타이미야가 다른 이슬람 법학자들처럼 일반인을 살해하는 것을 금지하기는 했지만 말이다. 화염 속에서 사라졌던 이슬람교도들조차 무역 센터에 있었다는 것만으로 이미 변절자였다. 물론 서양을 도와왔고 계속 돕고 있는 사우디아라비아 같은 정권들도 그런 식으로 변절자가 된다.

이븐 타이미야, 알 와하브, 사이드 쿠틉, 마우두디처럼 현대 '지하드 전사들'도 무신론자들과 이슬람 변절자에 대항한 성전(지하드)은 진정한 이슬람교도의 의무라고 믿는다. 서양(기독교도든 무신론자든 상관없다)과 이슬람 세계와의 화해는 없다. 마호메트가 예고했듯 오직 그중 한쪽으로의 합병만 있을 뿐이다.

모든 이슬람 투사들과 급진주의자들도 대체로 유사한 관점을 갖는다.

일부 마우두디의 추종자들은 심지어 18세기 말 서양의 '동양' 개념과 매우 유사한 지역 감각을 갖고 있는 듯하다. 그들은 중동뿐 아니라 문화적으로 다른 중국, 일본 같은 극동 국가들까지 자신들의 문화권 안으로 포섭해버린다. 1969년 무하마드 잘랄 키식은 자신의 독자들에게 중국과 구소련 간에 커져가는 적대감을 보라고 요구했다. 그는 유럽 이념(이 경우 마르크스주의)은 중국에서도 동서양 문화 사이의 화해할 수 없는 차이를 임기응변식으로 가렸을 뿐이라고 주장했다. 결국 오래된 대립은 어쩔 수 없는 것이었고 중국은 부모격인 서양에 등을 돌리면서 전통의 '동양적' 방식으로 문화 혁명을 일으켰던 것이다.[830]

그런 관점이 결코 일반적인 것은 아니었다. 이븐 타이미야와 알 와하브는 둘 다 동시대 정통 울라마 사회가 비난했던 극단주의자들이었다. 그들의 추종자 빈 라덴과 탈레반의 정신적 지도자들은 더욱 극단으로 치닫는다. 기독교에서처럼 이슬람 투사 개념이나 천년왕국 개념 같은 것은 최대한 잊고 사는 수백만 이슬람교도들이 있다. 그러나 터키, 모로코, 튀니지 같은 나라(한때는 보스니아도 여기에 포함되었다)를 제외하면 오직 이슬람 세계에서만 전통 종교적 신념 및 생활 방식이 현대 자유주의 정부 형태와 조화롭게 공존하는 데 실패한 것 같다. 왜 그럴까?

서양의 많은 사람에게 그 대답은 항상 거의 똑같았다. 결국 동양과 서양을 구별하는 것은 종교도 역사도 문화도 아니었다. 그것은 사실 정부 혹은 더 큰 의미로 정치였다. 앞에서 살펴봤듯이 헤로도토스도 그렇게 말했다. 그리스를 페르시아와 구분하던 것은 인종이나 기후가 아니고(약간 기여한 바가 있기는 하겠지만 말이다) 독특한 정치 형태, 즉 (그리스의) '이소노미아 체계'였다. 그리고 지금 '서양'의 중요한 특성 중 하나가 바로 그 평등한 권리를 위한 기본 원칙들이다. 서양 사람이 말하는 이슬람 사회의 문제는 이슬람이 아니다. 많은 사람이 이슬람도 기독교처럼 본질적으로 평화를 추구하는 종교라고 생각한다. 비록 실질적으로 거의 그렇지 못했지만 말이다. 문제는 폭력으로 정권을 잡고 독재를 일삼는 정부들이다. 악명 높은 이란을 제외하고는 이슬람 정부 중 스스로를 진정으로 이슬람적이라고 주장할 수 있는 곳은 거의 없다. 그런 중동의 정부들이 민주 정부로 변한다면 이슬람의 호전성도 곧 사라질 것이다.

그러나 그런 긍정적인 관점은 이슬람 사회가 기독교 사회처럼 왜 자발적으로 민주 정부 형태를 설립할 수 없는지에 대한 이유를 설명하지는 못한다. 민주주의 제도가 전 세계로 전파돼야 한다고 생각하는 민주주의 옹호론자들은 일단 인간 존재는 인종, 신조, 역사와 상관없이 누구나 개인적 자유를 갈망한다고 가정한다. 개인의 자유는 수 세기 동안 유럽 문명에서 불변의 원칙이었다. 그럴듯한 말이다. 그러나 그런 주장에 수반되는 다른 가정들은 그다지 그럴듯하지 않다. 그중 하나가 일단 자유 민주주의 제도와 관습이 자리를 잡으면(자리를 잡는 데에는 최근 이라크에서처럼 성공적인 선거 하나면 충분하다) ‘자유’가 반드시 뒤따를 것이라는 가정이다. 그리고 일단 사람들이 자유를 경험하면 결코 포기할 수 없다고도 가정한다. 추론 자체가 완전히 틀린 것은 아니다. 오늘날 세상에는 그것을 증명하는 많은 나라가 있다. 예를 들어 중국이 그렇다. 정부에 대한 국민들의 요구와 개인적, 정치적 자유의 정도는 현재의 (중국 사회주의) 제도가 아무리 부와 안정을 창조한다고 해도 좀처럼 줄어들지 않는다.

그러나 (동양에서) 민주주의로의 정권 교체를 시도하는 데서 문제는 그것이 거의 언제나 민주주의에 대한 매우 단순한 이해를 바탕으로 한다는 점이다. 그때 민주주의 수사학의 주요 키워드는 민주주의가 배달할 물질들 너머로 나아갈 수 없다. (서양에서는) 아무도 ‘자유’를 단순히 추상적으로 좋은 것이라고 생각하지 않는다. 서양에서 자유는 구체적으로, 대체로 간섭받지 않는(무제한적인 것은 아니다) 선택을 통한 더 안전하고 더 풍부하고 더 나은 삶을 뜻한다. 구소련의 위성 국가 중에서 아마도 동독이 가장 자유가 없던 국가였을 것이다. 그러나 동독인은 서독의 텔레비전을 시청할 수 있었다. 많은 제한이 있기는 했지만 서독에 살던 친척을 정기적으로 만날 수도 있었다. 동독 내의 억압된 자유와 서독과의 정기적인 만남 덕에 구소련의 영향권 내 다른 어떤 나라보다도 현대 자유 민주주의가 제공하는 자유가 무엇인지 제대로 볼 수 있었다. 그 때문에 동독 시민의 움직임을 시작으로 동독 공산주의 정권이 무너질 수 있었다.[831]

거의 모든 중동 사람이 현대 자유 민주주의의 좋은 점은 미국 소비 지상론이 생산한 물건들임을 알았다. 그러나 그 물건들이 매우 유혹적이기는 하지만 물건의 생산을 가능하게 한 정치적, 경제적 체계가 꼭 현대 자유 민주주의일 필요는 없다는 것도 안다. 중국 같은 공산주의 국가들도 쉽게 그런 물건을 생산할 수 있다. 2004년 미군이 바그다드에 도착했을 때 험비(미 육군용 고기동성 다목적 4륜 차량-옮긴이) 주변으로 아이들이 벌 떼같이 달려들어 그 안에 있는 군인들에게 "자유!"가 아니라 "위스키!"를 외친 것은 의미심장하다. 아마 미국이 그런 외침을 제대로 파악하고 학교, 병원, 안전 시설, 복지기관을 제공했다면 이라크인에게 민주주의가 더 유혹적일 수 있었을 것이다. 최소한 수 세기에 걸친 지겨운 수니, 시아, 쿠르드의 싸움을 멈추기 위한 대안 정도로 생각할 수도 있었다.

서양 사람은 중국의 '최고 실력자' 덩샤오핑이 '부르주아의 자유 민주주의'라고 치부했고, 천안문 앞 광장에서 중국 학생들이 열망했던 자유 민주주의가 매우 보편적인 정치 체계라서, 사회적 삶을 사는 인간이라면 누구나 그것을 정의와 자유를 성취할 유일한 수단으로 인정해야 한다고 기본적으로 가정한다. 그러나 그것은 잘못된 가정이다. 민주주의가 초기 이슬람과 일부 매우 유사하다는 사실을 무시하고라도 민주주의는 필수적으로 불완전한 정치 전통이다. 고대 그리스 민주주의도, 그것을 물려받았다는 현대 서양의 민주주의도 그렇다. 민주주의는 이 책 전반에 걸쳐서 내가 말하고 있는 ‘서양’의 산물일 뿐이다.

그렇다고 성숙한 민주주의를 실현하고 있는 나라들이 민주주의가 현존하는 최고 정부 형태라고 주장할 수 없다는 것은 아니다. 특히 공산주의의 몰락과 함께 민주주의는 최소한 현재까지 권력과 물질의 분배에서 가장 합리적인 체계라고 할 수 있다. 서양이 저지를 수 있는 실수는 현대 민주주의를 경험한 적이 없고 현대 민주주의를 불가피하게 서구 제국주의와 서양 무신론과 동일시하는 사람들도 똑같이 그렇게 간단하고 명백하게 민주주의를 평가해야 한다고 가정하는 것이다. 그들이 처음 민주주의를 만난 것이 총성이 난무했던 전쟁 직후였는데도 말이다.

마우두디와 수많은 자유주의자 이슬람교도들이 지적했듯이 이슬람은 기본적으로 어떤 정치 체계와도 조화할 수 있다. 현대 이란 공화국은 현대 미국 같은 민주주의는 아닐지 몰라도 아테네인이 이해했던 혹은 1792년 프랑스 자코뱅당이 창조한 민주주의와 별반 다르지 않다. 이슬람 세계에서 이란은 다소 색다른 나라이긴 하다. 초창기 이슬람 사회의 ‘민주주의적’ 성격은 서양/이슬람 지성인들에게 하나의 개념으로서 흥미를 주었지만 바그다드의 슬럼과는 별 상관이 없었다. 마호메트의 죽음 이래 거의 모든 이슬람 사회가 실제로 경험했던 것은 이런저런 독재 정권이었다. 물론 서양도 마찬가지였다. 서양도 유럽을 오랫동안 좀먹었던 콩도르세가 말한 ‘왕과 사제들’을 몰아내기 전 일련의 혁명 과정을 겪었다. 대부분의 이슬람 국가들은 지금도 여전히 그 단계에 있다. 이란은 왕들을 몰아내긴 했지만 아직 사제를 몰아내지는 못했다.

오타네스는 조국의 페르시아인에게 민주주의를 설득하는 데 실패했다. 그의 말이 설득력이 없어서가 아니라 페르시아인이 그의 말을 전혀 이해하지 못했기 때문이다. 결국 군주제를 유지하자던 다리우스가 그날 논쟁에서 이겼다. "그동안 잘 작용했던 고대로부터 내려온 방식을 억지로 바꾸면 별 득을 보지 못하므로 바꾸지 말아야 한다."가 단순하면서도 매우 그럴듯한 이유였다.[832]

다리우스의 주장은 어떤 면에서 옳았다. 서양 사람도 잘 인식하고 있듯이 계약과 동의에 기반을 둔 '자연적인' 정부 형태와는 거리가 먼 민주주의는 가장 비자연적인 정부 형태 중 하나이다. (서양의 수 세기를 포함한) 인류 역사의 모든 사회는 계급적, 가부장적 족벌주의에다 거의 신권정치였다. 정치적 권위가 통치자와 통치를 받는 자 사이의 계약에서 나올 수 있다는 것을 알지 못하고 권력의 자발적인 양도는 상상도 할 수 없는 세상에서 투표 같은 것이 무슨 의미가 있겠는가? 식민지를 위한 적당한 법률을 고안하기 위해 고군분투하던 영국의 한 외교관이 말했듯이 의회 제도 속 골칫거리는 "왕실이 반대할지도 모른다."라는 생각이었다. 그의 말대로 수 세기 동안 권력은 높은 곳에서 내려오고 일단 권력을 잡으면 절대 놓치지 말아야 하며 지위를 이용해 가족, 친구, 고객들에게 특혜를 주는 것이 의무라고 생각해왔던 사람들을 어떻게 설득할 수 있겠는가? 그런 사람에게 정의롭고 훌륭한 정부는 사적 이득을 거부할 뿐 아니라 가족과 친지의 요구도 거부하고 또 때때로 자발적으로 적에게 힘을 실어주기도 해야 한다는 것을 어떻게 설득할 수 있겠는가?

민주주의의 본산에서도 민주주의의 역사는 길고도 험난했다. 민주주의의 최초 형태였던 고대 그리스 민주주의(사실 그것과 현재 우리가 이해하는 민주주의와는 거의 아무런 구조적 유사점이 없다)는 알렉산드로스 같은 군사적 팽창주의자들에 의해 억압당했다. 현대 서양이 지금과 같은 민주주의를 이룩하는 데에는 수 세기가 필요했고 그 과정에서 때때로 피 흘리는 혁명도 감수해야 했다. 19세기 말까지만 해도 유럽의 공포스러운 독재 군주들은 민주주의를 프랑스 혁명과 미국이 낳은 위험한 호랑이 새끼로 간주했다. 처칠은 민주주의가 허용될 수 있는 이유는 그것이 완벽해서가 아니라 인류가 찾아낸 모든 정부 형태 중 위험 요소가 가장 적기 때문이라고 했다. 오늘날 가장 발달한 현대 민주주의 국가에서도 민주주의에 반대하는 사람은 많다. 비록 대놓고 반대하지는 못하지만 말이다.

그렇다면 서양과 전혀 다른 역사를 걸어왔고 준비도 되어 있지 않은 세상에 그런 민주주의 개념이 쉽게 ‘소개될 수’ 있겠는가? 그것도 무력으로 말이다. 인간은 누구나 천성적으로 자유를 원한다는 관점은 마찬가지로 인간은 삶의 질서와 방향도 갈구한다는 사실을 무시하고 있다. 그런 갈구가 없었다면 종교가 그렇게 유혹적이지 않았을 것이다. 종교는 세상이 혼란스럽게 보이지만 그 속에 ‘지성(신)이 고안한’ 미리 조직된 원칙이 있고 궁극적으로 공정한 정의의 원천이 우리의 삶을 안내하고 있다고 가정하지 않는가? 심지어 민주주의 사회의 대다수도 자유 같은 추상적인 이상보다는 구체적인 천국을 원하고 이 땅에서 그들의 아버지를 찾고 싶어 한다. 수 세기 동안 유럽인은 왕을 말 그대로 그들의 아버지로 섬겼고 오늘날 많은 미국인도 대통령을 아버지처럼 생각한다.

민주주의로의 ‘정부 교체’ 옹호론자들이 하는 오해가 한 가지 더 있다. 이들은 민주화 과정이 반드시 현대 부르주아의 자유 민주주의를 만들어야 한다고 생각한다. 그러나 사실 자유 민주주의적 원칙들과 상관없이 선거로 구성된 정부도 확실히 가능하다. 이란은 1979년 혁명 성공 이래 정기적인 선거를 치르고 있고 그 덕분에 온건한 정치 배우들이 등장했을 뿐이다. 현대 민주주의의 이론대로 호메이니 정권의 본성을 완전히 바꾸지는 않았다. 현재 팔레스타인 정부도 신정 정치이고 자유와는 매우 거리가 멀지만 확실히 선거를 바탕으로 한 정부이다. 그 모든 것을 민주주의의 이슬람적 이탈이라고 생각한다면 역시 무기명 투표로 정권을 잡은 히틀러를 예로 들 수도 있다.

상황이 그러니 서양에 우호적인 온건한 이슬람 국가들은 국민 투표를 거부하기도 한다. 이슬람 극단주의자가 곳곳에서 강세를 떨치는 상황에서 자유선거란 곧 불가피하게 강력한 이슬람 정권의 수립을 뜻하기 때문이다. 팔레스타인이 실제로 그랬다. 그리고 1991년 알제리에서도 군부가 첫 선거에서 이슬람 정당의 승리를 무효화하지 않았다면 똑같은 일이 벌어졌을 것이다. 파키스탄이나 이집트 같은 나라들도 군부가 힘을 잃는다면 확실히 이슬람 정부화라는 같은 운명을 걷게 될 것이다.

이슬람 국가 중 정기적 선거를 고수한다는 점에서 눈에 띄는 나라가 터키이지만 터키 정부는 안정적이다. 현재까지 터키는 어쨌든 좀 더 온건한 이슬람 국가임을 증명했고 세속주의의 정도도 만족할 만하다. 터키는 또 유럽 연합의 조건에 맞는 후보 국가가 되기 위해 오랫동안 노력해왔다. 예외의 경우도 있지만 법적으로 고문과 사형 제도를 폐지했고 언론의 자유를 보장했으며 쿠르드 민족을 포함한 소수 민족 차별을 종식시켰다. 그러나 터키에서도 다른 이슬람 세계처럼 '서양'과 '동양'의 양극화가 점점 더 강력한 현실로 인식되고 있다. 1999~2006년 사이 이슬람으로 정체성을 찾는 터키인이 36퍼센트에서 46퍼센트로 늘어났다. 통계라는 것이 꼭 믿을 수 있는 것은 아니지만 터키의 비종교적인 정치 문화를 고려할 때 의미심장한 증가가 아닐 수 없다.[833] 이슬람 내부에서 중요한 계율이나 의식에 대한 요구가 커지기 시작했다는 심란한 소식도 있다. 이슬람 사회 특성상 소홀하게 생각할 문제는 아니다. 지나친 종교 의복 착용을 금하는 판사들이 계속 협박받고 있고 그중 한 명은 살해됐다. 공영 방송에서는 애니메이션 〈위니 더 푸우(Winnie the Pooh)〉 방송을 취소했다. 캐릭터 중 피글렛이 돼지라서 이슬람 정서에 맞지 않다는 게 이유였다.

터키 외에 최근 유일하게 성공적인 선거를 치르고 있는 나라는 물론 서양 점령하의 후세인 없는 이라크이다. 웬만한 사람이라면 다 예측할 수 있었듯이 자유화와 적절한 민주주의적 과정을 겪은 이라크는 이란 정부와 결탁한 시아파 이슬람 정부를 탄생시켰다. 미군과 연합군이 이라크에 남아 있는 한 그 정부는 '이라크 국민(이 경우 '미국 국민'이라는 말보다 더 추상적이고 애매하다)'의 모든 관심을 대변하는 온건한 서구식 정부처럼 행동하는 데 최선을 다할 것이다. 그러나 연합군이 떠나면 이라크는 아마도 더 혼란스러운 상태에 빠지고 급기야 또 다른 신정 정치 국가로 탈바꿈할 것이다. 지금 그들이 이웃 나라 이란의 강력한 반(反)서양 움직임을 흠모하고 있으니 말이다. 이 책을 쓰고 있는 지금(2007년 3월) 이라크는 내전이라 할 수 있는 상황에 빠져들고 있다. (제국주의에 대항했던 대아랍 항쟁과 이슬람 교파 간의 내전이 있었던) 1920년 여름 메소포타미아의 상황과 그리 다르지 않다.

사라지지 않은 경계

모든 보편적 신념 체계가 그렇듯 오늘날의 민주주의도 그것을 대체할 만한 제도가 가까운 미래에는 나타나지 않을 것이라는 가정에 기반을 둔다. '역사의 종말'에 관한 많은 이론이 있다. 앞에서 보았듯이 그리스 웅변가 아리스티데스는 민주주의, 귀족정치, 군주제의 완벽한 혼합이라던 '혼합 헌법'에 기반을 둔 로마 제국이 만족할 만한 최후의 결정체이고 따라서 역사는 영원히 로마 제국과 함께할 것이라고 믿었다. 플라톤, 루소, 마르크스 같은 사상가들은 한층 조심스럽게 미래에 있을 상상 속 역사의 종식을 말했다. 이 모두는 시간이 지나면 인류가 진화를 멈출 때가 오고 그때는 완벽한 국가가 도래하거나 아니면 인류가 멸망하거나 둘 중 하나라는 가정을 전제한다. 그러나 멸망한 것은 그렇게 주장하던 사람들뿐 사실 결국 아무것도 끝나지 않았다.

세계 대종교들도 위와 같은 세속적 추측들과 비슷한 이야기를 들려준다. 그러나 이 종교들이 틀렸다고 결론내리기는 그리 쉽지 않다. 수많은 정치 제도는 모두 인간이 만든 것이고 따라서 다른 인간의 생산물처럼 포기할 수 있는 것이다. 가장 열렬했던 추종자조차 자신이 따르던 신념이 결국 잘못된 것이라고 외면하거나 최소한 보완이 필요한 체계라고 인정할 수 있다. 그러나 종교는 다르다. 종교는 인간이 아니라 신이 만든 것이라고 가정하기 때문이다. 그러므로 종교가 말하는 이야기는 잘못일 수 없고 대안도 있을 수 없다. 3대 유일신 종교인 유대교, 이슬람, 기독교는 모두 매우 같은 이야기를 약간 다른 버전으로 말하고 있다. 신봉자에게 매우 엄격한 행동 계율을 정해주고 다른 종교의 타당성을 부인한다. 강력한 메시아적 계시를 갖고 최소한 기독교와 이슬람의 경우 어느 날 자신들이 세상의 다른 신념 체계를 꺾고 승리를 거둘 것이라고 믿는다.

그러나 기독교는 서양 역사에서 살아남기 위해 유연성과 융통성을 길러야 했다. 그 세상에서 기독교의 적은 다른 종교가 아니라 모든 종교에 대한 일반적인 무관심이었다. 기독교에도 기독교 근본주의자들이 있다.

그러나 그들은 상대적으로 수가 적고 최소한 현재까지는 별 영향력을 행사할 것처럼 보이지는 않는다.

이슬람도 한때는 그랬다. 그러나 이제는 달라졌다. 온건한 이슬람 사람이 여전히 대다수를 차지하고 있지만 이슬람 ‘원리주의자들’이 곳곳에서 기승을 부리고 있다. 현재 이슬람 세계의 정치적 상황 때문이기도 하고 또 앞에서 보았듯이 서구 신식민주의 때문이기도 하다.

이슬람과 기독교 신학에는 또 한 가지 근본적인 차이가 있다. 그것은 윤리 체계와는 상관없다. 즉 신 개념이나 선/악의 개념과는 상관없고 대신 모든 종교적 투사들에게 중요한 종교와 법 사이의 관계와 관련한 차이이다. 빈 라덴이 썼다는(아마도 사실이 아닐 것이다) 2002년 11월 인터넷을 통해 배포된 ‘미국에게 보내는 편지’를 보면 미국이 범한 주요 범죄는 정확하게 정치와 종교의 분리이다.

미국은 알라의 샤리아보다 미국이 원하고 지향하는 미국인이 발명한 것을 헌법과 법률로 채택하는 나라이다. 미국은 정치와 종교를 분리해 창조자 신에 대한 절대적 권위를 긍정하는 인간의 순수한 본성을 부정한다. …… 미국은 인류가 목격한 가장 최악의 문명이다.[834]

앞에서 보았듯이 쿠틉도 매우 비슷한 말을 했고 대부분의 이슬람 신학자와 법학자도 그에게 동의할 것이다. 노골적으로 그렇게 말하지는 않겠지만 말이다. 결국 그것이 기독교 극단주의자와 이슬람 극단주의자의 차이다. 이슬람 세계의 일반 사람들과 이슬람 극단주의자와의 차이이기도 하다. 모든 것이 그 차이에서 시작되었다. 이슬람 사회는 인간의 의지와 계약이 아닌 궁극적으로 신의 명령에 기반을 둔 사회가 됐다. 반면 서양은 모든 측면이 인간 선택의 문제로 귀결되는 사회이다. 그것은 독실한 이슬람교도 입장에서 신에 대한 모욕이다. 쿠툽은 "그런 (서양) 사회는 이 땅에 대한 신의 주권을 거부하거나 연기한다. 비록 신이 '천국과 이 땅의 주권자는 바로 신 자신이다(『코란』 43:84)'라고 해도 말이다."라고 했다.[835]

교회와 정치의 분리는 교회의 시작부터 존재했던 개념이고 결국 서양의 세속주의를 가능하게 한 개념이다. 그것으로 첫 번째 개혁과 뒤이은 생활 속 종교 권력의 점진적 쇠퇴가 가능했다. 서양의 세속주의는 성공적이었다. 사실 세속주의자들은 지난 세기에 (그리고 현세기에) 사악한 일을 많이도 했다. 현대화, 자유화, 민주주의라는 이름 아래 전쟁도 자행했다. 선진국과 개발도상국 사이의 불평등도 여전히 존재하고 세계화의 물결도 명백하게 권장할 만하기는 하지만 동시에 막대한 불공정과 불평등을 야기한다. 그러나 그 모든 것에도 불구하고 서양의 비종교적 세속주의는 한 세기 전과 비교해 세상을 직/간접적으로 대체로 더 살기 편한 곳으로 만들었다. 부족 사회가 사라졌다고 한탄하는 것은 감상적이다. 물론 이 밝고 새로운 속인의 세상도 완벽하지는 않다. 그러나 완벽한 것은 없다. 인간 세상이 그렇다. 그렇다고 불완전한 세상이 신에 의해 완전해질 수는 없다. 역사의 끝에 존재하는 에덴동산은 없다. 그것은 사후에도 없다.

종교에 귀의한 사람들은 위와 같은 말을 받아들이지 않을 것이다. 그들은 인간의 일이 완전하지 않고 오직 완전을 향한 것일 뿐이라면 인간은 반드시 신에게 눈을 돌려야 한다고 말한다. 우리가 신의 명령을 준수할 준비만 되면 신은 우리에게 보통 인간이 성취할 수 없는 것을 주기 때문이다. 인간은 신이 예언자들에게 내려 보내 기록한 이런저런 경전을 통해서만 신의 가르침을 알 수 있기 때문에 그런 성전들을 법으로 만들어 따라야 한다. 그 법의 가치가 아무리 의심되더라도 말이다.

2006년 6월, '홀로코스트의 존재를 부인했던' 이란의 마흐무드 아흐마디네자드(Mahmoud Ahmadinejad) 대통령이 공개적으로 조지 W. 부시에게 종교인이 종교인에게 보내는 편지를 썼다. 아흐마디네자드는 진정한 종교인은 이슬람교도든 기독교도든 이제 "자유주의와 서구 민주주의가 인류 이상의 실현에 실패했다는 것"을 인식할 수밖에 없다고 주장했다. 그에 따르면 오늘날 "자유 민주주의는 실패한 개념이다. 통찰력이 있는 사람들은 이미 자유 민주주의 체계의 이념과 사상들이 무너지고 몰락하는 소리를 들을 수 있다." 그리고 그럴 수밖에 없다. '부시도 확실히 인식하고 있듯이' 민주주의 체계는 인간적인 것이라서 한계를 가질 수밖에 없다. 미몽에서 깨어난 세상은 이제 "전능한 신에 대한 신념과 정의를 거부할 수 없고 동시에 신의 의지가 모든 것에 만연할 것이기 때문이다."[836] 아흐마디네자드가 의도했던 것은 미국 대통령을 부끄럽게 느끼게 만드는 것이었다. 그렇게 신을 언급하던 부시의 행동도 아흐마디네자드에 따르면 다른 서양 무신론자와 다를 바 없었기 때문이었다. 그리고 자유주의가 궁지에 빠졌다는 부시의 주장도 단순한 말일 뿐임을 암시했다. 그러나 편지가 진심으로 말하려 한 것은 이슬람 극단주의자뿐 아니라 보통 온건한 이슬람 사람들조차 점점 지나치게 이슬람화한다는 것이었다.

서양 일각에서 (정치적 우익의) 기독교 원리주의자와 (정치적 좌익의) 다문화주의자가 다시 극성을 부리고 있다. 둘 다 방식은 다르지만 검증되지 않은 채 뿌리만 깊은 관습과 종교적 믿음에 특권을 줄 방법들을 찾고 있다. 존 스튜어트 밀은 이를 "진보하는 인간에게 주어진 불변의 방해물"이라고 말한 바 있다. 그렇지만 여전히 현대 계몽주의적 가치들이 서양 민주주의 전반을 지배하고 정부가 할 일을 지정한다.[837] 그렇지 않다면 기근과 질병에 시달리는 아프리카에 식량 공수도 없고 원조 프로그램과 국제

의료 봉사단도 없을 것이다. 빚을 지지도 않고 특별한 관계도 없는 나라에서 벌어지는 대학살을 막고 내전을 종식시키기 위해 엄청난 돈을 소비하고 국민의 목숨을 담보로 잡히지도 않을 것이다.

종교 제도 및 종교법과 정치 제도 및 법이 늘 확실히 분리되어 있었다는 것이 현대 계몽주의의 가치가 살아남을 수 있었던 이유 중 하나이다. 그렇다고 기독교 '근본주의자들'이 서구 세상에 심각한 위협이 아니라는 뜻은 아니다(근본주의자의 매우 격렬한 분개는 성경이 말하는 것과 매우 거리가 멀다). 그러나 심지어 조지 W. 부시 같은 '거듭난' 기독교도라고 고백하는 사람들조차 현대 대의제 민주주의와 그 안의 가치들을 엄격한 신정 정치로 바꿀 생각은 추호도 없다. (부시는 영향을 준 정치 철학자가 누구냐는 질문에 "그리스도"라고 대답했다. 그것이 사실이라면 부시는 "황제의 것은 황제의 것으로, 그리스도의 것은 그리스도의 것으로 남겨 두어야 한다."라는 정치에 관해 그리스도가 한 유일한 말을 가슴 깊이 새겨야 할 것이다.)

사실 부시가 언급한 다른 말들은 좀 더 거슬린다. 2000년, 부시는 다양한 복음주의자 그룹을 대상으로 한 연설에서 신이 자신에게 대통령에 출마하라고 했다고 말했다. 자세한 방식은 말하지 않았지만 말이다. 그는 매우 경건하게 "나와 내 가족에게 쉬운 일이 아니라는 것을 알았지만 신이 내가 그 일을 하기를 원했다."라고 고백 비슷한 말을 했다. 곧 법무장관이자 펜테코스트파(20세기 초 미국에서 시작한 근본주의에 가까운 기독교 일파-옮긴이)의 신자인 존 아쉬크로프트(John Ashcroft)가 밥 존스 대학 강연에서 "우리는 왕이 아니라 그리스도를 갖고 있고 교회와 정치의 분리는 넘어야 할 종교적 억압이다."라고 말해 더 직접적으로 현대 민주주의의 근본 원칙들을 위협했다.[838] 또, 항생제 발견 이래 의학 분야의 가장 획기적인 발전으로 기록될 만한 줄기세포 연구 같은 일을 미국 내 기독교 극단주의자들이 방해할 수도 있다는 심란한 소식도 있었다. 서양에서 신은 이미 오래전에 죽었는지 모르지만 그의 망령은 여전히 떠돌고 있는 듯하다.

앞에서 보았듯이 19세기 이슬람 세계에서도 한때 성과 속의 분리가 거론되곤 했다. 1883년 무하마드 압두는 경전이 인간 이성과 전적으로 양립할 수 있고, 맹목적인 전통 추종은 코란의 가르침에 반하기 때문에 비난받아왔다고 지적했다. 권리문제는 물론 결혼과 이혼에 관한 전체 법률도 수정할 필요가 있다고 주장했다.[839] 압두는 종교와 관련된 법은 신성하고 어떤 경우라도 바뀔 수 없겠지만 순수하게 인간 행동과 관련된 법은 신성하지 않고 따라서 상황에 따라 바뀔 수 있다는 논리를 펴 법률의 수정을 주장했다. 더 놀라운 점은 그가 이집트의 수석 율법학자, 즉 이집트 내에서 세 손가락 안에 드는 고위 성직자 자리를 보존하면서도 그런 주장을 할 수 있었다는 것이다.[840]

그러나 그것은 먼 과거의 일이다. 오늘날 압두의 주장을 받아들일 이슬람 신학자는 없다. 일종의 이슬람 자유주의가 이론적으로 가능하다고 해도 그것을 받아들일 사람은 이미 반(牛)서구화한 얼마 안 되는 온건한 이슬람 중산층뿐일 것이다. 이슬람 사람들 대다수는 그런 주장을 또 다른 서양적 관념의 선동으로 본다.

무하마드 압두가 살았던 시절만 해도 이슬람은 믿음 체계를 더 발전시켜 성공적인 현대 국가로 거듭날 수 있을 것처럼 보였다. 그러나 1960년대 이슬람은 제국주의에 저항하는 수단으로 전락했다. 제국주의가 있는 곳이라면 어디든 이슬람이 있었다. 1968년 미국 인류학자 클리포드 기어츠(Clifford Geertz)가 언급한 것처럼 알제리 독립의 염원이 피비린내 나는 전쟁으로 치달을 때도 이슬람은 반제국주의 역할을 완벽하게 수행할 수 있었다. 이슬람 자체의 제국주의 과거를 지니고 있는데도 말이다. 단지 "식민대국 프랑스 엘리트들이 (몇몇 애매한 경우를 제외하고) 결코 이슬람교도가 아니었고 또 이슬람교도가 될 수도 없다고 생각했기 때문이었다."[841] 당시 미국에서 인종적 차별을 받고 있던 아프리카-미국인들이 그 영향을 강하게 받아 대거 이슬람으로 개종하는 사태가 발생하기도 했다. 오늘날 이슬람은 대개 불만과 분노의 종교이다. 불만과 분노의 대부분은 이해할 만하고 일부는 정당성도 인정받았지만 결과적으로 거의 아무 효과도 보지 못했다. 불만과 분노는 이슬람 세계를 가난하게 만들고 소외시키고 점점 더 많은 투사만 배출해낸다. 불만과 분노 때문에 서양, 특히 유럽에 사는 이슬람 사람들도 그 국가들을 세속적 혹은 '기독교적' 세상이라고 보고 영향을 위협적이라고 생각해 자신을 자신이 처한 환경과 분리하려고 애쓴다. 그들은 '이슬람 세계'가 경제적으로 힘들기 때문에 외국의 땅인 '이교도의 세상'에서 살고 있다. 어쩔 수 없이 사는 것이다. 살기위해 스스로 적이라고 간주한 국가에 의지해야 한다는 현실을 한탄하고 늘 언젠가는 어떻게든 이슬람의 위대한 혁명이 전 서양을 압도하기를 희망하고 있다.

그렇게 생각하는 사람들은 늘 기대했던 것보다 덜 얻게 되어 있다. 물론 모든 이슬람 사람이 그런 것은 아니다. 유럽 사회에 성공적으로 적응해 잘 살고 있는 많은 이슬람 사람이 있다. 지금처럼 유럽으로 이슬람 이민자들이 쇄도하기 전에도 유럽에는 소수의 이슬람 이민자 사회가 있었다는 사실은 종종 간과되는 것 같다. 대부분 파키스탄, 인도, 방글라데시에서 온 이민자들로, 그들에게 종교는 완전히 사적인 문제였다. 1960년대와 1970년대, 영국에서 백인 실업자들과 잘나가는 '파키스(이민자들을 경시하며 부른 말)' 사이에 갈등이 생겨났을 때 문제의 중심은 항상 인종이었지 결코 종교가 아니었다.

그러나 현재 서구 유럽과 북미 산업 도시의 음침한 외곽에 살고 있는 이슬람 사람들은 서양이 그들을 기만했다고 생각한다. 무언가 자신을 실망시킨 것을 증오하고 원망하는 것은 성숙하지 못한 인간의 어쩔 수 없는 한계이다. 2005년 파리 시 외곽을 불살랐던 폭도들이 스스로 귀화한 나라와 그 정부를 진정으로 애도하지 않았음은 말할 필요도 없을 것이다(물론 그들이 다 이슬람교도는 아니었다). 유럽에서 소외된 사람들에게 이슬람은 매력적이었다. 이슬람이 문화적인 고향과 확고한 가치를 제공할 뿐 아니라 증오심을 정당화하고 싸울 명분을 제시하기 때문이다. 그런 싸움은 쉽게 선과 악 사이의 종말론적 전쟁으로 묘사된다. 확실성을 주는 것은 그 확실성이 신의 계시처럼 검증될 수 없는 것을 전제로 하고 있다고 해도 소외된 사람들에게는 그럴듯한 유혹이다. 절대적 가난과 불확실성 속에서 사는 많은 이슬람 사람에게 다음 생에 대한 믿음은 금욕이 먼 훗날 제공할 결코 경험해보지 못한 혜택보다 더 현실적으로 느껴질 수 있다. 그렇게 극단적인 자살폭탄 테러로 다음 생을 더 빨리 얻을 수도 있는 것이다.

천사 가브리엘은 마호메트에게 명령했다. "오 예언자여! 믿음이 있는 자에게 전쟁을 재촉하라. 너희 중에 끈기 있는 이십 명이 있다면 그들이 이백 명을 정복할 것이다. 백 명의 끈기 있는 자가 있다면 천 명을 정복할 것이다(『코란』 8. 65)." 끈기 있는 자는 지금도 여전히 끈기 있다.

오늘날 '동양'과 '서양' 사이의 오래된 지리적 경계선은 모두 사라졌다. 사실 그런 경계선은 늘 실제 땅 위에서보다 사람들의 마음속에서 더 확고했다. 40년 전만 해도 보스포러스가 두 세상을 구분하는 지점이라고 말할 수 있었지만 이제는 전혀 그럴 수 없다. '서양'은 이런저런 수단으로 옛날 오스만 제국이었던 동양의 많은 지역을 문화적, 정치적, 경제적으로 압도했다. 그리고 ‘동양’은 서양 전역으로 들어왔다. 현대 미국과 유럽 도시 내부의 작지 않은 지역에 상당한 이슬람 사람들이 살고 있다. 그들 중 일부는 사회에 통합되기를 선택했고 또 일부는 그렇지 않다. 아마도 통합되기를 원치 않고 통합이 필요 없다고 생각하는 쪽이 더 많을 것이다. 세계화한 세상에서 이민이란 단지 외국의 법체계 속에서 산다는 뜻이다. 아프리카나 극동 지방에서 온 사람들에게 그것은 별로 어려운 일 같지 않다. 그러나 독실한 이슬람 사람에게는 매우 어려운 일이다. 유럽의 법을 준수해야 한다면 그들은 이미 진정한 ‘이슬람교도’가 아닌 것이다. 전 유럽과 미국 곳곳에 이슬람 샤리아에 따른 자치 행정의 새로운 이슬람 게토가 생겨나는 일은 상상할 수 없다(완전히 불가능한 일은 아니다). 그러나 그렇게 해야 한다고 주장하는 사람들이 있는 한 ‘동양’과 ‘서양’은 오래된 싸움을 계속할 것이다. 최소한 당분간 그런 싸움은 테러리스트 공격과 증오로 가득한 공공연한 시위 정도가 되겠지만 그것이 지난 2,000년 동안의 싸움보다 덜 불쾌한 것은 아니다. 그리고 결국 지난 2,000년 동안의 싸움만큼이나 무익한 것이다.

주

1) Edith Hall, "Asia Unmanned, Image of Victory in Classical Athens", *War and Society in the Greek World*, Routledge, 1993, pp.109~133.

2) '중동(Middle East)'이라는 말을 처음 사용한 사람은 사실 영국인이 아니라 미국인 Alfred Mahan이었다. 그는 '중동'이라는 말로 페르시아 만 주변 지역을 지칭했다.

3) J. G. A. Pocock, "Some Europes in their History", *The Idea of Europe: From Antiquity to the European Union*, Cambridge, 2002, p.58.

4) David Gress, *From Plato to Nato: The Idea of the West and its Opponents*, Free Press, 1998, pp.24~25.

5) 교황은 신념은 이성의 안내를 받아야 하고 과학 단체들은 신념을 이성적으로 받아들여야 한다는 설교를 하던 중 뜬금없이 이슬람은 새로울 것도 없이 신념을 칼로 전파하라고 명령한 사악하고 비인간적인 종교라는 14세기 비잔틴 황제 마누엘 2세의 말을 인용했다. 문맥상 불필요했던 말이라는 것을 고려할 때 당시 많은 이슬람교도이 봤던 것처럼 그것을 비난으로 보지 않기는 힘들다. *Faith, Reason and the University: Memories and Reflections*, Vatican City: Libreria Editrice Vaticana, 2006.

6) *De lingua latina*, IV, 3, 1.

7) Herodotus, *Histories*, VII, 10~11. John Marincola가 보완한 Aubrey de Sélincourt의 펭귄북스 1996년 본을 참조했다.

8) "On the Uses and Disadvantages of History for Life", *Untimely Meditations*, trans. by R. J. Hollingdale, Cambridge, 1983.

9) 아르메니아인 대학살에 대한 가장 최근 논문은 다음과 같다. Taner Akcam, *A Shameful Act: The Armenian Genocide and the Question of Turkish Responsibility*, trans. by Paul Besser, Metropolitan, 2007.

10) *Metamorphoses*, II, pp.862~864.

11) 이 신화에 대한 훌륭한 해석으로 Roberto Calasso의 *The Marriage of Cadmus and Harmony*, Vintage Books, 1993년 판이 있다.

12) "Note ou L'Européen", *Varieté: Essais quasi politiques*, Giunti, 2002.

13) 이 신화와 다른 신화들에 대한 참고문헌으로 Luisa Passerini의 *Il mito d'Europa: Radici antiche per nuovi simboli*, Giunti, 2002년 판이 있다.

14) J. A. S. Evans, *Classical Journal*, p.64, 1968, "Father of History or Father of Lies? The Reputation of Herodotus", pp.11~17. 페르시아 비문들만 해도 상당히 다른 말을 한다. Pierre Briant의 *Histoire de l'Empire Perse: De Cyrus à Alexandre*, Fayard, 1996년 판을 참조하기 바란다.

15) Herodotus, *Histories*, VII, 104. 세상의 구분에 대한 헤로도토스의 이해는 사실 복잡하고 때때로 모순적이다. Rosalind Thomas의 *Herodotus in Context: Ethnography, Science and the Art of Persuasion*, Cambridge, pp.80~86, 2002이 그것에 대해 잘 설명하고 있다.

16) 더 구체적인 설명과 묘사로는 Victor Davis Hanson의 *Carnage and Culture: Landmark Battles in the Rise of Western Power*, Anchor Books, pp.27~59, 2001을 참조하라.

17) *Histories*, I, 209.

18) *The Persians*, 270~311, trans. by Janet Lembke and C. J. Herington, Oxford, pp.45~46, 1981. 여기 인용문은 내가 약간 수정 번역한 것임을 밝혀둔다.

19) 페르시아 제국 초기 역사에 Richard N. Frye의 *The History of Ancient Iran*, C. H. Beck'sche Verlagsbuchhandlung, pp.91~96, 1984이 권할 만하다.

20) Isaiah 45, Ezra 1.

21) A. Kuhrt, "The Cyrus Cylinder and Achaemenid Imperial Policy", *Journal for the Study of the Old Testament*, 25, pp.83~94, 1983.

22) *Histories*, I, 205~214.

23) Plato, *Laws*, II, 694는 캄비세스가 주색으로 왕권을 잃었다고 주장한다.

24) *Histories*, I, 27~29.

25) 이것은 주로 헤로도토스 버전의 이야기다. 대부분의 학자들은 이제 수송아지 사건이 사실인지는 알 수 없다는 입장이다. 수송아지는 캄비세스가 부재하는 동안 자연적 이유로 죽은 것 같기도 하다. 캄비세스는 그 수송아지의 비석에 자신의 이름을 새겼고 그 옆의 석회암 석비에는 왕실 복장을 하고 뱀의 휘장을 두르며 그 신성한 동물 앞에 무릎 꿇고 존경심을 표시하는 자신의 모습을 새겨 옆에 두었다. 어느 쪽이 맞는 얘긴지 알 수 없다. 우리는 그가 카르멜 산 근처에서 죽었다는 것만 안다. 그리고 522년 3월 11일, 그리스에는 스메르디스라고 알려진 그의 형제 바르디야가 왕을 자청한다. 9월 29일, 바르디야는 메디나 니사야에서 다리우스에 의해 살해당한다. A. T. Olmstead의 *History of the Persian Empire*, University of Chicago Press, pp.107~118, 1959년을 참조하기 바란다.

26) *Histories*, III, 79~83. 이 논쟁은 폭넓게 논의되었다. 예를 들어, Norma Thompson의 *Herodotus and the Origins of the Political Community*, Yale University Press, pp.52~78, 1996이 있다.

27) *Histoire de l'Empire Perse*, 121에서 Pierre Briant는 헤로도토스의 페르시아인들이 실제 최상의 정부 형태를 논의했던 것이 아니라 사실은 왕조의 유산 배분 문제를 논의했을 수도 있다고 했다.

28) Olmstead, *History of the Persian Empire*, p.121.

29) 헤로도토스는 Isonomia를 민주주의와 혼용해서 쓰고 있지만 Isonomia는 민주주의와 다른 것이다. 더 자세한 내용은 Gregory Vlastos의 *Platonic Studies*의 *Isonomia politike*, Princeton University Press, pp.164~203을 참조하기 바란다.

30) J. Peter Euben, "Political Equality and the Greek Polis" M. J. Gargas Mcgrath (ed.), *Liberalism and Modern Polity*, Marcel Dekker, pp.207~229, 1959.

31) *Histories*, I, 132.

32) *Histories*, I, 134.

33) *Histories*, I, 153.

34) *Histories*, IX, 16.

35) *Histories*, III, 86. 헤로도토스의 이야기가 페르시아 의식에 대한 오해와 왜곡으로 가득하다는 주장도 있어왔다. 또한 플라톤의 주장 같은, 다리우스가 다른 다섯 명의 음모자들과 권력을 나눠 가져야 했다는 증거도 있다. Briant의 *Histoire de l'Empire Perse*, pp.140~142를 참조하기 바란다.

36) 이것은 다리우스의 경제 정책에 대한 암시일 수도 있다. 다리우스는 페르시아 전역에 중량 및 여러 측정법을 표준화한 최초의 페르시아 군주이기도 하다. Olmstead의 *History of the Persian Empire*, pp.185~194를 참조하기 바란다.

37) 마니교에 대해서는 뒤에 다시 언급할 것이다.

38) 페르세폴리스로의 이전에 대해서는 Olmstead의 *History of the Persian Empire*, pp.172~184를 참조하기 바란다.

39) *Histories*, V, 97, An echo of *Iliad*, V, 62, and XI, 604.

40) *Histories*, VI, 43. P. Briant의 "La Vengeance comme explication historique dans l'œuvre d'Hérodote', *Revue des etudes grecques*, 84, pp.319~335, 1971을 참조하기 바란다.

41) *Histories*, VI, 100~102.

42) *Histories*, VI, 106. 스파르타인들은 카르네이아 축제를 즐기고 있었다. 그동안 전쟁은 피해야 했다.

43) Nicole Loraux, *The Invention of Athens: The Funeral Oration in the Classical City*, Harvard University Press, p.162, 1986.

44) *Histories*, VI, 111~118.

45) Briant, *Histoire de l'Empire Perse*, pp.170~172.

46) 아카드어를 다룰 줄 아는 R. A. Parker와 W. Dubberstein의 *Babylonian Chronology*, Princeton University Press, p.17, 1956에 의하면 그렇다.

47) *Histories*, VII, 8.

48) *Histories*, V, 78.

49) Gress, *From Plato to Nato*, p.1.

50) *Histories*, VII, 10~11.

51) James H. Oliver, "The Roman Oration", *The Ruling Power: A Study of the Roman Empire in the Second Century after Christ through the Roman Oration of Aelius Aristides*, Transactions of the American Philosophical Society, NS, 23, 1953.

52) *Histories*, VII, 42~44, & Olmstead, *History of the Persian Empire*, pp.249~250.

53) *Histories*, VII, 33~36.

54) "Journal of Hellenic Studies" 1996년, 116호에 실린 L. J. Roseman의 "The Construction of

Xerxes' Bridge over the Hellespont"를 참조하기 바란다.

55) *Histories*, VII, 56~100.

56) *Panegyricus*, 150.

57) *Histories*, VII, 101~105.

58) Plutarch, *Parallel Stories*, 306, 4.

59) Paul Cartledge, *Thermopylae: The Battle that Changed the World*, Pan Books, pp.194~195, 2006. 테르모필레 전투 당시 역사적 상황과 그 여파를 최고로 잘 묘사한 책이다. 또 Sarah B. Pomeroy, Stanley Burstein, Walter Donolan, Jennifer Tolbert Roberts의 *Ancient Greece: A Political, Social and Cultural History*, Oxford University Press, pp.195~196, 1999도 참조하기 바란다.

60) *Histories*, VIII, 51~55.

61) *Persians*, 630~642.

62) *Persians*, 670~697.

63) *Histories*, VIII, 85~96.

64) *The Peloponnesian War*, I, 138.

65) *Laws*, IV, 707 c 2~8.

66) *The Philosophy of History*, trans. by J. Sibree, Dover Publications, pp.257~258, 1956.

67) 크세르크세스 479년 바빌론에서 발생한 반란군 진압을 위해서도 귀환해야 했다. *Studia Iranica*, 21호에 게재된 Pierre Briant의 논문, La Date des révoltes babyloniennes contra Xersès을 참조하기 바란다.

68) "The Roman Oration", p.16.

69) Funeral Oration, 47. 그러나 Lysias는 미개인들을 유럽에서 최후로 몰아낸 사람은 아테네인들이었다고 주장했다. Loraux의 *The Invention of Athens*, pp.53~54를 참조하기 바란다.

70) *Histories*, IV, 177; IV, 183~184; V, 5.

71) *Politics*, 1252 b 4.

72) *On the Fortunes of Alexander*, 329b.

73) Statesman, 262d. 플라톤은 인류에게는 남녀 구분만 있을 수 있다고 생각했다. 다른 구분은 장소와 상황에 따른 것으로, 확실히 중요하기는 했지만 본질적인 것은 아니다.

74) "Kant on the Metaphysics of Morals: Vigilantius's Lecture Notes", *Lectures on Ethics*, ed. by Peter Heath and J. B. Schneewind, Cambridge, p.406, 1997.

75) *The Elementary Structures of Kinship*, trans. by James Hare Bell, Eyre and Spottiswoode, p.46, 1968.

76) *Persians*, 331~335.

77) *Persians*, 827.

78) A. W. H. Adkins, *Moral Values and Political Behaviour in Ancient Greece*, Norton, p.100, 1972.

79) *The Peloponnesian War*, I, 96.

80) *The Peloponnesian War*, I, 74, 1.

81) *The Peloponnesian War*, I, 75.

82) Diodorus Siculus, *Bibliotheca*, 15, 93, 1.

83) *To Philip*, 40.

84) *History*, 3, 2, 8.

85) Daniel 7: 7.

86) *Panegyricus*, 157~158.

87) 필리포스와 알렉산드로스의 원정에 대한 나의 이해는 대부분 A. B. Bosworth의 *Conquest and Empire: The Reign of Alexander the Great*, Cambridge, 1988과 Peter Green의 *Alexander of Macedon 356~323 BCE: A Historical Biography*, University of Californian Press, 1991과 Robin Lane Fox의 *The Search for Alexander*, Little Brown, 1980에 기반을 둔 것임을 밝혀둔다.

88) Diodorus Siculus, *Bibliotheca*, 17, 17, 2. 더 자세한 부분은 Bosworth의 *Conquest and Empire*, p.38을 참조하기 바란다.

89) 자세한 설명은 Green의 *Alexander of Macedon*, pp.172~181을 참조하기 바란다.

90) *Alexander the Great: A Reader*, ed. by Ian Worthington, N. G. L. Hammond, "The Kingdom of Asia and the Persian Throne", Routledge, p.137, 2003.

91) Peter Green의 Alexander of Macedon, pp.213~215와 Paul Cartledge의 *Alexander the Great: The Hunt for a New Past*, Macmillan, pp.114~115, 2004를 참조하기 바란다.

92) Green, *Alexander of Macedon*, pp. 234~235.

93) Plutarch, *Life of Alexander*, 34, 1~4.

94) Green, *Alexander of Macedon*, pp.315~316.

95) 이 이야기는 여러 번 말해졌다. 내 경우 Green의 *Alexander of Macedon*, pp.318~321과 Lane Fox 의 *The Search for Alexander*, pp.244~254를 바탕으로 했음을 밝혀둔다.

96) Efraim Karsh, *Islamic Imperialism: A History*, Yale University Press, p.198, 2006.

97) *Histories*, VII, 42~44.

98) *Life of Alexander*, 43, 3~4.

99) *Geshichte Alexanders des Grossen*, vol. I of *Geshichte des Hellenismus*, Schwabe, p.83, 1952.

100) Arrian, *Campaigns of Alexander*, 519, 4~5.

101) Strabo, *Geographia*, xv, I, 6.

102) Lane Fox, *The Search for Alexander*, pp.407~418.

103) Green, *Alexander of Macedon*, pp.483~484. Seneca, *Quaest, Nat*, VI, 23 and *Epistolae*, 91, 17.

104) Victor Davis Hanson, "Take me to my leader", *The Times Literary Supplement*, 2, pp.11~27, October 2004.

105) *Florida*, VII.

106) W. W. Tarn, *Alexander the Great*, Cambridge, pp.145~148, 1948.

107) Cartledge, *Alexander the Great*, p.14.

108) Bosworth의 *Conquest and Empire*, pp.278~290의 더 자세한 설명을 참조하기 바란다.

109) *Panegyricus*, 151.

110) Tarn, *Alexander the Great*, i, pp.145~148.

111) Cartledge, *Alexander the Great*, p. ix.

112) *The Fortunes of Alexander*, 329.

113) Plutarch, *The Fortunes of Alexander*, 329.

114) *L'Esprit des lois*, X, 14.

115) Tarn, *Alexander the Great*, i, pp.145~148.

116) "The Roman Oration", p.1.

117) 아리스티데스의 연설과 의미는 Aldo Schiavone의 *The End of the Past: Ancient Rome and the Modern West*, trans. by Margaret J. Schneider, Harvard Press, pp.3~15, 2000에 훌륭하게 설명되어 있다.

118) Paul Veyne, *L'Empire gréco-romain*, Seuil, pp.245~247, 2005.

119) *De Consulatu Stilichonis*, III, pp.150~155.

120) '해가 지지 않는 나라' 라는 말은 16세기 이탈리아 시인 루도비코 아리오스토가 샤를 5세의 제국을 두고 묘사한 말이라고 알려졌다. 아리스티데스의 말은 덜 세련됐지만 같은 의미였다. "로마의 땅은 태양이 지나는 땅만큼 넓다. 태양은 로마의 땅을 지난다." "The Roman Oration", p.10.

121) "The Roman Oration", p.104.

122) "The Roman Oration", pp.90~91.

123) *Decline and Fall of the Roman Empire*, III.

124) *Aeneid*, XII, pp.808~842,

125) *Ep.* 2, I, pp.156~157.

126) Ramsay Macmullen, *Romanization in the Time of Augustus*, Yale, pp.2~3, 2000.

127) Fergus Millar, "Taking the Measure of the Ancient World", in *Rome, the Greek World and the East*, i. *The Roman Republic and the Augustan Revolution*, The University of North Carolina, pp.25~38, 2002.

128) "The Roman Oration", p.96.

129) Suetonius, *Lives of the Twelve Caesars*, V, 42, trans. by Robert Graves, Welcome Rain, 2001.

130) Michael Grant, *The World of Rome*, Weidenfeld and Nicolson, pp.37~39, 1960.

131) *Tusculanae Dsiputationes*, 4, 70. E. P. V. D. Balsdon, *Romans and Aliens*, Duckworth, p.33, p.225, 1979. cf. Polybius, 31, 25, pp.3~5.

132) 9, 17, 16.

133) R. A. Gauthier, *Magnanimité: L'idéal de la grandeur dans la philosophie païenne et dans la théologie chrétienne*, Vrin, 1951. Georges Dumézil, *Idées romaines*, Gallimard, pp.125~152, 1969.

134) Dumézil, *Idées romaines*, Gallimard, pp.48~59, 1969.

135) *De Republica*, 3, 35. Peter Garnsey, *Ideas of Slavery from Aristotle to Augustine*, Cambridge,

pp.40~43, 1996.

136) *Satyricon*, 119, 19, pp.24~27.

137) *Phars.* 7, 442; 8, 362. Balsdon, *Romans and Aliens*, p.61.

138) Juvenal, *Sat.* III, pp.60~85. Mary Gordon, "The Nationality of Slaves under the Early Roman Empire", in M. I. Finley(ed.), *Slavery in Classical Antiquity*, Cambridge: W. Heffer and Sons, pp.171~189, 1960.

139) *Sat*, III, pp.6~72.

140) *Catilinae coniuratio*, 11, 5.

141) *Odyssey*, 13, pp.271~286.

142) F. Mazza, "The Phoenicians as seen by the Ancient World", in Sabatino Moscati (ed.), *The Phoenicians*, I. B. Tauris, pp.548~567, 2001.

143) Arnaldo Momigliano, *Alien wisdom: The Limits of Hellenization*, Cambridge University Press, p.4, 1975.

144) 22, 61.

145) Hanson, *Carnage and Culture*, pp.99~111.

146) Ibid, p.110.

147) Jean-Louis Ferrary, *Philhellénisme et imperialisme: aspects idéologiques de la conquête du monde héllenistique*, Bibliothèque des Écoles d'Athènes et de Rome, p.362, 1988.

148) Polybius, 38, 21, I, queted in Momigliano, *Alien Wisdom*, 22.

149) Momigliano, *Alien Wisdom*, 4.

150) Benjamin Isaac, *The Invention of Racism in Classical Antiquity*, Princeton University Press, p.377, 2004.

151) Yves Albert Dauge, *Le Barbare: Recherches sur la conception de la barbarie et de la civilization*, Revue d'études latines, pp.99~261, 1981.

152) *De Constantia*, 13, 4.

153) Aulus Gellius, *Noctes Atticae*, iv, 8.

154) Plutarch, *Julius Caesar*, 60.

155) Plutarch, *Mark Antony*, 26.

156) Plutarch, *Mark Antony*, 54.

157) Recorded by the second-century historian Cassius Dio, 50, 24, 6.

158) *Aeneid*, VIII, pp.685~688.

159) *Mark Antony*, 66.

160) *Childe Harold's Pilgrimage*, XLV.

161) *Lives of the Twelve Caesars*, II, pp.17~18.

162) Claude Nicolet, *The World of the Citizen in Republican Rome*, trans. by P. S. Falla, University of California Press, p.21, 1980.

163) *Historia*, I, xvi.

164) *Lives of the Twelve Caesars*, V, 41.

165) Tacitus, *Annals*, XV, pp.41~42.

166) "The Roman Oration", p.103.

167) "The Roman Oration", pp.15~26.

168) "Greece and Rome" 28호에 실린 Andrew Lintott의 "What was the Imperium Romanum?", pp.53~67, 1981을 참조하기 바란다.

169) *De Republica*, 3, 15, 24.

170) *Naturalis historia*, 3, p.39.

171) Clifford Ando, *Imperial Ideology and Provincial Loyalty in the Roman Empire*, University of California Press, p.67, 2000.

172) P. A. Garnsey, "Laus Imperii", P. A. Garnsey and C. R. Whittaker (eds.), *Imperialism in the Ancient World*, Cambridge, p.168, 1978.

173) Schiavone, *The End of the Past*, 5.

174) 8, 13, 16.

175) "The Roman Oration", pp.22~23.

176) "The Roman Oration", pp.34.

177) "The Roman Oration", p.11, p.104; Schiavone, *The End of the Past*, p.7~8.

178) Veyne, *L'Empire gréco-romain*, p.166.

179) Peter Brown, *The World of Late Antiquity*, W. W. Norton and Company, p.11, 1989.

180) Millar, "Taking the Measure of the Ancient World", pp.31~33.

181) *Digest*, 50, I, 33.

182) Peter Brown, *The World of Late Antiquity*, W. W. Norton and Company, p.123, 1989.

183) James Wilson, "Lectures on Law: XI Citizens and Aliens", 1790~1, ed. by Robert Green McCloskey, 2 vols., Harvard University Press, ii, p.581, 1967.

184) M. I. Finley, *Ancient Slavery and Modern Ideology*, Penguin Books, p.107, 1983.

185) Ibid, p.93.

186) Nicolet, *The World of the Citizen in Republican Rome*, p.39.

187) 다음 문장 '만약 그들이 dediticius의 부분으로 남아 있는다면' 은 상당한 논쟁을 불러일으켰다. dediticius는 전쟁에서 공식적으로 항복해 로마에 부속된 지구들을 일컫는 말이었다. A. N. Sherwin White의 *The Roman Citizenship*, Oxford, pp.380~386, 1973을 참조하기 바란다.

188) A. N. Sherwin White의 *The Roman Citizenship*, p.435. 그러나 로마 제국에 대한 테르툴리아누스의 생각은 좀 모호했다. 그는 로마 세상의 단합을 초월하는 인류의 단합을 상상한 것으로 추정된다.

189) Tacitus, Annals, II, pp.23~24. 더 자세한 내용은 Sherwin White의 *The Roman Citizenship*, pp.237~250을 참조하기 바란다.

190) Ando, *Imperial Ideology and Provincial Loyalty in the Roman Empire*, p.41.

191) *De Officiis*, II, p.27.

192) "The Roman Oration", pp.59~60.

193) Nicolet, *The World of the Citizen in Republican Rome*, p.22.

194) Acts 21: 37~39.

195) Acts 22: 25~29.

196) Acts 25: 10~12.

197) 더 자세한 사항은 Nicolet의 *The World of the Citizen in Republican Rome*, pp.18~20을 참조하기 바란다.

198) Petrus Baldus de Ubaldis, '"Ex facto oritur ius": Breve nota di diritti medievale', *Studi senesi*, pp.66~67, pp.808~819, 1954~1955.

199) Donald R. Kelley, *Historians and the Law in Postrevolutionary France*, Princeton, p.45, 1984.

200) *Decline and Fall of the Roman Empire*, XLIV.

201) Cf. Cicero, *De Officiis*, I, pp.34~35.

202) *De Republica*, 3, p.34.

203) *De Legibus*, I, x, 29; xii, 33.

204) Aristotle, *Rhetoric*, 1373^b, P, A, Carnsey, "Laus Imperii" in Garnsey and Whittaker (eds.), *Imperialism in the Ancient World*, pp.159~191.

205) *De Finibus*, III, p. 63.

206) *The Meditations of the Emperor Marcus Aurelius Antoninus*, vi, 50, 58.

207) *On the Fortune of Alexander*, p.329.

208) "The Roman Oration", p.102.

209) Ernest Barker, "The Conception of Empire" in Cyril Bailey (ed.), *The Legacy of Rome*, Oxford, p.53, 1923.

210) "The Roman Oration", p.104, p.99.

211) "The Roman Oration", pp.12~13.

212) *Decline and Fall of the Roman Empire*, X.

213) Paul Veyne, *L'Empire gréco-romain*, pp.306~311.

214) *De bello Getico*, 78f.

215) Peter Brown, *Augustine of Hippo: A Biography*, Faber and Faber, p.298, 1976.

216) Ibid, p.289.

217) *De civitate Dei*, IV, 7.

218) Daniel, 7: 14.

219) *Hakluytus Posthumus or Purchas his Pilgrimes, containinga History of the world, in Sea Voyages and Lande-Travells by Englishmen & Others*, 5vols., London, i, 45, 1625.

220) Ando, *Imperial Ideology and Provincial Loyalty in the Roman Empire*, 63.

221) Brown, *Augustine of Hippo*, p.291.

222) MacMullen, *Christianizing the Roman Empire A. D. 100~400*, 134 n. 14.

223) W. H. C. Frend, *Martyrdom and Persecution in the Early Church*, Oxford, p.413, 1965. 순교자는 수천 명이 아니라 수백 명이었다.

224) Henry Chadwick, "Envoi: On taking leave of Antiquity", John Boardman, Jasper Griffin and Oswyn Murray (eds.), *The Oxford History of the Classical World*, Oxford, p.808, 1986.

225) "In hoc signo vinceris", *Eusebius: Life of Constantine*, trans. by A. Cameron and S. Hall, Oxford, I, pp.28~32, 1999.

226) Paul Veyne, *Quand notre monde est devenu chrétien (312~394)*, Albin Michel, p.28, 2007.

227) Charles Freeman, *The Closing of the Western Mind: The Rise of Faith and the Fall of Reason*, Alfred A. Knoph, pp.170~172, 2003.

228) Brown, *The World of Late Antiquity*, p.87.

229) A. H. M. Jones, *Constantine and the Conversion of Europe*, Hodder and Stoughton, pp.92~93, 1948.

230) Veyne, *Quand notre monde est devenu chrétien*, p.22.

231) F. E. Peters, *The Monotheists: Jews, Christians, and Muslims in Conflict and Competition*, Princeton, I, p.248, 2003.

232) *De Civitate Dei*, V, 15.

233) Jacques Heers, *Chute et mort de Constantinople 1204~1453*, Perrin, p.20, 2005.

234) Steven Runciman, *The Great Church in Captivity: A Study of the Patriarchate of Constantinople from the Eve of the Turkish Conquest to the Greek War of Independence*, Cambridge, p.7, 1968.

235) Ibid, p.59.

236) Carl Erdmann, *The Origin of the Idea of Crusade*, trans. by Marshall W. Baldwin and Walter Goffart, Princeton, pp.296~297, 1977.

237) Norman Davies, *Europe: A History*, Oxford, pp.341~342, 1997.

238) *The Prince*, ed. by David Wootton, Hackett, p.5, 1995.

239) Freeman, *The Closing of the Western Mind*, p.176.

240) Gomes Eanes de Zurara, *Crónica dos feitos na conquista de Guiné*, ed. by Torquato de Sousa Soares, Academia Portuguesa da Historia, i, pp.145~148, 1978.

241) Karen ordahl Kupperman, *Settling with the Indians: The Meeting of English and Indian Cultures in America, 1580~1640*, Rowman and Littlefield, p.166, 1980.

242) Peters, *The Monotheists*, ii, pp.138~139.

243) *De Civitate Dei*, XI, 13.

244) Brown, *Augustine of Hippo*, pp.58~59.

245) 아랍 제국의 도래와 몰락에 관한 여러 훌륭한 책들이 있다. 나는 Michael Cook의 *Muhammad*, Oxford, 1983, Albert Hourani의 *A History of the Arab Peoples*, Faber & Faber, 1991, Richard

Fletcher의 *The Cross and the Crescent: Christianity and Islam from Muhammad to the Reformation*, Viking, 2003, Bernard Lewus의 *The Arabs in History*, Oxford, 1993을 바탕으로 아래 글을 전개했음을 밝혀둔다.

246) *The Life of Muhammad: A Translaton of Ishaq's*, Sirat Rasul Allah, introd. And notes by A. Guillaume, Oxford, pp652~659, 1955.

247) *Res Gestae*, XIV, 4.

248) *The Life of Muhammad*, pp.181~187.

249) 코란의 다른 부분에도 유사한 주장이 있다. 예를 들어, 41. 3, 43. 3 등이 그렇다.

250) 그 첫째 달, 첫째 날은 율리우스력 6월 15일 혹은 16일에 해당한다.

251) Cook, *Muhammad*, p.41.

252) Patricia Crone, *God's Rule: Government and Islam*, Columbia University Press, p.13, 2004.

253) Michael Cook, *Forbidding Wrong in Islam*, Cambridge University Press, 2003.

254) Bernard Lewis, "Politics and War", Joseph Schnact and C. E. Bosworth (eds.), *The Legacy of Islam*, Oxford, p.156, 1979.

255) Bernard Lewis, *The Crisis of Islam: Holy War and Unholy Terror*, Random House, p.34, 2003. 같은 저자의 *The Political Language of Islam*, University of Chicago Press, pp.71~90, 1988도 참조하기 바란다.

256) 종종 '긍정적인' 용인이라고도 한다. '부정적인' 용인은 무관심과 비슷한 것으로 어떤 신념 체계의 타당성에 대해 일반적으로 회의적인 것을 뜻한다.

257) Patricia Crone and Marin Hinds, *God's Caliph: Religious Authority in the First Centuries of Islam*, Cambridge, p.19, 1986.

258) Hourani, *A History of the Arab Peoples*, p.19.

259) *The Muqaddimah: An Introduction to History*, trans. Franz Rosenthal, Princeton University Press, p.330, 1967.

260) 페르시아 역사학자 Ahmad ibn Yahya al-Baladhuri의 *Kitâb Futûh al-Buldân* (The Origins of the Islamic State), trans. Philip Hitti, Columbia University Press, p.187, 1916에 근거한다.

261) John Tolan, *Saracens: Islam in the European medieval Imagination*, Columbia University Press, p.40, 2002.

262) Patricia Crone, *Medieval Islamic Political Thought*, Edinburgh University Press, p.334, 2004.

263) Lewis, *The Political language of Islam*, p.75.

264) *Mohammed and Charlemagne*, Meridian Books, pp.152~153, 1957.

265) *Spanish Ballads*, ed. by C. Colin Smith, Pergamon Press, p.55, 1964.

266) *A Short Account of the Destruction of the Indies*, trans. by Nigel Griffin, Penguin Books, p.xxxviii.

267) Derek W. Lomax, *The Reconquest of Spain*, Longman, p.26, 1978.

268) Richard W. Bulliet, *Conversion to Islam in the Medieval Period: An Essay in Quantitative*

History, Harvard University Press, pp.114~127, 1979.

269) Lewis, *Arabs in History*, p.134.

270) *The Travels of Leo of Rozmital*, trans. and ed. Malcolm Letts, Cambridge, pp.91~92, 1957.

271) Fletcher, *The Cross and the Crescent*, pp.22~23.

272) Colin Smith (ed.), *Christians and Moors in Spain*, Aris & Philips, i, pp.65~67, 1988. Jessica A. Coope, *The Martyrs of Córdoba: Community and Family conflict in an Age of Mass Conversion*, University of Nebraska Press, pp.67~69, 1995.

273) Bernard Lewis, *The Muslim Discovery of Europe*, W. W. Norton and Co., p.19, 1982. Bernard Lewis, "Europe and Islam: Muslim Perceptions and Experiences", *From Babel to Dragomans: Interpreting the Middle East*, Oxford, p.124, 2004.

274) *Decline and Fall of the Roman Empire*, LII.

275) S. D. Goiten, "The Origin of the Vizierate and its True Character", *Studies in Islamic History and Institutions*, Brill, pp.168~196, 1966.

276) Richard Hodges and David Whitehouse, *Mohammed, Charlemagne and the Origins of Europe*, Cornell University Press, pp.126~127, 1983.

277) Lewis, *Arabs in History*, p.131.

278) G. Levi Della Vida, La corrispondeza di Berta di Toscano col Califfo muktafi' *Rivista storica italiana*, 66, pp.21~38, 1954.

279) Lewis, *Muslim Discovery of Europe*, p.76.

280) Sanjay Subrahmanyam, "Taking Stock of the Franks: South Asian Views of Europeans and Europe 1500~1800", *Indian Economic and Social History Review*, 42, at 69, pp.6~100, 2005.

281) Fletcher, *The Cross and the Crescent*, p.50.

282) Patricia Crone, *Medieval Islamic Political Thought*, Edinburgh University, pp.171~172, 2004.

283) H. Fradkin, "The Political Thought of Ibn Tufayl", ed. by E. Butterworth, *The Political Aspects of Islamic Philosophy*, Harvard, pp. 234~261, 1992.

284) *Inferno*, iv. Pp.36~39.

285) Fasl Al-Maqâl, para. 5: *Averroès Discours décisif*, trans. by Marc Geoffroy, Flammarion, p.107, 1996.

286) *Fasl Al-Maqâl*, para. 7: *Averroès Discours décisif*, p.109.

287) "L'Islamisme et la Science", ed. by Herniette Psichari, *Œuvres completes de Ernest Renan*, vols. 4, Calmann-Lévi, pp.954~956.

288) Ibid, pp.947~949.

289) Averroès et l'Averroïsme (1852), in *Œuvres completesde Ernest Renan*, iii. 23.

290) Franco Cardini, *Europa e Islam: Storia di un malinteso*, Laterza, p.130, 2002.

291) Trans. by John Lamoreaux, "Early Eastern Christian Responses to Islam", ed. by John Tolan, *Medieval Christian Perceptions of Islam: A book of Essays*, Garland Press, pp.14~15, 1996.

292) *Adversus haereses*, I, xxvi, 3.

293) James Kritzeck, *Peter the Venerable and Islam*, Pricneton, pp. 17~18, 1964.

294) Migne, *Patrologia Latina*, CLXLVIII, p.671.

295) *De Haeresibus*, in Daniel J. Sahas, *John of Damascus on Islam: The Heresy of the Ishmaelites*, E. J. Brill, p.133, 1972.

296) Ibid, p.102.

297) Migne, *Patrologia Latina*, CLXXXXI, p.671.

298) Kritzeck, *Peter the Venerable and Islam*, pp.142~143.

299) Norman Daniel, *Islam and the West: The Making of an Image*, Edinburgh, p.68, 1960.

300) Ibid, p.102.

301) *De Haeresibus*, p.139, and Daniel, *Islam and the West*, pp.96~100.

302) *De Haersibus*, pp.32~48.

303) *Chanson de Roland*, v. 3164.

304) *The Prince*, ed. and trans. by David Wootton, Hackett, p.55, 1995.

305) Anthony Pagden, *European Encounters with the New World*, YaleUniversity, p.36, 1993.

306) 사실 그 연설을 들은 동시대 사람들의 언급을 통해 그의 연설이 열정적이고 유창했다고 추측할 뿐이다. 안타깝게도 그의 연설문은 소실되었다.

307) Jonathan Riley-Smith, *The First Crusade, 1095~1131*, Cambridge, p.61, 1997.

308) Ibid, p.20.

309) Jonathan Riley-Smith, *The First Crusade and the Idea of Crusading*, Athlone Press, p.26, 1986.

310) Mathew 16: 24.

311) *Gesta Francorum et aliorum Hierosolimitanorum*(The Deeds of the Franks and the other Pilgrims to Jerusalem) ed. by Rosalind Hill, Thomas Nelson, p.17, 1962.

312) Epist. 189. 6, *Patrologia Latina*, XXXIII, 856.

313) *La Chanson d'Antioche*, Louise & Jonathan Riley-Smith, *The First Crusade*, 1095~1272, Edward Arnold, p.72, 1981.

314) Baldric of Bourgeuil, *Historia Jerosolimitana*, quoted in J. Riley-Smith, *The First Crusade*, pp.48~49.

315) Peter Partner, *God of Battles: Holy Wars in Christianity and Islam*, Harper Collins, p.82, 1997.

316) From the Historia, L. and J. Riley-Smith, *The Crusades: Idea and Reality*, p.54.

317) Carole Hillenbrand, *The Crusades: Islamic Perspectives*, Edinburgh University, pp.295~296, 1999.

318) J. Riley-Smith, *The First Crusade*, p.92.

319) Ibn al-Qalânisî, *The Damascus Chronicle of the Crusades*, extracted and trans. by H. A. R. Gibb, Luzac and Co., p.48, 1932.

320) Sir Steven Runciman, "The First Crusade: Antioch to Ascalon", ed. by Kenneth M. Setton, *A*

History of the Crusades, University of Wisconsin, pp.308~342, 1969.

321) *Gesta Francorum et aliorum Hierosolimitanorum*, p.92.

322) J. Riley-Smith, *The First Crusade*, p.77.

323) *Grusades Castles*, a new edn. With introd. And notes by Denys Pringles, Oxford, p.77, 1988.

324) Usamah Ibn Munquid, *An Arab-Syrian Gentlemen and Warrior in the Period of the Crusades*, Columbia University Press, p.29, 1929.

325) Ibn al-Qalânisî, *The Damascus Chronicle of the Crusades*, p.269.

326) *De consideratione*, in L. and J. Riley Smith, *The Crusades: Idea and Reality*, p.62.

327) Partner, *God of Battles*, p.93.

328) Sir Hamilton A. R. Gibb, *The Rise of Saladin 1169~1189*, ed. by Setton, *A History of the Crusades*, i. p.567.

329) Marshall W. Baldwin, *The Decline and Fallof Jerusalem, 1174~1189*, ed. by Setton, *A History of the Crusades*, i. p.612.

330) Hillenbrand, *The Crusades: Islamic Perspective*, p.180.

331) Geoffrey Hindley, *Saladin: A Biography*, Constable, p.49, 1976.

332) *Storici arabi delle crociate*, ed. by Francesco Gabrieli, Einaudi, pp.86~87, 1957.

333) E. Karsh, *Islamic Imperialism: A History*, p.83.

334) 살라딘에 대한 더 비판적인 관점을 원한다면 M. C. Lyons와 D. E. P. Jackson의 *Saladin: The Politics of Holy War*, Cambridge, 1982를 참조하기 바란다.

335) *Essai sur les mœurs*, ed. by R. Pomeau, 2 vols. i. 581, Bordas, pp.281~282 below, 1990.

336) *Decline and Fall of the Roman Empire*, LIX.

337) *The Talisman*, cap. VI.

338) Hillenbrand, *The Crusades: Islamic perspectives*, p.593.

339) Elizabeth Siberry, *The New Crusaders: Images of the Crusades in the Nineteenth and Early Twentieth Centuries*, Ashgate, pp.67~68, 2000.

340) Hillenbrand, *The Crusades: Islamic Perspectives*, pp.594~601.

341) *Decline and Fall of the Roman Empire*, LX.

342) *Essai sur les mœurs*, i. 585.

343) *History of England*, I, xiv.

344) *Decline and Fall of the Roman Empire*, LXI.

345) *This Too a Philosophy of History for the Formation of Humanity* (1774), in *Herder: Philosophical Writings*, ed. by Michael N. Forster, Cambridge, p.306, 2002.

346) *Itinéraire de Paris à Jérusalem*, ed. by Jean-Claude Berchet, Gallimard, pp.445~446, 2003.

347) Siberry, *The New Crusaders*, p.67.

348) 이 책 11장을 참조하기 바란다.

349) Elizabeth Siberry, 'Images of the Crusades in the Nineteenth and Twentieth Centuries', ed. by

Jonathan Riley Smith, *The Oxford Illustrated History of the Crusades*, Oxford University Press, pp.565~585, 1997.

350) *Social Justice in Islam [Al-ʿadalat al-ijtimaʾ iyya fiʾl-Islam]*, in William E. *Shepard, Sayyid Qutb and Islamic Activism: A Translation and Critical Analysis of Social Justice in Islam*, E. J. Brill, pp.286~287, 1996. 쿠틉에 대한 훌륭한 설명으로 Lawrence Wright, *The Looming Tower: Al-Qaeda and the Road to 9/11*, Alfred Knopf, pp.7~31, 2006을 참조하기 바란다.

351) Todd S. Purdum, ʿBush Warns of a Wrathful Shadowy and Inventive Warʾ, *New York Times*, 2001, 9, 17, A2.

352) Gilles Kepel, *The War for Muslim Minds: Islam and the West*, Belknap Press, p.117, 2004.

353) Ofra Bengio, *Saddamʾs Word: Political Discourse in Iraq*, Oxford University Press, pp.82~84, 1998.

354) 작자 미상, *Nationalist Documents to Confront the Crusader Attack on the Arab Homeland*, quoted in Hillenbrand, The Crusades: Islamic Perspectives, pp.609~610.

355) 오스만 초기 역사에 대해 Caroline Finkel, *Osmanʾs Dream: The Story of the Ottoman Empire, 1300~1923*, Basic Books, pp.1~45, 2006과 Heath W. Lowry, *The Nature of the Early Ottoman State*, State University of New York Press, 2003과 Paul Wittek, *The Rise of the Ottoman Empire*, B. Franklin, London, 1971과 Halil Inalcik, ʿThe Question of the Emergence of the Ottoman Stateʾ, *International Journal of Turkish Studies*, 2, pp.71~79, 1980을 참고하기 바란다.

356) *The Travels of Ibn Battuta*, trans. by H. A. R. Gibb, Cambridge University press, ii. 453, 1962. Caroline Finkel, *Osmanʾs Dream*, pp.13~24.

357) Steven Runciman, *The Fall of Constantinople 1453*, Cambridge University Press, p.21, 1965. 콘스탄티노플 몰락을 훌륭하게 설명하고 있다.

358) Michael A. Sells, *The Bridge Betrayed: Religion and Genocide in Bosnia*, University of California Press, pp.38~45, 1996.

359) Runciman, *The Fall of Constantinople*, p.1, 1453.

360) Ibid, p.10.

361) Kristovoulos, *History of Mehmed the Conqueror*, trans. by Charles T. Riggs, Princeton University Press, p.29, 1954.

362) Ibid, pp.58~59.

363) Jacques Heers, *Chute et mort de Constantinople 1204~1453*, Perrin, p.247, 2005.

364) Kristovoulos, *History of Mehmed the Conqueror*, pp.60~61.

365) Michele Ducas, *Historia turco-byzantina*, in Agostini Pertusi, *La caduta de Costantinpoli*, ii. *Lʾeco nel mondo*, Mondadori, p.167, 1976.

366) Finkel, *Osmanʾs Dream*, p.52.

367) Kristovoulos, *History of Mehmed the Conqueror*, pp.72~73.

368) Gustave Schlumberger, *Le Siège, la prise et le sac de Constantinople en 1453*, Plon, p.330, 1935.

369) Kristovoulos, *History of Mehmed the Conqueror*, p.76. 그는 또 오만 명이 포로로 잡혔다고 했는데 그것도 확실한 과장이다.

370) Isidore of Kiev to Cardinal Bessarion, Candia, 6 July 1453, in Agostino Pertusi, *La caduta di Constantinopli*, i. *Le testimonianze dei contemporanei*, Mondadori, p.76, 1976.

371) Runciman, *The Fall of Constantinople 1453*, p.149. 아프라시압은 중앙아시아(Turan)의 전설적인 영웅왕이다.

372) James Hankins, 'Renaissance Crusaders: Humanist Crusade Literature in the Age of Mehmed II', *Dumbarton Oaks Papers*, 49 pp.111~207, at p.122, 1995.

373) Agostino Pertusi, *Testi inediti e poco noti sulla caduta di Constantinopoli*, Patron, p.74, p.76, 1983.

374) 압둘하미드 1세(1774~1789)와 그의 계승자 셀림 3세(1789~1807)와 마흐무드 2세 (1808~1839)의 통치 기간 중 오스만 동전에는 이미 콘스탄티노플이 아니라 이스탄불이라는 글자가 새겨져 있었다. Finkel, *Osman's Dream*, p.383.

375) Finkel, *Osman's Dream*, p.53.

376) 틀린 주장일 수도 있다. 그러나 메메드는 확실히 그리스 책들을 서재에 갖고 있었고 그리스어도 약간 말할 줄 알았다. J. Raby, 'Mehmed the Conqueror's Greek Scriptorium', *Dumbarton Oaks Papers*, 37 (1983), pp.15~34를 참조하기 바란다.

377) Kristovoulos, *History of Mehmed the Conqueror*, pp.181~182.

378) James Hankins, 'Renaissance Crusaders: Humanist Crusade Literature in the Age of Mehmed II', p.139.

379) Steven Runciman, *The Great Church in Captivity: A Study of the Patriarchate of Constantinople from the Eve of the Turkish Conquest to the Greek War of Independence*, Cambridge University Press, pp.182~185, 1968.

380) Heers, *Chute et mort de Constantinople 1204~1453*, p.263.

381) Runciman, *The Fall of Constantinople 1453*, pp.166~167.

382) Ibid, p.166.

383) *The Memories of a Renaissance Pope: the Commentaries of Pius II*, trans. by F. A. Gragg, Capricorn Books, p.237, 1962.

384) *Lettera a Maometto II* (Epistola ad Mahumetem), ed. by Giuseppe Tofanin, R. Pironti, 1953.

385) Finkel, *Osman's Dream*, pp.72~73.

386) 메메드의 초상화에 대한 다른 설명은 M.-P. Oedani-Fabris, 'Simbologia ottoman nell'opera di Gentile Bellini', *Atti dell'Istituto veneto di scienze, lettere ed arti*, 155 pp.1~29, 1996~1997을 참조하기 바란다.

387) Isidore of Kiev to the 'Faithful of Christ', Candia, 8 July 1453, in Pertusi, *La caduta di Constantinopli*, pp.82~84.

388) Anon., *The Policy of the Turkish Empire*, A3ᵛ. London, 1597.

389) Bernard Lewis, *Islam and the West*, Oxford University Press, p.72, 1993.

390) Norman Housley, *The Later Crusades 1272~1580*, Oxford University Press, 1991.

391) *Commentario delle cose dei Turchi*, f. diii'. Venice, 1538,

392) Cornell H. Fleischer, 'The Lawgiver as Messiah: The Making of the Imperial Image in the reign of Süleymân' in Gilles Veinstein, *Soliman le Mgnifique et son temps*, École du Louvre, pp.159~178, 1992. 메메드 1세(1421)도 칼리프라 불리긴 했지만 처음으로 공식 문서('Law Book of Buda(1540s)')에 칼리프라고 불린 사람은 슐레이만이다. 더 자세한 사항은 Colin Imber의 'Süleymân as Caliph of the Muslims: Ebû's-Su'ûd's formulation of Ottoman dynastic ideology' in Veinstein (ed.), *Soliman le Manifique et son temps*, pp.176~184를 참조하기 바란다.

393) Finkel, *Osman's Dream*, p115.

394) *The Turkish Letters of Ogier Ghiselin de Busbecq*, trans. by Edward Forster, Clarendon Press, p.112, 1927.

395) 레판토 해전 군사 작전의 세부사항을 알고 싶으면, Hanson의 *Carnage and Culture*, pp.233~239를 참조하기 바란다.

396) *Discours politiques et militaires*, ed. by F. E. Sutcliffe, Droz, p.439, 1967.

397) John Stoye, *The Siege of Vienna*, Holt, Rinehart and Winston, pp.15~23, 1964.

398) Ibid, p.52.

399) Bernard Lewis, *What went Wrong? The Clash between Islam and Modernity in the Middle East*, Weidenfeld and Nicolson, p.16, 2002.

400) Runciman, *The Fall of Constantinople*, p.145, p.178.

401) Mark Mazower, *The Balkans: A Short History*, Modern Library, p.69, 2002.

402) *L'Esprit des lois*, III, 14.

403) Lindsey Hughes, *Russia in the Age of Peter the Great*, Yale University Press, p.296, 1998.

404) *L'Europe: Genèse d'une civilization*, Perrin, p.176, 1999.

405) 역사학자이자 선전자 Florimond de Raemond에 따르면 그렇다. Donald Kelley, *The Beginning of Ideology: Consciousness and Society in the French Reformation*, Cambridge University Press, p.28, 1981.

406) Euan Cameron, *The European Reformation*, Clarendon Press, p.1, 1991.

407) *First Tract on Government*, in Mark Goldie (ed.), *Political Essays*, Cambridge University Press, pp.48~49, 1997.

408) Strobe Talbott, *A Gathering of Tribes: The Story of a Big Idea* (forthcoming).

409) Theodore K. Rabb, *The Struggle for Stability in Early-Modern Europe*, Oxford University Press, p.81. 1975.

410) *On Liberty*, in *On Liberty and Other Writings*, ed. by Stefan Collini, Cambridge University Press, p.11, 1989.

411) *Leviathan*, ed. by Richard Tuck, I, 3, Cambridge University Press, p.24, 1991.

412) Anthony Pagden, *The Fall of Natural Man: The American Indian and the Origins of Comparative Ethnology*, Cambridge University Press, p.67, 1982.

413) *The Elements of Law, Natural and Political*, 2.10.8, ed. Ferdinand Tönnies 2nd. edn. Frank Cass & Co., pp.188~189, 1969.

414) *An Anatomie of the World: The First Anniversary*, ii. pp. 205~208, pp.213~218.

415) *Second Meditation*, 7, p.25.

416) *An Essay Concerning Human Understanding*, I, iii, 2.

417) Ibid, II, xxviii.

418) Letter to Michael Ainsworth in 1709, in *Life, Unpublished Letters, and Philosophical Regimen of Anthony, Earl of Shaftesbury*, ed. Benjamin Rand, S. Sonnenschein & Co., pp.403~405, 1900.

419) *De Cive*, 1. 7: *On the Citizen*, trans and ed. Richard Tuck and Michael Silverthorne, Cambridge University Press, p.27, 1998.

420) Richard Tuck, 'The "Modern" Theory of Natural Law', in Anthony Pagden (ed.), *The Languages of Political Theory in Early-Modern Europe*, Cambridge University Press, pp.99~119, 1987.

421) James Boswell, *Journal of a Tour to the Hebrides with Samuel Johnson*, 1733, ed. by Frederick A. Pootle and Charles H. Bennet, Yale University Press, p.189, 1961.

422) *Système de la Nature*, in *Œuvres philosophiques complètes*, ed Jean-Pierre Jackson, 2 vols. ii. Éditions Alive, p.165, 1999.

423) 'An Answer to the Question: What is Enlightenment?', in *Political Writings*, ed. by Hans Reiss, trans. by H. B. Nisbet, Cambridge University Press, p.56, 1991.

424) A. xii.

425) 'An Answer to the Question: What is Enlightenment?', p.57.

426) *Esquisse d'un tableau historique des progrès de l'esprit humain*, ed. by Alain Pons, Flammarion, p.74, 1988.

427) Ibid, p.208, p.266.

428) *The Prince of Abissinia: A Tale*, p.47, p.116, London, 1759; Jack Goody, *The East in the West*, Cambridge University Press, p.2~4, 1992.

429) 전형적 안티 서양 논리에 대한 Ian Buruma and Avishi Margalit의 얇은 책, *Occidentalism: The West in the Eyes of its Enemies*, Penguin Press, 2004를 참조하기 바란다.

430) *Daybreak: Thoughts on the Prejudices of Morality*, trans by R. J. Hollingdale, Cambridge University Press, p.118, 1993.

431) Sanjay Subrahmanyam, 'Taking Stock of the Franks: South Asian Views of Europeans and Europe 1500~1800', *Indian Economic and Social History Review*, 42 pp.6~100: p.88, 2005.

432) Jonathan Spence, *The Question of Hu*, Vintage Books, 1989.

433) 'Some Reflections on the Persian Letters', in *Persian Letters*, trans. by C. J. Betts Viking-Penguin Inc., p.283, 1973.

434) Ibid, 83, Letter 30.

435) Ibid, 124, Letter 59.

436) *L'Esprit des lois*, XX, 1.

437) *A Grammar of the Persian Language*, in *The Collected Works of Sir William Jones* [1807] facs. edn. 13 vols. New York University Press, v. 165, 1993.

438) *Orientalism*, Vintage Books, p.7, 1979.

439) Bernard Lewis, 'The Question of Orientalism', in *Islam and theWest*, Oxford University Press, pp.99~118, 1993.

440) 'The Third Anniversary Discourse, delivered 2 February, 1786' [to the Asiatic Society of Calcutta], in *The Collected Works of Sir William Jones* (1807) facs. edn. New York University Press, iii. 34, 1993.

441) William Jones, *Disssertation sur la littérature orientale*, London, pp.10~11, 1771

442) 'The Fourth Anniversary Discourse, delivered 15 February, 1787' [to the Asiatic Society of Calcutta], in *The Collected Works of Sir William Jones*, iii. p.50.

443) Letters, in *The Collected Works of Sir William Jones*, ii. p.652.

444) *A Grammar of the Persian Language*, in *The Collected Works of Sir William Jones*, v. p.167.

445) William Jones, *Disssertation sur la littérature orientale*, p.50.

446) 'The Best Practicable System of Judicature for India', in *The Collected Works of Sir William Jones*, vol. i. p. cxxxiii.

447) Bernard Cohn, 'The Command of Language and the Language of Command' in Ranajit Guha (ed.), *Subaltern Studies* (Delhi, 1985), iv. p.295.

448) S. N. Muherjee, *Sir William Jones: A Study in Eighteenth-Century British Attitudes to India*, Cambridge University Press, 1968.

449) James Boswell, *The Life of Samuel Johnson*, Oxford University Press, p.159, 1983.

450) 'The Fourth Anniversary Discourse', p.36.

451) William Jones, *Disssertation sur la littérature orientale*, p.52.

452) Max Müller, *Lectures on the Science of Language*, Longman, pp.219~220, 1864.

453) Max Müller, *Theosophy or Psychological Religion*, in *Collected Works of the Right Hon. F. Max Müller*, 18 vols. iv. 73, Longman, 1898.

454) Arnaldo Momigliano *Preludio settecentesco a Gibbon* (1977), in *Fondamenti della storia antica*, Einaudi, pp.312~327, 1984.

455) Girolamo Imbruglia, 'Tra Anquetil-Duperron e *L'Histoire de Deux Indies*: Libertà, dispotismo e feudalismo', Rivista storica italiana, 106, 141, 1994.

456) *Discours préliminaire ou introduction au Zend-Avesta*, in Abraham Hyacinth Anquetil-Duperron, *Voyage en Inde 1754~1762*, ed. by Jean Deloche, Manonmani Filliozat, Pierre-Sylvain Filliozat, École française d'Extrême-Orient, p.64, 1997.

457) *Considérations philosophiques et géographiques sur les deux mondes* (1780~1804), ed. by Guido Abbatista, Scuola Normale Superiore, 1993.

458) *Législation orientale*, Amsterdam, p.181, 1778.

459) 뒤페롱의 전기는 Raymond Schwab의 *Vie d'Anquetil-Duperron*, Libraire Ernest Leroux, 1934뿐이다. Schwab은 뒤페롱이 *Discours préliminaire ou introduction au Zend-Avesta*에서 1754~1762년까지의 자신의 삶을 기록한 것을 거의 그대로 보존하고 있다.

460) *Discours préliminaire ou introduction au Zend-Avesta*, pp.74~75.

461) 조로아스터와 조로아스터교에 대한 이 책 4장 마지막 부분을 참조하기 바란다.

462) *Discours préliminaire ou introduction au Zend-Avesta*, p.95.

463) Ibid, p.255.

464) Ibid, p.342.

465) Schwab, *Vie d'Anquetil-Duperron*, p.85.

466) *Discours préliminaire ou introduction au Zend-Avesta*, p.449.

467) Ibid, p.462.

468) Schwab, *Vie d'Anquetil-Duperron*, pp.98~99.

469) 'Letter to the University of Oxford' in *The Collected Works of Sir William Jones*, i. 367; 'Lettre à Monsieur A*** Du P*** dans laquelle est compris l'examen de sa traduction des livres attribués à Zoroastre [23 November 1771]', in *The Collected Works of Sir William Jones*, x. pp.410~413.

470) 'Lettre à Monsieur A*** Du P***', p.417.

471) *Discours préliminaire ou introduction au Zend-Avesta*, p.74.

472) 'Lettre à Monsieur A*** Du P***', pp.408~409.

473) Ibid, p.438.

474) *A Dissertation on the Languages, Literature and Manners of the East*, Oxford, p.126, 1777.

475) Schwab, *Vie d'Anquetil-Duperron*, p.99.

476) Garland Cannon, *The Life and Mind of Oriental Jones: Sir William Jones, the Father of Modern Linguistics*, Cambridge University Press, p.44, 1990.

477) *The Sacred Books of the East*, 1887, IV. I; XVI. Motilal Banarsidass, 1992.

478) *Le Pyrrhonisme de l'histoire in Œuvres complétes de Voltaire*, 52 vols. Garnier fréres, xxvii. p.237, 1877~1885.

479) *Essai sur les moeurs*, ed. Pomeau, i, p.268.

480) *L'Esprit des lois*, XVII, 3~2.

481) 'Of National Characters', in *Essays, Moral Political and Literary*, ed. Eugene F. Miller, Liberty Classics, p.204, 1985.

482) '동양적 전제정치' 라는 말에 대해서는 Franco Venturi의 논문 'Oriental despotism', *Journal of the History of Ideas*, 24, pp.133~142, 1963과 Richard Kroebner의 'Despot and Despotism: Vicissitudes of a Political Term', *Journal of the Warburg and Courtauld Institutes*, 14,

pp.275~302, 1951과 최근의 Joan-Pau Rubiés의 'Oriental Despotism and European Orientalism: Botero to Montesquieu', *Journal of Early-Modern History*, 92(2005), pp.109~180을 참조하기 바란다.

483) Jürgen Osterhammel, *Die Entzauberung Asiens: Europa und die asiatischen Reiche im 18. Jahrhundert*, C. H. Beck, pp.284~306, 1988.

484) *Evenemens particuliers, ou ce qui s'est passé de plus considerable après la guerre pedant cinq ans. . . dans les etats du Grand Mongol*, Paris, pp.256~257, 1670.

485) *L'Esprit des lois*, I, p.14.

486) *Persian Letters*, 234, Letter 131. 군주제, 공화정, 전제정의 원칙에 대한 몽테스키외의 구분은 *L'Esprit des lois*, III에 잘 나타나 있다.

487) *L'Esprit des lois*, I, p.3.

488) *Le fanatisme, ou Mahomet le prophète: Tragédie en cinq actes*, Act I scene 5, 첫 공연은 1741년 4월에 있었다.

489) *Esquisse d'un tableau historique des progrès de l'esprit humain*, ed. Alain Pons, Flammarion, p.172, 1988.

490) *The Muqaddimah: An Introduction to History*, trans. Franz Rosenthal, Princeton University Press, pp.120~121, 1967.

491) *Essai sur les moeurs*, i. pp.821~822.

492) *Législation orientale*, p.32.

493) *Essai sur les moeurs*, i. p.832.

494) Ibid, i, p.835.

495) Ibid, ii, pp.415~416.

496) Ibid, p.773.

497) Montesquieu, *L'Esprit des lois*, X, 14.

498) *Essai sur les moeurs*, ii. p.767.

499) Ibid, i. p.231.

500) Ibid, ii. p.772.

501) Ibid, i. p.271.

502) Ibid, p.203.

503) Ibid, p.59.

504) David Whitehouse and A. Williamson, 'Sasanian maritime trade', *Iran*, 11, pp.29~49, 1973.

505) John Larner, *Marco Polo and the Discovery of the World*, Yale University Press, p.22, 2001.

506) Ibid, p.20.

507) Richard Southern, *Western Views of Islam in the Middle Age*, Harvard University Press, pp.47~49, 1962.

508) Larner, *Marco Polo and the Discovery of the World*, p.24.

509) *The Anatomy of Melancholy*, ii, ed. by T. Faulkner et al., Clarendon Press, p.34, p.38, 1989~1990.

510) 'Reflections on the Philosophy of History', in *OnWorld History: An Anthology*, ed. by Hans Adler and Ernst A. Menze Armonk, M. E. Sharpe, p.235, 1997.

511) Lionel Jensen, *Manufacturing Confucianism: Chinese Tradition and Universal Civilization*, Duke University Pres, 1997.

512) A. J. Festugière, *La Révélation de Hermés Trismegéste*, Les Belles Lettres, 1981.

513) Franklin Perkins, *Leibniz and China: A Commerce of Light*, Cambridge University Press, pp.8~9, 2004.

514) New Essays, quoted in Franklin Perkins, 'Leibniz and Chinese Morality', *Journal of the History of Ideas*, 63, pp.447~464, p.460, 2002.

515) Jonathan Spence, *Emperor of China: Self-Portrait of K'ang-His*, Knopf, pp.80~81, 1974, Perkins, Leibniz and China, p.124.

516) Preface to the *Novissima Sinica* (196~199) in Gottfried Wilhelm Leibniz, *Writings on China*, ed. and trans. by Daniel J. Cook and Henry Rosemont Jr., Open Court, p.10, 1994.

517) Perkins, 'Leibniz and Chinese Morality', p.455.

518) *Essai sur les moeurs*, i. p.220.

519) *Novissima, Sinica*, pp.2~3.

520) *Perkins, Leibniz and China*, p.122.

521) David Landes, Revolution in *Time: Clocks and the Making of the Modern World Harvard* University Press, p.45, 1983.

522) Jacques Gernet, *China and the Christian Impact: A Conflict of Cultures*, trans. by Janet Lloyd, Cambridge University Press, pp.242~243, 1982.

523) Spence, *Emperor of China: Self-Portrait of K'ang-His*, p.74.

524) 이 책 10장을 참조하기 바란다.

525) Landes, *The Wealth and Poverty of Nations*, p.341.

526) William Jones, *Disssertation sur la littérature orientale*, pp.8~9.

527) W. Schluchter, *The Rise of Western Rationalism: Max Weber's Developmental History*, California University Press, pp.61~67, 1981.

528) *An Inquiry into the Nature and Causes of the Wealth of Nations*, II, p.672.

529) *Despotisme de la Chine, in Ephémérides du citoyen, ou bibliothéque raisonée des sciences morales et politiques*, I, p.3, 1767.

530) *État de la Chine selon ses détracteurs*—a point-by-point refutation of Quesnay's argument—in Guillaume-Thomas Raynal, *Histoire philosophique et politique des etablissemens et du commerce des Européens dans les deux Indes*, in *Œuvres*, ed. by Laurent Versini, iii, Robert Laffont, p.652, 1995.

531) *Essai sur les moeurs*, ii. p.783.

532) Ibid, i. p.231.

533) *Journal of the Proceedings of the Late Embassy to China*, London, p.491, 1817.

534) *Locksley Hall*, ll. pp.127~128, p.184.

535) *L'Esprit des lois*, VII, p.21.

536) *Essai sur les moeurs*. i. p.216.

537) *État de la Chine selon ses détracteurs*, p.652.

538) Essai sur les moeurs, i. p.215.

539) 'Reflections on the Philosophy of History', p.232.

540) *The History of the Reign of the Emperor Charles V* (1769; London, 1802), i. p.471.

541) 'Reflections on the Philosophy of History', p. 247.

542) Quentin Skinner, 'Machiavelli's Discorsi and the Pre-Humanist Origins of Republican Ideas', in Gisela Bock, Quentin Skinner, and Maurizio Viroli (eds.), *Machiavelli and Republicanism*, Cambridge University Press, pp.121~142, 1990.

543) 'Reflections on the Philosophy of History', p.169.

544) Ibid, pp.241~243.

545) *Village Communities in the East and the West*, John Murray, p.7, 1881.

546) *The Philosophy of History*, trans. by J. Sibree, Dover Publications, p.99, 1956.

547) Ibid, pp.142~143.

548) *Voyage en Syrie et en Égypte* (1787~1799), ed. by Anne Deneys-Tunney and Henry Deneys in *Œuvres*, Fayard, iii., pp.15~16, 1998.

549) Ibid, pp.161~162.

550) Ibid, p.194.

551) 팔미라에 대한 볼네의 설명으로 Anne Deneys-Tunney의 위의 책, pp.474~480을 참조하기 바란다. 그러나 볼네의 팔미라 회상은 *Les Ruines ou méditation sur les révolutions des empires*, in *Œuvres*, ed. by Anne and Henry Deneys, 2 vols., i, Fayard, pp.171~173, 1989에도 등장한다. 영역으로 *The Ruins: or a Survey of the Revolutions of Empires*가 있다. 여기서 볼네는 현대에 '자유 민주주의'라 할 만한 체제가 번영할 때 모든 문명이 번영하고 모든 종교가 개인적인 문제로 전락할 것이라고 말한다. 그의 주장은 전 유럽과 미국에서 열렬하게 환영받았다. 토머스 제퍼슨이 그의 주장을 영어로 옮겼을 가능성도 있다.

552) *Les Ruines ou méditation sur les révolutions des empires*, i. pp.245~246.

553) *Moniteur, 5 brumaire* An viii.

554) *Les Ruines ou méditation sur les révolutions des empires*, i. pp.245~246.

555) Jacob M. Landau, *The Politics of Pan-Islam: Ideology and Organization*, Clarendon Press, pp.10~11, 1990.

556) Bernard Lewis, *The Emergence of Modern Turkey*, Oxford University Press, p.317, 1961.

557) 'Considerations sur la guerre des Turks en 1788', in Volney, *Voyage en Syrie et en Égypte*, pp.641~643, Lewis, What Went Wrong?, p.21.

558) Text in Fréderic Masson and Guido Biagi, *Napoléon: Manuscrits inédits 1789~1791*, 8 vols., iii, P. Ollendorf, 1907), pp. 17~19.

559) Henry Laurens, *Les Origines intellectuelles de l'expédition d'Égypte: L'Orientalisme islamisant en France (1698~1798)*, Éditions Isis, pp.190~192, 1987.

560) Yves Laissus, *L'Égypte, une aventure savante 1798~1801*, Fayard, p.18, 1998.

561) Georges Lacour-Gayet, *Talleyrand*, Éditions Payot, p.321, 1990.

562) *Mémoires du Prince de Talleyrand*, 5 vols., i, C. Lévy, pp.77~78, 1891~1892.

563) Lacour-Gayet, *Talleyrand*, p.321.

564) Maya Jasanoff, *Edge of Empire: Conquest and Collecting in the East 1750~1850*, Fourth Estate, pp.160~162, 2005.

565) Henry Laurens, *L'Expédition d'Égypte, 1798~1801*, Éditions de Sevil, p.48, 1997.

566) Jasanoff, *Edge of Empire*, pp.163.

567) Ibid, p.166.

568) Edward Ingram, *Commitment to Empire: Prophecies of the Great Game in Asia 1797~1800*, Oxford University Press, p.52, 1981.

569) *Description de l'Égypte, ou Recueil des observations et des recherches qui ont été faites en Égypte pendant l'expédition de l'armée française, publié par les ordres de Sa Majesté l'empereur Napoléon le Grand*, 2nd edn., 24 vols. vol. i. pp. cxlii~cxliii, C. L.-F. Pankoucke, 1821~1830.

570) *Réimpression de l'ancien Moniteur depuis la réunion des Étas-Generaux jusq'au Consulat* (mai 1789~novembre 1799), xxix, Paris, p.501, 1893.

571) *Mémoires de Madame de Rémusat*, 3 vols., i, Calmann Lévy, p.274, 1880.

572) A complete list is provided in Laissus, *L'Égypte, une aventure savante 1798~1801*, pp.524~525.

573) *Voyage en Syrie et en Égypte*, pp.11~12.

574) Niqula al-Turk, *Histoire de l'expédition des Français en Égypte par Nakoula-El Turk, publiée et traduite par Desgranges aîné*, Imprimerie royale, p.19, 1839.

575) Laissus, *L'Égypte, une aventure savante*, pp.75~76.

576) Ibid, p.76.

577) Laurens, *L'Expédition d'Égypte, 1798~1801*, p.131.

578) *Al Jabarti's Chronicle of the First Seven Months of the French Occupation of Egypt*, ed. and trans. by S. Morhe, Brill, p.41, 1975.

579) 나폴레옹이 인권을 암시하며 썼던 단어 huqûq는 권리라기보다는 '요구' 혹은 '주장'에 가까웠다. 인간 개인이 공동체를 대상으로 하는 '요구'나 '주장'을 위한 말로 쓰이기도 했지만 대체로 huqûq allâh라고 해서 '신의 요구'라는 의미로 쓰였다.

580) Victor Hugo, *Al Jabarti's Chronicle of the First Seven Months of the French Occupation of Egypt*, 41. *Orientales*, XL.

581) *The Life of Napoleon Buonaparte*, 9 vols., iv, Cadell and Co., p.83, 1827.

582) Laurens, *L'Expédition d'Égypte*, 1798~1801, p.158.

583) Du contrat social, IV. 8 in *Œuvres complètes*, ed. by Bernard Gagnebin et Marcel Raymond, iii. Bibliothèque de la Pléiade, pp.462~463, 1964.

584) C. A. Bayly, *The Birth of the Modern World 1780~1914*, Blackwell, p.108, 2004.

585) *Al Jabarti's Chronicle of the First Seven Months of the French Occupation of Egypt*, pp.20~21.

586) Lewis, *Muslim Discovery of Europe*, p.183.

587) Laurens, *Les Origines intellectuelles de l'expédition d'Égypte*, p.184.

588) Elie Kedourie, *Afghani and 'Abduh: An Essay on Religious Unbelief and Political Activism in Modern Islam*, Frank Cass, 1966.

589) *Voyage dans la Basse et la Haute Égypte, pendant les campagnes du general Bonaparte*, P. Dinot l'ainé, p.174, 1802.

590) Hillenbrand, *The Crusades: Islamic Perspectives*, p.226.

591) *Avec Bonaparte en Égypte et en Syrie 1798~1800*, ed. by Christian Tortel, Éditions Curandera, pp.46~47, 1981.

592) Clement de la Jonquière, *L'Expedition d'Égypte 1798~1801*, i, Lavauzela, p.462, 1899~1907.

593) Michael Haag, *Alexandria: City of Memory*, Yale University Press, 2005.

594) Laurens, *Les Origines intellectuelles de l'expédition d'Égypte*, p.96.

595) *Itinéraire de Paris à Jérusalem*, ed. by Jean-Claude Berchet, Gallimard, pp.459~460, 2003.

596) David Cannadine, *Ornamentalism: How the British saw their Empire*, Penguin Books, pp.78~79, 2002.

597) *Essai sur les moeurs des habitans modernes de l'Égypte*, in *Description de l'Égypte*, xviii. p.26.

598) *Avec Bonaparte en Égypte et en Syrie*, p.48.

599) Laurens, *L'Expédition d'Égypt*, 1798~1801, p.172.

600) Ibid, p.124.

601) Ibid, p.128.

602) Ibid, p.163.

603) *Réimpression de l'ancien Moniteur*, xxix, pp.654~655.

604) Laissus, *L'Égypte, une aventure savante 1798~1801*, p.129.

605) *Mémorial de Sainte-Hélène*, ed. by Gérard Walter, 2 vols., i, Bibliothèque de la Pléiade, p.504, 1956.

606) Maya Jasanoff, *Edge of Empire: Conquest and Collecting in the East 1750~1850*, Fourth Estate, p.201, 2005.

607) Ali Bahgat, 'Acte de marriage du General Abdallah Menou avec la dame Zobaidah', *Bulletin de*

l'Institut egyptien, 9, pp.221~235, 1899.

608) Laissus, L'Égypte, une aventure savante 1798~1801, pp.350~351.

609) 'Travail sur l'Algérie', in Tocqueville sur l'Algérie (1847), ed. by Seloua Luste Boulbina, Flammarion, p.112, 2003.

610) Laissus, L'Égypte, une aventure savante 1798~1801, pp.106~111.

611) Laurens, L'Expédition d'Égypte, 1798~1801, p.160.

612) Ibid, p.74.

613) Avec Bonaparte en Égypte et en Syrie 1798~1800, p.131.

614) Histoire de l'expédition des Français en Égypte par Nakoula-El-Turk, p.52.

615) Al Jabarti's Chronicle of the First Seven Months of the French Occupation of Egypt, p.112 and Laurens, L'Expédition d'Égypte, 1798~1801, p.235.

616) Avec Bonaparte en Égypte et en Syrie, 1798~1800, p.71.

617) L'Expédition d'Égypte, p.40.

618) Voyage dans la Basse et la Haute Égypte, p.39.

619) Laurens, L'Expédition d'Égypte, 1798~1801, p.165.

620) Ibid, p.196.

621) Réimpression de l'ancien Moniteur, xxix. pp.492~493, pp.497~498.

622) Voyage en Syrie et en Égypte, iii. p.109.

623) 이 책 9장을 참조하기 바란다.

624) Yves Laissus, L'Égypte, une aventure savante 1798~1801, p.195.

625) Voyage dans la Basse et la Haute Égypte, pp.64~65.

626) Ibid, p.64.

627) Laissus, L'Égypte, une aventure savante 1798~1801, p.82.

628) Essai sur les moeurs des habitans modernes de l'Égypte, p.31.

629) Avec Bonaparte en Égypte et en Syrie 1798~1800, p.86.

630) Voyage dans la Basse et la Haute Égypte, p.168.

631) Essai sur les moeurs des habitans modernes de l'Égypte, p.68.

632) Ibid, pp.31~34.

633) On Liberty, in On Liberty and Other Writings, pp.70~71.

634) Essai sur les moeurs des habitans modenes de l'Égypte, p.32.

635) The Manners and Customs of the Modern Egyptians, Dutton, p.291, 1966.

636) Essai sur les moeurs des habitans modernes de l'Égypte, pp.213~214.

637) Avec Bonaparte en Égypte et en Syrie 1798~1800, p.95.

638) Benjamin Frossard, Observations sur l'abolition de la traité des nègres presentées a la Convention Nationale, p.125, n.p. 1793. 그러나 나폴레옹은 유럽 땅이 아니라면 노예제도를 둘 수 있다고 생각했다. 1802년 나폴레옹은 마르티니크 사탕수수 농장주의 딸인 아내 조세핀의 요

청으로 프랑스령 세인트 도미니크 섬에 노예제도를 재수립하려다 피의 재난을 부르기도 했다.

639) *Avec Bonaparte en Égypte et en Syrie 1798~1800*, p.99.

640) *Al-Jabarti's Chronicle of the First Seven Months of the French Occupation of Egypt*, pp.43~47.

641) *The Subjection of Women*, in *On Libertyand Other Writings*, p.119.

642) *Essai sur les moeurs des habitans modernes de l'Égypte*, pp.95~96.

643) *Voyage en Syrie et en Égypte*, p.16.

644) Cf. Lane, *The Manners and Customs of the Modern Egyptians*, pp.67~68. 많은 기독교도가 이슬람이 여성의 경우 영혼이 없어서 내세도 없다고 믿는다고 확신했다. 그러나 사실 코란은 성에 상관없이 모든 신자에게 천국을 약속한다.

645) *Essai sur les moeurs des habitans modernes de l'Égypte*, p.90, pp.95~96, p.117.

646) 'Revolutionary Proclamation for Law and Fatherland', in Richard Clogg (ed.), *The Movement for Greek Independence, 1770~1821: A Collection of Documents*, Macmillan, p.149, 1976.

647) Henry Laurens, 'Le Mythe de l'expédition d'Égypte en France et en Égypte aux XIXe et XXe siècles' in Michel Dewachter and Alain Fouchard (ed.), *L'Égyptologie et les Champollion*, Presses Universitaires de Grenoble, pp.321~330, 1994.

648) Albert Hourani, *Arabic Thought in the Liberal Age 1798~1939*, Cambridge University Press, pp.67~102, 1962. Laurens, *L'Expédition d'Égypte, 1798~1801*, p.471.

649) *Congrès national des forces populaires, La Charte*, Cairo, p.24, 1962. Henry Laurens, 'Bonaparte a-t-il colonisé l'Égypte?', *L'Histoire*, 216, p.46~49, 1997.

650) Fouad Ajami, *The Arab Predicament: Arab Political Thought and Practice since 1967*, Cambridge University Press, pp.92~94, 1992.

651) *Réimpression de l'ancien Moniteur*, xxix. p.681. Nahum Sokolow가 History of Zionism, Longmans, i, pp.63~79, ii, pp.220~225, 1919에서 「모니퇴르」에 등장하지 않는 다른 버전의 논문을 제시했고 그것을 Franz Kobler도 Napoleon and the Jews, chocken Books, p.72, 1975에서 논했다. 여기서 그들은 보나파르트가 4월 17일자 Politics, Turkey, Constantinople에서 아시아와 아프리카의 모든 유대인에게 자신의 깃발 아래 모여 고대의 예루살렘을 재건하자고 말했고 상당한 수가 실제로 무장했기 때문에 알레포에 심각한 위협이 되었다고 주장했다.

652) Sokolow와 Kobler를 인용하고 있는 Henry Laurens는 그 보나파르트가 Lucien Bonaparte라고 믿었다. 'Le Projet de'État juif en Palestine, attribué à Bonaparte', *Orientales*, i, CNRS Éditions, pp.123~143, 2004.

653) Ibid.

654) Jacques Derogy and Hesi Carmel, *Bonaparte en Terre sainte*, Fayard, p.25, 1992. Laurens, 'Le Projet de'État juif en Palestine, attribué à Bonaparte'.

655) John Darwin, *Britain, Egypt and the Middle East: Imperial Policy in the Aftermath of War 1918~1922*, Macmillan, p.171, 1981.

656) Lewis, 'The "Sick Man" of Today Coughs Closer to Home', in *From Babel to Dragomans*, p.364.

657) 이 책 5장을 참조하기 바란다.

658) Karsh, *Islamic Imperialism: A History*, pp.104~105.

659) Nur Bilge Criss, *Istanbulunder Allied Occupation, 1918~1923*, Brill, p.7, 1999.

660) Mazower, *The Balkans: A Short History*, p.51.

661) *A Survey of the Turkish Empire*, in Richard Clogg (ed.), *The Movement for Greek Independence, 1770~1821: A Collection of Documents*, Macmillan, p.46~47, 1976.

662) 'The Paternal Exhortation of Patriarch Anthimos of Jerusalem', in Clogg (ed.), *Movement for Greek Independence*, pp.59~60.

663) The quotation comes from 'Greece under Ottoman rule'(1791), in Clogg (ed.), *Movement for Greek Independence*, p.3.

664) 'The Journal of Ioannis Pringos of Amsterdam', in Clogg (ed.), *Movement for Greek Independence*, pp.42~43.

665) David Brewer, *The Flame of Freedom: The GreekWar of Independence, 1821~1833*, John Murray, p.20, 2001.

666) The Holy Synod Anathematises the Philiki Etairia', in Clogg (ed.), *Movement for Greek Independence*, p.203.

667) Robert Walsh, *A Residence in Constantinople*, in Clogg (ed.), Movement for Greek Independence, pp.207~208.

668) Thomas Smart Hughes, *Travels in Greece and Albania*, 2 vols., ii, H. Colburn and R. Bentley, p.81, p.97, 1830.

669) 'Fight for Faith and Motherland', in Clogg (ed.), *The Movement for Greek Independence*, p.201, p.203.

670) Reported in Thomas Gordon, *History of the Greek Revolution*, 2 vols., i, T. Cadell, p.183, 1832. Clogg, *Short History of Modern Greece*, pp.47~49.

671) William St Clair, *That Greece Might Still be Free: The Philhellenes in the War of Independence*, Oxford University Press, p.59, 1972.

672) Ibid, p.60.

673) Ibid, pp.1~2.

674) Thomas Smart Hughes, *An Address to the People of England in the cause of the Greeks, occasioned by the late inhuman massacres on the Isle of Scio*, Simpkin and Marshall, 1822.

675) Clogg, *Short History of Modern Greece*, p.58.

676) Brewer, *The Flame of Freedom: The Greek War of Independence*, p.139.

677) StClair, *That Greece Might Still be Free*, p.177.

678) Douglas Dakin, *The Greek Struggle for Independence 1821~1833*, University of California Press, p.107, 1973.

679) Brewer, *The Flame of Freedom*, p.198.

680) St Clair, *That Greece Might Still be Free*, pp.174~175.

681) C. M. Woodhouse, *The Philhellenes*, Hodder and Stoughton, p.116, 1969.

682) Dakin, *The Greek Struggle for Independence 1821~1833*, p.186.

683) Ibid, pp.202~203.

684) Niall Ferguson, *Colossus: The Price of America's Empire*, Penguin Books, p.217, 2006.

685) *The Memoirs of Sir Ronald Storrs*, G. P. Putnam and Sons, p.206, 1937.

686) Peter Mansfield, *A History of the Middle East*, Penguin Books, pp.99, 2003.

687) Lewis, *The Emergence of Modern Turkey*, p.41.

688) Ibid, p.222.

689) 1717년 마리 몽테규(Lady Mary Wortley Montagu: 그녀의 남편이 투르크 대사로 있었다)는 이스탄불에서 예방접종을 목격했고 대사의 의사를 시켜 자신의 다섯 살과 네 살 난 아들과 딸을 접종하도록 했다. 그러나 예방접종은 원래 중국에서 기원한 듯하다.

690) Lewis, *Emergence of Modern Turkey*, p.53.

691) Ibid, p.46.

692) Lewis, *Muslim Discovery of Europe*, pp.222~223. 울라마는 반대했지만 이스탄불의 Galata 지구에서 17세기 이미 일정한 양의 시계가 생산되고 있었다.

693) Finkel, *Osman's Dream*, p.376.

694) Lewis, *Emergence of Modern Turkey*, p.57.

695) Virginian Aksan, 'Ottoman Political Writing, 1768~1808', *Journal of Middle- Eastern Studies*, 25, pp.53~69, 1993.

696) Lewis, *Emergence of Modern Turkey*, pp.71~72.

697) Paul Dumon, 'La Période des Tanzimât (1839~1878)', in RobertMantran (ed.), *Histoire de l'empire ottoman*, Fayard, pp.459~522, 1989.

698) Lewis, *Emergence of Modern Turkey*, p.106.

699) *Record of Travels in Turkeyand Greece etc. and of a Cruise in the Black Sea with the Capitan Pasha, in the years 1829, 1830, and 1831*, 2 vols., i, E. L. Carey, pp.275~276, 1833.

700) Ibid, p.277.

701) Ibid, p.271.

702) Elie Kedourie, *Arabic Political Memoirs and Other Studies*, Frank Cass, p.2, 1974.

703) Feroz Ahmed, *The Young Turks: The Committee of Union and Progress in Turkish Politics 1908~1914*, Clarendon Press, 1969.

704) Mansfield, *History of the Middle East*, p.126. Finkel, *Osman's Dream*, pp.510~518.

705) Kedourie, *Arabic Political Memoirs and Other Studies*, p.260.

706) Mazower, *The Balkans*, p.101.

707) Karsh, *Islamic Imperialism*, pp.101~102. 그러나 술탄이 전쟁을 선포하자 동맹군들 사이에 전쟁이 끝났을 경우 오스만 제국은 어떻게 나눌지에 대한 성급한 동의서들이 만들어진 것도 사실이

다. 그 결과가 1915년 3~4월에 만들어졌던 콘스탄티노플 동의서와 5월에 만들어졌던 런던 조약
이었다.

708) E. Karsh, *Islamic Imperialism*, p.103, quoting Arnold Toynbee, *Turkey: A Past and a Future*, George H. Dorn, pp.28~29, 1917.

709) S. Tufan Buzpinar, 'The Hijaz, Abdülhamid II and Amir Hussein's Secret Dealings with the British 1877~1880', *Middle Eastern Studies*, 31, pp.99~123, 1995.

710) Elie Kedourie, *The Anglo-Arab Labyrinth: The McMahon-Husayn Correspondence and its Interpretations 1914~1939*, Cambridge University Press, p.5, 1976.

711) Ibid, p.13. *The Memoirs of Sir Ronald Storrs*, p.168.

712) Ibid, p.19. *The Memoirs of Sir Ronald Storrs*, p.192.

713) Efraim Karsh and Inari Karsh, *Empires of the Sand: The Struggle for mastery in the Middle East 1789~1923*, Harvard University Press, p.173, 1999.

714) Kedourie, *Anglo-Arab Labyrinth*, pp.113~116.

715) E. Karsh, *Islamic Imperialism*, p.129.

716) *The Memoirs of Sir Ronald Storrs*, 168; David Fromkin, *A Peace to End All Peace: The Fall of the Ottoman Empire and the Creation of the Modern Middle East*, Henry Holt and Company, p.221, 1989.

717) E. Karsh, *Islamic Imperialism*, p.180.

718) Ibid, pp.187~188.

719) E. Karsh and I. Karsh, *Empires of the Sand*, p.197.

720) 7 October 1916. Fromkin, *A Peace to End All Peace*, p.221.

721) *Arab Bulletin*, the official publication of the Arab Bureau, by Fromkin, *A Peace to End All Peace*, p.222.

722) *The Memoirs of Sir Ronald Storrs*, p.202, p.238.

723) Cannadine, *Ornamentalism*, p.72.

724) Elie Kedourie, *England and the Middle East: The Destruction of the Ottoman Empire, 1914~1921*, The Harvester Press, p.118, 1978.

725) Ibid, p.101.

726) 'Nationalism amongst the tribesmen', Arab Bulletin, 26 November 1916, in *Secret Despatches from Arabia by T. E. Lawrence*, The Golden Cockerel Press, n.d. pp.38~39.

727) The Seven Pillars of Wisdom: The Complete 1922 Text, Castle Hill Press, i, 1997.

728) 'Personal Notes on the Sherifial Family', Arab Bulletin, 26 November 1916, in *Secret Despatches from Arabia by T. E. Lawrence*, p.35.

729) *The Seven Pillars of Wisdom*, i. p.239.

730) Fromkin, *A Peace to End All Peace*, p.312.

731) Briton Cooper Busch, Britain, *India and the Arabs, 1914~1921*, University of California Press,

p.137, 1971.

732) Ibid, pp.137~138.

733) Ibid, pp.139~140.

734) *The Romance of the Last Crusade with Allenby to Jerusalem*, D. Appleton and Co., pp.176~179, 1925.

735) 다마스쿠스 점령시 로렌스의 역할은 그의 과장이다. Elie Kedourie, 'The Capture of Damascus 1 October, 1918', in *The Chatham House Version and Other Middle Eastern Studies*, Praeger pp.48~51, 1970.

736) Kedourie, *England and the Middle East*, p.97.

737) *The Letters of T. E. Lawrence*, ed. David Garnett, Jonathan Cape, p.291, 1938.

738) Fromkin, *A Peace to End All Peace*, p.343.

739) *The Public Papers of Woodrow Wilson*, ed. by Ray Stannard Baker and William E. Dodd, 6 vols., v, Harper and Bros., pp.159~161, 1925~1927.

740) Kedourie, from England in Egypt, in *England and the Middle East*, pp.25~26.

741) Salvador de Madariaga, *Portrait of Europe* [Bosquejo de Europa], Roy Publishers, p.23, 1955.

742) Finkel, *Osman's Dream*, p.488.

743) Leonard S. Woolf, *The Future of Constantinople*, George Allen and Unwin, 1917.

744) Darwin, *Britain, Egypt and the Middle East*, pp.171~172.

745) Bilge Criss, *Istanbul under Allied Occupation*, pp.7~9.

746) Christopher M. Andrew and A. S. Knaya-Forstner, *The Climax of French Imperial Expansion 1914~1924*, Stanford University Press, p.180, 1981.

747) Fromkin, *A Peace to End All Peace*.

748) Andrew and Knaya-Forstner, *Climax of French Imperial Expansion*, p.189.

749) Ibid, p.203.

750) Fromkin, *A Peace to End All Peace*, p.401.

751) *Travels in India*, trans. by V. Ball, Macmillan and Co., i, pp.381~384, 1889.

752) '거대한 게임'이란 말은 그 게임을 하다가 1842년에 죽은 Colonel Charles Stoddart가 처음 쓴 말이다. Peter Hopkirk, *The Great Game: The Struggle for Empire in Central Asia*, Kodansha International, 1994를 참조하기 바란다.

753) 이 책 10장을 참조하기 바란다.

754) George Nathanial Curzon, *Persia and the Persian Question*, i, Longmans, p.480, 1892.

755) Nikki R. Keddie, *Religion and Rebellion in Iran: The Tobacco Protest of 1891~1892*, Cass, 1966.

756) Viscount Grey of Fallodon, *Twenty-Five Years 1892~1916*, Hodder and Stoughton, p.153, 1925.

757) Ibid, pp.165~166.

758) E. Karsh, *Islamic Imperialism*, pp.125~126.

759) Canadine, *Ornamentalism*, p.77.

760) Fromkin, *A Peace to End All Peace*, p.452.

761) Mansfield, *History of the Middle East*, p.228.

762) E. Karsh and I. Karsh, *Empires of the Sand*, p.288.

763) *Tancred or the New Crusade*, Longman Green, p.309, 1894.

764) *The Jew's State: An Attempt at a Modern Solution to the Issue of the Jews*, critical Eng. trans. by Henk Overberg, Jason Aronson, p.134, p.145, 1991.

765) Ibid, p.196.

766) Ibid, p.148.

767) Ronald Hyam, *Britain's Declining Empire: The Road to Decolonisation 1918~1968*, Cambridge University Press, p.51, 2006.

768) Isaiah Friedman, *The Question of Palestine: British-Jewish-Arab Relations: 1914~1918*, Transaction Publishers, pp.285~286, 1992.

769) 이 책 10장을 참조하기 바란다.

770) The Jew's State, p.147.

771) Hyam, *Britain's Declining Empire*, p.55.

772) Friedman, *The Question of Palestine*, pp.126~127.

773) Hyam, *Britain's Declining Empire*, pp.53~54, Hyam은 서양은 20세기 초, 이슬람의 쇠퇴가 불가피하다고 믿고 이슬람의 입장을 경멸해도 된다고 생각했는데 그 정도가 가히 충격적이었다고 했다.

774) Walter Laquer, *The Israeli-Arab Reader*, Penguin, p.37, 1970.

775) Michael Cohen, *Palestine and the Great Powers 1945~1948*, Princeton University Press.

776) 'Declaration of the Establishment of the State of Israel', in David Armitage, *The Declaration of Independence: A Global History*, Harvard University Press, p.240, 2007.

777) E. Karsh, *Islamic Imperialism*, p.190.

778) 이 책 7장을 참조하기 바란다.

779) John Darwin, *After Tamerlane: The Global History of Empire*, Penguin Allen Lane, p.457, 2007.

780) Gamel Abdel Nasser, *Egypt's Liberation: The Philosophy of Revolution*, Public Affairs Press, p.108, 1955.

781) Keith Kyle, *Suez*, Weidenfeld and Nicolson, 1991.

782) E. Karsh, *Islamic Imperialism*, p.145.

783) C. Ernest Dawn, 'The Origins of Arab Nationalism', in Rashid Khalidi et al. (eds.), *The Origins of Arab Nationalism*, Columbia University Press, p.5, 1991.

784) Leonard Binder, *The Ideological Revolution in the Middle East*, Wiley and Sons, pp.154~197, 1964.

785) 아랍 연합 공화국이 생기기 직전, 런던의 국제 정치 기관이 만든 보고서는 '아랍어를 말하는 세상'을 비스마르크 이전의 '독일어를 말하는 세상'과 비교했고 그 지역 사람들의 간의 불화가 너무 심해 단일한 아랍 국가가 생길 수 없을 것이라고 했다. *British Interests in the Mediterranean*

and Middle East: A Report by a Chatham House Study Group, Oxford University Press, p.54, 1958.

786) Amatzia Baram, 'Mesopotamian Identity in Ba 'thi Iraq', *Middle Eastern Studies*, p.19, 1983. 'A Case of Imported Identity: The Modernizing Secular Ruling Elites of Iraq and the Concept of Mesopotamian-Inspired Territorial Nationalism', *Poetics Today*, 15, pp.279~319, 1994.

787) *Democracy in Europe*, Longman Green, p.29, 1877.

788) '문명의 충돌'이란 말은 물론 Samuel Huntingdon의 대단한 논쟁을 불러왔던 *The Clash of Civilizations and the Remaking of World Order*, Simon and Schuster, 1996에서 나온 말이다.

789) Gilles Kepel, *The War for Muslim Minds: Islam and the West*, Belknap Press, pp.123~124, 2004.

790) Gilles Kepel, *Jihad: The Trial of Political Islam*, trans. by Anthony F. Roberts, Belknap Press, p.63, 2002.

791) Elie Kedourie, *Afghani and 'Abduh: An Essay on Religious Unbelief and Political Activism in Modern Islam*, Frank Cass, 1966. Albert Hourani, 'Abduh's Disciples: Islam and Modern Civilization', in *Arabic Thought in the Liberal Age 1798~1939*, pp.161~192.

792) Elie Kedourie, *Islam in the Modern World and Other Studies*, Mansell, p.26, 1980. 아프가니는 이슬람은 과학과 상응하지 못한다고 했던 르낭의 주장에 반박한 것이다. 르낭의 주장에 대해서는 이 책 5장을 참조하기 바란다.

793) Fouad Ajami, *The Arab Predicament: Arab Political Thought and Practice since 1967*, Cambridge University Press, pp.50~56, 1992.

794) Ibid, pp.63~64.

795) Wright, *The Looming Tower*, p.25.

796) Nikki R. Keddie, *An Islamic Response to Imperialism: Political and Religious Writings of Sayyid Jamâl ad-Dîn 'al-Afghânî'*, California University Press, p.81, 1968.

797) E. Karsh, *Islamic Imperialism*, p.214.

798) Yossef Bondansky, *Bin Laden: The Man who DeclaredWar on America*, Prima Publishing, pp.8~9, 2001.

799) Ibid, p.12.

800) Kepel, *Jihad*, pp.147~148.

801) Bondansky, *Bin Laden*, p.382.

802) 이 책 5장을 참조하기 바란다.

803) Daniel Benjmain and Steven Simon, *The Age of Sacred Terror*, Random House, p.149, 2002.

804) Wright. *The Looming Tower*, p.176.

805) Gilles Kepel, *Fitna: Guerre au coeur de l'Islam*, Gallimard, pp.99~105, 2004.

806) Benjmain and Simon, *Age of Sacred Terror*, p.167.

807) Ibid, pp.104~105.

808) Kepel, *War for Muslim Minds*, p.145.

809) Richard W. Bulliet, *The Case for Islamo-Christian Civilization*, Columbia University Press, 2004. '문명의 충돌' 이론에 따르면 유대인-기독교 서양 세상은 이슬람과 항상 부딪혀왔고 미래에도 그럴 것이다. 이슬람-기독교 문명 이론에 따르면 이슬람과 서양은 쌍둥이고 서로 다른 길을 가게 된 후에도 여전히 쌍둥이였다.

810) *Political Theory of Islam*, in John Donohue and John L. Esposito (eds.), *Islam in Transition: Muslim Perspectives*, Oxford University Press, p.252, 1982.

811) Nader A. Hashemi, 'Change from Within', in Khaled Abou ElFadl, *Islam and the Challenge of Democracy*, Princeton University Press, p.53, 2004.

812) Crone, *Medieval Islamic Political Thought*, pp.334~335.

813) Seyyed Vali Reza Nasr, *Mawdudi and the Making of Islamic Revivalism*, Oxford University Press, p.84, p.88, 1996.

814) Olivier Carré, *Mysticism and Politics: A Critical Reading of Fi Zilal al Qur'an by Sayyib Qutb (1906~1966)*, trans. by Carol Artigues, Brill, p.153, 2003.

815) *Social Justice in Islam*, p.4.

816) *Milestones* (Dar al-Ilm, Damscus, n.d.), p.93.

817) Wright, *The Looming Tower*, p.15.

818) *Milestones*, p.21.

819) James P. Piscatori, *Islam in a World of Nation States*, Cambridge University Press, p.22, 1986.

820) Kepel, *Jihad*, pp.25~26.

821) *Social Justice in Islam*, pp.24~25. *Milestsones*, p.17.

822) Nazih N. Ayubi, *Political Islam: Religion and Politics in the Arab World*, Routledge, p.140, 1991.

823) *Milestones*, p.7, pp.11~12.

824) Wright, *The Looming Tower*, p.31.

825) 2006년, 9월 12일 교황의 로젠부르크 연설은 기독교와 현대 과학 사이 화해를 기원하며 끝을 맺었다. 비록 교황에게는 도덕과 윤리가 그가 말했던 '인간 과학'이 아니라 교회 신학에 속한 것이기는 했지만 말이다. 게다가 그의 마음속에 있는 기독교는 토머스 아퀴나스식의 합리적인 헬레니즘이지, '현대 신앙 부흥 운동자'의 터무니없는 원리주의는 물론 프로테스탄트의 '직역주의' 도 아니었다. Faith, *Reason and the University Memories and Reflections*.

826) Kepel, *Jihad*, p.72.

827) Emmanuel Sivan, *Radical Islam Medieval Theology and Modern Politics*, Yale University Press, p.97, 1985.

828) Benjamin and Steven Simon, *Age of Sacred Terror*, pp.38~94 and see Gilles Kepel, *Le Prophète et Pharaon: Aux sources des mouvements islamistes*, Seuil, pp.216~250, 1993.

829) Ibid, 42.

830) Fouad Ajami, The Arab Predicament: Arab Political Thought and Practice since 1967, Cambridge University Press, pp.63~65, 1992.

831) Albert Hirschman, 'Exit, Voice and the Fate of the German Democratic Republic', in *A Propensity to Self-Subversion*, Harvard University Press, pp.9~44, 1995.

832) 이 책 1장을 참조하기 바란다.

833) *New York Times*, 2006년 11월 28일, A12.

834) Bernard Lewis, *The Crisis of Islam: Holy War and Unholy Terror*, Random House, p.159, 2003.

835) *Milestones*, Cap. p.7.

836) http: www.Washingtonpost.com/wrp-srv/world/documtns/ahmadinejad0509.pdf.

837) *On Liberty*, in *On Liberty and Other Writings*, p.70.

838) Gary Wills, 'A country ruled by faith', *New York Review of Books, 53/18*, p.8, 2006년 11월 16일.

839) George Hourani, *Reason and Tradition in Islamic Ethics*, Cambridge University Press, p.210, 1985.

840) John L. Esposito, *The Islamic Threat: Myth or Reality*, Oxford University Press, p.55, 1999.

841) *Islam Observed*, Yale University Press, p.64, 1968.

참고문헌

Adkins, A. W. H., *Moral Values and Political Behaviour in Ancient Greece* (New York: Norton, 1972).

Aeschylus, *The Persians*, trans. Janet Lembke and C. J. Herington (New York and Oxford: Oxford University Press, 1981).

Ahmed, Feroz, *The Young Turks: The Committee of Union and Progress in Turkish Politics 1908~1914* (Oxford: Clarendon Press, 1969).

Ajami, Fouad, *The Arab Predicament: Arab Political Thought and Practice since 1967* (Cambridge: Cambridge University Press, 1992).

Akcam, Taner, *A Shameful Act: The Armenian Genocide and the Question of Turkish Responsibility*, trans. Paul Besser (New York: Metropolitan, 2007).

Aksan, Virginia, 'Ottoman Political Writing, 1768~1808', *Journal of Middle-Eastern Studies*, 25 (1993), 53~69.

Al-Jabarti, Abd-al Rahman, *Al-Jabarti's Chronicle of the First Seven Months of the French Occupation of Egypt*, ed. and trans. S. Morhe (Leiden: Brill, 1975).

Al-Turk, Niqula ibn Yusuf, *Histoire de l'expédition des Français en Égypte par Nakoula-El-Turk, publiée et traduite par Desgranges aîné* (Paris: Imprimerie royale, 1839).

Ando, Clifford, *Imperial Ideology and Provincial Loyalty in the Roman Empire* (Berkeley, Los Angeles, and London: University of California Press, 2000).

Andrew, Christopher M., and Knaya-Forstner, A. S., *The Climax of French Imperial Expansion 1914~1924* (Stanford, Calif.: Stanford University Press, 1981).

Anon., *The Policy of the Turkish Empire* (London, 1597).

Anquetil-Duperron, Abraham Hyacinth, *Législation orientale* (Amsterdam, 1778).

______, *Considérations philosophiques et géographiques sur les deux mondes* (1780~1804), ed. Guido Abbatista (Pisa: Scuola Normale Superiore, 1993).

______, *Voyage en Inde 1754~1762*, ed. Jean Deloche, Manonmani Filliozat, Pierre-Sylvain Filliozat (Paris: École française d'Extrême-Orient, 1997).

Aristides, Aelius, 'The Roman Oration', in James H. Oliver, *The Ruling Power: A Study of the Roman Empire in the Second Century after Christ through the Roman Oration of Aelius Aristides*,

Transactions of the American Philosophical Society, ns 23 (1953).

Armitage, David, *The Declaration of Independence: A Global History* (Cambridge, Mass. and London: Harvard University Press, 2007).

Averroes (Abû al-Walîd Muhammad ibn Rushd), *Averroès: Discours décisif*, trans. Marc Geoffroy (Paris: Flammarion, 1996).

Ayubi, Nazih N., *Political Islam: Religion and Politics in the Arab World* (London and New York: Routledge, 1991).

Bahgat, Ali, 'Acte de marriage du General Abdallah Menou avec la dame Zobaidah', *Bulletin de l'Institut égyptien*, 9 (1899), 221~235.

Bailey, Cyril (ed.), *The Legacy of Rome* (Oxford: Oxford University Press, 1923).

al-Baladhuri, Ahmad ibn Yahya, *Kitâb Futûh al-Buldân* (The Origins of the Islamic State), trans. Philip Hitti (New York: Columbia University Press, 1916).

Balsdon, F. P. V. D., *Romans and Aliens* (London: Duckworth, 1979).

Baram, Amatzia, 'Mesopotamian Identity in Ba'thi Iraq', Middle Eastern Studies, 19 (1983).

______, 'A Case of Imported Identity: The Modernizing Secular Ruling Elites of Iraq and the Concept of Mesopotamian-Inspired Territorial Nationalism', *Poetics Today*, 15 (1994), 279~319.

Barnes, Jonathan, 'Cicéron et la guerre juste', *Bulletin de la Société française de philosophie*, 80 (1986), 41~80.

Bayly, C. A., *The Birth of the Modern World 1780~1914* (Malden and Oxford: Blackwell, 2004).

Benedict XVI (pope), *Faith, Reason and the University: Memories and Reflections* (Vatican City: Libreria Editrice Vaticana, 2006).

Bengio, Ofra, *Saddam's Word: Political Discourse in Iraq* (New York and Oxford: Oxford University Press, 1998).

Benjamin, Daniel, and Simon, Steven, *The Age of Sacred Terror* (New York: Random House, 2002).

Bernier, François, *Evenemens particuliers, ou ce qui s'est passé de plus considerable après la guerre pedant cinq ans . . . dans les états du Grand Mongol* (Paris, 1670).

Bernoyer, François, *Avec Bonaparte en Égypte et en Syrie 1798~1800*, ed. Christian Tortel (Paris: Éditions Curandera, 1981).

Binder, Leonard, *The Ideological Revolution in the Middle East* (New York: John Wiley and Sons, 1964).

Boardman, John, Griffin, Jasper, and Murray, Oswyn (eds.), *The Oxford History of the Classical World* (Oxford and New York: Oxford University Press, 1986).

Bondansky, Yossef, *Bin Laden: The Man who Declared War on America* (Roseville, Calif.: Prima Publishing, 2001).

Boswell, James, *Journal of a Tour to the Hebrides with Samuel Johnson*, 1733, ed. Frederick A. Pootle and Charles H. Bennet (New Haven: Yale University Press, 1961).

Bosworth, A. B., *Conquest and Empire: The Reign of Alexander the Great* (Cambridge: Cambridge University Press, 1988).

Brewer, David, *The Flame of Freedom: The Greek War of Independence, 1821~1833* (London: John Murray, 2001).

Briant, Pierre, 'La Date des révoltes babyloniennes contra Xersès', *Studia Iranica*, 21 (1992), 12~13.

______, 'La Vengeance comme explication historique dans l'oeuvre d'Hérodote', *Revue des études grecques*, 84 (1971), 319~335.

______, *Histoire de l'Empire Perse: De Cyrus à Alexandre* (Paris: Fayard, 1996).

British Interests in the Mediterranean and Middle East: A Report by a Chatham House Study Group (London: Oxford University Press, 1958).

Brown, Peter, *Augustine of Hippo: A Biography* (London: Faber and Faber, 1976).

______, *The World of Late Antiquity* (New York and London: W. W. Norton and Company, 1989).

Bulliet, Richard W., *Conversion to Islam in the Medieval Period: An essay in Quantitative History* (Cambridge, Mass. and London: Harvard University Press, 1979).

Burton, Richard, *The Anatomy of Melancholy*, ed. T. Faulkner et al. (Oxford: Clarendon Press, 1989~1990).

Buruma, Ian, and Margalit, Avishi, *Occidentalism: The West in the Eyes of its Enemies* (New York: Penguin Press, 2004).

Busbecq, Ogier Ghiselin de, *The Turkish letters of Ogier Ghiselin de Busbecq*, trans. Edward Forster (Oxford: Clarendon Press, 1927).

Busch, Briton Cooper, *Britain, India and the Arabs, 1914~1921* (Berkeley, Los Angeles, and London: University of California Press, 1971).

Calasso, Roberto, *The Marriage of Cadmus and Harmony* (New York: Vintage Books, 1993).

Cameron, Euan, *The European Reformation* (Oxford: Clarendon Press, 1991).

Cannadine, David, *Ornamentalism: How the British saw their Empire* (London: Penguin Books, 2002).

Cannon, Garland, *The Life and Mind of Oriental Jones: Sir William Jones, the Father of Modern Linguistics* (Cambridge: Cambridge University Press, 1990).

Cardini, Franco, *Europe e Islam: Storia di un malinteso* (Rome and Bari: Laterza, 2002).

Carré, Olivier, *Mysticism and Politics: A Critical Reading of Fi Zilal al Qur'an by Sayyib Qutb (1906~1966)*, trans. Carol Artigues (Leiden and Boston: Brill, 2003).

Cartledge, Paul, *Alexander the Great: The Hunt for a New Past* (London: Macmillan, 2004).

______, *Thermopylae: The Battle that Changed the World* (London: Pan Books, 2006).

Chabrol, Gilbert-Joseph Volvic de, *Essai sur les moeurs des habitans modernes de l'Égypte*, in *Description de l'Égypte, ou Recueil des observations et des recherches qui ont été faites en Égypte pendant l'expédition de l'armée française, publié par les ordres de Sa Majesté l' empereur Napoléon le Grand*, 2nd edn. (Paris: C. L.-F. Pankoucke, 1821~1830), vol. xviii.

Chateaubriand, Francois-René, Vicomte de, *Itinéraire de Paris à Jérusalem*, ed. Jean-Claude Berchet (Paris: Gallimard, 2003).

Clogg, Richard (ed.), *The Movement for Greek Independence, 1770~1821: A Collection of Documents* (London: Macmillan, 1976).

_____, *A Short History of Modern Greece* (Cambridge: Cambridge University Press, 1979).

Cohen, Michael, *Palestine and the Great Powers 1945~1948* (Princeton: Princeton University Press).

Cohn, Bernard, 'The Command of Language and the Language of Command', in Ranajit Guha (ed.), *Subaltern Studies* (New Delhi: Oxford University Press, 1985), iv. 286~301.

Condorcet, Marie Jean Antoine Nicolas Caritat, marquis de, *Esquisse d'un tableau historique des progrès de l'esprit humain*, ed. Alain Pons (Paris: Flammarion, 1988).

Congrès national des forces populaires, La Charte (Cairo: Administration de l'information, 1962).

Cook, Michael, *Muhammad* (Oxford: Oxford University Press, 1983).

_____, *Forbidding Wrong in Islam* (Cambridge: Cambridge University Press, 2003).

Coope, Jessica A., *The Martyrs of Córdoba: Community and Family Conflict in an Age of Mass Conversion* (Lincoln, Nebr.: University of Nebraska Press, 1995).

Criss, Nur Bilge, *Istanbul under Allied Occupation, 1918~1923* (Leiden, Boston, and Cologne: Brill, 1999).

Crone, Patricia, *Slaves on Horses: The Evolution of the Islamic Polity* (Cambridge: Cambridge University Press, 1980).

_____, *God's Rule: Government and Islam* (New York: Columbia University Press, 2004).

_____, *Medieval Islamic Political Thought* (Edinburgh: Edinburgh University Press, 2004).

_____, and Hinds, Marin, *God's Caliph: Religious Authority in the First Centuries of Islam* (Cambridge: Cambridge University Press, 1986).

Curzon, George Nathanial, *Persia and the Persian Question* (London: Longmans, 1892).

Dakin, Douglas, *The Greek Struggle for Independence 1821~1833* (Berkeley and Los Angeles: University of California Press, 1973).

Daniel, Norman, *Islam and theWest: The Making of an Image* (Edinburgh: Edinburgh University Press, 1960).

Darwin, John, *Britain, Egypt and the Middle East: Imperial policy in the Aftermath of War 1918~1922* (London: Macmillan, 1981).

_____, *After Tamerlane: The Global History of Empire* (London and New York: Penguin Allen Lane, 2007).

Dauge, Yves Albert, *Le Barbare: Recherches sur la conception de la barbarie et de la civilisation* (Collection Latomus 176) (Brussels: Revue d'études latines, 1981).

Davies, Norman, *Europe: A History* (Oxford and New York: Oxford University Press, 1997).

De la Noue, François, *Discours politiques et militaires*, ed. F. E. Sutcliffe (Geneva: Droz, 1967).

Della Vida, G. Levi, 'La corrispondeza di Berta di Toscano col Califfo Muktafi', *Rivista storica italiana*, 66 (1954), 21~38.

Denon, Dominque Vivant, *Voyage dans la Basse et la Haute Égypte, pendant les campagnes du général Bonaparte* (Paris: P. Dinot l'ainé, 1802).

Derogy, Jacques, and Carmel, Hesi, *Bonaparte en Terre sainte* (Paris: Fayard, 1992).

Diderot, Denis, *Œuvres*, ed. Laurent Versini, 3 vols. (Paris: Robert Laffont, 1995).

Disraeli, Benjamin, *Tancred or the New Crusade* (London: Longman Green, 1894).

Donohue, John, and Esposito, John L., *Islam in Transition: Muslim Perspectives* (Oxford: Oxford University Press, 1982).

Droysen, Johann Gustav, *Geschichte Alexanders des Grossen*, vol. i of Geschichte des Hellenismus (Basle: Schwabe, 1952).

Dumézil, Georges, *Idées romaines* (Paris: Gallimard, 1969).

El Fadl, Khaled Abou, *Islam and the Challenge of Democracy* (Princeton and Oxford: Princeton University Press, 2004).

Ellis, Henry, *Journal of the Proceedings of the Late Embassy to China* (London, 1817).

Erdmann, Carl, *The Origin of the Idea of Crusade*, trans. Marshall W. Baldwin and Walter Goffart (Princeton: Princeton University Press, 1977).

Esposito, John L., *The Islamic Threat: Myth or Reality* (New York and Oxford: Oxford University Press, 1999).

Euben, Peter, 'Political Equality and the Greek Polis' in M. J. Gargas McGrath (ed.), *Liberalism and Modern Polity* (New York: Marcel Dekker, 1959), 207~229.

Eusebius of Caesarea, *Eusebius: Life of Constantine*, trans. A. Cameron and S. Hall (Oxford: Oxford University Press, 1999).

Evans, J. A. S., 'Father of History or Father of Lies? The Reputation of Herodotus', *Classical Journal*, 64 (1968) 11~17.

Febvre, Lucien, *L'Europe: Genèse d'une civilisation* (Paris: Perrin, 1999).

Ferguson, Niall, *Colossus: The Price of America's Empire* (London: Penguin Books, 2006).

Ferrary, Jean-Louis, *Philhellénisme et imperialisme: Aspects idéologiques de la conquête du monde héllenistique* (Rome: Bibliothèque des Écoles françaises d'Athènes et de Rome, 1988).

Festugière, A. J., *La Révélation de Hermés Trismegéste* (Paris: Les Belles Lettres, 1981).

Finkel, Caroline, *Osman's Dream: The Story of the Ottoman Empire, 1300~1923* (New York: Basic Books, 2006).

Finley, M. I., *Ancient Slavery and Modern Ideology* (Harmondsworth and New York: Penguin Books, 1983).

Fletcher, Richard, *The Cross and the Crescent: Christianity and Islam from Muhammad to the*

Reformation (New York: Viking, 2003).

Fradkin, H., 'The Political Thought of Ibn Tufayl', in E. Butterworth (ed.), *The Political Aspects of Islamic Philosophy* (Cambridge, Mass.: Harvard University Press, 1992), 234~261.

Freeman, Charles, *The Closing of the Western Mind: The Rise of Faith and the Fall of Reason* (New York: Alfred A. Knopf, 2003).

Frend, W. H. C., *Martyrdom and Persecution in the Early Church* (Oxford: Oxford University Press, 1965).

Friedman, Isaiah, *The Question of Palestine: British-Jewish-Arab Relations, 1914~1918* (New Brunswick and London: Transaction Publishers, 1992).

Fromkin, David, *A Peace to End All Peace: The Fall of the Ottoman Empire and the Creation of the Modern Middle East* (New York: Henry Holt and Company, 1989).

Frossard, Benjamin, *Observations sur l'abolition de la traité des négres presentées à la Convention Nationale* (n.p., 1793).

Frye, Richard N., *The History of Ancient Iran* (Munich: C. H. Beck'sche Verlagsbuchhandlung, 1984).

Gabrieli, Francesco (ed.), *Storici arabi delle crociate* (Turin: Einaudi, 1957).

Garcin, J.-Cl. (ed.), *États, sociétés et cultures du monde musulman médiéval, X^e~XVe siècle*, 3 vols. (Paris: PUF, 1995~2000).

Garnsey, Peter, *Ideas of Slavery from Aristotle to Augustine* (Cambridge: Cambridge University Press, 1996).

______, and Whittaker, C. R. (eds.), *Imperialism in the Ancient World* (Cambridge: Cambridge University Press, 1978).

Gauthier, R. A., *Magnanimité: L'Idéal de la grandeur dans la philosophie païenne et dans la théologie chrétienne* (Paris: Vrin, 1951).

Geertz, Clifford, *Islam Observed* (New Haven: Yale University Press, 1968).

Gesta Francorum et aliorum Hierosolimitanorum [The Deeds of the Franks and the other Pilgrims to Jerusalem], ed. Rosalind Hill (London and Edinburgh: Thomas Nelson, 1962).

Gernet, Jacques, *China and the Christian Impact: A Conflict of Cultures*, trans. Janet Lloyd (Cambridge: Cambridge University Press, 1982).

Gilbert, Vivian, *The Romance of the Last Crusade with Allenby to Jerusalem* (New York and London: D. Appleton and Co., 1925).

Giovio, Paolo, *Commentario delle cose dei Turchi* (Venice, 1538).

Goiten, S. D., 'The Origin of the Vizierate and Its True Character', in *Studies in Islamic History and Institutions* (Leiden: Brill, 1966).

Goody, Jack, *The East in the West* (Cambridge: Cambridge University Press, 1992).

Gordon, Mary, 'The Nationality of Slaves under the Early Roman Empire', in M. I. Finley (ed.), *Slavery in Classical Antiquity* (Cambridge: W. Heffer and Sons, 1960), 171~189.

Gordon, Thomas, *History of the Greek Revolution, 2* vols. (London: T. Cadell, 1832).

Grant, Michael, *The World of Rome* (London: Weidenfeld and Nicolson, 1960).

Green, Peter, *Alexander of Macedon 356~323 BCE: A Historical Biography* (Berkeley, Los Angeles, and London: University of California Press, 1991).

Gress, David, *From Plato to Nato: The Idea of the West and its Opponents* (New York: Free Press, 1998).

Grey, Edward (Viscount Grey of Fallodon), *Twenty-Five Years 1892~1916* (London: Hodder and Stoughton, 1925).

Haag, Michael, *Alexandria: City of Memory* (New Haven and London: Yale University Press, 2005).

Hall, Edith, 'Asia Unmanned, Image of Victory in Classical Athens', in John Rich and Graham Shipley (eds.), *War and Society in the Greek World* (London and New York: Routledge, 1993).

Hankins, James, 'Renaissance Crusaders: Humanist Crusade Literature in the Age of Mehmed II', *Dumbarton Oaks Papers*, 49 (1995), 111~207.

Hanson, Victor Davis, *Carnage and Culture: Landmark Battles in the Rise of Western Power* (New York: Anchor Books, 2001).

_____, 'Take Me to my Leader', *The Times Literary Supplement*, 2 Oct. 2004, 11~27.

Heers, Jacques, *Chute et mort de Constantinople 1204~1453* (Paris: Perrin, 2005).

Hegel, Georg Friedrich, *The Philosophy of History*, trans. J. Sibree (New York: Dover Publications, 1956).

Herder, Johann Gottfried von, *On World History: An Anthology*, ed. Hans Adler and Ernst A. Menze Armonk (New York and London: M. E. Sharpe, 1997).

_____, *Philosophical Writings*, ed. Michael N. Forster (Cambridge: Cambridge University Press, 2002).

Herodotus, *The Histories*, trans. Aubrey de Sélincourt, rev. John Marincola (London: Penguin Books, 1996).

Herzl, Theodore, *The Jew's State: An attempt at a Modern Solution to the Issue of the Jews*, a critical English trans. by Henk Overberg (Northvale, NJ and Jerusalem: Jason Aronson, 1991).

Hillenbrand, Carole, *The Crusades: Islamic Perspectives* (Edinburgh: Edinburgh University Press, 1999).

Hindley, Geoffrey, *Saladin: A Biography* (London: Constable, 1976).

Hirschman, Albert, *A Propensity to Self-Subversion* (Cambridge, Mass. and London: Harvard University Press, 1995).

Hobbes, Thomas, *The Elements of Law, Natural and Political*, ed. Ferdinand Tönnies (2nd edn., London Frank Cass & Co., 1969).

_____, *Leviathan*, ed. Richard Tuck (Cambridge: Cambridge University Press, 1991).

_____, *On the Citizen*, trans. and ed. Richard Tuck and Michael Silverthorne (Cambridge: Cambridge University Press, 1998).

Hodges, Richard, and Whitehouse, David, *Mohammed, Charlemagne and the Origins of Europe* (Ithaca, NY: Cornell University Press, 1983).

Holbach, Paul Henri Dietrich, baron d', *Œuvres philosophiques complètes*, ed. Jean-Pierre Jackson, 2 vols. (Paris: Éditions Alive, 1999).

Hopkirk, Peter, *The Great Game: The Struggle for Empire in Central Asia* (New York, Tokyo, and London: Kodansha International, 1994).

Hourani, Albert, *Arabic Thought in the Liberal Age 1798~1939* (Cambridge: Cambridge University Press, 1962).

_____, *A History of the Arab Peoples* (London: Faber & Faber, 1991).

_____, *Islam in Western Thought* (Cambridge: Cambridge University Press, 1991).

Hourani, George, *Reason and Tradition in Islamic Ethics* (Cambridge: Cambridge University Press, 1985).

Housley, Norman, *The Later Crusades 1272~1580* (Oxford: Oxford University Press, 1991).

Hughes, Lindsey, *Russia in the Age of Peter the Great* (New Haven and London: Yale University Press, 1998).

Hughes, Thomas, Smart, *An address to the People of England in the cause of the Greeks, occasioned by the late inhuman massacres on the Isle of Scio* (London: Simpkin and Marshall, 1822).

_____, *Travels in Greece and Albania*, 2 vols. (London: H. Colburn and R. Bentley, 1830).

Hume, David, *Essays, Moral Political and Literary*, ed. Eugene F. Miller (Indianapolis: Liberty Classics, 1985).

Huntingdon, Samuel, *The Clash of Civilizations and the Remaking of World Order* (New York: Simon and Schuster, 1996).

Hyam, Ronald, *Britain's Declining Empire: The Road to Decolonisation 1918~1968* (Cambridge: Cambridge University Press, 2006).

Ibn al-Qalânisî, *The Damascus Chronicle of the Crusades*, extracted and trans. H. A. R. Gibb (London: Luzac and Co., 1932).

Ibn Battuta, Muhammad, *The Travels of Ibn Battuta*, trans. H. A. R. Gibb, 2 vols. (Cambridge: Cambridge University Press, 1962).

Ibn Ishaq, Muhammad, *The Life of Muhammad: A Translation of Ishaq's* Sirat Rasul Allah, with introd. and notes by A. Guillaume (Karachi: Oxford University Press, 1955).

Ibn Khaldûn, Abd Al-Rahman, Ibn Muhammaq, *The Muqaddimah: An Introduction to History*, trans. Franz Rosenthal (Princeton: Princeton University Press, 1967).

Ibn Munquid, Usamah, *An Arab-Syrian Gentlemen and Warrior in the Period of the Crusades* (New York: Columbia University Press, 1929).

Imbruglia, Girolamo, 'Tra Anquetil-Duperron e *L'Histoire de Deux Indies:* Libertà, dispotismo e feudalismo', *Rivista storica italiana*, 106 (1994), 140~193.

Inalcik, Halil, 'The Question of the Emergence of the Ottoman State', *International Journal of Turkish Studies, 2* (1980), 71~79.

Ingram, Edward, *Commitment to Empire: Prophecies of the Great Game in Asia 1797~1800* (Oxford: Oxford University Press, 1981).

Isaac, Benjamin, *The Invention of Racism in Classical Antiquity* (Princeton and Oxford: Princeton University Press, 2004).

Jasanoff, Maya, *Edge of Empire: Conquest and Collecting in the East 1750~1850* (London: Fourth Estate, 2005).

Jensen, Lionel, *Manufacturing Confucianism: Chinese Tradition and Universal Civilization* (Durham, NC: Duke University Pres, 1997).

Johnson, Samuel, *The Prince of Abissinia: A Tale* (London, 1759).

Jolivet, J., et al. (eds.), *Multiple Averroès* (Paris: Les Belles Lettres, 1973).

Jones, A. H. M., *Constantine and the Conversion of Europe* (London: Hodder and Stoughton, 1948).

Jones, Sir William, *Dissertation sur la littérature orientale* (London, 1771).

_____, *The Collected Works of Sir William Jones* (1807), facs. edn., 13 vols. (New York: New York University Press, 1993).

Kant, Immanuel, *Political Writings*, ed. Hans Reiss, trans. H. B. Nisbet (Cambridge: Cambridge University Press, 1991).

_____, *Lectures on Ethics*, ed. Peter heath and J. B. Schneewind (Cambridge: Cambridge University Press, 1997).

Karsh, Efraim, *Islamic Imperialism: A History* (New Haven and London: Yale University Press, 2006).

_____, and Karsh, Inari, *Empires of the Sand: The Struggle for Mastery in the Middle East 1789~1923* (Cambridge and London: Harvard University Press, 1999).

Keddie, Nikki R., *Religion and Rebellion in Iran: The Tobacco Protest of 1891~1892* (London: Cass, 1966).

_____, *An Islamic Response to Imperialism: Political and Religious Writings of Sayyid Jamâl ad-Dîn 'al-Afghânî'* (Berkeley and Los Angeles: California University Press, 1968).

Kedourie, Elie, *Afghani and 'Abduh: An Essay on Religious Unbelief and Political Activism in Modern Islam* (London: Frank Cass, 1966).

_____, 'The Capture of Damascus 1 October, 1918', in *The Chatham House Version and Other Middle Eastern Studies* (New York: Praeger 1970), 48~51.

_____, *Arabic Political Memoirs and Other Studies* (London: Frank Cass, 1974).

_____, *The Anglo-Arab Labyrinth: The McMahon-Husayn Correspondence and its Interpretations 1914~1939* (Cambridge: Cambridge University Press, 1976).

_____, *England and the Middle East: The Destruction of the Ottoman Empire, 1914~1921* (Hassock, Sussex: Harvester Press, 1978).

_____, *Islam in the Modern World and Other Studies* (London: Mansell, 1980).

Kelley, Donald R., *The Beginning of Ideology: Consciousness and Society in the French Reformation* (Cambridge: Cambridge University Press, 1981).

_____, *Historians and the Law in Postrevolutionary France* (Princeton: Princeton University Press, 1984).

Kepel, Gilles, *Le Prophète et Pharaon: Aux sources des mouvements islamistes* (Paris: Seuil, 1993).

_____, *Jihad: The Trial of Political Islam*, trans. Anthony F. Roberts (Cambridge, Mass.: Belknap Press, 2002).

_____, *Fitna: Guerre au coeur de l'Islam* (Paris: Gallimard, 2004).

_____, *The War for Muslim Minds: Islam and the West* (Cambridge, Mass. and London: Belknap Press, 2004).

Khalidi, Rashid, et al. (eds.), *The Origins of Arab Nationalism* (New York and London: Columbia University Press, 1991).

Kobler, Franz, *Napoleon and the Jews* (New York: Schocken Books, 1975).

Kristovoulos, *History of Mehmed the Conqueror*, trans. Charles T. Riggs (Princeton: Princeton University Press, 1954).

Kritzeck, James, *Peter the Venerable and Islam* (Princeton: Princeton University Press, 1964).

Kroebner, Richard, 'Despot and Despotism: Vicissitudes of a Political Term', *Journal of the Warburg and Courtauld Institutes*, 14 (1951), 275~302.

Kuhrt, A., 'The Cyrus Cylinder and Achaemenid Imperial Policy', *Journal for the Study of the Old Testament*, 25 (1983), 83~94.

Kupperman, Karen Ordahl, *Settling with the Indians: The Meeting of English and Indian Cultures in America, 1580~1640* (Totowa: Rowman and Littlefield, 1980).

Kyle, Keith, *Suez* (London: Weidenfeld and Nicolson, 1991).

La Jonquière, Clement de, *L'Expedition d'Égypte, 1798~1801*, 5 vols. (Paris: Lavauzelle, 1899~1907).

Lacour-Gayet, Georges, *Talleyrand* (Paris: Éditions Payot, 1990).

Laissus, Yves, *L'Égypte: Une aventure savante 1798~1801* (Paris: Fayard, 1998).

Landau, Jacob M., *The Politics of Pan-Islam: Ideology and Organization* (Oxford: Clarendon Press, 1990).

Landes, David, *Revolution in Time: Clocks and the Making of the Modern World* (Cambridge, Mass.: Harvard University Press, 1983).

Lane, Edward, *The Manners and Customs of the Modern Egyptians* (New York: Dutton, 1966).

Lane Fox, Robin, *The Search for Alexander* (Boston and Toronto: Little Brown, 1980).

Larner, John, *Marco Polo and the Discovery of the World* (New Haven and London: Yale University Press, 2001).

Laquer, Walter, *The Israeli-Arab Reader* (London: Penguin, 1970).

Las Casas, Bartolomé de, *A Short Account of the Destruction of the Indies*, trans. Nigel Griffin (London and New York: Penguin Books, 1992).

Las Cases, Marie Joseph Emmanuel Auguste Dieudonné, *Mémorial de Sainte-Hélène*, ed. Gérard Walter, 2 vols. (Paris: Bibliothèque de la Pléiade, 1956).

Laurens, Henry, *Les Origines intellectuelles de l'expédition d'Égypte: L'Orientalisme islamisant en France (1698~1798)* (Istanbul: Éditions Isis, 1987).

_____, 'Le Mythe de l'expédition d'Égypte en France et en Égypte aux XIXe at XXe siècles', in Michel Dewachter and Alain Fouchard (eds.), *L'Égyptologie et les Champollion* (Grenoble: Presses universitaires de Grenoble, 1994), 321~330.

_____, *L'Expédition d'Égypte, 1798~1801* (Paris: Éditions de Seuil, 1997).

_____, 'Bonaparte a-t-il colonisé l'Égypte?', *L'Histoire*, 216 (1997), 46~49.

_____, 'Le Projet d'État juif en Palestine, attribué à Bonaparte', Orientales (Paris: CNRS Éditions, 2004), i. 123~143.

Lawrence, Thomas Edward, *The Letters of T. E. Lawrence*, ed. David Garnett (London and Toronto: Jonathan Cape, 1938).

_____, *Crusader Castles*, a new edn. with introd. and notes by Denys Pringle (Oxford: Oxford University Press, 1988).

_____, *The Seven Pillars of Wisdom: The Complete 1922 Text* (Fordingbridge: Castle Hill Press, 1997).

Lawrence, Thomas Edward, *Secret Despatches from Arabia by T. E. Lawrence* (Cambridge: Golden Cockerel Press, n.d.).

Leibniz, Gottfried Wilhelm, *Writings on China*, ed. and trans. Daniel J. Cook and Henry Rosemont Jr. (Chicago and La Salle, Ill.: Open Court, 1994).

Levene, Mark, *Genocide in the Age of the Nation State*, 2 vols. (London and New York: I. B. Tauris, 2005).

Levi-Strauss, Claude, *The Elementary Structures of Kinship*, trans. James Hare Bell (London: Eyre and Spottiswoode 1968).

Levy, Reuben, *A Baghdad Chronicle* (Cambridge: Cambridge University Press, 1929).

Lewis, Bernard, *The Emergence of Modern Turkey* (London: Oxford University Press, 1961).

_____, 'Politics and War', in Joseph Schnact and C. E. Bosworth (eds.), *The Legacy of Islam* (Oxford: Oxford University Press, 1979).

_____, *The Muslim Discovery of Europe* (New York and London: W. W. Norton and Co., 1982).

_____, *The Political Language of Islam* (Chicago and London: University of Chicago Press, 1988).

_____, *Islam and the West* (Oxford and New York: Oxford University Press, 1993).

_____, *The Arabs in History* (Oxford: Oxford University Press, 1993).

_____, *What went Wrong? The Clash between Islam and Modernity in the Middle East* (London:

Weidenfeld and Nicolson, 2002).

_____, *The Crisis of Islam: Holy War and Unholy Terror* (New York: Random House, 2003).

_____, *From Babel to Dragomans: Interpreting the Middle East* (Oxford: Oxford University Press, 2004).

Lintott, Andrew, 'What was the Imperium Romanum?', *Greece and Rome*, 28 (1981), 53~67.

Locke, John, *First Tract on Government*, in *Political Essays*, ed. Mark Goldie (Cambridge: Cambridge University Press, 1997).

Lomax, Derek W., *The Reconquest of Spain* (London and New York: Longman, 1978).

Loraux, Nicole, *The Invention of Athens: The Funeral Oration in the Classical City* (Cambridge, Mass., and London: Harvard University Press, 1986).

Lowry, Heath W., *The Nature of the Early Ottoman State* (Albany, NY: State University of New York Press, 2003).

Lyons, M. C., and Jackson, D. E. P., *Saladin: The Politics of Holy War* (Cambridge: Cambridge University Press, 1982).

Machiavelli, Nicolò, *The Prince*, ed. David Wootton (Indianapolis: Hackett, 1995).

MacMullen, Ramsay, *Christianizing the Roman Empire A.D. 100~400* (New Haven and London: Yale University Press, 1984).

_____, *Romanization in the Time of Augustus* (New Haven and London: Yale University Press, 2000).

Madariaga, Salvador de, *Portrait of Europe* [Bosquejo de Europa] (New York: Roy Publishers, 1955).

Maine, Henry Sumner, *Village Communities in the East and the West* (London: John Murray, 1881).

Mansfield, Peter, *A History of the Middle East* (New York and London: Penguin Books, 2003).

Mantran, Robert (ed.), *Histoire de l'empire ottoman* (Paris: Fayard, 1989).

Masson, Frédéric and Biagi, Guido, *Napoléon: Manuscrits inédits 1789~1791*, 8 vols. (Paris: P. Ollendorf, 1907).

May, Thomas Erskine, *Democracy in Europe* (London: Longman Green, 1877).

Mazower, Mark, *The Balkans: A Short History* (New York: Modern Library, 2002).

Mazza, F., 'The Phoenicians as seen by the Ancient World', in Sabatino Moscati (ed.), *The Phoenicians* (London: I. B. Tauris, 2001), 548~567.

Mill, John Stuart, *On Liberty and Other Writings*, ed. Stefan Collini (Cambridge: Cambridge University Press, 1989).

_____, *The Basic Writings of John Stuart Mill* (New York: Modern Library, 2002).

Millar, Fergus, *Rome, the Greek World and the East*, i. *The Roman Republic and the Augustan Revolution* (Chapel Hill, NC and London: University of North Carolina Press, 2002).

Momigliano, Arnaldo, *Alien Wisdom: The Limits of Hellenization* (Cambridge: Cambridge University Press, 1975).

_____, *Fondamenti della storia antica* (Turin: Einaudi, 1984).

Montesquieu, Charles-Louis de Secondat Baron de, *Persian Letters*, trans. C. J. Betts (New York: Viking-Penguin Inc., 1973).

Müller, Max, *Lectures on the Science of Language* (London: Longman, 1864).

______, *Collected Works of the Right Hon. F. Max Müller*, 18 vols. (London, Longman, 1898).

______, *The Sacred Books of the East* (1887; Delhi: Motilal Banarsidass, 1992).

Muherjee, S. N., *Sir William Jones: A Study in Eighteenth-Century British Attitudes to India* (Cambridge: Cambridge University Press, 1968).

Nasr, Seyyed Vali Reza, *Mawdudi and the Making of Islamic Revivalism* (New York and Oxford: Oxford University Press, 1996).

Nasser, Gamel Abdel, *Egypt's Liberation: The Philosophy of Revolution* (Washington DC; Public Affairs Press, 1955).

Nicolet, Claude, *The World of the Citizen in Republican Rome*, trans. P. S. Falla (Berkeley and Los Angeles: University of California Press, 1980).

Nietzsche, Friedrich, 'On the Uses and Disadvantages of History for Life', in *Untimely Meditations*, trans. R. J. Hollingdale (Cambridge: Cambridge University Press, 1983).

______, *Daybreak: Thoughts on the Prejudices of Morality*, trans. R. J. Hollingdale (Cambridge: Cambridge University Press, 1993).

Oedani-Fabris, M.-P., 'Simbologia ottoman nell'opera di Gentile Bellini', *Atti dell'Istituto veneto di scienze, lettere ed arti*, 155 (1996~1997), 1~29.

Olmstead, A. T., *History of the Persian Empire* (Chicago and London: University of Chicago Press, 1959).

Osterhammel, Jürgen, *Die Entzauberung Asiens: Europa und die asiatischen Reiche im 18. Jahrhundert* (Munich: C. H. Beck 1988).

Pagden, Anthony, *The Fall of Natural Man: The American Indian and the Origins of Comparative Ethnology* (Cambridge: Cambridge University Press, 1982).

______, (ed.), *The Languages of Political Theory in Early-Modern Europe* (Cambridge: Cambridge University Press, 1987).

______, *European Encounters with the New World* (New Haven and London: Yale University Press, 1993).

Parker, R. A., and Dubberstein, W., *Babylonian Chronology* (Princeton: Princeton University Press, 1956).

Partner, Peter, *God of Battles: Holy Wars in Christianity and Islam* (London: Harper Collins, 1997).

Passerini, Luisa, *Il mito d'Europa: Radici antiche per nuovi simboli* (Florence: Giunti, 2002).

Perkins, Franklin, 'Leibniz and Chinese Morality', *Journal of the History of Ideas*, 63 (2002), 447~464.

______, *Leibniz and China: A Commerce of Light* (Cambridge: Cambridge University Press, 2004).

Pertusi, Agostini, *La caduta di Constantinopli, i. Le testimonianze dei contemporanei* (Milan:

Mondadori, 1976).

_____, *La caduta de Costantinopoli*, ii. *L'eco nel mondo* (Milan: Mondadori, 1976).

_____, *Testi inediti e poco noti sulla caduta di Constantinopoli* (Bologna: Patron, 1983).

Peters, F. E., *The Monotheists: Jews, Christians, and Muslims in Conflict and Competition*, 2 vols. (Princeton and Oxford: Princeton University Press, 2003).

Piccolomini, Aeneas Silvius (Pope Pius II), *The Memories of a Renaissance Pope: The Commentaries of Pius II*, trans. F. A. Gragg (New York: Capricorn Books, 1962).

_____, *Lettera a Maometto II* (Epistola ad Mahumetem), ed. Giuseppe Tofanin (Naples: R. Pironti, 1953).

Pirenne, Henri, *Mohammed and Charlemagne* (London: George Allen and Unwin, 1968).

Piscatori, James P., *Islam in a World of Nation States* (Cambridge: Cambridge University Press, 1986).

Pocock, J. G. A., 'Some Europes in their History', in Anthony Pagden (ed.), *The Idea of Europe: From Antiquity to the European Union* (Cambridge: Cambridge University Press, 2002), 55~71.

Pomeroy, Sarah B., Burstein, Stanley, Donolan, Walter, and Roberts, Jennifer Tolbert, *Ancient Greece: A Political, Social and Cultural History* (New York and Oxford: Oxford University Press: 1999).

Prosdocimi, Luigi, '"Ex facto oritur ius": Breve nota di diritti medievale', *Studi senesi* (1954~1955), 66~67; 808~819.

Purchas, Samuel, *Hakluytus Posthumus or Purchas his Pilgrimes, contayning a History of theWorld, in Sea Voyages and lande-Travells by Englishmen & others*, 5 vols. (London, 1625).

Purdum, Todd S., 'Bush warns of a wrathful shadowy and inventive war', *New York Times*, 17 Sept. 2001, A2.

Quesnay, Francois, *Despotisme de la Chine*, in *Ephémérides du citoyen, ou bibliothéque raisonée des sciences morales et politiques* (Paris, 1767).

Qutb, Sayyid, *Milestones* (Dar al-Ilm, Damscus, n.d.).

_____, *Social Justice in Islam [Al-'adalat al-ijtima'iyya fi'l-Islam]*, in William E. Shepard, *Sayyid Qutb and Islamic Activism: A Translation and Critical Analysis of Social Justice in Islam* (Leiden, New York, and cologne: E. J. Brill, 1996).

Rabb, Theodore K., *The Struggle for Stability in Early-Modern Europe* (New York: Oxford University Press, 1975).

Raby, J., 'Mehmed the Conqueror's Greek Scriptorium', *Dumbarton Oaks Papers*, 37 (1983), 15~34.

Réimpression de l'ancien Moniteur depuis la réunion des Étas-Generaux jusq'au Consulat (mai 1789-novembre 1799) (Paris, 1893).

Rémusant, Claire-Élisabeth-Jeanne Gravier de Vergennes, comtesse de, *Mémoires de Madame de Rémusat*, 3 vols. (Paris: Calmann Lévy, 1880).

Renan, Ernest, *Œuvres complètes de Ernest Renan*, ed. Henriette Psichari, 4 vols. (Paris: Calmann-

Lévy, 1947).

Richardson, John, *A Dissertation on the Languages, Literature and Manners of the East* (Oxford, 1777).

Riley-Smith, Jonathan (ed.), *The Oxford Illustrated History of the Crusades* (Oxford and New York: Oxford University Press, 1997).

_____, *The First Crusaders, 1095~1131* (Cambridge: Cambridge University Press, 1997).

Riley-Smith, Louise and Jonathan, *The Crusades: Idea and Reality, 1095~1272* (London: Edward Arnold, 1981).

Robertson, William, *The History of the Reign of the Emperor Charles V* (London, 1802).

Roseman, L. J., 'The Construction of Xerxes' Bridge over the Hellespont', *Journal of Hellenic Studies*, 116 (1996), 88~108.

Rousseau, Jean-Jacques, *Du contrat social, in Œuvres complètes*, ed. Bernard Gagnebin et Marcel Raymond (Paris: Bibliothèque de la Pléiade, 1964), iii. 279~470.

Rubiés, Joan-Pau, 'Oriental Despotism and European Orientalism: Botero to Montesquieu', *Journal of Early-Modern History*, 9/2 (2005), 109~180.

Runciman, Steven, *The Fall of Constantinople 1453* (Cambridge: Cambridge University Press, 1965).

_____, *The Great Church in Captivity: A Study of the Patriarchate of Constantinople from the Eve of the Turkish Conquest to the Greek War of Independence* (Cambridge: Cambridge University Press, 1968).

Russell, Peter, *Prince Henry 'The Navigator': A Life* (New Haven and London: Yale University Press, 2000).

Sahas, Daniel J., *John of Damascus on Islam: The 'Heresy of the Ishmaelites'* (Leiden: E. J. Brill, 1972).

Said, Edward, *Orientalism* (New York: Vintage Books, 1979).

St Clair, William, *That Greece Might Still be Free: The Philhellenes in the War of Independence* (London: Oxford University Press, 1972).

Schiavone, Aldo, *The End of the Past: Ancient Rome and the Modern West*, trans. Margaret J. Schneider (Cambridge, Mass. and London: Harvard University Press, 2000).

Schluchter, W., *The Rise of Western Rationalism: Max Weber's Developmental History* (Berkeley and Los Angeles: California University Press, 1981).

Schlumberger, Gustave, *Le Siège, la prise et le sac de Constantinople en 1453* (Paris: Plon, 1935).

Schwab, Raymond, *Vie d'Anquetil-Duperron* (Paris: Libraire Ernest Leroux, 1934).

Scott, Sir Walter, *The Life of Napoleon Buonaparte*, 9 vols. (Edinburgh: Cadell and Co., 1827).

Setton, Kenneth (ed.), *A History of the Crusades* (Madison, Milwaukee, and London: University of Wisconsin Press, 1969).

Sells, Michael A., *The Bridge Betrayed: Religion and Genocide in Bosnia* (Berkeley, Los Angeles, and

London: University of California Press, 1996).

Shaftesbury, Anthony Ashley Cooper, Third Earl, *Life, Unpublished Letters, and Philosophical Regimen of Anthony*, Earl of Shaftesbury, ed. Benjamin Rand (London: S. Sonnenschein & Co., 1900).

Shaw, S. J., *Ottoman Egypt in the Age of the French Revolution* (Cambridge, Mass.: Harvard University Press, 1966).

Sherwin White, A. N., *The Roman Citizenship* (Oxford: Oxford University Press, 1973).

Siberry, Elizabeth, *The New Crusaders: Images of the Crusades in the Nineteenth and Early Twentieth Centuries* (Aldershot: Ashgate, 2000).

Sissa, Giulia, 'The Irony of Travel: Herodotus on Cultural Diversity' (forthcoming).

Sivan, Emmanuel, *Radical Islam Medieval Theology and Modern Politics* (New Haven and London: Yale University Press, 1985).

Skinner, Quentin, 'Machiavelli's Discorsi and the Pre-Humanist Origins of Republican Ideas', in Gisela Bock, Quentin Skinner, and Maurizio Viroli (eds.), *Machiavelli and Republicanism* (Cambridge: Cambridge University Press, 1990), 121~142.

Slade, Adolphus, *Record of Travels in Turkey and Greece etc. and of a Cruise in the Black Sea with the Capitan Pasha, in the Years 1829, 1830, and 1831*, 2 vols. (Philadelphia: E. L. Carey, 1833).

Smith, Colin (ed.), *Spanish Ballads* (Oxford and London: Pergamon Press, 1964).

_____, (ed.), *Christians and Moors in Spain* (Warminster: Aris & Philips, 1988).

Sokolow, Nahum, *History of Zionism*, 2 vols. (London: Longmans, 1919).

Southern, Richard, *Western Views of Islam in the Middle Ages* (Cambridge, Mass., Harvard University Press, 1962).

Spence, Jonathan, *Emperor of China: Self-Portrait of K'ang-Hsi* (New York: Knopf, 1974).

_____, *The Question of Hu* (New York: Vintage Books, 1989).

Storrs, Sir Ronald, *The Memoirs of Sir Ronald Storrs* (New York: G. P. Putnam and Sons, 1937).

Stoye, John, *The Siege of Vienna* (New York and Chicago: Holt, Rinehart and Winston, 1964).

Subrahmanyam, Sanjay, 'Taking Stock of the Franks: South Asian Views of Europeans and Europe 1500~1800', *Indian Economic and Social History Review*, 42 (2005), 6~100.

Suetonius, Gaius Suetonius Tranquilus, *Lives of the Twelve Caesars*, trans. Robert Graves (New York: Welcome Rain, 2001).

Talbott, Strobe, *A Gathering of Tribes: The Story of a Big Idea* (forthcoming).

Talleyrand-Périgord, Charles Maurice Camille, prince de, *Mémoires du Prince de Talleyrand*, 5 vols. (Paris: Calmann Lévy, 1891~1892).

Tarn, W. W., *Alexander the Great* (Cambridge: Cambridge University Press, 1948).

Tavernier, Jean-Baptiste, *Travels in India*, trans. V. Ball, 2 vols. (London: Macmillan and Co., 1889).

Thomas, Rosalind, *Herodotus in Context: Ethnography, Science and the Art of Persuasion*

(Cambridge: Cambridge University Press, 2002).

Thompson, Norma, *Herodotus and the Origins of the Political Community* (New Haven and London: Yale University Press, 1996).

Tocqueville, Alexis de, *Tocqueville sur l'Algérie* (1847), ed. Seloua Luste Boulbina (Paris: Flammarion, 2003).

Tolan, John, *Saracens: Islam in the European Medieval Imagination* (New York: Columbia University Press, 2002).

______, (ed.), *Medieval Christian Perceptions of Islam: A Book of Essays* (New York: Garland Press, 1996).

Toynbee, Arnold, *Turkey: A Past and a Future* (New York: George H. Dorn, 1917).

Tufan Buzpinar, S., 'The Hijaz, Abdülhamid II and Amir Hussein's Secret Dealings with the British 1877~1880', *Middle Eastern Studies*, 31 (1995), 99~123.

Valéry, Paul, *Variété: Essais quasi politiques* (Paris: Gallimard, 1957).

Veinstein, Gilles (ed.), *Soliman le Magnifique et son temps* (Paris: École du Louvre, 1992).

Venturi, Franco, 'Oriental Despotism', *Journal of the History of Ideas*, 24 (1963), 133~142.

Veyne, Paul, *L'Empire gréco-romain* (Paris: Seuil, 2005).

______, *Quand notre monde est devenu chrétien* (312~394) (Paris: Albin Michel, 2007), 28.

Vlastos, Gregory, *Platonic Studies* (Princeton: Princeton University Press, 1981).

Volney, (Constantin-François Chasseboeuf), *Les Ruines ou Méditation sur les révolutions des empires*, ed. Anne Deneys-Tunney et Henry Deneys, in *Œuvres* (Paris: Fayard, 1989), vols. iv-v.

______, *Voyage en Syrie et en Égypte* (1787~1799), ed. Anne Deneys-Tunney and Henry Deneys, in *Œuvres* (Paris, Fayard, 1998), vol. iii.

Voltaire (François-Marie Arouet), *Œuvres complétes de Voltaire*, 52 vols. (Paris: Garnier frères, 1877~1885).

______, *Essai sur les moeurs*, ed. R. Pomeau, 2 vols. (Paris: Bordas, 1990).

Whitehouse, David, and Williamson, A., 'Sasanian maritime trade', *Iran*, 11 (1973), 29~49.

Wills, Gary, 'A Country Ruled by Faith', *New York Review of Books*, 53/18 (16 Nov. 2006).

Wilson, James, *The Works of James Wilson*, ed. Robert Green McCloskey, 2 vols. (Cambridge, Mass.: Harvard University Press, 1967).

Wilson, Woodrow, *The Public Papers of WoodrowWilson*, ed. Ray Stannard Baker and William E. Dodd, 6 vols. (New York and London: Harper and Bros., 1925~1927).

Wittek, Paul, *The Rise of the Ottoman Empire* (New York and London: B. Franklin, 1971).

Woodhouse, C. M., *The Philhellenes* (London: Hodder and Stoughton, 1969).

Woolf, Leonard S., *The Future of Constantinople* (London: George Allen and Unwin, 1917).

Worthington, Ian (ed.), *Alexander the Great: A Reader* (London and New York: Routledge, 2003).

Wright, Lawrence, *The Looming Tower: Al-Qaeda and the Road to 9/11* (New York: Alfred Knopf, 2006).

Zurara, Gomes Eanes de, *Crónica dos feitos na conquista de Guiné*, ed. Torquato de Sousa Soares, 2 vols. (Lisbon: Academia Portuguesa da Historia, 1978).

이 책은 헤로도토스의 페르시아 이야기에서 시작해 그리스-페르시아 전쟁, 알렉산더, 로마 제국, 기독교-이슬람의 도래, 십자군, 오스만 제국, 종교 개혁, 계몽 시대, 나폴레옹, 제국주의, 테러리즘을 두루 거치면서 동서양 반목의 역사를 낱낱이 파헤친다. 계몽시대 중국에 대한 얘기가 잠시 나오지만 90퍼센트가 서양과 페르시아/이슬람 세계 사이의 서로 다른 종교, 문화, 사상, 생활 방식에 대한 이야기다. 그리고 무엇보다 두 세계가 신화시대부터 현재까지 원죄처럼 짊어지고 온 적대감과 복수와 트라우마에 대한 이야기다. 그 모든 것은 멀게는 서양 제국주의 국가들의 식민 통치에, 가깝게는 이스라엘/팔레스타인 문제나 이슬람 테러 혹은 북핵 문제 속에 고스란히 남아 알게 모르게 현재 우리의 일상을 지배한다.

물론 이 책에 나오는 역사적 사실 및 관점들은 모두 헤로도토스 같은 서양 사람이 보는 동양이다. 그 동양은 수동적이고 불합리하고 공손하고 집단적이고 전통을 숭배하고 종교적이고 혁명이 부재하고 미개하고 독재적이고 과거 지향적이고 위험하다. 사치스럽고 외설적이며 방종하고 허영이 심하고 아첨하며 거짓말하고 잔인하고 부도덕하고 노예근성이 많고

광포하다. 반면 서양은 민주적이고 보편적이며 미래지향적이고 애국심이
강하고 규율이 엄격하고 용맹하고 검소하고 정직하고 고지식하고 이성적
이다. 그러나 저자가 동양과 서양 중 누가 우월하다고 말하는지 보려고
촉각을 곤두세울 필요는 없다. 논지의 전개를 위해 동서양의 다른 점을
부각시킨 도입부를 지나고 나면 사실 소위 말하는 동서양의 전형적 차이
점은 차이점이라고 말하기에도 무색할 정도이다. 동서양은 서로 닮아간
다. 한 예로 십자군을 일으킨 서양은 동양 못지않게 비이성적이고 방종하
고 잔인하고 부도덕하고 광포하고 위선적이다. 9~12세기 아바스 왕조
가 이끈 이슬람 문화 전성시대는 서양의 어느 시대보다 보편적, 민주적,
미래지향적이었다. 또 종교전쟁 시대 유럽의 잔인함이 동양보다 나았다
고 할 수도 없다. 그러니 동서양의 반목과 적대는 결국 저자의 말대로 나
와 비슷한 사람을 제일 견디지 못하는 인간 특유의 무의식의 발로인지 모
른다. 게다가 저자는 깊은 연구와 관록에서 나옴직한 특유의 통찰을 통해
역사의 아이러니를 위트와 황당함으로 풀어낸다. 역사의 아이러니 속 인
간은 동서양 가릴 것 없이 거대한 흐름 속에서 갈팡질팡하는 나약하고 우
스꽝스러운 존재일 뿐이고 그런 존재들의 우열을 가리는 꼴이란 결국 전
쟁에서 누가 오십 보를 누가 백 보를 도망갔냐고 따지는 것이나 다름없다.

그러나 서양이 종교개혁과 계몽시대를 거치면서 동서양은 서로 만나
기에는 너무 다른 길을 걷게 된다. 서양은 착실한 정교 분리의 과정을 밟
으면서 이성을 되찾고 철학적, 과학적 르네상스를 거치며 제국적 식민주
의 착취를 통해 풍요로운 물질 사회를 이끌어냈다. 그러는 동안 동양은
세상을 이슬람의 영역과 전쟁의 영역으로 이분화하고 종교, 정치, 문화를
떼려야 뗄 수 없는 것으로 뭉뚱그렸고, 그 후 독재와 폭정과 가난을 야기
했다. 그 결과 동양에는 서양이 체계적으로 동양을 착취한다는 피해의식

이, 서양에는 칼을 갈고 있는 동양이 언제 허를 찌르며 공격해올지 모른다는 공포심이 자리 잡았다. 그러나 역사가 그렇게 흘러왔다고 해서 동서양의 관계에 희망이 없는 것은 아니다. 그리스 세상과 페르시아 세상이 서로 대치했던 소아시아의 일반인들, 1차 십자군 전쟁이 남긴 기독교와 이슬람 사이에 낀 레반트 공국 내 사람들, 이슬람 지배하의 스페인 내 기독교도/이슬람교도, 현대의 미국과 유럽의 이슬람 사람 대다수도 서로 다른 문화와 종교를 갖지만 열린 마음과 인류애로 서로 조화를 이루면서 살았고 또 살아간다. 그런 사실을 떠올릴 때 역사는 과연 누가 만들어가는가, 라는 질문을 진지하게 던지지 않을 수 없다. 그리고 인류의 삶에 기여하기 위해 이 책을 썼다는 저자의 말에도 충분히 공감하게 된다.

서양이 보기에 동양 축에도 끼지 못하고 분단되어 있기까지 한 극동의 작은 나라에 사는 한 사람이 서양인의 입장에서 서양인의 문헌으로 연구한 책에서 드러나는 동서양의 특성을 단지 그들의 관점일 뿐이라고 무시하기란 쉽지 않다. 현대 세상은 어쨌든 서구화한 세상이고 서구화에 성공하지 못하는 나라들의 삶은 그리 녹록하지 않기 때문이다. 그러나 여전히 이 책의 결론은 아직 열려 있다. 지금은 동서양 반목의 역사가 끝난 시점이 아니라 오히려 최악으로 치닫는 시점이기 때문이다. 동서양 모두 어느 때보다 동서양의 관계에 대한 냉철한 현실 의식과 치열한 자기반성이 요구되는 시점이다. 그런 면에서 이 책은 훌륭한 교과서가 될 수 있을 것이다. 미래의 세계는 알렉산드로스, 로마 제국, 기독교 세계가 꿈꾸던 서양 중심의 보편 세상이 아닌 모두가 잘살 수 있는 보다 조화로운 보편 세상이기를 희망한다.

2009년, 추미란

찾아보기

전쟁하는 세상

초판 인쇄 | 2009년 7월 15일
초판 발행 | 2009년 7월 30일

지은이 | 안토니 파그덴
옮긴이 | 추미란
펴낸이 | 심만수
펴낸곳 | (주)살림출판사
출판등록 | 1989년 11월 1일 제9-210호

주소 | 413-756 경기도 파주시 교하읍 문발리 파주출판도시 522-2
전화 | 031)955-1350   기획·편집 | 031)955-4667
팩스 | 031)955-1355
이메일 | book@sallimbooks.com
홈페이지 | http://www.sallimbooks.com

ISBN 978-89-522-1217-7 03900

＊잘못된 책은 구입하신 서점에서 바꾸어 드립니다.

책임편집·교정 : 정홍재

값 30,000원